【北京社科名家文库】

信仰与思辨

XINYANG YU SIBIAN

卫兴华自选集

卫兴华◎著

首都师范大学出版社
CAPITAL NORMAL UNIVERSITY PRESS

图书在版编目(CIP)数据

信仰与思辨：卫兴华自选集/卫兴华著. —北京：首都师范大学出版社，2023.12

（北京社科名家文库）

ISBN 978-7-5656-7971-1

Ⅰ. ①信…　Ⅱ. ①卫…　Ⅲ. ①经济学—文集　Ⅳ. ①F0-53

中国国家版本馆 CIP 数据核字(2023)第 209795 号

北京社科名家文库

XINYANG YU SIBIAN

信仰与思辨

卫兴华自选集

卫兴华　著

项目统筹：杨林玉　　　责任编辑：钱　浩

责任设计：周奕婷　　　封面绘画：张　煜

责任校对：李佳艺　　　责任印制：李　然

首都师范大学出版社出版发行

地　址　北京西三环北路 105 号

邮　编　100048

电　话　68418523(总编室)　68982468(发行部)

网　址　http://cnupn.cnu.edu.cn

印　刷　北京印刷集团有限责任公司

经　销　全国新华书店

版　次　2023 年 12 月第 1 版

印　次　2023 年 12 月第 1 次印刷

开　本　710mm×1000mm　1/16

印　张　30.5　　插页　2

字　数　524 千

定　价　92.00 元

《北京社科名家文库》编委会

出版说明

1978年，中国改革开放的元年。自那一年开始，中国已经走过了波澜壮阔的30年。这是伟大的30年，是改变中国的30年，是震惊世界的30年，也是哲学社会科学蓬勃发展的30年。

在哲学社会科学这30年的辉煌成就里，浸透着为新中国哲学社会科学奠基的老一辈专家呕心沥血的求索，也镌刻着循着他们足迹的后来者追求真理的步伐。“学之大者，国之重器”。我们有责任将这些“大者”潜心研究的成果，重新编辑出版以飨读者。为此，北京市社会科学界联合会和首都师范大学出版社将这一套《北京社科名家文库》奉献给读者。她以自选集的体例形式，每年推出一批，争取在几年内达到百种以上。《北京社科名家文库》将系统展示当代哲学社会科学名家学者30年来的学思精华，展示他们的学术探索历程和风采。同时，为使这套《北京社科名家文库》更加丰富，编委会决定在首都师范大学出版社已出版的《当代著名学者自选集》中挑选符合体例的图书，编辑成《北京社科名家文库·纪念辑》，这将更完整地反映北京学人在学术风范和学术使命上的历史延续。

我们相信，《北京社科名家文库》将能够成为具有文化传承价值的经典性大型出版工程，成为集中展示首都哲学社会科学重要成果的一个窗口。由于我们水平所限，定有不足之处，希望读者和同仁给予批评指正。

编　委　会

2009年11月

卫兴华先生

目录

追时间的人，追真理的人（代学术自述）

卫兴华教授1946年于太原进山中学加入中国共产党，投身地下革命工作，被捕后严守党的机密。1948年由组织安排转赴北平，后在解放区华北大学学习。1950年中国人民大学成立后，转读于中国人民大学经济系。1950年于中国人民大学政治经济学教研室就读研究生，1952年以全优成绩毕业留校任教。卫兴华教授在中国人民大学辛勤从事教学科研工作整整68个春秋。即使在“文革”期间，他历经多次政治运动的冲击与磨砺，仍始终达观忘我，潜心置身于马克思主义政治经济学基础理论研究的浩瀚海洋中，时刻关注着国家的前途与命运。改革开放后，积极投身祖国的改革开放伟大事业，用坚实深厚的马克思主义经济学功底，探索中国特色社会主义经济理论与实践。历任中国人民大学经济学系主任、校学术委员会副主任、校学位委员会理论经济学分会主席、《经济理论与经济管理》副总编辑、《中国人民大学学报》总编辑等职。

卫兴华教授是立德树人的教师典范。他爱岗敬业，坚守三尺讲台传道授业解惑。他长期从事《资本论》教学，为马克思主义政治经济学传播与发展做出了重要贡献，主编的《政治经济学原理》教材是全国影响力和发行量最大的教材之一。“为人正，为学真，为文美”，他关爱学生，扶掖后学，春风化雨，谆谆教诲。半个多世纪以来，他为国家培养了大批栋梁之材，桃李天下，群星璀璨，英才辈出。卫兴华教授追求真理、坚持真理、为真理献身和解放思想、实事求是、与时俱进、求真务实的治学报国精神，以及热爱教育事业、润物无声和甘做人梯的师德师风，赢得了广大师生们的由衷爱戴和敬仰。1997年他荣获国家级教学成果一等奖，1998年获宝钢优秀教师特等奖，2016年将获得的第四届“吴玉章人文社会科学终身成就奖”的100万元奖金全部捐赠，用于支持马克思主义政治经济学的教学研究、人才培养及优秀成果奖励。2019年他又将获得的中国经济理论创新奖的100万元奖金捐出设立经济学奖励基金。学高为师，身正为范；学而不厌，诲人不倦。卫兴华教授真正无愧于“人民教育家”荣誉称号。

卫兴华教授是严谨治学的马克思主义经济学家。在学术研究领域始终坚持真理，始终以严谨、科学的态度研究马克思主义经济学及其中国化，不唯上，不唯书，不唯风，不唯众，只唯实，敢于和善于独立思考、探索真理，不做“风派理论家”。他长期深耕马克思主义经济学。熟读《资本论》等马克思主义经典文献，科学阐释马克思主义经济学基本原理和方法。他强调，马克思主义经济学需要发展，但必须首先把握其本意，不能错解、曲解甚至编造马克思的观点。他敢于对马克思《资本论》中个别观点提出自己的看法。早在20世纪50年代，卫兴华教授就指出了当时苏联科学院经济研究所编写的《政治经济学》权威教材存在的一些问题。他还对学术界错解马克思关于“普照的光”的思想、某些教材将货币的本质定义为“作为一般等价物的特殊商品”等进行辩驳和澄清。改革开放伊始，针对流行的生产力二要素、三要素论的错误，提出生产力多要素论；指出马克思的过渡时期不是从资本主义到共产主义的整个社会主义阶段，只是从资本主义过渡到共产主义第一阶段——社会主义这一历史时期；他还针对唯成分论，阐述了马克思不要资本家和地主个人对资本主义关系负责的历史唯物主义观点。卫兴华教授一直讲授马克思主义经济学基本原理，但他的研究并不仅仅停留在对马克思经典原著的研究，而是紧扣时代脉搏，应用马克思主义经济学基本原理和方法研究中国现实问题，推进马克思主义经济学的中国化、时代化、大众化。卫兴华教授是国内较早认识到社会主义经济具有商品经济属性的学者。他因在国内较早提出社会主义经济运行机制理论，荣获2019年中国经济理论创新奖。随着中国特色社会主义进入新时代，卫兴华教授撰写了一系列探索和构建中国特色社会主义政治经济学理论体系的论著，影响深远。凭借其卓越的经济学贡献，他于1984年、1986年两度荣获孙冶方经济科学奖，1994年获北京市哲学社会科学优秀成果一等奖，1998年获教育部第二届人文社会科学研究成果二等奖，2013年获世界政治经济学学会马克思经济学奖。卫兴华教授在他所从事的近七十年教学与科研事业中，始终与中国特色社会主义经济建设、改革与发展事业同呼吸、共命运。

第一辑　《资本论》与马克思主义政治经济学研究

关于《资本论》基本理论问题的辨析*

——《马克思与〈资本论〉》前言

一、关于《资本论》的写作情况

应中国人民大学出版社之约，写了这部《马克思与〈资本论〉》的著作。这些年来，国内出版的《资本论》导读、《资本论》讲解等著作已经不少，我自己也编写过这类读本。现在要撰写的《马克思与〈资本论〉》应有其新的理论思考和新的体例安排。应比《导读》《讲解》一类的著作有新的着笔点和侧重点。

首先，本书专设一章，用较多篇幅论述了马克思由最先专学法律，又热衷于哲学，怎样转向集中精力研究政治经济学和写作《资本论》所经历的40年的历史过程。他是怎样在异常贫困和病痛的折磨下，在为领导工人革命运动的心力劳累中完成《资本论》写作的。并且专设一节论述马克思写作《资本论》中精益求精，不断修改，并出版了体系结构较大变化的德文第二版。还出版亲自精心校订且有多处增补和修饰的法文版。他本来要对《资本论》第二、三卷和作为第四卷的《剩余价值理论》的初稿进一步加工修订，但没有来得及完成，就过早地以65岁之年离开了人间。他的遗著由恩格斯尽心竭力整理，并做了必要的解释和说明，终于将《资本论》第二、三卷完整出版，并出版了《资本论》第一卷的第三版和第四版。关于《资本论》第四卷，恩格斯知道自己已无力整理出版，他托付给后人完成。后考茨基以《剩余价值学说史》书名出版。但其编辑存在问题，后人

---

* 原载于《东南学术》2019年第2期。

又重新编辑以《剩余价值理论》书名出版。马克思并不满足于《资本论》第一卷德文版第二版的成果。恩格斯在第三版序言中特别提出："马克思原想把第一卷原文大部分改写一下，把某些论点表达得更明确一些，把新的论点增加进去，把直到最后时期的历史材料和统计材料补充进去。由于他的病情和急于完成第二卷的定稿，他放弃了这一想法。他只做了一些最必要的修改，只把当时出版的法文版中已有的增补收了进去。"恩格斯根据后来发现的马克思遗物中有关《资本论》可修改的地方进行了增补。从恩格斯的有关说明可看出，马克思永远不满足于已有的研究成果。他要根据新的历史进程和新的统计材料，不断补充和发展自己的理论成果。我们讲"马克思主义具有与时俱进的品格"，从《资本论》的写作和不断修改中可以清楚地看出这一论断的科学性。因此，学习和研究《资本论》，一定要结合150年来新的历史发展和新的实际变化，要应用最新的经济资料，对《资本论》的科学理论既要坚持和继承，又要创新与发展。

二、关于《资本论》的研究对象和方法问题

这是《资本论》教学与研究中应当正确理解和把握的重要问题。但在不同的论著中讲解互异，有些问题长期争论不休。笔者认为，有些理论问题，在《资本论》和马克思的其他著作中本来已经阐述得很清楚了，但有的学者硬是反其道而行之，将自己的离开原义的解读强加给马克思论著。为此，本书专门设置独立的两章，即《资本论》的对象和方法，用较多的篇幅，力求按《资本论》本意进行解读。作者认为，新中国成立后的一个时期中，高校师生和党政干部学习政治经济学和《资本论》，多是"取经"于苏联的有关论著和教材。在新中国成立前的一个时期中，解放区的干部阅读书目中就有苏联列昂节夫著的政治经济学读本，这种学习是有益的。然而，在苏联的有关论著包括其教科书中是存在一些纰误的，这些也被我们当作马克思主义的"真经"接受下来。作者认为在理论和学术的研究与继承中，某些后学者容易产生一种自然的学术路径依赖，主要表现在对苏联政治经济学教材和《资本论》解读的自然依赖。从形式上看，我国早已摆脱了这种依赖，但潜移默化的某些东西依然存在。仅举几例：

（一）马克思《资本论》中对构成生产力的要素有全面系统的论述

马克思认为，生产力的内涵不仅包括劳动和生产资料，还包括分工协作、管理、自然力等。他还特别强调科学的发明及其在生产中应用的重要作用。这是马克思在资本主义大机器工业时代所看到的已经存在和发展着的生产力要素。他还说明，随着社会经济的发展，会有新的生产力要素加入。在当今时代

中，已有新的生产力要素，如信息等发生着重大作用。然而，在长时期中，我国学界拘守斯大林生产力二要素论，即劳动者和生产工具。连劳动对象也被排除在外，劳动资料中的基础设施、能源等也不提及。在“文革”中还批判科学技术是生产力的观点。改革开放后，多数学者放弃了生产力二要素，主张三要素论，即《资本论》第一卷第五章讲劳动过程时提及的劳动力、劳动资料与劳动对象。但应明确，马克思称其为“简单要素”，意指是任何社会在生产中所必须具有的最起码的生产要素，并非指全部要素。但直到现今还有少数学者主张二要素或三要素论，还产生过生产力二要素或三要素之争。甚至当我们引证《资本论》中明确说明生产力多要素时，他们依然坚持其二要素或三要素论。现在都认同科学技术是生产力或第一生产力，但有些学者否认科学是独立的生产力要素，认为科学只是渗透到其他要素中起作用的。其实，在现代科技创新中，可以有许多事例说明新科技既会渗透到其他生产力要素中起作用，也会独立地发生重大作用。

(二) 有些《资本论》中讲得很明确的观点，在我国的有关教材和论著中做了颠倒其原意的解读

以货币的社会属性(或被学界称作本质) 为例，在商品经济中作为贵金属的货币，从其自然属性来看，本来也是与众多其他商品一样，是具有自然特点的特殊商品。但它作为固定充当一般等价物的货币时，它就成为与其他诸特殊商品相对立的“一般商品”。这个“一般”不是“普通”之义，而是普遍适用之意，与“一般等价物”的“一般”，在内涵上是相对应的。我曾引证马克思《经济学手稿》中的多处论述予以说明。在《资本论》中也有三处同样的说明，在《资本论》第一卷第二章中就明确指出：“因为其他一切商品只是货币的特殊等价物，而货币是它们的一般等价物，所以它们是作为特殊商品来同作为一般商品的货币发生关系。”而且马克思为了表明讲“货币是一般商品”，并不是他个人的论断，特意加一小注引用了韦里《政治经济学研究》第 16 页的一句话，“货币是一般商品”。然而，长期以来，在我国的政治经济学教学与研究中，有关教材和论著中，普遍性地把货币的“本质”规定(应是指其社会属性) 界定为作为一般等价物的“特殊商品”，与马克思的论述相颠倒。追根溯源，这种颠倒性错解也是来自对苏联有关教材的“学术路径依赖”。我们早期作为学习教材的苏联政治经济学读本中，就存在这种颠倒原意的解读，被我国读者接受下来，并写入所编教材，当作马克思的观点。问题还在于苏联后来的教材中已不那样讲了，而且笔者在《人民日报》《光明日报》等报刊辨明这一理论的是非后，虽获得不少学者的认同，但还有一些学者继续讲他们固守的“特殊商品”。有些《资本论》导读之类的著作中，既不解读、也不引证《资本论》中的原话，避开这个错解问题。有的学者还提出辩解性意见，批评有关教材中不讲货币是特殊商品，但又不能否定马克思所讲的“一般商品”的原话，于是提出了调和性“新见解”：宣称货币的本质是特殊商品和一般商品的统一，是“特殊论与一般论的统一”。然而在《资本论》中不会有这种自相矛盾的观点。

（三）如何正确把握《资本论》的方法

《资本论》的方法主要是辩证唯物主义和历史唯物主义的方法，但怎样正确把握这一科学方法，存在不同的见解。见仁见智，可以有多角度的解读，但有两种解读是显然偏离本义的。由于这个理论和方法的重要性，需要多费点笔墨辨明是非。历史唯物主义的基本观点是：生产力决定生产关系，生产关系要适应生产力的发展。生产关系体系构成上层建筑的基础，对上层建筑起着决定作用。生产关系对生产力会发生反作用，上层建筑会维护其经济基础，并对生产力的发展也会起促进或阻碍作用。马克思认为，人类社会的发展和不同社会制度的更替，是一个“自然的历史过程”，即客观必然的历史过程。因此，不能从正义不正义、道德不道德、公平不公平等道义原则来说明不同社会制度包括剥削制度的产生和发展。但《资本论》又对资本主义剥削制度进行了深刻分析与批判。我国作为社会主义国家，既要致力于生产力的快速发展，又要重视社会主义生产关系的发展与完善，也要重视以马克思主义为指导的上层建筑包括意识形态的发展与完善。据此，我主张中国特色社会主义应把生产力标准和社会主义价值标准（包括社会主义生产关系和上层建筑标准）统一起来。然而有一位社会科学院的学者，竟然否定和批判上述理论观点。他认为生产力决定生产关系就是唯生产力标准论和唯生产力论。断言唯生产力论是历史唯物主义的基本观点，是马克思主义的一元论。再讲社会主义价值标准，就是搞二元论、三元论。他竟不知道马克思列宁主义和邓小平都是否定和批判唯生产力论的，是对历史唯物主义的无知与曲解。还有的学者否定生产力决定生产关系的原理，认为生产力没有自己发展的动力，生产力的发展是由生产关系推动的。因而生产关系是生产力发展的动力。当旧的生产关系不能推动生产力的发展时，就会变革，由新的生产关系推动生产力的发展。而且他认为，任何社会制度包括一切剥削制度，只要符合当时的生产方式，虽有剥削，但凭借生产资料的占有获得收入，就是公平的、合理的、正义的。并认为这是马克思主义历史唯物主义的观点。他把两个不同的观点混淆起来了。因为：1. 马克思主义认为，任何社会制度包括剥削制度的产生和转换，都是不以人的意志为转移的客观过程，只能用生产力和生产关系相互关系的原理来说明，不能用道义原则来说明。而该学者竟将这个原理改换成一切剥削制度因符合当时的生产方式，因而都是正义的、合理的、公平的。不赞同对剥削制度进行批判。在他看来，剥削制度不但“剥削有功”，而且是正义事业了。我们看到，《资本论》运用大量实际资料，阐述了资本剥削和奴役劳动的残酷无情，持批判态度。马克思出版的《资本论》的副标题也是“政治经济学批判”，既批判资本主义剥削制度，也批判为资本主义制度辩护的资产阶级政治经济学。2. 马克思在《德意志意识形态》中指出：“统治阶级的思想在每一个时代都是占统治地位的思想”，“支配着物质生产资料的阶级，同时支配着精神生产资料”。这表明，在一切剥削制度中，不仅统治阶级认为自己的制度是合理的、公平的，而且一般社会成员也会附和这种认识。但马克思主义绝对不会去附和这种观点。马克思和恩格斯对一切剥削制度都提出过尖锐的批判。而我们的那位马克思主义学者，竟将剥削阶级主导的社会思想错解为马克思也附和的思想。

（四）关于《资本论》的研究对象问题

关于《资本论》的研究对象问题，目前存在着较多的争议。关于《资本论》或资本主义政治经济学的对象问题，马克思、恩格斯、列宁等都明确说明：是研究资本主义经济制度和经济发展规律的，是研究生产的社会形式的，或是直接讲是研究生产关系的。这方面论述可以引证很多，这里不必赘述。改革开放以前，马克思主义政治经济学的教学与研究中，一般都讲研究对象是生产关系。改革开放以后生产关系是否直接由生产力决定问题，学界提出了讨论，有学者根据马克思的有关论述提出了问题。1980 年《经济研究》发表了马家驹同志的《生产方式和政治经济学的研究对象》，作者引证了马克思的有关论述作为根据，提出：直接决定生产关系的是生产方式，而不是生产力。生产力直接决定的是生产方式。这不仅涉及政治经济学的对象问题，而且涉及历史唯物主义的理解问题。马克思在早期著作中，有两次讲到这个问题：一次是 1846 年 12 月 28 日致安年科夫的信中写道：“随着新的生产力的获得，人们便改变自己的生产方式，而随着生产方式的改变，他们改变所有不过是这一特定生产方式的必然关系的经济关系。”①

1847 年，在《哲学的贫困》中又写道：“随着生产力的获得，人们改变自己

① 《马克思恩格斯〈资本论〉书信集》，北京：人民出版社，1976 年版，第 17 页。

的生产方式，随着生产方式即谋生的方式的改变，人们也就会改变自己的一切社会关系。”①历史唯物主义表述方式成了“生产力—生产方式—生产关系”。但是，这里作为生产力和生产关系中间环节的“生产方式”，究竟是什么呢，学界存在着不同的解读。难道还存在既不是生产力，也不是生产关系的中间环节？那又是什么呢？其实，按照马克思的总体说明，社会生产是生产力与生产关系的统一。生产力是生产中人们与自然之间的关系，生产关系是生产中人们相互之间的经济关系即生产关系，并不是还存在第三方面的关系。显然，这里的“生产方式”，排除了生产力的解读，因为它是由生产力决定的。将其解读为劳动方式，也有问题。因为劳动方式也属于生产力的范畴，它是指人们怎样利用生产资料，通过劳动利用和改造自然，生产物质财富的方式。从逻辑关系上看，把生产方式解读为生产关系范畴，似乎也不合理。怎么会是生产关系决定生产关系呢？但是应考虑到，“生产关系”一词，可以是指狭义的即直接生产过程中的生产关系，也可以是指广义的生产关系体系。比如，我们讲生产资料所有制是生产关系的基础，这是学界公认的马克思主义原理。可以说，所有制是起决定作用的重要的生产关系范畴，它是生产关系体系中处于基础层次的范畴。所以，可以考虑，决定生产关系的生产方式，是否指与所有相联系的属于基础层次的生产关系环节呢？这一问题又与历史唯物主义原理的总的理解相联系。试问，马克思在《〈政治经济学批判〉序言》所讲的生产力决定生产关系原理，没有插入“生产方式”一词，难道有缺陷吗？还应看到在《资本论》第一卷第二版跋中，马克思引用彼得堡《欧洲通讯》一位作者对《资本论》方法的论述，认为完全符合《资本论》的原意。其中一段话是：“生产力的发展水平不同，生产关系和支配生产关系的规律也就不同。”同样是讲生产力决定生产关系，还应考虑到，《〈政治经济学批判〉序言》写于1859年，其中关于生产力决定生产关系的历史唯物主义论述被认为是经典性的原理。《资本论》第一卷第二版跋写于1873年，都没有在生产力和生产关系中间加一个“生产方式”。而讲生产力—生产方式—生产关系的论著，分别写于1846年和1847年。难道马克思时隔十多年和二十多年后，对同一原理的表述，会与以前的表述自相矛盾吗？难道能用一二十年前的表述否定后来更为成熟和经典的理论论述吗？笔者认为，前后两种表述事实上是统一的。在《资本论》中，既有生产力决定生产关系的论述，也有“生产力—资本主义生产方式—资本主义生产关系”的论述。后一种论述存

① 《马克思恩格斯文集》第1卷，北京：人民出版社，2009年版，第602页。

在于《资本论》第三卷第五十一章《分配关系和生产关系》的论述中。解决这一问题的关键，是首先要正确理解《哲学的贫困》中所讲的“生产方式即谋生的方式”的涵义。人类“谋生的方式”不外是通过劳动运用生产资料，生产出生活所需的物质产品来。马克思在《资本论》第二卷中讲过，任何社会的生产都需要将劳动力和生产资料结合起来，这种结合的生产方式决定着一定社会制度的性质。马克思很重视生产资料和劳动力结合的不同生产方式问题，这也是马克思《资本论》中的一个重要原理。遗憾的是，由于我们最初所学的苏联有关教材和《资本论》的注释中，忽视了这一个原理的存在及其重要意义，影响到我国经济理论界至今也未给予应有的重视。只是在讨论《资本论》研究对象时，来争论作为研究对象的“资本主义生产方式”是什么含义。解决这一问题，需要首先弄清生产资料和劳动力相结合的生产方式有两个方面：一方面是二者相结合的技术方式，即劳动者怎样具体运用生产资料去利用和改造自然，生产出物质产品和精神产品。这一个方面可以称作劳动方式，属于生产力范畴。而马克思更为重视的是另一方面，即生产资料和劳动力相结合的社会生产方式。在既定的生产资料所有制条件下，二者通过什么社会关系结合起来，这与所有制一起，构成生产关系体系中处于基础层次或决定性层次的部分。在《资本论》中揭示资本主义生产关系体系的形成和内在矛盾时，首先在第一卷第四章中论述了非劳动者占有的生产要素作为资本，与失去生产资料作为雇佣劳动者的工人相结合的生产方式，即资本主义生产方式。作为《资本论》研究对象的资本主义生产方式，正是资本与雇佣劳动相结合的生产方式。这一理论观点，我在自己的有关论著中已有较充分和系统的论证，是完全依照马克思的原意进行论证的，这里只是简要地做了论述。对《资本论》有关基本原理的解读或争鸣一定要有马恩论述的原话根据，更不能不顾原话随意解读。这里只引证几条供读者思考。《共产党宣言》中就已指出：“资产阶级生存和统治的根本条件是财富在私人手里的积累，是资本的形成和增殖。资本的条件是雇佣劳动。”这就是表明，资本主义生产关系存在的根本条件就是资本与雇佣劳动相结合的生产方式。马克思在《1857—1858 年经济学手稿》中讲：“关于资本和雇佣劳动的概念问题，是现代社会制度的入口处出现的基本问题。”①所谓“入口处”的问题，就是指资本与雇佣劳动结合的资本主义生产方式是进入资本主义生产关系的前提条件。另外，恩格斯在

① 《马克思恩格斯全集》第 46 卷(上)，北京：人民出版社，1979 年版，第 290 页。

为马克思的《资本论》第一卷所写的书评中也讲："在这里首先说明了资本主义的生产方式，即一方面有资本家，另一方面有雇佣工人存在的生产方式。"①恩格斯为《资本论》写的书评，都会经马克思过目，而且有些提法是马克思拟定的。

马克思关于生产资料与劳动力相结合社会生产方式会对社会制度起决定作用的原理，对中国特色社会主义制度的建设与发展，同样具有指导意义。我国的公有制企业特别是国有企业的社会主义性质，不能用作为上层建筑的国家的政治性质来说明，也不能说只要是国有经济就必然是社会主义性质的。是否具有社会主义性质要由企业内生产资料与劳动力相结合的生产方式决定。作为社会主义企业，应表现在企业职工真正作为国家和企业的主人，与归全民所有的生产资料相结合，而不是作为国企高管的雇佣劳动者无任何权利。如果职工的应有权益受到任意损害，又没有知情权、话语权、选举权、参与权、民主管理权等权利。高管贪腐妄为，可随意损害和变卖企业，就会失去企业的社会主义性质。进行国企改革，必须认识和处理好这一问题。

三、关于《资本论》内容的简繁取舍与评介问题

在《马克思与〈资本论〉》的书目下做文章，不同于搞《资本论》讲解或注释，不需要逐章逐节地去解读，但又不能不谈《资本论》的基本内容，这就有个简繁取舍问题。作者采取的原则是：（一）将《资本论》三卷的基本内容分九章篇幅进行简明扼要的论述；（二）论述《资本论》的内容要完全按其原意解读，忠于原著；（三）对《资本论》中虽着笔较少，但在早期经济学手稿中用较大篇幅论述的理论问题，如生产劳动与非生产劳动问题，我国学界曾进行热烈讨论与争论，本书专设一章，首先回归马克思的原意，消除误解、错解。对于随着时代发展需要有新的理论认识的问题，也有必要进行说明；（四）对马克思在《资本论》和其他论著中有所论述的重要观点，但在有关教材和论著少有涉及的问题，如马克思的财富论及其意义，也专设一章，进行论述；（五）鉴于多年来学界对《资本论》中论述的外延型和内涵型、集约型和粗放型的增长方式和扩大再生产途径的普遍误解和错解，专设一章《澄清对〈资本论〉中有关再生产理论认识的误区》；（六）多年来，《资本论》过时论、无用论，甚至通过任意曲解进行批判的声音在国内不绝于耳。习近平同志于 2012 年 6 月 19 日到中国人民大学考察时，首先考察了《资本论》教学与研究中心，并发表了重要讲话。他指出：马克

① 《马克思恩格斯全集》第 16 卷，北京：人民出版社，1964 年版，第 270 页。

思主义中国化形成了毛泽东思想和中国特色社会主义理论体系两大理论成果，追本溯源，这两大成果都是在马克思主义经典理论指导下取得的。《资本论》是经典中的经典，经受了时间和实践的检验，始终闪耀着真理的光芒。笔者曾发表过多篇论文，阐述《资本论》对研究当代资本主义和社会主义以及对中国特色社会主义的理论和实际意义，在本书中也专设一章《马克思的经济理论与当代现实》。下面，我想谈几个有关的理论是非问题。

(一) 关于生产关系决定分配关系的问题

关于生产关系决定分配关系的问题是一个重大的理论和实践问题，在《资本论》和其他论著中多有论述。马克思讲生产决定分配，包含两个方面：一方面是生产什么就分配什么；生产多少，就分配多少。这是做好蛋糕和分好蛋糕的关系，另一方面也是更重要的方面，是生产关系决定分配关系，本书设有专章讲述这一问题。这一理论既可指导我们正确认识资本主义经济的分配方式，也可指导我们正确认识中国特色社会主义的分配方式。在《资本论》第三卷中，明确指出，资本主义分配方式是按生产要素所有权分配。第一卷中提出，作为自由人联合体的社会主义的分配方式，是按劳分配。在过去的一个长时期中，我国学界一般讲，社会主义实行“按劳分配”；资本主义实行“按资(本）分配”。这是表达很对称的两种不同的、对立的分配方式。改革开放以来，提出社会主义初级阶段的所有制结构是公有制为主体，多种所有制共同发展。与此相对应，分配方式是按劳分配为主体，多种分配方式并存。所谓“多种分配方式”，主要是两种：将其表达为，在社会主义公有制经济中，实行按劳分配；在私营经济和外资经济中，实行按生产要素分配，后来又提按生产要素贡献分配。作者认为，马克思所讲的资本主义经济中实行按生产要素所有权分配的理论观点更科学，更符合实际。在公有制经济中，管理人员和科技人员与一般工人都是劳动者，只是脑力劳动者和体力劳动者的区别，都实行按劳分配。在私营经济和外资企业中，如果讲按资本分配，或讲按资本要素贡献分配，都存在理论和实际的是非问题，因为资本利润不是分配给货币资本或作为生产资本的生产资料，而是分配给资本的所有者。资方是凭借资本所有权获得收入。资本在生产中无论做了什么贡献，是资本的贡献，不是资本所有者的贡献，归根到底不是按资本要素贡献分配，而是按资本要素所有权分配。自然力，如水力、风力、农业生产中的多种自然条件也是生产要素，但不参与分配，因为没有所有权。在社会主义公有制中，按劳分配就是按劳动贡献分配，劳动贡献就是劳动者的贡献，劳动与劳动者是分不开的。而资本和资本所有者不是一回事。私企外企中的劳动者是凭借劳动力的所有权，按劳动力的价值参与分配。剩余价值被资方占有，而科技人员与经理等高管，也是凭借自己科技能力和管理能力的所有权参与分配，并获得高额收入，因为他们的高级复杂劳动创造了更多的价值与财富，他们创造的较多的剩余价值是与资方共享的。

（二）关于劳动不是财富的唯一源泉问题

关于劳动不是财富的唯一源泉问题，这是马克思一再讲过的问题。笔者认为，在生产力高度发展的现时代，研究价格问题和财富的生产与分配问题，比研究价值问题更现实，也更有意义。价值是看不见、摸不着的，国内外争论较多。而且在完全以纸币作为货币的现时代，纸币不具有价值尺度职能，只能作为价格尺度。而价格的涨落和财富的增长与分配，则是看得见、摸得着的，且与人们切身利益密切相关。马克思主张社会主义制度下要快速发展生产力，不断提高人民的生活水平，实现共同富裕。这只能通过财富的不断增长和合理的公平分配来实现。马克思认为，社会主义制度下，商品与价值关系消亡了，但财富源泉将充分涌流。财富是指由使用价值构成的物质财富和精神文化财富，只有财富的源泉充分涌流，才能实现共同富裕。生产财富当然离不开多种生产要素的作用。劳动和生产资料都是生产财富的必要条件。这是问题的一方面。问题的另一方面是，马克思和恩格斯一再提出劳动不是财富的唯一源泉，劳动和自然界才是财富的共同源泉。学界往往把生产财富的必要条件与财富的源泉混淆起来。讲财富的源泉是要说明财富的实体是由什么构成的。马克思常讲劳动与“自然界”是财富的源泉，或是讲劳动与“自然物”是财富的源泉。怎么理解这个问题呢？可举个例子来予以说明：一把木椅或一个木柜，是由木匠劳动和木料制成的，构成木椅、木柜实体的，只是木匠劳动和木料，并不含有斧头、锯子等材料。但木料是哪里来的呢？是自然界生长的树木。将树木变成可做木器家具的木料，要经过伐木劳动、运木劳动、破解木材劳动等一系列相互衔接的多层次劳动，最后通过木匠的劳动将木料制造成木椅木柜等。所以，木器家具这种财富是由一系列相衔接的劳动和自然物质构成的，马克思正是据此指出，一切财富的源泉是劳动和自然物质，马克思还在《资本论》中引证配第的名言：“劳动是财富之父，土地是财富之母。”这里所讲的“土地”不是仅指耕种的田地，而是将其作为自然界的代表，马克思对此有过明确的解释。我在本书专设一章《马克思的财富论及其意义》中做出了系统的说明。

（三）关于学习和研究《资本论》的学术态度问题

学习与研究《资本论》和马克思的其他著作，既不能误解、错解、曲解其基本原理，应是在准确理解和把握其原理的基础上，以其为指导，研究当代资本主义经济和中国特色社会主义经济。也不能搞“句句是真理”，不顾时代的发展和中国的实际，在本本主义中做学问。应是着力于马克思主义的中国化和现代化，坚持和发展马克思主义。

马克思指出，未来的社会主义要实现社会所有制，即全社会占有生产资料，有时又讲公有制、共同占有、公共所有等，都是同一的涵义。如果我国在改革中放弃和否定了依据马克思《资本论》的原理所制定的《宪法》中的规定，即社会主义公有制是社会主义经济制度的基础，实行按劳分配；也否定了社会主义初级阶段的基本经济制度，即公有制为主体，多种所有制经济共同发展，按劳分配为主体，多种分配方式并存等，社会主义还存在吗？但是，又必须认识到我国的社会主义是脱胎于生产力极其落后的半殖民地半封建社会，私营经济、个体经济也曾受“三座大山”的抑制，没有获得充分发展，在新中国还有较大的发展空间。面对我国非公有制经济的发展，对马克思的理论观点也要有全面的理解。在《共产党宣言》中讲过，“共产党人可以把自己的理论概括为一句话，消灭私有制”。但应理解，这是指发达资本主义建成了完善的社会主义后才能实现的事情。不应套用于落后的中国，而且马克思还讲过：“在资产阶级的社会生产力正以在整个资产阶级关系范围内所能达到的速度蓬勃发展的时候，也就谈不到什么真正的革命。”①应当看到，二战后一些资本主义国家的科技进步和生产力的发展超过了以往资本主义发展的总和。还应看到，恩格斯在《共产主义原理》一书中回答一个提问：“能不能一下子就把私有制废除？”他的回答是：“不，不能，就像不能一下子就把现有的生产力扩大到为实行财产公有制所必要的程度一样。因此，很可能要来临的无产阶级革命，只能逐步改造现今社会，只有创造了所必需的大量生产资料之后，才能废除私有制。”②新中国是在生产力极端落后、人民极端贫困的条件下建立社会主义的，需要经历一个长期的社会主义初级阶段。所以要实行公有制为主体、多种所有制共同发展的基本经济制度。因此，理论工作者面对我国私有制经济当前的存在和发展，不要不断引证和宣传《共产党宣言》中的“消灭私有制”的话，这会引起社会的负面效应。同时也要重视和摒弃某些官员和学者主张废除国有企业和公有制经

① 《马克思恩格斯选集》第3卷，北京：人民出版社，1995年版，第670—671页。

② 《马克思恩格斯文集》第1卷，北京：人民出版社，2009年版，第685页。

济、搞全面私有化的主张。这种主张是要变社会主义为资本主义，背离党中央所一再强调的“两个毫不动摇”，背离中国特色社会主义既不搞单一的公有制，又不搞私有化，既不走僵化封闭的老路，也不走改旗易帜的邪路。我们要遵照党的十九大理论指导，按照新时代中国共产党的历史使命，决胜全面建成小康社会，开启全面建设社会主义现代化建设的战略安排。

遵照马克思的系统说明把握《资本论》的研究对象*

《资本论》是马克思辩证唯物主义和历史唯物主义、政治经济学、科学社会主义相统一的经典著作。如果从其整个理论内容的重点来看，它更是一部经典的政治经济学著作，因此，讲《资本论》的研究对象，与讲马克思政治经济学的研究对象是相同的。在过去一个长时期中，讲马克思政治经济学的对象，一般肯定是研究生产关系的。生产关系也可称作经济关系，实质上是经济利益关系。近些年来，有些学者认为，《资本论》或资本主义政治经济学的对象也包括生产力，甚至认为首先研究生产力。这是附加于马克思的观点，不能认同。《资本论》是专门研究资本主义经济制度的著作，经济制度就是指生产关系体系或生产关系总和。马克思在《〈政治经济学批判〉序言》中就明确说明，他创立的政治经济学是"考察资产阶级经济制度"的，并且具体说明："我考察资产阶级经济制度是按照以下的顺序：资本、土地所有制、雇佣劳动；国家、对外贸易、世界市场。"①但后来实际完成的是三卷《资本论》和《剩余价值理论》。原计划理论体系中的资本、土地所有制、雇佣劳动的内容，《资本论》中都做了系统研究。着重研究了资本主义经济制度中三个阶级即资本家、土地所有者和雇佣劳动者之间的经济关系，并研究了资本运动的各个方面。对资本的研究包括工业资本、商业资本、生息资本、农业资本、资本的生产过程、资本流通过程、资本积累、资本集中

---

* 原载于《经济学动态》2018 年第 10 期。

① 《马克思恩格斯文集》第 2 卷，北京：人民出版社，2009 年版，第 588 页。

与积聚、资本有机构成、资本再生产及其总过程等。对这些方面的研究都是着力于从资本主义经济制度即生产关系体系的角度进行的。

一、既联系上层建筑又紧密结合生产力，研究资本主义经济制度

在《资本论》中，虽然没有专门篇章讲国家问题，但在有关篇章中，多次讲到英国资本主义发展过程中国家立法的重要作用。如《资本论》第一卷第五章《工作日》中，就在第五节讲“14 世纪中叶至 17 世纪末关于延长工作日的强制性法律”，第六节又讲，经过“争取正常工作日的斗争”，“国家对劳动时间的强制的法律限制”，并专门介绍了“1833—1864 年英国的工厂立法”。国家立法是上层建筑问题，但直接影响到劳动与资本的生产关系，影响到工人阶级的切身利益。经过立法限制的劳动时间是多少呢？其中有一条规定是，“同一个少年一天之内不得超 12 小时”，成年工人就不受此限了。这还是受立法限制了的劳动时间。未限制前的劳动时间可任意延长，《资本论》中对此也有详细论述。又如，在第二十四章《所谓原始积累》第三节，专讲“15 世纪末以来惩治被剥夺者的血腥立法——压低工资的法律”。也就是国家立法强制被剥夺了土地的个体农民成为受资本压榨的雇佣劳动者。马克思用具体事例表明，上层建筑对经济社会的发展会产生重要作用。因为有些学者没有重视这一问题，恩格斯在 1890 年的通信中，专门提醒读者，不要将马克思主义关于经济的决定作用做绝对化理解，忽视上层建筑的作用。他特别指出：“根据唯物史观，历史过程中的决定性因素归根到底是现实生活的生产和再生产。……如果有人在这里加以歪曲，说经济因素是唯一决定性的因素，那么他就是把这个命题变成毫无内容的、抽象的、荒诞无稽的空话。”在一定情况下，起决定作用的“还有上层建筑的各种因素。”①从现在的情况来讲，一个国家在特定条件下，是走资本主义道路，还是走社会主义道路，政党的引导和政治的选择会起决定性作用。恩格斯在另一封通信中还建议“看看《资本论》，例如关于工作日的那一篇，那里表明立法起着多么重大的作用”②。因此，《资本论》是紧密联系上层建筑研究资本主义生产关系的，但上层建筑不是《资本论》或政治经济学的研究对象。

《资本论》研究资本主义生产关系，又是与生产力紧密联系的。例如，第一

① 《马克思恩格斯文集》第 10 卷，北京：人民出版社，2009 年版，第 591 页。

② 同上书，第 600 页。

卷第五章讲“劳动过程和价值增殖过程”，就是将生产力和生产关系统一起来进行分析的。第十章讲“相对剩余价值的概念”，也与提高劳动生产力相联系。至于第十一章讲“协作”，第十二章讲“分工和工场手工业”，第十三章讲“机器和大工业”，事实上是论述资本主义经济从开始产生到 19 世纪所经历的三个历史阶段。随着生产力在三个阶段中的发展，资本主义生产关系也在不断发展和成熟，资本对劳动的统治也在发展和加强，劳动对资本的隶属从形式的隶属转向实际的即实质的隶属。所谓形式的隶属，是指在资本主义初期的简单协作中，即没有分工的手工业工场中，每个劳动者依然掌握全套手工业技能，能独立生产出一件完整的产品，即使离开资本家的工场，他依然可以独立操作谋生。而在分工的工场中，劳动者只从事局部的生产环节。在机器大工业中，分工更细，每个工人的劳动成为不断重复的简单操作。在这种分工固定化的条件下，工人离开资本家，又无独立的手艺，就无法生存。所以实际上隶属于资本了。因此，马克思在《资本论》中讲生产力的发展状况，重在说明随着生产力的发展，资本主义生产关系也不断发展的特点。同样并未把生产力作为研究对象。

马克思十分重视生产力，特别重视作为生产力重要因素或“独立因素”的科学的发展。他根据资本主义生产力发展状况，提出了决定生产力发展的多种因素，包括物质因素、劳动力因素、社会因素(如分工协作、经营管理等)、自然力因素、科技因素等。马克思重视生产力的作用，不仅仅是要用生产力的发展说明资本主义经济的发展和其被社会主义取代的历史必然性，更主要的是从生产力在人类社会发展中的决定性作用中，关注其发展变化的。马克思的论著中强调社会主义要实现共同富裕，必须快速发展生产力。社会主义政治经济学是为建设社会主义满足人民美好生活需要服务的，就需要研究怎样更好更快地发展生产力，为发展社会主义经济而贡献才智!

也许读者会提出这样的问题：马克思主义强调发展生产力的重要意义，生产力是最活跃最革命的要素，是社会历史发展的最终决定力量。为什么又要肯定《资本论》或马克思的资本主义政治经济学的对象不研究生产力呢？这是因为《资本论》研究的宗旨，是揭示资本主义的内在矛盾，阐明资产阶级和无产阶级的本质关系，以及资本主义制度产生发展成熟并最终被社会主义所取代的经济规律，为工人运动和无产阶级革命，为国际社会主义运动提供理论武器。马克思没有义务为资产阶级发展生产力去出谋划策，去研究怎样更好更快地发展生产力。他研究资本主义生产关系时紧密结合生产力，事实上是对既有的和现实中正在发展的生产力的说明。学习和研究《资本论》，一定要准确弄清和把握其原意，不要把自己的误解和错解强加给马克思主义。学界进行理论和学术争鸣，一定要有确切的根据，要提出有说服力的论据和论证，对不同认知的对方的论证和论据不能回避，要提出能够将其驳倒的论据。

二、主张《资本论》或资本主义政治经济学的研究对象首先是生产力的根据不能成立

有学者提出，马克思把生产力放在研究政治经济学的首位，其根据是什么呢？是根据对马克思某些论述的误解。误解之一是，马克思在《〈政治经济学批判〉导言》中讲，“摆在面前的对象，首先是物质生产”①。认为这就是讲政治经济学的研究对象首先是物质生产，而物质生产首先是生产力。误解之二是，马克思在《资本论》第一卷序言中讲：“我要在本书研究的，是资本主义生产方式以及和它相适应的生产关系和交换关系。”②由此推理，生产力决定生产关系，生产关系要适应生产力的发展。因此，资本主义生产关系与之相适应的“资本主义生产方式”，就是指生产力，也有的说是指生产力含义上的劳动方式。可以肯定，这是自我牵强附会的错解，它与马克思恩格斯关于研究对象的具体说明是完全相悖的。

(一)“摆在面前的对象，首先是物质生产”，不是讲政治经济学的对象

先讨论第一条误解，马克思《〈政治经济学批判〉导言》的第一节，是《生产、消费、分配、交换(流通)》。首先是研究生产。因此，这一节的开头就讲“摆在面前的对象，首先是物质生产”，只要稍作思考，就会提出问题：如果这里是讲政治经济学的对象，为什么不直接说“摆在面前的对象是物质生产”，而要加“首先是”呢？有“首先”就有“其次”“复次”等，那又是指什么呢？其实只要将这句话与第一节的标题相联系去解读，就会明白，第一节的内容包括了再生产的四个环节，即“生产、消费、分配、交换(流通)”。第一个环节就是“生产”，所以紧接着讲“摆在面前的对象，首先是物质生产”，跟在后面的就是生产同交换、分配、消费等的相互关系问题。马克思这里讲再生产四个环节的关系，是要纠正前人对四个环节之间的相互关系的不科学的肤浅的看法，深入说明其相互间的辩证关系。生产起决定作用，但其他方面如消费为生产提供动力，在一

---

① 《马克思恩格斯文集》第8卷，北京：人民出版社，2009年版，第5页。

② 《马克思恩格斯文集》第5卷，北京：人民出版社，2009年版，第8页。

定程度上对生产也起决定作用。

学习和研究马克思主义政治经济学或《资本论》，要从其论述的整体性和系统性上把握其理论真谛。不能只看到开头的一句话，就望文生义地断言生产力是马克思政治经济学的首要对象。只要系统读一下本节的内容，就会明白：马克思在这里讲生产，不是“被斯密和李嘉图当作出发点的单个的孤立的猎人和渔夫”，那“属于18世纪的缺乏想象力的虚构”①。这是鲁滨孙一类的故事。马克思进一步指出：“说到生产，总是指在一定社会发展阶段上的生产……例如，是现代资产阶级生产——这种生产事实上是我们研究的本题。”②马克思区分了“生产一般”与一定社会关系下的生产的差别，并批评了现代资产阶级经济学家的“全部智慧，就在于忘记这种差别”。他们就是从运用什么生产工具和其他生产资料来进行生产的角度来说明生产是一种“一般的、永存的自然关系”。③ 由此认为资本主义生产就是这样永存的自然关系。马克思在这一节中还明确说明：“政治经济学不是工艺学”④，“一切生产都是个人在一定社会形式中并借这种社会形式而进行的对自然的占有”⑤。在《1857—1858年经济学手稿》中还明确指出：“政治经济学所研究的财富的特殊社会形式，或者不如说是财富生产的特殊社会形式。”⑥这些论述表明，马克思研究社会再生产的四个环节，首先面对的是“物质生产”。但应当明确，物质生产是研究的出发点，而不是研究的对象，研究的对象是生产的社会形式，即社会生产关系。

(二)不能把作为《资本论》研究对象的“资本主义生产方式”解读为生产力或劳动方式

有一种主张是，《资本论》要研究生产力或生产力含义上的劳动方式，它们所持的依据是：《资本论》第一卷的《序言》中讲，“我要在本书研究的，是资本主义生产方式以及和它相适应的生产关系和交换关系”。生产关系有广义和狭义之分，广义的生产关系，是全部生产关系总和，即生产关系体系。交换关

---

① 《马克思恩格斯文集》第8卷，北京：人民出版社，2009年版，第5页。

② 同上书，第6—9页。

③ 同上书，第9页。

④ 同上。

⑤ 同上书，第11页。

⑥ 《马克思恩格斯全集》第46卷(下)，北京：人民出版社，1980年版，第383页。

系、分配关系以及其他多方面的关系都包括其中。马克思这里把生产关系和交换关系并列，表明这里所讲的生产关系，是狭义的生产关系，即直接在生产过程中形成的相互经济关系。学界长期争论的问题是，与生产关系相适应的“资本主义生产方式”是指什么？有的学者认为，根据历史唯物主义，生产关系是由生产力决定的，生产关系要与一定的生产力相适应，据此断言这里所讲的“资本主义生产方式”就是生产力。有的则断言是劳动方式。还有其他多种解读，如生产关系总和，生产力和生产关系的统一等。笔者认为，这种解读不符合《资本论》的原意。这本来是马克思已经阐述得很清楚的问题，但学界理解还有分歧，需要从马克思论述的系统性和整体性上去把握其真谛。大家知道，《资本论》中讲“生产方式”和“资本主义生产方式”的地方很多，两者都是多义词。这里不需要展开详细解读，只说明两点：其一，不要把《资本论》中的“生产方式”和“资本主义生产方式”混同起来解读。前者的含义广于后者。“生产方式”有的地方就是指生产条件或生产力，有的地方是生产力和生产关系的统一，有的地方是指劳动方式，有的地方是指商品生产方式，也有的地方是指经济制度。这里的每种解读都可以在《资本论》中找到相应的说明。其二，“资本主义生产方式”的含义不可能是生产力或劳动方式。凡是在生产方式前加“资本主义”这一定语的，都一定与资本主义生产关系相联系，或是讲资本主义经济制度，或是讲其中的某个方面，如资本主义所有制等，或是讲资本与雇佣劳动相结合的生产方式。只有少数地方是指生产力与资本主义生产关系的统一。这里所述的关于资本主义生产方式的不同内涵，同样可以在《资本论》中找到相应的说明。在马克思的论著中绝对找不到在单独生产力含义上或劳动方式含义上运用“资本主义生产方式”表述的地方。所提出的根据是牵强附会的，不能成立的。

（三）马克思系统地说明了作为《资本论》研究对象的“资本主义生产方式”，是资本与雇佣劳动相结合的生产方式

作为《资本论》研究对象的“资本主义生产方式”，有其特定的含义。为弄懂它的真实含义，不能只在《资本论》第一卷序言的范围内找出路，各自做出自以为是的主观判断，应将三卷《资本论》的有关论述统一起来加以解读。只要认真读一下《资本论》第三卷第五十一章《分配关系和生产关系》的内容，就可以清晰无误地排除《资本论》的对象首先包括生产力的误解，其中有一段话的格式和逻辑与序言中的表述是一致的，但是这里把问题讲得更清晰，其原话是“对资本主义生产方式的科学分析却证明：资本主义生产方式是一种特殊的、具有独特历史规定性的生产方式；它和任何其他一定的生产方式一样，把社会生产力及其发展形式的一个既定的阶段作为自己的历史条件，而这个条件又是一个先行过程的历史结果和产物，并且是新的生产方式由以产生的既定基础；同这种独特的、历史规定的生产方式相适应的生产关系，……具有一种独特的，历史的和暂时的性质；最后，分配关系本质上和这些生产关系是同一的"①。从这段话中可以看出几点有关的理论逻辑：首先，作为《资本论》研究对象的"资本主义生产方式"，是一种"具有独特历史规定性的生产方式"，就是说：它只存在于一定的历史阶段，与其他阶段的生产方式(比如封建主义生产方式)相比，具有自己的独特性。显然，生产力和劳动方式不具有这种历史规定性。其次，资本主义生产方式把社会生产力及其发展形式的一个既定的阶段，作为自己的历史条件。这里明白无误地说明，作为《资本论》研究对象的资本主义生产方式，是以一定历史阶段的社会生产力为其存在条件的，就是说，资本主义生产方式是由一定阶段的社会生产力所决定的，显然，这里消除了将"资本主义生产方式"解读为生产力的迷误。再次，与"资本主义生产方式"相适应的生产关系，自然是资本主义生产关系，并有与之相应的分配关系。以上所有这些都具有"历史的和暂时的性质"，而且这段话特别说明，资本主义生产关系和分配关系的历史暂时性正是由与它们相适应的资本主义生产方式的历史暂时性所决定的，只要认真研读《资本论》中的这段话，就绝不会把作为《资本论》研究对象的"资本主义生产方式"，解读为生产力或劳动方式。

这里只论证了作为《资本论》研究对象的"资本主义生产方式"，不是生产力和劳动方式，还没说明它究竟是指什么。对此，还有其他多种解读，没有必要对其一一证伪。只要认真读一下，马克思自己的回答就一清二楚了。弄清这个问题，不要仅仅看作是一个无实际意义的纯学理性问题，它对我们研究社会主义生产关系或中国特色社会主义生产关系也是具有启迪作用的。

就在上述的同一章中，马克思明确说明了作为《资本论》研究对象的"资本主义生产方式"是指什么，指出："资本主义生产方式一开始就有两个特征。"②第一个特征是，工人的劳动力也成为商品。"工人自己也只是表现为商品的出售者，因而表现为自由的雇佣工人，这样，劳动就表现为雇佣劳动。有了以上

① 《马克思恩格斯文集》第7卷，北京：人民出版社，2009年版，第994页。

② 同上书，第995页。

说明，已无须重新论证资本和雇佣劳动的关系怎样决定着这种生产方式的全部性质。”①请注意：这里说明，资本主义生产方式的全部性质，是由资本和雇佣劳动的关系决定的。“资本主义生产方式的第二个特征是，剩余价值的生产是生产的直接目的和决定动机。”②正是由于货币变为资本，劳动力成为商品，才有资本和雇佣劳动的关系，才决定了资本主义生产关系本质上是资本无偿占有工人剩余价值的关系。这就说明了作为《资本论》研究对象的资本主义生产方式，就是资本与雇佣劳动相结合的生产方式。

正因为资本与雇佣劳动相结合的资本主义生产方式，首先决定着资本主义生产过程中的剩余价值生产关系，又决定着整个资本主义生产关系的性质，因此，马克思指出：“这个阶级的历史使命，就是推翻资本主义生产方式和最后消灭阶级。这个阶级就是无产阶级。”③在马克思的论著中，研究生产关系体系和经济发展规律，十分重视不同社会制度中生产资料与劳动力相结合的不同社会方式，尤其重视资本与雇佣劳动相结合的资本主义生产方式及其决定性作用。然而在我们的政治经济学教学与研究中，在有关的教材和论著中，包括在《资本论》的讲解中，很少给予应有的重视。三卷《资本论》和经典作家的其他著作中，都一再论述这一问题。但我们没有据此从整体性、系统性上把握和诠释马克思的这一基本原理。

在《资本论》第二卷中，专门论述了生产资料和劳动力相结合的社会生产方式在生产关系体系中的决定作用。它指出：“不论生产的社会的形式如何，劳动者和生产资料始终是生产的因素。但是，二者在彼此分离的情况下只在可能性上是生产因素。凡要进行生产，它们就必须结合起来。实行这种结合的特殊方式和方法，使社会结构区分为各个不同的经济时期。在当前考察的场合，自由工人和他的生产资料的分离，是既定的出发点，并且我们已经看到，二者在资本家手中是怎样和在什么条件下结合起来的——就是作为他的资本的生产的存在方式结合起来的。”④这里所述的“社会结构”，就是指不同经济时期的社会制度。这段话不仅说明了在不同的社会制度中，存在着劳动者和生产资料相结合的不同社会方式及其决定性作用，而且明确指出了在资本主义社会制度中，

① 《马克思恩格斯文集》第7卷，北京：人民出版社，2009年版，第996页。
② 同上书，第997页。
③ 《马克思恩格斯文集》第5卷，北京：人民出版社，2009年版，第18页。
④ 《马克思恩格斯文集》第6卷，北京：人民出版社，2009年版，第44页。

“自由工人”没有生产资料，只能“在资本家手中”，作为雇佣劳动与资本相结合。而且是作为“他的资本的生产的存在方式结合起来的”。生产资料是不变资本的存在方式，劳动力成为可变资本的存在方式。也是要说明雇佣劳动与资本相结合的生产方式，就是资本主义生产方式。

劳动者与生产资料的结合，可以是直接结合，也可以是分离后的结合。在个体劳动者那里，无论个体农民还是个体手工业者，二者是直接结合为一体的。在一定的社会制度下，二者又可以是分离的。但生产资料和劳动力必须结合起来才能进行生产，二者结合的技术方式是属于生产力范畴。马克思在《资本论》中强调的是二者相结合的社会方式，属于基础层次的生产关系范畴。大家认同生产资料所有制是生产关系体系的基础，同时也要明确，生产资料和劳动力相结合的不同方式，既体现了所有制的不同形式，又决定了所有制的不同性质。这样也就会完全明白，作为《资本论》研究对象的“资本主义生产方式”是什么及其所具有的重要意义了。

研究政治经济学或《资本论》，有必要提出和回答一个经济学也是社会学和历史学的问题。大家都知道，人类社会的发展经历了奴隶制度、封建制度和资本主义制度三种不同剥削制度的历史时期，又出现了现在的社会主义经济制度。三种剥削制度都是劳动者与生产资料相分离，都是非劳动者占有生产资料，而劳动者不占有生产资料，这是产生剥削制度的根源。但为什么都是非劳动者占有生产资料，而会区分为奴隶主、封建主和资本家不同性质的占有主体呢？为什么都是劳动者不占有生产资料，受人剥削，而会区分为奴隶、农奴或封建农民和雇佣劳动者的不同劳动身份呢？只有首先研究劳动力与生产资料相结合的不同社会方式，才能做出科学回答。如果大土地所有者自己不从事耕种，通过租佃方式使土地与租佃农民结合起来，这就是封建制度，就是封建地主与租佃农民的封建主义关系。如果非劳动者的生产资料和货币成为资本，与雇佣劳动相结合，就是资本家和雇佣工人的关系，就是资本主义制度。

研究社会主义制度或中国特色社会主义制度的本质规定及其经济特点，也不能忽视研究劳动者与生产资料相结合的特殊方式。不要以为只要是具有公有制形式的企业，就必然是社会主义性质的经济。社会主义国有经济中的劳动者，要以主人翁的身份与公有的生产资料相结合，形成管理者与劳动者利益相一致、与国家和全民利益相一致的共同体，才是社会主义性质的所有制。

三、总结：从总体性和系统性上把握《资本论》和政治经济学的研究对象

以上通过对《资本论》第二、三卷关于资本主义生产方式的分析，可以增强对《资本论》第一卷中关于同一问题的系统性、准确性的理解，可以更深刻地把握第一卷第四章的逻辑地位和马克思的科学安排。第一卷对资本的直接生产过程的研究，是从第五章开始的。第四章讲货币转化为资本，劳动力成为商品，就是先讲资本主义生产方式包括其所有制的建立问题的。马克思指出：资本和雇佣劳动的问题，“是现代社会制度的入口处出现的基本问题”①。因此，第四章所论述的就是资本主义直接生产过程(剩余价值生产)关系和整个资本主义生产关系体系的入口处问题。

学界应深入读一下恩格斯对马克思《资本论》第一卷所写的书评。开头一句话就是“自从世界上有资本家和工人以来，没有一本书像我们面前这本书那样，对于工人具有如此重要的意义。资本和劳动的关系，是我们全部现代社会体系所围绕旋转的轴心，这种关系在这里第一次得到了科学的说明”②。又指出，“在这里，首先说明了资本主义的生产方式，即资本家为一方，雇佣工人为另一方面存在的生产方式”③。

通过以上的系统分析，对作为《资本论》研究对象的“资本主义生产方式以及和它相适应的生产关系和交换关系”，就可以按照马克思的整体性说明，来准确地遵其本意认识和把握这一基本原理了。

---

① 《马克思恩格斯全集》第 46 卷(上)，北京：人民出版社，1980 年版，第 290 页。

② 《马克思恩格斯文集》第 3 卷，北京：人民出版社，2009 年版，第 79 页。

③ 同上书，第 86 页。

准确解读《资本论》的原理和方法*

《资本论》是一部博大精深的马克思主义理论著作，既具有重要历史意义，又具有重要现实意义。习近平同志于 2012 年 6 月 19 日到中国人民大学考察时，首先考察了经济学院的《资本论》教学与研究中心。考察后，发表了具有重要指导意义的讲话。他说：我们党是一个马克思主义指导的党，所以我们要重视马克思主义经典理论的学习。马克思主义中国化形成了毛泽东思想和中国特色社会主义理论体系两大理论成果，追本溯源，这两大理论成果都是在马克思主义经典理论指导下取得的。《资本论》是最重要的马克思主义经典著作之一，是经典中的经典，经受了时间和实践的检验，始终闪耀着真理的光芒。

由于《资本论》不是一部通俗著作，其精博深邃的理论思想需要认真研读才能掌握，因而初学者读原著会碰到一些困难。为此，我们编写了《〈资本论〉精选讲解》一书，作为辅助读物，力求用较通俗的语言解读原著的真谛。为便于读者理解和把握其精髓，现就有关问题，做一点说明。

一、力求准确地按原意讲解《资本论》的内容

我感到在有关《资本论》的教学和论著中，存在一些偏离原意的讲解。举几个事例。

---

* 本文系作者所编写的《〈资本论〉精选讲解》一书的前言，曾载于《当代经济研究》2014 年第 6 期，有删节。

（一）关于分析经济形式要运用“抽象力”的问题

《资本论》第一卷第二版序言中讲：“分析经济形式，既不能用显微镜，也不能用化学试剂。二者都必须用抽象力来代替。”这里所讲的“抽象力”与“抽象法”、“科学抽象”，是否同一含义，不少有关论著中是将其画等号的。如上世纪 50 年代初，作为我国政治经济学通用教材“十六分册”之一的苏联的列昂节夫所著《政治经济学的对象和方法》一章中这样讲：“政治经济学与一切社会科学相同，是不能够像物理或化学那样来利用实验的（在人工创造的条件下实验），而是用抽象的方法来代替的。”这是把抽象方法与自然科学中的实验截然划分或对立起来的。我国一些讲解《资本论》的著作，也存在同样的解读，似乎自然科学可以通过实验来求证，不需要抽象方法，只有经济学和其他社会科学的研究才需要抽象方法。其实，无论自然科学还是经济学的研究都需要运用科学抽象方法。抽象法或科学抽象是指从纷纭繁杂的现象中，通过科学分析，求证其固有的最本质的规定和规律。自然科学进行实验，也要运用科学抽象。如从现象上看，物体下落，重的东西下落快，轻的下落慢。但如在真空中进行实验，舍去了空气、风力等阻力，轻重物体都以同一速度下落，抽象出其本质和规律。经济学中的价格是现象，价值（劳动）是本质。利润、利息是现象，剩余价值是本质。这不是通过实验室进行科学抽象的结果，而是利用科学的思维抽象即“抽象力”的结果。“抽象力”也是科学抽象，但与自然科学研究中的科学抽象有所区别。

（二）关于等价形式的特点问题

《资本论》中分析“价值形式或交换价值”问题时，提出等价形式的三个特点：一是“使用价值成为它的对立面即价值的表现形式”；二是“具体劳动成为它的对立面即抽象人类劳动的表现形式”；三是“私人劳动成为它的对立面的形式，就是直接社会形式中的劳动”。弄清等价形式的特点，对于认识货币的本质具有重要意义。但是，在一些有关讲解、导读的论著中，未能按其本意进行。有的简单转述上述三个特点，不做科学阐述；有的做了解释，但偏离了原意。例如，有的著作中这样解读：在 20 码麻布＝ 1 件上衣的价值关系中，上衣是等价形式，它用自己的使用价值表现了麻布的价值，生产上衣的具体劳动成为生产麻布的抽象劳动的表现形式；生产上衣的私人劳动成为生产麻布的社会劳动的表现形式。其实，讲等价形式的特点，不是复述马克思在前面已讲清楚了的等价形式与相对价值形式的关系，而是从这种关系中抽象出等价形式自身的特点。讲等价形式的特点，是要论述在商品交换关系中，作为等价形式的商品是用自己的使用价值作为价值的代表，即价值的“化身”或“价值的镜子”而起作用。生产它的具体劳动，“只当作抽象劳动的实现”，成为“抽象人类劳动的化身”。生产它的私人劳动“成为直接社会形式的劳动”，即成为社会劳动的代表或“化身”。这是为说明货币的本质与特点做理论铺垫。在商品交换关系中，金属货币自身是价值的代表或化身，也是抽象劳动和社会劳动的代表或化身。

（三）关于“劳动过程的简单要素”的理解问题

在《资本论》第一卷第五章讲劳动过程中，马克思提出劳动过程的简单要素是：“有目的的活动或劳动本身，劳动对象和劳动资料。”有关教材的解读中，将这三要素作为生产力三要素来说明，却忽视了“简单”一词。有的政治经济学教材中，注意到“简单”一词，但做了偏离原意的解释。认为所谓“简单”就是撇开了生产关系单讲劳动过程。其实，马克思讲劳动过程时首先就说明：“劳动过程首先要撇开每一种特定的社会的形式来加以考察。”因此，是撇开社会生产关系单讲劳动过程本身必备的“简单要素”。所谓“简单要素”，是指最一般的、任何社会生产都不能缺少的最低限的要素。这一概念本身意味着随着社会生产的发展，劳动过程会相应增加新的要素，如管理、分工协作、科学等。马克思自己说明了这一点，他指出：“就劳动过程只是人和自然之间的单纯过程来说，劳动过程的简单要素是这个过程的一切社会发展形式所共有的。但劳动过程的每个一定的历史形式，都会进一步发展这个过程的物质基础和社会形式。”①这里所说的“物质基础”的发展就是劳动过程要素的发展。

（四）关于“商品生产所有权规律转变为资本主义占有规律”的解读问题

在《资本论》第一卷第二十二章讲剩余价值转化为资本的内容时，马克思提出了这一规律的转变问题。不少有关论著将其解读为由简单商品生产转变为资本主义生产，在我国曾流行的卢森贝的《〈资本论〉注释》中就是这样解释的。这种错解甚至存在于恩格斯的《反杜林论》中，它这样讲：“商品生产达到一定的发展程度，就转变为资本主义的生产。”接着引证《资本论》中的话：在这个阶段上，“以商品生产和商品流通为基础的占有规律或私有权规律，通过它本身的内在的、不可避免的辩证法转变为自己的对立物”。据此又做解读：“假定一切私有财产起初都基于占有者自己的劳动，……在生产和交换的进一步发展中

---

① 《马克思恩格斯文集》第7卷，北京：人民出版社，2009年版，第1000页。

也必然要产生现代资本主义生产方式。”①其实，由简单商品生产转变为资本主义生产，马克思在分析商品与货币及论述货币转化为资本时就讲清楚了。这里是讲资本积累、剩余价值资本化过程中的劳资关系的实质。在资本与劳动力交换关系中，承认各自的所有权，等价交换。但进入生产的结果，一切归资本家占有。在资本积累中，资本家是用无偿占有的劳动者剩余价值的一部分，作为追加资本，购买追加劳动力，再生产出更多的剩余价值。起点是凭借各自的所有权进行等价交换，但不断再生产的结果，全部归资本家不断占有。这就是资本积累的实质。这与由简单商品生产转变为资本主义生产毫无关系，有必要予以澄清。

（五）“所使用的资本与所消费的资本之间差额的扩大”怎样成为资本积累的因素

多种有关教材和解读本中，有不同的讲解。有些解读未必符合原意，例如，有的这样论述：所消费资本是指固定资本中减去转移走的价值后尚留存的那部分价值。比如，资本家所用固定资本一万镑，在生产过程中已转移走八千镑，留下二千镑。固定资本与以前一样发挥作用，这部分差额像白白利用自然力一样，提供无代价服务。在苏联有关教材中，也有这种解释。在考茨基还是马克思主义者的时候所写的《马克思的经济学说》一书中有专门一节阐述影响资本积累规模的因素，但对所使用资本和消费资本差额的增大这一因素避而不谈。显然他没有弄清其原意。其实，所消费资本不是指固定资本中尚未转移走的那部分存留的价值，而是指随着固定资本消耗而转移走的那部分价值。固定资本的总量越大，每年消费即转移的那部分价值也越大。而且，所使用资本与所消费资本差额的增大，不仅取决于固定资本总量大小，还取决于固定资本周转时间的长短。固定资本转移的价值作为折旧基金，也可用于积累。这个问题，从马克思和恩格斯的有关通信中，可以看出，马克思曾请教过恩格斯。二人曾信件往返多次，进行探讨。

（六）关于资本主义积累规律中“成正比”或“成反比”问题

马克思在论述资本主义积累规律时指出：随着资本积累的增大，产业后备军也增大。“同现役劳动军相比，这种后备军越大，常备的过剩人口也就越多，他们的贫困同他们所受的劳动折磨成反比。”这段话中的“成反比”，在法文版中是“成正比”。于是在《资本论》中译本中加了个脚注：“马克思亲自校订的法文

---

① 《马克思恩格斯选集》第3卷，北京：人民出版社，1995年版，第506页。

版中是‘成正比’。”在2009年新出版的《马克思恩格斯文集》第5卷中也对“成反比”加注：“在经马克思审定的法文版中是‘成正比’。”在我国出版的《政治经济学辞典》和有些教材中，也照此办理，加注法文版“成正比”。我觉得在教材和讲解等论著中，这样处理未必适当，会让学生和其他读者无所适从。在有关教材和《资本论》讲解、导读等著作中，应做出科学判断，究竟应是“成正比”还是“成反比”。于光远、苏星、仇启华主编的《政治经济学(资本主义部分)》(人民出版社1985年)，明确改为“成正比”。1961年出版的郭大力和王亚南翻译的《资本论》中译本第二版中，对“成反比”所加的脚注是：“最近出版的《马克思恩格斯全集》版已改为‘成正比’”，并加注说“这个改订是根据马克思亲自校订过的法文版做出的”。这里所讲的是俄文版《马克思恩格斯全集》第二版。而且苏联的刊物上还为此专门发表评介文章：《关于马克思〈资本论〉的一点更正》(见《经济学译丛》1963年第4期)。

然而，20世纪80年代的《资本论》法文版中，却根据德文版将“成正比”改为“成反比”。我认为，德文版中“成反比”是正确的，法文版“成正比”是译者的笔误。马克思审订时没有注意到这一差错。这样讲的根据是：第一，德文版《资本论》第一卷第一、二版是马克思亲手写的，以后的第三、四版是恩格斯校订的。都是“成反比”，这个论断符合事实。“他们的贫困同他们所受的劳动折磨成反比”，这句话中的两个“他们的”，是指同一些工人，可以是指“现役劳动军”，也可以是指“产业后备军”。作为现役劳动军，他们遭受“劳动折磨”，但有工资收入，可减轻贫困；作为产业后备军，他们失了业，不受劳动折磨了，但遭受贫困。因此，贫困与劳动折磨“成反比”。第二，恩格斯在马克思的遗物中，发现一个德文本和一个法文本，德文本中有些地方作了修改，并表明何处应参看法文版修改。在法文版中又标出了德文版修改时应采用的地方，而且需修改的地方正是资本积累过程的那一部分。然而马克思所遗留这两个版本中，都没有标出要将“成反比”改为“成正比”。第三，如要将“成反比”改为“成正比”，就需改变两个“他们的”内容，即产业后备军的贫困同现役劳动军的劳动折磨“成正比”。因为失业大军越多，越会加压力于现役劳动军，迫使他们忍受劳动折磨。反过来，现役劳动军越增大所受的劳动折磨，干更多的活，失业大军越不易找到工作。所以二者“成正比”。俄文版中将“成反比”改为“成正比”时，也修改了有关内容：将“他们的贫困同他们的所受劳动折磨成反比”，改成“他们的贫困同现役劳动军所受的劳动折磨成正比”。然而，内容的改变是俄译本译者所为，法文版中没有这种内容的修改。由此可见，将法文版中的“成正比”按德文版改成“成反比”是正确的。

（七）关于“商业资本是从产业资本中分离出来的独立部分”的提法问题

在20世纪50年代从苏联翻译过来的经济学论著中，流行着商业资本“是产业资本的独立化部分”“是从产业资本中分离出来的”“是产业资本的分化形式”等提法。这影响到我国的有关论著。在我国政治经济学教材和有关词典中也流行这类提法。如蒋学模同志的《政治经济学》教材中讲，“商业资本无非是从产业资本中分离出来的商品资本”。有的教材中讲：近代商业资本，主要是从产业资本中分离出来的，一部分产业资本家脱离生产领域，专门从事商品买卖，于是产业资本的一部分便分离出来变成商业资本。在资本主义社会中，产业资本的一部分独立和分化出来转为商业资本，不能说没有，但不是常态。更不能说商业资本家是由部分产业资本家改行从事商品经营的。商业资本主要是由商业资本家独立投资而成为独立部门。其实，准确的提法应是：商业资本的职能是从产业资本的商品资本职能独立出来的部分。这只能是资本职能的独立化，而不是资本的分离和独立化。马克思是这样说明的：产业资本中“处在流通过程中的资本的这种职能作为一种特殊资本的特殊职能独立起来，作为一种由分工赋予特殊一类资本家的职能固定下来，商品资本就成为商品经营资本或商业资本”。

（八）关于马克思的科学分析方法问题

《资本论》第一卷第一章有一段关于分析方法的论述：“对人类生活形式的思索，从而对它的科学分析，总是采取同实际发展相反的道路。这种思索是从事后开始的，就是说，是从发展过程的完成的结果开始的。”学界一般认为，这是马克思对自己科学分析方法的说明。苏联著名学者罗森塔尔在他的《马克思〈资本论〉中的辩证法问题》一书中也把这段解释为马克思对自己分析方法的正面说明。中国的一些有关论著中，也持相同的观点。其实这是误解。马克思这里所讲的是以往学者们非科学的分析方法。

需要弄清几点：第一，马克思政治经济学的方法与前人的方法并不相同。在《资本论》法文版序言中马克思曾明确指出：“我所使用的分析方法至今没有人在经济问题上运用过。”马克思所运用的是辩证唯物主义与历史唯物主义的方法，是科学的“抽象力”方法。前人没有运用过。第二，前人对经济生活形式的分析总是采取与实际发展相反的道路。是从发展的结果开始的。如分析价格、货币问题，是就价格讲价格，就货币论货币，难以揭示价值规律和弄清货币的本质及其发展规律。马克思则是首先分析了价值实体和价值量，揭示出价值规律，再进一步说明价格的运动。首先分析了原始物物交换的简单价值形式，再到扩大的、一般的价值形式和最后的货币形式。马克思的科学分析不是从发展过程的结果开始的，理论分析进程与实际的发展进程是一致的，也就是理论逻辑和历史逻辑的统一。第三，马克思指出：在对经济生活形式进行分析时，“人们试图了解它们的内容而不是了解它们的历史性质”。他们从价格分析导出价值量的决定，从货币形式的分析导出价值性质的确定。这与马克思从劳动量和价值量的分析导出价格的决定，从价值形式发展历史的分析导出货币的规定，是“相反的道路”。然而，从完成形式货币进行分析的非科学性在于“货币形式，用物的形式掩盖了私人劳动的社会性质以及私人劳动者的社会关系，而不是把它们揭示出来”。马克思在《资本论》第一卷第二章中指出：“只有在那些从货币的完成形态出发而从后往前分析商品的人看来，‘货币是商品’，才是一种发现。”然而，“困难不在于了解货币是商品，而在于了解商品怎样、为什么、通过什么成为货币”。从货币的完成形式分析是解决不了问题的。

二、重视在一般经济学教材和论著中容易被忽视的重要理论观点

《资本论》中，有些重要理论观点对党的建设和社会主义事业具有指导意义，但容易被忽视，在有关讲解和导读中也未凸显其意义。

（一）不要资本主义制度下的资本家和地主个人对资本主义制度负责的观点

在《资本论》第一卷第一版序言中，马克思特别讲了这样一段话：“为了避免可能产生的误解，要说明一下。我决不用玫瑰色描绘资本家和地主的面貌。不过这里涉及的人，只是经济范畴的人格化，是一定的阶级关系和利益的承担者。我的观点是把经济的社会形态的发展理解为一种自然史的过程。不管个人在主观上怎样超脱各种关系，他在社会意义上总是这些关系的产物。同其他任何观点比起来，我的观点是更不能要个人对这些关系负责的。”马克思运用历史唯物主义分析社会经济的发展进程和阶级关系，既揭示和批判了资本主义阶级剥削关系的本质，又把资本主义看作一种“自然史”即社会历史发展的必然过程。恩格斯在为《资本论》第一卷写的书评中指出：“拉萨尔的全部社会主义在于辱骂资本家，……在这里我们看到的情况恰恰相反。马克思先生明确地指出了资本主义生产方式的必然性。”资本主义制度的产生与发展，不是由于某些人

们在道义上出现缺失、认识上产生了错误的结果，而是人类历史发展的必经阶段，是合乎历史规律的事情。因此，不应和不需要让资本家和地主个人对资本主义制度负责。可以看出，这一历史唯物主义的观点，与我国曾长期流行的"唯成分论"是对立的。"唯成分论"，不仅要让剥削者个人对其所经历的剥削制度负责，而且要让其子孙为其祖辈的剥削关系负责，显然是不合理的。如果我国的马克思主义者，特别是决策层能及时弄清和把握马克思的这一重要观点，"唯成分论"就不会在我国一直流行数十年，直到改革开放后才得到扭转。

（二）生产资料和劳动力相结合的不同方式，对不同经济制度的决定性作用问题

生产资料所有制是决定生产关系体系的基础，这是马克思主义的基本原理，但仅讲这一条还不够。试问：都是非劳动者占有生产资料，而劳动者与生产资料相分离，为什么有的占有生产资料的非劳动者是奴隶主，有的是封建主，而有的是资本家呢？为什么都是与生产资料相分离的劳动者，有的是奴隶，有的是农奴，而有的则是雇佣工人呢？这就需要根据生产资料和劳动力相结合的方式来界定。如果劳动者是作为"会说话的工具"，在主人的皮鞭、棍棒下与生产资料结合起来，劳动者就是奴隶，主人就是奴隶主，从而是奴隶制度。如果生产资料作为资本，劳动者将劳动力作为商品出卖给资本所有者，采取了资本与雇佣劳动相结合的生产方式，生产资料所有者就是资本家，而劳动者就是雇佣工人，从而就是资本主义制度。

研究社会主义经济制度，需要重视生产资料公有制的决定作用。但如果在社会主义国有企业中，不重视生产资料与劳动力相结合的应有方式，比如，不是把劳动者当作生产资料的主人，职工没有对生产的监管权、话语权，厂长、经理独断专行、损害职工权益、以权谋私，这样的公有制能是社会主义性质的吗？学习和研究《资本论》，应当结合社会主义实践重视和研究这一问题。

三、不回避疑难理论问题，力求阐述其真义

《资本论》中存在一些疑难理论问题，学界各抒己见，解读互异。有些论著对《资本论》的解读比较系统、准确。有些疑难理论观点，在《资本论》中本可以找到答案，但有的解读偏离了原意；有些"导读""解说"本中对有关争论问题回避不谈，是一种缺失；有的则只讲自己一家之言，而缺少论证与论据。《讲解》一书对学界有争论的问题，都说明有哪些不同的解读，并力求按照原著的本意进行阐述。

（一）关于《资本论》的研究对象问题

《资本论》第一版序言中讲："我要在本书研究的，是资本主义生产方式以及和它相适应的生产关系和交换关系。"这里作为研究对象的"资本主义生产方式"究竟是指什么？学界众说纷纭，长期争鸣。本《讲解》首先说明有哪些不同的解读，然后讲，经自己考证，是指资本与雇佣劳动相结合的资本主义生产方式。但在对《序言》的讲解中，这个问题不需要也不便展开论证，而是重视在以后的篇章的讲解中，不断得到新论据，提出新论证。如在讲解《资本论》第一卷第四章《货币转化为资本》时，提醒读者注意：三卷《资本论》中，唯有第四章单独成篇(第二篇），表明其独特意义。第四章还没有进入对资本的生产过程的研究，从第五章《劳动过程和价值增殖过程》开始，才进入对资本主义生产的研究。第四章讲货币转化为资本、劳动力成为商品，是作为进入资本主义生产过程前的制度性条件安排的。正是要阐明：生产资料转化为资本、劳动力成为商品，使劳动成为雇佣劳动，形成了资本与雇佣劳动相结合的资本主义生产方式，决定着资本主义生产关系和交换关系。《讲解》在阐述《资本论》第二卷第一章《货币资本的循环》内容时，突出马克思的一个观点："不论生产的社会形式如何，劳动者和生产资料始终是生产的因素。……凡要进行生产，它们就必须结合起来。实行这种结合的特殊方式和方法，使社会结构区分为不同的经济时期。在当前考察的场合，自由工人和他的生产资料的分离，是既定的出发点，并且，我们已经看到二者在资本家手中是怎样和在什么条件下结合起来的。"这里说明：生产资料和劳动力结合的特殊方式，形成了不同的社会经济时期即不同的社会经济制度。而且点明了：工人与生产资料的分离及其在资本家手中结合(以资本与雇佣劳动的方式相结合），是资本主义经济制度"既定的出发点"。在讲解《资本论》第三卷第五十一章《分配关系和生产关系》的内容时，重视马克思的这一论述："资本和雇佣劳动的关系怎样决定着这种生产方式(指资本主义生产方式——引者）的全部性质。""对资本主义生产方式的科学分析却证明：资本主义生产方式是一种特殊的、具有独特历史规定性的生产方式，它和任何其他一定的生产方式一样，把社会生产力及其发展形式的一个既定的阶段作为自己的历史条件，而这个条件又是一个先行过程的历史结果和产物，并且是新的生产方式由以产生的既定的基础；同这种独特的、历史规定的生产方式相适应的生产关系，……具有一种独特的、历史的和暂时的性质；最后，分配关系本质上和这些生产关系是同一的，是生产关系的反面。"从这段论述中可以得出资本主义社会经济制度的运行公式：社会生产力—资本主义生产方式—资本主义生产关系—资本主义分配关系。从这一公式的内容可以肯定“资本主义生产方式”不是生产力，也不是生产力含义上的劳动方式或劳动组织。它以一定的社会生产力的既定发展阶段为历史条件，并具有“独特的历史规定性”。所谓“独特的历史规定性”，就是只存在于一个特殊的社会发展阶段，即具有历史暂时性的事物。正是这种具有历史暂时性的资本主义生产方式，决定了与它相适应的生产关系，“也具有一种独特的、历史的和暂时的性质”。因此，有理由认为，这里所讲的“资本主义生产方式”，就是资本主义生产关系、交换关系和分配关系以其为基础、与其“相适应”的资本与雇佣劳动相结合的生产方式，即作为《资本论》研究对象的“资本主义生产方式”。

（二）关于货币的本质问题

《资本论》第一卷第二章《交换过程》中进一步阐述了当一般等价形式“固定在某种特殊种类的商品上”时，就结晶为货币形式。接着指出：“因为其他一切商品只是货币的特殊等价物，而货币是它们的一般等价物，所以它们是作为特殊商品来同作为一般商品的货币发生关系。”这里，把货币界定为作为一般等价物的“一般商品”，而其他一切商品，是作为货币的特殊等价物的“特殊商品”。这种说明，在《资本论》和马克思的其他论著中反复讲过十多次。可是，长期以来，我国的经济学著作中，一直把货币的本质界定为作为一般等价物的“特殊商品”，颠倒了马克思的原意。目前还有人这样坚持。有的著作在解读这一章的内容中，连马克思的这段话都一字不提！我们在《讲解》一书中，对马克思的这段话，做了特别说明。

顺便提一下，作为马克思主义理论研究和建设工程重点教材的《马克思主义政治经济学概论》，数易其稿，都摒弃货币的本质是“特殊商品”的提法。但出版后，竟变成“所谓货币，就是固定地充当一般等价物的特殊商品”，使人莫名其妙。是谁改动的，无人知晓。连最后统稿的首席专家刘树成、张宇等也不知情。是否出版社编辑所为？刘树成同志回答说，编辑不会不打招呼擅自改动。愿借此机会说明：货币的本质是“特殊商品”的提法不是编写组的观点。

（三）关于两种社会必要劳动与价值决定的关系问题

学界长期争论：价值究竟是由《资本论》第一卷中所讲的社会必要劳动时间（第一种意义必要劳动时间）决定，还是由《资本论》第三卷中所讲的另一种意义的社会必要劳动时间决定，还是由两者共同决定。争论的实质是：某种商品总量如果超过市场需要或少于市场需要，所影响的是价值决定还是价值实现问题。其实，《资本论》中已明确回答了这个问题。关于两种社会必要劳动时间与价值的关系的论述，主要在《资本论》第三卷第十章和第三十七章关于地租问题的《导论》中提出的。《导论》中讲："社会劳动时间可分别用在各个特殊生产领域的份额的这个数量界限，不过是价值规律本身进一步展开的表现，虽然必要劳动时间在这里包含着另一种意义。"同时说明，"如果这种分工是合乎比例的，那么，不同类产品就按照它们的价值……出售"。如果社会总劳动时间分别用在各个特殊生产领域的比例破坏了，"这种比例的破坏使商品的价值，从而使其中包含的剩余价值不能实现"。笔者在"出售"和"实现"两词下打上重点号，表明另一种意义的社会必要劳动时间所影响的是价值和剩余价值的"实现"问题，是总产品能否按价值"出售"的问题，而不是另一种意义的必要劳动时间决定价值的问题。我们在《讲解》一书中首先讲明在这个问题上学界有哪种不同的解读，然后说明，按照《资本论》的原意，应是价值实现问题。在作为马克思主义理论研究和建设工程重点教材的《马克思主义政治经济学概论》中，明确表明：第一含义的社会必要劳动"涉及价值决定"，第二种含义"涉及价值实现"。这一解读，在编写组内部没有人提出异议，咨询委员会、审议专家也未提出异议，形成共识。

《资本论》的方法问题研究*

一、辩证唯物主义与历史唯物主义的方法

马克思在《〈政治经济学批判〉序言》中，对历史唯物主义下了一个经典的定义："人们在自己生活的社会生产中发生一定的、必然的、不以他们的意志为转移的关系，即同他们的物质生产力的一定发展阶段相适应的生产关系，这些生产关系的综合构成社会的经济结构，即有法律的和政治的上层建筑竖立其上并有一定的社会意识形态与之相适应的现实基础。社会的物质生产力发展到一定阶段，便同它们一直在其中运动的现存生产关系或财产关系(这只是生产关系的法律用语)发生矛盾，于是这些关系便由生产力发展形式变成生产力的桎梏，那时社会革命的时代就到来了。随着经济基础的变更，全部庞大的上层建筑也或慢或快地发生变革。"①这段话告诉我们：人们在生产中发生两方面的关系：一方面是人与自然的关系，形成生产力；另一方面是人与人之间的关系，形成生产关系。生产力决定生产关系，生产关系要与生产力的发展状况相适应。生产关系的总和形成社会经济结构即社会经济制度。社会经济制度是基础，它决定着法律、政治制度等上层建筑和与之相适应的意识形态。当生产力发展到一定阶段，生产关系不适应生产力的发展了，两者发生矛盾，生产关系由促进生产力发展的因素，成为阻碍生产

* 原载于《河北经贸大学学报》2018 年第 6 期。

① 《马克思恩格斯选集》第 2 卷，北京：人民出版社，1995 年版，第 32—33 页。

力发展的桎梏。为冲破这种桎梏，就会发生社会革命，用新的适合生产力发展的生产关系取代旧的、不适合生产力发展的生产关系。

马克思在《资本论》第一卷第二版跋中，引用德国一位评论家对《资本论》方法的评论，认为他对《资本论》方法描述得很“恰当”。这位德国评论家认为：“在马克思看来，只有一件事情是重要的，那就是发现他所研究的那些现象的规律”，而且最重要的是这些现象发展变化的规律。马克思通过科学研究来证明社会关系的一定发展阶段的必然性，同时证明这种社会关系不可避免地过渡到另一种秩序的必然性。马克思认为：抽象的规律是不存在的，“每个历史时期都有它自己的规律”，不能“把经济规律同物理学定律和化学定律，相比拟”。“生产力的发展水平不同，生产关系和支配生产关系的规律也就不同。”①马克思给自己提出的目的是，从这个观点出发研究和说明资本主义经济制度。“这种研究的科学价值在于阐明支配着一定社会有机体的产生、生存、发展和死亡以及为另一更高的有机体所代替的特殊规律。”②马克思说：“他所描述的不正是辩证方法吗?”根据这种方法研究资本主义，既要证明它产生与发展的历史必然性，又要证明它的“产生、生存、发展和死亡”及其被社会主义取代的客观规律。

经济规律和自然规律都是不以人的意志为转移的客观规律，具有其必然性，但经济规律与自然规律的运行存在着根本性的区别。在不同的社会经济制度中，会存在不同的经济规律。旧的社会经济制度被新的社会经济制度所取代了，原有的经济规律退出历史舞台，被新的经济规律所取代，而自然规律不依社会制度的改变而改变，但也有的经济规律具有抽象的共同性。例如，凡是存在商品经济的社会，商品经济的一般规律就会发生作用，包括供求规律、竞争规律、价值规律、货币流通规律等。商品经济不是永恒存在的，原始社会的两三百万年中，不存在商品交换关系。按照马克思的观点，将来会用产品交换经济取代商品经济。也就是说，人类社会的发展要经历自然经济、商品经济、产品交换经济三个不同的历史发展阶段。

此外，还存在适用于一切社会制度的普遍规律，那就是生产力决定生产关系，生产关系要适应生产力发展的规律。但这个一般的规律是通过各社会的特殊规律的变化表现出来的。比如，随着生产力的发展，封建制度的生产关系成

① 《马克思恩格斯文集》第5卷，北京：人民出版社，2009年版，第21页。

② 同上。

为阻碍生产力发展的桎梏，就产生革命，用资本主义生产关系取代封建制生产关系。这正是适用于一切社会制度的生产关系要适应生产力发展规律在不同社会制度更替中的具体表现。

(一)不要资本家和个人对资本主义剥削制度负责的观点

在《资本论》中，运用辩证法和历史唯物主义(也称唯物史观)研究资本主义，贯穿于各个方面。例如，不要资本家和地主个人对资本主义制度负责的观点，在我国长期没有得到重视。然而，这是个重要的理论和实际问题。在《资本论》第一版序言中，马克思特别讲了这样一段话："为了避免可能产生的误解，要说明一下。我决不用玫瑰色描绘资本家和地主的面貌。不过这里涉及的人，只是经济范畴的人格化，是一定的阶级关系和利益的承担者。我的观点是把经济的社会形态的发展理解为一种自然史的过程。不管个人在主观上怎样超脱各种关系，他在社会意义上总是这些关系的产物。同其他任何观点比起来，我的观点是更不能要个人对这些关系负责的。"①

读者可能不好理解，为什么马克思这里特别提出需避免读者可能对他的《资本论》内容产生误解呢？会有什么误解呢？马克思特别声明，《资本论》中没有也决不会"用玫瑰色描绘资本家和地主的面貌"。《资本论》虽然解释了资产阶级剥削无产阶级的本质关系，并应用了不少实际资料揭露出当时剥削制度的残酷现实和工人群众生活极端困苦的悲惨处境，但《资本论》是运用历史唯物主义的观点，通过深刻的理论分析，揭示资本主义经济的客观必然性及其发展的经济规律，不能将之归于正义、道德、公平理念的缺失。但应知道，当时除了马克思主义的科学社会主义引领工人运动外，还存在其他非马克思主义、多种社会主义思潮。有的学派把资本主义剥削制度归罪于资本家个人并进行辱骂，而马克思不这样做。马克思不归罪于资本家和地主个人，不去辱骂，绝不是要"用玫瑰色描绘资本家和地主的面貌"。恩格斯在《观察家报》刊发了对《资本论》第一卷书评，指出了马克思科学社会主义与拉萨尔社会主义的根本区别，"拉萨尔的全部社会主义在于辱骂资本家，而向落后的普鲁士容克献媚，在这里我们看到的情况恰恰相反，马克思先生明白地指出了资本主义生产方式……的历史必然性"②。

马克思把资本主义关系中的人物看作是"经济范畴的人格化"。资本家是资

① 《马克思恩格斯文集》第5卷，北京：人民出版社，2009年版，第10页。

② 《马克思恩格斯全集》第16卷，北京：人民出版社，1964年版，第255—256页。

本的人格化，地主是土地的人格化，工人是雇佣劳动的人格化。只要有资本主义制度，必然形成这样的关系，因此，与其他社会主义流派的观点相比，马克思的观点是“不能要个人对这些关系负责的”。马克思主义的经济理论，不搞“唯成分论”，不根据资本家和地主的社会成分，要个人对资本主义关系负责。而我们流行多年的“唯成分论”，却要地主、富农、资本家的后代为其祖辈的剥削制度负责，被划入另册。显然这是偏离马克思主义的。改革开放以后才扭转了这种情况。也需要说明，马克思讲不要让资本家和地主个人对资本主义剥削制度负责，是限于正常的无偿占有工人剩余价值的关系。

(二)对资本主义和资产阶级的历史地位和作用进行了科学的评析

《资本论》对资产阶级的历史地位和作用，也是以唯物史观的方法进行评价的。《共产党宣言》中指出了资产阶级和资本主义在发展生产力中的进步作用：资产阶级在它不到一百年的阶级统治中所创造的生产力，比过去一切时代创造的全部生产力还要多，还要大。在反对封建主义的斗争中，资产阶级曾是革命的阶级。但随着资本主义生产力的发展，资本主义的生产关系已容纳不下生产力更高的发展了。周期性经济危机的爆发和工人阶级反抗资产阶级运动的兴起，正是生产力和生产关系矛盾的表现。《资本论》中对资本主义剥削制度的特点，也给以唯物史观的评价：它一方面指出“资本来到世间，从头到脚，每个毛孔都滴着血和肮脏的东西”①，揭露了资本主义剥削制度的残酷性；另一方面它又指出“资本的文明面之一是，它榨取剩余劳动的方式和条件，同以前的奴隶制、农奴制等形式相比，都更有利于生产力的发展，有利于社会关系的发展，有利于更高的新形态的各种要素的创造”②。奴隶制、农奴制剥削的特点，是人身依附关系和超经济强制，而资本主义剥削是没有人身依附关系的经济强制。所谓经济强制，就是工人虽有人身自由，但因丧失了生产资料，只有靠出卖劳动力谋生。请注意：这里讲的是资本主义剥削“方式”相对于奴隶制、封建制来讲的三个“有利于”。有人将其理解为对资本主义剥削制度的赞美、资本主义剥削有功，那就偏离了马克思的原意。

《资本论》中讲历史唯物主义，包括多方面内容，重在阐明人类社会历史发展的客观规律，特别是资本主义经济发展的客观规律，其核心思想是要揭示资

---

① 《马克思恩格斯文集》第5卷，北京：人民出版社，2009年版，第871页。

② 《马克思恩格斯文集》第7卷，北京：人民出版社，2009年版，第927—928页。

本主义最终被社会主义所代替的社会发展规律。马克思看到了资本主义经济发展中所出现的一些新的变化，如股份制和工人合作社的产生与发展。他认为这是在资本主义生产方式内对资本主义原有关系的一种扬弃，就是既有舍弃又有保留。以股份制来说，它由最初资本家私人占有、私人经营，转变为资本入股、股份公司经营，私人资本成为公司资本。德文中公司资本也有社会资本之意。所以也可说：股份制的创建使私人资本转化为社会资本，这是对私人资本占有制的一种扬弃。但是它并没有改变资本主义私有制度。资本的私人占有改变为代表私人资本的股票的私人占有了，这是一种进步，马克思给予积极评价，认为这是转向社会主义的过渡点。所谓过渡点，一是指由资本主义转向社会主义时将股份制改变为社会公有制，比起由众多私人企业转变为社会主义公有制要容易得多；二是由私人资本转变为股份制的社会资本，显示出社会历史发展中的一种规律性取向：资本私有制在向社会所有制的渐变过程中间。但从现在的情况来看，由渐变转向质变可能需要经历漫长的时间，要视历史条件而定。马克思将股份制看作是对私人资本的消极扬弃，是指它没有从根本上改变私人资本的社会性质。同时，对资本主义国家出现的工人合作社，马克思给予更高的评价，说它是对资本主义生产方式的积极扬弃。它表明离开资本家，工人自己也能组织生产，建立起没有资本剥削的新的生产制度。表明只要工人阶级掌握了权力，建立生产资料共同所有、共同劳动的“自由人的联合体”，是完全可以成为现实的事情。

（三）从整体性和系统性上准确把握历史唯物主义方法论，对错解其原理的评析

在研究和把握马克思主义历史唯物主义的理论问题上，学界还存在诸多理解上的混乱现象。生产力决定生产关系，生产关系一定要适合生产力的发展，这本是马克思讲得很清楚的基本原理之一，也是政治经济学的一个重要方法论的原理，已形成马克思主义学者的共识。居然有位被称作著名马克思主义经济学家，即胡钧教授提出否定意见。他认为，生产力自己不会发展，没有自己发展的动力。决定生产力发展的根本动力是生产关系。他在《经济纵横》2011 年第 3 期发表了《论生产力发展的根本动力》一文，就是宣传这一观点的。他批评说：“现在片面强调生产力对生产关系的决定作用，……片面强调生产关系一定要适应生产力的性质”，“忽视生产关系对生产力的主要推动作用”，“关于生产力与生产关系二者关系的一般表述是‘生产力决定生产关系，生产关系反作用于生产力’，把二者的关系简单表述为作用与反作用的关系并不恰当”。他提

出，是生产关系决定着生产力和人类发展的历史。他认为，“整个人类历史就是一定生产关系从生产力发展的主要推动者到其主要障碍者，最后被更能推动生产力发展的新的生产关系所取代的历史，这正是历史唯物主义理论基本常识”。马克思主义的历史唯物主义哪里有这样的观点和“常识”，论者没有举出任何一处原理的引证，是他把自己编造的观点强加于马克思主义历史唯物主义。他的论据和论证是什么呢？就是反复讲的这几句话：“离开生产关系就没有生产力的存在”，“生产力构成的物质要素如果离开生产关系，就不能称其为生产力”，“生产力只有借助人们之间的社会联系和社会关系，即生产关系，才能成为现实力量”。这样的理论论据显然在逻辑上是不能成立的：讲生产力决定生产关系，生产关系要适应生产力的发展状况，本来就是论述生产力和生产关系二者之间的相互联系与关系的。既不存在离开生产力的生产关系，也不存在离开生产关系的生产力。批评生产力决定生产关系的理论观点，理由是离开生产关系讲生产力的发展，使其“成为现实的力量”。何人何处离开生产关系，讲生产力的决定作用？不可能有事实根据。他还讲，“关于生产力是否可以离开一定的社会生产关系而单独存在和发展，哲学和理论界长期存在争议”。这是无中生有的评论，根本没有也不可能有这种“长期争议”。生产力是最活跃、最革命的力量，生产力无论发展快慢，都是在一定的生产关系下实现的。落后的生产关系会阻碍生产力的发展，先进的生产关系会起解放和促进生产力发展的作用。但生产关系不可能只是非新即旧的情况。生产关系也在发展，但与生产力的发展相比，是相对稳定的。同一性质的生产关系处于既不“新”也不“旧”的中间阶段的时间可以有几百年甚至几千年之长，如封建社会的中间阶段就很长，但这种生产关系依然具有生产力继续发展的空间。生产力归根到底是人类社会发展的最终决定力量。如果它自己不具有发展的内在动力，它怎么会决定生产关系的存在、发展与变革呢？怎么会决定人类社会的发展呢？

关于历史唯物主义的理论还存在另一个怎样科学理解的问题。前面讲过，马克思主义把人类社会的发展和社会制度更替视为历史的必然，应主要由生产力和生产关系相互关系的规律来说明，不能诉诸道德、正义、公平等理念来说明。在一定的社会制度下，统治阶级的意识形态会成为该社会的主流意识形态，会认为该社会是合理的、公平的。比如，奴隶社会的残酷剥削制度，在今人看来是野蛮的、悲惨的、不合理的。但当时的奴隶主阶级以及一般社会成员会认为这是合理的。连具有重要社会历史地位的思想家亚里士多德，也赞同奴隶制度是合理的。马克思主义怎么看待呢？首先，奴隶制度取代了在公有制基础上没有剥削与压迫的原始社会制度，从今人的价值观来看，似乎是一种倒退，但从历史唯物主义的观点来看，这种制度的改变不仅是历史的必然，而且是历史的进步。请看恩格斯的说明：痛骂奴隶制，发泄高尚的义愤，是最容易不过的事，但这并无意义。“如果我们深入地研究一下这些问题，我们就不得不说——尽管听起来是多么矛盾和离奇——在当时的情况下，采用奴隶制是一个巨大的进步。”①因为它比原始社会有利于生产力的发展和社会的进步。“只有奴隶制才使农业和工业之间的更大规模的分工成为可能，从而使古代世界的繁荣，使希腊文化成为可能。没有奴隶制，就没有希腊国家，就没有希腊的艺术和科学；没有奴隶制，就没有罗马帝国。没有希腊文化和罗马帝国所奠定的基础，也就没有现代的欧洲。我们永远不应该忘记，我们的全部经济、政治和智力的发展，是以奴隶制既成为必要、又得到公认这种状况为前提的。在这个意义上，我们有理由说：没有古希腊罗马的奴隶制，就没有现代的社会主义。”②由于在奴隶制时代生产力比原始社会有了发展，开始有了剩余劳动时间，才可能出现劳动分工。当时的“这种分工的基础是从事单纯体力劳动的群众同管理劳动、经营商业和掌管国事以及后来从事艺术和科学的少数特权分子之间的大分工”③。可以看出，这里肯定奴隶制的进步作用，主要是从生产力的发展和分工的产生着眼的。奴隶制度的进步还表现在另一方面：在原始社会，由于生产力落后，没有剩余劳动，因而古老的部落战争所获战俘被简单杀掉。将战俘作为奴隶，保存了生产力，也是生产关系上的一种进步。我们这里较长段地引证恩格斯的原话，是为了避免断章取义，便于更准确和全面把握恩格斯高度肯定奴隶制进步作用的道理所在。

随着生产力的发展，依次出现了由奴隶制度转向封建主义制度，再转向资本主义制度的历史过程。这只是私有制和剥削制度的更替。不过，生产力和生产关系都有了新的发展与进步，特别是资本主义的发展更有进步意义。它不仅在生产力的发展速度和质量上超过以往的历史，在生产关系上，劳动者也摆脱了对主人的人身依附关系和超经济强制，具有了人身自由，可以自由选择雇主。但作为无产阶级，他们失去了独立谋生的生产资料和劳动技能，只有出卖劳动力为生，做雇佣劳动者，马克思称为经济强制。马克思恩格斯把将劳动力

① 《马克思恩格斯文集》第9卷，北京：人民出版社，2009年版，第188页。
② 同上。
③ 同上书，第189页。

作为商品出卖的劳动者称作雇佣劳动者。资本主义制度就是资本与雇佣劳动相对立的社会制度。资产阶级及其学者把资本主义制度看成是公平、正义、自由、合理的社会制度。资本主义社会的一些居民也会受主流意识形态的影响这样看问题。但一定要把存在阶级剥削与对立社会的主流观点与历史唯物主义的科学观点严格区别开来。马克思首先从生产力标准肯定了各个剥削制度在发展生产力中的进步作用，也指出了它们在发展晚期不适应生产力发展的状况，同时也从生产关系的角度肯定了后一种剥削制度较前一种制度的某些进步方面。但马克思恩格斯绝没有肯定和认同甚至称赞各种剥削制度下的主流观点，不会称赞剥削制度是公平的、正义的、合理的。他们对剥削制度是持批判态度的。而有的学者如胡钧教授持不同观点。他认为任何剥削制度，只要适合当时的生产力，就是公平的、正义的、合理的。他又将这种观点称作是历史唯物主义观点，强加于马克思主义。我提出：马克思主义评价一种社会制度，既应用生产力标准，评价该制度在发展生产力中的作用，看它是促进还是阻碍生产力的发展，看它在促进生产力发展中的作用的大小，也要应用价值标准判断该社会在生产关系和上层建筑中的是是非非。但整体上说，马克思主义对一切剥削奴役制度的评价是采取辩证唯物论与历史唯物论方法的。

如前所述，一切剥削制度的产生、存在与更替，都是符合不以人的意志为转移的社会历史发展的客观规律的，不能以道义、公平等概念为标准来予以说明。在这个问题上，要区分两个不同的问题：一是不能用是否人道、公平等伦理观点来诠释各种社会制度的产生与更替；二是马克思主义对剥削奴役制度不会持公平、正义、合理的认同，反而是持批判态度的。不能把剥削制度下统治阶级的价值判断标准与马克思主义的价值判断标准混同起来。而胡钧教授正是将这类不同层次的问题混同一起，做出赞同剥削制度公平、正义、合理的论断，等于宣传剥削有功论。他说：马克思用生产力标准和价值标准“对资本主义制度做了充分肯定”。他引证《资本论》中的一些论述，做出资本家“值得尊敬”、剥削制度合理公平的论断。《资本论》中讲：“资本家只有作为人格化的资本，他才有历史的价值”，“只有作为资本的人格化，资本家才受到尊敬”①。胡先生据此批评认为资本主义剥削工人剩余价值不公平的观点。他说：有人认为马克思的劳动价值论与剩余价值论揭示了资本主义制度不合理性和不公平性。“这种观点是完全不正确的。”“《资本论》的整本著作中没有一个地方或一句

① 《马克思恩格斯文集》第5卷，北京：人民出版社，2009年版，第683页。

话指责剩余价值生产和占有是'不公平''不合理'的，……对合乎规律的现象不会做出是否'合理''公平'等伦理的或道德的评价"。胡先生的论述又有自相矛盾处而不自知。他一方面讲，对合乎规律的现象，马克思不讲是否合理、公平；另一方面他又讲符合生产力发展的剥削制度是公平的、合理的、正义的。他肯定我国存在的私营企业和外资企业存在剥削，但这种收入"应视为公平的、正义的、应当坚持的"。其理由是"生产要素的所有者按其投入社会中的有益的活动的资本量获取收入，是适合现阶段生产力发展需要的"①。资产阶级及其学者否定存在剥削制度，宣扬资本主义公平、正义等，而胡先生是肯定剥削存在的情况下，宣扬剥削的公平、正义、合理性，在理论逻辑上是悖理的，是赞扬剥削制度的。

让我们回归马克思主义有关理论的真谛，看看马克思恩格斯是怎样用辩证法和唯物史观来分析与评价剥削制度的。

马克思和恩格斯既运用当时揭露资本主义残酷剥削工人的实际资料，说明工人阶级的劳动折磨和生活贫困的悲惨境地，又从理论高度对一切剥削制度进行了深刻批判。请看一下《资本论》第一卷第八章和二十三章附录揭露了工人劳动和生活状况的大量实际资料，并批判了"工厂主贪得无厌，他们追逐利润的暴虐行为"。指出资本家具有"吸血鬼吮吸劳动鲜血"的"欲望"。

关于恩格斯对奴隶制度的评价，也要有全面的了解与把握。前面讲过，恩格斯对奴隶制度的进步作用进行了高度评价，但他绝不会认为奴隶制的剥削是公平的、正义的。请看恩格斯对奴隶制剥削的尖锐批判：奴隶制取代原始氏族制度，是"最卑下的利益——无耻的贪欲、狂暴的享受、卑劣的名利欲、对公共财产的自私自利的掠夺——揭开新的、文明的阶级社会；最卑劣的手段——偷窃、强制、欺诈、背信——毁坏了古老的没有阶级的氏族社会"②。而这一新社会自身，在其整整两千五百年的存在期间，"只不过是一幅区区少数人靠牺牲被剥削和被压迫的大多数人而求得发展的图画罢了，而这种情形，现在比从前更加厉害了"③。恩格斯也批判了资产阶级辩护士对资本主义公平、正义等的滥调："现代资本家，也像奴隶主或剥削徭役劳动的封建主一样，是靠占

---

① 胡钧：《转变经济发展方式与国民收入分配结构调整》，《改革与战略》，2010年第26期。

② 《马克思恩格斯文集》第4卷，北京：人民出版社，2009年版，第113页。

③ 同上。

有他人无酬劳动发财致富的，……这样一来，有产阶级胡说现代社会制度盛行公道、正义、权利平等……这一类虚伪的空话，就失去了最后的立足之地”①。

通过以上关于马克思恩格斯怎样应用唯物史观看待剥削制度全面论述与评析，可以清楚地看出：胡先生宣扬剥削制度既然是历史必然，就是公平、正义、合理的观点，正是资产阶级和一切剥削阶级及其学者所宣扬的观点，而他所批判的与他对立的观点，正是马克思主义的观点。

二、关于政治经济学要应用“抽象力”方法问题

前面所说的《资本论》中所应用的辩证唯物主义和历史唯物主义的方法论，是总体性和根本性的方法。此外，马克思还讲到了其他的较具体的方法，如“抽象力”方法就是其中之一。

《资本论》第一卷第一版序言中提出“分析经济形式，既不能用显微镜，也不能用化学试剂，二者都必须用抽象力来代替”。什么是“抽象力”？是否与科学抽象法同一含义？是否有一定的区别？应该说，长期以来，苏联有关教材乃至著名学者都未完全讲清这个问题，当然也会影响到中国学者的理解。例如，在20世纪50年代，从苏联翻译过来的列昂节夫《政治经济学的对象与方法》一书中这样讲：“政治经济学与一切社会科学相同，是不能够像物理或化学那样来利用实验室的……而是用抽象的方法来代替的。”这样讲等于说自然科学的研究可以不用抽象方法。

从马克思对问题的提出来看，他认为研究自然科学的方法同研究政治经济学乃至哲学社会科学的方法是不同的。自然科学的研究可以用“显微镜”“化学试剂”来进行考察，以认识事物真相。但政治经济学面对纷繁复杂的经济现象，要认识其现象背后起支配作用的本质或规律，“显微镜”和“化学试剂”是无用的。比如，从现象上看，不同商品有不同的价格，而各种商品的价格又是变动不居的，有涨有落。马克思通过从具体到抽象的方法，揭示了价格运动背后的价值是其本质。价格受供求关系的影响有涨有落，是价值规律作用的表现。弄清了商品价值的决定，再回头来认识价格的运动，这是马克思讲的从具体到抽象，再从抽象到具体的一种研究方法和叙述方法。其中由具体到抽象就要应用“抽象力”的方法。

中外有些论著认为《资本论》中讲的“抽象力”与科学抽象是同义的，由此解

① 《马克思恩格斯文集》第4卷，北京：人民出版社，2009年版，第461页。

读马克思所讲的研究自然科学和研究政治经济学不同，就是表示研究自然科学可以不要用科学抽象方法。抽象方法只适用于政治经济学和其他哲学社会科学。这样理解显然是不对的。

其实，无论自然科学或政治经济学及其他哲学社会科学的研究，都需要应用科学抽象方法，但两者所应用的科学抽象法的具体方法是不同的，所谓科学抽象法，就是通过纷繁复杂的现象，抽象出被现象所掩盖的本质和规律，有时现象和本质是相反的。比如，从现象上看，是太阳绕着地球转，人们长期就这样看，后来经过天文学家的研究，舍去掩盖本质的“假象”，抽象出地球围绕太阳转的规律，这才是事物的本质。再比如，从高处往下面扔东西，轻重不同的东西，下落的速度是不同的。较重的铁块或石块下落得较快，而较轻的如纸片、鸡毛等就下得较慢，这个现象是否就是本质和规律呢？显然不是，因为这是会受到空气风力等影响的现象。要探求其本质，就得应用科学抽象方法，在这个问题上还有个历史故事：亚里士多德在解释落体问题时，只描述了其在自然界下落现象，将现象当作规律，这是不科学的，是用现象代替了本质。而伽利略的认识就前进了，他提出了如果没有空气的阻力，不同重量物体的下落会是怎样的呢，自然科学的实验揭示了物体下落的规律。如果设置一个真空的大管子，使重量不同的物体同时坠落，可以看出，它们都是垂直地以同一速度坠落。这才是事物的本质和规律。

由此可见，无论自然科学或哲学社会科学的研究，都需要应用抽象方法即科学抽象，但自然科学的抽象方法是在实验室中进行的，可用显微镜和化学试剂。但政治经济学只能用“抽象力”，抽象力也是抽象方法即科学抽象，但它是思维逻辑的抽象。例如，马克思从交换价值或价格的运动现象中，抽象出作为本质的价值来，从资本主义经济中的利润、利息、地租中，抽象出作为本质的剩余价值来，然后再用本质和规律说明现象。这是研究方法和叙述方法的统一。

三、历史方法和逻辑方法及其关系

这里所讲的历史方法和逻辑方法，是指马克思建立政治经济学理论体系时，关于逻辑结构和各种经济范畴的顺序安排问题。

马克思在《〈政治经济学批判〉导言》中的第三节讲《政治经济学的方法》。这里所讲的方法，重在说明资本主义政治经济学关于范畴和体系结构怎样安排的思考。资本主义社会中有商业资本、生息资本、工业资本、农业资本；有资本、土地、劳动力等多种生产要素；另外，还存在人口、民族、国家等问题。政治经济学该从其中哪一项开始研究起呢？马克思回顾了前人的研究方法。“17世纪的经济学家总是从生动的整体，从人口、民族、国家、若干国家等等开始”①，以此建立“国际交换和世界市场的各种经济学体系”。马克思认为，把人口“作为全部社会生产行为的基础和主体”②，从而，从人口开始研究是错误的。因为抛开构成人口的阶级，人口就是一个抽象。马克思还提出，研究政治经济学，“从地租开始，从土地所有制开始，似乎是再自然不过的了，因为它是同土地，即同一切生产和一切存在的源泉结合着的，并且它又是同一切多少固定的社会的最初的生产形式即同农业结合着的。但是，这是最错误不过的了”③。因为土地所有制和地租问题，是封建社会的主要问题。那么，政治经济学的研究体系究竟该从哪里开始呢？马克思不是直接做出具体回答，而是先提出一个属于方法论的新的范畴，即“普照的光”的作用问题。他指出：“在一切社会形式中都有一种一定的生产决定其他一切生产的地位和影响，因而它的关系也决定其他一切关系的地位和影响。这是一种普照的光，它掩盖了一切其他色彩，改变着它们的特点。这是一种特殊的以太，它决定着它里面显露出来的一切存在的比重。”④“普照的光”的决定作用涉及政治经济学范畴和体系的安排。资本主义社会的普照的光是什么？是产业资本，首先是工业资本。商业资本、生息资本等远在奴隶社会就存在。但决定资本主义制度产生和发展的正是工业资本。有了工业资本的产生和发展，才有资本主义经济制度。因此，《资本论》第一卷研究“资本的生产过程”就是研究工业资本的生产过程。在工业资本发展成为主导经济的情况下，其他经济包括商业资本、生息资本都成为从属于工业资本的经济形式。土地所有制也与农业资本相结合，并受工业资本的影响。尽管土地所有制与地租、商业资本与生息资本远早于工业资本存在和发展，但马克思对它们的研究放在《资本论》第三卷作为第四篇到第六篇的内容。由此看出，《资本论》对资本主义经济的研究从篇章结构的总体安排上看，是采用了逻辑的方法，而非历史的方法。但是，从《资本论》具体内容篇章的结构来看，也存在逻辑方法和历史方法的区别与统一。

---

① 《马克思恩格斯文集》第8卷，北京：人民出版社，2009年版，第24页。

② 同上。

③ 同上书，第31页。

④ 同上。

在早期的政治经济学教材中，关于逻辑方法和历史方法的说明，曾有过来自苏联教材的不符合马克思、恩格斯原意的论述：说什么恩格斯讲过，历史从哪里开始，理论逻辑也从哪里开始。似乎政治经济学的方法是逻辑方法紧跟着历史方法走的过程。不错，恩格斯确实讲过“历史从哪里开始，思想进程也应当从哪里开始”。但如果只择取这句话当作其整体观点就是断章取义了。这句话是在恩格斯为马克思的《政治经济学批判第一分册》一书写的书评中提出的。书评是受马克思托付撰写的，并经马克思校阅过。原话是这样：“对经济学的批判，……可以采用两种方式：按照历史或者按照逻辑。……经济范畴出现的顺序同它们在逻辑发展中的顺序也是一样的。这种形式表面上看来有好处，就是比较明确”①。读者应注意，这里所讲的经济范畴发展的顺序，不是指客观的发展过程，而是指经济学家处理经济学范畴发展的顺序问题。马恩并不简单同意这种对经济范畴安排的顺序。所以紧接着说：“历史常常是跳跃式地或曲折地前进的，如果必须处处跟随着它，那就势必不仅会注意许多无关紧要的材料，而且也会常常打断思想进程”。“因此，逻辑的方式是唯一适用的方式。但是，实际上这种方式无非是历史的方式，不过摆脱了历史的形式以及起扰乱作用的偶然性而已。历史从哪里开始，思想进程也应当从哪里开始，而思想进程的进一步发展不过是历史过程在抽象的、理论上前后一贯的形式上的反映；这种反映是经过修正的，然而是按照现实的历史过程本身的规律修正的”。②

马克思在《〈政治经济学批判〉导言》的《政治经济学的方法》中，也讲到了经济范畴的安排问题。他指出：“把经济范畴按它们在历史上起决定作用的先后次序来安排是不行的，错误的。它们的次序倒是由它们在现代资产阶级社会中的相互关系决定的，这种关系同表现出来的它们的自然次序或者符合历史发展的次序恰好相反。”③问题“在于它们在现代资产阶级社会内部的结构”。

根据马恩有关历史方法和逻辑方法的论述，我们从《资本论》的逻辑结构中可以找到实际例证。《资本论》第一卷第一篇并不是一开始就进入对资本主义经济的研究，而是研究“商品和货币”。这是应用了什么研究方式？如果从社会经济发展的历史顺序来看，无疑是先有商品经济的发展，而且是发展到较高阶段时，才有资本主义经济的产生。《资本论》第一卷第四章一开始就讲：“商品流

---

① 《马克思恩格斯文集》第2卷，北京：人民出版社，2009年版，第603页。

② 同上。

③ 《马克思恩格斯文集》第8卷，北京：人民出版社，2009年版，第32页。

通是资本的起点。商品生产和发达的商品流通，即贸易，是资本产生的历史前提。”①从发展的历史顺序看，先研究商品生产和货币问题是历史方法。但理论研究不能只限于此。《资本论》的开头的一段话，又是从逻辑方法上说明为什么要从商品开始研究。“资本主义生产方式占统治地位的社会的财富，表现为‘庞大的商品堆积’，单个的商品表现为这种财富的元素形式。因此，我们的研究就从分析商品开始。”②商品是资本主义经济的细胞。资本主义的一切经济关系都是通过商品货币关系实现的。而且，研究商品关系确立了劳动价值论，这是剩余价值论的理论基石。从这个方面来看，显然是逻辑方法。如果将两个方面合起来看，可以说是历史方法和逻辑方法的统一。从《资本论》的整个经济范畴和理论顺序的安排来看，即使有的论述看似纯历史的方法，其实也是服从于逻辑方法的。比如，先研究简单再生产，后研究扩大再生产，从先后顺序的安排来看，显然符合历史方法。先有剩余价值的产生，才有剩余价值的资本化，才有资本积累和扩大再生产。但资本主义再生产的特点是资本不断积累和积聚的扩大再生产。论述简单再生产只是为研究扩大再生产做理论铺垫，是服从于研究扩大再生产需要的，也是逻辑的方法。

再比如，马克思为了研究货币，用了相当多的篇幅研究价值形式的发展。从简单的、个别的价值形式到总和的或扩大的价值形式，再到一般价值形式，最后发展到货币形式。以此说明了货币的产生及其社会属性。如果直观地来看，这种研究过程是一种纯历史方法，是在说明货币产生的历史过程。但这样认识问题是不全面的。需要全面和深入地领会马克思论述价值形式发展的理论蕴意。研究价值形式的理论意义，其重点是要说明在商品经济中，货币为什么具有那么大的权力，它的社会属性，即作为一般等价物，成为价值的化身，成为可与一切特殊商品交换的一般商品。以往的经济学家停留在就货币研究货币，不可能深入认识货币的社会属性及其根源，反而形成了商品拜物和货币拜物教。其实，马克思在论述简单价值形式时提出等价形式的三个特点，就是为说明货币的特点而做原始形式的理论铺垫的。遗憾的是，在不少政治经济学论著和《资本论》的讲解中，没有准确理解等价形式的三个特点的本意。其本意是要说明，在简单商品交换中，作为等价形式使用价值成为价值的化身，具体劳动成为抽象劳动的代表，私人劳动表现为直接的社会劳动。以此说明货币在商

① 《马克思恩格斯文集》第 5 卷，北京：人民出版社，2009 年版，第 171 页。

② 同上书，第 47 页。

品交换中成为价值的化身，成为抽象劳动和社会劳动的代表，就是由此演化而来的。但一般将其解读为：等价形式的使用价值用以表现相对价值形式的价值；等价形式的具体劳动用以表现相对价值形式的抽象劳动等。我曾为此发表过澄清理论是非的专文。

因此，《资本论》中对价值形式的分析，首先采用的是历史方法。但从说明货币的社会属性及其在商品经济中的重要地位与作用来看，它又与逻辑的方法相关。也可以说是两种方法的统一。也有纯逻辑方法的分析，如“资本的原始积累”章节，放在了资本积累的后面。又如早于产业资本出现的商业资本与生息资本和地租等，都放在了产业资本的后面。

将历史方法与逻辑方法相统一而重在逻辑方法的研究，与别的经济学家的研究方法是不同的。马克思在《资本论》第一卷第一版序言中讲：“以货币形式为其完成形态的价值形式，是极无内容和极其简单的。然而，两千多年来人类智慧对这种形式进行探讨的努力，并未得到什么结果。”①为什么会是这样？因为他们只是就货币论货币，是从事物发展的完成形态分析问题的。马克思在《序言》中就特别提出这个问题，是要表明《资本论》从价值形式的发展历史研究货币的产生所应用的方法的重要意义。在《资本论》第一卷《法文版序言和跋》中特别表明：“我所使用的分析方法至今还没有人在经济问题上运用过。”②上面引证马克思的两段话，可以用来辨明学界对《资本论》第一卷第一章第四节中讲科学分析方法的误解：“对人类生活形式的思索，从而对这些形式的科学分析，总是采取同实际发展相反的道路。这种思索是从事后开始的，就是说，是从发展过程的完成的结果开始的。”③学界不少人认为，这段话是马克思正面讲自己经济形式的科学分析应采用的方法。其实，这是把马克思所否定的方法当作马克思所主张和应用的方法了。马克思接着讲：“正是商品世界的这个完成的形式——货币形式，用物的形式掩盖了私人劳动的社会性质以及私人劳动者的社会关系，而不是把它们揭示出来。”④由此可见，讲马克思关于政治经济学或《资本论》的方法，需要正确理解和把握其所论述的历史方法和逻辑方法的关系，这是一个不可忽视的重要的方法论问题。

---

① 《马克思恩格斯文集》第 5 卷，北京：人民出版社，2009 年版，第 8 页。

② 同上书，第 24 页。

③ 同上书，第 93 页。

④ 同上书，第 93 页。

用唯物史观科学把握生产力的历史作用*

生产力和生产关系是唯物史观的基本范畴，对它们含义及其联系的界定，涉及马克思主义原理的诸多方面。理论界对唯物史观和马克思主义政治经济学的一些重要概念和原理，在认识上有诸多分歧。本文仅就以下问题展开评析。马克思有没有界定或怎样界定生产力的内涵及其构成要素？马克思为什么要强调生产力是劳动的生产力，劳动生产力是否指劳动生产率？生产力发展的源泉或动力是什么？科学是不是生产力的独立要素？主张生产关系是生产力发展的根本动力的观点能否成立？生产力决定论与生产力标准论是同一命题，还是不同的问题？能否将生产力决定生产关系的原理归结为“唯生产力论”和“唯生产力标准论”？判断和评价社会主义制度的标准是否只能是生产力标准，而排除生产关系标准？回答这些问题，需要从马列主义理论与中国特色社会主义理论和实践的结合上予以阐述。

一、生产力、劳动生产力和劳动生产率概念的同异

生产力、劳动生产力和劳动生产率是唯物史观和马克思主义政治经济学的几个重要概念。在《资本论》中，生产力特别是劳动生产力的概念应用很多。什么是生产力，生产力的构成要素有哪些；“劳动生产力”与“生产力”是什么关系，与“劳动生产率”又是什么关

---

* 原载于《中国社会科学》2013年第11期，作者为马昀、卫兴华。

系？对于这些看起来似乎是最简单、最基本的概念和问题，直到现在，学界在理解和阐述上依然存在很大的分歧。分歧产生的一个重要原因，是对马克思的《资本论》和其他著作中的有关论述研究不够和解读的差异。因此，问题的解决，还得回归马克思有关论述的原意。

(一)什么是生产力

如何界定生产力，马克思主义政治经济学界有不同的回答。蒋学模主编的教材说："生产力是人们征服自然、改造自然的能力。"①逄锦聚等主编的教材说："生产力是人们改造自然和控制自然界的能力，它反映人和自然界之间的关系。"②马克思主义理论研究和建设工程的重点教材说："生产力是人类利用自然和改造自然、进行物质资料生产的能力。"③程恩富等主编的教材讲："人们运用生产资料，创造社会物质和精神财富的能力，叫作生产力。"④此外，有些学者常常引证斯大林生产力二要素的定义，反对将生产力定义为人们生产物质资料的能力，甚至说，"马克思和恩格斯都未给生产力下过定义，只是说明它包括哪些要素"。

有别于斯大林的二要素论，也有别于三要素论，马克思不仅具体说明了生产力包括哪些要素，而且简括地说明了生产力是指什么。马克思在《资本论》中指出："生产力，即生产能力及其要素的发展。"⑤是指人们生产使用价值或财富的能力。马克思又说："生产力当然始终是有用的、具体的、劳动的生产力。"⑥也就是具体劳动生产使用价值或财富的能力。马克思还指出："一切生产力即物质生产力和精神生产力。"⑦这表明，生产力既是生产物质财富的能

① 蒋学模主编：《政治经济学教材》，上海：上海人民出版社，1980年版，第4页。

② 逄锦聚等主编：《政治经济学》，北京：高等教育出版社，2003年版，第23页。

③ 《马克思主义政治经济学概论》编写组：《马克思主义政治经济学概论》，北京：人民出版社，2011年版，第2页。

④ 程恩富、冯金华、马艳主编：《现代政治经济学新编》，上海：上海财经大学出版社，2012年版，第6页。

⑤ 《马克思恩格斯文集》第7卷，北京：人民出版社，2009年版，第1000页。

⑥ 《马克思恩格斯文集》第5卷，北京：人民出版社，2009年版，第59页。

⑦ 《马克思恩格斯全集》第46卷(上)，北京：人民出版社，1979年版，第173页。

力，也是生产精神财富的能力。有的政治经济学教材中离开了马克思关于生产力的这些说明，只讲生产力是人类改造、控制、征服自然的能力，这是不够的。这只是表明在生产中人与自然的关系，表明生产力的高低可反映人类利用和改造自然的能力大小，并未说明生产力自身的内涵是什么，发展生产力是为了什么。人类利用和改造自然，并不是目的，目的是生产出物质财富和精神财富，满足人的物质文化需要。因此，上面所引马克思主义理论研究和建设工程的教材和程恩富等编教材中，关于生产力的界定是正确的，符合马克思的本意。其实，生产力是什么与生产力的构成要素是什么，为两个不同的问题，用生产力二要素或三要素、多要素都不能说明生产力是什么。人是生产力的主导力量，是主体；生产力的其他要素是客体。生产力就是人们(劳动者)运用生产要素，生产物质和精神财富的能力。

我们认为，对生产力可做这样的界定：生产力是人们生产物质资料的能力。它表示人们适应自然、利用自然和改造自然的水平，反映了人和自然界的关系。生产力的构成包括人的因素和物的因素，也包括被利用的自然力，如风力、水力和其他自然资源，还包括科学技术以及在生产中的分工协作和生产组织等社会结合方式。

(二)什么是劳动生产力，它与生产力和劳动生产率是什么关系

有的学者认为，劳动生产力与生产力在内涵上是一致的。有的认为，劳动生产力与生产力是两个不同的概念，前者是与劳动生产率相同的概念。

程恩富等主编的《现代政治经济学新编》一书中，对劳动生产力有专门一段说明：“劳动生产力，是人类认识、利用和改造自然界以获得物质资料的能力……劳动生产力不完全等同于劳动生产率。劳动生产力是具体劳动运用劳动手段加工劳动对象以生产使用价值的能力。”①这段话对劳动生产力的说明，与对生产力的界定是一致的。还有学者从英文的用词上论证二者的一致性，认为“劳动生产力和生产力是可以通用的”。

需要弄清楚：在马克思的著作中，生产力与劳动生产力究竟是作为内涵一致的概念，还是作为两个独立的不同的概念而区别应用的。这需要从三个方面考证。一是从马克思的有关论述中，看二者的内涵是否一致和是否通用。还需要弄清，劳动生产力概念是承袭前人的，还是马克思专用的。二是需要弄清马

① 程恩富、冯金华、马艳主编：《现代政治经济学新编》，上海：上海财经大学出版社，2012年版，第34页。

克思为什么要使用“劳动生产力”这个概念。如果劳动生产力与劳动生产率是内涵相同的概念，讲劳动生产力还有什么必要呢？三是看在马克思的著作中，构成生产力的要素与劳动生产力的要素是否相同。

1. 从马克思的论述可以看出生产力与劳动生产力的内涵是一致的

下面用例证说明二者的一致性。

例一，前面已引证《资本论》中讲：“生产力当然始终是有用的、具体的劳动的生产力”。这表明，生产力始终是指“劳动的生产力”，而不是像有些西方学者那样，将其作为“资本的生产力”“土地的生产力”等。

例二，马克思说：“结合工作日怎样达到生产力的这种提高……都是社会的劳动生产力或社会劳动的生产力。这种生产力是由协作本身产生的。”①这是说明，协作提高了生产力，这种提高的生产力，已不是个人的劳动生产力，而是协作的劳动生产力即社会的劳动生产力。这里的生产力概念也是与劳动生产力通用的。

例三，马克思说：“一个产业部门利润率的提高，要归功于另一个产业部门劳动生产力的发展……生产力的这种发展……”②在这里，劳动生产力与生产力是同义的。

例四，马克思说：“假定有一个资本家使劳动生产力提高一倍……生产力虽然提高了一倍，一个工作日仍然同从前一样只创造 6 先令新价值。”③这里的两个概念又是通用的。

例五，马克思说：“社会生产力(也可以说劳动本身的生产力)”。④

还可以举出更多的例证，限于篇幅就舍弃了。

2. 马克思为什么将生产力又称作劳动生产力，有什么特殊意义

人们不要忘记：马克思的《资本论》和其他一些经济学著作是对前人的“政治经济学批判”。萨伊的“三位一体”公式受到马克思的批判。萨伊用资本的生产力说明利润的来源，用土地的生产力说明地租，用劳动生产力说明工资。斯密认为，“财富只不过是积累的劳动”，劳动是“价值的唯一尺度”。萨伊断言，

① 《马克思恩格斯文集》第 5 卷，北京：人民出版社，2009 年版，第 382 页。

② 《马克思恩格斯文集》第 7 卷，北京：人民出版社，2009 年版，第 96 页。

③ 《马克思恩格斯文集》第 5 卷，北京：人民出版社，2009 年版，第 368 页。

④ 《马克思恩格斯全集》第 46 卷(上)，北京：人民出版社，1979 年版，第 268 页。

这是“不正确的结论”。他批评斯密说：“劳动每生产一项价值，就消费等量的价值，因此，劳动没有剩余，没留有净产品”。他认为斯密抹杀了资本的生产力：“要是资本所包含的生产力，只有创造资本的劳动的生产力，而自己没有生产力……怎样能提供永久利润呢?”①

经济学说史表明，劳动生产力的概念，是庸俗经济学与古典经济学的争论中必然涉及的重要概念。双方对这一概念的取舍，与他们在价值理论认识上的分歧相联系。主张要素价值论的学者和资产者，重视和强调的是资本的生产力，认为在资本主义经济的诸生产要素中，资本要素起着主导作用。萨伊说：“如果没有资本，劳动就不能生产什么东西。资本必须和劳动协力合作，这个协作我叫作资本的生产作用”，“资本的生产力常常和自然力的生产力混在一起”。他批评斯密“抹杀资本的同样能力”，② 即资本的生产力。又如庞巴维克在《资本与利息》一书中，专设一编讲“生产力学说”，大谈“资本的物质生产力”“资本的价值生产力”，还用资本生产力说明利息和“剩余价值”的来源。③ 而主张劳动价值论的学者，则重视和强调劳动生产力，认为劳动是主动力，正是劳动运用生产要素才生产出财富和价值。李嘉图坚持劳动价值论，故强调劳动生产力。他说：“在不同的社会阶段中，资本或雇佣劳动的手段的积累速度是有大有小的，而且在所有的情形下都必须取决于劳动生产力。当肥沃的土地数量很多时，劳动的生产力一般也最大。”④这一论断表明：资本利润和积累的增加，肥沃土地收入的扩大，在本原上都是劳动的生产力提高的结果，与资产者及其庸俗学者将其归功于资本生产力、土地生产力大相径庭。

在马克思的著作中，也重视生产力的分工协作和自然力等因素的作用，特别是重视科学的因素，并将劳动以外的生产力因素，都与劳动生产力联系。他把生产力中的科学力量、分工协作的作用，称作“社会的劳动生产力”或“劳动的社会生产力”。但是由于资本与雇佣劳动关系中的资本拜物教性质，劳动的

---

① 以上所引见萨伊：《政治经济学概论》，陈福生、陈振骅译，北京：商务印书馆，1963 年版，第 75—76 页。

② 同上书，第 72—75 页。

③ 参见庞巴维克：《资本与利息》第二编“生产力学说”，何崑曾、高德超译，北京：商务印书馆，2010 年版。

④ 大卫·李嘉图：《政治经济学及赋税原理》，郭大力、王亚南译，北京：商务印书馆，1962 年版，第 81 页。

生产力却颠倒地表现为“资本的生产力”。马克思指出：“协作这种社会劳动的社会生产力，表现为资本的生产力，而不是表现为劳动的生产力”，对此，“资本家是不费分文的”，“应用机器，不仅仅是使与单独个人的劳动不同的社会劳动的生产力发挥作用，而且把单纯的自然力——如水、风、蒸汽、电等——变成社会劳动的力量”，“上述增加生产力”只是“所使用的单纯自然力的一部分”。① 从这些说明中又可以看出，马克思是将劳动生产力与生产力当作内涵一致的概念使用的。从马克思的以上论述中，还可以看出，他把科学、分工协作、自然力等都作为社会生产力或社会劳动生产力的构成要素。这是对生产力二要素或三要素观点的否定。

劳动生产率是生产力或劳动生产力的表现形式。生产力或劳动生产力的高低和发展情况，可以用劳动生产率来衡量。因此，在马克思的论著中，提高生产力的因素与提高劳动生产率的因素是一致的，有时也会在一致的含义上予以并用。一个国家或地区的生产力或劳动生产力的高低，就是用劳动生产率来测量的。一是可直接用使用价值量如人均产量来测算，例如美国一个农民一年生产的产量等于我国一个农民年产量的近 100 倍。二是可用人均 GDP 来测算，我国经济总量虽居世界第二，但生产力落后，人均 GDP 远低于发达国家。GDP 按不变价格计算，实际上还是使用价值指标，而非价值指标。

3. 决定劳动生产力的要素也是生产力的构成要素，生产力二要素、三要素之争偏离马克思的观点

在马克思的著作中，决定生产力的要素同决定劳动生产力的要素是完全一致的。而且有必要指出：马克思所讲的生产力的诸要素，至今没有被我国学界完全、准确地把握。我国长期存在生产力二要素与三要素之争，争论产生的根源有三个方面。一是对马克思的有关观点没有全面把握，加之马克思的许多有关著作是新中国成立后逐步翻译过来的，事先并不清楚。生产力二要素、三要素之争，事实上偏离了马克思的有关观点。二是由于对生产力定义的见解不同，对生产力要素构成的看法必然产生差异。如果只把生产力定义为人们利用、改造和征服自然的能力，就会主张生产力二要素，而把劳动对象和其他要素排除于生产力之外。因为劳动对象是被改造的对象，它不能用来改造或征服自然。如果将生产力定义为生产财富的能力，就会把劳动对象和其他要素纳入

① 以上所引见《马克思恩格斯全集》第 47 卷，北京：人民出版社，1979 年版，第 297、363 页。

生产力要素之中。三是受斯大林生产力二要素论的影响。斯大林在1938年写的《辩证唯物主义与历史唯物主义》中，给生产力下了这样一个定义："用来生产物质资料的生产工具，以及有一定的生产经验和劳动技能来使用生产工具、实现物质资料生产的人，——所有这些因素共同构成社会的生产力。"①斯大林的这一生产力二要素论，曾长期成为马克思主义有关教材和论著中流行的关于生产力的专一定义。斯大林的生产力二要素论，与马克思的生产力多要素论显然是不一致的，也不符合生活实际情况。斯大林去世后，国内外的有关著作多数放弃了生产力二要素论，认同劳动对象是生产力构成要素。也有的论著中，认同生产力多要素。

在我国，有一些学者继续主张生产力二要素论。如经济学界的前辈于光远认为，"在生产力要素中，我认为不应该把作为劳动对象的自然算在里面，正好像在战争中不能把敌人算在我们的战斗力一样"，"生产力应该是两要素……劳动对象是被改造的对象"。② 蒋学模等也主张："生产力是由生产工具与劳动者构成的"。③ 主张生产力二要素、三要素或多要素，是学术是非问题，可以自由讨论。既然讨论的是马克思主义政治经济学中的生产力概念和理论问题，还需要回归马克思的论著探求其原意。另外，要理论联系实际，从发展生产力的实践中来把握其构成要素。只要把生产力界定为人们生产物质财富和精神财富的能力，就会认同劳动对象是生产力的要素，而且会进一步认同马克思所讲的生产力多要素，把管理、分工协作、科学、自然力等因素纳入生产力要素之中。这样就会回归马克思的观点，认同《资本论》中所讲的决定劳动生产力的诸要素，就是构成生产力的诸要素。

主张生产力三要素的学者中，如学界老前辈王学文，是以马克思讲的劳动过程的三个简单要素为理论根据的，但这里存在误解。马克思在《资本论》第一卷第五章讲劳动过程时，提出劳动过程的三个简单要素。"劳动过程的简单要素是：有目的的活动或劳动本身，劳动对象和劳动资料。"④马克思在这里不是

---

① 《斯大林选集》(下)，北京：人民出版社，1979年版，第442页。

② 于光远：《政治经济学社会主义部分探索(一)》，北京：人民出版社，1980年版，第409—410页。

③ 蒋学模主编：《政治经济学教材》，上海：上海人民出版社，1980年版，第3页。

④ 《马克思恩格斯文集》第5卷，北京：人民出版社，2009年版，第208页。

讲劳动过程的全部要素，而是讲任何社会及其任何发展阶段的劳动过程，都必须起码具备的最简单的要素。它内含着的意思是，随着生产劳动过程的发展，会有新的因素加进来，如管理、分工协作、科技的发明与应用等。马克思指出："就劳动过程只是人和自然之间的单纯过程来说，劳动过程的简单要素是这个过程的一切社会发展形式所共有的。但劳动过程的每个一定的历史形式，都会进一步发展这个过程的物质基础和社会形式。"①在机器大工业生产的基础上，马克思进一步提出了决定劳动生产力的多种情况："工人的平均熟练程度，科学的发展水平和它在工艺上应用的程度，生产过程的社会结合，生产资料的规模和效能，以及自然条件。"②其中，科学的发明发现，需要应用于生产的工艺，才能形成生产力；"生产过程的社会结合"，包括分工协作、生产组织与管理；"生产资料的规模和效能"，指劳动资料和劳动对象的数量和质量；"自然条件"，指被应用于生产的风力、水力及自然资源等。

4. 科学是不是生产力的独立要素

改革开放以前，关于科学是不是生产力，理论界大多并不明确。尽管在马克思的著作中，反复地、不断地讲到科学是生产力的要素，但是，长期以来我国有关重要文献和论著中并未予以明确提出和肯定。在"文革"后期的 1975 年，邓小平听取由胡耀邦等起草的《科学院汇报提纲》，后者提出，"科学技术也是生产力"，邓小平表示赞同并指出，"科学技术叫生产力"。③ 这一观点遭到"四人帮"的攻击。在他们的主导下，《辽宁日报》1976 年 4 月 5 日发表文章说，"劳动者才是最根本、最重要的因素"，讲"科学是生产力，就是否定劳动者的作用"。《红旗》杂志也在 1976 年第 9 期发表文章说，讲"科学也是生产力"，是"篡改马克思主义关于人是生产力的决定因素的正确观点"。粉碎"四人帮"后，邓小平进一步提出，"科学技术是第一生产力"。④ 此后，人们认同科学是生产力的重要内容。事实也告诉人们，科技最先进最发达的国家，生产力水平也最高。但有些教材与论著中，由于受传统理论影响，不把科学作为生产力的独立要素，而只作为渗透于二要素或三要素中的外加要素。无疑，新的科技创新，会改进和生产出新的、更先进的生产工具和其他生产资料，会提高劳动者的科

① 《马克思恩格斯文集》第 7 卷，北京：人民出版社，2009 年版，第 1000 页。

② 《马克思恩格斯文集》第 5 卷，北京：人民出版社，2009 年版，第 53 页。

③ 《邓小平文选》第 2 卷，北京：人民出版社，1994 年版，第 34 页。

④ 《邓小平文选》第 3 卷，北京：人民出版社，1993 年版，第 274 页。

技水平。但科技创新的作用超出这些方面，它会改变生产过程的工艺流程和传统生产模式。马克思一再指出，科学是生产力的独立因素——“大工业则把科学作为一种独立的生产能力与劳动分离开来”,①“随着科学作为独立的力量被并入劳动过程而使劳动过程的智力与工人相异化”。② 因此，不应否定科学是一种独立力量。例如，人造卫星可以用于生产，但它并不是渗透到其他生产力要素中起作用，而是独立地发挥作用。

马克思十分重视科学在生产力发展、人类社会进步中的重要作用。随着生产力向高层次的发展，科学的地位和作用也日益提高。在现代社会生产中，科学的地位尤为凸显。科学作为“独立的生产能力”，作为“第一生产力”，会推进其他生产要素的变革，又会统率诸生产要素协调发展。当今国际竞争的核心是高科技竞争，也是高科技人才的竞争。抢占科技发展制高点，就能起引领作用，推动经济、社会、教育、军事、环境等各方面整体前进。我国强调创新驱动发展，首先应是科技创新、自主创新驱动发展，以应对新的科技革命和产业革命浪潮的世界性挑战。社会历史发展的经验表明，抓住科技革命的机遇，就可能实现赶超跨越，成为世界强国。错失机遇，就会继续落后。

二、从生产力决定生产关系的原理探讨生产力发展的源泉

生产力决定生产关系，生产关系要适应生产力的发展，生产关系是生产力发展的社会形式，生产关系会反作用于生产力。这是唯物史观的基本原理。马克思和恩格斯在《德意志意识形态》中指出，人们的生产“表现为双重关系：一方面是自然关系，另一方面是社会关系”，“人们所达到的生产力的总和决定着社会状况”。③ 在《哲学的贫困》中，马克思指出：“生产力在其中发展的那些关系：并不是永恒的规律，而是同人们及其生产力的一定发展相适应的东西，人们生产力的一切变化必然引起他们的生产关系的变化。”④在《雇佣劳动与资本》中，马克思又讲：“社会生产关系，是随着物质生产资料、生产力的变化和发

① 《马克思恩格斯文集》第5卷，北京：人民出版社，2009年版，第418页。

② 同上书，第743页。

③ 《马克思恩格斯文集》第1卷，北京：人民出版社，2009年版，第532—533页。

④ 同上书，第613页。

展而变化和改变的。”①在《政治经济学批判》序言中，马克思进一步做了经典的表述：“人们在自己生活的社会生产中发生一定的、必然的、不以他们的意志为转移的关系，即同他们的物质生产力的一定发展阶段相适合的生产关系。这些生产关系的总和构成社会的经济结构，……社会的物质生产力发展到一定阶段，便同它们一直在其中运动的现存生产关系或财产关系(这只是生产关系的法律用语)发生矛盾。于是这些关系便由生产力的发展形式变成生产力的桎梏。那时社会革命的时代就到来了。”②从马克思、恩格斯的这些论述中可以明确以下几点。(1)人们为了生活就需要进行生产。生产是社会生产，包括生产力和社会生产关系，前者是“自然关系”，后者是“社会关系”。(2)社会生产关系并不是永恒的，而是发展变化的，因为生产力是不断发展变化的。(3)生产力决定着生产关系。生产力是物质内容，生产关系是生产力的社会形式。因此，生产关系一定要与一定历史阶段的生产力状况相适应、相适合，这是社会历史发展的规律。(4)生产力总是在一定的生产关系中运动和发展的，发展到一定阶段便与生产关系发生矛盾，原有的生产关系由生产力发展的形式变为生产力发展的桎梏，就会产生革命性变革，由适应生产力发展的新生产关系取代旧的生产关系。

把握唯物史观的这些基本原理，便于评析我国长期以来在有关理论问题上的一些争论。争论的一个主要问题是：生产关系的发展是由生产力决定的，而生产力的发展又是由什么决定的，它的发展源泉或动力究竟是什么？在 20 世纪 50 年代后期至 60 年代前期和粉碎“四人帮”后的一个时期，学界曾热烈讨论过这一问题，观点纷繁。其中主要有三种见解：生产力发展的动力是生产力内部源泉说；生产力发展的动力是生产关系说；生产力发展的动力是生产力与生产关系的矛盾说。下面分别予以评析。

(一)生产力内部源泉说

池超波提出：“一方面应当肯定生产力的内部矛盾是生产力发展的动力和源泉；另一方面应当正确地估计和认识生产关系和生产力之间的相适应和矛盾对于生产力的发展所起的推动作用和阻滞作用。”③平心大力主张，生产力发展

① 《马克思恩格斯文集》第 1 卷，北京：人民出版社，2009 年版，第 724 页。

② 《马克思恩格斯文集》第 2 卷，北京：人民出版社，2009 年版，第 591—592 页。

③ 池超波：《什么是生产力发展的动力?》，《新建设》，1957 年第 12 期。

有其内在动力。他认为，生产力具有自己增殖、自己更新的趋向，所以是最富有革命性的运动力量。这种运动力量是在普遍的矛盾形式中显示出来的。历史和现实证明，“生产力发展是服从自己的运动规律的”。① 洪远朋提出：“生产力的发展有其内部的源泉，这是无法否认的。如果否认生产力发展有其内部的源泉，不是导致把生产关系和上层建筑当作生产力发展的最终决定力量的外因论，就是陷入生产力决定生产关系，生产关系又决定生产力的循环论。”②董辅礽批判了“四人帮”宣扬的，在社会主义历史时期，生产关系对生产力“始终起着主要的决定作用”的言论。他说：“这种理论之所以荒谬，首先在于把生产关系特别是上层建筑看成是社会发展的本质和最终动因。”他认为，人类社会发展的历史表明，归根到底是生产力决定生产关系，而不是生产关系决定生产力。他主张，生产力具有推动其发展的内在矛盾，如生产工具与劳动力之间的矛盾，生产工具与劳动对象之间的矛盾，生产工具与生产工具的矛盾。“这些矛盾的产生和解决，推动着生产力的发展。”③

(二)生产关系动力说

李洪林讲道，什么是生产力发展的动力，最近看到几种不同的回答。有人说是劳动力、人或人民群众，有人说是劳动力和生产工具的矛盾，有人说是人和自然的矛盾，有人说是需要，甚至有人说是人的本能需要。“我认为，正确的答案只能是生产关系推动生产力的发展”。④

《新建设》杂志 1960 年第 8、9 期以《关于生产力性质问题的讨论》为题，报道了当时对平心的批评意见。“固然，生产力一般起决定作用，但在一定条件下，生产关系又反过来起决定作用”。这表明，批评平心的学者，是在肯定生产力的决定作用的前提下，讲生产关系对生产力的决定作用的，涉及相互决定的循环论证。

批评生产力发展内因论、主张生产关系决定生产力论的观点，在改革开放

---

① 平心：《再论生产力性质》，《学术月刊》，1959 年第 9 期。

② 洪远朋：《论生产力的内在源泉》，《思想战线》，1978 年第 5 期。

③ 以上所引见董辅礽：《关于生产力的几个问题》，《经济研究》编辑部编：《论生产力——建国以来关于生产力问题的论文选》(下)，长春：吉林人民出版社，1980 年版，第 252 页。

④ 李洪林：《只有生产关系才能成为生产力发展的动力》，《光明日报》，1957 年 1 月 23 日。

前的“大跃进”和人民公社化年代，符合当时的社会政治气候。特别在“文革”中，“四人帮”批判“唯生产力论”，宣传“在社会主义历史时期，生产关系对生产力、上层建筑对经济基础的反作用是决定性的”，① 借以搞生产关系和上层建筑领域“左”的不断革命。所谓“革命搞好了，生产力自然而然上去了”。

生产关系是生产力发展的动力的观点，在粉碎“四人帮”后的改革开放年代，很少有人再讲了。主张生产力发展内因论的有关观点，大都是1978年以后提出来的，与批判“四人帮”的生产关系和上层建筑决定论相关联，也是与总结以往的历史教训相联系的。但是目前也还有学者仍主张，生产力发展的根本动力是生产关系，甚至对生产力决定生产关系、生产关系反作用于生产力的唯物史观提出了不同意见。

(三)生产力与生产关系矛盾说

这一观点，曾是我国一段时期占主要地位的观点。王亚南不赞同生产关系动力说。他说：“生产力发展的动力，既不能由生产内部存在的矛盾得到说明，也不能单由生产关系的促进作用得到说明，归根结底，必须在生产力与生产关系之间的矛盾和对立斗争的统一中，在它们之间的辩证发展中，去找到它的依据。”②

卫兴华也曾主张生产力发展的源泉是生产力与生产关系的矛盾。“生产力和生产关系的矛盾，是社会生产的基本矛盾，这种基本矛盾是决定社会生产，从而也是决定生产力发展的基本原因。”③卫兴华当时不赞同平心关于“生产力自己发展趋向是社会物质生产过程的基本规律”的看法。1988年出版的《卫兴华选集》，在一篇相关文章的后面，特加一段附言：“27年前，我不赞同平心先生从生产力本身寻找生产力发展的内部根据，强调生产关系同生产力的矛盾是决定生产力发展的基本原因，1978年以后，我改变了这种看法。认为生产力发展的根据首先在生产力内部。”④不过，平心认为，生产力发展的内部根据是生产力的“物质技术属性”和“社会属性”二重性的矛盾，笔者难以认同。

---

① 转引自高峰、刘晓铎：《生产力的决定作用不容否定》，《南开大学学报》，1978年第1期。

② 王亚南：《促进生产力发展的动力究竟是生产力内部存在的矛盾？是生产关系？还是其他？》，《福建日报》，1956年12月14日。

③ 卫兴华：《也谈生产力和生产关系问题》，《光明日报》，1960年8月22日。

④ 《卫兴华选集》，太原：山西人民出版社，1988年版，第453页。

(四)从理论和实践的结合上研究生产力发展的动力与源泉

探讨生产力发展的源泉或动力问题，需要从理论与实践的结合上寻求解决的途径。从理论研究上说，既然讨论的是马克思开创的唯物史观关于生产力和生产关系的基本原理，就需要追溯马克思是怎样分析生产力的发展的。从实践上说，应看看从历史到现实，生产力是怎样发展的。

马克思在《政治经济学批判》序言中讲到了生产力和生产关系的矛盾，但没有将其看作是生产力发展的根源，反而指出，这种矛盾会妨碍生产力的发展。马克思的原话是："社会的物质生产力发展到一定阶段，便同它们一直在其中运动的现存生产关系……发生矛盾。于是这些关系便由生产力的发展形式变成生产力的桎梏。"①生产力和生产关系的矛盾和解决，有利于生产力的发展，但不是生产力发展的根源。我们知道，生产力不仅是生产关系的决定力量，也是人类社会历史发展的最终决定力量。如果生产力没有自己发展的源泉，怎么能起这样的决定作用呢？马克思说：任何生产力"都是以往的活动的产物"，"生产力是人们应用能力的结果"。② 也就是说，生产力是人们在物质生产中所进行的"活动的产物"，是应用自己能力即实践能力的结果。从原始社会到现代社会，生产力或慢或快的发展，无一不是人们生产活动的结果和实践能力的结果。

认为生产力自己不会发展，要靠生产关系作为动力来推动，这样的判断是说不通的。生产力是最革命最活跃的因素，而不是一堆死的因素，搁在那里不会动，全靠生产关系推着或拉着往前走。生产力中的劳动者是主动因素，非劳动因素是被动因素，是劳动者主导着生产力的发展，是劳动(包括体力劳动和脑力劳动)利用生产资料和其他生产要素，推动着生产力的发展。这正是马克思强调生产力是劳动的生产力之意义所在。但仅这样讲是不够的。讨论生产力发展的动力或源泉时，应分清四个不同层次的问题。其一，人类为什么要发展生产力？这是发展生产力的动因问题。其二，人类怎样发展生产力？这是发展生产力的过程和行为问题。其三，生产力为什么会不断发展？这是生产力发展的源泉或内因问题。其四，生产关系对生产力发展起什么作用？生产关系是反作用于生产力，起促进或阻碍的作用，还是起根本动力作用？以下分别予以论述。

---

① 《马克思恩格斯文集》第 2 卷，北京：人民出版社，2009 年版，第 591 页。

② 《马克思恩格斯文集》第 10 卷，北京：人民出版社，2009 年版，第 43 页。

1. 人类为什么要发展生产力

唯物史观回答了这个问题。人类为了维持生存和生活，就有吃喝穿住等生活需求，为此，就要从事生产，发展生产力。也可以说，人的需求是发展生产力的动因。马克思讲："没有消费，也就没有生产，因为如果没有消费，生产就没有目的。消费从两方面生产着生产"，"消费创造出新的生产的需要"，"消费创造出生产的动力"。① 他还指出："社会需要，即社会规模的使用价值，对于社会总劳动时间分别用在各个特殊生产领域的份额来说，是有决定意义的。"②正是对使用价值的消费需要，才引出发展生产或发展生产力的需要。消费需求是经济增长的引擎。马克思这里把消费需要作为生产或生产力的"动力"。这个"动力"可以理解为"动因"即起因。如果讲"动力"，也是远层次的或外围层次的动力。

2. 人类怎样发展生产力

人类发展生产力的历史，是劳动推动生产要素，生产物质财富和精神财富的历史。在生产力诸要素中，劳动者是首要的要素，生产力各要素作用的充分发挥、效能的提高、组合的优化，都会推进生产力的提高。劳动者熟练程度的提高，文化和科技知识的增长，会提高生产力；科学的发明与创新并应用于生产，引进先进技术设备，会大幅度提高生产力；管理水平的提高和现代化，会有效提高劳动生产力；生产资料数量的充足和质量的提高，是提高生产力的重要条件；自然力的充分利用于生产，会形成低成本的生产力；搞好分工协作和生产组织，也会促进社会劳动生产力等等。生产力诸因素发挥功能，形成和提高生产力，是由劳动主导的生产力自行发展的过程。固然，这种发展是在一定的生产关系下实现的。但生产力作为最活跃和最革命的因素，会自行发展，有其自己的发展规律。社会主义的本质要求快速发展生产力，就要着力于充分发挥诸生产要素的各自功能和综合功能，让劳动(包括科技劳动、管理劳动等复杂劳动和一般劳动)推动生产力更好更快地发展。如果把劳动与诸生产要素结合从而推动生产力的发展，也作为生产力的动力，那就是近层次的或第二层次的、生产力自行增殖与发展的动力。

3. 生产力为什么会不断发展

不少学者主张从生产力诸要素之间的内部矛盾说明其原因。从理论和实践的结合上看，这样讲是有一定道理的。但生产力发展的源泉或内因，并不能完

① 《马克思恩格斯选集》第 2 卷，北京：人民出版社，2012 年版，第 691 页。

② 《马克思恩格斯文集》第 7 卷，北京：人民出版社，2009 年版，第 716 页。

全由诸要素之间的内部矛盾说明。内因中还包括诸生产因素各自的发展变化，如劳动者长期经验的积累，“熟能生巧”，可提高劳动技能和熟练程度，从而提高劳动生产力。它们各自的变化是诸要素内部矛盾的原因或结果。

可以认同：生产力诸要素的内在矛盾和解决，是生产力发展的重要源泉。

首先，存在着生产中人与自然界的矛盾。生产力表示人们适应、利用和改造自然的能力。在与自然界的斗争中，劳动者提高了自己的多种应对和创新能力。普列汉诺夫说：“人在作用于他之外的自然时，改变了自己本身的天性。他发展了自己的各种能力，其中也包括‘制造工具’的能力。但是在每一个特定的时期，这个能力的程度决定了生产力的发展所业已达到的水平”。① 从发明弓箭狩猎，到结网捕鱼、造船过河、兴修水利，到现代的人造卫星、航天科技等，都是人与自然斗争的成果。

其次，存在着先进技术设备的创新或引进，同劳动者技能不相适应的矛盾。我国曾出现某些企业引进先进技术设备，由于职工操作和应用水平赶不上而闲置浪费的现象。应用先进技术设备，就需要及时培训出能够熟练操作的人员。这又与管理水平的提高相联系。

第三，存在着生产工具与劳动对象的矛盾，以及生产工具与生产工具的矛盾。例如，精纺毛料需要优质羊毛(劳动对象)。品质低次的羊毛，既损害产品的质量，也影响劳动生产力的提高。在改革开放前，北京清河原第二毛纺厂是生产毛织产品的大型国有企业。人们看到从外省运来的羊毛袋中，混杂着许多泥沙，甚至装有石块，需要安排不少工人从事拣选羊毛的劳作，既增加了成本，又影响了生产效率。改革开放以来，随着羊毛原料质量的提高，生产效率和产品质量也相应提高。再者，生产工具之间的矛盾也需要及时解决。例如，英国曾出现过纺纱业赶不上织布业需要的矛盾。由于世界市场的扩大，产生了对棉布的大量需求，推动了英国棉织业的技术革命，发明了飞梭，改进了织布机，提高了生产力。但纺纱业跟不上织布业，棉纱供不应求，影响织布业的发展。为解决这一矛盾，就促进人们去改进和创新纺纱机。又如，炼钢设备的生产能力与轧钢设备的能力要相互匹配。有时会出现两者不相匹配的矛盾，需要解决，以利于生产力的发展。

第四，在一定发展阶段上，会产生要素驱动发展与创新驱动发展的矛盾。

---

① 《普列汉诺夫哲学著作选集》第 1 卷，北京：生活·读书·新知三联书店，1959 年版，第 683 页。

当低成本的劳动要素和资源要素驱动经济增长的能力式微，与形成新生产能力的需求发生矛盾时，要素驱动型发展不得不转为创新驱动型发展。我国目前就处在这一阶段。粗放型增长方式已不可持续，需要重在创新驱动，形成新的发展方式。创新驱动，首先是科技创新驱动。

第五，存在生产力发展与废弃物的堆积和污染环境的矛盾。这促使人们发展循环经济。贵州六盘山是煤都和钢都，每年产生100万吨炼铁废渣和近千万吨的煤灰。这种工业垃圾堆成小山，既污染环境，又浪费土地。当地恒远建材公司进行技术创新，将废渣和煤灰变废为宝，生产出建筑绿色住宅墙体的新材料，一举多得。

从上面多方面的分析和论述可以看出，生产力是会自己发展的，而且是持续或连续地发展着，并在发展中不断增强自己的能力。正因为如此，生产力才能成为最革命最活跃的力量，决定着生产关系的性质，并成为社会历史发展的最终决定力量。以上的论证，是说明生产力发展的内在源泉，也可以说是内在动力。这是第一层次的最直接、最根本的内在动力。

4. 生产关系对生产力的发展起什么作用

讲生产关系，不是仅指狭义的生产关系即直接生产过程中的关系，而是指广义的生产关系即生产关系体系。它包括作为基础层次的生产资料所有制以及生产资料与劳动者的结合方式，也包括与此相适应的狭义的生产关系以及交换关系和分配关系。所有制的变化会引起整个生产关系体系的变化。生产关系有新旧之分，它们对生产力的发展所起的作用，或是促进、适合，或因阻碍而变革，以重新适合，这些作用不是也不可能是生产力发展的根本动力。生产力是在一定的生产关系下面发展的，而生产关系须适应生产力的发展而发展与变化。没有脱离开生产关系的生产力，也没有脱离开生产力的生产关系。新的生产关系适应生产力的性质和水平，可促进生产力的发展。一定社会形态的生产关系的发展，存在前期、中期、末期之不同阶段。前期是新生产关系，末期是旧生产关系，中期是不新不旧的生产关系。中期阶段经历的时间较长，它的生产关系仍适应生产力的发展，给生产力的发展继续提供发展的空间。末期的旧生产关系阻碍着生产力的发展，会被生产力的发展所打破，产生新的适合生产力发展的生产关系。判断生产关系的新或旧，是根据它对生产力起促进还是阻碍作用来划分的。离开这个标准，就谈不上生产关系的新与旧。有的学者是在肯定生产力决定生产关系的前提下，主张生产关系是生产力发展的动力。这就陷入二者相互决定的循环论证。

断言生产力自己不会发展，完全靠生产关系推动，不符合马克思主义理论原理和历史事实。第一，马克思通过对周期性经济危机的分析，揭示资本主义生产关系已不适合生产力的发展。但他又根据历史事实说明，一次危机过后会出现新的繁荣或高涨，而且，危机过后的高涨，会超过危机前的水平。这种高涨，显然不能用新的生产关系的推动来说明，而是与马克思所论述的固定资本的周期更新直接有关。第二，列宁在1916年写的《帝国主义是资本主义的最高阶段》中，揭示帝国主义是腐朽的和垂死的资本主义。但他同时指出："如果以为这一腐朽趋势排除了资本主义的迅速发展，那就错了"，"整个说来，资本主义的发展比从前要快得多"。① 从统计数字来看，进入垄断资本主义的100年间，发达国家的工业年均增长3%左右，超过自由竞争时期年均2%的增长率。第三，二战后主要资本主义国家曾经历了快速发展时期。日本在20世纪50—70年代的20年中，生产力快速发展，经济增长年均10%左右，远远超过以往资本主义发展的速度。美国的农业劳动生产率在二战后有20多年的快速增长。1950—1977年间，其年均增长达5.6%，快于工业的增长，改变了农业落后于工业的长期格局。以上的历史事实说明，生产力有其自己的发展规律，实践否定了生产力自己不会发展，只能靠生产关系或新生产关系推动的看法，否定了生产关系是生产力发展根本动力的非马克思主义观点。

三、"唯生产力论"和"唯生产力标准论"的是与非

(一)生产力决定生产关系的一般规律和社会主义产生与发展的特点

生产力决定生产关系、生产关系要适应生产力的发展，这是人类历史发展的规律。从人类历史发展的总趋势来看，它是科学的、符合实际的。但是，不能把生产力决定生产关系的原理绝对化和机械化。否则，无法说明为什么生产力高度发展的美英等资本主义国家没有建立社会主义制度，而生产力落后的一些国家先建立了社会主义制度。

在既定的生产力水平条件下，在特定的社会历史条件下，人们有自觉选择某种制度和体制的社会经济空间。列宁从帝国主义时期资本主义国家经济政治发展的不平衡规律出发，提出了生产力落后的俄国作为资本主义世界链条中的薄弱环节，可以首先取得社会主义革命胜利的理论。苏联社会主义制度发展了70年，成为可与美国抗衡的超级大国，但在特定的历史条件下发生剧变，国

① 《列宁选集》第2卷，北京：人民出版社，2012年版，第685页。

家解体，转向资本主义。其成败兴衰都难以直接和完全用生产力的决定作用说明。但归根到底，从人类社会历史发展的规律来看，生产力的高度发展终将突破资本主义生产关系，走向社会主义。俄国将沿着否定之否定的历史辩证法而走向未来。旧中国半殖民地、半封建制度的生产关系阻碍生产力的发展，要求突破旧的生产关系，建立适合生产力发展的新生产关系。但究竟走资本主义道路，还是走社会主义道路，各个阶级有不同的选择。《中国共产党章程》的总纲指出："坚持马克思列宁主义的基本原理，走中国人民自愿选择的适合中国国情的道路，中国的社会主义事业必将取得最终的胜利。"①历史证明，选择社会主义制度和中国特色社会主义道路，比某些前殖民地国家走资本主义道路，发展得更好更快。先进阶级通过其革命政党的这种自觉选择，是在认识客观必然性的历史背景下实现的。不能把这样的自觉选择简单看作是历史唯心主义。有三种不同的经济政治选择：一种是符合历史规律的自觉选择，会获得成功；另一种是违反客观规律的盲目选择，会流于失败；再一种是试错法的选择，成败交错，或成功，或放弃。当前，人类社会发展仍走在从必然王国向自由王国飞跃的征途上。

生产力是社会生产关系发展变化的根本性决定力量。我国进入社会主义时期，通过社会主义实践，认识到我国仍处于社会主义初级阶段。根据我国生产力落后和搞活经济的必要，由实行单一的公有制和指令性计划经济，转向公有制为主体、多种所有制共同发展的基本经济制度和社会主义市场经济，正是因为原有制度和体制，或者说原有的生产关系体系和体制，不完全适合生产力的发展。中共中央关于改革开放的重要文献，也是从我国生产力发展落后、多层次、不平衡的国情出发，说明我国发展多种所有制的必要性。之所以从计划经济转向市场经济，是由于僵化的经济体制弊端凸显，不利于生产力的发展，而市场经济在配置资源方面具有灵活性、效率性，有利于生产力的发展。因此，从大的方面说，我国的改革开放遵循了马克思主义关于生产关系要适合生产力的发展规律的理论指导。既重视生产力的决定作用，又要重视生产关系对生产力的反作用，中国特色社会主义已经并将继续促进生产力的快速、健康发展。而苏联社会主义退回资本主义，生产力倒退和停滞了十几年，世界经济政治地位大幅降低。

也应看到，在既定的生产力水平下，生产关系的某些具体环节可以变化。

① 《中国共产党章程》，北京：人民出版社，2012 年版，第 1 页。

生产关系体系中，所有制是基础。所有制结构的变化，会引起相关的经济关系变化。如我国三大改造以后，实行单一的公有制，过早消除了非劳动要素参与分配的关系。改革开放以来，实行多种所有制共同发展，必然引起分配关系的变化。与公有制为主体相对应的，是按劳分配为主体；与私营经济和外资企业的私有制相对应的，必然是按生产要素所有权的分配，存在资本与雇佣劳动的矛盾和收入差距扩大的趋势。

再如，改革开放以来，对原有的“国营经济”实行所有权与经营权的分离，改称“国有经济”。产权关系的这一变化，有利于生产力的发展，有利于国有企业成为市场经济的重要主体。改革开放过程中，我国的分配关系也在不断调整，分配领域曾流行多年的“效率优先、兼顾公平”的原则，随着生产力的解放和发展，日益呈现其不利于消除两极分化和实现共同富裕的一面，所以十七大报告中改提“把提高效率同促进社会公平结合起来”。① 目前我国出现的收入分配差距过大、贫富分化的情况，其产生的原因与生产力的决定作用无关，也不能靠发展生产力自动地缩小差距、实现分配公平。改变这种状况，需要采取一系列的有效措施，包括坚持和完善公有制为主体的基本经济制度，改革收入分配制度，倡导社会主义公平正义等等，以逐步实现共同富裕。“做大蛋糕”，并不等于就能“分好蛋糕”。生产力发展，并不自然而然地决定了分配就是公平的。社会主义制度的发展与完善，需要生产力的快速发展，但不能仅归结为生产力的决定作用，需要重视社会主义生产关系的自我发展与完善。

还需要重视一个问题：为什么在社会主义社会以前的一切阶级社会中，新社会经济制度产生后，会自然地不断发展、完善，不存在一个新的社会制度整体倒退回旧制度的事情。例如，没有一个资产阶级的政治家或理论家，需要提出坚持资本主义道路和方向的号召和原则。而我国社会主义制度则需要防范和平演变、“改旗易帜”的风险，因而要不断强调坚持社会主义道路和方向。这个问题与社会主义的产生及发展的特点相关。以往的社会经济制度的产生与发展都是自发的、自然的历史过程。先有资本主义制度的产生，后有资本主义概念、理论的形成。早在 14 世纪，地中海沿岸就出现了资本主义经济成分，而直到 19 世纪中叶，才出现和流行“资本主义”概念。与以往阶级对抗社会的更替不同，社会主义产生于无产阶级从自在的阶级向自为的阶级的转变过程中，

① 《中国共产党第十七次全国代表大会文件汇编》，北京：人民出版社，2007 年版，第 10 页。

是先有社会主义概念和理论的形成，再有社会主义运动和革命，然后建立起社会主义制度。整个过程是有领导、有规划、有组织的自觉过程。社会主义制度建立后的发展与改革也是如此。离开马克思主义和社会主义理论的指导，完全由自发性和自由化引导，社会主义事业不可能成功。这里提及这个问题，是为了进一步论述我国怎样才能坚持好社会主义道路和方向，怎样才能处理好生产力和生产关系之间的矛盾。

总之，根据马列主义和中国特色社会主义理论，可以明确，坚持社会主义要从两方面着手。一方面要看是不是着力于快速发展生产力；另一方面要看是不是着力于坚持、发展和完善社会主义生产关系，包括搞好公有制、按劳分配等，以坚持消灭剥削和消除两极分化、走共同富裕道路的根本方向。因此，判断社会主义性质的标准，应从生产力和社会主义生产关系的统一来评价，不能单用生产力标准评价。

(二)不能把生产力标准作为判断和评价社会主义的唯一标准

什么是社会主义和怎样建设社会主义，涉及对社会主义的评价标准问题。根据新中国60多年发展的历史经验，我们认为，在我国社会主义制度下，应把生产力标准和社会主义价值标准统一起来。所谓社会主义的价值标准，按其本义来说，应包括对社会主义的本质规定和特点的全面考察、判断和评价，既包括生产力标准，也包括生产关系标准，还包括上层建筑标准。由于生产关系标准是区分社会经济制度的根本标准，也可以主要从社会主义生产关系标准来谈价值标准。本文这里所讲的价值标准，就是从社会主义生产关系着眼的价值判断标准。

改革开放以后，针对“左”的情况下忽视生产力发展的问题，特别是针对“四人帮”大批“唯生产力论”，以及在改革开放前期对解放和发展生产力存在的某些思想禁锢，理论界提出和强调生产力标准论，是有其现实的针对性和积极意义的，目前和今后依然要坚持。但是，生产力标准论，不能取代更不能排斥社会主义价值标准论。对什么是社会主义和怎样建设社会主义的判断标准，既包括大力发展生产力的要求，也包括搞好社会主义生产关系，以实现共同富裕的要求。由于已经流行“生产力标准”概念，所以，可以专从生产关系的角度，提出应重视社会主义价值标准，强调“社会主义的生产力标准和价值标准的统一”。卫兴华在2010年发表论文，提出“社会主义的得失成败，既要用生产力标准去判断，又要以社会主义价值标准去判断”。文章强调，要坚持大力发展生产力和逐步实现共同富裕，坚持公有制和按劳分配的主体地位，坚持社会主义分配公平。① 这一理论观点，来源于科学社会主义原理，也来源于邓小平在社会主义初级阶段实践中反复强调的关于社会主义的判断标准。邓小平告诉我们，既要从生产力的快速发展即生产力标准，看社会主义的优越性，又要从人民生活水平的提高和需要的满足、最终实现共同富裕即生产关系标准，看社会主义的优越性。社会主义的价值取向、价值判断即价值标准，不能只归结为生产力这样一个标准。

这一理论观点，在马克思主义学界获得不少同人的回应和认同。②但是也有学者持反对意见。他们认为，生产力是决定生产关系的唯一因素，因此只能坚持生产力标准论。

生产力决定论与生产力标准论是两个不同的问题，不能混为一谈。评价社会主义经济制度先进性和优越性，当然要坚持生产力标准，但这不是唯一的标准。体现社会主义制度最本质和优越性的基本性质，应包括马克思、恩格斯和邓小平讲的，为以往任何社会都未曾有过的全体人民的共同富裕。离开提高人民的物质文化生活并最终实现共同富裕，离开发展和完善社会主义生产关系，生产力标准就失去了其应有的意义。发展生产力是物质手段，而不是目的。判断是不是社会主义经济制度，社会主义搞得好不好，决不能只用生产力标准来判断。

(三)不能把生产力决定论错解为“唯生产力论”和“唯生产力标准论”

从生产力决定论，到“生产力唯一决定因素论”，再到“唯生产力标准论”和“唯生产力论”，是一种非科学的推论。“四人帮”曾大批“唯生产力论”，但根本没有弄清或有意搞混什么是“唯生产力论”。他们将重视和致力于生产力的发展，诬之为“唯生产力论”。马克思主义讲生产力决定论，但否定“唯生产力论”。“唯生产力论”认为，生产力是唯一的决定因素，它会自动地、直接地决定应建立什么样的生产关系和社会制度。在马克思主义发展史上，曾发生过对“庸俗生产力论”的批判，斯大林的著作中也批评过这一“理论”。“唯生产力论”实际上就是“庸俗生产力论”。按照这一理论，把生产力决定生产关系的作用绝

---

① 卫兴华：《社会主义生产力标准和价值标准的统一》，《经济学动态》，2010年第10期。

② 如侯惠勤主编的《马克思主义基本原理研究》(第1辑)(北京：中国社会科学出版社，2011年版)，作为中国社会科学院创新工程的“马克思主义研究文丛”，该书收入了卫兴华的这一论文。

对化，或是主张，生产力没达到发达资本主义国家水平，就不能搞社会主义，或是认为，在社会主义制度下，只要发展了生产力，就有了一切，生产力会自行决定社会主义生产关系的产生与发展。“唯生产力论”和“唯生产力标准论”，忽视和否定生产关系和上层建筑在人类社会历史发展中的作用，忽视和否定其对生产力的反作用，忽视我国社会主义制度必须坚持和发展社会主义生产关系和社会主义上层建筑的重要意义。这与科学社会主义和中国特色社会主义理论是相抵触的。我国当前致力于缩小收入分配差距过大的趋势，突出分配公平、社会公平，强调共同富裕。

应该注意到，邓小平明确指出：“马列主义没有‘唯生产力论’这个词，这个词不科学。列宁在批判考茨基的庸俗生产力论时讲，落后的国家也可以搞社会主义革命。我们也是反对庸俗的生产力论，我们……在一个很不发达的中国能搞社会主义，这和列宁讲的反对庸俗的生产力论一样。”①

坚持和发展中国特色社会主义制度，是贯穿十八大政治报告的红线。报告既强调重质量重效益的生产力的发展，又强调社会主义生产关系的发展与完善，包括强调“共同富裕是中国特色社会主义的根本原则”，② 要把保障和改善民生放在更加突出的位置，要使我国人民生活水平快速提高起来，要缩小收入分配差距，建设保障社会公平正义的制度，要完善公有制为主体、多种所有制经济共同发展的基本经济制度等。报告还指出，我国之所以取得新的历史性成就，“靠的是党的基本理论、基本路线、基本纲领、基本经验的正确指引”。③为继续发展中国特色社会主义，十八大报告十分注重意识形态问题，强调要坚持马克思主义指导，坚持和发展中国特色社会主义理论体系，坚持四项基本原则，并要求牢牢掌握意识形态工作领导权和主导权，坚持正确导向等。十八大报告为我们提供了在社会主义初级阶段，全面判断科学社会主义和中国特色社会主义的价值标准。那就是把生产力标准、社会主义生产关系标准以及社会主义上层建筑标准统一起来的总的社会主义价值标准，其中作为基础的是生产力标准。

---

① 《邓小平年谱》(上)，北京：中央文献出版社，2004 年版，第 222—223 页。

② 《十八大报告辅导读本》，北京：人民出版社，2012 年版，第 13 页。

③ 同上书，第 7 页。

马克思的财富论及其当代意义*

长期以来，理论界重视对劳动价值论的讨论和研究，这当然是必要的。但较普遍忽视马克思的财富论在现代社会特别是在社会主义制度下的理论价值和现实意义。笔者认为，在新的历史条件下，在中国特色社会主义制度下，马克思的财富论的理论和实践意义应引起学界重视和深入研究。

一、财富论与价值论不同，适用于一切社会经济形态

马克思的劳动价值论适用于一切商品经济，包括小商品经济、资本主义商品经济和社会主义商品经济。但商品价值关系不是永恒范畴。在原始社会的几百万年中，只能是完全的自然经济，不存在商品与价值关系。马克思曾预计，在社会主义制度下，商品生产和价值将消亡，因而是历史范畴。但实践证明，社会主义要继续存在并发展商品经济。可以预计，未来进入共产主义社会时，实行各尽所能，按需分配，就不需要商品价值关系插手其间了。因为按需分配是按实物需求分配，不需要借助价值关系。有的学者主张在共产主义社会依然会存在商品价值关系，这是笔者不能认同的。马克思的财富论适用于一切社会形态，更适用于社会主义和共产主义社会。马克思曾预计，当未来社会主义制度下，商品生产消亡了，以使用价值为内容的财富将以实物形式满足社会成员的物质文化需

---

* 原载于《经济问题》2019 年第 2 期。

要。社会主义将最终实现使"集体财富的一切源泉充分涌流"，达到"以所有的人富裕为目的"。在马克思的著作中，价值与财富是两个既相联系又有区别的概念。根据历史唯物论，人类生存与发展，离不开吃穿用的需要，这就需要通过劳动生产物质财富。人们的生活需要满足的程度，取决于财富生产的多少。社会经济越发展，社会的财富越增进；而社会财富越增进，人类社会也越发展，二者相互依存与相互促进。由使用价值构成的财富，会以产品的形式独立存在，而价值则不然，在发展了的商品经济中，价值只能通过货币表现其存在。人们重视作为一般等价物的货币，归根到底，并不在于价值或货币自身，而在于作为价值表现物的货币可以转化为相应的财富即使用价值。正因为这样，在现实经济生活中，往往把货币也作为财富。马克思从价值或货币形态上讲财富时，称其为"抽象财富"，意指它是可以转化为各种具体财富的一般财富。

二、劳动与财富关系的发展性变革

马克思指出，人类进行生产是运用劳动和其他生产要素创造财富的过程。《资本论》第一卷第五章讲生产财富即使用价值的劳动过程所需要的"简单要素"是劳动、劳动对象和劳动资料。所谓"简单要素"是指任何社会在物质生产中都必须具有的最起码的生产要素。这个提法本身就意味着随着生产力的发展，生产要素会相应增加。马克思把分工协作、生产管理、自然力、科学等都包括于生产要素中。生产要素就是生产力要素。按照马克思的财富论，生产越落后，劳动生产率越低，劳动作为生产要素的作用也越大。反之，生产力越发展，劳动生产率越高，劳动在生产财富中的作用越小。这是因为，财富的生产与劳动生产率成正比，而劳动生产率的提高，主要靠科技的进步和应用，生产工具的变革，劳动熟练程度和劳动技能的增进，劳动组织的改进，管理水平的提高等。特别应重视科学技术在推动劳动生产率提高和财富的增进中的决定性作用。长期以来，我国学界由于受苏联政治经济学教材和其他论著对生产力要素界定的影响，将生产力的要素窄化为二要素（劳动力和生产工具）或三要素，即马克思所讲的劳动过程的三个"简单要素"，还进行过生产力二要素、三要素之争。特别是忽视了马克思反复强调的科技在发展生产中的领先作用。马克思指出："随着大工业的发展，现实财富的创造较少地取决于劳动时间和已耗费的劳动量，较多地取决于劳动时间内所运用的动因的力量，而这种动因自身——它们的巨大效率——又和生产它们所花费的直接劳动时间不成比例，相反地却取决于一般的科学水平和技术进步，或者取决于科学在生产上的应用。”他又说：“一旦直接形式的劳动不再是财富的巨大源泉，劳动时间就不再是，而且必然不再是财富的尺度。”同时，“劳动者不再是生产过程的主要当事者，而是站在生产过程的旁边”①。现时代的科技进步，远远超过了马克思所看到的水平，同时也验证了马克思的预见。在自动化和智能化的现代化生产中，劳动者确实“站在旁边”进行监督和调控工作。

三、“可自由支配的时间”成为财富尺度

社会主义的根本目的，是全体人民的共同富裕，富裕的内容，包括生存资料、发展资料与享受资料。而这些内容，都是由以使用价值为内容的财富构成的，包括物质财富和文化财富。从人民生活质量与水平的提高来说，重要的不是通过劳动者增加劳动时间、提高劳动强度，以创造更多的价值。而是力求用相对较少的劳动耗费，生产出更多的财富，以满足其物质文化需要。社会越发展，人们对发展资料和享受资料的需求越多，质量要求越高。既包括物质财富的需求，也包括精神财富的需求。同时，社会的进步，人们生活质量的提高，不仅表现为物质文化水平的提高，而且还表现为人的全面发展和劳动时间的减少，表现为休闲时间即可自由支配的时间的增加。马克思对此有过明确的说明：在社会主义社会，“社会生产力的发展将如此迅速，以致尽管生产将以所有的人富裕为目的，所有的人的可以自由支配的时间还是会增加。……那时，财富的尺度决不再是劳动时间，而是可以自由支配的时间。以劳动时间作为财富的尺度，这表明财富本身是建立在贫困的基础上的”②。可自由支配的时间增加，社会财富的增长，劳动时间的缩短，有利于人的全面发展。这取决于生产力的发展特别是劳动生产率的提高，而具有决定性意义的是科学技术的创新与革命。

在新的社会历史条件下，出现了下述两个新的社会经济因素，需要重视对财富论的进一步研究。

① 《马克思恩格斯全集》第46卷(下)，北京：人民出版社，1980年版，第217—218页。

② 同上书，第222页。

四、财富论在现代条件下的新问题与新意义

其一，金本位制崩溃后，全世界都以纸币执行货币职能。价格运动的轨迹已难以反映价值运动的轨迹。本来，即使在金属货币流通的条件下，价格也不能绝对地而只能相对地反映价值的变动。因为价值表现为价格的具体情况，要取决于商品和贵金属货币自身双方价值变动的不同组合关系。而纸币本身没有什么价值，只是一种价格符号，可充任价格尺度职能。从长期来看，从全世界范围来看，由纸币表现的商品总价格呈上涨趋势。我国 60 年来多数产品价格上涨 10 倍左右。作为发达资本主义国家的美国，劳动生产率在不断提高，但价格也在不断上涨，根据萨缪尔森《经济学》第 12 版的统计，从 1900 年到 1980 年，价格也提高了 10 倍。再者，由于纸币与贵金属完全脱钩，在现代经济条件下，纸币的发行量已不受流通所需金属货币量的制约，往往超额发行，纸币由于本身并无价值，不能起价值尺度作用，只能做价格尺度，即用以表明各种商品的价格。因此，过多的纸币流通会产生通货膨胀，价格或慢或快的长期上涨，会更加脱离价值的实际。不再是通过某种商品价格的时涨时落的平均数，显示出其作为价格基础的价值。特别是在当代条件下，美元作为纸币充当世界货币职能。美国可以通过超过国内所需，大量发行美元在全世界流通，获取利益，加剧国际价格波动。

目前，各国的 GNP 和 GDP 的增长率以不变价格计算，所反映的实际上并不是价值变动指数，而是使用价值即财富增长的指数。我国的人口与劳动力大于美国几倍，但我国的 GDP 总量和人均 GDP 远小于美国。2017 年中国的 GDP 为 12.24 万亿美元，美国为 19.39 万亿美元。中国的 GDP 总量为美国的 63%，若按人均 GDP 计算，中国只及美国的 1/7 或 1/6，这里所反映的不是劳动创造价值的悬殊，也难以反映其差距。这里所反映的是由于劳动生产率高低悬殊所生产的财富总量和人均财富量的差别。我国要缩小与发达国家的经济差距，增加人均 GDP，不应是通过大量增加物化劳动和活劳动的投入以增加产值。如果劳动投入 100，产出 120；投入 200，产出 220；投入 300，产出 310。虽然总产出增加了，GDP 总量也增长了，但劳动生产率和经济效益降低了，甚至亏损了，这种高投入、低产出的增长方式，不但不能增加反而会降低人均财富量的占有量。我国曾在一个时期中，某些地方的农业生产就是走的这种经济增长途径。曾出现了“高产穷社”“高产穷队”的农业发展状况。而按照马克思的财富论，应是低投入、高产出，主要依靠科技进步提高劳动生产率，提

高人均产出率，从而增加社会财富总量和人均财富占有量，这样才能缩小我国与发达国家的经济差距，提高人均 GDP。这就需要我国切实转变增长方式，走集约增长方式之路，走科学发展之路，走新发展理念之路。

其二，经济全球化使国际贸易的地位和经济比重空前提高。在国际商品关系中，商品价值量要由世界范围的社会必要劳动时间来决定。这与资本主义前简单商品经济中的商品价值量由地区范围的社会必要劳动时间决定不同；也与资本主义国家国内统一市场形成后商品价值由全国范围的社会必要劳动时间决定不同。我国是发展中的社会主义国家，进出口总额不断提高，由于我国目前的劳动生产率远远落后于发达国家，生产商品的国内必要劳动时间远远多于发达国家，较多的国内价值只能被计算为较少的国际价值。美国的农业劳动生产率高于我国农业的差距，远大于两国工业劳动生产率的差距。美国一个农民创造的财富，高于我国一个农民生产财富的几十倍，因而美国农产品的国际价格低于我国。为了保护我国农民的利益，不能完全放开农产品的进口，而且应有保护价格。因此，不能依靠增加活劳动和物化劳动耗费以增加国内价值。在新的国际关系形势下，财富论的意义更为凸显。当务之急，是重视科技的发展与应用，重视创新驱动发展，重视管理创新与体制创新，重视质量和效益的提高，重视经济增长方式与发展方式的转变。这都会促进劳动生产率的提高。从人事制度上来说，要更加重视科技人才与管理人才的作用，要在相同的或更少的劳动时间内，生产出更多的财富，从国内来说，这是解决我国新时代社会主要矛盾的重要途径，有利于满足我国人民日益增长的美好生活需要，解决发展不平衡不充分的短板。从国际上说，要确保我国在新的科技革命和产业变革中立于不败之地。这样才能提高我国的国际经济竞争力。

五、怎样正确解读劳动不是财富的唯一源泉

马克思和恩格斯在许多论著中一再强调劳动不是财富的唯一源泉。劳动和自然物质(有时提“自然界”）一起构成财富的源泉。如果从字面上来看，讲劳动是一切财富的源泉，或讲劳动是财富的唯一源泉，是在强调劳动的重要作用，也就是强调劳动者是财富的创造者，这不是替劳动者说话、有利于劳动者的观点吗？马克思为什么要否定呢？

《资本论》第一卷中讲商品理论时，就写了这样一段话：“上衣、麻布等等使用价值，简言之，种种商品体，是自然物质和劳动这两种要素的结合。如果把上衣、麻布等等包含的各种不同的有用劳动的总和除外，总还剩有一种不借

人力而天然存在的物质基质。”“不仅如此，他在这种改变形态的劳动本身中还要经常依靠自然力的帮助。因此，劳动并不是它所生产的使用价值即物质财富的唯一源泉。正像威廉·配第所说，劳动是财富之父，土地是财富之母。”①

在《哥达纲领批判》中，马克思一开始就批判了《哥达纲领》中的一句话：“劳动是一切财富和文化的源泉”。马克思批评说：“劳动不是一切财富的源泉。自然界同劳动一样也是使用价值（而物质财富就是由使用价值构成的）的源泉。”请读者注意：这里没有说劳动和生产资料共同构成财富的源泉，而是讲劳动和“自然物质”或“自然界”是共同的源泉。应准确理解这一观点。

可以从两方面说明这一理论。一方面，无论生产价值或使用价值，都离不开劳动和生产资料。但马克思认为只有活劳动是价值的源泉，生产资料只是随着生产中的耗费转移其原有的价值，可称之为物化劳动或旧价值。商品价值是由物化劳动形成的旧价值和活劳动形成的新价值共同构成的，可用公式表示为：$c+v+m$。其中，c 是旧价值即物化劳动。$v+m$ 是新价值。另一方面，如果讲财富或使用价值的源泉，就既不能说劳动是其唯一源泉，也不能说劳动和生产资料是其共同源泉。但学界不少人正是从后一方面的含义上理解的。马克思讲价值的源泉，也称“价值实体”。讲财富的源泉，同样是讲构成财富的实体。就以马克思《资本论》中所举的上衣和麻布的例子来分析：一件棉上衣的制成，固然要用缝纫机、剪尺、棉布和劳动等，但最终构成上衣的因素是缝衣劳动和棉布。缝纫机和剪尺等生产资料不会构成棉衣的因素。据此，可以说，棉上衣是缝衣劳动和作为原料的棉布的结合。但这与“自然界”有什么联系呢？追踪马克思的本意，应当这样解读：棉布是由织布劳动和棉纱构成的；棉纱是由纺纱劳动和棉花构成的；而棉花是植棉劳动在田地里凭借自然力生长出来的。所以，上衣是多重劳动和自然界结合的产物，是以劳动和自然界为源泉的。再以机器为例：机器是工人劳动加之于钢材形成的；而钢材是炼钢劳动和铁的产物；铁是炼铁劳动加之于铁矿的产物；而铁矿是自然界存在的“自然物质”。所以，构成机器实体的源泉，同样是依次不同的多种劳动与自然物质。还可举一个更明确的事例：一件木制家具，是木工劳动和木料的产物。木料取自天然树林，是自然界形成的。因此，木器产品的劳动，包含伐木劳动、运木劳动、锯木劳动、制造木器家具劳动等一系列劳动。同样可归之为劳动和自然界是其源泉。由此可见，如果把马克思讲的劳动不是财富的唯一源泉，解读为劳动与生

---

① 马克思：《资本论》第1卷，北京：人民出版社，2004年版，第56—57页。

产资料是其源泉，是不符合其原意的。

马克思除从学理上不赞同讲劳动是财富的唯一源泉以外，还从政治的角度提出这一理论观点。在《哥达纲领批判》中，马克思正是从政治的角度批判《哥达纲领》的第1条“劳动是一切财富和一切文化的源泉”的。马克思指出：“一个社会主义的纲领不应当容许这种资产阶级的说法回避那些唯一使这种说法具有意义的条件。只有一个人一开始就以所有者的身份来对待自然界这个一切劳动资料和劳动对象的第一源泉，把自然界当作属于他的东西来处置，他的劳动才成为使用价值的源泉，因而才成为财富的源泉。”①就是说，如果劳动者一开始就占有比如土地、矿藏、森林、鱼塘等这类作为财富“第一源泉”的自然界，他们的劳动与自然界结合就会成为自己财富的源泉。否则，一个除了劳动力没有任何财产的人，他就不得不为生产要素占有者服役才能生存。如果讲劳动是财富的唯一源泉，那么必然的逻辑是：一切有劳动力的人，都可成为财富占有者，成为富人。但任何社会都不会存在这样的事情。在一切阶级社会，所看到的是，单有劳动力的人都要受富人的统治和剥削。还有一个问题需要弄清。马克思为了说明劳动不是财富的唯一源泉，引证了配第的名言：“劳动是财富之父，土地是财富之母。”学界对这里讲的“土地是财富之母”的含义理解不同。有的认为“土地”代表生产资料，有的认为“土地”就是被耕种的土地。曾看到一篇杂志的论文，在论述我国有关保护和更好利用土地等问题时，一开始就引证配第的“土地是财富之母”的那句名言，把配第所说的“土地”，等同于用于耕种的田地，这又是误解。《资本论》中讲：“土地（在经济学上也包括水）最初以食物，现成的生活资料供给人类。”②又说：“经济学上所说的土地是指未经人的协助而自然存在的一切劳动对象”③，就是指自然界的赐予物。对“土地”一词的广义解读，马克思是延续了前人的著作。萨伊讲生产三要素：资本、劳动、土地，其中“土地”一词也是广义的。配第讲“土地是财富之母”，这里“土地”也是自然界或自然物的同义语。马克思引证配第的两句名言“劳动是财富之父，土地是财富之母”，就是用以说明劳动与自然界的结合才是财富的源泉。

最后，有必要说明一下，在资本主义发展初期阶段，劳动生产率较低。资本主要获取绝对剩余价值，也就是通过尽可能延长劳动时间，提高劳动强度，

---

① 《马克思恩格斯选集》第3卷，北京：人民出版社，1985年版，第298页。

② 马克思：《资本论》第1卷，北京：人民出版社，2004年版，第208—209页。

③ 同上书，第703页。

无偿占有更多的剩余价值。剩余价值量的多少，与财富的多少是一致的。在《资本论》中所描述的雇佣劳动的标准时间是12小时，同时也论述了实际劳动时间会更长。随着生产力的发展和劳动生产率的提高，由主要获取绝对剩余价值转为主要获取相对剩余价值。《资本论》第一卷出版170多年来，发达资本主义国家通过科技创新，大幅提高了劳动生产率，其财富也相应大幅增长，工人的劳动时间也缩短很多。科技劳动者和技术工人的地位和作用在不断提高，而单纯体力劳动的作用在相应下降，马克思的预见成为现实。在社会主义制度下，同样存在这种趋势，而且以人民为中心，会共享发展成果。按照马克思的理论设想，将来旧的社会分工消失了，劳动时间会更减少，劳动者获得自由全面发展。劳动不再仅仅是谋生的手段，不再是负担，而会同时成为生活的第一需要，或称之为乐生的需要。这一切，都与科技创新、劳动生产率的高度发展，从而财富的不断大幅涌流是相伴随的。

第二辑　中国特色社会主义政治经济学研究

辩明中国特色社会主义政治经济学的马克思主义理论之源*

习近平指出："坚持和发展中国特色社会主义政治经济学，要以马克思主义政治经济学为指导，总结和提炼我国改革开放和社会主义现代化建设的伟大实践经验，同时借鉴西方经济学的有益成分。"①他强调："当代中国的伟大社会变革，不是简单延续我国历史文化的母版，不是简单套用马克思主义经典作家设想的模板，不是其他国家社会主义实践的再版，也不是国外现代化发展的翻版，不可能找到现成的教科书。"②中国特色社会主义政治经济学是马克思主义政治经济学中国化和时代化的成果，二者是一脉相承的源流关系。因此，构建中国特色社会主义政治经济学，首先应当阐明马克思主义政治经济学有关社会主义的基本原理，把马克思主义政治经济学的基本原则同中国特色社会主义政治经济学的基本原则统一起来。"学好用好政治经济学"，既要学好用好马克思主义政治经济学，也要学好用好中国特色社会主义政治经济学。讲"学好用好"，应首先学好，才能用好。但是，从新中国成立以来近70年中学习与研究的情况来看，无论对马克思主义政治经济学，还是对中国特色社会主义政治经济学，都存在不少误区与盲区。撇开公开否定马

* 原载于《毛泽东邓小平理论研究》2017年第5期。

① 习近平：《坚定信心，增强定力，坚定不移推进供给侧结构性改革》，《人民日报》，2016年7月9日。

② 习近平：《在哲学社会科学工作座谈会上的讲话》，《人民日报》，2016年5月19日。

克思主义和社会主义的观点不讲，只就从事马克思主义政治经济学教学与研究的学者以及经济工作者来说，也存在种种明显的误解和错解。因此，明确中国特色社会主义政治经济学的理论之源，不但要把握马克思和恩格斯论述的人类社会经济发展的一般规律及商品经济的经济规律等，还要辩明有关社会主义经济理论与实践，以及构建中国特色社会主义政治经济学的是非问题，既不走封闭僵化的老路，也不走改旗易帜的邪路。

一、辩明用“当代马克思主义”否定所谓的“传统马克思主义”的倾向

长期以来，理论界存在一种观点：应把马克思主义划分为“当代马克思主义”与“传统马克思主义”，中国特色社会主义理论与前者相等同，而中国特色社会主义理论之前的马克思主义理论则与后者相等同。这就把两者完全割裂和对立起来，从而为否定马克思列宁主义和毛泽东思想提供了思想资源。这类观点的理论依据主要有三点。

第一，“传统马克思主义”主张劳动价值理论，劳动价值论是按劳分配的理论依据。改革开放后，提出了按生产要素分配，这是以要素价值论为理论基础的，这类观点认为，传统理论认为商品价值源泉只有劳动，而且是抽象劳动，其他要素不可能是价值源泉。以此为基础，这类观点批评马克思否定“多要素的供求均衡价值论”，认为党的十六大报告否定了劳动价值论，实际上超越了劳动价值论，肯定了“资本”在创造价值中的贡献。这不仅是重大的理论问题，也是重大的政治问题，不实现这个突破，改革就会受阻。劳动价值论则被视为“左”的最终理论根源。

问题在于，这类观点曲解劳动价值论，断言劳动价值论只适用于原始物物交换，又说劳动价值论是按劳分配的理论基础，进一步又说它是改革的障碍，是“左”的理论根源。这类观点甚至认为中国特色社会主义讲按生产要素贡献分配就是否定劳动价值论，并以此作为用“当代马克思主义”否定“传统马克思主义”的重要根据，自诩为改革开放提供新的理论支持。其实，马克思的劳动价值论是为他创建的剩余价值论奠定理论基础的，并不存在为社会主义实行按劳分配提供理论根据问题。这是因为，马克思和恩格斯曾认为社会主义不存在商品生产，劳动不再形成价值。中国特色社会主义提出按劳分配为主体、多种分配方式并存，按生产要素贡献分配，并不等于肯定要素价值论，否定劳动价值。而且马克思主义的科学社会主义的基本原理，并未与劳动价值论相联系。

因此，通过否定劳动价值论割裂“当代马克思主义”与“传统马克思主义”，认为二者是对立的，这是完全悖理的伪命题。

第二，社会主义要建立和谐社会，而“传统马克思主义”却认为，作为从资本主义到共产主义之间的过渡时期，社会主义始终存在阶级斗争，“以阶级斗争为纲”，这又是对马克思主义理论逻辑思维混乱的错解。马克思在《哥达纲领批判》中讲过：资本主义和共产主义之间有一个过渡时期，过渡时期要实行无产阶级专政。同时，马克思也指出，共产主义存在低级和高级的发展阶段，低级阶段就是社会主义。因此，过渡时期是指过渡到共产主义低级阶段，即社会主义阶段的时期。马克思主义没有讲过社会主义建成后，还“以阶级斗争为纲”。不能把我国在改革开放前曾用过的某些不科学的提法加之于马克思列宁主义。至于无产阶级专政(或人民民主专政)，“当代马克思主义”并未否定。邓小平强调的坚持四项基本原则，就包括坚持无产阶级专政，我国宪法和党章也规定了坚持人民民主专政。可见，用“当代马克思主义”否定“传统马克思主义”，表现出这类理论观点既没有搞清楚所谓“传统马克思主义”，即科学社会主义的真谛，也没有搞懂“当代马克思主义”即中国特色社会主义的本意，而是用歪理将二者对立起来。

第三，“传统马克思主义”否认社会主义可以实行市场经济，而是要实行计划经济。我们正在探索和实行的经济运行方式、分配制度和私有制结构等，无法从“传统马克思主义”中找到答案。

对于将“传统马克思主义”与中国特色社会主义理论对立起来，割裂二者的倾向，应当在理论上明确以下三点。

一是，建设中国特色社会主义，想要从经典著作中找具体和肯定的答案，这本身就违反了马克思主义方法论。恩格斯在为《资本论》第一卷写的书评中，明确指出：谁要是想从《资本论》中寻找社会主义真正的秘密学说和万灵药方，或是想从这里找到共产主义的千年王国看来到底是什么样子，那就“大错特错了”。① 因为找不到“肯定的答案”就否定马克思主义和科学社会主义，这个根据不能成立。而且，马克思对某些有关的经济运行过程及其内在规律做过具体说明。例如，我国实行社会主义市场经济，就需要很好地掌握运用《资本论》中关于市场经济的一般规律，如供求规律、竞争规律、价值规律、货币流通规律

① 《马克思恩格斯全集》第16卷，北京：人民出版社，1964年版，第243页。

等论说。

二是，创建“中国特色社会主义”或“当代马克思主义”，其宗旨本身就意味着反对一切照搬照抄的教条主义。但具有自己的时代特色、国情特色和理论特色，应坚持和发展马克思主义的基本原理和方法。科学社会主义要求建立公有制，《共产党宣言》指出，无产阶级取得政权后，要把生产资料掌握在国家手中，即建立国有经济，尽快增加生产力的总量，以提高工人阶级的生活水平。中国特色社会主义坚持了科学社会主义的基本原理，马克思和恩格斯一再强调国有制或公有制是社会主义经济制度的基础，社会主义分配制度是按劳分配，社会主义要实行共同富裕等。这些最主要和最基本的原理，在中国特色社会主义制度或“当代马克思主义”中都继承了下来。我国宪法明确规定，中华人民共和国社会主义经济制度的基础是社会主义公有制，即全民所有制和劳动群众集体所有制，实行按劳分配制度。邓小平所讲的社会主义本质：解放和发展生产力，消灭剥削，消除两极分化，最终达到共同富裕，也是对马恩列有关理论的坚持和发展。如果把经典马克思主义作为过时的主义加以否定，还会存在“当代马克思主义”吗？哪有否定马克思主义的“当代马克思主义”呢？哪有否定科学社会主义的中国特色社会主义呢？中国共产党是以马克思主义为指导的党，中国特色社会主义是以科学社会主义为源头的社会主义。习近平告诫说：中国特色社会主义是社会主义，而不是什么别的主义。2012 年 6 月 19 日，习近平在考察中国人民大学《资本论》教学与研究中心时指出：我们党是马克思主义指导的党，所以要重视马克思主义经典理论的学习。① 从这些论述可以看出，中国特色社会主义是马克思主义的中国化和现代化，是以马克思主义为源头的。

三是，马克思、恩格斯曾设想社会主义革命首先在几个发达资本主义国家取得胜利，而中国是在生产力落后的半殖民地半封建主义旧制度的基础上建立起社会主义的。中国特色社会主义不搞单一的公有制，而是实行公有制为主体、多种所有制共同发展，与所有制结构相适应，实行按劳分配为主体、多种分配方式并存的分配制度。在公有制经济中实行按劳分配，在私营企业和外资企业中实行按要素所有权分配，这也遵循了马克思主义的相关理论。马克思主义认为生产关系一定要适合生产力发展。我国生产力落后，正处于社会主义初

---

① 《习近平同志在中国人民大学考察　勉励广大师生发扬光荣传统坚守理想信念　培养中国特色社会主义事业优秀建设者》，http://edu.ifeng.com/gaoxiao/detail_2012_06/21/ 15480616_0.shtml.

级阶段，以非公有制经济作为补充或辅体，有利于生产力的发展。而且马克思主义认为，私有制既是生产力发展的结果，也是生产力发展不够的结果。一方面，在生产力极端落后的情况下，没有剩余产品，不可能出现阶级剥削和私有制社会。另一方面，在生产力没有达到一定的较高水平时，私有制是难以消除的。在《共产主义原理》中，恩格斯对这个问题进行了科学说明。当生产力的发展还没有达到所必要的条件时，不能一下子就把私有制废除，“正像不能一下子就把现存的生产力扩大到为实行财产公有所必要的程度一样”。无产阶级“只能逐步改造现社会，只有创造了所必需的大量生产资料之后，才能废除私有制”。① 由此可见，在我国生产力还没有高度发展的社会主义初级阶段，实行公有制为主体、多种所有制共同发展的基本经济制度，与恩格斯所讲的有关原理是相一致的。综上所述，所谓“传统马克思主义”与“当代马克思主义”的对立，用后者否定前者，是出于对马克思主义缺乏真知并持对立情绪的主观臆造。

二、辩明将中国特色社会主义与所谓“传统社会主义”对立起来的倾向

有一个曾经被当作学界“共识”的理论问题，就是将中国特色社会主义与所谓“传统社会主义”对立起来。其主要观点是：“传统社会主义”把非公有制经济排除在社会主义经济之外，认为社会主义经济只能以公有制为基础。实行中国特色社会主义，就是要把公有制经济与非公有制经济都视为社会主义经济的主要内容。这类观点宣称：谁不认同这种“共识”，就是坚持“左”的应被摒弃的“传统社会主义”观点，是追求“一大二公三纯”的传统制度，是否定中国特色社会主义的理论倒退。

这类观点要摒弃的“传统社会主义”，就是马克思主义的科学社会主义。将外国的资本主义经济引进到中国，不会使其变成社会主义经济。私营经济，有的雇佣几百、几千的工人，是资本和雇佣劳动的关系，也是资本主义经济。不能把资本主义经济定性为社会主义经济。既讲公有制为主体，又讲社会主义经济为主体，就是只把公有制经济定性为社会主义经济。如果把私有制经济也视为社会主义经济，那么就不需要一再重申社会主义经济为主体或公有制为主体了。

---

① 《马克思恩格斯选集》第1卷，北京：人民出版社，1995年版，第239页。

我国宪法明确规定，中华人民共和国的社会主义经济制度的基础是生产资料的社会主义公有制，即全民所有制与劳动群众集体民有制；国有经济，即社会主义全民所有制经济，是国民经济中的主导力量，国家保障国有经济的巩固和发展。不少观点将“基础”解读为“主体”。其实，这两个概念完全不同。讲“基础”，是从社会主义经济制度，即社会主义生产关系体系内部的结构层次来规定的。社会主义经济制度以公有制为基础，在这个基础上建立起与其相适应的按劳分配，最终消灭剥削和两极分化，实现劳动人民当家作主、人的全面自由发展和共同富裕等，这与非公有制经济并无关系。讲“主体”，是指公有制和非公有制不同经济成分之间的关系。公有制为主体，非公有制就只能是补充或辅体。非公有制经济在社会主义初级阶段中的重要地位和作用是一回事，它的社会经济性质是另一回事。

目前，用中国特色社会主义否定“传统社会主义”，即马克思主义的科学社会主义的观点虽然衰微，但是认为非公有制是社会主义经济、是“人民社会主义”的还大有人在。在构建中国特色社会主义政治经济学的过程中，不能将中国特色社会主义理论和“传统社会主义”对立起来，不能否定二者的源流关系。事实上，新中国成立近 70 年来取得的巨大成就，是在公有制为基础和国有经济为主导的经济制度下取得的，中国特色社会主义也正是以此为基础构建起来的。通过改革搞活国有和集体经济，发展多种所有制经济，扩大对外开放，转变经济发展方式等，都被社会主义本质要求所规定：一是根本任务——快速发展生产力；二是根本目的——共同富裕。这也都是以国有经济为核心的公有制经济的发展、壮大和完善为制度保障，以科学坚持马克思主义基本原理为理论支撑。

三、辩明用错解、曲解甚至虚构马克思和恩格斯的理论观点来否定走社会主义道路的倾向

马克思论述了人类社会经济发展的一般原理和规律，如生产力多要素协同推进生产发展、科学领先的规律；生产力和生产关系相互关系和共同发展的规律；生产决定交换、分配、消费，而后三者也一定程度上决定生产的原理；发展经济要重视生态平衡的原理；经济增长与发展的粗放型与集约型、外延型与内涵型原理等。马克思主义政治经济学论述了多个社会存在的商品经济的经济规律，如价值规律等。虽然没有专门篇章讲社会主义政治经济学的原理和规律，但为了与资本主义对比和从发展规律中展示未来趋势，马克思和恩格斯在

许多论著中提到了社会主义经济的一系列基本原理和本质规定。

中国特色社会主义是以马克思主义为指导的，与科学社会主义是源与流的关系。有些学者以马克思主义和科学社会主义维护者的姿态出现，用错解、曲解乃至虚构马克思和恩格斯的观点来否定我国的社会主义事业。比如，有观点强调，十月革命一声炮响，送来的不是马克思列宁主义，而是斯大林的理论或斯大林版本的马克思主义，这不是真正的马克思主义。甚至把马克思主义的科学社会主义理论，包括公有制、按劳分配、经济计划等，都作为斯大林版本的社会主义加以批判。这实际上是在否定中国共产党是马克思主义政党，认为新中国所走的不是马克思主义的社会主义道路。他的理论根据之一是曲解和编造马克思和恩格斯的理论：马克思和恩格斯告诫人们，《共产党宣言》和《资本论》所指引的社会主义道路只适用于西欧，而斯大林没有尊重这一告诫。这就是说斯大林违背了马克思和恩格斯的告诫，走了社会主义道路。

实际上，这也是批评中国照搬斯大林模式的理论，认为中国走上社会主义道路是错误的。凡读过《共产党宣言》和《资本论》的人都可以辩明，这里根本没有所谓走社会主义道路“只限于西欧的告诫”。马克思和恩格斯在任何著作中都没有这样的意思。马克思在 1881 年一封信的草稿中讲：“我明确地将这一运动的‘历史必然性’限于西欧各国。”这一运动是指社会主义运动吗？绝不是。而是指资本主义原始积累中掠夺农民土地的“运动”。请看原文：“在分析资本主义生产的起源时，我说过，它的基础是‘生产者同生产资料的彻底分离’”。并且说，“这整个发展的基础，就是对农民的剥夺，这种剥夺只是在英国才彻底完成了……但是西欧其他一切国家，都正在经历着同样的运动。”又接着说，“可见，我明确地把这一运动的‘历史必然性’限于西欧各国。”①马克思明确地讲的是英国剥夺农民土地的运动在西欧也正在经历着，但这只限于西欧各国。也就是说，西欧以外的其他国家发展资本主义不一定要以剥夺农民的土地为前提。如此表述明确的理论观点，如何能够被理解为马克思告诫人们，西欧以外的国家不要搞社会主义运动？

有些观点还反对宪法将全民所有制和集体所有制作为社会主义的经济制度，甚至认为，讲“全民所有制”是斯大林的阴魂不散。其实，马克思和恩格斯常把社会主义公有制称作“社会所有制”，即生产资料归全社会所有，也就是归

① 《马克思恩格斯全集》第 19 卷，北京：人民出版社，1965 年版，第 480 页。

全民所有。他们也把国有制称作社会所有制。将马克思的观点批评为“斯大林的主旋律”，纯属臆造与曲解。

还有观点认为，马克思和恩格斯晚年的著作已否定了《资本论》等著作中的观点，而斯大林还坚守马克思和恩格斯已放弃的早期著作中的理论，因此，应反对斯大林的马克思主义。这类观点的一个重要根据是恩格斯晚年所写的《卡·马克思〈1848 年至 1850 年的法兰西阶级斗争〉一书导言》(以下简称《导言》)，认为，恩格斯根据当时欧洲的宪政运动，提出了通过议会选举过渡到社会主义，表明马克思和恩格斯后来放弃了“消灭私有制”的主张，“转变为私人资本自行扬弃”。这指的是资本主义国家的股份制扬弃了私人资本，也就是扬弃了私有制，甚至认为资本主义国家的股份制就是社会主义公有制。这类观点提出了两点“新认识”：一是马克思后来放弃了消灭私有制，主张通过股份制过渡到社会主义；二是恩格斯晚年主张通过议会选举和平过渡到社会主义。这才是真马克思主义，并据此批评斯大林搞暴力革命和毛泽东讲“枪杆子里出政权”，因而谁再坚持马克思和恩格斯早期著作中观点，就是斯大林的马克思主义，应被否定。因此，他否定我国的国有经济是全民所有的社会主义经济，主张“国退民进”是改革的方向。反对做强做优做大国有企业。断言马克思认为资本主义国家出现的股份制是对私有制的否定，不需要再通过社会主义革命来消灭私有制。这完全错解了马克思的观点。马克思认为，股份制是在资本主义生产方式内对私人资本的扬弃，转向了社会资本，是走向社会主义的过渡点。其原意是指原来由私人占有、私人经营的私人资本，建立股份制后就成为社会资本，这个“社会资本”是指成为公司范围的资本，不再是由各个私人占有和经营的资本。股份制的社会资本比起众多私人资本来，有利于将来转向社会主义公有制，因此是转向社会主义的过渡点。这种过渡点是指社会主义取代资本主义时的过渡点，并不是说在资本主义制度内就完成了向社会主义的过渡。资本主义国家的股份制并没有超越资本主义，也没有消灭私有制，它是由众多私有资本组成的。股份依然归私人所有。马克思的股份制理论在我国学界存在不少误解和错解，需要辩明其真意。

在《导言》中，恩格斯不但没有讲要以社会主义公有制取代私有制，而且强调了建立公有制是社会主义区别于以往一切私有制国家和一切非科学的社会主义的重要特点。《导言》指出：马克思的《法兰西阶级斗争》“具有特别重大意义的是，在这里第一次提出了……生产资料归社会占有”。并且引证了《法兰西阶级斗争》中的话：“占有生产资料，使生产资料受联合的工人阶级支配，从而消灭雇佣劳动、资本及其相互间的关系。”①恩格斯就此评论说：“这里就第一次表述了一个使现代工人社会主义既与形形色色封建、资产阶级、小资产阶级等的社会主义截然不同，又与空想的和自发的工人共产主义所提出的模糊的‘财产公有’截然不同的原理。”②由此可见，马克思和恩格斯不但没有放弃社会主义要以公有制取代私有制的社会主义根本原则，反而恩格斯在《导言》中再次强调：实行生产资料公有制，是科学社会主义区别于其他各种社会主义的根本所在点。从《共产党宣言》《资本论》《法兰西阶级斗争》到恩格斯晚年的《导言》，始终坚持其主张社会主义要消灭私有制、建立公有制的理论观点。妄称恩格斯的《导言》放弃了马克思和恩格斯早期著作中的科学社会主义基本原理，是完全不负责任的假冒观点。

总之，创建中国特色社会主义政治经济学，要明确它的马克思主义政治经济学理论之源，辩明用“当代马克思主义”或中国特色社会主义理论否定所谓的“传统马克思主义”的倾向，辩明将中国特色社会主义与所谓“传统社会主义”对立起来的倾向，辩明用错解、曲解甚至虚构马克思和恩格斯的理论观点来否定走社会主义道路的倾向，紧扣马克思主义政治经济学的三大原则：快速发展生产力；建立和发展以国有经济为核心的公有制经济；以共同富裕为目的。马克思主义政治经济学和中国特色社会主义政治经济学都把以人民为中心的发展思想，作为根本立场，把增进人民福祉、促进人民全面发展、朝着共同富裕方向前进，作为发展的出发点和落脚点。

---

① 《马克思恩格斯选集》第4卷，北京：人民出版社，1995年版，第508—509页。

② 同上书，第509页。

再论中国特色社会主义政治经济学研究对象*

党的十八大以来，习近平多次强调"不断开拓当代中国马克思主义政治经济学新境界"，并就"坚持和发展中国特色社会主义政治经济学""坚持中国特色社会主义政治经济学的重大原则""不断完善中国特色社会主义政治经济学理论体系"等重大理论和现实问题做了阐述。近年来，理论界对创建中国特色社会主义政治经济学理论体系进行了颇有成效的研究。关于中国特色社会主义政治经济学的研究对象，有的学者认为应当以生产力和生产关系的矛盾运动为研究对象，有的学者认为应当以中国特色社会主义经济形态为研究对象，有的学者认为应当以社会主义初级阶段的经济关系为研究对象。笔者认为，中国特色社会主义政治经济学，既要系统和深入研究中国特色社会主义生产关系，也要从理论上研究怎样更好地发展社会生产力。

一、马克思主义政治经济学的研究对象

生产力决定生产关系即经济关系，在经济关系体系的基础上，建立起相应的上层建筑，即政治、法律、文化等制度和一定的意识形态。因此，任何社会制度都存在三个方面的组成部分，这是马克思主义历史唯物主义的基本原理。作为《资本论》研究对象的资本主义生产方式不是生产力或劳动方式，而是资本与雇佣劳动相结合的方式，这种方式与生产资料所有制结合在一起，成为资本主义生产

* 原载于《毛泽东邓小平理论研究》2017 年第 10 期。

关系体系的决定性基础。

马克思、恩格斯和列宁一再强调，资本主义政治经济学的研究对象是生产关系。如马克思指出："政治经济学所研究的是财富的特殊社会形式。"①恩格斯指出："政治经济学是现代资产阶级社会的理论分析，因此，它以发达的资产阶级关系为前提。"也就是说，政治经济学是对发达的资本主义生产关系的理论分析。他进一步指出："经济学所研究的不是物，而是人和人之间的关系。"②列宁也认为："政治经济学决不是研究'生产'，而是研究人们在生产上的社会关系。"③可见，断言马克思研究资本主义的对象包括生产力，是不符合马克思列宁主义经典作家的原意的。

在研究资本主义生产关系时，马克思又用大量文字论述了资本主义生产力的发展状况，但这是对既有生产力状况的概述，并且服从于资本主义生产关系研究。例如，研究价值，需要先讲述作为价值物质承担者的使用价值；研究剩余价值即价值增殖过程，需要先讲述劳动的一般过程和生产的简单要素；研究资本主义发展的三个阶段，重在研究随着生产力的发展，资本与雇佣劳动关系怎样由劳动对资本的形式隶属发展为实质隶属。马克思在研究资本主义经济时不研究生产力，这与他的研究任务有关：第一，政治经济学是社会科学，不是工艺学和自然科学，不会研究生产的技术层面。第二，马克思资本主义政治经济学的任务是要揭示资产阶级剥削无产阶级的本质关系，阐释资本主义产生、发展、成熟与终将被社会主义取代的历史规律，给无产阶级提供革命斗争的理论武器。因此，马克思既没有必要建议资产阶级去着力发展生产力，更没有任务去为资产阶级出谋划策，提出更好更快地发展生产力的建议。

在研究生产关系时，马克思着力于批判和突破前人的研究，提出系统、科学的创新性理论。《资本论》的副标题正是"政治经济学批判"，批判前人的错误理论，汲取其科学观点。在马克思看来，"研究"就要创新，有新的发现。他对生产力的论述，主要是对既有生产力状况的解说，并没有突破前人成就、在生产力研究上有所创新和发现的意愿，其任务也不在这里。因此，他认为自己的政治经济学研究对象不包括生产力。

但也应该说明，马克思、恩格斯在论述生产力发展问题时，对适用于一切

---

① 《马克思恩格斯全集》第46卷，北京：人民出版社，1980年版，第383页。

② 《马克思恩格斯选集》第2卷，北京：人民出版社，1995年版，第188页。

③ 《列宁选集》第1卷，北京：人民出版社，1995年版，第188页。

社会的生产力诸要素的发展和利用问题，特别是科学发明及其运用于生产的重大意义；节约利用资源的必要性；违反自然规律发展生产力要受到惩罚；外延的扩大再生产和内涵的扩大再生产；粗放型生产和集约型生产；折旧基金怎样用于扩大资本积累；两大部类按比例发展的公式；生产关系一定要适应生产力发展状况的规律等，都有科学分析。这方面的理论观点完全适用于中国特色社会主义政治经济学，但这方面的分析不属于生产力的技术层面，而是涉及发展生产力的社会层面，因而不足以据此简单地说马克思政治经济学的研究对象也包括生产力。

二、中国特色社会主义政治经济学的研究对象

习近平指出："要立足我国国情和我国发展实践，揭示新特点和新规律，提炼和总结我国经济发展实践的规律性成果，把实践经验上升为系统化的经济学说，不断开拓当代中国马克思主义政治经济学新境界。"①中国特色社会主义政治经济学的研究对象，首先应当是生产关系。建立和发展社会主义制度，既要快速发展生产力，又要着力于建立、发展和完善社会主义生产关系。建立和发展社会主义生产关系，要以马克思主义为指导思想，包括建立、发展和完善社会主义公有制，消灭剥削和两极分化，由劳动人民当家作主，不断提高物质文化生活水平，最终达到共同富裕。也要建立和完善社会主义的政治制度、法律制度、文化制度等。社会主义要尽快发展生产力的根本目的是生产出更多的社会财富，以满足人民的需要，实现共同富裕。因而，马克思主义经典作家论述社会主义要大力发展生产力时，往往是与满足人民需要和共同富裕联系在一起的。

应当承认，学界对中国特色社会主义生产关系的研究重视不够，相关研究也不充分，还存在许多盲点和误区以及是非不清甚至是非颠倒的混乱现象。比如，学界长期流行一种观点：改革开放不再问"姓社姓资""姓公姓私"。有人宣传要去掉所有制标签，反对公有制崇拜；否定我国国有经济的社会主义性质，主张私有化；宣传"国退民进"是改革的方向；将邓小平提出的"三个是否有利于"标准错解为判断"姓社姓资"的标准。又如，将中国特色社会主义与科学社会主义对立起来，将后者贬为应摒弃的"传统社会主义"，因为"传统社会主义"

① 习近平：《立足我国国情和我国发展实践 发展当代中国马克思主义政治经济学》，《人民日报》，2015 年 11 月 25 日。

不把私有制看作社会主义经济，而中国特色社会主义则将私有经济认定为社会主义经济的组成部分。这种错解是为私有化提供理论依据，混淆了社会主义经济制度与社会主义初级阶段基本经济制度的区别。

立足我国国情和发展实践，总结和提炼我国经济发展实践的规律性成果，把实践经验上升为系统化的经济学说，就要发展和创新马克思主义政治经济学，当然也包括研究对象的发展和创新。社会主义政治经济学或中国特色社会主义政治经济学的任务与马克思研究资本主义的政治经济学的任务不同，必然会引致研究对象存在差别。既然“社会主义的根本任务是发展生产力”，社会主义的本质规定包括解放生产力和发展生产力，那么自然的逻辑推理就是：社会主义政治经济学或中国特色社会主义政治经济学不能不研究生产力。

从生产力内涵上看，既包括技术层面的生产力，也包括社会层面的生产力。如分工协作，马克思把它视为社会生产力的要素，但它同时也具有社会关系属性。这种社会关系属性是中性的，不具有特定的社会生产关系性质。再如统筹兼顾、全面协调可持续发展，就属于发展生产力的社会层面。因此，中国特色社会主义政治经济学的研究对象，既要系统和深入研究中国特色社会主义生产关系，也要从理论上研究怎样更快更好地发展社会生产力。这就要求从两方面研究生产力。

一是要研究怎样更好地利用和发挥生产力诸要素的作用。如，怎样搞好企业内部的分工协作，以及不同企业和不同相关部门的分工协作；怎样更好地利用水力、风力、太阳能和其他自然资源等自然力；怎样提高劳动者的文化知识和技术水平；怎样提高企业的管理水平；怎样重视科技发明与创新，并将其运用于生产过程等。这方面研究，存在社会科学与自然科学的交叉，如怎样利用自然力、怎样进行科技创新。自然科学要从科技方面进行研究，政治经济学是从经济理论方面进行研究。

二是从社会层面进行研究。如，通过改革不适应生产力发展的旧体制推动生产力的发展。党中央提出科学发展观，即以人为本、统筹兼顾、全面协调可持续发展，就是用新的经济发展理论指导生产力的发展。我国在经济实践中，要转变经济增长方式和发展方式，由粗放型增长转变为集约型增长。特别是党的十八大以来，党中央提出了一系列新的经济发展指导思想。如，提出经济发展新常态就是要在生产力发展的新阶段，应对经济发展下行的新情况，提高发展的质量和效益，提高经济发展和供给的档次；通过供给侧结构性改革，提高有效供给，以满足国内消费结构和出口结构变化的需要。这些方面实际上是发展生产力的体制安排。

中国特色社会主义政治经济学研究怎样更好更快地发展生产力，是为了实现社会主义生产关系所要求的消灭剥削、消除两极分化、逐步达到共同富裕。马克思主义认为，私有制和阶级的存在既是生产力发展的结果，又是生产力发展不够高的结果。一方面，在生产力极端低下的情况下，没有剩余产品，不可能出现以私有制为基础的阶级剥削；另一方面，消灭私有制和阶级差别的存在，需要生产力发展到很高的程度，这一原理对我国是适用的。另外，共同富裕是社会主义的根本原则，也要以生产力的高度发展为条件。同时也应注意，不能脱离中国特色社会主义生产关系的发展与完善，片面强调生产力的发展。快速发展生产力和共同富裕是马克思主义经典作家关于社会主义的本质规定，也是邓小平提出的社会主义本质的内容。中国特色社会主义政治经济学的研究任务，应是将发展生产力与发展中国特色社会主义生产关系统一起来。

三、破除“唯生产力论”和“唯生产力标准论”的误区

中国特色社会主义理论，从邓小平的社会主义本质论，判断改革开放和一切工作是非得失的三条“是否有利于”的标准，到习近平一系列理论论述，都是既强调发展生产力，又强调满足人民需要、实现共同富裕。邓小平提出社会主义的本质是解放生产力，发展生产力，消灭剥削，消除两极分化，逐步达到共同富裕。前两句是讲生产力问题，后三句是讲社会主义生产关系问题。三条“是否有利于”的第一条是，是否有利于提高社会主义社会的生产力；第三条是，是否有利于提高人民的生活水平。邓小平还讲“四项基本原则”，是讲上层建筑问题。搞社会主义要把上述三者统一起来。习近平对创建和发展中国特色社会主义，提出了一系列重要理论观点。他强调以人民为中心的发展思想，要“不断解放和发展社会生产力，努力解决群众的生产和生活困难，坚定不移走共同富裕道路”。①

针对历史上“左”倾时期忽视生产力发展，把重视生产力发展诬之为搞“唯生产力论”，甚至宣传“宁要贫穷的社会主义，不要富裕的资本主义”，邓小平批评了这种错误观点，强调社会主义的根本任务是发展生产力。党的十三大报告还提出了“生产力标准”是用以判断我国改革与发展中是非得失的标准。但是，我国生产力快速发展的同时，出现了收入差距过分扩大的趋势，贬损国有

① 《习近平谈治国理政》，北京：外文出版社，2015年版，第4页。

企业、“国退民进”的声音甚嚣尘上。对此，笔者提出了要把生产力标准和作为社会主义价值标准的社会主义生产关系标准和上层建筑标准统一起来。虽得到了许多学者的赞同，但是也有学者发表论文进行批判。有学者认为，马克思主义生产力决定生产关系的理论就是“唯生产力论”，只能讲“生产力标准”，不能再讲生产关系标准和上层建筑标准。生产力决定论是历史唯物主义一元论，唯生产力论是马克思主义历史唯物主义的基本观点。显然，这种观点错解了马克思主义的历史唯物主义观点，在理论逻辑上也是混乱的。讲生产关系标准，就是说，我们搞改革开放，致力于经济发展，是既要快速发展生产力，又要同时促进社会主义生产关系的发展与完善，也应以此作为判断改革与发展是非得失的标准。社会主义应实现分配公平，实现人的全面自由发展，要以马克思主义为指导。党的十八大报告指出：“必须坚持维护社会公平正义，公平正义是中国特色社会主义的内在要求。”①习近平既强调经济建设，也强调政治建设、法治建设、文化建设等，强调马克思主义的指导作用，这就涉及社会主义上层建筑问题。如果在上层建筑领域出现颠覆性错误，也会断送社会主义事业。社会主义上层建筑应当保护社会主义经济基础。社会主义应当有自己的上层建筑标准。如果强调生产力标准，甚至搞“唯生产力论”，反对提出社会主义生产关系标准和上层建筑标准，搞全面私有化和去马克思主义化，中国特色社会主义事业能取得成功吗？

把生产力决定论错解为唯生产力论，把生产力标准论错解为唯生产力标准论，这完全颠倒了理论是非，把马克思、恩格斯、列宁、斯大林和邓小平批判过的唯生产力论，竟说成是马克思主义的基本观点。唯生产力论，也称庸俗生产力论。恩格斯在19世纪90年代，批评过一种庸俗历史唯物主义论的观点。他说：持这种观点的人不懂得“我们称之为意识形态观点的那种东西——又对经济基础发生反作用，并且在某种程度内改变经济基础”。② 在俄国革命问题上，列宁曾与考茨基的庸俗生产力论进行过斗争。考茨基认为，只有靠资本主义带来的生产力的高度发展，社会主义才会成为可能。对此，列宁给予了系统批评并指出：建设社会主义需要一定的经济文化发展水平。但在俄国的具体历史条件下，可以先夺取政权，然后提高生产力和文化水平。斯大林也批评了第

---

① 胡锦涛：《坚定不移沿着中国特色社会主义道路前进　为全面建成小康社会而奋斗》，《人民日报》，2012年11月18日。

② 《马克思恩格斯文集》第10卷，北京：人民出版社，2009年版，第590页。

二国际首领们庸俗化的生产力论。邓小平也讲："马克思主义没有'唯生产力论'这个词，这个词不科学。列宁在批判考茨基的庸俗生产力论时讲，落后的国家也可以搞社会主义革命。我们是反对庸俗生产力论的。"①

如果把生产力决定论，错解为唯生产力论，那就无法说明：为什么生产力高度发展的英美等国家依然实行资本主义，而生产力落后的中国却建立了社会主义制度。但是，中国建立社会主义依然是以马克思主义为理论基础的。旧中国落后的生产关系阻碍着生产力发展，需要打破旧的生产关系，解放生产力。因为中国生产力落后，民族资本主义和个体经济还有发展生产力的空间，所以需要经历长期的社会主义初级阶段，不能建立单一的公有制，而是在公有制为主体的前提下，实行多种所有制共同发展，这极大地促进了生产力发展。有些原经济社会条件与中国相近的落后国家，选择了资本主义道路，与选择了社会主义道路的中国相比，在经济社会发展上存在着巨大差距。

① 《邓小平年谱(一九七五——一九九七)》(上)，北京：中央文献出版社，2004年版，第222—223页。

中国特色社会主义政治经济学的主线和逻辑起点*

结合实现全体人民共同富裕和生产力快速发展两个方面，中国特色社会主义政治经济学的主线可以表述为：通过快速发展生产力逐步实现共同富裕。借鉴马克思在《资本论》中研究资本主义经济所确立的逻辑起点，现阶段中国特色社会主义政治经济学的逻辑起点应是社会主义初级阶段的基本经济制度。

习近平同志一贯重视马克思主义政治经济学的学习和运用，做出了"要坚持中国特色社会主义政治经济学的重大原则""不断完善中国特色社会主义政治经济学理论体系，推进充分体现中国特色、中国风格、中国气派的经济学科建设"等重大论断。近年来，我国经济学界热烈讨论中国特色社会主义政治经济学的主线和逻辑起点问题。这是因为，只有明确了主线和逻辑起点，才能真正构建起中国特色社会主义政治经济学理论体系。

一、中国特色社会主义政治经济学的主线

科学社会主义政治经济学和中国特色社会主义政治经济学的主线应该是统一的。从已经发表的论著来看，有的认为主线是社会主义市场经济；有的认为主线是发展生产力；有的认为我国公有制和非公有制并存，应以两种不同性质的生产关系既共同发展又相互矛盾为主线；有的认为应以生产力和生产关系的相互作用为主线；还

* 本文作于 2019 年，为全国高校社会主义经济理论与实践研讨会第 33 次会议主题研讨论文。

有的认为应以政府和市场的关系为主线；等等。在这个问题上各抒己见，进行探索，一方面表明中国特色社会主义政治经济学处在探索构建过程中；另一方面表明我国马克思主义经济学界高度重视中国特色社会主义政治经济学的创新与发展。

其实，科学社会主义已经提出政治经济学的主线，这条主线也应贯彻于中国特色社会主义政治经济学之中。这条主线是以往任何社会都不存在、只存在于社会主义和共产主义社会的，那就是马克思主义一再强调的全体人民共同富裕。马克思在《1857—1858 年经济学手稿》中提出：在未来的新社会制度中，“社会生产力的发展将如此迅速”，“生产将以所有的人富裕为目的”。列宁也讲：社会主义要使“所有劳动者过最美好、最幸福的生活。只有社会主义才能实现这一点。而且我们知道，社会主义一定会实现这一点，而马克思主义的全部困难和它的全部力量也就在于了解这个真理”。

生产力落后的国家建设社会主义，首先要让劳动人民过上温饱不愁的生活，达到小康水平。进而要让全体人民共同富裕，包括生存资料、发展资料和享受资料都能充分满足需要。共同富裕是个相对概念，可以有不同层次。列宁用“最美好、最幸福的生活”来表述，意指高层次的共同富裕。

共同富裕既表明社会主义发展应达到人民群众所需要的美好生活水平，又表明社会主义要消灭剥削、消除两极分化，实现分配公平。原始社会实行公有制，没有阶级剥削和奴役现象，但生产力极端落后，没有共同富裕。从奴隶社会、封建社会到资本主义社会，生产力不断发展，社会财富随之增加，发达资本主义国家的生产率达到了相当高的程度，但存在剥削制度和贫富两极分化，不可能实现共同富裕。只有在社会主义和共产主义社会才能实现共同富裕，让人民过上最美好、最幸福的生活。

全体人民共同富裕不是轻而易举就能实现的，要以生产力的快速发展为前提。所以，马克思主义经典作家把快速发展生产力和实现共同富裕连在一起，作为建设社会主义必须抓好的两大环节。《共产党宣言》指出：无产阶级取得政权以后，要“尽可能快地增加生产力的总量”，以提高人民的生活水平。如前所述，马克思在《1857—1858 年经济学手稿》中同样强调社会主义要快速发展生产力，以使每个劳动者过上富裕的生活。只有通过快速发展生产力，使全体人民走向共同富裕，才能充分显示社会主义的优越性，使社会主义有巨大的吸引力；才能充分证明马克思主义不仅能够解释世界，而且具有改造世界的强大真理力量。

由此，结合实现全体人民共同富裕和生产力快速发展两个方面，中国特色社会主义政治经济学的主线可以表述为：通过快速发展生产力逐步实现共同富裕。

从科学社会主义的理论逻辑看，通过快速发展生产力逐步实现共同富裕，是科学社会主义的本质规定。我们常讲，发展社会主义经济，要坚持公有制为主体、按劳分配为主体。但是，为什么要搞公有制和按劳分配？如果不与建设社会主义的初衷和根本目的相联系，就会说不清楚。马克思主义致力于社会主义事业，其初衷是要让劳动人民摆脱受剥削受压迫的境地，成为社会的主人，过上有尊严的富足的生活，获得自由而全面的发展。所以，通过快速发展生产力逐步实现共同富裕，是实现社会主义初衷和根本目的的唯一途径。实行公有制是逐步实现共同富裕的制度保障。公有制、按劳分配都是服从于社会主义本质规定的，都是围绕"通过快速发展生产力逐步实现共同富裕"这一主线运行的。

从中国社会主义发展的历史逻辑看，通过快速发展生产力逐步实现共同富裕，是中国特色社会主义经济社会发展的主线。遵循这一主线，发展就会取得成功；偏离这一主线，发展就会遭受挫折。新中国成立后，我国重视生产力的发展和人民生活水平的提高，实施并提前完成了第一个五年计划。但后来受"左"的思想影响，实行以阶级斗争为纲，搞"一大二公"的公有制，使社会主义经济建设遭受挫折，人民生活长期得不到明显改善。改革开放以来，党中央提出社会主义的本质是解放生产力，发展生产力，消灭剥削，消除两极分化，最终达到共同富裕。这坚持和发展了马克思关于社会主义的本质规定。我们遵循社会主义本质规定，致力于通过快速发展生产力逐步实现共同富裕，并将其具体化为坚持公有制为主体、多种所有制经济共同发展的社会主义初级阶段基本经济制度，提出以人民为中心的发展思想和决胜全面建成小康社会、实现共同富裕的发展路径。改革开放 40 多年来，我国社会生产力、综合国力和人民生活水平得到大幅提高，创造了中国奇迹。

二、中国特色社会主义政治经济学的逻辑起点

关于中国特色社会主义政治经济学的逻辑起点，学界也有不同主张。笔者认为，应借鉴马克思在《资本论》中研究资本主义经济所确立的逻辑起点。从表面上看，《资本论》是从研究商品开始的，似乎商品就是资本主义政治经济学的逻辑起点。但应看到，商品生产与流通早在奴隶社会就存在，并在以后的社会

制度中不断发展。商品、商品生产、商品流通都是中性的，不具有特殊的社会属性。它既不决定也不影响任何社会经济制度的本质规定。因此，商品不能成为资本主义政治经济学的逻辑起点。马克思也一再批评庸俗经济学家用商品市场关系来说明资本主义生产关系，以此掩盖资本主义本质关系。

马克思确立资本主义政治经济学的体系结构时，提出了两个不同层次的逻辑起点。

一个是宏观层次的逻辑起点。马克思在《政治经济学批判》导言中专设一节讲“政治经济学的方法”，指出，资本主义政治经济学研究不能从人口开始，也不能从劳动开始。“从地租开始，从土地所有制开始，似乎是再自然不过的了……但是，这是最错误不过的了。在一切社会形式中都有一种一定的生产决定其他一切生产的地位和影响，因而它的关系也决定其他一切关系的地位和影响。这是一种普照的光，它掩盖了一切其他色彩，改变着它们的特点。”研究任何社会经济制度，都要确定在该社会起主导作用的“普照的光”。封建社会“普照的光”是土地所有制和地租。资本主义社会“普照的光”是具有资本主义私有制性质的工业资本。远在资本主义社会以前的社会制度中就存在商业资本、借贷资本，但不构成资本主义。正是工业资本的产生和发展，推动形成资本主义私有制，才形成了资本主义。因此，《资本论》第一卷研究工业资本的生产过程，第二卷研究工业资本的流通过程。在具有资本主义私有制性质的工业资本这一“普照的光”主导下，商业资本、借贷资本、土地所有制及其经营方式都具有资本主义性质，但它们都从属于工业资本，放在《资本论》第三卷中研究。

另一个是从单个资本主义企业即微观层次研究资本主义政治经济学的逻辑起点。这是从《资本论》第一卷第四章开始的。这一章研究了作为资本主义生产关系基础的所有制关系以及资本与雇佣劳动的关系，它说明：非劳动者占有的货币成为资本，劳动者成为为资本服务的雇佣劳动者。正是资本与雇佣劳动的关系决定了所有制的资本主义性质。先有这种生产关系的形成，才有资本主义直接生产过程的关系以及由此决定的分配关系和交换关系。因此，《资本论》第一卷第四章论述的内容，是资本主义生产关系体系“入口处”的前期关系。

科学社会主义政治经济学和中国特色社会主义政治经济学的“普照的光”是一致的，即以生产资料公有制为基础、为主体。这在我国宪法中主要体现为两条规定：一条是“中华人民共和国的社会主义经济制度的基础是生产资料的社会主义公有制”，这是对科学社会主义的坚持与继承；另一条是“国家在社会主义初级阶段，坚持公有制为主体、多种所有制经济共同发展的基本经济制度”，这是对科学社会主义的发展与创新。可以说，公有制和公有制为主体是现阶段中国特色社会主义的“普照的光”，现阶段中国特色社会主义政治经济学的逻辑起点应是社会主义初级阶段的基本经济制度。

一种经济形式的社会性质是由其内部的生产关系决定的。国有经济即社会主义全民所有制经济，是我国国民经济中的主导力量。我国国有经济的社会主义性质应表现为，企业职工以主人翁的身份与属于全民的生产资料相结合。这就是说，社会主义公有制要体现在生产资料与劳动力相结合的社会主义生产方式上，具体表现为职工拥有知情权、话语权、参与权、选举权等。

应当注意的是，把社会主义初级阶段的基本经济制度作为现阶段中国特色社会主义政治经济学的逻辑起点，并不意味着一定要把它放在相关论著的第一章。这方面论著的第一章或导论，要讲中国特色社会主义政治经济学的对象与方法，讲生产力与生产关系及其相互关系的基本原理，讲生产、分配、交换、消费的关系等。

创建和发展中国特色社会主义政治经济学需要解决的几个问题*

要创建和发展中国特色社会主义政治经济学，有许多问题需要解决：如何学好马克思主义政治经济学并把马克思主义政治经济学的基本原理运用到中国经济发展的实践中；如何在总结我国社会主义经济发展的经验教训、回顾得失成败的基础上，研究实际问题；中国特色社会主义政治经济学研究对象是什么等等，这些问题需要深入思考并加以研究。本文就创建和发展中国特色社会主义政治经济学需要解决的几个重大问题以纲要的形式阐述，对这些问题的细化研究将以专题的形式陆续发表。

一、首先要学好马克思主义政治经济学

习近平总书记提出要学好用好政治经济学，先要学好，学不好就难以用好。① 我们对马克思主义政治经济学许多重要的理论问题，还存在着不少误区，存在着误解、错解的问题。

简单举几个例子，例一：马克思主义对生产力、生产关系、上层建筑的关系及其运行规律有明确的说明，社会主义既要大力发展生产力，又要着力于发展和完善社会主义生产关系和上层建筑。衡量社会主义的成就和得失的标准，应是生产力标准、社会主义生产关系和上层建筑标准的统一。笔者提出这一观点，竟有学者提出批

---

* 本文是由作者于 2016 年 12 月 17 日在北京大学当代中国马克思主义政治经济学研讨会上的发言稿整理而成，曾载于《毛泽东邓小平理论研究》2017 年第 2 期。

① 习近平：《党委政府要用好政治经济学》，《北京青年报》，2014 年 7 月 9 日。

评。有的学者将马克思主义关于生产力决定生产关系的原理，错解为唯生产力论和唯生产力标准论，宣称这是马克思主义生产力决定论的一元论，再讲生产关系标准和上层建筑标准就是非马克思主义的二元论、三元论。并宣称唯生产力论是历史唯物主义的基本原理，把列宁、斯大林和邓小平批评过的唯生产力论即庸俗生产力论强加于马克思主义。

例二：马克思讲过外延的扩大再生产和内涵的扩大再生产、粗放型增长方式和集约型增长方式。这方面的理论对我国发展社会主义经济具有指导意义。但是，我国几乎所有的相关著作和辞典对此都存在误解。都把"外延的扩大再生产"解读为只是扩大生产规模，没有包括技术水平和效率的提高；把"内涵的扩大再生产"解读为没有扩大生产场所和增加机器设备，只是提高原企业的技术水平和效率。把粗放型增长与外延型扩大再生产相等同；把集约型增长与内涵型扩大再生产相等同。这种解读既错解了马克思《资本论》相关论述的原意，也与经济发展的实际相悖。不能把我国由粗放型增长方式转变为集约型增长方式，错解为由外延型转变为内涵型。我国每天都有大量新企业增加，不能排除这种外延扩大再生产。也不能把外延扩大再生产理解为只是原技术水平的重复建设。这种建设虽也存在，但更重视和强调的是增加技术含量，增加中高端有效供给，着力于创新驱动发展。① 马克思很重视科学作为生产力的独立因素的重要作用。我们要认真地把马克思主义政治经济学的理论问题，包括《资本论》中的许多问题搞清楚。有些马克思本已讲得很清楚的问题我们还在争论，或是做了错解。在这样的情况下，怎么能创新马克思主义政治经济学？因此，创新发展马克思主义政治经济学，首先要学好，要弄懂它的原本含义，按照其原意掌握它的精髓。

例三：马克思、恩格斯一再指出，建立社会主义要把生产资料掌握在劳动人民的国家手中，以建立国有经济。公有经济是社会主义经济制度的基础，这是写入我国宪法的。但有的学者否认我国国有经济的社会主义性质，他们引用恩格斯批评有人把俾斯麦的某些国有化称作社会主义，是"冒牌社会主义"，②将恩格斯这一有针对性的批判移接到我国国有企业，诬之为冒牌社会主义。这

① 作者在《中国社会科学》2016年第11期发表了《澄清对马克思再生产理论的认识误区》一文，对关于外延与内涵扩大再生产以及粗放与集约增长方式，按马克思的原意进行了理论是非的澄清。本文不再赘述。

② 《马克思恩格斯选集》第3卷，北京：人民出版社，1995年版，第630页。

种张冠李戴的分析，实际上混淆了资本主义国有企业和社会主义国有企业之间的本质区别。

二、创建中国特色社会主义政治经济学，应总结社会主义经济发展的经验教训

新中国成立已经67年了，应系统回顾发展生产力和社会主义生产关系方面的经验教训，认真总结有哪些成功的经验，又有哪些失败的教训。可以说，当我们坚持马克思主义政治经济学的基本原理和方法之际，与之相应，我国经济发展顺利，成就明显；反之，经济发展就会遭受挫折。改革开放前所犯的"左"的错误，恰恰是因为背离了马克思主义政治经济学的基本原理。新中国成立初期经济恢复很快，短短三年就恢复了国民经济。第一个五年计划时期，我国经济发展得很好，这与我们较好地把握了政治经济学的基本原理有关。那一时期我们认同和宣传社会主义基本经济规律，重视尽快发展生产力以提高人民的生活水平。也就是，"用在高度技术基础上使社会主义生产不断增长和不断完善的办法，来保证最大限度地满足整个社会经常增长的物质和文化的需要"。①

1956年9月，中共八大《关于政治报告的决议》提出："我们国内的主要矛盾，已经是人民对于建立先进的工业国的要求同落后的农业国的现实之间的矛盾，已经是人民对于经济文化迅速发展的需要同当前经济文化不能满足人民需要的状况之间的矛盾"。因此，"要集中力量来解决这个矛盾，把我国尽快地从落后的农业国变为先进的工业国"。② 社会主义就是要抓好两大环节：一是快速发展生产力；二是提高人民生活水平，实现共同富裕。《共产党宣言》明确指出，无产阶级取得政权后要把一切生产工具集中在国家即组织成为统治阶级的无产阶级手中，"并且尽可能快地增加生产力的总量"。③ 发展生产力，实现共同富裕，是马克思、恩格斯直到列宁、斯大林反复提出的基本原理。

但后来，急于求成的主观唯意志论背离了马克思主义政治经济学的基本原

① 斯大林：《苏联社会主义经济问题》，北京：人民出版社，1952年版，第31页。

② 中共中央文献研究室：《建国以来重要文献选编》第9册，北京：中央文献出版社，2011年版，第293页。

③ 《共产党宣言》，北京，人民出版社，1997年版，第48页。

理，偏离了中共八大《关于政治报告的决议》，具体体现为1958年搞“大跃进”、人民公社化。在生产力还落后、社会主义刚刚开始建设的条件下，就急于向共产主义过渡。既违反生产力发展的规律搞“大跃进”，又违反生产关系一定要适合生产力状况的规律，拔高生产关系，搞“共产主义是天堂，人民公社是桥梁”，刮“共产风”。这种既违反自然规律又违反社会经济发展规律的做法，造成了严重的损失。后来还批判所谓的“唯生产力论”。忽视生产力的发展，也就忽视了提高人民生活水平，忽视了共同富裕的社会主义目标。

因此，我们要总结经验教训，前30年和后30多年的经历都要加以认真梳理和总结。要创建中国特色社会主义政治经济学，就要敢于面对现实，不要回避问题。改革开放38年，取得了巨大的成就，我国生产力迅速发展，成为世界第二大经济体。总体而言，人民的生活水平有了显著提高，但是在发展的一定阶段、一定程度上忽视了社会主义生产关系的发展与完善，忽视了社会主义本质所要求的消除两极分化和实现共同富裕的目标，出现了严重的收入差距扩大和贫富分化。我国几十亿、几百亿、几千亿的富豪在不断增加。有报道称，我国富豪数量相当于甚至超过了头号资本主义国家美国。① 另一方面，我们还需要帮助最后的5500多万农村贫困人口，通过精准扶贫确保每一个贫困群众如期脱贫。② 然而，扶贫只是解决温饱问题，这些贫困人群在较长的时期内仍将处在较低的生活和收入水平上，两极分化问题会有所缓解但并没有得到完全解决。

创建和发展中国特色社会主义政治经济学，如果回避或不重视两极分化这一现实问题，共享发展和共同富裕便只能是停留在文件和口头上的抽象概念。当然，不能搞劫富济贫，也不能限制富豪群体的扩大，更不能搞“国进民退”，但一定要持续探讨缓解两极分化的理论与对策。习近平强调学好用好政治经济学，讲创建当代中国马克思主义政治经济学，我们要实打实地研究问题，要回顾得失成败，总结经验教训，才能真正写好当代中国马克思主义政治经济学这篇大文章。

---

① 《中国富豪数量超过美国，财富集中引质疑》，《环球时报》，2009年6月29日。

② 《产业“造血”，精准扶贫》，《北京青年报》，2016年7月5日。

三、明确中国特色社会主义政治经济学研究对象，对马克思所讲的政治经济学对象要有所发展

马克思的政治经济学主要是研究资本主义经济问题，马克思、恩格斯和列宁都强调政治经济学研究对象是生产关系。过去我国政治经济学的教材也都是这样表述的，尽管有个别的学者提出要研究生产力，但主流观点还是强调要研究生产关系。而个别的学者引用马克思《〈政治经济学批判〉导言》里讲"面前的对象，首先是物质生产",① 据此提出首先要研究生产力，这是错解。针对前人的政治经济学关于生产、交换、分配、消费相互关系的肤浅分析，马克思系统深入地提出了自己的观点：生产占首位，所以要首先分析生产。因此，才有"面前的对象，首先是物质生产"的说明。马克思在这里强调的是要研究生产的社会形式，并指出政治经济学不是工艺学。不过，我们看到马克思在《资本论》里是紧密地联系生产力的发展来研究资本主义生产关系的。但是他又没讲要研究生产力。这主要有两个方面的原因：一方面，马克思的政治经济学的任务，是揭示资本主义经济制度产生、发展到走向衰落并必然被社会主义所取代的经济规律，要揭示的是资产阶级剥削无产阶级的本质关系，为无产阶级革命提供理论武器。他没有任务来为资本家出谋划策，研究通过什么办法来更快更好地发展生产力。另一方面，他固然系统地考察了资本主义生产力的发展阶段，但这是就资本主义既有生产力的发展来考察的，重在研究随着生产力的发展，资本主义生产关系怎样随之变化，劳动对资本的隶属关系怎样由形式隶属发展到实质隶属。因此，马克思不是把发展生产力作为自己的研究任务，考察生产力的发展是服从于研究资本主义生产关系的宗旨的。

社会主义政治经济学的任务和资本主义政治经济学的任务不同，资本主义政治经济学是服务于革命的任务，社会主义政治经济学要服从于社会主义建设的任务。马克思、恩格斯和列宁一再强调，社会主义要快速发展生产力，要有更高的劳动生产率，以提高人民的生活水平，实现共同富裕。邓小平也讲社会主义的根本任务是发展生产力。

那么，中国特色社会主义政治经济学的对象要不要研究生产力？笔者认为，对此不要笼统地肯定或否定，需要加以具体分析。中国特色社会主义政治

① 马克思：《〈政治经济学批判〉序言、导言》，北京：人民出版社，1971 年版，第 6 页。

经济学的对象既要系统研究中国特色社会主义生产关系，这方面的研究还很不够，理论认识方面还存在诸多误区和混乱；同时，也要研究怎样更好更快地发展生产力。但是，生产力有两个层面：技术层面和社会层面。比如怎样采煤、炼钢、织布等，这是生产力的技术层面，是自然科学家和技术人员研究的问题，马克思称之为工艺学。中国特色社会主义政治经济学不研究这个层次上的生产力，而是研究生产力的社会层面。比如，全面协调可持续发展、转变发展方式、中央提出的发展新理念等，就属于发展生产力的问题，但这不是技术层面的生产力发展，而是社会层面的生产力发展。虽然不直接研究科学技术，但要研究科技作为生产力要素的重要作用，要研究怎样推动马克思所讲的生产力诸要素作用的利用和发展。比如，研究怎样提高工人的技术水平和熟练程度，研究科学技术怎样运用于生产，研究怎样推进科技创新来促进生产力的发展，研究怎样利用自然力，包括风力、水力、太阳能等。因此，中国特色社会主义政治经济学要研究怎样更好更快地发展生产力，是要研究生产力的社会层面，要研究生产力的诸要素，研究怎样更好地发挥生产力诸要素的能力。

有关中国特色社会主义经济理论体系的十三个理论是非问题*

一、新民主主义制度与单一公有制社会主义制度的理论是非

中国特色社会主义是从单一公有制的社会主义发展而来的。单一公有制的社会主义是否由新民主主义过渡而来？消灭一切私有制经济的“三大改造”是否跨越了新民主主义？是否完全必要和合理？我国否定中国特色社会主义是新民主主义的见解，但有无补新民主主义课的因素？这需要实事求是地从理论上予以说明。弄清这些问题有利于更好地认识中国特色社会主义的客观必然性和必要性及其理论与实践意义。

1949 年中华人民共和国成立后，通过完成土地改革，消灭了我国几千年的封建制度。通过“三大改造”即对农业、手工业和资本主义工商业的改造，建立了单一公有制的社会主义经济制度。我国是在半殖民地半封建制度社会基础上建立起社会主义制度的。旧中国的生产力十分落后，这是帝国主义、封建主义和官僚资本主义“三座大山”压迫和剥削的结果，而社会主义制度的建立促进了经济社会的发展。

怎样评价我国社会主义改造的胜利？是否超越了毛泽东提出的新民主主义理论和制度？学界有不同的认识。

---

* 原载于《经济纵横》2016 年第 1 期。

毛泽东的新民主主义理论是马克思主义理论与中国实际相结合的理论成果。按照新民主主义理论，从我国实际出发，新中国成立后并不急于建立社会主义制度，而是先建立新民主主义制度，待条件成熟后，再向社会主义转变。毛泽东明确指出：在新民主主义制度下，要“能够自由发展那些不是‘操纵国民生计’而是有益于国民生计的私人资本主义经济，保障一切正当的私有财产”。“中国的经济，必须是由国家经营、私人经营和合作社经营三者组成的。”现在的中国“不是多了一个本国的资本主义，相反地，我们资本主义是太少了”。并批评有人“一口否认中国应该让资本主义有一个必要的发展，而说什么一下就可以到达社会主义社会”。① 毛泽东指出：“在革命胜利之后，因为肃清了资本主义发展道路上的障碍物，资本主义经济在中国社会中会有一个相当程度的发展，是可以想象得到的，……资本主义会有一个相当程度的发展，这是经济落后的中国在民主革命胜利之后不可避免的结果。”“中国革命的全部结果是：一方面有资本主义因素的发展，又一方面有社会主义因素的发展”，社会主义因素在经济上“是民主共和国的国营经济和劳动人民的合作经济”。②

新中国成立前夕，由中国人民政治协商会议通过的“共同纲领”提出：“中华人民共和国为新民主主义即人民民主主义的国家。”它“保护工人、农民、小资产阶级和民族资产阶级的经济利益及其私有财产，发展新民主主义的人民经济”，新民主主义的经济成分是：社会主义性质的国营经济、半社会主义经济性质的合作社经济、私人资本主义经济、农民和手工业者的个体经济、国家资本与私人资本合作的国家资本主义经济。由共产党领导、四个阶级组成“人民民主统一战线的政权”，这一规定在中华人民共和国的国旗中做了标志性反映，其原意是：大星星代表中国共产党，四个小星星分别代表工人阶级、农民阶级、城市小资产阶级和民族资产阶级。显然，作为中华人民共和国国旗所反映的政权组织，绝不是短时期的事情。

如果新民主主义制度在我国实行 20 年或 30 年，经济社会有了较大发展，再向社会主义制度转变，即由新民主主义过渡到社会主义，我国经济社会发展中的曲折会少一些，成绩也会更大一些。然而，新中国刚经历三年恢复时期，到 1952 年，毛泽东就提出向社会主义过渡的问题。他说：什么叫过渡时期，

① 《毛泽东选集》第 3 卷，北京：人民出版社，1991 年版，第 1058—1060 页。

② 《毛泽东选集》第 2 卷，北京：人民出版社，1991 年版，第 650 页。

过渡时期的步骤是走向社会主义；类似过桥，走一步算是过了一年，两步两年，三步三年，十年到十五年走完了；在十年到十五年或更多一些的时间内，基本上完成国家工业化及对农业、手工业、资本主义工商业的社会主义改造。① 1953 年 6 月 15 日，毛泽东又提出：党在过渡时期的总路线和总任务，是要在十年到十五年或更多一些时间内，基本上完成国家工业化和对农业、手工业、资本主义工商业的社会主义改造；并在讲话中批评了“确立新民主主义社会秩序”的观点和“确保私有财产”的口号；提出“逐步过渡到社会主义，这比较好。所谓逐步者，共分十五年，一年又有十二个月。走得太快，‘左’了；不走，太右了。要反‘左’反右，逐步过渡最后全部过渡完”。② 同年 8 月，毛泽东对过渡时期总路线作了较完整的表述：“从中华人民共和国成立，到社会主义改造基本完成，这是一个过渡时期。党在过渡时期的总路线和总任务，是要在一个相当长的历史时期内，基本实现工业化和对农业、手工业、资本主义工商业的社会主义改造。”在审阅关于过渡时期总路线的宣传提纲时，毛泽东在原表述后面增加了两句话：“这条总路线是照耀着我们各项工作的灯塔，各项工作离开它，就要犯右倾或‘左’倾的错误。”在三大改造的实践中，进程较快，只用了三年时间，到 1956 年就宣布基本建立了社会主义制度。从中华人民共和国成立到社会主义制度建立，总共用了七年时间。

怎样评价这段历史，涉及对中国特色社会主义理论与实践的评价。改革开放以来，我国走中国特色社会主义道路，实行中国特色社会主义制度，即公有制为主体、多种所有制经济共同发展的基本经济制度。中央文件指出，我国既不搞单一的公有制，又不搞私有化。而三大改造是要将农业、手工业和资本主义工商业的私有制，改造成为单一的社会主义公有制，消灭一切私有制经济。这两种具体道路和制度是否完全一致和统一？当然，从根本上说，都是走社会主义道路、建立社会主义制度，都以马克思主义的科学社会主义为指导。但又不能说，三大改造消灭私有制，搞单一的公有制，与中国特色社会主义实行公有制为主体，允许和鼓励私营经济、个体经济、外资经济多种私有制经济共同发展，是完全一致的。现在的有关著作中，既肯定过渡时期总路线的完全正确和必要，又肯定中国特色社会主义道路和制度的完全正确和必要。这种理论观

---

① 逄先知、金冲及主编：《毛泽东传 1949—1976》(上)，北京：中央文献出版社，2003 年版，第 249 页。

② 《毛泽东选集》第 5 卷，北京：人民出版社，1977 年版，第 81—82 页。

点没有也不能解决问题。如果肯定中国特色社会主义是根据我国生产力落后的国情，不搞单一的公有制是必要和正确的，就不能又肯定三大改造搞单一的公有制也是完全必要、合理的。应重视三大改造完成后的 1956 年 12 月 7 日，毛泽东在与民主建国会和工商联合会负责人的谈话。面对三大改造后经济生活中出现的诸多实际问题，毛泽东提出："上海的地下工厂同合营企业也是对立物，因为有社会需要，就发展起来。要使它成为地上，合法化，可以雇工。……最好开私营工厂，同地上的作对，还可以开夫妻店，请工也可以。这叫新经济政策。我怀疑俄国新经济政策结束得早了，……只要社会需要，地下工厂还可以增加，可以开私营大厂，订个协议，十年、二十年不没收，华侨投资的，二十年、一百年不要没收。……可以搞国营，也可以搞私营。可以消灭了资本主义，又搞资本主义。""急于国有化，不利于生产。"①这个谈话说明，急于全面消灭个体经济和资本主义经济，并不完全符合我国经济发展和人民的需要，所以有必要消灭了资本主义又搞资本主义。但毛泽东的这一谋划在改革开放前没有也不可能实现，因为在当时"左"的思想影响下，"斗私批修"，"跑步进入共产主义"，宣传"私有制是万恶之源"，连集市贸易、庭院经济也作为资本主义看待。毛泽东的"可以开私营大厂"的设想，是由改革开放后的中国特色社会主义实现的。

还需要进一步探讨：第一，关于工业化问题。过渡时期总路线的内容被概括为"一化三改"。工业化是主体，"三改"是两翼。事实上，工业化的任务到现在还未完成。当时要将工业化与"三改"过程同步完成，显然是不符合实际的，没有认识到工业化的长期性与艰巨性。第二，关于新民主主义制度与过渡时期的关系问题。现在理论界将两者统一为一回事情，值得研究。过渡时期有着社会制度的起点和终点的问题。其终点是建立社会主义制度，这一般是明确的。但对我国过渡时期社会制度的起点，过渡时期总路线中并未提及。曾有两种表述：一是从新民主主义过渡到社会主义，一是后来提的"从资本主义过渡到社会主义"。然而，旧中国不是资本主义社会，是在"三座大山"压迫下的半殖民地半封建社会。三大改造时，我国只有 13 万工商户，私营工商业职工只有 250 万人(工业 160 万，商业 90 万)，不存在主导全国的资本主义制度。因此，将过渡时期的起点确定为资本主义制度，不符合历史和经济实际。可否称作从新民主主义到社会主义的过渡时期？新中国成立初期，还在通过土地改革以消

① 《毛泽东文集》第 7 卷，北京：人民出版社，1995 年版，第 170—171 页。

灭封建主义制度，继续进行解放战争以消灭官僚资本主义和旧政权，通过剿匪反霸等完成民主革命任务。也就是说，当时还没有完成新民主主义制度建设。因此，过渡时期的起点不可能是还没有建立的新民主主义制度，从而变成过渡起点不明确的过渡。将过渡时期与新民主主义统一在一起，从理论逻辑和实际情况看都是难以成立的。固然，新民主主义制度不是人类历史上一个独立社会经济制度，带有过渡性质，但它应是一个具有相对独立性的历史阶段。它与马克思主义所讲的转向社会主义的过渡时期不具有相同的含义，否则就只需讲过渡时期即可，没有必要提新民主主义。将新民主主义与过渡时期的含义相等同，会使新民主主义理论失去其原有的重大意义。第三，1952—1953 年过渡时期总路线的提出，是否超越了新民主主义制度？新民主主义理论是主张新中国成立后，要实行新民主主义制度，既大力发展社会主义公有制经济，又让民族资本主义经济有一个较大的发展。这是一个相当长的历史阶段，待条件成熟后，再由新民主主义过渡到社会主义，即过渡时期的起点应是新民主主义制度。但事实上，新民主主义制度并没有有效建立起来。因为在过渡时期总路线中，已没有新民主主义制度存在和发展的余地。需要注意：过渡时期是“从中华人民共和国成立”开始的，也就是从 1949 年 10 月 1 日起就开始向社会主义过渡。进一步看，如果将过渡时期表述为从资本主义到社会主义的过渡时期，撇开我国并不是资本主义社会制度不说，这一表述与马克思所讲的和苏联曾实行的从资本主义到社会主义的过渡时期就是一回事了。把要消灭一切私有制的过渡时期称作新民主主义制度，显然在理论和实践上都讲不通。因此，过早提出过渡时期总路线，事实上超越了新民主主义制度。这既有因客观条件向有利于党的事业方向变化、革命与建设事业顺利推进的原因，更有主观认识上在有利条件下急于求成的原因。

研究中国特色社会主义经济理论体系，有必要把与新民主主义理论和制度有关、也与曾实行多年的单一公有制的社会主义制度有关的理论是非辨别清楚。在改革开放前期开始发展多种所有制经济，有学者提出的我国处于新民主主义时期的观点被否定了。因为我国实行社会主义制度已几十年了，怎么能退回去呢？但中国特色社会主义发展多种所有制经济和多种分配方式，是否可以说存在补新民主主义课的因素呢？我认为，根据事实，这是可以肯定的。这样才能更好认识中国特色社会主义理论与制度的内在意义以及它与科学社会主义的联系与发展的关系。

二、社会主义初级阶段与中国特色社会主义的关系

提出社会主义初级阶段理论，是从我国生产力发展的实际状况和经济社会发展的现实水平出发的，也是从总结我国改革开放前偏离生产关系一定要适合生产力发展状况的规律和造成重大损失的经验教训而提出的。单从人为拔高生产关系说：1956 年宣布建立社会主义制度刚两年，1958 年又刮“共产风”。中央《关于在农村建立人民公社问题的决议》提出：“看来，共产主义在我国的实现，已经不是什么遥远将来的事情了，我们应该积极地运用人民公社的形式，探索到一条过渡到共产主义的具体途径。”于是，在发展生产力和生产关系方面，“左”的一套膨胀起来，搞揠苗助长式的超阶段发展，给国家和人民造成很大的损失。

党的十一届三中全会后，重新认识社会主义，提出了两个创新性理论：一个是我国处于社会主义初级阶段；另一个是走中国特色社会主义道路，建立中国特色社会主义制度。两者是内容有所交叉但又有所区别的两个独立的理论规定。社会主义初级阶段的最根本特点，表现在社会主义初级阶段的基本经济制度上，即公有制为主体、多种所有制共同发展和按劳分配为主体、多种分配方式并存。这也是中国特色社会主义的重要经济内容。中国特色社会主义的经济基础是中国特色社会主义经济制度，这与社会主义初级阶段的基本经济制度相重合，但两者又是不同的。社会主义初级阶段特指我国整个社会主义历史时期中一个特定的阶段，它在逐步发展中会依次上升到中级阶段和高级阶段，而各个阶段都有自己的特色。因此，中国特色社会主义并不限于社会主义初级阶段。社会主义是不断发展成熟的过程，到中级阶段和高级阶段也会有中国自己的特色，只不过特色的具体特点会有所不同。因此，不能把社会主义初级阶段的中国特色社会主义内容，放大到中国特色社会主义的各个阶段。公有制与私有制并存、按劳分配与按生产要素所有权分配并存是初级阶段的内容。从科学社会主义理论看，成熟的高级阶段的社会主义不应有资本主义私有制经济和个体私有制经济继续存在与发展。

三、不能混同“社会主义经济制度”与“社会主义初级阶段的基本经济制度”的不同内容

这种混同经常在有关论著中看到。人们很容易这样考虑问题：我国目前存在的社会主义经济制度，就是也只能是社会主义初级阶段的经济制度，因此，

两者不应区分。其实这是两个内涵有别的概念。“社会主义经济制度”存在于社会主义发展的各个阶段，是不断发展与成熟的过程。而社会主义初级阶段的基本经济制度是存在于初级阶段、反映初级阶段特点的经济制度。我国目前既存在社会主义初级阶段的基本经济制度，又存在初级阶段的社会主义经济制度。社会主义经济制度是社会主义生产关系的总和，包括作为基础的公有制经济、劳动人民成为社会和生产的主人、实行按劳分配原则、国民经济有计划按比例发展、消灭剥削和两极分化、走共同富裕道路。社会主义国有经济和集体经济就是要践行这种社会主义经济关系。因此，一般把我国国有经济和集体经济称作社会主义经济，把公有制度称作社会主义经济制度。这里不包括私有制经济。在我国社会主义初级阶段，不但存在这种社会主义经济和经济制度，而且必须占主体地位，这样才能保证我国的社会主义制度性质。而社会主义初级阶段的基本经济制度，是公有制为主体、多种所有制经济共同发展，其中既包括作为主体的公有制经济，也包括私营、个体和外资经济。这是两个既有联系又有区别的经济概念，不能等同和混淆。在我国宪法中，这两个概念是并列提出的，但由于没有被普遍重视，容易产生误解。我国宪法规定：“中华人民共和国的社会主义经济制度的基础是生产资料的社会主义公有制，即全民所有制和劳动群众集体所有制。社会主义公有制消灭了人剥削人的制度，实行各尽所能、按劳分配的原则。”这是对我国“社会主义经济制度”的规定。紧接着又对社会主义初级阶段的基本经济制度做了规定：“国家在社会主义初级阶段，坚持公有制为主体、多种所有制经济共同发展的基本经济制度，坚持按劳分配为主体、多种分配方式并存的分配制度。”宪法中这种分别规定是正确的，表明在我国社会主义初级阶段的基本经济制度中，既包括作为主体的“社会主义经济制度”，也包括部分非社会主义经济制度。坚持和发展作为主体的社会主义经济制度，才能保证我国是社会主义社会，是社会主义国家。

四、“社会主义经济”与“社会主义市场经济”是两个既有联系又有区别的概念，不容混同

有学者认为，党的十五大报告中提出非公有制经济“是社会主义市场经济的重要组成部分”，也就是肯定了非公有制经济“是社会主义经济的重要组成部分”。这个理论逻辑不能成立。“社会主义经济”与“社会主义经济制度”具有相同的内涵。社会主义经济是以公有制为基础的经济。这一观点从马列著作到毛泽东和邓小平的著作，到历届中央文件，都讲得很清楚。如，邓小平在改革

开放后的1979年，明确肯定："社会主义的经济是以公有制为基础的。"①没有任何中央文件和中央领导讲过，私有制经济也是社会主义经济的重要组成部分。我国宪法中既区别论述了社会主义经济制度和社会主义初级阶段的基本经济制度的不同内容，也论述了社会主义市场经济所包括的非公有制内容："在法律规定范围内个体经济、私营经济等非公有制经济，是社会主义市场经济的重要组成部分。"市场和市场经济自身不是社会制度性范畴，而是经济体制范畴，是资源配置的手段，并不能根据不同经济成分分割为不同的市场和市场经济。市场配置资源是不分公有和私有，国有经济参与的市场，对私有制经济同样起资源配置作用。反过来，私有制经济参与的市场，对公有制经济也一样起资源配置作用。据此，社会主义市场经济既包括作为主体的公有制经济，也包括非公有制经济。这一观点我早在1993年《阵地》(后改回为《前线》) 第6期和《中国工商管理研究》同年第8期及1994年4月11日的《太原日报》等报刊上一再论述过。主张非公有制经济是社会主义市场经济的组成部分，在理论界我是最先提出的。但当党的十五大报告提出"非公有制经济是社会主义市场经济的重要组成部分"后，理论界不少人认为，非公有制经济由制度外进入制度(社会主义经济制度) 内。多位学者借此宣传非公有制经济是社会主义经济的重要组成部分，特别是宣传党的十五大报告将非公有制经济列入社会主义经济制度范畴，认为这是超越了宪法的规定，是重要理论贡献。我认为，这些学者对党的十五大报告的解读和宣传存在误解，于是在《理论前沿》1998年第8期发表了《要完整准确地宣传十五大的有关理论》，提出不同意见。这篇文章公开了两种关于社会主义经济理论观点的对立与争论，引来学术界不同的意见。有学者认为，"社会主义经济"就是"社会主义市场经济"，不能只包括公有制经济而不包括非公有制经济；并批评说：否定非公经济是社会主义经济的重要组成部分，就是否定社会主义市场经济，是要从市场经济倒退到计划经济去，是应当被摒弃的传统社会主义观点。理论是非被变异为改革观点与反改革观点之争，影响到新闻媒体。由此，我与这种观点展开两年的理论探讨，各发表多篇文章。我认为这种观点，不仅把"社会主义经济"与"社会主义市场经济"相等同，也把"社会主义经济制度"与"社会主义初级阶段的基本经济制度"相等同，把"中国特色社会主义"与"社会主义"相等同，认为中国特色社会主义所包括的全部内容都具有社会主义性质。显然，这样认识问题的理论根源，是把社会主义区分

① 《邓小平文选》第2卷，北京：人民出版社，1983年版，第167页。

为应当摒弃的“传统社会主义”和中国特色社会主义。事实上，这种观点要摒弃的“传统社会主义”，正是马克思主义的科学社会主义。社会主义经济和社会主义经济制度，要以公有经济为基础，这是科学社会主义的基本原理。作为资本主义经济的私营经济和作为小商品经济的个体经济是非社会主义经济，既不是“社会主义经济”的组成部分，也不是“社会主义经济制度”的构成部分。这一“传统”理论，不能摒弃。这些年来，公开宣传私有制经济是社会主义经济的学者已经变少。特别是党的十七大和十八大报告先后指出：“我们既坚持了科学社会主义的基本原则，又根据我国实际和时代特征赋予其鲜明的中国特色”，“中国特色社会主义，既坚持了科学社会主义基本原则，又根据时代条件赋予其鲜明的中国特色。”习近平同志指出：“中国特色社会主义是社会主义而不是其他什么主义，科学社会主义的基本原则不能丢，丢了就不是社会主义。”①由此可见，将社会主义区分为应当摒弃的传统社会主义和中国特色社会主义，将两者对立起来，以后者否定前者，实际上是要用中国特色社会主义否定科学社会主义，割断了流与源的关系。公有制经济是社会主义经济，私营经济和外资企业是资本主义经济，这既是科学社会主义的基本原理，也是中国特色社会主义的基本原理。肯定非公经济在我国现阶段发展经济中的地位和作用，“是社会主义市场经济的重要组成部分”、是初级阶段基本经济制度的组成部分是一回事，但不能将其作为社会主义经济和社会主义经济制度的组成部分，这是另一回事。

五、中国特色社会主义所包括的内容是否都具有社会主义性质

人们很容易认同这一理论逻辑：我国的社会主义就是中国特色社会主义，因此，中国特色社会主义的全部内涵都具有社会主义性质。据此得出结论：中国特色社会主义经济是公有制为主体、多种所有制共同发展，非公经济是中国特色社会主义经济的组成部分，自然属于社会主义经济范畴，具有社会主义性质。这似乎在理论逻辑上是顺理成章的。然而，这种推理是存在问题的。不错，中国特色社会主义经济包括占非主体地位的非公有制经济，但不能由此断定非公有制经济具有社会主义性质。如果私有制经济也具有社会主义性质，为什么还强调公有制为主体呢？资本主义性质的私营经济怎么会成为社会主义性

① 《习近平谈治国理政》，北京：外文出版社，2014 年版，第 22 页。

质的经济呢？应当明确，中国特色社会主义经济不是“特”在私有制经济成为社会主义性质的经济，而是“特”在它不是“一大二公三纯”的社会主义经济，而是允许在社会主义经济占主体地位下，让非社会主义经济共同发展。如果这样讲还难以认同的话，请看邓小平的论述：“我们的社会主义制度是有中国特色的社会主义制度，这个特色，很重要的一个内容就是对香港、澳门、台湾问题的处理，就是‘一国两制’。”“‘一国两制’也要讲两个方面。一方面，社会主义国家里允许一些特殊地区搞资本主义，不是搞一段时间，而是搞几十年、成百年。另一方面，也要确定整个国家的主体是社会主义。”①这明确地说明，从全国范围来看的中国特色社会主义制度，包括实行资本主义制度的港、澳、台，但整个国家的主体实行社会主义。同理，中国特色社会主义经济以公有制为主体，包括私营、个体经济，但私营、个体经济不是社会主义经济。私营经济是资本主义经济，个体经济是小商品经济。

六、不能混同公有制的存在形式及其实现形式

2003 年党的十六届三中全会通过的《中共中央关于完善社会主义市场经济体制若干问题的决定》提出：“推行公有制的多种有效实现形式。”“要使股份制成为公有制的主要实现形式。”这引起学界和政界的广泛关注。但出现了偏离科学社会主义和中国特色社会主义也偏离我国宪法的颇有影响的解读和宣传。我在《经济经纬》和《经济研究资料》刊物发表论文，以澄清理论是非。

不少学者、媒体和官员没有分清所有制的存在形式和实现形式的区别。他们将国有经济、集体经济、股份制经济都认为是公有制的实现形式，因而认为股份制成为公有制的主要实现形式，就是要以股份制取代国有经济和集体经济的原有形式。其实，国有经济、集体经济是公有制的存在形式，而不是其实现形式。无论公有制还是私有制，都有其存在形式和实现形式的区别。公有制的存在形式或类型有多种，如原始社会公有制、社会主义公有制(包括全民所有的国有经济和部分劳动群众集体所有制）、共产主义高级阶段公有制等。社会主义公有制的实现形式有多种，如所有权和经营权“两权分离”的国家所有、企业经营形式，有承包制、租赁制、股份制等。私有制经济也有多种存在形式，如个体经济私有制、奴隶制私有制、封建主义私有制、资本主义私有制等。资本主义私有制也有多种实现形式，如自有自营的业主制、合伙制、股份制等。

① 《邓小平文选》第 3 卷，北京：人民出版社，1993 年版，第 218 页。

由于没有分清公有制的存在形式与实现形式的区别，出现了否定国有经济和集体经济、否定公有与私有区别的理论观点。如，有学者认为“十六届三中全会突破了把公有制主要实现形式定位为国有经济和集体经济的传统观点”，“完全摆脱了计划经济条件下对公有制的理解”。也就是说，不能再把公有制理解为国有经济和集体经济，而应把公有制理解为股份制。有的学者竟断言党的十六届三中全会的决定解决了所谓“姓公姓私”的争论。认为提出使股份制成为公有制的主要实现形式，是对股份制“姓公姓私”的新突破，“把‘姓公姓私’的问题基本上明确了”；是“放大公有制的界限，把股份制包括进去，今后由于绝大多数企业都是股份制企业，这样就没有必要再争论什么‘姓公姓私’的问题了”。这同样把股份制是公有制的主要实现形式，错解为股份制是公有制的主要形式、股份制一律“姓公”。其实，党的十五大报告已经解决了股份制的性质问题：“不能笼统地说股份制是公有还是私有，关键看控股权掌握在谁手中，国家和集体控股，具有明显的公有性。”讲“明显的公有性”不等于完全的公有制，因为其中参股的私人资本依然姓“私”。同理，如果由私人资本控股，就具有明显的私有性，但其中参股的公有资本依然姓“公”。

七、社会主义应把大力发展生产力和发展与完善社会主义生产关系结合起来

什么是社会主义，怎样建设社会主义，是社会主义理论和实践的根本问题。我国在社会主义事业中凡是犯“左”的或右的错误，都与没有很好解决这一问题有关。邓小平指出：“我们总结了几十年搞社会主义的经验。社会主义是什么，马克思主义是什么，过去我们并没有完全搞清楚。”①又说：“什么叫社会主义，怎样建设社会主义，还在摸索之中。”在长时期中，理论界和决策部门对社会主义的认识是：公有制、按劳分配、国民经济有计划按比例发展。把这作为社会主义的重要特点是符合马克思主义原理的。但不完全，而且没有体现社会主义的根本优越性。这与没有全面掌握马克思主义的科学社会主义理论、没有全面认识和把握社会主义的判断标准有关。在“左”的年代，把重视发展生产力批判为唯生产力论，把重视提高人民生活水平批评为“好行小惠”，是经济主义；只强调公有制、按劳分配(往往流于平均主义)、计划经济，结果生产力没有快速发展，人民生活水平提高缓慢，形成普遍贫穷的社会主义。邓小平

① 《邓小平文选》第3卷，北京：人民出版社，1983年版，第137页。

讲："多少年来我们吃了一个大亏，社会主义改造基本完成了，还是'以阶级斗争为纲'，忽视发展生产力。"①

社会主义公有制是社会主义制度的经济基础，但社会主义不是为公有而公有制。没有公有制为基础就不是社会主义。但只重视公有制，不重视快速发展生产力，不重视不断提高人民的物质文化生活水平、最终实现共同富裕，搞贫穷的公有制、贫穷的按劳分配，也不是合格的社会主义，"贫穷不是社会主义"。过去讲社会主义，不强调发展生产力的必要性，认为任何社会都发展生产力，这不是社会主义的特点，而只从生产关系上判断社会主义。其实，社会主义优越性之一就是更快更好地发展生产力。

无论科学社会主义还是中国特色社会主义，都强调搞社会主义必须抓好两大环节：一是大力发展生产力。二是不断提高人民物质文化生活水平，实现共同富裕。《共产党宣言》中指出：无产阶级取得政权后，要尽可能快地增加生产力的总量。而发展生产力、增加财富是丰富和提高工人生活的一种手段。马克思在《1857—1858年经济学手稿》中写道，在未来新的社会制度中，"社会生产力的发展将如此迅速，……生产将以所有人的富裕为目的。"②恩格斯、列宁也都有类似论述。斯大林在《苏联社会主义经济问题》一书中，提出了"社会主义基本经济规律"，即"用在高度技术基础上使社会主义生产不断增长和不断完善的办法，来保证最大限度地满足整个社会经常增长的物质和文化的需要"。③同样强调两条：一是社会主义要运用"高度技术"不断发展生产力。二是发展生产力的目的是最大限度地满足全体人民的物质文化需要。我国在20世纪50年代普遍认同这一社会主义基本经济规律，后来在我国的有关论著中不再提及，但其内容是正确的，也是强调抓好社会主义的两个根本环节。

邓小平为了使大家搞清楚什么是社会主义、怎样建设和发展社会主义，在1992年南方谈话中提出："社会主义的本质，是解放生产力，发展生产力，消灭剥削，消除两极分化，最终达到共同富裕。"④也是强调社会主义两大抓手和根本要求，是对马列主义的继承与发展。这里没有提及社会主义公有制，是因

---

① 《邓小平文选》第3卷，北京：人民出版社，1993年版，第137页。

② 《马克思恩格斯全集》第46卷(下)，北京：人民出版社，1980年版，第222页。

③ 《斯大林选集》(下)，北京：人民出版社，1979年版，第569页。

④ 《邓小平文选》第3卷，北京：人民出版社，1993年版，第373页。

为既然讲的是社会主义本质，"社会主义"一词不言而喻是以公有制的存在为条件。还有更为重要的是，公有制存在的必要性是服从于上述社会主义两大本质要求的。就发达资本主义国家来说，实行公有制可以消除私有制与生产社会化的矛盾，有利于促进生产力的更快发展；就我国来说，旧中国封建主义、官僚资本主义和在华帝国主义所有制阻碍着生产力的发展，代之以社会主义公有制，显著促进了生产力的发展。再者，只有在公有制基础上才能消灭剥削、消除两极分化，逐步实现共同富裕。

上述理论说明，搞社会主义，必须把大力发展生产力和消灭剥削、消除两极分化、实现共同富裕结合起来，就是把发展生产力和发展与完善社会主义生产关系结合起来，也就是要把生产力标准与社会主义生产关系标准结合起来。

八、分清生产力决定论、生产力标准论与唯生产力标准论和唯生产力论的区别

马克思主义认为，生产力决定生产关系，生产关系一定要适合生产力发展的状况，生产力是人类社会发展的最终决定力量。这一内容可概括为生产力决定论。但不能机械地、绝对化地理解生产力对生产关系的决定作用，完全否定其他因素的作用。如果没有中国共产党领导革命斗争并在全国(除台湾）取得胜利，我国不可能建立起社会主义制度，发展社会主义生产关系。中国共产党章程中讲："走中国人民自愿选择的适合中国国情的道路，中国的社会主义事业必将取得最终胜利。"可见，走什么道路有个选择的问题。不少原殖民地附庸国家独立后选择走资本主义道路，而中国选择了社会主义道路。沙皇俄国是一个生产力落后的资本主义国家，先于发达资本主义国家建立了社会主义制度，并快速发展强大，使苏联成为可称霸全球的超级大国。但生产力发展远远超过沙俄时代的社会主义国家苏联，竟然倒退回资本主义制度。上述种种事例显然不能用生产力决定生产关系的原理来说明。可以肯定，生产力决定着社会经济制度的更替。但这是从归根到底的历史过程来考察的。从原始社会到奴隶社会、封建社会和资本主义社会的依次更替，都可用生产力决定论来说明。发达资本主义国家终将会由生产力突破其生产关系，转向社会主义，但转变的快慢与曲折程度会受到政治等因素的影响。我国在生产力落后的情况下选择了社会主义道路，但生产力的决定作用否定搞超阶段的"跑步进入共产主义"，也否定直接建立马克思所设想的发达资本主义国家将建立的单一社会所有制模式。我国实行中国特色社会主义制度，正是遵循生产关系一定要适合生产力发展状况

规律的结果。之所以要讨论生产力决定论问题，是因为有的学者宣传机械的生产力决定的“一元论”，否定任何其他因素的作用，认为若讲其他因素的作用，就是反马克思主义的“二元论”“三元论”。如，有学者从生产力决定“一元论”，推衍出“唯生产力标准论”和“唯生产力论”，宣称“坚持历史唯物主义的基本原理，主要是唯生产力论”。“正是这个‘唯生产力论’把历史唯物主义与历史唯心主义从根本上区别开来”。“就历史唯物论来说，其中最基本的内容就是‘唯生产力论’”。并断定这是马克思主义观点。①

马克思主义重视生产力的决定作用，不仅是因为生产力决定生产关系，而且是因为生产力的发展促进了人类社会历史的进步。原始社会火的发明，给人类带来福祉。我国高铁的创新被不同社会制度的国家采用，造福于社会。这些与生产力决定生产关系的变革无关。任何科技的创新与发明都会造福于社会。因此，重视生产力的作用，肯定生产力决定论，不能只从生产力决定生产关系来说明，更不能宣传机械生产力决定论。

正是因为重视生产力发展的重大作用，便提出了“生产力标准论”。一个社会制度的进步与落后，一个政党政策的得失，要首先用生产力标准来衡量，看它是促进还是阻碍生产力的发展，以及促进生产力发展作用的大小。我国针对“左”的时期忽视生产力发展的弊端，党的十三大报告专门提出生产力标准论：“社会主义的根本任务是发展生产力。……是否有利于发展生产力，应当成为我们考虑一切问题的出发点和检验一切工作的根本标准。”生产力的发展固然会有利于生产关系的发展，但生产力标准并不是以此为根据提出的。比如用生产力标准评价半殖民地半封建主义的旧中国，可以肯定帝国主义、封建主义和官僚资本主义的统治阻碍了生产力的发展，这难以用生产力决定论予以说明。又如，毛泽东在1945年的《论联合政府》中讲：“中国一切政党的政策及其实践在中国人民中所表现的作用的好坏、大小，归根到底，看它对于中国人民的生产力的发展是否有帮助及其帮助之大小，看它是束缚生产力的，还是解放生产力的。”②显然，保护封建主义和官僚资本主义的国民党的政策和实践，束缚了生产力的发展，而中国共产党的政策和实践，有利于生产力的发展。这与生产力决定论并不是一回事，也不能用生产力决定论来说明。

① 汪海波：《必须坚持生产力标准》，《经济学动态》，2011年第6期。

② 《毛泽东选集》第3卷，北京：人民出版社，1991年版，第1079页。

实践证明：没有生产力的解放与发展，就不会有社会主义生产关系的发展与完善，不会有全体人民的共同富裕。但实践也证明：在我国现阶段，生产力的发展不会自然地实现消灭剥削、消除两极分化、走向共同富裕。因此，必须在理论上和实践中自觉地将生产力标准与社会主义价值标准（主要是社会主义生产关系标准）统一起来。不能只强调生产力标准而忽视社会主义价值标准。

然而，从机械生产力决定论引出“唯生产力标准论”和“唯生产力论”，反对讲体现社会主义重要价值标准的社会主义生产关系标准，认为讲社会主义价值标准就是生产关系和上层建筑决定生产关系的“二元论”和“三元论”，是唯心主义。这是混乱的理论逻辑，是将正确的生产力决定论与生产力标准论同错误的唯生产力标准论和唯生产力论混同的结果，把主张社会主义经济社会生活中应有的公平、正义批评为上层建筑决定生产关系，并宣扬马列主义批判过的“唯生产力论”，不顾邓小平同志对“唯生产力论”的否定。邓小平指出，“马列主义没有‘唯生产力论’这个词，这个词不科学。列宁在批判考茨基的庸俗生产力论时讲，落后国家也可以搞社会主义革命。我们也是反对庸俗生产力论”。① 在社会主义制度下宣扬“唯生产力论”，反对讲社会主义生产关系标准和上层建筑标准，是不利于实现社会主义建设任务的。

九、邓小平提出的三条“是否有利于”的标准不是判断姓“社”姓“资”的标准

邓小平南方谈话提出：“改革开放迈不开步子，不敢闯，说来说去就是怕资本主义的东西多了，走了资本主义道路，……判断的标准，应该主要看是否有利于发展社会主义社会的生产力，是否有利于增强社会主义国家的综合国力，是否有利于提高人民的生活水平。”不少具有社会影响力的专家学者都将其作为判断姓“社”姓“资”的标准。这是一种误解。其实，三条“是否有利于”是判断改革开放是非得失的标准，也可以是判断一切工作是非得失的标准，将其作为判断姓“社”姓“资”的标准是悖理的。

第一，我国由计划经济转向市场经济，符合三条“有利于”的标准，难道能说市场经济姓“社”，计划经济姓“资”？第二，社会主义是不断发展与改革、除

① 《邓小平年谱（1975—1997）》（上），北京：中央文献出版社，2004 年版，第 222—223 页。

旧布新的过程，难道凡被改革的事物都姓“资”，或由“社”变“资”？第三，发展私营企业、个体经济，引进外资，符合三条“有利于”标准，难道统统姓“社”？外资企业是资本主义经济，这个能获得共识。它虽符合三条“有利于”，但不能由“资”变“社”。但有人正是通过错解三条“有利于”判断标准，断言私营经济和个体经济统统是社会主义经济。其实，私营经济是资本主义经济，不能把资本主义颠倒为社会主义。个体经济是小商品经济，存在于多个社会制度中，不具有特定的社会经济性质。第四，将三条“是否有利于”作为判断姓“社”姓“资”的标准，就会得出不科学的理论逻辑：凡是姓“资”的东西都不符合三条“有利于”标准，不应发展。据此，私营经济和外资经济姓“资”，就应排斥其存在与发展了。

还有学者通过错解马克思的“普照的光”，断言我国社会主义现阶段的一切非公有制经济都是社会主义经济。其实，马克思在《〈政治经济学批判〉导言》中讲：“在一切社会形式中都有一种一定的生产决定其他一切生产的地位和影响，因而它的关系也决定其他一切关系的地位和影响。这是一种普照的光，它掩盖了一切其他色彩，改变着它们的特点。这是一种特殊的以太，它决定看它里面显露出来的一切存在的比重。”①有的学者解读这段话时说：在各种不同的社会形态中都存在多种经济成分，其中主要经济成分是普照的光，其他经济成分的性质在普照的光下改变了自己的性质。用以说明：在我国公有制为主体条件下，其他多种非公有制经济成分，在公有制普照的光的影响下，都具有了社会主义性质。这种误读以讹传讹，在不少有关论著中出现。有必要说明：首先，认为一切社会都存在多种经济成分，不是事实。原始社会几百万年中没有多种经济成分。马克思认为，成熟的社会主义制度中没有私有制经济。其次，马克思讲这段话不是讲多种不同经济成分的关系，而是论述建立政治经济学体系的方法。在资本主义社会存在着土地所有制、商业资本、借贷资本、工业资本、农业资本等，其中工业资本是普照的光，因为资本主义制度的产生是与工业资本的产生和发展相联系的。在工业资本主导下，前资本主义就存在的土地所有制、商业资本、借贷资本等都成为资本主义经济体系的组成部分。因此，《资本论》的体系结构，就是首先在第一卷中论述产业资本（工业资本）的生产过程的。

中国特色社会主义经济制度中有没有起普照的光作用的经济形式？这里不

① 《马克思恩格斯选集》第2卷，北京：人民出版社，1995年版，第24页。

展开讨论。但如果说社会主义公有制是普照的光，我认为也是顺理成章的，因为它是社会主义制度的经济基础。没有公有制为基础或为主体，就不会有马克思主义科学社会主义和中国特色社会主义。但社会主义公有制这一普照的光不会使非公有制经济成为社会主义经济，而是要使它们在公有制影响和带动下为社会经济事业发展服务，最终有利于社会主义事业。

十、经济体制转轨：转向社会主义市场经济的是是非非

我国经济体制改革由计划经济体制转向社会主义市场经济体制，经过了一系列中间环节。由计划经济为主、市场调节（市场经济）为辅，到有计划的商品经济体制；到计划和市场是覆盖全社会的，国家调节市场、市场引导企业；到计划经济与市场调节（市场经济）相结合；最后到建立社会主义市场经济。

在经济体制转轨问题上，存在一些理论是非，需要研究和澄清。

第一，应当用历史观点看待由计划经济转向市场经济的改革过程。不应全盘否定社会主义在一定时期内实行计划经济的必要性和作用。苏联实行计划经济，也曾起过推进生产力发展的作用，迅速缩小了落后沙皇俄国时期与美国的经济差距，为战胜强大的法西斯德国奠定了物质技术基础。新中国成立后也曾实行计划经济，尽管有“左”的失误，发展成就也超过了旧中国百年以上。而且生产力落后的新中国，如果在发展初期就搞市场经济，就难以集中力量在短时期内建立完整的工业体系，也难以大力发展以国有经济为核心的社会主义经济。计划经济有其内在的弊端，在经济发展到一定阶段时其弊端显露得更明显，需要转轨，最终确立了社会主义市场经济。

第二，有人把邓小平与陈云的理论观点对立起来，认为前者是市场经济派，后者是计划经济派，而且存在褒市场经济、贬计划经济和褒计划经济、贬市场经济的对立。这两种对立观都与未准确掌握邓小平与陈云的理论观点有关。不少学者没有准确解读邓小平于 1979 年 11 月 26 日与外宾谈话时所提出的社会主义市场经济的本意，认为邓小平那时就肯定提出了我国现在实行的社会主义市场经济。邓小平说：“说市场经济只存在于资本主义社会，只有资本主义的市场经济这肯定是不正确的。社会主义为什么不可以搞市场经济，……我们是计划经济为主，也结合市场经济，但这是社会主义的市场经济。”①如果断言邓小平在 1979 年就提出现在实行的社会主义市场经济，就会产生一系列

① 《邓小平文选》第 2 卷，北京：人民出版社，1983 年版，第 236 页。

难以说明的理论与实践的矛盾。如，1984年，《中共中央关于经济体制改革的决定》中继续讲计划经济的优越性，并强调指出："就整体说，我们国家实行的是计划经济，而不是那种完全由市场调节的市场经济。"当时邓小平对这一决定的内容给予高度评价、完全肯定。①

实际上，邓小平1979年11月26日所讲的内容，是计划经济为主、市场调节（市场经济）为辅的观点的另一种表述。计划外的完全由市场调节的经济，就是市场经济。"为主为辅"的观点是陈云提出的，得到邓小平的赞同。在1982年4月3日的一次谈话中，邓小平讲："最重要的，还是陈云同志说的，公有制基础上的计划经济，市场调节为辅。"②并且将这一体制模式写入邓小平主持通过的《中共中央关于建国以来党的若干历史问题的决议》中。

弄清邓小平1979年关于社会主义的市场经济讲话的本意，就可以明了邓、陈的观点是一致的，不存在计划派与市场派的对立。因为陈云讲市场调节为辅，就是市场经济为辅。其实，早在1979年2月，李先念就和陈云谈论过，两人主张计划经济和市场经济相结合，市场经济是补充，不是小补充，而是大补充。③

第三，邓小平关于社会主义市场经济的理论观点也有一个发展过程。他原来也是坚持计划经济，后来同意陈云计划经济为主、市场调节为辅的改革模式，往后又赞同公有制基础上有计划的商品经济模式，后来又提出计划经济与市场调节（市场经济）相结合，直到上世纪90年代初的南方谈话，才确定了社会主义市场经济的改革模式。

有关我国社会主义经济中"市场调节""市场经济"概念和理论观点的最先提出，是陈云和李先念，获得邓小平的赞同。但后来邓小平超越了计划经济为主、市场调节（市场经济）为辅的板块结合的模式，提出计划经济与市场调节（市场经济）有机结合的模式，最后突破了社会主义不能全面实行市场经济的传统观点，建立了由市场配置资源的社会主义市场经济体制。

十一、商品经济与市场经济的异同

在马克思、恩格斯的论著中，既没有商品经济和市场经济概念，也没有计

① 《邓小平文选》第3卷，北京：人民出版社，1993年版，第306页。

② 《陈云年谱》（下），北京：中央文献出版社，2015年版，第338页。

③ 同上书，第265页。

划经济概念，但有商品生产、商品流通、市场价值、计划调节等概念。在列宁的著作中有商品经济、市场经济和计划经济概念。其实，商品生产与商品流通的统一就是商品经济。但商品经济与市场经济是什么关系？不少学者的论著中将其作为内涵相同的概念使用。有的学者简单认为，商品经济是通过市场的经济，因而就是市场经济。有的据此宣称自己早就提出市场经济观点，是市场经济派。也有学者将市场经济界定为高度社会化的商品经济。应实事求是地分析这个问题。在西方经济学中，只讲市场经济而不讲商品经济。而且市场经济概念也是20世纪才提出和流行起来的，因而不存在商品经济与市场经济两个概念的关系问题。但在我国社会主义经济中，存在这两个概念的应用，学界对其内涵的界定存在差异。我认为，这两个概念虽有关联，但不能等同，市场经济是在商品经济基础上发展的。从我国的历史事实来看，即使在实行指令性计划经济的年代，也没有消除商品经济。毛泽东也一再强调发展商品经济。但那时的商品市场，不起市场调节作用，生产与流通完全由计划调节。也就是说，起资源配置作用的是计划而不是市场，因此是有商品经济而无市场经济。从理论论述来看，党的十二届三中全会《中共中央关于经济体制改革的决定》中提出，必须大力发展商品经济；我国实行“有计划的商品经济”。同时又说，我国在总体上实行计划经济，“而不是那种完全由市场调节的市场经济”。可见，这是将商品经济与市场经济两个概念分别应用。

我国提出和实行社会主义市场经济后，有的学者主张用市场经济取代商品经济概念，认为不必再讲商品经济了。我认为，“社会主义商品经济”与“社会主义市场经济”有并存的必要。我国目前存在多种所有制经济，也就存在多种不同的商品经济。有公有制为基础的社会主义商品经济，有私营经济和外资经济的资本主义商品经济，有个体经济的小商品经济。也就是说，可按不同的所有制经济区分为不同性质的商品经济，但不能按不同经济成分划分为多种市场经济。市场与市场经济是统一的，主要是从市场配置资源着眼，因而多种所有制经济都可统一于社会主义市场经济中。但不能将一切私有制的商品经济都纳入社会主义商品经济之中。也就是说，非公经济可以成为社会主义市场经济的组成部分，但不能成为社会主义商品经济的组成部分。《关于经济体制改革的决定》中指出：社会主义商品经济“是在公有制基础上的有计划的商品经济”。显然，私有制商品经济不是社会主义商品经济。商品经济是商品生产与商品流通的统一。社会主义公有制商品生产的性质和关系，与私营、外资经济是不同的。前者不存在商品生产中劳资对立的关系，而后者则存在资本与雇佣劳动对立的关系。

有的学者将市场经济界定为高度社会化的商品经济，也难认同。因为我国是在生产力和商品经济均很落后的条件下建立社会主义市场经济的，提出和建立社会主义市场经济已 20 多年，直到现在我国的商品经济也没有达到“高度社会化”。如果从商品经济与市场经济的关系上界定市场经济，可以说，市场经济是通过市场调节实现资源配置的商品经济。按现在的认识，市场经济是市场决定资源配置的经济。

十二、关于效率与公平的理论是非和贫富分化的根源问题

我国曾流行过多年“效率优先，兼顾公平”的提法，将此作为社会主义的分配原则。还进一步讲：“初次分配重视效率，再分配重视公平。”就是初次分配可以不重视公平。我始终不认同这一原则。在我的论著中，一贯讲在分配关系中应是公平与效率统一和并重，效率优先的对象不应是优先于分配公平。我主张生产重效率、分配重公平。在生产领域可以强调效率优先，优先于追求产值、追求 GDP。社会主义应当重视初次分配的公平。理由是：第一，收入差距过大和产生两极分化正是初次分配不公的结果。在社会保障制度尚不健全的情况下，想靠再分配来取平，是不可能实现的。第二，社会主义最本质的优越性是实现全体人民的共同富裕。这需要从初次分配做起。社会主义的分配公平与资本主义的分配公平是不同的，前者是以消灭剥削、消除两极分化、实现共同富裕为最终目标。如果初次分配不重视公平，就会产生偏离社会主义原则的贫富分化。第三，效率优先，不重视分配公平，有利于资本而不利于劳动。私营、外资企业可将效率优先等同于利润率优先，不顾对劳动者的收入分配公平，并损害职工的应有权益。第四，有学者从生产决定分配、先生产后分配来论证效率优先、兼顾公平的正确性，并形象地比喻为先做蛋糕，后切分蛋糕。这种论证在逻辑上是不合理的。固然，生产在先、分配在后，生产什么才能分配什么，生产多少才能分配多少，蛋糕做大才能蛋糕多分。但是不能由此推论出重生产、轻分配的观点，认为初次分配可以不顾公平，任由收入分配差距过分扩大。先生产后分配，这是再生产过程的顺序。但生产是服从于消费需要的，要通过公平分配来满足需要。先做蛋糕是为了切分蛋糕，生产出蛋糕就要及时公平地切分好蛋糕。生产决定分配，并没有决定社会主义经济中实行不公平分配。相反，社会主义生产决定了社会主义的公平分配是按劳分配。先生产

后分配顺序与分配公平不公平是不同的两回事。第五，效率优先、兼顾公平、初次分配不顾公平是西方右翼经济学家如哈耶克、弗里德曼等的观点，并没有获得西方广大学界和社会的认同，连西方政府也没有采纳这种原则。在我国收入分配出现差距过大的趋势下，不少学者提出应调整“优先、兼顾”的原则，应向公平倾斜。中央也逐渐调整并最后放弃了原有的提法。党的十七大报告改提“初次分配和再分配，都要处理好效率和公平的关系，再分配更加重视分配公平”。

改革开放以来，我国生产力快速发展，但同时也出现了收入差距严重扩大的趋势。对于贫富分化的根源，学界认识不同。在这个问题上需要用马克思主义生产关系决定分配关系的原理来说明。贫富分化的产生应区分非本质原因和本质原因。用城乡二元结构、地区发展不平衡、行业发展不平衡、垄断与腐败等作为其原因，固然有各自的道理，但都是非本质原因。生产资料所有制是生产关系和分配关系的基础。生产关系决定分配关系，资本主义所有制和资本与雇佣劳动相结合的生产方式，决定了资本主义的分配方式是以按资本分配为核心的按要素(生产要素和流通要素)所有权分配。社会主义公有制和劳动者作为主人与公有的生产资料相结合，决定了社会主义的分配原则是按劳分配。在资本主义经济中，资本处于强势，劳动处于弱势，资本追求利润最大化，必然产生收入分配不公平。从世界范围看，以私有资本为主体的市场经济国家都存在贫富分化问题。萨缪尔森等的西方经济学论著早已说明这一问题。近期法国皮凯蒂的《21世纪资本论》一书，又系统论证了这一事实。我国目前的GDP总量中，非公经济提供了70%到80%，城镇劳动者80%以上在私有制经济中就业。可见，按要素所有权分配比重远远大于按劳分配。无视这一现实对分配关系中贫富分化出现的作用，是非科学的。这样讲会引起敏感话题：是否贬抑和否定非公有制经济和市场经济的地位和作用？不！只是主张一分为二地分析问题。既肯定现阶段非公经济发展的必要及其积极作用，肯定实行社会主义市场经济的必要和作用，但也要看到它会产生分配不公、出现贫富分化的负面效应。我国不能搞新自由主义的私有化和完全市场化，而要在国家宏观调控下，抑制其负面效应，引导其向正面效应发展。国家目前强调以人为本、民生为重，强调共同富裕是社会主义的根本原则，着手改进分配制度，提高低收入者收入水平，就是要力求缓解收入差距过大的趋势。

十三、关于社会主义经济增长和经济发展的问题

国家先提出转变经济增长方式，后提出转变发展方式。经济增长主要是发

展生产力的问题，而经济发展是以经济增长为基础，包括经济、社会、环境、教育、经济关系等发展的多方面内容。提出转变经济发展方式，并不是用以取代经济增长方式，二者是同时并存、前者包括后者并以后者为条件的关系。经济快速优化发展，才能拉动社会各方面的有效发展。但也可能割裂经济增长与发展的关系，出现快增长而慢发展，或有增长而无发展。这就需要统筹兼顾、全面协调可持续的科学发展。

经济增长分为粗放型增长和集约型增长，也可分为内涵型增长和外延型增长。在英语中集约和内涵是同一个字，外延与粗放也是同一个字，因而学界不少人认为集约型增长与内涵型增长同义，粗放型增长与外延型增长同义。根据这种认识，当党的十四届五中全会提出我国要实现经济增长方式转变、重在由粗放型转向集约型时，有的学者宣称就是要由外延型增长转变为内涵型增长。这种认识失去了准确性与科学性。

集约型和粗放型本是应用于农业生产中的两个概念，是农业中的两种经营方式。通过扩大耕地面积发展生产称作粗放型，在同一土地上增加投入以提高产量称作集约型。在李嘉图的著作中和马克思的《资本论》中也用这两个概念。马克思当时并没有把粗放型视作低效率。马克思认为，扩大耕地面积增加产量，可以是投向肥沃程度不同的土地，也可以投向更肥沃的土地。而原始土地积淀着有利于农业生产的自然因素，所以并不一定是"广种薄收"，也可以是广种多收。因此，粗放型经营并不必然意味着效益低下。后来，粗放型、集约型概念扩展到工业等其他经济部门，粗放型耕作变成"广种薄收"的同义词，工业等部门的粗放型经营也变成高投入、高消耗、低产出、低效益的解读。概念的内涵也经历了历史的变迁。

在理论认识上，不能把经济增长的集约型等同于内涵型、把粗放型等同于外延型。内涵型扩大生产与外延型扩大生产，是马克思在《资本论》中提出的。集约型或粗放型增长是两种经营方式，而内涵型或外延型发展是两种扩大再生产的方式。同一字或同一词可以有多种含义，中外一样。不应从一词多义引出对不同概念内涵的混淆。如，汉字"沽"既有买义，又有卖义，不能因此断言在汉语中买与卖是一回事。就一个企业内部来说，增加新车间、扩大厂房面积是外延型扩大生产，在原有工厂和车间内增加投入和产出是内涵型扩大生产。就社会范围来看，建立新企业是外延型扩大生产，同一企业增加投入产出是内涵型扩大生产。我国倡导企业"挖潜改造"，通过管理创新、技术创新提高效益，这是内涵型扩大、集约型经营，不赞同低水平重复建设、乱铺摊子，也就是应减少低水平的外延型扩大，这是正确的，但是不排除和贬抑外延型扩大。国家需要建设高新科技产业，增加基础设施建设，可以是外延型扩大、集约型经营。如宝钢的建设、高铁的发展等。另外，我国发展多种所有制经济，私营、个体和外资企业每年不断增加，这种外延型发展是需要的。因此，我国的经济增长与发展，应是重集约、轻粗放，由粗放型增长方式转变为集约型增长方式。至于内涵型扩大和外延型扩大，应是两者并重，不存在强调由外延型扩大转变为内涵型扩大的问题。

近年来，我国强调转变经济增长和发展方式，强调调整拉动经济增长的“三驾马车”的增长结构，减少过重的出口依赖和投资依赖，扩大消费内需。不以 GDP 论英雄，这是正确的，但又不能忽视 GDP 的增幅。不搞唯 GDP，但又不要忽视 GDP。不过度依赖出口和投资，但又不能忽视出口和投资的重要作用。特别是在当前需要保持经济中高速增长的新形势下，更是如此。

我国的经济发展是科学发展，是以人为本、统筹兼顾、全面协调可持续发展。既要重视经济的发展，也要重视社会的发展、人的发展，还要重视经济社会发展的安全，重视社会主义经济制度的发展。我认为，转变经济发展方式需要处理好四方面关系：一是处理好经济增长方式转变与经济发展方式转变的关系，二者既具有一致性，又存在差异性和矛盾性。靠高投入、高消耗、高污染、低产出、低效益、低质量、低工资的经济增长，也可以是快速的，但不利于经济社会的发展和发展方式的转变。二是处理好经济发展与人的发展相统一的关系。劳动者的生产知识、科技水平越高，越有利于经济发展和发展方式的转变。三是处理好经济发展中利用外资和经济安全的关系。引进外资有利于我国经济发展，但要分清外资与内资对民族经济发展的作用差异。前一个时期有人宣称外资企业在中国发展就是中国民族经济。这种论断不能认同。它会导致忽视民族经济的安全。有些外资并购我国品牌企业，具有垄断生产和市场的目的，应当引起注意。四是处理好经济发展与社会主义经济制度发展的关系。经济发展了，财富增长了，但如果私有制经济占比不断扩大，以国有经济为核心的社会主义公有制经济不断消退，占比不断下降，收入分配差距不断扩大，广大工农群众成为弱势群体，将与作为社会主义本质内容的消灭剥削、消除两极分化、逐步走向共同富裕的要求越来越远，经济发展和转变发展方式就会失去其社会主义应有的意义。应切记：我国的经济发展，是社会主义经济的发展！

中国特色社会主义经济理论的坚持、发展与创新问题*

一、社会主义初级阶段和中国特色社会主义的关系

提出社会主义初级阶段理论，是基于我国生产力发展的实际状况和经济社会发展的现实水平的理论认识上的突破。同时，它也是从总结我国改革开放前偏离生产关系一定要适合生产力发展的状况的规律、搞“左”的一套，造成重大损失的经验教训而提出的。我国曾做过许多超越阶段的不正确的事情，单从人为地拔高生产关系说：1956 年宣布建立了社会主义制度刚两年，1958 年又刮共产风。中央在《关于在农村建立人民公社问题的决议》中提出，“看来，共产主义在我国的实现，已经不是什么遥远将来的事情了，我们应该积极地运用人民公社的形式，探索到一条过渡到共产主义的具体途径”①。由此，在发展生产力和生产关系方面，“左”的一套膨胀起来。搞拔苗助长式的超阶段发展，给国家和人民造成了很大的损失。

党的十一届三中全会后，我们重新认识社会主义。提出了两个

---

* 这是作者为《中国特色社会主义经济理论体系研究》一书所写的前言，曾载于《马克思主义研究》2015 年第 10 期，有删节。

① 《建国以来重要文献选编》第 11 册，北京：中央文献出版社，1995 年版，第 450 页。

创新性理论：一个是我国处于社会主义初级阶段；另一个是走中国特色社会主义道路，建立中国特色社会主义制度。这两个问题的内容有所交叉，但又是有所区别的两个独立的理论规定。社会主义初级阶段的最根本特点体现在两个方面：其一是在社会主义初级阶段的基本经济制度上，公有制为主体，多种所有制经济共同发展；其二是在根本分配制度上，按劳分配为主体，多种分配方式并存。这些特点又是中国特色社会主义的重要经济内容。中国特色社会主义的经济构成中国特色社会主义经济制度，它与社会主义初级阶段的基本经济制度相重合。但两者又是不同的。社会主义初级阶段是特指我国整个社会主义历史时期中一个特定的起始阶段。它在逐步发展中会依次上升到中级阶段和高级阶段。各个阶段都有自己的特色。因此，中国特色社会主义，并不限于社会主义初级阶段。社会主义是不断发展成熟的过程，到中级阶段和高级阶段，也会有中国自己的特色，只不过特色的具体特点会有所不同罢了。可见，我们不能把社会主义初级阶段的中国特色社会主义内容和规定性，放大和延伸到中国特色社会主义的各个阶段。公有制与私有制并存，按劳分配与按生产要素所有权分配并存，是初级阶段的内容。但从科学社会主义理论角度看，在社会主义的成熟和高级阶段，则不会和不应当有包括资本主义私有制的多种所有制的继续存在与发展。

另外，“社会主义经济制度”与“社会主义初级阶段的基本经济制度”也具有不同的内容，不能混同。人们很容易这样考虑问题：我国目前存在的社会主义经济制度，就是也只能是社会主义初级阶段的经济制度，因此，二者不应区分。其实这是两个既有联系但内涵有别的范畴。作为社会主义社会经济基础的“社会主义经济制度”，是存在于社会主义发展的各个阶段的，并在实践中不断发展与成熟的。而社会主义初级阶段的基本经济制度则只能是存在于初级阶段，并反映初级阶段的特点。还有，社会主义初级阶段的基本经济制度和初级阶段的社会主义经济制度，这两者目前在我国是并存的。但理论界似乎没有注意这一问题的存在和二者的关系。社会主义经济制度是社会主义生产关系的总和，就其内涵来说，包括作为基础的公有制经济，实行按劳分配原则，国民经济有计划按比例发展，劳动者成为社会和生产的主人，消灭剥削和两极分化，走共同富裕道路等内容。社会主义国有经济和集体经济就是要践行这种社会主义经济关系。在现实中，一般把我国国有经济和集体经济称作社会主义经济，相应地，公有制也被界定为社会主义经济制度，私有制经济则不包含其中。在我国社会主义初级阶段，社会主义经济或经济制度不仅存在，而且必须占主体地位，这样才能保证我国社会主义制度的根本性质。而在社会主义初级阶段的基本经济制度下，则不仅存在着占主体地位的公有制经济，还存在着私营、个体和外资经济等多种所有制经济。这是两个既相联系又有区别的经济概念，不能等同和混淆。在我国宪法中，这两个概念是并列提出的，但由于没有被普遍重视，容易产生误解。请看我国宪法的规定："中华人民共和国的社会主义经济制度的基础是生产资料的社会主义公有制，即全民所有制和劳动群众集体所有制。社会主义公有制消灭了人剥削人的制度，实行各尽所能、按劳分配的原则。"这是对我国"社会主义经济制度"的规定。其后对社会主义初级阶段的基本经济制度则做了如下规定："国家在社会主义初级阶段，坚持公有制为主体、多种所有制经济共同发展的基本经济制度，坚持按劳分配为主体，多种分配方式并存的分配制度。"宪法中的这种分别规定是正确的。它表明，在我国社会主义初级阶段的基本经济制度中，"社会主义经济制度"与非社会主义经济制度既并存，又主次有别。显然，坚持和发展作为主体的社会主义经济制度，才能保证我国是社会主义社会，是社会主义国家。

二、"社会主义经济"与"社会主义市场经济"两个概念不容混同

有人认为，党的十五大报告中提出非公有制经济"是社会主义市场经济的重要组成部分"，就意味着肯定非公有制经济"是社会主义经济的重要组成部分"。这个理论逻辑不能成立。"社会主义经济"与"社会主义经济制度"在内涵上具有相同的性质。社会主义经济是以公有制为基础的经济。这一观点从马列著作到毛泽东和邓小平著作，到历届中央文件，都讲得很清楚。邓小平在改革开放后的 1979 年，明确肯定，"社会主义的经济是以公有制为基础的"①。没有任何中央文件和中央领导讲过，私有制经济也是社会主义经济的重要组成部分。我国宪法中，既从内容上区别界定了社会主义经济制度和社会主义初级阶段的基本经济制度，也具体论述了社会主义市场经济所包括的非公有制内容：在法律规定范围内个体经济、私营经济等非公有制经济，是社会主义市场经济的重要组成部分。应当看到，市场和市场经济自身不是社会制度性范畴，而是经济体制范畴，是资源配置的手段。并不能根据不同经济成分分割为不同的市场和市场经济。市场配置资源是不分公有和私有的，国有经济参与的市场，同

① 《邓小平文选》第 2 卷，北京：人民出版社，1983 年版，第 167 页。

样会对私有制经济起资源配置作用。反之亦然。据此，社会主义市场经济比社会主义经济的内涵更大，它既包括作为主体的公有制经济，同时还包括了非公有制经济的内容。对此问题，我早在 1993 年第 6 期的《阵地》(后改回为《前线》) 等报刊上，一再论述过，主张非公有制经济是社会主义市场经济的组成部分。但是，当党的十五大报告提出“非公有制经济是社会主义市场经济的重要组成部分”后，理论界有一种观点却提出，这是肯定了非公有制经济由制度外进入制度(社会主义经济制度) 内。多位学者借此宣传非公有制经济是社会主义经济的重要组成部分。特别是一位在学界颇有影响的老前辈，1998 年在山东《发展论坛》第 1 期发表论文《重要理论贡献——关于十五大报告的回答》，就是宣传十五大报告将非公有制经济列入社会主义经济制度范畴，认为这是超越了宪法的规定，是重要理论贡献。我认为这些学者对十五大报告的解读和宣传存在误解，于是在《理论前沿》1998 年第 8 期发表了《要完整准确地宣传十五大的有关理论》，提出不同意见。这篇文章公开了两种关于社会主义经济理论观点的对立与争论，引来了我的研究生时期的老同学、老朋友方生教授为代表的一方与我展开持久争鸣。他先在《经济日报》1998 年 8 月 17 日发表论文，不指名地高调批评我的观点。他认为，“社会主义经济” 就是“社会主义市场经济”，不能只包括公有制经济，而不包括非公有制经济。他甚至还提出，不承认非公经济是社会主义经济的重要组成部分，就是否定社会主义市场经济，是要从市场经济倒退到计划经济去，是应当被摈弃的传统社会主义观点。理论是非被变异为改革观点与反改革观点之争，影响到新闻媒体。我与方生同志展开了两年的理论交锋，各发表多篇辩驳文章。对方的观点，不仅把“社会主义经济”与“社会主义市场经济”等同，还把“社会主义经济制度”与“社会主义初级阶段的基本经济制度” 相等同，进而把“中国特色社会主义”与“社会主义” 相等同。对方认为，中国特色社会主义所包括的全部内容，都同样地具有社会主义性质。其理论根源在于，错误地将社会主义人为区分为应当摈弃的“传统社会主义”和中国特色社会主义。事实上，他们要摈弃的“传统社会主义”，正是马克思创立的科学社会主义。在我看来，社会主义经济和社会主义经济制度，要以公有经济为基础，这是科学社会主义的基本原理。而作为资本主义经济的私营经济和作为小商品经济的个体经济，本质上都是非社会主义性质的经济。因此，它们既不可能是“社会主义经济”的组成部分，也不可能是归属于“社会主义经济制度”的范畴。这一“传统” 理论，不能摈弃。近年来，公开主张私有制经济是社会主义性质的声音已有所减小，相关概念的误用也得到了澄清。特别是党的十七大和十八大报告先后指出："我们既坚持了科学社会主义的基本原则，又根据我国实际和时代特征赋予其鲜明的中国特色"，"中国特色社会主义，既坚持了科学社会主义基本原则，又根据时代条件赋予其鲜明的中国特色"。习近平总书记指出："中国特色社会主义是社会主义而不是其他什么主义，科学社会主义的基本原则不能丢，丢了就不是社会主义。"①由此可见，将社会主义区分为应当摈弃的"传统社会主义"和中国特色社会主义，将两者对立起来，以后者否定前者，实际上就是要用中国特色社会主义否定科学社会主义。其错误就在于，它从根本上割断了社会主义的流与源的关系。从现实看，公有制经济的社会主义经济属性，私营经济和外资企业的资本主义经济性质，两者的区别是泾渭分明的。肯定非公经济在我国现阶段发展经济中的地位和作用，承认其"是社会主义市场经济的重要组成部分"、是初级阶段基本经济制度的组成部分是一回事，但不能将其作为社会主义经济和社会主义经济制度的组成部分。后者是另一回事。

三、不要混同公有制的存在形式和其实现形式

2003年党的十六届三中全会通过的《中共中央关于完善社会主义市场经济体制若干问题的决定》中提出，"推行公有制的多种有效实现形式"，"要使股份制成为公有制的主要实现形式"。这引起学界和政界的广泛关注。但出现了偏离科学社会主义和中国特色社会主义、也偏离我国宪法的颇有影响的解读和宣传。

不少学者、媒体和官员没有分清所有制的存在形式和实现形式的区别。他们将国有经济、集体经济、股份制经济不加区别，认为都是公有制的实现形式。他们据此主张，中央提出股份制成为公有制的主要实现形式，就是要以股份制取代国有经济和集体经济的原有实现形式。其实，国有经济、集体经济是公有制的存在形式，而不是其实现形式。无论公有制还是私有制，都有其存在形式和实现形式的区别。历史地看，公有制的存在形式或类型并不是唯一的，而是有多种，远的有原始社会公有制，现阶段有社会主义公有制，将来还会有共产主义高级阶段公有制等。社会主义公有制的实现形式同样有多种，如所有权和经营权"两权分离"的国家所有、企业经营形式，有承包制、租赁制、股份制等。与此相对应的是，私有制经济存在形式也多种多样，既有个体经济私有

① 《习近平谈治国理政》，北京：外文出版社，2014年版，第22页。

制，也有奴隶制私有制、封建主义私有制、资本主义私有制等。从实现形式看，资本主义私有制也有多种不同形式，如自有自营的业主制、合伙制、股份制等。

由于没有分清公有制的存在形式和实现形式的区别，媒体宣传上出现了否定国有经济和集体经济，否定公有私有区别的理论观点。如《光明日报》在2003年10月27日发表该报记者撰写的《公有制经济发展的新动力》一文中就认为："十六届三中全会突破了把公有制主要实现形式定位为国有经济和集体经济的传统观点"，"完全摆脱了计划经济条件下对公有制的理解"。其言下之意就是不能再把公有制理解为国有经济和集体经济，应把公有制理解为股份制了。《经济日报》2003年10月13日发表了以"中央党校邓小平理论研究中心"名义写的《混合经济究竟姓什么》一文中也说："传统的国有经济、集体(合作)所有制经济"被"肯定是公有制的实现形式"，现在，股份制、股份合作制等为载体的混合所有制经济成为公有制的主要实现形式，"理所当然应该姓'公'"。把公有制的实现形式，等同于公有制的存在形式。断言以股份制为载体的混合所有制就是公有制，显然不能成立。我们知道，混合所有制是公私资本的混合参股。在混合所有制的股份制中，国有资本和集体资本依然姓"公"，参股的外资和私资依然姓"私"，怎么会统统姓"公"了呢？如果公有资本参股于私营经济，私人资本控股，依然是私营经济，难道能成为"理所当然姓公"的公有制吗？又如，《深圳特区报》2003年11月10日发表深圳市原市委书记厉有为的《公有制主体地位的道路越走越宽》一文。其中讲："公有制的实现形式发生了重大变化，即由以往的'全民所有制和集体所有制'的实现形式，发展到以股份制为主的实现形式。公有制的内涵发生了变化。"他把作为公有制的实现形式的股份制当作新的"公有制的内涵"，把作为公有制存在形式的国有经济和集体经济归于传统的公有制的实现形式。其实质就是要以股份制的"公有制"，取代国有经济和集体经济的公有制。有的学者竟从十六届三中全会的决定中悟出所谓解决了"姓公姓私"的争论。《北京日报》2003年11月10日发表多年从事经济体制改革研究的杨启先的文章，认为提出使股份制成为公有制的主要实现形式，是对股份制"姓公姓私"新突破，"把'姓公姓私'的问题基本上明确了"。是"放大公有制的界限，把股份制包括进去，今后由于绝大多数企业都是股份制企业，这样就没有必要再争论什么'姓公姓私'的问题了"。其实，党的十五大报告，已经解决了股份制的性质问题："不能笼统地说股份制是公有还是私有，关键看控股权掌握在谁手中，国家和集体控股，具有明显的公有性"。讲"明显的公有性"，不等于完全的公有制。这是因为，公有资本控股的股份制经济中，公有成分虽然姓“公”，但其中参股的私人资本依然姓“私”，是不能充公的。相反，如果由私人资本控股，股份制就应当具有明显的私有性。不过，其中参股的公有资本，依然还是姓“公”。

四、社会主义要把大力发展生产力和发展与完善社会主义生产关系结合起来

什么是社会主义和怎样建设社会主义，这两个问题都是关系社会主义理论和实践的根本问题。我国在社会主义事业中凡是犯“左”的或右的错误，都与没有很好解决这一问题有关。邓小平指出，“我们总结了几十年搞社会主义的经验。社会主义是什么，马克思主义是什么，过去我们并没有完全搞清楚”①。在长时期中，理论界和决策部门对社会主义的认识，是公有制和按劳分配加上国民经济有计划按比例发展。把这作为社会主义的重要特点是符合马克思主义原理的。但不完全，而且没有体现社会主义的根本优越性。这与没有全面掌握马克思主义的科学社会主义理论、没有全面认识和把握社会主义的判断标准有关。在“左”的年代，把重视发展生产力批判为唯生产力论，把重视提高人民生活水平，批评为“好行小惠”，是经济主义。只强调公有制、按劳分配(往往流于平均主义）、计划经济，结果导致生产力难以快速发展，影响了人民生活水平的提高，从而造成普遍贫穷的社会主义。邓小平讲：“多少年来，我们吃了一个大亏，社会主义改造基本完成了，还是‘以阶级斗争为纲’，忽视发展生产力。文化大革命更走到极端。”②

社会主义公有制固然是社会主义制度的经济基础，但社会主义不能仅仅为了公有而实行公有制。没有公有制为基础，不是社会主义。但只重视公有制，不重视生产力的快速发展，不重视人民的物质文化生活水平的不断提高并最终实现共同富裕，而去搞贫穷的公有制，贫穷的按劳分配，那不是合格的社会主义，“贫穷不是社会主义”。过去，讲社会主义，不强调发展生产力的必要性。认为任何社会都发展生产力，不是社会主义的特点，只从生产关系上判断社会主义。其实，社会主义优越性之一，就是更快更好地发展生产力。

无论科学社会主义还是中国特色社会主义，都强调搞社会主义必须抓好两大环节：一是大力发展生产力，二是不断提高人民物质文化生活水平，实现共

---

① 《邓小平文选》第 3 卷，北京：人民出版社，1993 年版，第 137 页。

② 同上书，第 141 页。

同富裕。《共产党宣言》中就指出：无产阶级取得政权后，要尽可能快地增加生产力的总量。而发展生产力，增加财富，是丰富和提高工人生活的一种手段。在《1857—1858年经济学手稿》中马克思写道，在未来新的社会制度中，“社会生产力的发展将如此迅速…… 生产将以所有人的富裕为目的”①。恩格斯、列宁都有类似的论述。

围绕什么是社会主义和怎样建设与发展社会主义，邓小平在1992年南方谈话中，提出了“社会主义的本质，是解放生产力，发展生产力，消灭剥削，消除两极分化，最终达到共同富裕”②。也是强调社会主义两大抓手和根本要求的，是对马列主义的继承与发展。这里没有提及社会主义公有制。因为既然讲的是社会主义本质，“社会主义”一词不言而喻，是以公有制的存在为条件的。还有，更为重要的是，公有制存在的必要性是服从于上述社会主义两大本质要求的。就资本主义国家来说，公有制消除了私有制与生产社会化的矛盾，有利于促进生产力更快发展；就我国来说，用公有制取代封建主义、官僚资本主义和在华帝国主义所有制，起了解放生产力的作用。再者只有在生产力高度发展的公有制基础上才能消灭剥削、消除两极分化，逐步实现共同富裕。

上述理论，使我们知道，搞社会主义，必须把大力发展生产力和消灭剥削、消除两极分化、实现共同富裕结合起来。就是把发展生产力和发展与完善社会主义生产关系结合起来，也就是要把生产力标准与社会主义价值标准（主要是生产关系标准）结合起来。

五、分清生产力决定论、生产力标准论与唯生产力论的区别

马克思主义认为，历史进程是生产力和生产关系相互作用的过程。生产力决定生产关系，后者要适合前者发展状况，生产力是人类社会历史发展的最终决定因素。这一观点可概括为生产力决定论。但是不能机械地、绝对化地理解生产力对生产关系的决定作用，完全否定其他因素的作用。如果没有中国共产党领导革命斗争并取得胜利，我国不可能建立起社会主义制度，培育和发展社会主义的生产关系。党的章程中讲：走中国人民自愿选择的适合中国国情的道

---

① 《马克思恩格斯全集》第46卷（下），北京：人民出版社，1980年版，第222页。

② 《邓小平文选》第3卷，北京：人民出版社，1993年版，第373页。

路，中国的社会主义事业必将取得最终胜利。可见走什么道路有个选择的问题。不少原殖民地附庸国家独立后选择了资本主义道路，而中国选择了社会主义道路。沙皇俄国是一个生产力落后的资本主义国家，先于发达资本主义国家建立了社会主义制度，并快速发展强大，使苏联成为可称霸全球的超级大国之一。但经过 70 多年的发展，生产力水平远远超过沙俄时代的社会主义国家苏联，竟然倒退回资本主义制度。上述种种事例，显然不能用生产力决定生产关系的原理来说明。从长期历史进程看，生产力决定着社会经济制度的更替。但这是从"归根到底"的历史过程来考察的。从原始社会到奴隶社会、封建社会和资本主义社会的依次更替，都可以用生产力决定论来说明。发达资本主义国家终将会由生产力突破其生产关系，转向社会主义。但转变的快慢与曲折，会受到政治等因素的影响。我国在生产力落后的情况下选择了社会主义道路，但生产力的决定作用，否定搞超阶段的"跑步进入共产主义"，也否定直接建立马克思所设想的在发达资本主义基础上将建立的单一社会所有制模式。我国实行中国特色社会主义制度，正是遵循生产关系一定要适合生产力发展状况规律的结果。我之所以要讨论生产力决定论问题，是因为有的学者宣传机械的生产力决定的"一元论"，否定任何其他因素的作用。若讲其他因素的作用，就是反马克思主义的"二元论""三元论"。如汪海波先生就宣传这一观点。他从生产力决定"一元论"，推衍出"唯生产力标准论"和"唯生产力论"，并自诩为马克思主义观点。马克思主义重视生产力的决定作用，不仅是因为生产力决定生产关系，而且是因为生产力的发展促进人类社会历史的进步。

原始社会火的发明，给人类带来福祉。我国高铁的创新，被不同社会制度的国家采用，造福于社会，与生产力决定生产关系的变革无关。任何科技的创新与发明都会造福于社会。因此，重视生产力的作用，肯定生产力决定论，不能只从生产力决定生产关系来说明，更不能宣传机械生产力决定论。

正是因为重视生产力发展的重大作用，我们便提出了"生产力标准论"。一个社会制度的进步与落后，一个政党政策的得失，要首先用生产力标准来衡量，看它是促进还是阻碍生产力发展的，以及促进生产力发展作用的大小。我国针对"左" 风时期忽视生产力的发展的弊端，十三大报告专门提出生产力标准论，"社会主义的根本任务是发展生产力……是否有利于发展生产力，应当成为我们考虑一切问题的出发点和检验一切工作的根本标准"。生产力的发展固然会有利于生产关系的发展，但生产力标准并不是以此为根据提出的。比如，我们用生产力标准评价半殖民地半封建主义的旧中国，可以肯定帝国主义、封建主义和官僚资本主义的统治，大大地阻碍了旧中国生产力的发展，但这难以用生产力决定论予以说明。又如，毛泽东在1945年的《论联合政府》中讲："中国一切政党的政策及其实践在中国人民中所表现的作用的好坏、大小，归根到底，看它对于中国人民的生产力的发展是否有帮助及其帮助之大小，看它是束缚生产力的，还是解放生产力的。"①显然，保护封建主义和官僚资本主义的国民党的政策和实践，束缚着生产力的发展。作为对比的是，共产党的政策和实践，则有利于生产力的发展。这与生产力决定论并不是一回事，也不能用生产力决定论来说明。

实践证明：没有生产力的解放与发展，就不会有社会主义生产关系的发展与完善，不会有全体人民的共同富裕。但是实践也证明：在我国现阶段，仅仅是生产力的发展还不足以自然地实现消灭剥削、消除两极分化、走向共同富裕。因此，必须在理论上和实践中自觉地将生产力标准与社会主义价值标准（主要是生产关系标准）统一起来。不能只强调生产力标准而忽视社会主义价值标准。然而，汪海波先生竟从他的机械生产力决定论引出"唯生产力标准论"和"唯生产力论"②，反对讲体现社会主义重要价值标准的社会主义生产关系标准，认为在生产力之外再讲生产关系标准，是一种生产关系和上层建筑决定生产关系的"二元论"和"三元论"。那是他自己的理论混乱的逻辑，是将生产力决定论、生产力标准论与唯生产力标准论和唯生产力论混同的结果。他把主张社会主义经济社会生活中应有的公平、正义，批评为上层建筑决定生产关系，并大力宣扬马列主义批判过的"唯生产力论"，不顾邓小平对"唯生产力论"的否定与批评。邓小平说："马列主义没有'唯生产力论'这个词，这个词不科学。列宁在批判考茨基的庸俗生产力论时讲，落后国家也可以搞社会主义革命，我们也是反对庸俗生产力论。"③在社会主义制度下宣扬"唯生产力论"，反对讲社会主义生产关系标准和上层建筑标准，其结果只能是有利于和平演变的实现。

六、三条"是否有利于"的标准不是判断姓"社"姓"资"的标准

邓小平南方谈话提出："改革开放迈不开步子，不敢闯，说来说去就是怕资

① 《毛泽东选集》第3卷，北京：人民出版社，1991年版，第1079页。

② 汪海波：《必须坚持生产力标准》，《经济学动态》，2011年第6期。

③ 《邓小平年谱》(上)，北京：中央文献出版社，2004年版，第222—223页。

本主义的东西多了，走了资本主义道路…… 判断的标准，应该主要看是否有利于发展社会主义社会的生产力，是否有利于增强社会主义国家的综合国力，是否有利于提高人民的生活水平。”不少人包括有社会影响的高尚全先生等，都将其作为判断姓“社” 姓“资”的标准，这是一种误解。其实，三条“是否有利于”是判断改革开放是非得失的标准，也可以是判断一切工作是非得失的标准。将其作为判断姓“社” 姓“资”的标准是悖理的。第一，我国由计划经济转向市场经济，符合三条“有利于”的标准，难道能说市场经济姓“社”，计划经济姓“资”？第二，社会主义是不断发展与改革、除旧布新的过程，难道凡被改革的事物都姓“资”，或由“社” 变“资”？第三，发展私营企业、个体经济，引进外资，符合三条“有利于”标准，难道统统姓“社”？外资企业是资本主义经济，这个能获得共识。它虽符合三条“有利于”，但不能由“资” 变“社”。但有人正是通过错解三条“有利于”判断标准，断言私营经济和个体经济统统是社会主义经济。事实上，私营经济中资本与雇佣劳动矛盾的现实存在，决定了其本质上是资本主义性质，我们不能把资本主义颠倒为社会主义。个体经济是小商品经济，存在于多个社会制度中，不具有特定的社会经济性质。第四，将三条“是否有利于” 作为判断姓“社” 姓“资”的标准，就会得出不科学的理论逻辑：凡是姓“资” 的东西都不符合三条“有利于” 标准，不应发展。据此，私营经济和外资经济姓“资”，就应排斥其存在与发展了。

还有学者，通过错解马克思的“普照的光”，断言我国社会主义现阶段的一切非公有制经济，在公有制为主体的普照的光下性质上都归属于社会主义经济。其实，马克思在《〈政治经济学批判〉导言》中讲：“在一切社会形式中都有一种一定的生产决定其他一切生产的地位和影响，因而它的关系也决定其他一切关系的地位和影响。这是一种普照的光，它掩盖了一切其他色彩，改变着它们的特点。这是一种特殊的以太，它决定着它里面显露出来的一切存在的比重。” ① 有的学者解读这段话时说：在各种不同的社会形态中都存在多种经济成分。其中，主要经济成分是普照的光，有了主要经济成分的存在，其他经济成分的性质在普照的光下就会改变自己的性质。我国既然有了作为主体地位的公有制经济，其他多种非公有制经济成分，在公有制普照的光的影响下，都具有了社会主义性质。这种误读，以讹传讹，在不少有关论著中出现。有必要说明：首先，认为多种经济成分存在于一切社会中，这本身并不符合历史事实。

① 《马克思恩格斯选集》第 2 卷，北京：人民出版社，1995 年版，第 24 页。

原始社会几百万年中没有多种经济成分。在马克思看来，成熟的社会主义制度中没有私有制经济。在共产主义高级阶段中，也不会有私人资本成分。其次，马克思讲这段话不是讲多种不同经济成分的关系，而是论述建立政治经济学体系的方法。在资本主义社会存在着土地所有制、商业资本、借贷资本、工业资本、农业资本等，其中工业资本是普照的光，因为资本主义制度的产生，是与工业资本的产生和发展相联系的。在工业资本主导下，前资本主义就存在的土地所有制、商业资本、借贷资本等，都成为资本主义经济体系的组成部分。

中国特色社会主义经济制度中有没有起普照的光作用的经济形式？如果说社会主义公有制是普照的光，我认为也顺理成章。因为它是社会主义制度的经济基础。没有公有制为基础或为主体，就不会有马克思主义科学社会主义和中国特色社会主义。社会主义公有制这一普照的光，对非公有制经济会产生重大影响，虽然不会使其成为社会主义经济，但在公有制影响和带动下，非公有制经济可以更好地为社会经济事业发展服务，最终有利于社会主义事业。

七、经济体制转轨：转向社会主义市场经济的是是非非

我国经济体制改革由计划经济体制转向社会主义市场经济体制，经过了一系列中间环节。由计划经济为主、市场调节（市场经济）为辅，到有计划的商品经济体制；到计划和市场是覆盖全社会的，国家调节市场、市场引导企业；到计划经济与市场调节（市场经济）相结合；最后发展到社会主义市场经济的确立。

在经济体制转轨问题上，存在一些理论是非，需要研究和澄清。第一，应当用历史观点看待由计划经济转向市场经济的改革过程。不应全盘否定社会主义在一定时期内实行计划经济的必要性和作用。苏联实行计划经济，也曾起过大力推进生产力发展的作用，迅速缩小了沙皇俄国时期与美国的巨大经济差距，为战胜强大的法西斯德国奠定了物质技术基础。新中国成立后也曾实行计划经济，尽管有“左”的失误，发展成就也超过了旧中国百年以上。如果生产力落后的新中国在发展的初期就搞市场经济，就难以集中力量在短时期内建立完整的工业体系，也难以大力发展以国有经济为核心的社会主义经济。我们在新中国成立不久就实行计划经济，虽在短时期内促进了生产力一定程度的快速发展，但长时期后其弊端就逐渐显露出来，需要转轨，最终确立了社会主义市场经济。

第二，有人把邓小平和陈云的理论观点对立起来，认为前者是市场经济派，

后者是计划经济派，而且存在褒市场经济贬计划经济和褒计划经济贬市场经济的对立。这两种对立观都与未准确掌握邓小平与陈云的理论观点有关。不少学者没有准确解读邓小平 1979 年 11 月 26 日与外宾谈话时提出的社会主义市场经济的本意，认为邓小平那时就提出了我国要实行现在的社会主义市场经济。邓小平说："说市场经济只存在于资本主义社会，只有资本主义的市场经济这肯定是不正确的。社会主义为什么不可以搞市场经济…… 我们是计划经济为主，也结合市场经济，但这是社会主义的市场经济。"① 如果断言邓小平远在 1979 年就提出现在实行的社会主义市场经济，就会产生一系列难以说明的理论与实践的矛盾。兹举几例：例一，1984 年 9 月 9 日，时任总理赵紫阳写给邓小平等中央领导同志的信中讲，我们所要建立的管理体制"不同于资本主义那样的市场经济"，获得同意，并将全信内容公开发表。例二，1984 年，《中共中央关于经济体制改革的决定》中继续讲计划经济的优越性，并强调指出，"就整体说，我们国家实行的是计划经济，而不是那种完全由市场调节的市场经济"。当时邓小平对这一决定的内容给予了高度评价，完全肯定。例三，1989 年"六四风波"后，邓小平在 6 月 9 日的讲话中讲："我们要继续坚持计划经济与市场调节相结合，这个不能改……以后还是计划经济与市场调节相结合。"②

实际上，邓小平 1979 年 11 月 26 日所讲的内容，是计划经济为主，市场调节(市场经济）为辅的观点的另一种表述。在计划之外完全由市场机制来调节的经济，就是市场经济。"为主为辅"的观点是陈云提出的，得到邓小平的赞同，将这一体制模式写入 1981 年邓小平主持制定的《关于建国以来党的若干历史问题的决议》中。在 1982 年 4 月 3 日的一次谈话中，邓小平讲："最重要的，还是陈云同志说的，公有制基础上的计划经济，市场调节为辅。"③

弄清邓小平 1979 年关于社会主义的市场经济讲话的本意，就可以明了邓陈的观点是一致的，不存在计划派与市场派的对立。原国家计委的一位老局长写文章说，陈云在 1979 年 3 月刚讲计划经济为主，邓小平同年 11 月就提出搞市场经济。他就此进行褒贬，既错解了邓小平的原意，也错解了陈云的观点。因为陈云讲市场调节为辅，就是市场经济为辅。其实，早在 1979 年 2 月，李先念就和陈云谈论过，两人主张计划经济和市场经济相结合。认为市场经济是补

---

① 《邓小平文选》第 2 卷，北京：人民出版社，1983 年版，第 236 页。

② 《邓小平文选》第 3 卷，北京：人民出版社，1993 年版，第 306 页。

③ 《陈云年谱》(下），北京：中央文献出版社，2015 年版，第 338 页。

充，不是小补充，是大补充①。

第三，邓小平关于社会主义市场经济的理论观点，也有一个发展过程。他原来也是坚持计划经济的。后来同意陈云计划经济为主，市场调节为辅的改革模式。往后又赞同公有制基础上有计划的商品经济模式，北京风波后，又提出计划经济与市场调节（市场经济）相结合，直到20世纪90年代初的南方谈话，才确定了社会主义市场经济的改革模式。

仔细考证可以发现，有关我国社会主义经济中“市场调节”“市场经济”概念和理论观点的最先提出者，是陈云和李先念，获得邓小平的赞同。但后来邓小平超越了计划经济为主、市场调节（市场经济）为辅这种板块结合的观点。他在前者基础上，提出了计划经济与市场调节（市场经济）有机结合的新模式，就突破了社会主义不能全面实行市场经济的传统观点，进而从理论上奠定了基础，最终建立了由市场配置资源的社会主义市场经济体制。

八、关于效率与公平的理论是非和贫富分化的根源问题

我国曾流行过多年“效率优先，兼顾公平”的提法，将此作为社会主义的分配原则，有人还进一步讲：“初次分配重视效率，再分配重视公平。”也就是说，初次分配可以不重视公平。我始终不认同这种原则。在我的论著中，一贯讲在分配关系中应是公平与效率统一和并重。我主张生产重效率、分配重公平。在生产领域可以强调效率优先，优先于追求产值、追求GDP。社会主义应当重视初次分配的公平。理由是：第一，过大的收入差距和两极分化的产生，根源于初次分配不公。想靠再分配来取平，是不可能实现的。况且我国社会保障制度还不健全，靠再分配调节的难度更大。第二，社会主义最本质的优越性是实现全体人民的共同富裕。这需要从初次分配做起。社会主义的分配公平要区别于资本主义的分配公平。社会主义公平不仅要收入分配公平，而且要消灭剥削和消除两极分化，最终达到共同富裕。如果初次分配不重视公平，就会产生偏离社会主义原则的贫富分化。第三，效率优先，不重视分配公平，有利于资本而不利于劳动。私营、外资企业可以接过来将效率优先等同于利润率优先，不顾劳动者的收入公平，并损害职工的权益。第四，有学者从生产决定分配，先生产后分配来论证效率优先，兼顾公平的正确性，并形象地比喻为先做蛋糕，后分蛋糕。这种论证在逻辑上是不合理的。固然，生产先于分配，生产什么才能

① 《陈云年谱》（下），北京：中央文献出版社，2015年版，第265页。

分配什么；生产的数量决定分配的多寡；蛋糕做大才能蛋糕分多。但是不能由此重生产、轻分配，认为初次分配可以不顾公平，任由收入分配差距过分扩大。先生产后分配，这是再生产过程的顺序。但生产是服从于消费需要的，要通过公平分配来满足需要。先做蛋糕是为了切分蛋糕。生产出蛋糕就要及时公平地分好蛋糕。生产决定分配，并没有决定社会主义经济中需要实行不公平的分配。相反，社会主义生产决定了与其相应的公平分配是按劳分配。先生产后分配顺序与分配公平不公平是不同的两回事。第五，效率优先，兼顾公平，初次分配不顾公平，是西方右翼经济学家如哈耶克、弗里德曼等的观点，并没有获得西方学界和社会的认同。西方政府也没有采纳这种原则。在我国收入分配出现差距过大的趋势下，不少学者首先是刘国光等提出应调整"优先、兼顾"的原则，应向公平倾斜。中央也逐渐调整并最后放弃了原有的提法。党的十七大报告改提"初次分配和再分配，都要处理好效率和公平的关系，再分配更加重视分配公平"。

改革开放以来，我国生产力快速发展了，却未能同步促进社会主义经济关系的发展与完善，没有有效实现社会主义本质所要求的目标，即消灭剥削、消除两极分化、逐步实现共同富裕。在现实中，甚至还出现了收入差距严重扩大的趋势，产生了贫富分化。贫富分化的根源，学术界认识不同。在这个问题上需要用马克思主义生产关系决定分配关系的原理来说明。贫富分化应区分非本质原因和本质原因。用城乡二元结构、地区发展不平衡、行业发展不平衡、垄断与腐败等作为其原因，固然有各自的道理，但都是非根本原因。讲根本原因是一个敏感的话题，但不能因此而回避问题。生产资料所有制是生产关系和分配关系的基础。资本主义的生产方式，即私有资本与雇佣劳动的结合，决定了资本主义的分配方式是以按资本分配为核心的按要素(生产要素和流通要素)所有权分配。社会主义公有制和劳动者作为主人与公有的生产资料相结合，决定了社会主义的分配原则是按劳分配。在资本主义经济中，资本处于强势，劳动处于弱势，资本追求利润最大化，必然产生收入分配不公平。从世界范围来看，以私有资本为主体的市场经济，都存在贫富分化。萨缪尔森等的西方经济学论著早已说明了这一问题。近期法国的《21 世纪资本论》又系统论证了这个道理。我国目前的 GDP 总量中，非公经济提供 70% 到 80% 。城镇劳动者 80% 以上在私有制经济中就业。按要素所有权分配比重远远大于按劳分配。无视这一现实对分配关系中贫富分化出现的作用，是非科学的。这样讲，会引起敏感话题：是否贬抑和否定非公有制经济和市场经济的地位和作用？不！只是主张一分为二地分析问题。既肯定现阶段非公经济发展的必要及其积极作用，肯定实行社会主义市场经济的必要和作用。但也要看到它会产生分配不公、出现贫富分化的负面效应。我国不能搞新自由主义的私有化、自由化和完全市场化，要在国家宏观调控下，抑制其负面效应，引导其向正面效应发展。中央目前强调以人为本、民生为重，强调共同富裕是社会主义的根本原则，着手改进分配制度，提高低收入者收入水平，就是要力求缓解收入差距过大的趋势。

九、关于社会主义经济增长和经济发展的问题

中央文件中先提出转变经济增长方式，后提出转变发展方式。经济增长主要是发展生产力的问题；而经济发展是以经济增长为基础，包括经济、社会、环境、教育、经济关系等发展的多方面的内容。提出转变经济发展方式，并不是用以取代经济增长方式，二者是同时并存、前者包括后者并以后者为条件的关系。经济快速优化发展，才能拉动社会各方面的有效发展，但也可能割裂经济增长与发展的关系，出现快增长而慢发展，或有增长而无发展。这就需要统筹兼顾、全面协调可持续的科学发展。

经济增长分粗放型增长和集约型增长，又可以说内涵型增长和外延型增长。在英语中集约和内涵是同一个字，外延与粗放也是一个字，因而学术界不少人认为集约型增长与内涵型增长同义，粗放型增长与外延型增长同义。根据这种认识，当党的十四届五中全会提出，我国要实现经济增长方式的转变时，有的学者宣称是要由外延型增长转变为内涵型增长。这种认识失去准确性与科学性。

集约型和粗放型本是应用于农业生产中的两个概念，是农业中的两种经营方式。扩大耕地面积发展生产称作粗放型，在同一土地上增加投入提高产量称作集约型。在李嘉图的著作中和马克思的《资本论》中也用这两个概念。马克思当时并没有把粗放型视作低效率。马克思认为扩大耕地面积增加产量，可以是投向肥沃程度不同的土地，也可以投向更肥沃的土地。而原始土地积淀着有利于农业生产的自然因素，所以并不一定是“广种薄收”，也可以是广种多收。因此，粗放型经营并不必然意味着效益低下。后来粗放型、集约型概念扩展到工业等其他经济部门，粗放型耕作变成“广种薄收”的同义词，工业等部门的粗放型经营，也变成高投入、高消耗、低产出、低效益的解读。概念的内涵也经历了历史的变迁。

在理论认识上，不能把经济增长的集约型等同于内涵型，把粗放型等同于外延型。内涵型扩大再生产与外延型扩大再生产，是马克思在《资本论》中提出的。集约型或粗放型增长是两种经营方式；而内涵型或外延型发展是两种扩大再生产的方式。同一字或同一词可以有多种含义，中外一样。不应从一词多义的引用混淆不同概念的内涵。如汉字“沽”字，既有买义，又有卖义。不能因此断言在汉语中买与卖是一回事。就一个企业内部来说，增加新车间、扩大厂房面积，是外延型扩大生产，在原有工厂和车间内增加投入和产出，是内涵型扩大生产。就社会范围来看，建立新企业，是外延型扩大生产，同一企业增加投入产出，是内涵型扩大生产。我国倡导企业“挖潜改造”，通过管理创新、技术创新提高效益，这是内涵型扩大、集约型经营。不赞同低水平重复建设，乱铺摊子，也就是应减少低水平的外延型扩大，这是正确的，但是不排除和贬抑外延型扩大。国家需要建设高新科技产业，增加基础设施建设，可以是外延型扩大、集约型经营，如宝钢的建设、高铁的发展等。因此，我国的经济增长与发展，应是重集约、轻粗放，由粗放型增长方式转变为集约型增长方式，内涵型和外延型扩大再生产应并重，不存在强调由外延型扩大转变为内涵型扩大的问题。

近些年来，我国强调转变经济增长和发展方式，强调调整拉动经济增长的“三驾马车”的增长结构，减少过重的出口依赖和投资依赖，扩大消费内需。不以 GDP 论英雄，这是正确的。但是，又不能忽视 GDP 的增幅。不搞唯 GDP，但又不要忽视 GDP。不过度依赖出口和投资，但又不能忽视出口和投资的重要作用。特别在当前需保持经济中高速增长的新形势下，更是如此。

我国的经济发展应立足于科学发展，即要坚持以人为本、统筹兼顾、全面协调可持续发展，既要重视经济的发展，也要重视社会的发展、人的发展，还要重视经济社会发展的安全，重视社会主义经济制度的发展。我提出转变经济发展方式，在实践中要处理好四个方面的关系。一是转换经济增长方式与转变经济发展方式的关系，二者既具有一致性，又存在差异性和矛盾性。靠高投入、高消耗、高污染、低产出、低效益、低质量、低工资的经济增长，也可以是快速的，但不利于经济社会的发展和发展方式的转变。二是经济发展与人的发展相统一的关系。劳动者的生产知识、科技水平越高，越有利于经济发展和发展方式的转变。三是经济发展中利用外资和经济安全的关系。引进外资有利于我国经济发展，但是要分清外资与内资对民族经济发展的作用的差异。前一个时期有学者甚至政府高官宣称，外资企业在中国发展就是中国民族经济。这种论断我们不能认同。它会导致忽视民族经济的安全。有些外资并购我国品牌企业，具有垄断生产和市场的目的，应当引起注意。四是经济发展与社会主义经济制度发展的关系。经济发展了，财富增长了，但如果私有制经济占比不断扩大，以国有经济为核心的社会主义公有制经济不断消退，占比不断下降，收入分配差距不断扩大，广大工农群众成为弱势群体，与消灭剥削、消除两极分化，与逐步走向共同富裕的社会主义发展目标越来越远，经济发展和转变发展方式就会失去其社会主义应有的意义。应切记：我国的经济发展，是社会主义经济的发展！

中国特色社会主义政治经济学研究*

——为什么要搞社会主义，怎样搞好社会主义

习近平同志提出：发展当代中国马克思主义政治经济学。我们应考虑侧重点是什么？我们知道，马克思、恩格斯研究政治经济学，侧重点是研究资本主义经济制度，揭示资本主义经济规律。习近平同志提出要学好用好政治经济学。那么我们学习政治经济学，创新和发展马克思主义政治经济学，不言而喻，马克思的《资本论》和其他政治经济学论著，也应该系统地学习，深入地学习。但是现在提出来主要是发展当代中国马克思主义政治经济学，或者像 2015 年 12 月中央经济工作会议提出要坚持中国特色社会主义政治经济学的原则。显然我们的侧重点不是研究资本主义经济关系，而是要通过学好用好政治经济学为社会主义建设事业、为社会主义改革开放来服务。我们知道，恩格斯在《反杜林论》著作里面，把马克思主义划分为三个部分：哲学、政治经济学、科学社会主义，那里讲的政治经济学就是资本主义政治经济学。而我们现在讲的政治经济学，恰恰是要跟社会主义联系起来，所以《反杜林论》里讲的那个政治经济学，我们要学习，但不是坚持和发展的侧重点。

* 曾载于《河北经贸大学学报》2016 年第 3 期。本文是在 2016 年 1 月 11 日由中国人民大学、南开大学、南京大学共同举办的“当代马克思主义政治经济学高级研修班”讲课的记录稿。

一、从马克思主义政治经济学中寻求为什么要搞社会主义的答案

我们现在讲学习和发展政治经济学，侧重点应是社会主义政治经济学。如果研究它的源头，恰恰要把恩格斯在《反杜林论》中所讲的科学社会主义部分，在《社会主义从空想到科学的发展》中所讲的科学社会主义内容作为指导。当然，《资本论》和马克思的其他经济学著作，虽然没有专门篇章系统地讲过社会主义经济理论，但是他在许多著作里面，包括在《资本论》里面，对未来社会主义的经济特征，对未来社会主义的本质问题都有论述。

所以我们现在研究政治经济学，发展马克思主义政治经济学，也要从他的《资本论》和马克思、恩格斯的其他有关著作里边挖掘其科学社会主义的理论观点，加以系统地研究，作为指导思想，并将坚持、创新和发展统一起来。

今天我讲课的题目是“为什么要搞社会主义，怎样搞好社会主义”。我们知道，邓小平同志讲什么是社会主义，怎样建设社会主义。我觉得讲什么是社会主义，首先要弄清楚为什么要搞社会主义。这个问题是我们长期以来特别是新中国成立以后没有完全明确的一个问题。我们知道改革开放以前，我们也讲社会主义，更多的是讲公有制、按劳分配、国民经济有计划按比例发展。但是社会主义为什么要搞公有制？为什么搞按劳分配，服从什么任务和目的？并没有讲，或没有讲清楚。好像就是为公有制而公有制。结果是贫穷的社会主义、贫穷的公有制、贫穷的按劳分配。邓小平讲贫穷不是社会主义，我们那个贫穷的社会主义对老百姓没有吸引力。对外部没有吸引力，对内部也没有吸引力。所以那个时候我们有些老百姓偷往外跑，特别是广东那边偷往香港跑。你说社会主义好，但贫困的社会主义没有凝聚力。

为什么要搞社会主义？根据马克思、恩格斯、列宁的理论概括：搞社会主义就是为了让劳动人民摆脱受剥削、受压迫的旧制度，能够过上日益富足的好日子。用列宁的话来讲，就是社会主义要“使所有劳动者过最美好、最幸福的生活”①。搞社会主义就是为了这个最终的目的。怎么样才能过上最美好、最幸福的生活？两个基本条件：一个基本条件是物质条件，物质条件就是社会主义要快速地发展生产力，不发展生产力，没有足够的物质财富，怎么能过上富裕的生活？另一个条件是社会制度条件，即生产资料公有制。光有生产力发展，不能保证共同富裕。只有在公有制基础上发展生产力，才能消灭剥削，消

① 《列宁全集》第3卷，北京：人民出版社，1995年版，第546页。

除两极分化，最终实现共同富裕。

不但列宁讲过要让全体劳动人民过上最美好、最幸福的生活，而且马克思也讲过，未来的社会，就是指社会主义社会，“社会生产力的发展将如此迅速”。迅速发展生产力的目的是什么？马克思回答说：“以所有的人富裕为目的。”①要让全体人民过上富裕的生活，与我们现在讲的“共同富裕”意思是一样的。马克思、恩格斯、列宁讲了很多，不需要这里多引证，大家知道，要让全体人民过上富裕的生活，或者共同富裕，或者像邓小平讲的，消灭剥削，消除两极分化，最终实现共同富裕，就需要首先大力发展生产力。

二、马克思主义政治经济学告诉我们：搞社会主义必须大力发展生产力

这里就涉及一个问题，社会主义这个概念怎么判断，社会主义的内容包括不包括发展生产力？在改革开放以前，我们的社会主义著作，我们的教科书，讲社会主义，讲它的特点，就是那么几条：公有制、按劳分配、计划经济，不讲或不着重讲发展生产力。有个传统的观点：就是区分社会主义和资本主义不是依据生产力，发达资本主义国家的生产力比我们高得多，怎么能用生产力来区分？认为区分资本主义、社会主义或者区分任何一个社会制度都是从生产关系来区分的。这听起来好像也是有道理的，哪个社会都要发展生产力，哪一个新的社会制度生产力发展都要超过旧社会，所以判断社会主义和资本主义主要是从生产关系判断，传统的观点曾经是这样。

也正因为有这个观点，所以传统理论不把发展生产力作为社会主义的内涵和本质规定。改革开放以后，胡耀邦在十二大报告中提出社会主义的特点也可以包括生产力的发展，他说社会主义生产力的发展最终要超过资本主义。改革开放以后，邓小平不断地强调社会主义的根本任务是发展生产力。其实，强调社会主义要大力发展生产力，马克思、恩格斯、列宁、斯大林都一再讲过。研究任何一个社会制度，都要考察它的生产力发展水平，它的生产关系，它的上层建筑。马克思在《1857—1858 年经济学手稿》里面讲，未来社会“社会生产力的发展将如此迅速”，就是比过去发展得更快。他这里讲的是发达资本主义，因为马克思当时认为社会主义首先是在发达资本主义国家取得胜利，发达资本主义国家取得胜利以后，还需要快速地发展生产力，才能够保证全体劳动人民共同富裕。恩格斯、列宁都一再强调社会主义要更好、更快地发展生产力。

① 《马克思恩格斯全集》第 46 卷(下)，北京：人民出版社，1980 年版，第 222 页。

列宁曾经讲过，新社会制度战胜旧制度的最根本的条件，是要有更高的劳动生产率。他说社会主义最终要战胜资本主义，就是社会主义能够创造出比资本主义更高的劳动生产率。马克思恩格斯认为发达资本主义国家取得社会主义胜利都需要快速发展生产力，而我国是在生产力十分落后的半殖民地半封建的社会制度下取得社会主义胜利的，跟发达资本主义的生产力有很大差距，因此我们就更需要快速地发展生产力。

三、从理论与实践说明：搞社会主义为什么必须搞公有制

社会主义的优越性从根本上来说也就是表现在两方面，一方面是生产力的发展快于资本主义，更快于以往的旧制度，最终要超过发达资本主义国家。刚才讲到社会主义要让人们过上最美好、最幸福的生活应有两个条件，一个条件是快速发展生产力，马克思、恩格斯、列宁和邓小平讲得很多。另外一个条件是社会制度的条件，就是公有制。为什么要搞公有制？为什么要搞国有经济？现在中央文件或者理论工作者可以讲很多道理。有人否定公有制，否定国有经济，讲国有经济有许多缺点，说国有经济没有效率，不如私有制，丑化、妖魔化国有经济。中央文件一再肯定国有经济、公有制经济的重要地位和作用，习近平同志也一再讲到国有经济是我们政府执政的基础，也是党执政的基础。

在马恩的著作里面，阐述了国有经济的一个最根本的作用。国有经济服从于什么任务和目的？就是服从于让劳动人民过上美好的共同富裕的生活。如果没有公有制，在私有制的基础上必然产生两极分化。奴隶社会、封建社会、资本主义社会都是以私有制为基础的，都存在两极分化，存在剥削和被剥削的制度。所以离开公有制，否定公有制，不可能实现共同富裕，不可能建立社会主义制度。

这不仅仅是个理论问题，而且是个现实问题。其实，我们中国和原来的俄罗斯，原来都是生产力落后的国家，沙皇俄国是带有封建主义的资本主义国家，它的生产力比起当时的美国落后很多。但是十月革命以后，消灭了私有制，建立了公有制，它迅速地缩短了与美国的巨大差距，成为可以跟美国抗衡的第二个超级大国。苏联解体的时候，它的 GDP 的总量比我们中国高得多，根据联合国统计署的资料，1990 年苏联的 GDP 总量是 15329.92 亿美元，中国是 4044.94 亿美元，苏联是中国的 3.79 倍。但是，苏联解体了，公有制变为私有制了，结果怎么样？它的整个国际地位、社会地位、经济政治实力大大削弱。苏联解体后，经济发展长期停滞不前。你讲公有制不好，效率低，私有

制效率高，但是从苏联来看，恰恰是公有制使它跟美国的差距大大缩小，可以跟美国抗衡，而变为私有制以后，整个社会经济的发展放慢了。

解放前我们是半殖民地半封建社会，社会生产发展很慢。新中国成立以后，建立了公有制，尽管当时搞的是一统天下的公有制，我国的经济与社会在改革开放前也获得了超过旧中国一两百年的发展。当时通过三大改造，建立了单一的公有制，这个可以讨论。当时建立一统天下的公有制是否过急了点？我最近写文章就提出这个问题，我们现在搞多种所有制经济共同发展，公有制为主体，不搞单一的公有制，与过去三大改造，完全消灭资本主义经济和个体经济，搞一统天下的公有制不同。我认为，实际上我们超越了新民主主义制度。毛泽东的新民主主义是马克思主义的伟大发展。新民主主义是要民族资本主义有更多更大的发展，是多种经济成分，国有经济、集体经济、合作社经济、民族资本主义经济、个体经济共同发展，这是新民主主义。

现在的人都不知道了，我国的国旗为什么是五个星星，原有含义是：大星星是共产党，四个小星星分别代表工人阶级、农民阶级、城市小生产阶级、民族资产阶级，四个阶级围绕着共产党，叫人民民主专政。现在把过渡时期和新民主主义统一起来，我觉得统一不起来。新民主主义是社会主义前的一种相对独立的社会制度，过渡时期不是一种制度，它是变私有制为公有制、消灭资本主义经济和一切私有制经济的一个历史阶段。

新中国尽管改革开放以前犯了一些“左”的错误，如“大跃进”、刮共产风、“文化大革命”等，有碍于我们的经济发展。但是，改革开放前，我们以公有制为基础的经济年均增长 6.1%，也不算慢了，而且我国的经济发展远远超过旧中国，也是解放了生产力。所以我们的公有制比旧中国的多种私有制有优越性，证明解放和发展了生产力。旧中国是多种私有制：帝国主义在华的私有制、封建主义私有制、官僚资本私有制、民族资本私有制、个体私有制等。这些多种私有制，没有把中国推向发展。社会主义所有制尽管建立了单一的公有制，急于求成，但是它的成果远远超过了旧中国。

马克思主义强调公有制，公有制干什么？一方面用来保证生产力的快速发展，另一方面，保证实现共同富裕。马克思、恩格斯强调公有制，主要是从这两个方面讲的，从这两个方面考虑公有制的地位和作用，我们就可以知道社会主义和公有制是内在地联系在一起的。马克思讲社会主义取代资本主义，就是因为看到周期性的资本主义经济危机，表示资本主义已不适合于生产力的发展，通过公有制和生产社会化相一致，可以更好地发展生产力。

公有制是实现共同富裕的社会制度保证。共同富裕，也可以说是社会主义区别于以往任何社会制度的具有最大优越性的根本的特点。原始社会虽然也是公有制，但是共同贫穷，因为是生产力极端落后的公有制，不可能共同富裕。奴隶制度、封建制度、资本主义制度，没有共同富裕，以私有制为基础的剥削制度不可能共同富裕。

四、搞社会主义必须抓好三个主要环节——对国有经济理论的是非辨析

从马克思主义政治经济学来看，为什么要搞社会主义？怎么样搞社会主义？特别是怎么样搞好社会主义？必须紧抓三个环节：第一环节是快速发展生产力；第二环节是走共同富裕道路，最终实现共同富裕；第三环节是抓好快速发展生产力和共同富裕的制度保证，就是要建立和发展社会主义公有制经济。这个观点在马克思恩格斯列宁的著作里面一再讲，我们回头看一下《共产党宣言》，《共产党宣言》里这样讲，无产阶级要取得政权，因为要搞社会主义，无产阶级首先就要取得政权，然后把生产资料掌握在劳动人民的国家手里，就是说建立国有经济。在国家还存在的时候，公有制要表现为国有经济。把生产资料掌握在国家手里干什么？《共产党宣言》里讲了，要“尽可能快地增加生产力的总量”①，增加生产力总量干什么？《共产党宣言》里也讲到了，就是“丰富和提高工人的生活”②。用我们现在的话说，就是劳动人民掌握政权，占有生产资料，建立国有经济，以提高全体人民的生活水平。《共产党宣言》里已经把这个问题讲清楚了。在马克思恩格斯的其他著作里面讲得更多。

但是，这里又涉及很多问题，有些著名的学者，一再讲国有经济不是社会主义，非公有制经济才是社会主义——民办社会主义。马克思恩格斯列宁明确地讲过，毛泽东也讲过，社会主义制度下国有经济是社会主义经济，而某些学者则否定。他们引证恩格斯在《反杜林论》中批评冒牌社会主义的一段话，否定我国国有经济是社会主义经济。因为有人把俾斯麦的某些国有化的措施叫作社会主义，俾斯麦是镇压工人阶级的刽子手，他是为了自己的军事需要，搞铁路国有化等措施，并不是搞社会主义。有人把它叫作社会主义，这当然是冒牌社会主义。资本主义国家的国有化，不是社会主义的。而我们有些学者把恩格斯批判的这个冒牌社会主义，套到我们的社会主义国有企业上来，他们说恩格斯

① 《马克思恩格斯选集》第1卷，北京：人民出版社，1995年版，第293页。
② 同上书，第287页。

早就批判了国有经济是冒牌社会主义，我们现在还继续把国有企业叫作社会主义。他们据此宣传说我国的国有企业不是社会主义，而私有制经济才是人民社会主义，是民办社会主义，理论观点整个倒过来了。

这里牵涉到为什么说资本主义国家的国有经济依然是资本主义，或者如学界称其为“国家垄断资本主义”。为什么在社会主义条件下，我们的国有经济是社会主义？我们理论界回答这个问题时，并不是很科学，往往这样回答：说资本主义国家的国有经济不是社会主义，因为那个国家是资产阶级的国家，是资产阶级掌握政权的国家，它的国有经济是为资产阶级服务的，所以它不是社会主义。而我们国家是劳动人民掌握政权，所以国有经济是社会主义。你说这样讲是个错？也不能说是错。但是，我觉得不完全准确，不太科学。为什么？会产生一个问题：经济关系、经济制度、经济成分的社会性质，是由上层建筑来决定的，还是由它本身的内部经济关系决定的？从马克思主义来讲，任何经济成分的性质，是由它内部的经济关系来决定的，而不是由上层建筑来决定的，是经济基础决定上层建筑，而不是上层建筑决定经济基础。

我们可以看一下恩格斯在《反杜林论》里的回答，我觉得我们有些学者并没有系统地看马克思恩格斯的著作，他们光抓住《反杜林论》里批判冒牌社会主义的一些话，引申到我们的国有经济中，张冠李戴。其实，他们如果系统地看一下《反杜林论》，就会知道，并不是根据上层建筑、根据政权掌握在谁手里来决定国有企业的社会性质，不是这样讲的。为什么恩格斯要批判冒牌社会主义？恩格斯在《反杜林论》里讲了，因为资本主义国家的国有化、国有企业没有改变资本和雇佣劳动的关系，生产资料依然是资本，劳动依然是雇佣劳动。他是从资本主义国家国有企业内部的生产关系来论断的，因为资本主义就是资本和雇佣劳动相结合的关系。反过来看，我们社会主义国家，能不能说只要是国有企业，只要宣布它是全民所有制，我们的国有企业就自然而然是社会主义性质？我觉得我们有些理论宣传，有时候有点简单化。我们的国有经济叫作全民所有制经济。但如果这个国有经济内部的关系存在着严重腐败，企业高管拿天价工资，不关心工人的疾苦和权益。工人没有任何权利，可以随便被欺压、解雇，没有真正成为主人。厂长、经理依然把工人当成雇佣者，职工没有真正成为社会的主人、生产的主人、企业的主人、生产资料的主人，没有当家做主的权利，这还是社会主义性质的吗？

五、怎样判断我国国有经济的社会主义性质

无论是资本主义国家的国有经济，还是社会主义国家的国有经济，判断它

是资本主义性质还是社会主义性质，还是别的性质，只能从其内部的经济关系来确定。封建社会也有官办经济，不是为人民服务。社会主义的国有经济也要看它内部的关系，不能仅仅根据它是劳动人民掌握政权下的国有经济，它自然就是社会主义性质。我觉得马克思有一个重要的理论观点，我们理论界重视不够。研究马克思主义政治经济学，但是马克思的一个重要观点没有获得应有的注意，没有在理论分析中很好地加以应用。

什么问题？马克思讲生产资料所有制是社会经济制度的基础，这没有问题，但是马克思在《资本论》第二卷里又讲，任何社会要进行生产，就需要把生产资料和劳动力结合起来。怎么样结合？一个是技术上的结合，就是应用什么生产资料，采取什么技术使两者相结合起来，这是属于生产力方面的结合方式。而更重要的是生产资料和劳动者相结合的社会方式，马克思认为，这种特定的社会结合方式决定了不同社会经济制度，马克思的原话是："不论生产的社会形式如何，劳动者和生产资料始终是生产的因素。……凡要进行生产，它们就必须结合起来。实行这种结合的特殊方式和方法，使社会结构区分为各个不同的经济时期。"①这个观点很重要，而且对于我们研究社会主义的公有制，研究社会主义国有经济的改革，具有重要的理论指导意义。如果我们对国有经济这样改，那样改，不断地改来改去，但离开了企业职工当家做主的地位和权利，离开了企业职工的主动性、积极性、创造性，问题依然解决不了。我觉得有个根本性的问题，就是我国的国有经济中生产资料和劳动者究竟采取什么结合方式，如果不能很好地解决，不能调动广大职工的积极性、创造性、主动性，你可以随便把他解雇，他生活没有任何保障，没有任何话语权，只作为一个雇佣劳动者，这个国有企业能搞好吗？

所以我们要回头来看一下，讲公有制是社会主义的经济基础，这个没有错。但是不够的，因为可以提出个问题：任何剥削制度都是非劳动者占有生产资料，而劳动者不占有生产资料，这是所有制。怎么就能区别奴隶制度、封建制度、资本主义制度？为什么有的就是奴隶主，有的是封建主，有的是资本家？根据什么划分？仅仅根据非劳动者占有生产资料，劳动者不占有生产资料，就能区别开吗？区别不开的。这就涉及生产资料和劳动者相结合的特殊社会方式，如果非劳动者占有生产资料，而劳动者的人身归主人所有，没有人身自由，在棍棒皮鞭下跟生产资料结合起来，这个劳动者就是奴隶，主人就是奴

① 马克思：《资本论》第2卷，北京：人民出版社，2004年版，第44页。

隶主，这就是奴隶制度。而如果生产资料转化为资本，劳动者的劳动是雇佣劳动，生产资料和劳动力相结合的方式，是资本和雇佣劳动相结合的方式，非劳动者就是资本家，这就是资本主义。

我们回到马克思的观点，用以指导我们国有企业改革，就是要解决我们的国有企业生产资料和劳动者相结合的特殊方式，怎么结合？作为社会主义性质的国有企业，企业的职工既是社会的主人，也是企业的主人，生产的主人。他不是雇佣劳动者，不是由资本统治的雇佣劳动者。企业的厂长、经理应出于公心管理国有企业，不是以权谋私。企业的工人应该有话语权、知情权、监督权、选举权，应该有参加管理权。厂长、经理也是劳动者，不是企业的统治者。

所以我们学习马克思主义政治经济学有很多重要的理论观点要发掘，要系统深入地学习和把握，特别是马克思、恩格斯关于社会主义经济的理论观点，要进行挖掘和梳理，很好地研究。恩格斯在《反杜林论》《社会主义由空想到科学的发展》这些著作中，马克思在《资本论》等著作中，都有关于社会主义的论述，讲到了未来社会主义的一些特点。比如《资本论》第一卷第一章第四节讲到未来的自由人联合体，就讲到社会主义公有制、按劳分配、计划调节等。

六、中国特色社会主义政治经济学，是在怎样搞好社会主义的三个环节的实践中推进的

根据以上的论述可以分析一下，为什么要搞社会主义，怎样搞好社会主义，都可以纳入到马克思、恩格斯论述的社会主义的三个环节上来。比如，我们强调科学发展，科学发展首先以人为本，就是既要发展生产力，又要满足人民的需要。党的十八大以来，三中全会、四中全会，提出新的发展理念，包括创新、协调、绿色、开放、共享。共享，就是走共同富裕道路；绿色，就是要有个好的生活环境，不能污染，这既是更好发展生产力的需要，又是满足人民优美生活环境的需要。满足人民的需要，共同富裕，不仅仅是物质生活的富裕，还有文化精神生活的富裕，也包括居住环境的优美。共同富裕应该是广义的。我们现在一切的理论指导和政策，都是强调这三个方面：快速发展生产力；提高人民的生活水平，共同富裕；强调国有经济的主导和公有制为主体的作用。离开这三个环节中的任何一个，就没有社会主义。所以，如何看待国有经济的地位和作用，必须从马克思、恩格斯的根本理论观点上来看待，离开了国有经济，所谓快速发展生产力、共同富裕，也就成了空话。

所以，马克思、恩格斯、列宁强调国有经济的重要地位和作用，说它是社会主义，是服从于整个社会主义的根本任务和目的，它是社会主义的必要的内在的组成部分。看待国有经济的地位和作用，要把它上升到马克思、恩格斯、列宁原来的理论高度上。在社会主义制度下，我们讲国有经济起这个作用，那个作用，这些都可以加上去，但是它的根本的地位和作用，马克思恩格斯列宁讲得很清楚。

我现在提出一个问题：我们强调坚持和发展马克思主义政治经济学，但是我们的社会主义政治经济学的教材、著作，没有或很少有社会主义特有的新的经济范畴，就是没有反映我们新的社会主义经济关系的经济范畴，也没有提出反映我们经济关系本质的社会主义经济规律。恩格斯讲过，任何一个新的学科，都会有自己特有的范畴，特有的范畴组成它的理论体系。改革开放以前，我们在 20 世纪五六十年代，曾经学习苏联政治经济学，还讲一点经济规律，特别是肯定了斯大林讲的社会主义基本经济规律，还有国民经济有计划按比例发展的规律，还讲按劳分配规律。我们现在的政治经济学教材、论著，讲社会主义经济，缺少特有的经济范畴和经济规律，表明我们的社会主义政治经济学还不成熟，亟须创新与发展。

国有经济如果要真正成为社会主义性质的经济，就应该让企业的职工真正成为主人。另外，作为社会主义性质的国有经济，它的利润、收入应该是让全民共享的。国有企业的职工工资收入比私营经济、外资企业会高一些，这是合理的。我们从统计资料可以看到，前几年，国有企业职工平均收入等于私营企业的近两倍，不要指责国有企业的职工拿的工资比私企外企高，国有企业是社会主义经济，国有企业的职工就应该比私营企业、外资企业的职工工资更高，不应该有非议。当然，前些年有的国有企业一个抄表员年薪十多万，比其他国有企业一般工人的工资高得多，不尽合理。

讲私营企业效率高，如果他们给工人的工资加倍，利润率当然就低了。改革开放前，我们的国有企业是有较高的利税率的。毛泽东在《论十大关系》中讲到我们的轻工业企业投产以后利润率相当高。“轻工业工厂的建设和积累都比较快，全部投产以后，四年之内，除收回本厂的投资以外，还可以赚回三个厂，两个厂，一个厂，至少半个厂。”①就是说投产四年，除了收回成本以外，它的利润还可以再添加这么多厂子。改革开放前和改革开放初期，国企的利润

① 《毛泽东文集》第 7 卷，北京：人民出版社，1999 年版，第 26 页。

率和利税率是相当高的。国有企业和私营企业不同，私营企业如果向国家贷款，那么它还了贷款和利息，增加的利润全部是私人所有的，而我们的国有企业在银行贷款还本付息后，贷款增加的利润收入依然是国家的，不能放进私人口袋。将来应该有更多的国有企业利润上缴国家，用于全民的福利。现在国有企业依然负担着高税率，而且利润的一部分也要上交国家，这就体现了它的全民所有制性质。

七、为什么要老讲坚持社会主义道路、社会主义方向

我们改革开放也好，发展经济也好，总要强调党的领导，强调坚持社会主义道路，坚持社会主义方向。大家是不是考虑过一个问题，资本主义社会没有哪一个政治家、哪一个理论家提出要坚持资本主义道路，要坚持资本主义方向，没有人提出的，用不着提出。封建社会也没有哪一个理论家和政治家提出坚持封建主义制度，坚持封建主义方向。

为什么社会主义要强调这个？大家再考虑，社会主义以前的任何一个新社会制度，当它成长起来以后，没有一个国家由新社会制度倒退到旧制度去。没有一个资本主义国家发展起来以后，倒退到封建制度去。而社会主义国家却可能发生倒退。苏东剧变，由社会主义倒退回资本主义，已是事例可鉴。我们研究马克思主义的生产力和生产关系的理论，生产力决定生产关系，生产力和生产关系是什么关系？这里有一些重要的理论观点。

为什么社会主义国家总强调党的领导？有人就反对，凭什么由共产党领导？我没有选举你，甚至说共产党非法，没有选举，提出了共产党的合法性问题。资本主义国家没有哪一个党上来之后坚持我这个党的领导，都是通过政府来领导的，我们政府的领导同时也是党的领导。如果没有党的领导，没有政府的领导，让社会主义自发地发展，会是什么结果？封建社会、资本主义社会生产力的发展会促进生产关系的发展，比如，马克思在《资本论》中讲资本主义生产力发展的三个阶段（现在应该是第四个阶段、第五个阶段）：简单协作、工场手工业、机器大工业。生产力的发展促进了资本主义生产关系的发展，而且马克思讲到随着资本主义经济的发展，分工协作的发展，劳动对资本的隶属，怎样从形式的隶属发展为实际的隶属。生产的发展会自然而然地促进资本主义生产关系的发展，用不着政治家、理论家来宣传。但是社会主义就有个特点，社会主义条件下生产力发展，社会主义生产关系不是自然而然地就随之发展了、成熟了。不是这样的。从根本上来讲，社会主义产生、发展的特点，和以往的

社会制度不同。从社会经济制度的产生与发展来讲，首先有资本主义制度，后有社会主义制度。但是从概念和理论来看，从资本主义概念和理论、社会主义概念和理论来看，是先有社会主义的概念和理论，后有资本主义的概念和理论。

大家知道，中央电视台播放电视片《社会主义 500 年》，从空想社会主义起不断发展，到科学社会主义，到苏联的社会主义，到我们国家的社会主义，已经 500 年了。但资本主义这个概念的产生，或者西方市场经济概念的产生，要晚得多，是先有资本主义经济的实践，后有资本主义概念和理论。西方国家的学者(我们国家也有一些学者)在研究资本主义这个概念是由哪一个学者，在哪一年，在哪一个著作里面首先提出来的，西方国家也有几种说法，没有统一意见。

可以看到，连马克思的《共产党宣言》里都没有资本主义概念，如马克思所讲，14 世纪的地中海沿岸就出现了资本主义萌芽，16 世纪西方就进入资本主义社会，但是没有资本主义概念和理论，16 世纪、17 世纪、18 世纪没有资本主义概念，但资本主义在发展，有经济实践而没有概念，更没有理论。

《共产党宣言》是 1848 年推出，没有资本主义概念。连 1859 年出版的《政治经济学批判》里面也没有资本主义概念，只有资产阶级概念。所以资本主义这个概念是谁最先提出来的？马克思的早期著作里面都没有，到 19 世纪初期，甚至到 40 年代，都没有资本主义概念。有的西方学者说马克思没有用过资本主义概念，这就是“乱弹琴”了。《资本论》普遍用资本主义概念，如“资本主义积累的一般规律”“资本主义生产方式”等。有的学者还提出《资本论》中所讲的那是个形容词，是“资本主义的”，不是名词。这就更乱来了。我在《马克思主义研究》进行了反驳。市场经济概念出现得更晚。资本主义是实行市场经济的，市场经济和资本主义是鱼水关系，市场经济是水，资本主义是鱼。资本主义一开始就是市场经济派，市场经济究竟是谁最先提出来的？有的学者的著作里曾经讲：19 世纪末新古典学派提出了市场经济概念，著名经济学家苏星同志著作里也曾这样讲。我问过他们：你说 19 世纪末新古典学派提出了市场经济概念，你有文字的证据还是你的推论？他说是推论。我说推论不行。必须有文字证明，哪一年，哪个著作，哪个学者在什么地方提出来的，这才行。

八、弄清由计划经济转向社会主义市场经济的历史轨迹

列宁在 1906 年的《土地问题和争取自由的斗争》一文中，提出了“市场经

济”和“计划经济”的概念。马克思、恩格斯著作里面没有商品经济概念，没有市场经济概念，也没有计划经济概念，但是讲商品生产、商品交换、商品流通、货币流通，实际上讲的就是商品经济。马克思、恩格斯没有讲计划经济，只讲计划调节。经典作家中最早讲市场经济、计划经济的是列宁，列宁把计划经济和市场经济看作是两种对立制度，两种对立的经济制度范畴。列宁认为，只要存在市场经济，世界上任何法律都无法消灭不平等和剥削。

在这个问题上，突破计划经济实行市场经济，理论上的转化必然要碰到困难，而且在这个问题上，我们国内有些不实事求是的理论观点。比如说，认为陈云是计划经济派，邓小平是市场经济派，认为市场经济概念、市场经济理论是邓小平最早提出来的，这个不符合实际。在中国决策层，最早提出市场调节概念和市场经济理论的是陈云，陈云提出“计划经济为主，市场调节为辅”，他的市场调节为辅就是市场经济为辅。在陈云和邓小平的著作里面，曾经把市场调节和市场经济作为内涵一致的概念。

邓小平于 1979 年 11 月 26 日接见外宾时讲：社会主义为什么不可以实行市场经济，我们是计划经济为主，也结合市场经济。有人认为已经提出了现在实行的社会主义市场经济。其实这是误解，那时讲的市场经济就是市场调节，就是陈云讲的计划经济为主，市场调节为辅。因为市场经济就是市场调节，不过过去没有公开发表，只是后来才发表的，这是内部讲话。邓小平讲社会主义为什么不可以搞市场经济？就是讲为什么不可以搞市场调节，而且还讲“我们是计划经济为主”，计划经济为主条件下，市场经济即市场调节只能为辅。我们现在的市场经济是否定计划经济的。邓小平那时讲的社会主义市场经济，跟 1992 年他南方谈话主张全面实行市场经济不是一回事，而且邓小平曾明确地讲过，他赞同陈云的“计划经济为主，市场调节为辅”的提法。邓小平的社会主义市场经济理论也是有发展过程的，过去赞成计划经济。在改革开放中，由于邓小平曾赞同陈云的“为主”“为辅”的观点，所以写到十二大的报告里，还写进 1981 年通过的中共中央《关于建国以来党的若干历史问题的决议》中，并写入宪法中。这是在邓小平亲自指导下通过的。

九、把重视生产力的发展和重视社会主义生产关系的发展自觉地统一起来

回过头来我们再谈《社会主义 500 年》。前面讲过，资本主义概念、市场经济概念和理论出现得很晚。这说明什么问题？先有社会主义概念和理论，再有

社会主义运动，再有社会主义革命，再有社会主义制度的建立，这是一系列的历史发展过程。在全部过程中，都是有领导、有计划、自觉发展的过程，不是自发的。现在我们有的人竟然提出“唯生产力论”观点，把生产力决定生产关系错解为唯生产力论，“四人帮”也知道唯生产力论是错误的，所以他们才敢于批判唯生产力论，但是他们是错误地把重视发展生产力，诬蔑为唯生产力论。现在有人认为历史唯物主义的核心就是唯生产力论，这是错误的。如果只重视发展生产力，不自觉地致力于发展社会主义生产关系，发展公有制经济，坚持共同富裕的原则，其结果必然是贫富分化，偏离社会主义本质规定。大家可以看到，我国由原来的计划经济转向社会主义市场经济，以及改革开放和发展的全过程，都是有领导、有计划的一个自觉的过程。

刚才讲，科学社会主义强调发展生产力、共同富裕、国有经济、公有制。我们的实践，可以自觉地遵循，也可能脱离开这个主题，它不可能自发地实现。我们发展的历史也说明了这个问题，在“左”的错误思想下，批判唯生产力论，把重视发展生产力的理论和实践，当作修正主义批判。讲科学是生产力也曾受到批判。把发展商品经济视作走资本主义道路。所谓“堵不住资本主义的路，就迈不开社会主义的步”，这是把商品经济当作是资本主义。在“左”的思想下，忽视生产力的发展，搞阶级斗争为纲。忽视了生产力的发展，也就忽视了全体人民的共同富裕，离开了社会主义的本质。改革开放以来，尽管邓小平强调了社会主义本质是解放生产力、发展生产力，消灭剥削，消除两极分化，最后达到共同富裕。但是在一个阶段，重视与发展生产力，忽视了消灭剥削、消除两极分化，共同富裕，出现了严重的两极分化。现在我国的超级富豪数超过了美国，我国的富豪居然比最发达的资本主义国家美国还要多。我们还有温饱没有解决的大量的贫困人口。十八大以来到现在，不断地强调民生为重、共同富裕，强调共同富裕是社会主义的根本原则，致力于缩小收入差距。

社会主义不可能自发地发展生产力，自发地发展公有制经济，自发地消除两极分化、实现共同富裕。离开了自觉的领导，靠自发性，社会主义就要失败。这就是说明为什么要强调共产党的领导。搞社会主义市场经济还要更好地发挥政府的作用。所以离开了领导，离开了自觉性、计划性，社会主义是难以搞好的。我觉得我们国家有时候在理论上有片面性。原来是强调计划经济，否定市场调节和市场经济，现在强调市场经济了，连经济计划也不敢讲了。日本、法国等资本主义国家，二次大战以后制订经济计划，人家肯定说我们的经济计划和社会主义的计划经济是两码事，人家是既讲市场调节又讲计划调节。

而我们现在否定了计划经济，连经济计划也不讲了，改讲经济规划，规划不是计划吗？不敢讲计划，好像计划是个瘟神，不敢用这个词了。

我们作为学者，作为理论工作者，一定要独立思考、善于思考、敢于思考，对有些理论指导，或者权威学者的理论观点，我们也要过滤。不是谁的权力大，谁的真理掌握得就多。我过去也在讲，理论是真理的喉舌，而不是权势的奴仆。现在我要把“权势”改成“权贵”，不是为垄断资本服务，为大款服务，谁有权谁有钱就为谁说话。我们有些经济学家替大资本说话，替大款说话。那些私人大款们请他去作报告，给他很高报酬，他就否定国有经济，否定社会主义。要做为人民说话的经济理论工作者，要为弱势群体的利益和诉求鼓与呼，要理直气壮、旗帜鲜明地坚持、发展、创新马克思主义政治经济学以及中国特色社会主义政治经济学。

第三辑　社会主义所有制与国有经济研究

关于股份制与重建个人所有制问题研究*

一、关于股份制问题

关于股份制的性质问题，我国学界有各种各样的理解。有的认为，我国的股份制经济不管有无国有资本和集体资本，都是公有制经济；有的认为，提出“使股份制成为公有制的主要实现形式”，表明要用股份制取代原来的国家所有和集体所有的公有制实现形式；有的认为，资本主义国家的股份制，已是公有制，而且是社会主义性质的公有制，社会主义国家的股份制更无疑是公有制；有的则认为，社会主义国家的国有企业搞股份制，是通向私有化的桥梁和道路，而且西方国家和苏联解体后的俄罗斯的学者乃至政要，也持这种见解；而更多的学者包括我在内，赞同党的十五大报告关于股份制的理论判断：“不能笼统地说股份制是公有还是私有，关键看控股权掌握在谁手中。国家和集体控股，具有明显的公有性，有利于扩大公有资本的支配范围，增强公有制的主体作用。”按照这一逻辑也可以反过来说，如果私有资本控股，就具有明显的私有性。可以肯定，在公有资本控股的股份制中，其中的私人资本依然私有，不能“充公”；同理，私人资本控股的股份制，其中的公有资本依然“姓公”，不会变私。如果处于控股地位的公有资本完全退出，即将公有股全部卖给私人，则必然变成私有制企业。所谓股份制是通向私有化桥梁的论断，指的就是这种情况。

---

* 原载于《经济学动态》2008 年第 6 期。

断言资本主义国家的股份制已是社会主义性质的公有制，毫无理论和事实根据，完全是通过错解马恩著作得出的主观臆断，我们将在后面澄清这一理论是非。至于有的学者将我国的国有和集体经济看作是计划经济体制下公有制的实现形式，股份制是市场经济条件下公有制的实现形式，是要用股份制取代国有和集体所有制，这是混淆了所有制的存在形式和所有制的实现形式的结果。无论私有制还是公有制，都有其“存在形式”和“实现形式”的区别。私有制的存在形式，是指私有制的类型，有个体小私有制、奴隶主私有制、封建主义私有制、资本主义私有制。资本主义私有制这种存在形式可以有不同的实现形式，可以是自有自营的业主制，可以是合伙制，也可以是股份制。公有制的存在形式或类型，有原始公社公有制、社会主义公有制、共产主义公有制。社会主义公有制的具体存在形式又有国家所有制、集体所有制或合作制等。而其实现形式可以采取自有自营制，也可两权分离，采取诸如承包制、租赁制、股份制等。股份制是一种资本经营方式，并不是一种独立的所有制存在形式。把股份制说成是取代国家所有和集体所有的一种新的公有制，也背离我国目前的宪法规定。

下面我们着重讨论一下，有的学者引用马、恩著作中关于股份制的一些论述来否定《资本论》第一卷的基本原理问题。

有的学者引证马克思、恩格斯著作中的一些话，来得出以下论断：马、恩晚年放弃了共产主义理想，放弃了原来的科学社会主义理论，《资本论》第三卷推翻了第一卷的结论。资本主义通过股份制完成了向社会主义的和平过渡。

然而，这些见解与论断，完全是建立在对所引马、恩著作的误解和错解基础上的。首先，需要澄清对《资本论》第三卷马克思关于资本主义国家股份制的论述的误解与错解。马克思重视资本主义国家股份制的产生和发展，并给予了科学的正面评价。但引证马克思讲的股份公司“在资本主义体系本身的基础上把资本主义私有产业实行扬弃”，“这是资本主义生产方式在资本主义生产方式本身以内的扬弃，因而是一个会自行扬弃的矛盾，那显然只是作为一个过渡点，以便进入到一个新的生产形式中去”。① 得出结论说：股份公司造就了组织和指挥生产的经理、厂长阶层，使企业的所有权和管理权相分离。管理者掌握着企业的经营权，“使资产阶级的统治虚幻化”。“这一项分离是一种和平‘革命’，使和平过渡到新制度成为可能”。这种结论在理论上和实践上都难以成

① 马克思：《资本论》第3卷，北京：人民出版社，1966年版，第504页。

立。股份制使所有权与经营权分离，并没有“使资产阶级的统治虚幻化”。发达资本主义国家的资产阶级依然在经济上和政治上进行着实实在在的统治。股份公司的控股权掌握在大资本的股东手中，不管绝对控股还是相对控股。厂长或经理不能违背董事会和大股东的意愿去经营企业。对厂长或经理可以根据需要随时聘用或解聘。至于所引马克思的两段话的本意，应弄清以下几点：第一，说股份公司是“在资本主义体系本身的基础上把资本主义私有产业实行扬弃”，扬弃了什么？并不是将资本主义私有制扬弃变为公有制。它并没有触动“资本主义体系本身的基础”即资本主义所有制，而是在此基础上的“扬弃”，是指将原来所有权与经营权相统一的单个小资本的私有产业，扬弃为两权分离的由众多小资本联合起来的股份公司产业。第二，说股份公司“是资本主义生产方式在资本主义生产方式本身以内的扬弃”，这恰恰表明，这种扬弃并没有改变资本主义生产方式本身，并不会使资本主义改变为社会主义。第三，说股份公司对“私有产业”的扬弃，是“一个会自行扬弃的矛盾，那显然只是作为一个过渡点，以便进入到一个新的生产形式中去”。应弄清“自行扬弃的矛盾”指什么？矛盾就在于股份公司不仅将资本主义生产进一步社会化，而且也使资本主义所有制社会化，即由单个资本的私有产业发展成联合资本的公司产业，这实际上是资本主义基本矛盾即生产社会化与资本主义私人所有发展的要求与结果。但它并没有解决这一矛盾。生产社会化要求以社会公有制取代资本主义私有制，但股份制只是用众多单个资本联合起来的公司资本取代了原来自有自营的私人资本。马克思指出：“这种向股份形式转化本身，还是局限在资本主义界限之内，因此这种转化并没有克服财富作为社会财富的性质和作为私人财富的性质之间的对立，而只是在新的形式上发展了这种对立。”①股份公司的财富，表现为“社会财富”，但它是众多“私人财富”的联合和放大。股票本身仍然是归私人所有的私人财富，可以凭股票获得个人收入。马克思把股份资本称作“直接联合起来的个人的资本”。② 换句话说，股份公司是众多“个人资本”的联合。

股份制虽然仍局限在资本主义生产方式内，没有改变资本主义所有制的性质，但股份公司的社会化，可以成为转向新的社会形式即社会主义公有制的“过渡点”。但是，利用这种“过渡点”转向社会主义，并不是也不可能在资本主义制度内完成，而是需要在废除资本主义制度的条件下来实现。

---

① 《马克思恩格斯选集》第 2 卷，北京：人民出版社，1995 年版，第 520 页。

② 同上书，第 516 页。

对马克思关于股份公司的以下一段话的错解也需要澄清："在股份公司内，职能已经同资本所有权相分离，因而劳动也已经完全同生产资料的所有权和剩余劳动的所有权相分离。资本主义生产极度发展的这个结果，是资本再转化为生产者的财产所必需的过渡点，不过这种财产不再是各个相互分离的生产者的私有财产，而是联合起来的生产者的财产，即直接的社会财产。"①

有的学者引证马克思的上述一段话后，接着得出结论说："资本主义就这样完成了向社会主义的和平过渡。《资本论》第三卷推翻了第一卷的结论，不再需要'炸毁'资本主义的'外壳'了。马克思心目中的曼彻斯特资本主义(原始的资本主义)灭亡了。其后资本主义在《资本论》的冲击下社会主义化。《资本论》第三卷是马克思和恩格斯皓首穷经研究资本主义几十年的最终结论，经恩格斯十年的编辑和修订，于恩格斯逝世的前一年——1894年6月出版。"

这里对所引马克思关于股份公司的论述存在两方面的错解。一是学术资料运用上的纰误，以为《资本论》第三卷是《资本论》第一卷出版多年以后，由马克思和恩格斯"皓首穷经"共同完成的。第三卷推翻了第一卷的理论。二是理论认识上的纰误，认为股份公司的发展已经使资本主义完成了向社会主义的和平过渡。

事实上，《资本论》第三卷并不是马克思晚年与恩格斯共同完成的。早在《资本论》第一卷于1867年出版前，马克思就完成了后两卷的书稿。恩格斯在为《资本论》第三卷所写的1894年序言中清楚地说明："1863年和1867年之间，马克思不仅已经为《资本论》后两卷写成了初稿，把第一卷整理好准备付印，……"从马克思的写作进程来看，他早就开始了《资本论》"手稿"的写作。到1863—1865年底的两年多的时间里，马克思在1861—1863年手稿的基础上，基本完成了三卷《资本论》的稿本。到1866年初，全部著作完成之后，马克思才着手付印前的最后加工。首先完成了《资本论》第一卷的加工，并于1867年出版。由于忙于其他工作和身体健康的原因，马克思没有紧接着对后两卷进行出版前的加工，因而出版时间被拖了下来。《资本论》第三卷是在马克思逝世后由恩格斯整理于1894年出版的。第一卷和第三卷的出版时间相隔27年，不能作为两者内容写作时间上的差距。三卷《资本论》的写作，是在1867年《资本论》第一卷出版前的同一时间段内相继完成的，不存在第三卷的理论观点对第一卷发生根本性改变，从而存在什么"《资本论》第三卷推翻了第一卷的

① 《马克思恩格斯选集》第2卷，北京：人民出版社，1995年版，第517页。

结论”问题。

三卷《资本论》，是一部逻辑体系紧密相扣的艺术整体。第一卷“资本的生产过程”，着重分析剩余价值的生产和积累过程；第二卷“资本的流通过程”，着重分析剩余价值的实现过程；第三卷“资本主义生产的总过程”，着重分析剩余价值的转化形式和剩余价值的分配过程。这一理论大厦的体系，在马克思进行《资本论》的写作时，已经构思清楚了。因此，根本不会存在《资本论》第三卷否定第一卷的理论观点、第三卷推翻第一卷的结论的问题，也不应把《资本论》第一卷的丰富内容简单归结为一个“炸毁资本主义的外壳”的结论。

对所引马克思关于股份公司的一段话的错解，还表现在怎样理解股份公司“是资本再转化为生产者的财产所必需的过渡点”这个问题上。马克思绝不会认为，股份公司已使资本主义和平过渡到了社会主义。难道能认为英、美、日等资本主义国家已经通过股份公司和平过渡到社会主义了吗？所谓“资本再转化为生产者的财产”，是指转化为生产劳动者的财产。所谓“再转化”，是指资本原始积累时期剥夺了个体生产者的财产，而股份公司的资本集中和两权分离，是使资本家的资本再转化为生产劳动者的财产的“过渡点”，也可说是阶梯。股份公司的大资本，比起众多分散的小资本来，更容易转化社会主义社会化的公有财产。应正确理解马克思这里所讲的：“这种财产不再是各个相互分离的生产者的私有财产，而是联合起来的生产者的财产，即直接的社会财产。”这是指资本主义所有制被社会主义所有制取代以后的财产特点。它既不再是归资本家所有的财产，也不再是相互分离的个体生产者的私有财产，而是成为“联合起来的生产者的财产”。也就是劳动联合和生产资料联合的社会主义劳动者的公有财产。也就是“直接的社会财产”(社会所有制)。马克思这里所讲的是通过股份公司这个“过渡点”或阶梯，由资本主义所有制转向未来社会主义公有制的过程和变化，并不是说在资本主义制度内部就可以完成这种过渡和变化。

马克思既论述了资本主义国家股份制的积极作用，也指出了它的消极作用。尽管其积极面是主要的，但不能只看其积极面而忽视其消极面。马克思说：股份公司的财产“在这里是以股票的形式存在的，所以它的运动和转移就纯粹变成了交易所赌博的结果；在这种赌博中，小鱼为鲨鱼所吞掉，羊为交易所的狼所吞掉”。① 又说：股份公司“再生产出了一种新的金融贵族，一种新的寄生虫，——发起人、创业人和徒有其名的董事；并在创立公司、发行股票和

① 《马克思恩格斯选集》第2卷，北京：人民出版社，1995年版，第520页。

进行股票交易方面再生产出了一整套投机和欺诈活动”。① 显然，这种消极方面是与社会主义的要求不相容的。

二、怎样正确把握马克思的“重建个人所有制”的理论观点

《炎黄春秋》2007年第6期发表了《试解马克思重建个人所有制的理论与中国改革》(以下简称《改革》)一文。拜读后，认为它对马克思关于重建个人所有制的理论观点的理解，完全离开了原意。因而其全篇论述都文不对题。

《改革》一文一开头就金刚怒目式地批评：“长期以来，占统治地位的理论宣称公有制、国有化是社会主义的最高原则，隐瞒马克思关于公有制、国有化的基础上重建个人所有制的主张。这一理论上的修改，后果极其严重。我们认为，重建个人所有制，对社会主义国家来说，是个行之则一言可以兴邦，违之则可以一言丧邦的大问题。”

既然重建个人所有制如此重要，那么，首先应该弄清楚马克思所讲的“重新建立个人所有制”究竟是指什么。其实，这个问题，一直是理论界关心和讨论的一个问题。《改革》一文批评说，占统治地位的理论宣传长期“隐瞒马克思重建个人所有制的主张”，完全违反理论研究的历史事实。重建个人所有制的观点，是在《资本论》第一卷第二十四章第七节《资本主义积累的历史趋势》中讲的。原文是这样：“资本主义的私有制，是对个人的、以自己劳动为基础的私有制的第一个否定。但资本主义生产由于自然过程的必然性，造成了对自身的否定。这是否定的否定。这种否定不是重新建立私有制，而是在资本主义时代成就的基础上，也就是说，在协作和对土地及靠劳动本身生产的生产资料的共同占有的基础上，重新建立个人所有制。”②凡读过《资本论》的人都会看到这段论述，广大理论工作者也都知道这一点。进行《资本论》教学，都会讲到这个问题。有谁会去隐瞒呢？谁能隐瞒得了呢？又有谁会去做“理论上的修改”呢？

对马克思所讲的重建个人所有制观点，我国学界早有讨论。在党的十一届三中全会和改革开放以前，学界的统一理解是：在社会主义制度下，生产资料实行公有，消费资料归个人所有。这种理解有权威根据。大家知道，早在19

① 《马克思恩格斯选集》第2卷，北京：人民出版社，1995年版，第518页。

② 《马克思恩格斯全集》第23卷，北京：人民出版社，1972年版，第832页。法文版中删去了其中“也就是说”一句。

世纪 70 年代，马克思提出的在公有制基础上“重新建立个人所有制”的观点，就遭到了杜林的攻击。杜林说：“这种新的‘个人所有制’在马克思先生那里同时也称为‘社会所有制’……马克思先生安于他那既是个人的又是社会的所有制的混沌世界，却让他的信徒们自己去解决这个深奥的辩证法之谜。”①恩格斯反驳杜林对马克思重建个人所有制的攻击时指出：处于“混沌世界”的不是马克思，而是杜林自己。他解释说，马克思的观点是：“社会所有制涉及土地和其他生产资料，个人所有制涉及产品，那就是涉及消费品。”②列宁在《什么是〈人民之友〉》一书中批评米海洛夫斯基时，也引证恩格斯的解释，认为个人所有制是指消费品的所有。③

党的十一届三中全会特别是改革开放以来，关于重新建立个人所有制的问题的讨论一直没有停止过，发表了大量论文，也出版了一些专著。哪有什么理论宣传“隐瞒重建个人所有制主张”的事情呢？

对个人所有制的理解，存在多种不同观点。有的学者认为，我国建立的股份制，就是马克思所说的个人所有制。可以肯定地说，这种理解并不符合马克思的原意。因为马克思始终认为，社会主义社会消除了商品生产，从而与商品生产相关的价值、价格、货币、信贷和股份公司等都不再存在，生产资料和产品归全社会所有。马克思认为，资本主义国家的股份制是转向新社会形式即社会主义的“过渡点”，但转向社会主义以后，即社会主义制度建立起来以后，股份制不会继续存在。我国存在和发展股份制是另一回事情，不能从马克思的著作中找根据。正如同我国发展商品经济、实行市场经济体制，不能从马恩著作中去找根据一样。既不能“句句是真理”式地照搬马克思、恩格斯的著作，也不能将我们在社会主义实践中的理论创新和制度创新，削脚适履式地硬套到经典作家的理论观点中去。

有的学者将重建个人所有制解释为“人人皆有的私有制”，为改变公有制实行私有化提供理论依据。这种见解完全与马克思的原意相悖。马克思明确地指出：“这种否定不是重新建立私有制”，就是说，否定资本主义所有制不是要重新建立劳动者的私有制。法文版中讲得更清楚：“这种否定不是重新建立劳动

---

① 《马克思恩格斯选集》第 3 卷，北京：人民出版社，1995 年版，第 472 页。

② 同上书，第 473 页。

③ 《列宁选集》第 1 卷，北京：人民出版社，1995 年版，第 37—38 页。

者的私有制”。而是“重新建立劳动者的个人所有制”。再者，既然个人所有制是在土地和其他生产资料公有制的基础上“重新建立”，就不可能是在社会公有制的基础上重建“人人皆有的私有制”。这两者是相互排斥和对立的。

有的学者仍坚持生产资料公有、消费品个人所有的“个人所有制”。如果就反驳杜林对马克思重建个人所有制的攻击来说，恩格斯的解释也是说得通的。因为在社会主义制度下，确实存在生产资料公有、消费品个人所有的事实。而且马克思在《资本论》第一卷第一章第四节中讲到未来“自由人的联合体”即社会主义社会时，也曾指出：这里“用公共的生产资料进行劳动”。联合体的社会总产品中“一部分重新用作生产资料，这一部分依旧是社会的。而另一部分则作为生活资料由联合体成员消费”。恩格斯也是依此为例做出消费品个人所有制的解释的。这样解释简明易懂。如果从更深层次和新的角度来阐述“重建个人所有制”问题，在理论研究上就需要有更多的分析和克服一些理解上的难点。

但是，用消费品的个人所有制来解释“重新建立个人所有制”，存在一些值得斟酌的问题。第一，马克思讲的是三种所有制的“否定的否定”。即“资本主义私有制，是对个人的、以自己劳动为基础的私有制的第一个否定”，即资本主义私有制否定了个体劳动者的私有制。社会主义公有制又要否定资本主义私有制。这三种所有制的“否定的否定”，都是指三种生产资料所有制的先后否定。不能用社会主义消费品的个人所有制，来否定资本主义生产资料私有制，也无法否定，因为二者不是同一层次的问题。第二，从马克思分析问题的逻辑来看，否定了资本主义私有制后，“不是重新建立劳动者的私有制”，即不是重建劳动者的生产资料私有制。与此相对立的所有制，显然不应是消费品的个人所有制，而应是劳动者的生产资料公有制，而公有制是每个劳动者个人都有份的所有制，即联合起来的劳动者的个人所有制。第三，消费品的个人所有制，不存在“否定的否定”和“重新建立”的问题。因为在资本主义经济中，无论资本家还是工人，都存在消费品的个人所有。因而不存在社会主义要“重新建立”被否定了消费品的个人所有制问题。

究竟怎样准确地理解马克思的“重新建立个人所有制”的主张呢？

首先，需要明确：马克思把个人所有制分为两类。一类是孤立的、单个人的个人所有制，即被资本主义剥夺和否定的个体私有制”；另一类是联合起来的个人所有制。即公有制经济中，作为联合体的个人所有制。“重新建立个人所有制”，是指后一种个人所有制。这一见解贯穿于马克思的诸多著作中。在

《共产党宣言》中就提出：将“全部生产集中在联合起来的个人手里”①“联合起来的个人”不同于单个个人，是处于联合体中的诸劳动者个人。在《德意志意识形态》一书中这样讲：“联合起来的个人对全部生产力总和的占有，消灭着私有制。”②又说：“在无产阶级的占有制下，……财产则归属于全体个人。现代的普遍交往，除了归全体个人支配，不可能归各个人支配。”③在《1861—1863年经济学手稿》中，马克思更为具体地讲：资本家的所有制，“只有通过他的所有制改造为非孤立的单个人的所有制，也就是改造为联合起来的社会个人所有制，才可能被消灭。”④

从以上论述中，可以看出：“联合起来的社会个人所有制”，既与孤立的、单个人的私有制相区别，又与资本主义私有制相对立。建立“联合起来的社会个人所有制”，就意味着消灭资本主义私有制，也消灭其他私有制。在马克思的笔下，“全体个人”不同于“各个个人”。前者是后者的总体。“联合起来的社会个人”不同于“孤立的单个个人”，前者是由众多个人组成的社会“联合体”（马克思亦称为“自由人的联合体”），它与社会主义公有制相统一；后者是指分散的个体生产中的个人，与小私有制相统一。但二者又有抽象的共同点：都是由劳动者占有生产资料或财产。也可以抽象地认为，二者都是“个人所有制”。二者的区别在于：联合起来的个人所有制是以公有制为基础的个人所有制，是体现众多劳动者个人利益的所有制；而分散的孤立的个人所有制，是以小私有制为基础的个人所有制，是体现单个人利益的所有制。联合起来的个人所有制，实际上是从另一个角度看的社会公有制。公有制应是每个成员个人都有一份的所有制，是人人皆有，而非人人无有。公有制是从整体上着眼的，而联合起来的个人所有制则是从构成整体的各个个体着眼的。

马克思讲三种所有制的“否定的否定”，就是要阐明：资本主义私有制否定了个体劳动者的私有制，而资本主义私有制以其发展的必然性又要为社会主义公有制所否定。这层意思从马克思紧接着“重新建立个人所有制”的后面的一段话中可以看得很清楚：“以个人自己的劳动为基础的分散的私有制转化为资本主义私有制，同……资本主义所有制转化为公有制比较起来，自然是一个长

① 《马克思恩格斯选集》第1卷，北京：人民出版社，1995年版，第294页。
② 同上书，第75页。
③ 同上书，第129页。
④ 《马克思恩格斯全集》第48卷，北京：人民出版社，1985年版，第21页。

久得多，艰苦得多，困难得多的过程。前者是少数掠夺者剥夺人民群众，后者是人民群众剥夺少数掠夺者。”

为什么马克思不简单地只讲以社会主义公有制否定资本主义私有制，还要加一个“重新建立个人所有制”呢？这是服从于“否定之否定”公式的需要。资本主义所有制否定了劳动者的个人所有制，又要被劳动者的个人所有制所否定。需要运用一个抽象的共同概念即“个人所有制”。所谓“重新建立个人所有制”，实际是指建立“联合起来的社会个人所有制”，也就是建立每个人有份的社会主义公有制。对我国当前的所有制改革来说，重建个人所有制思想，也有其理论意义和现实意义。从这里也可看出：马克思讲公有制，不是空洞的、与每个劳动者的个人所有无关的东西。我们建立的社会主义公有制，应是与广大劳动者个人利益紧密结合的公有制。既是社会的，又是个人的。我们对公有制体制的改革，应遵循这一思路。

《改革》一文对重建个人所有制的理解和阐述，完全背离了马克思的原意。第一，它把建立社会主义公有制与重建个人所有制完全割裂开来，看作是不同的两回事情。它认为，马克思的设想是：第一步把资本家的大公司、大工厂收归国有；第二步将其回归人民，重建个人所有制。而重建个人所有制的形式就是股份公司，“就是股票”。还引证恩格斯《反杜林论》中的话作为佐证：股票这种占有方式，是“以现代生产资料的本性为基础的产品占有方式：一方面由社会直接占有，作为维持和扩大再生产的资料，另一方面由个人直接占有，作为生活资料和享受资料”。①这种引证，完全是张冠李戴。恩格斯这里恰恰是讲：当资本主义占有方式让位于社会主义占有方式后，生产资料归“社会直接占有”，即归社会公有，用于维持和扩大再生产。而消费资料则归个人直接占有，即个人所有。依然是强调生产资料公有，消费资料个人所有。这与股份公司和股票毫无关系。马克思讲建立公有制同重新建立个人所有制，是统一的和同步的过程，并不是互不相同的两个过程。第二，如前所述，马克思设想，社会主义制度下，商品货币关系消失了，何来股份公司与股票？《改革》一文说：“在马克思、恩格斯看来，小小一张股票，体现了社会所有与个人所有的统一”。马、恩没有这种看法。这是出于作者对马、恩关于资本主义国家股份制性质的论述的错解。要知道，由私人购买的股票，依然归私人所有，何来“社会所有与个人所有的统一”？即使社会主义国家建立的股份制，也不是要通过让广大

① 《马克思恩格斯选集》第3卷，北京：人民出版社，1995年版，第630页。

工农群众都购买股票，去实现“个人所有制”。我国的广大农民和工人，没有多少人去买股票。买股票既要有股本，又具有风险。难道社会主义国家的劳动群众能够靠买股票去实现再生产、维持与改进自己的生存和生活吗？能够靠持股票建立社会主义所有制吗？作者错解马克思的话，认为资本主义国家通过股份公司这一“过渡点”，完成了向社会主义的和平过渡，认为股份制就是社会主义所有制，就是“社会所有与个人所有相统一”的个人所有制。这完全是主观臆想，远远离开了马、恩的理论观点。恩格斯明确地讲过：在资本主义国家，生产资料“无论转化为股份公司，还是转化为国家财产，都没有消除生产力的资本属性”。[①] 就是说，资本主义国家的股份公司和国有经济都是资本主义性质的，都依然是资本家统治和剥削雇佣工人。把马克思讲的资本主义国家的股份制，说成是理想的社会主义所有制形式，是马克思所主张的要重新建立的“个人所有制”，这是理论研究中不应有的偏误。第三，《改革》一文认为，作为社会主义所有制形式的个人所有制，“是一种以个人私有制为基础的均富状态。马克思对公有制的定义，就是让自然人拥有生产资料，人人有份。这就是社会化，这就是公有制。”说来说去，还是归到私有制上来，说社会主义公有制是以“私有制为基础”，说马克思对公有制的定义是让自然人占有生产资料。请看：私有制就是公有制，公有制也是私有制。这就是《改革》一文所理解和主张的重建个人所有制的理论观点。然而，把这一套强加到马克思头上，是对马克思的天大冤枉。

有些学者至今仍坚持认为：马克思所讲的重新建立个人所有制，就是建立消费品的个人所有制。其根据只是恩格斯在《反杜林论》中反驳杜林时的解释。人们一般认为，恩格斯对马克思理论观点的解读无疑是完全准确的。何况恩格斯说明，《反杜林论》的内容曾给马克思读过。然而依此为据并不能解决问题，这是因为：首先，把握马克思关于“重新建立个人所有制”的观点，应以马克思自己的说明为准。从我们前面对马克思有关论述的引证来看，凡讲与消灭资本主义私有制相对应的“个人所有制”的论述，都是指对生产资料的联合起来的个人所有制。马克思的论著中，没有讲过消费品的“个人所有制”。即使讲被资本主义否定了的劳动者的“个人所有制”，也是指个体劳动者的生产资料私有制。恩格斯和某些学者所依据的《资本论》第一卷第一章中关于“自由人的联合体”的论述中，并没有使用“个人所有制”概念。那里只说明联合体的总产品中，生产

① 《马克思恩格斯选集》第3卷，北京：人民出版社，1995年版，第629页。

资料部分仍归社会，生活资料部分“由联合体成员消费”。这与马克思所讲的否定资本主义私有制，“重新建立个人所有制”的理论取向不是一回事。

其次，不应认为恩格斯对马克思理论观点的一切解读，都完全准确地符合原意。就在《反杜林论》中，恩格斯对马克思《资本论》第 1 卷第 22 章中提出的“商品生产所有权规律转变为资本主义占有规律”的解读，就明显不符合原意。马克思本意是讲，在资本主义扩大再生产中，资本家和工人不断按照商品生产所有权的规律，通过等价交换买卖劳动力商品，结果生产出剩余价值被资方占有。资方将剩余价值用于积累，就是再用无偿占有剩余价值一部分，等价购买追加的劳动力，再占有扩大生产下的更多的剩余价值。这种用无偿占有工人的剩余价值，购买更多的工人的劳动力，再占有工人更多的剩余价值的资本主义占有规律，并没有违反商品生产所有权规律，主要是等价交换规律。正是商品生产所有权规律作用的结果，导致转变为资本主义占有规律。而恩格斯在《反杜林论》中却将其解读为“商品生产达到一定的发展程度，就转变为资本主义的生产”，① 即理解为由简单商品生产转变为资本主义生产。这与马克思所讲资本主义扩大再生产中两种规律的转化的本意是大相径庭的。

① 《马克思恩格斯选集》第 3 卷，北京：人民出版社，1995 年版，第 506 页。

必须澄清“重建个人所有制”的解读中的理论误区*

在《资本论》第一卷论述资本主义发展的历史趋势时，马克思讲了这样一段话：“从资本主义生产方式产生的资本主义占有方式，从而资本主义的私有制，是对个人的、以自己劳动为基础的私有制的第一个否定。但资本主义生产由于自然过程的必然性，造成了对自身的否定。这是否定的否定。这种否定不是重新建立私有制，而是在资本主义时代的成就的基础上，也就是说，在协作和对土地及靠劳动本身生产的生产资料的共同占有的基础上，重新建立个人所有制。”①

这段话是要说明：以英国为例，在资本主义原始积累中，个体劳动者的私有制被资本主义私有制所取代。在资本主义发展到一定阶段，又会被社会主义的社会所有制即全社会的公有制所取代。这是否定的否定。这里所讲的否定的否定是指三种生产资料所有制的相继否定。

马克思讲这段话的本意是要说明取代资本主义生产资料私有制的社会主义公有制具体内涵的，但在理论界的解读上产生了重大分歧。因为这个问题涉及怎样以马克思的所有制理论为指导建立和完善社会主义所有制问题，具有重要理论和实际意义，必须回归马克思论述的原义，澄清理论是非。理论认识的分歧集中在怎样解读生产资料的共同占有的基础上，“重新建立个人所有制”这句话上。学

* 本文为卫兴华教授最后的遗作，拟发表于《政治经济学评论》。

① 《马克思恩格斯文集》第5卷，北京：人民出版社，2009年版，第874页。

界有多种解读。有所谓“人人皆有的私有制”论；有“劳动力个人所有制”论；有重建“生产资料和消费资料个人所有制”论；有重建“消费资料个人所有制”论；有重建“生产资料归联合起来的劳动者的个人所有制”论。但作为理论重点需要辨明是非的主要是相对立的两种解读：一种是根据恩格斯在《反杜林论》中的解读，主张“重新建立个人所有制”，就是指“重新建立消费资料的个人所有制”；另一种解读是主张按照马克思多次讲过“个人所有制”是指生产资料由众多个人联合起来共同占有的社会所有制，所谓否定的否定，是三种生产资料所有制的否定的否定，不能用社会主义“消费资料的个人所有制”去否定资本主义生产资料私有制。许多研究《资本论》和有学术影响的学者持此观点。

马克思提出的这个问题，是要说明社会主义取代资本主义后应建立什么样的生产资料社会所有制(公有)问题。与我国建立什么样的社会主义公有制，或以什么原则改革国有企业的实践密切相关。因此，不应仅仅作为一个抽象的学理问题进行争论，要联合社会主义实践来进行讨论。

一、“重新建立个人所有制”是与生产资料社会所有制紧密结合的

我们认为，正确解读社会主义所有制要“重新建立个人所有制”问题，应当把握两点：一是要从整体上对马克思多次讲过的用联合起来的个人所有制取代和消灭资本主义私有制的有关论述，进行系统性了解和准确把握；二是应联系社会主义所有制实践准确理解其原意，在这方面已有不少有影响的马克思主义学者提出过自己的见解。

我国著名经济学家杨坚白在《中国社会科学》1988 年第 3 期发表《论社会的个人所有制》一文，该文理论紧密联系实际，深刻论述了“个人所有制与公有制的辩证关系”和“这一理论的现实意义”。这里只摘引他的一段“论文提要”：马克思多次讲过的重建个人所有制，实际指的就是生产资料公有制，即联合起来的劳动者个人对生产资料的共同占有。不能把个人同社会、集体对立起来。而我们现在的全民所有制，由于体制上的问题，却成了各部门、各地区的行政机构的肢体，变成了“无主所有制”，劳动者感觉不到自己是企业的主人。经济体制改革的重要任务，就是要通过民主管理等，使之转化为名副其实的联合占有

基础上的个人所有制。实现劳动者与生产资料的直接结合。①

罗郁聪教授生前是厦门大学研究《资本论》的资深学者，他早在 1983 年《中国经济问题》第 1 期就发表了《“重新建立个人所有制”辨》一文。他敢于突破依据恩格斯的解释并获得列宁赞同的我国改革开放前的传统解读，提出不同见解。他说，如同对待马克思主义经典作家的任何一个具体观点一样，我们对恩格斯的这个解释必须采取慎重态度。列宁也称赞恩格斯“给了杜林一个绝妙的回答”。然而这不等于可以不加独立思考。罗先生说：“把‘重新建立个人所有制’理解为重建生活资料的个人所有制不符合马克思的原意。”他认为，“把分配所得(生活资料的最后占有)和产品占有(由生产资料占有决定的产品占有)混淆起来，是错误的。那种把‘重新建立个人所有制’理解为生活资料个人所有制的观点，正是混淆了分配所得的最后占有和产品占有的关系。他们没有看到未来社会重新建立的公有制和个人所有制是一种围绕着生产资料占有问题的不同层次又不可分割的关系。”“个人所有制不是独立于公有制而存在，它溶解于公有制之中。”②

着重研究马克思理论思想史的专家顾海良教授，于 1994 年在《教学与研究》第 4 期发表《正确理解马克思“重新建立个人所有制”论断的本意》一文。他指出，“从对《资本论》第一卷各版有关‘重新建立个人所有制’论述的比较中，我们可以得出以下两方面结论：一方面，马克思在对‘重新建立个人所有制’论述中提到的‘否定的否定’，指的是小私有制被资本主义私有制否定、资本主义私有制又被‘个人所有制’否定的历史过程”，社会主义经济中的“‘个人所有制’是对形形色色的私有制的否定，其实质就是马克思所说的‘公有制’‘公共的集体的所有制’。”作者最后指出，“如果不能正确理解马克思这一论断本意，甚至作出歪曲的解释，这不仅不是严肃的科学的态度，而且也不利于我们坚持和发展马克思主义”。③

著名马克思主义哲学家赵家祥教授于 2013 年在《理论视野》发表《按照资本

① 杨坚白：《论社会的个人所有制——关于社会主义所有制的一个理论问题》，《中国社会科学》，1988 年第 3 期，第 19—28 页。

② 罗郁聪、王瑞芳：《“重新建立个人所有制”辨》，《中国经济问题》，1983 年第 1 期，第 19—24 页。

③ 顾海良：《正确理解马克思“重新建立个人所有制”论断的本意》，《教学与研究》，1994 年第 4 期，第 41—42 页。

的逻辑和历史理解“重新建立个人所有制”的含义》一文。他对马克思哲学和经济思想史进行了考证和分析，得出这样的结论：马克思所说的建立“社会所有制”就是“重新建立个人所有制”，但遭到杜林、米海洛夫斯基等人的反对，将其污蔑为“混沌杂种”。“重新建立个人所有制”的论断，无非是说，资本主义私有制消灭了劳动者与生产资料结合的“以自己劳动为基础的私有制”，即个体农业和手工业的“个人所有制”。资本主义私有制的消灭，在生产资料社会所有制的基础上重新建立起劳动者与生产资料相结合的所有制，因而每一个成员都是生产资料的所有者。所以马克思说建立“社会所有制”就是“重新建立个人所有制”。①

资深学者李光远曾在《求是》杂志发表一篇论证充分的论文《重温马克思“重建劳动者个人所有制”的思想》，其中引证了马克思有关个人所有制的多条论述，说明社会主义公有制的本质，就是摆脱了资本主义剥削的劳动者们联合起来，对生产资料实行共同所有。每一个劳动者都是所有者，公有制经济的利益归于联合起来的全体劳动者个人。②

中国《资本论》研究会会长林岗教授在1985年也提出：“《资本论》中所讲的‘重新建立个人所有制’，实际上就是讲联合起来的个人对全部生产力总和的占有。但是，这种‘个人所有制’往往被错误地解释为消费品个人所有制。这种解释显然与马克思的原意不符。”马克思把取代资本主义所有制看作一个否定的否定的终点，而其起点则是为资本主义所否定的小生产者的生产资料所有制。“既然起点是生产资料所有制，那么终点也应该是生产资料所有制，而不可能是消费资料所有制。这不符合否定之否定规律之内在逻辑。”③

这里只是列举几位著名马克思主义学者的大体一致的解读“重新建立个人所有制”的论述，持相同观点的论文还有不少，这里从略。下面再举几本专门讲解《资本论》的著作，它们也是将“重新建立个人所有制”与社会主义生产资料公有制作为具有内在联系的关系阐述的。

---

① 赵家祥：《按照资本的逻辑和历史理解“重新建立个人所有制”的含义》，《理论视野》，2013年第1期。

② 李光远：《重温马克思“重建劳动者个人所有制”的思想》，《求是》，2007年第16期，第54—56页。

③ 林岗：《分工的消灭和马克思恩格斯关于共产主义所有制的科学假设》，《哲学研究》，1985年第10期，第3—9页。

作为“马克思主义理论研究和建设工程重点教材”的《〈资本论〉导读》，这是经过国内众多著名学者审读通过的教材，同样认为，所谓“重新建立个人所有制”，是以“生产资料的全社会成员共同占有为基础的。也就是说，在资本主义条件下失去了生产资料的所有劳动者，都将通过公有制的形式重新占有生产资料。……马克思所说的‘重新建立个人所有制’，只能理解为每一个劳动者都通过公有制而实现对生产资料的占有”。①

洪银兴等编著的《〈资本论〉的现代解析》中这样解读社会主义公有制与个人所有制的内在联系：“生产资料的公共占有，首先表现为社会的单个人都同等地拥有对生产资料的所有权，从这个意义上说，这是个人所有制，但这种个人所有制不是孤立的，而是一个联合起来的个人所共同拥有的所有制。所以，马克思称生产资料公有制是‘非孤立的单个人的所有制，也就是改造为联合起来的社会个人的所有制’②。”③

一直从事《资本论》教学与研究的胡世祯教授在其所著《〈资本论〉研读》一书中，同样主张“重新建立个人所有制”是指与生产资料公有制具有内在联系的个人所有制。他认为，若将其解读为生活资料的个人所有制和劳动力的个人所有制，就离开了马克思这里所阐述的否定的否定规律。即使在资本主义私有制条件下也存在着生活资料的个人所有制。工人通过出卖劳动力，也得到个人必要的生活资料。在社会主义制度下，生活资料也不一定完全归个人所有。不仅分配之前，公有经济的生活资料产品属于公共所有，而且社会总产品中的一部分消费资料也属于公共消费品。④

中央编译局的众多翻译专家，也不赞同将“重新建立个人所有制”做背离原意的解读。大家知道，《炎黄春秋》于 2007 年第 6 期刊登了谢韬和辛子陵撰写的《试解马克思重建个人所有制的理论与中国改革》一文，产生了较大的负面影响，论文作者无中生有地说什么长期以来占统治地位的理论隐瞒了马克思关于在公有制基础上重建个人所有制的主张，并批判我国长期以来把公有制、国有

---

① 《〈资本论〉导读》，北京：高等教育出版社，2012 年版，第 220 页。

② 《马克思恩格斯全集》第 48 卷，北京：人民出版社，1985 年版，第 21 页。

③ 洪银兴等：《〈资本论〉的现代解析》，北京：经济科学出版社，2005 年版，第 535 页。

④ 胡世祯：《〈资本论〉研读》(上)，广州：暨南大学出版社，2012 年版，第 377—378 页。

化宣称为社会主义的最高原则。他们任意错解马克思关于重建个人所有制的观点，断言马克思的设想是：第一步，把资本家的大公司收归国有；第二步，将其回归人民，重建个人所有制。重建个人所有制的形式就是股份公司，就是股票。人人有份，然后分给每个个人私有。主张实行民主社会主义。由于此文充满曲解和否定科学社会主义的负面内容，上级部门要求马克思主义理论研究与建设工程应做出正确解答。当时，中央编译局担负“马克思主义经典著作基本观点课题组”任务，我是该课题组子课题的首席专家，编译局领导就把此写作任务交给我完成。并事先嘱咐，不是消费资料的个人所有制，要将“重建个人所有制”与社会主义公有制相联系。由于这正符合自己的理解，所以很快交付了论文稿。既不指谢、辛姓名，也不用批判性语言，纯属理论是非辨别之作。很快经中央一位领导批示，在《光明日报》2007 年 9 月 25 日以《正确理解马克思关于重建个人所有制的理论观点》为题刊发。现在讲这件事不仅是要表明自己的观点，更是以此说明中央编译局的众多高水平翻译专家，他们也是能深刻理解马克思著作的理论工作者，他们同样不赞同将“重新建立个人所有制”解读为消费资料的个人所有制。同时也可看出，上级部门对谢、辛的错误观点虽不认同，但只以学术讨论态度对待之。

在这个问题的讨论中，不少学者批评把重建个人所有制理解为“人人皆有的私有制”，但如果核对其原文可以看出，有些学者的表述是词不达意、以词害意。其本意是强调生产资料公有制。比如，我们看到林慧勇早年发表的《必须纠正对马克思所有制理论的一个误解——兼评社会主义所有制的变革方向》一文，如只看其个别字句，确实在其论文的提要中就提出“人人皆有的私有制”。似乎主张全面私有化，这当然是不能同意的。但若细看其论述，他是把人人有份的社会主义公有制，称作“人人皆有的私有制”，他认为，公有制有两种：一种实际上与个人的利益不挂钩，是“无主所有”，全民所有实际上无法具体体现。另一种公有制是“跟个人挂钩的公有制”，它是由所有个人组织起来的公有制。“它既是全体成员共同所有，同时，也是全体成员里的每一个成员所有”①。这样解读的本意，不应称其为“人人皆有的私有制”。他把马克思用以与私有制相区别的“个人所有制”，错与“私有制”混同了。但他决不是全面私有化的主张者。我们专门提出这一问题，就是主张学术讨论和争鸣，一定要首先弄清对方的本意。

---

① 林慧勇：《必须纠正对马克思所有制理论的一个误解——兼评社会主义所有制的变革方向》，《中国经济问题》，1989 年第 2 期，第 1—6 页。

二、主张“重建消费资料的个人所有制”观点不能成立

学界关于“重新建立个人所有制”的论著颇多，见解纷繁，不可能进行全面评介。居主流地位的解读，除上述一种观点外，还有相对立的另一种观点，那就是将《资本论》中所讲的“重新建立个人所有制”解释为重新建立消费资料的个人所有制。持这种见解的也有多位学者。近年来，持这种观点的论文多见于《马克思主义研究》和《当代经济研究》两个刊物。如周宇和程恩富于 2012 年发表于《马克思主义研究》第 1 期的《马克思“重建个人所有制”的思想探析》①，吴宣恭教授于 2015 年发表于该刊第 2 期的《对马克思“重建个人所有制”的再理解》②，朱舜于 2015 年发表于该刊第 12 期的《“重新建立个人所有制”：理解偏差及本质理解》③，苏伟于 2017 年发表于该刊第 12 期的《从“劳动总产品”角度看“重建个人所有制”的本义》④。

《当代经济研究》2017 年连发两篇以相同观点解读“重新建立个人所有制”的论文。一篇是华德亚和朱仁泽发表于该刊第 2 期的《“重建个人所有制”争议及理论再思考》⑤；另一篇是高冠中发表于同年第 11 期的《正确理解“重新建立个人所有制”的含义及其现实意义》⑥。前几年也发过几篇同类文章。该刊还发表王成稼的有关论文，他批判否定“重新建立消费资料个人所有制”，主张应与公有制相统一的学者是“杜林的阴魂不散”“居心何在”。本来，马克思主张社会主义所有制是在生产资料社会所有制的基础上重新建立个人所有制，既是社会的，又是个人的。但遭到杜林的攻击，而王成稼竟说：既是社会的又是个人

---

① 周宇、程恩富：《马克思“重建个人所有制”的思想探析》，《马克思主义研究》，2012 年第 1 期，第 64—70 页。

② 吴宣恭：《对马克思“重建个人所有制”的再理解》，《马克思主义研究》，2015 年第 2 期，第 97—108 页。

③ 朱舜：《“重新建立个人所有制”：理解偏差及本质理解》，《马克思主义研究》，2015 年第 12 期，第 32—41 页。

④ 苏伟：《从“劳动总产品”角度看“重建个人所有制”的本义——纪念〈资本论〉第一卷发表 150 周年》，《马克思主义研究》，2017 年第 12 期，第 50—62 页。

⑤ 华德亚、朱仁泽：《“重建个人所有制”争议及理论再思考》，《当代经济研究》，2017 年第 2 期。

⑥ 高冠中：《正确理解“重新建立个人所有制”的含义及其现实意义——纪念〈资本论〉第一卷出版 150 周年》，《当代经济研究》，2017 年第 11 期，第 42—47 页。

的，“是杜林的臆想”，又说是“对马克思的污蔑”。①

上述学者都否认“重新建立个人所有制”是指“联合起来的个人”即以公有制为基础的全体劳动者个人对生产资料的占有。坚持恩格斯的解读，即“消费资料的个人所有制”。没有必要一一介绍持该观点的诸作者文章的具体内容，只对有理论学术影响的两位马克思主义经济学者的反对意见进行辨析，他们的解读在该派观点中具有代表性——程恩富教授和吴宣恭教授。程恩富的论文（以下简称程文）认为我们的观点“不妥”，吴宣恭所否定的对方的论点论据也多是我们所坚持的。我们赞赏吴、程二位学者在经济理论的许多方面所获取的成就，但在这个问题上持相反认知，认为他们的解读不符合马克思的原意，对完善和发展我国社会主义所有制也缺乏理论和实际意义。所以，愿以他二人的观点为对立方的主要代表进行探讨，以辨明理论是非。我们主张对立观点的争鸣，既要摆事实、讲道理，有论证、有论据；又要辩驳对方所持的论证与论据。不要自说自的一套，回避对方提出的论证与论据。细读吴宣恭的论文（以下简称吴文），可以看出其有针对性的辩驳，都是与我们的论证与论据对立的，是不指名的争辩。而且吴文的理论见解在主张社会主义重建个人所有制是重建消费品的个人所有制同派见解中最具理论系统性，所以我们要针对吴文的解读和论据展开争鸣。另外，程恩富教授所持“重建消费资料个人所有制”的理由虽较简单，但他是一位有影响的马克思主义经济学家，而且他在支持和发展同派观点的事情上起了不小的作用。他对重新建立个人所有制的解读的理由，我们也不能赞同。我们既认同“吾爱吾师，但吾尤爱真理”，又主张“吾爱吾友，然吾尤爱真理”。下面，我们先从程恩富教授的有关论文谈起。

（一）对程恩富同志见解的辨析

《社会科学报》于2004年3月18日刊发了程文《不应误用“重建个人所有制”》，首先讲“马克思提出的‘重建个人所有制’，现被中国称为经济学上的‘哥德巴赫猜想’。其实，这是一个简单而又明确的观点，它是指在协作和生产资料共同占有的基础上（生产资料公有制的基础上）重新建立消费品的个人所有制”。②

程文所持观点的一个重要理论根据，就是恩格斯在《反杜林论》中反驳杜林

① 王成稼：《论“重建个人所有制”逐步实现“共同富裕”——兼评谢韬、辛子陵对“重建个人所有制”的试解》，《当代经济研究》，2007年第10期，第36—40页。

② 程恩富：《不应误用“重建个人所有制”》，《社会科学报》，2004年3月18日。

对马克思有关理论的攻击时所提出的一种解读：取代资本主义私有制的社会主义所有制，就是在生产资料公有制的基础上重新建立消费品的个人所有制。再一个理论依据是他对否定之否定的自我阐述。《马克思主义研究》2012年第1期，发表了程恩富教授为第二作者、周宇为第一作者的论文：《马克思“重建个人所有制”的思想探析》，其论述的观点与前文一样，也是坚持重建消费资料的个人所有制，但内容和论证比前一文增进了。更多地引证恩格斯的论述，如恩格斯讲过，《反杜林论》的原稿曾全部念给马克思听，恩格斯对杜林攻击马克思的反驳等，还引证列宁的类似论述。他们简单点了一些自认为不正确的解读者的观点，如：

戴道传的“劳动者个人对于生产资料的联合占有制”(《论公有制基础上的个人所有制》，载《江汉论坛》1981年第3期)；诸位学者的“溶解于公有制之中的生产资料个人所有制”观点，包括罗郁聪、王瑞芳《“重新建立个人所有制”辩》(载《中国经济问题》1983年增刊)；卢钦堂《马克思说的“重新建立个人所有制”究竟是什么意思?》(载《经济科学》1983年第4期)；黄世雄《如何理解“重新建立个人所有制”?》(载《经济理论与经济管理》1983年第6期)；孔陆泉《“个人所有制”和我国现阶段基本经济制度》(载《学习与探索》2010年第3期)；还有“社会主义公有制基础上人人都有一份的个人所有制”的观点，如梁万成《马克思讲的“个人所有制”就是指生活资料的个人所有制吗?》(载《江淮论丛》1981年第2期)；卫兴华《究竟怎样理解马克思提出的“重建个人所有制”的理论观点》(载《当代经济研究》2010年第6期)。从程文点出众多相反观点的学者，可以看出，越来越多的学者不再拘守“重建消费资料的个人所有制”，主张将重建个人所有制与生产资料公有制的内容结合起来。程文还点了其他人的另外一些观点，然后总结说，“我们认为这些看法都有欠妥当……经济学界在这个问题上的混乱状态，表明经济学家只有理解黑格尔和马克思关于否定之否定的辩证法表达方式，这个讨论才能形成共识”①。然而，认真拜读上引两篇程文，我认为他对关于重建个人所有制的解读，都没有对他所否定的对方的论点、论证与论据进行认真的研究，提出有理有据的辩驳，也未引证对方的一句原话。他把我多篇有关的论文全部内容，概括为一句我并没有讲过的不知从何而来的“社会主义公有制基础上人人都有一份的个人所有制”。进行理论争鸣，必须引证

① 周宇、程恩富：《马克思“重建个人所有制”的思想探析》，《马克思主义研究》，2012年第1期，第64—70页。

对方的原话和所提出的论证与论据，但程恩富同志的两篇文章都离开这一理论争鸣的基本原则。他自己提出的解读和论据，我们认为完全不能成立。“两刃相割，利钝乃知；二论相订，是非乃见。”我们愿以学术争鸣的方式，进行辨析。

改革开放以前，中国和其他社会主义国家的理论界，都把《资本论》中所讲的“重新建立个人所有制”，解读为“消费资料的个人所有制”，因为那时都认为恩格斯对马克思论著的解读是绝对正确的。何况恩格斯说明，《反杜林论》的原稿全部给马克思念过。没有谁会去想这里有没有存在问题。改革开放后，学界思想解放，纷纷有人对恩格斯的解读提出质疑。认为用社会主义消费资料的个人所有制去消灭资本主义生产资料私有制，在理论逻辑上难以成立。于是出现了多种解读。不言而喻，马克思主义学者是把马恩的理论联结在一起作为经典予以信仰的。恩格斯对马克思著作的阐述和解读，最具有权威性和可靠性，再加上列宁对恩格斯解读的认同，后人都会以此为依据进行解读。目前，认为恩格斯解读绝对正确的学者依然以此为主要根据，坚持重建消费品的个人所有制。但我们认为，任何伟大人物和理论大家，都不可能句句是真理。马克思和恩格斯两位伟大人物志同道合，共同创建了马克思主义。但他们毕竟是两个人，不可能在一切认识问题上都绝对一致。为了证明这一点，更为了与包括程恩富、吴宣恭同志在内的众多拘守恩格斯解读的学者辨明理论是非，我们可以举三个例子。

1. 恩格斯对马克思论著的解读存在个别偏误

在《反杜林论》中，就有两处解读不符合马克思原意。一处是现在还继续争论的“重新建立个人所有制”问题。可以肯定，马克思的论著中从来没有提出过取代资本主义私有制的是“消费资料个人所有制”，在整个马克思的著作中没有用过这个概念。恩格斯引为论据的是《资本论》第一卷的一段话：马克思设想了一个“自由人的联合体”。“这个联合体的总产品是一个社会产品。这个产品的一部分重新用作生产资料。这一部分依旧是社会的。而另一部分则作为生活资料由联合体成员消费，因此这一部分要在他们之间进行分配”。① 这个引证偏离了主题。第一，马克思讲的是三种所有制的否定的否定，落脚点是讲建立社会主义所有制度，而恩格斯引证的是社会总产品的分配问题。由于社会主义实行生产资料公有制，总产品用作生产资料的部分，当然要归社会所有。而用作

① 《马克思恩格斯文集》第5卷，北京：人民出版社，2009年版，第96页。

消费品的产品，必然归联合体的成员消费，从而在各成员之间“进行分配”。显然，这不是论述社会主义所有制问题，而是论述社会总产品的分配和消费品在成员之间的分配问题。不能用分配问题说明或取代所有制问题。第二，马克思讲消费品的分配时，根本没有提“个人所有制”概念。消费品由社会成员个人享用，各个社会都如此。还需要确立什么个人消费的社会制度吗？请问：我国社会主义重新建立了什么样的个人消费制度？王成稼说，要重新建立封建社会末期的消费品的个人所有制，那就请回答：封建社会末期确立了什么样的个人消费制度？被资本主义剥夺了的个体农民的个人消费还需要遵守什么社会制度吗？第三，遍查马克思的论著，有多处提及“个人所有制”概念，没有一处是讲消费品的个人所有的，都是与生产资料所有制相联系。这个问题，我们在后面将进行专门分析。

2. 恩格斯对《资本论》的另一处误解

对这一误解我曾在《经济学动态》中简单提出过，没有人提出辩驳，这里有必要展开讲一下。这是指《资本论》第一卷讲《资本的积累过程》，论述剩余价值资本化的问题时，提出“商品生产所有权规律转化为资本主义占有规律”。《资本论》中用下面一段话说明这种规律的转化：“既然构成第一个追加资本的剩余价值，是用一部分原资本购买劳动力的结果，而这种购买符合商品交换的规律，从法律上看来，这种购买的前提不外是工人自由地支配自己的能力，而货币或商品的占有者自由地支配属于他的价值；既然第二个追加资本等等不过是第一个追加资本的结果，因而是前一种关系的结果；既然每一次交易始终符合商品交换的规律，资本家总是购买劳动力，工人总是出卖劳动力，甚至可以假定这种交易是按劳动力的实际价值进行的；那么很明显，以商品生产和商品流通为基础的占有规律或私有权规律，通过它本身的、内在的、不可避免的辩证法转变为自己的直接对立物。表现为最初活动的等价物交换，已经变得仅仅在表面上是交换，因为，第一，用来交换劳动力的那部分资本本身只是不付等价物而占有的他人的劳动产品的一部分；第二，这部分资本不仅必须由它的生产者即工人来补偿，而且在补偿时还要加上新的剩余额……劳动力的不断买卖是形式。其内容则是，资本家用他总是不付等价物而占有的他人的已经对象化的劳动的一部分，来不断再换取更大量的他人的活劳动。”①较长地引证《资本论》中的这段话是为了便于读者如实理解和把握马克思这段话的真实观点。《资本

① 《马克思恩格斯文集》第5卷，北京：人民出版社，2009年版，第673页。

论》中讲“价值增殖过程”“绝对剩余价值生产”“相对剩余价值生产”等理论时，已经阐明了资本家对雇佣工人的剥削本质。在讲资本积累和剩余价值资本化时，又提出上面引证的一段话，是为了加深认识资本与雇佣劳动在资本积累中更深层次的本质关系。资本家承认雇佣工人的劳动力所有权；雇佣工人承认资本家对资本(货币)的所有权。两种“平等”的所有权，使两者在商品流通中承认并实行等价交换。从资本主义简单再生产过程中就可以看出，资本与劳动力的等价交换只是商品交换中的表面现象。在生产过程中转化为资本无偿占有雇佣工人的剩余价值，这已经揭示了商品生产所有权向资本主义占有权的转化。为了在更深层次上认识这一规律的转化，马克思在论述资本积累时，要突出两种规律的转化，就是要进一步说明：资本积累，是无偿占有的剩余价值的资本化。资方用这种资本化的剩余价值来购买更多的劳动力，获取更多的剩余价值。从雇佣工人方面看，就是资方用无偿占有的自己创造的剩余价值作为追加资本，反过来再买自己更多的劳动力，并提供更多的剩余价值。这种不断累加的无偿占有，没有违反商品生产所有权规律。流通领域凭商品所有权的等价交换规律，转化为资本不断累加占有的规律。马克思的这段论述的理论观点是很明确的。然而，在《反杜林论》中，恩格斯做了偏离原意的解读。他用马克思的上述两种规律的转化，作为批判杜林“暴力论”的理论根据。恩格斯说：“劳动产品转化为商品，即不是为自身消费而是为交换所进行的产品生产，对古代公社的瓦解，因而对私有制的直接或间接的普遍化，起了怎样的作用。马克思在《资本论》中再清楚不过地证明(杜林先生小心翼翼地对此甚至一字不提)，商品生产达到一定的发展程度，就转变为资本主义的生产；在这个阶段上，‘以商品生产和商品流通为基础的占有规律或私有权规律，通过它本身的、内在的、不可避免的辩证法转变为自己的对立物。’”①(以下引证省略)恩格斯正是长篇幅地引证了我们上面引证过的《资本论》中的原文，得出结论说：“即使我们排除任何掠夺、任何暴力行为和任何欺骗的可能性，即使假定一切私有财产起初都基于占有者自己的劳动，而且在往后的全部进程中，都只是相等的价值和相等的价值进行交换，那么，在生产和交换的进一步发展中也必然要产生现代资本主义的生产方式。”②

① 《马克思恩格斯全集》第26卷，北京：人民出版社，2014年版，第171页。

② 同上书，第171—172页。

从恩格斯的上述论述中可以看出，他把《资本论》中讲的“商品生产所有权规律转变为资本主义占有规律”解读为由简单商品生产向资本主义生产方式的转化。恩格斯的这种解读也为列宁所认同。正因为如此，中苏学者都曾按照恩格斯的这一解读，误解马克思的原意。我在20世纪80年代初的《〈资本论〉研究资料》第7期就提出中苏学者在《资本论》研究中，对上述两种规律的误解。但出于对恩格斯的“高山仰止”，没有提及这一误解的来源。这个问题的理论是非是容易分清的。没有学者能够提出论据肯定恩格斯在此问题上的解读完全符合马克思的本意，其实，商品生产和流通转化为资本主义生产的论述，在《资本论》第一卷前两篇中就讲清楚了，在第四章《货币转化为资本》的开头就讲：商品流通是资本的起点，商品生产和发达的商品流通即贸易，是资本产生的历史前提。第三章就讲由商品交换进入生产过程，就转变成资本无偿占有剩余价值。

3. 再举一个具体事例

马克思在《资本论》中研究资本积累时，想要说明固定资本的折旧基金也可用于积累，但没有现实资料可资利用，便请教其父亲为工厂主的恩格斯，马克思于1862年8月20日写信说：“你是实践家，有一点必定知道得很清楚，这就是，假定某一个企业在开业时，它的机器价值等于一万二千英镑，这些机器平均使用十二年。如果每年投到商品上一千英镑，那末机器的价格在十二年内就得到补偿。亚·斯密以及他的追随者都这样说。但是事实上这只是一个平均数，能使用十二年的机器，和有十年生命或有十年役力的一匹马相似。虽然这匹马在十年以后要用新马来替换，但是如果说这匹马每年要死去1/10，这在事实上毕竟是不对的。相反地，奈斯密斯先生在他给工厂视察员的一封信中指出，机器(至少是某些机器)在第二年比第一年运转得更好。无论如何，在这十二年中总不是每年都要以实物形式替换机器的1/12的吧？预定每年用来补偿机器1/12的基金将怎样办呢？这笔基金实际上不就是用于扩大再生产的，同收入转化为资本的一切情况无关的积累基金吗？”①同年9月9日，恩格斯回信说：“关于机器损耗也是这样，虽然我确信，在这个问题上你走入了歧途。要知道，损耗期并不是一切机器都相同的。”②这等于否定了马克思的见解。1867年8月24日，马克思再次写信给恩格斯：“我在好几年前曾写信告诉你，在我看来积累基金就是这样形成的，因为资本家在用流回的货币补偿固定资本以

① 《马克思恩格斯全集》第30卷，北京：人民出版社，1975年版，第282页。

② 同上书，第284页。

前，在这期间已经使用了这种流回的货币……你作为一个厂主一定会知道，在必须以实物形式去补偿固定资本以前，你们是怎样处理那些为补偿固定资本而流回的货币的。你一定要回答我这个问题。”①8月27日，恩格斯用较长篇幅并且列了计算表回答了马克思。证明马克思原有的见解是正确的。在《资本论》第二卷中，明确阐述了将折旧基金作为补充的积累基金用于企业的内涵扩大再生产或外延扩大再生产。

前两例是恩格斯对马克思有关论述的错解；后一例是恩格斯将马克思的正确认识，开始否定，后来根据实际情况予以肯定。

智者千虑，难免一失；愚者千虑，或有一得。我们是以愚者的一得，讨论伟人的一失。这样讲，是为了提醒我们的学者，不要把恩格斯的误解作为自己误解的主要依据，《外国理论动态》2011年第6期发表了何干强翻译的苏联解体前瓦吉·康德拉索夫的论文。他指出，“借助恩格斯和列宁的权威将‘重建个人所有制’理解为重建消费品的个人所有制是错误的”。他引证马克思在《法兰西内战》中的表达，论证“重建个人所有制”是重建生产资料归劳动者所有的所有制。

主张重建消费品个人所有制的学者，包括程恩富和吴宣恭同志的论文，一个重要的理论依据，也是《资本论》中的这样一段话：“这个联合体的总产品是一个社会产品。这个产品的一部分重新用作生产资料。这一部分依旧是社会的。而另一部分则作为生活资料由联合体成员消费。因此，这一部分要在他们之间进行分配。”②用这段论述论证马克思所讲的“重新建立个人所有制”，是完全失范的。试问：马克思的这段话是讲社会主义所有制问题吗？不！绝对不是。这里只是简要提及社会总产品的分配问题。这段话是要区分社会主义与资本主义在生产资料所有制和社会总产品分配方面的差别。其一，资本主义是用私人的生产资料进行生产，而社会主义是“用共有的生产资料进行劳动”。这是所有制的差别。其二，资本主义社会总产品的分配是，用作生产资料的产品，依然分配给资本家和地主个人；用作消费品的产品，首先被剥削者所攫取，雇佣劳动者靠出卖劳动力分得一份个人消费品。而社会主义总产品的分配是，全部产品归社会所有，其中用作生产资料的部分依然归社会公有；而用作消费资

① 《马克思恩格斯文集》第10卷，北京：人民出版社，2009年版，第269—270页。

② 《马克思恩格斯文集》第5卷，北京：人民出版社，2009年版，第96页。

料的部分，完全由作为劳动者的联合体成员消费。而主张"重新建立消费资料个人所有制"的学者，则把马克思讲的社会主义总产品的分配问题，错解为所有制问题。

把分配问题错解为所有制问题，程恩富同志的错解走得更远。他引证《哥达纲领批判》中关于分配问题的论述，来证明社会主义所有制中"重建消费资料的个人所有制"的观点。他认为《哥达纲领批判》写于1875年，晚于《资本论》第一卷出版七年，所以理论更成熟，这种提法很不妥。似乎《资本论》比起《哥达纲领批判》还不够成熟。《资本论》是马克思成熟的政治经济学理论的顶峰之作。两部著作中的理论观点是完全一致的。程文大幅转述该书的这样一段话："共产主义第一阶段……是一个集体的、以共同占有生产资料为基础的社会。由于它在经济、道德和精神诸方面还带着其所脱胎出的那个旧社会，即资本主义社会的痕迹，更由于受到社会生产力发展水平的限制，因此，在社会成员的消费资料分配上，实行的是按劳分配制度……一方面，由于生产资料公有，对于生产者个人来说，除了自己的劳动，谁都不能提供其他任何东西；另一方面，除了个人的消费资料，没有任何东西可以成为个人的财产……这种劳动权利平等的原则，仍然属于资产阶级法权的范畴"①。这里只是截取了程文的部分引文。而程文引证的不是原文，是有违原意的增减转述。这里只指出其两方面的不当。一方面，这里明确谈的是社会主义的分配原则问题，即按劳分配，由于实行公有制，每个人只能凭借自己的劳动领得与其劳动量相当(社会扣除后)的一份消费资料，这里根本不是讲所有制问题，所有制是分配的前提，而分配不能等于也不能取代所有制。另一方面，程文对其不规范地大幅转引的这段话的本意存在错解，把社会主义按劳分配说成"资本主义社会的痕迹"，是"资产阶级法权的范畴"。试问：资本主义社会实行按劳分配吗？是资产阶级所争取和坚持的法权(今译为权利)吗？《哥达纲领批判》中所讲的"旧社会的痕迹""资产阶级权利(法权)"并不是指按劳分配原则本身，而是指按劳分配中的等量劳动相交换与商品等价交换是同一原则。等价交换也是等量劳动交换。而等价交换的平等权利，资产阶级是认同和实行的。马克思在这里是批判"哥达纲领"中所渗透的拉萨尔主义脱离开生产资料所有制空谈"公平分配""平等权利"的错误，背离《资本论》中早已讲清楚的生产关系决定分配关系的原理。程文却把这些互不

① 周宇、程恩富：《马克思"重建个人所有制"的思想探析》，《马克思主义研究》，2012年第1期，第64—70页。

相干的问题混在一起，来论证其“重建消费资料的个人所有制”的观点，事实上是把他所坚持的社会主义“重建消费资料个人所有制”，说成是“资本主义社会的痕迹”“资产阶级法权”！

任何社会，供个人吃穿用的消费资料都属于个人所有。资本主义社会的劳动者靠出卖劳动力购买来的消费品也属个人所有，王成稼先生否认这点，他主张社会主义所有制是要重建封建社会末期的消费资料个人所有制，令人不解。似乎资本主义社会消灭了消费品的个人所有。马克思没有这样的观点。他明确指出：奴隶社会、封建社会和资本主义社会的“劳动者只是生活资料的所有者，生活资料表现为劳动主体的自然条件”。① 有必要指出：在马克思论著中，找不出一处使用“消费资料个人所有制”的概念。消费资料属于个人所有，但并不存在特定的消费资料个人所有制度。社会历史发展经历了五种生产资料所有制，并没有谁讲经历了五种消费资料的个人所有制。消费资料个人所有，任何社会都存在，何来“重新建立”问题？程文回答说：“关于为什么要说‘重建’，马克思在《哥达纲领批判》里有明确的回答：生产方式的性质变了，消费资料的分配方式当然需要重建。重建后的个人消费资料在性质上是属于个人或私有的。”程文的这种回答，充满了理论逻辑的混乱。第一，生产方式决定分配方式，这是众所周知的常识。但马克思讲的“重新建立个人所有制”，是指重建归劳动人民占有的所有制，不是重建分配方式。每个社会制度的生产关系不同，分配方式也不同。不存在重建被消灭了的分配方式问题。不能把新建分配方式错解为重新建立。第二，社会主义实行“按劳分配”是“重新建立”的吗？难道资本主义消灭了按劳分配，社会主义要来“重建”吗？第三，程文的解答陷入与马克思的说法相对立的一面。他认为消费品的个人所有就是私有，这可以认同，但马克思讲：“否定的否定”不是“重新建立劳动者的私有制”，而程文却将其解读为要重新建立消费资料的私有制，与马克思的原意背道而驰。“不是重新建立劳动者的私有制”，既排除了生产资料的私有制，也不会涉及消费资料的私有制。硬把马克思所主张的取代资本主义私有制而新建的社会主义公有制，落脚到消费资料个人所有制方面，是强加给马克思的错解。

在《资本论》出版以前和以后，马克思在其他论著中曾多次用过“个人所有制”这个概念。没有一处提到消费资料个人所有，实际上都是讲生产资料所有制问题。程文为了论证社会主义要重建消费资料的个人所有制或私有制，又文

① 《马克思恩格斯选集》第2卷，北京：人民出版社，2012年版，第754页。

不对题地引用了其中的一处，按自己的需要做了反解。他说：马克思在1871年所著的《法兰西内战》中，提到巴黎公社“曾想把现在主要用作奴役和剥削劳动的工具的生产资料、土地和资本变成自由集体劳动的工具，以实现个人所有权”。① 这个引证是从1963年出版的译本中摘取的，而非引证新出版的译本。《马克思恩格斯文集》中译文是：巴黎公社曾“想要把现在主要用作奴役和剥削劳动的手段的生产资料，即土地和资本完全变成自由的和联合的劳动的工具，从而使个人所有制成为现实”。② 程文将这里的“个人所有权”作为重建消费资料个人所有制的佐证。真使人有“假作真来真亦假”的感觉。试问：难道巴黎公社以前不存在消费资料个人所有权，需要通过巴黎公社的革命来实现吗？很显然，巴黎公社是要将用以剥削和奴役劳动者生产资料变为“自由的和联合的劳动的工具”，也就是变为劳动者集体所有的工具，这样就可以实现每个集体成员人人有份的生产资料所有制。“使个人所有制成为现实”是指公有制中每个劳动者个人都是生产资料所有者的一员，不再是失去生产资料受剥削奴役的个人。程文硬将其解释为重建消费资料个人所有制，从文法、语法上说，也是悖理的。

(二)对吴宣恭同志解读的辨析

吴宣恭同志的研究方向中，所有制问题是其重要一环。他对发展和完善社会主义公有制发表过不少有益的论著，但他在解读马克思所讲的“重新建立个人所有制”问题上的观点，我们不能认同。他发表在《马克思主义研究》2015年第2期的《对马克思“重建个人所有制”的再理解》一文的见解，与马克思原意是完全相悖的。先谈吴文的“论文提要”：“恩格斯认为马克思设想的未来社会的‘个人所有制’是建立在协作和生产资料公有制基础之上的生活资料所有制，这个解释同马克思的系统理论是相一致的，对其他几种质疑是站不住脚的。对此问题要得到科学的答案应该准确认识公有制的主体和基本特征。公有制的主体不是单独、分散的个人，而是联合起来形成一个社会整体的个人，过分强调个人所有不利于正确认识公有制的特征。在这场讨论中，有些人利用对恩格斯解读的否定，篡改马克思的观点……”③

---

① 《马克思恩格斯全集》第17卷，北京：人民出版社，1963年版，第362页。

② 《马克思恩格斯文集》第3卷，北京：人民出版社，2009年版，第158页。

③ 吴宣恭：《对马克思“重建个人所有制”的再理解》，《马克思主义研究》，2015年第2期。

吴文强调“公有制的主体不是单独、分散的个人”，没有哪个主张“重建个人所有制”是属于社会主义生产资料公有制内涵部分的学者有这样的观点。吴文又说“过分强调个人所有不利于正确认识公有制的特点”，有谁“过分强调”？怎样“过分强调”？我们与诸多学者所强调的是社会主义公有制无论称之为社会所有制或采取国有制形式，其发展成果都应惠及每个社会成员。每个劳动者个人都是公有制的主人。这就表示：讲公有制或社会所有制或全民所有制，不是抽象的、与每个劳动者个人疏远的所有制，不是官员所有制或企业高管所有制等。不是被讥讽为“人人皆无”的公有制。强调公有制要惠及联合体的每个个人，每个社会成员个人都是联合体生产资料的所有者。以此解读“重建个人所有制”，正是马克思的本意，怎么能批评“这是站不住脚的”“是篡改马克思的观点”呢？吴文自己也讲：公有制“是联合起来形成一个社会总体的个人”，如果这句话是指联合体是由各个人组成的，这是事实，正是我们的观点。由此推理：联合体是由生产资料公有制联合起来的，因此，构成联合体的每个个人都是生产资料的所有者。这不是顺理成章的逻辑吗？这不正是马克思的重建联合起来的个人所有制吗？吴文在全篇论文中的论点、论证与论据，我们认为都存在问题和自相矛盾，需要一一辨清。

吴文的第一个论证是：“马克思的表述是非常清楚的，即从生产资料归劳动者个人所有的私有制发展为资本主义的私有制是第一个否定；消灭资本主义私有制而建立劳动人民共同占有的生产资料公有制，就是否定的否定。至于这段话提到的‘个人所有制’，只是完成了否定的否定后在新的生产资料所有制的基础上形成的……前一个是归属于全体劳动人民生产资料公有制……后一个是在生产资料公有的基础上形成的‘个人所有制’……是派生出来的。这种所有制的主体客体及其在生产关系中的地位是不同的，不可能都是生产资料所有制。”吴文硬把马克思关于社会主义所有制的整体特点的论述，分成两截：一截是讲生产资料公有制；另一截是所谓与公有制不同，只是派生出来的“个人所有制”。他认为，建立了生产资料公有制，就完成了否定的否定。“重新建立个人所有制”是另外一回事，只能是消费资料的个人所有制。这种解读完全偏离马克思的原意。马克思原文是：“在协作和对土地及靠劳动本身生产的生产资料的共同占有的基础上，重新建立个人所有制。”①整句都是用的逗号，是完整的一句话。是否定的否定的整体落脚点。怎么能任意分解为两段不相关的内容

① 《马克思恩格斯选集》第2卷，北京：人民出版社，2012年版，第300页。

呢？吴文为此观点提出的论据，依然是恩格斯所讲的论据，即《资本论》中所讲的联合体社会总产品的分配关系。总产品中的生活资料在联合体成员间进行分配。同样是用分配问题取代马克思的所有制问题。经过概念的转换后，吴文得出结论说：“从马克思的这个基本理论看，在消灭了资本主义，归劳动者‘个人所有’的就不可能是生产资料，而只能是经过分配的消费资料。”这是通过主观偏好硬把马克思的一个关于社会主义所有制的整体规定拆裂开来，得出了“消费资料个人所有制”的结论。这种论证存在逻辑上的纰误：首先，应肯定《资本论》中讲的是三种生产资料所有制的否定的否定，最后是由社会主义生产资料公有制否定资本主义生产资料私有制，不会涉及否定一切社会都存在的消费资料归个人所有。其实，更为重要的是，不应随意偏离马克思的理论逻辑。马克思的逻辑是：三种所有制的前后否定，这种否定不是重新建立私有制，而是在公有制基础上，重新建立“个人所有制”。这是讲由社会主义所有制取代资本主义私有制的一个完整的概念。就是说明被资本主义消灭了的劳动者的所有制，社会主义要“重新建立”，但重建的不再是孤立的单个人的个人所有制，而是要重建更高层次、由公有制联合起来的、每个个人都有份、都是生产资料所有者的社会所有制。这种表述在《共产党宣言》中就有。《共产党宣言》中对社会主义所有制有两种看似有区别，实际上一致的论述。一个论述是：无产阶级取得统治后，要“一步一步地夺取资产阶级的全部资本，把一切生产工具集中在国家即组织成为统治阶级的无产阶级手里”①，也就是建立国有经济。没有提个人所有问题。另一论述是：社会主义要把“全部生产集中在联合起来的个人的手里的时候”②。这句话很明确，是要把生产所必需的生产资料集中在“联合起来的个人”手中。这里丝毫找不出消费资料归个人所有的痕迹。在马克思的著作中，有两种“个人所有制”的提法。一种是孤立的单个人的个人所有制，另一种是联合起来社会的个人所有制，前者是指个体劳动者的生产资料所有制，后者是指取代资本主义后的社会主义生产资料公有制或称社会所有制。

吴文引证《共产党宣言》中的另外一段话，作为其观点的佐证：“我们决不打算消灭这种供直接生命再生产用的劳动产品的个人占有，这种占有并不会留下任何剩余的东西使人们有可能支配别人的劳动。”③吴文的引证删去了前面的

---

① 《马克思恩格斯选集》第 2 卷，北京：人民出版社，2012 年版，第 421 页。
② 《马克思恩格斯选集》第 1 卷，北京：人民出版社，2012 年版，第 422 页。
③ 同上书，第 415 页。

一句重要的话，即“雇佣工人靠自己的劳动所占有的东西，只够……”。这段话本来是要说明在资本主义制度下，工人的工资只能限定在“维持其工人的生活所必要的生活资料的数额”，这里丝毫不涉及所有制问题。共产主义消灭资本主义，绝不消灭劳动者为维持其生命再生产的“劳动产品的个人占有”。这当然是讲消费资料的个人占有。但是，这段话恰恰否定了“重新建立消费资料个人所有制”的观点。因为这里明确讲资本主义社会的雇佣劳动者也有消费资料的个人占有，因而建立社会主义所有制不存在“重新建立”消费品的个人所有问题。这正是对吴文观点的否定，却被他拿来作为自己的观点的佐证。吴文还引用了不少英文版中的英文表述来证明自己的解读正确，我们认为这无助于解决问题。中央编译局聚集了众多专门翻译马恩著作的高级翻译家，他们首先根据德文原文又参照英文进行翻译，他们也否定重建所谓“消费资料的个人所有制”。

吴文为坚持重建消费资料的个人所有制，用较多篇幅讲解了“否定之否定”的常识。但有的讲解，如他讲原始社会内部的否定之否定，就使人有迷茫之感。吴文讲：“原始社会，生产力极其低下，个人只能依靠集体的力量对付自然界才能获得起码的生存资料，集体也才能存在。那时，共同劳动，平等分享产品，生产资料和劳动产品都是公有的。随着生产力的较大提高，劳动条件发生变化，个人(家庭)劳动逐步取代部落全体成员的共同劳动，生产资料……就从共同所有、共同占有变为共同所有、个人占有，劳动所得也归个人所有。这样就发生了生产资料和劳动产品共同所有关系的否定。”①接下来又讲出现了私有制，对原始社会公有制的否定，又讲奴隶制、封建制、资本主义制度的相继代替，“各阶段又经历了社会经济形态否定的否定”。把原始社会经济的发展与变革称作否定的否定，把三种私有制相继取代也称之为否定的否定，这种讲解让人难以认同。原始社会发展中的变革实际上应视为哲学的另一个原理：渐变到质变的发展过程，而不是否定的否定。三种私有制的交替也不能视作否定的否定，资本主义私有制并没回归奴隶制的私有制。如果讲从公有制到私有制，再到公有制，反而是一讲就明的否定的否定。原始社会经历了三百万年左右的公有制，被历经几千年的私有制所否定，私有制又会被社会主义公有制所否定。过程的起点是公有制，经过否定的否定后落脚点是社会主义公有制。但公

---

① 吴宣恭：《对马克思“重建个人所有制”的再理解》，《马克思主义研究》，2015 年第 2 期，第 97—108 页。

有制的重建，实际上是新建，因为抽象地讲，原始社会与社会主义都实行公有制，但社会主义是更高层次的社会化的、以共同富裕为原则的新型公有制。

吴文并未讲清否定的否定原理，无助于论证其“消费资料的个人所有制”论。其实，我们前面已经说明，吴文把马克思的“重新建立个人所有制”的重要理论观点排除在“否定的否定”之外，就表明了他对否定的否定原理认识的失误。因而他用相当的篇幅专讲否定之否定的原理，已失去任何意义。何况对原理的列举还存在问题。

吴文坚持“消费资料个人所有制”的另一个论据，是反驳对方提出消费资料任何社会都归个人所有，不存在重新建立的问题。他提出了一个根本不能认同的理由：“但是，从消费资料的构成，特别是消费资料的获得方式看，不同社会却存在巨大的差别。例如，奴隶是会讲话的工具或牲口，他们个人所得的消费资料是奴隶主用喂养牲畜的方式和低劣的质量、有限的数量给予的，以至于很难说是完整意义的消费资料个人所有制。封建社会的农奴得到的消费资料，是向领主缴纳地租后留下的劳动产品。由于农奴还处于人身依附状态，他们的消费资料个人所有制仍是不完整的”。在资本主义社会，“只能通过出卖劳动力获取相当于劳动力价值和价格的工资，然后换取生活必需的消费资料……这种消费资料所有制的基础也是不稳定的。总之，在以前的社会里，劳动者获得消费资料的方式，都因生产资料所有制性质的差异而彼此不同，历次的变化都可视为消费资料获得方式上的否定和否定之否定”。在社会主义社会，“劳动者共同占有生产资料和劳动产品……其中一部分用于生活消费，按劳动者提供的劳动分配给个人，是更大轮回的否定之否定。这就是马克思所说的‘在协作和对土地及靠劳动本身生产的生产资料的共同占有的基础上，重新建立个人所有制……断言消费资料个人所有制不存在否定之否定而反对恩格斯的解释，是不符合辩证逻辑，也不符合人类社会发展的实际状况的”。① 我们已尽量缩短对吴文的引证，也还是显得较长。这样引述是为了让读者更好地鉴别理论是非。我们认为，吴文以此论述为论据反驳“不存在重建消费资料个人所有”的论点是毫无道理的，充满着逻辑混乱。

第一，消费资料归个人所有，是个抽象概念，一切社会都存在。这是马克思所肯定的。他指出：各个私有制社会的“劳动者只是生活资料的所有者，生

① 吴宣恭：《对马克思“重建个人所有制”的再理解》，《马克思主义研究》，2015 年第 2 期，第 97—108 页。

活资料表现为劳动主体的自然条件，而无论是土地，还是工具，甚至劳动本身，都不归自己所有”。① 消费资料归个人所有任何社会都存在。而且，在私有制社会里，除了被剥削的劳动者存在消费品的个人所有，还有剥削者、个体劳动者、教育、文卫等的社会人士，更具有消费品的个人所有权。在同一社会制度中，就存在不同阶级和不同阶层占有个人消费品的重大差异。因此，不能用个人占有消费品的质与量的差异来论证重建消费品的个人所有制问题。

第二，各个社会都存在消费品归个人所有的事实，同个人消费怎么获得，消费品的结构如何是完全不同的问题。生产决定分配和消费，生产力水平不同，生产方式不同，分配方式不同，分给个人的消费品数量质量也不同。这是马克思主义的常识，但不能用此证明存在“重新建立消费品的个人所有制”问题，讲“重新建立”，意味着原有的事物被消灭了，需“重新”建立。一座旧房子倒塌了，在原址重新建立一座更高级的房子，这是“重建”。如果是新建一座房子就是“新建”，而不是“重建”。吴文把“重建”和“新建”混同了。不同社会制度因生产力水平和生产关系的不同，个人消费品的数量和结构会有差异，这能称之为“重新建立”吗？“重新建立”就有恢复的意思。试问：中华人民共和国成立后的50年代，消费资料归个人所有，是“重新建立”的吗？不！是根据新的分配方式即按劳分配将消费品分给各劳动者所有，不存在“重建”问题。那时中国十分贫穷，个人所有的消费资料不能满足低水平生活需要，远不如发达资本主义国家，何来“重新建立”，何来否定的否定呢？请问新中国社会主义的消费品个人所有否定了哪个社会的消费资料个人所有制呢？其实，消费资料的个人所有，根本不存在“否定的否定”问题。吴文历数各个社会制度下消费资料的获得方式不同，数量和结构不同，来论证“重建”问题和消费资料个人所有的“否定的否定”，完全是画蛇添足。

第三，即使在同一社会制度内部，随着生产力的发展，个人消费品的数量和结构也会大有差别。就资本主义来说，《资本论》中所描述的情况和目前的发展了的情况大不相同。就我国来说，40年前的短缺经济和现在对高质量消费品的要求也大相径庭，难道能由此证明，各个社会制度内部也存在不断“重建消费品的个人所有制”和否定的否定吗？显然道理不能成立。

第四，在马恩的论著中，论述了多种生产资料所有制的存在和区别，但没有提出过多种消费资料个人所有制存在区别。而且，凡提及消费资料个人所有

---

① 《马克思恩格斯选集》第2卷，北京：人民出版社，2012年版，第754页。

的地方，都没有提"个人所有制"一词。所有制是一种社会制度。食品由各个个人吃，衣服供各个个人穿，家具由各个个人用，还存在什么社会制度的规定吗？在马克思的论著中，凡讲公有制基础上的个人所有制，或讲联合起来的个人所有制以及其他与私有制相对的个人所有制的地方，都是与生产资料公有制相联系相统一。这个问题我们在后面将专门分析。

吴文在其论文的第三部分讲"从争论中吸取有益启示"，其中讲了一些前文全面否定，在这一部分中又予以肯定的观点。他说："主张未来社会的个人所有制是生产资料所有制的基本观点虽然值得商榷，但其中的一些论者有个共同点：都肯定马克思所讲的否定之否定不是重新建立劳动者的生产资料私有制。他们在辩论中提出的许多论述，对如何理解公有制的内涵和正确处理公有制的内部关系具有重要的启示，对认清改革开放的正确方向有着积极的理论意义。""有些专家提出，'否定之否定'后形成的个人所有制是生产资料公有制……不属于任何单独的个别的人，不是劳动者个人的私有制，个人所有是建立在联合的基础上的，生产资料只属于联合起来的劳动者个人……这种意见值得重视之处在于他们指明全社会公有制的基本属性，强调要维护这种公有制的联合所有……全社会公有制的归属权主体遍及全体劳动人民，每个劳动者个人都是公有制主人的一分子，公共的整体的利益与每个劳动者个人切身利益密切相关，这就批判了所谓公有制'人人皆有、人人皆无'的说法。"

吴文所肯定和称赞的这些观点，正是我们予以论证的观点，正是我们强调要按马克思原意解读"重新建立个人所有制"，也就是指建立由公有制联合起来的生产资料个人所有的理由所在。吴文先把这种解读批评为"是站不住脚的"，现在又肯定这种观点。表明吴文在理论逻辑思维上的自相矛盾。他如赞同这些见解，就不应坚持"消费资料个人所有制"，反对主张联合起来的生产资料个人所有制的解读。

三、回归马克思"重新建立个人所有制"的本意

多年来，在这个理论认识问题上的混乱，主要根源之一，是出自恩格斯的错解，这个事实不能回避。我们在前面已坦率地提出了这一事实。我们提出《资本论》中阐述的"商品生产所有权规律转化为资本主义占有规律"，在《反杜林论》一书中做了错解，这个是非是很容易辨别的。有哪位高明学者能提出论证，说明恩格斯对两种规律转化的解读完全符合马克思原意呢？既然在这个理论认识上明显不符马克思原意，怎么能绝对肯定在"重新建立个人所有制"上的

解释就是马克思的本意呢?

下面，我们再阐述一下对此问题的认知。

第一，必须系统地通过马克思的多处相关论述，从总体上把握《资本论》中的有关论述的内涵。如果只从字面上理解《资本论》中提出的“重新建立个人所有制”，这个所有制的内涵确实有不明确不知何解之感。杜林把重建“个人所有制”错解为重建“个人私有制”，因此，他认为《资本论》中讲，社会主义在生产资料公有制(社会所有制)基础上重新建立个人所有制，是自相矛盾的：既是社会所有的，又是个人所有(私有)的。由此攻击这是“混乱的杂种”。虽然恩格斯将个人所有制解释为消费品的个人所有制，也可表明既是社会的，又是个人的，是二者的统一，用以反驳杜林的攻击。单从文字表述上说，是容易理解的，可以消除杜林把个人所有制理解为个人私有制的错误，但学习和研究《资本论》，贵在掌握其内容的真谛，马克思在写作《资本论》前的著作中，已有多处提及“个人所有制”，都明确说明是指生产资料所有制。在《政治经济学批判(1861—1863 年手稿)》中把生产资料个人所有制分为两种：一种是“孤立的单个人的所有制”，是指个体劳动者的私有制或个人所有制；另一种是“联合起来的、社会的个人所有制”，是指取代资本主义私有后的社会主义公有制。原文是这样讲的：个体劳动者的“所有权和劳动的这种分离，是生产条件的所有制转化为社会所有制的必要的经过点。如果单个工人作为单独的人要再恢复对生产条件的所有制，那只有将生产力和大规模劳动发展分离开来才有可能。资本家对这种劳动的异己的所有制，只有通过他的所有制改造为非孤立的单个人的所有制，也就是改造为联合起来的社会的个人的所有制，才可能被消灭”。①这里讲的所有制，都是指“生产条件所有制”。并明确说明：资本家的所有制与劳动者的所有制是对立的。劳动者要恢复自己的所有制，不是通过将资本家的所有制改造为被资本家否定了的孤立的单个人的所有制，而是改造为“联合起来的社会的个人所有制”，也就是归全体劳动者所有的生产资料社会所有制。这里讲的“个人所有制”，排除了将其错解为消费品个人所有制的可能。

在《共产党宣言》中讲：消灭私有制，将“全部生产集中在联合起来的个人

① 《马克思恩格斯选集》第 2 卷，北京：人民出版社，2012 年版，第 842—843 页。

的手里”,① 这里明确指明，归联合起来的个人所有的是“全部生产资料”，与“消费品的个人所有制”无关。

在《法兰西内战》中，讲到巴黎公社革命：“公社是想要消灭那种将多数人的劳动变为少数人的财富的阶级所有制。它是想要剥夺剥夺者。它是想要把现在主要用做奴役和剥削劳动的手段的生产资料，即土地和资本完全变成自由的和联合的劳动的工具，从而使个人所有制成为现实。”②这里同样是讲要把资本家用以剥削和奴役劳动者的生产资料变为联合体的个人所有制。

在写于1845—1846年的《德意志意识形态》一书中讲：“随着联合起来的个人对全部生产力的占有，私有制也就终结了”。③ 又说：“共产主义和所有过去的运动不同的地方在于，它推翻一切旧的生产关系和交往关系的基础，并且第一次自觉地把一切自发形成的前提看作是前人的创造，消除这些前提的自发性，使这些前提受联合起来的个人的支配。”④又说：“在无产者的占有制下，许多生产工具必定归属于每一个个人，而财产则归属于全体个人。现代的普遍交往，除了归属于全体个人，不可能归属于各个人。”⑤又说：“共产主义和所有过去的运动不同的地方在于，它推翻一切旧的生产关系和交往关系的基础”(指推翻生产资料私有制)。接着说，“使这些前提受联合起来的个人的支配”。⑥ 也就是指由公有制联合起来的社会的生产资料个人所有制。

上引论述中有两处提法需要说明。一处是讲“消除这些前提的自发性”是指什么？从整个前后文联系起来看，是指消除生产资料私有制。因为经济自发性的“前提”是私有制，也就是要消除以私有制为基础的自发性。另一处是讲“生产工具必定归属于每个个人，而财产则归属于全体个人”。其中“生产工具”代表生产资料，“归属于每个个人”，就是全社会的每个个人都是生产资料的主人，但财产(包括生产资料和社会产品——作者注)则归由“全体个人”组合成的联合体所有，即公共所有。还可以举出更多的有关论述，这里就从略了。就从

---

① 《马克思恩格斯选集》第1卷，北京：人民出版社，2012年版，第422页。

② 《马克思恩格斯选集》第3卷，北京：人民出版社，2012年版，第102—103页。

③ 《马克思恩格斯选集》第2卷，北京：人民出版社，2012年版，第210页。

④ 《马克思恩格斯选集》第1卷，北京：人民出版社，2012年版，第202页。

⑤ 同上。

⑥ 同上。

上面的引证来看，马克思凡讲“个人所有制”的地方，都是与生产资料所有制相联系，没有一处可解读为消费资料个人所有制。对于把“重建个人所有制”错解为“重建消费资料个人所有制”的观点，完全可以运用马克思的上述观点予以反驳。但是吴文对以上马克思的论述避而不谈，因为以上论述并不能为其观点服务，但这正是马克思的本意所在，也是我们论点的主要根据。作为理论辩论，这些马克思的论述是不能避开的，必须原原本本地予以解读。

第二，在马克思的著作中，始终讲取代资本主义私有制的是生产资料公有制即社会所有制，没有在所有制中涵盖消费资料所有制。马克思讲社会主义所有制，有三种具体提法。第一种是总的较普遍的提法，如生产资料公有制或社会所有制。在《共产党宣言》中还讲无产阶级取得政治统治后，把一切生产工具集中在国家手中。国家是代表全社会的。第二种提法是“联合起来的社会的个人所有制”。通过什么联合起来？当然是通过实行公有制。第三种提法是现在争论的在公有制的基础上重新建立个人所有制。后两种提法的内涵是一致的。第三种提法是第二种提法的简括延伸。只有从总体上系统地把握这三种提法的统一，才能准确解读“重新建立个人所有制”的真谛。

只要系统研究和总体上把握马克思关于“个人所有制”的有关论述，就能准确解读《资本论》中所讲的否定的否定的真实涵义：资本主义私有制，否定了个体劳动者的私有制，就是否定孤立的单个人的所有制。社会主义要否定资本主义私有制，恢复劳动者的所有制，但不是恢复个体劳动者的私有制。而是将被否定了的孤立的单个人的所有制，重新建立为联合起来的即以公有制为基础的全社会的个人所有制。

第三，在马克思的著作中，讲社会制度的更替，首先和主要着眼点是生产资料所有制的变更，以及与所有制相联系的生产资料与劳动力相结合的生产方式的区别。划分社会制度或生产关系的差异，主要是这一条和分配方式。我国宪法规定了现阶段所存在的两种经济制度。一种是“中华人民共和国的经济制度的基础是社会主义生产资料公有制，即全民所有制和劳动群众集体所有制”。实行“各尽所能，按劳分配”。另一种是社会主义初级阶段的基本经济制度：“公有制为主体，多种所有制经济共同发展”，“按劳分配为主体，多种分配方式并存”。并未规定什么消费资料的个人所有制。只要生产资料所有制和分配方式变更了，也就决定了消费资料归个人所有的情况。而且消费资料个人所有的数量和质量，与生产力的发展水平紧密联系。资本主义国家发展五百年左右了，归劳动者个人所有的消费品的结构和水平，前后大有差别。我国处于社会主义初级阶段，20 世纪 50 年代到 70 年代的个人消费水平与目前相比是两重天地。但还应看到，我国目前的人均 GDP 只及美国的 1/6 左右，还不及世界平均水平，依然是发展中大国。因此，根本不存在消费资料个人所有制的“重新建立”问题，因而也不存在消费资料个人所有制的否定的否定问题。

发展和完善国有经济是实行和发展中国特色社会主义的根本环节*

一、国有企业的性质、地位和应做好的四个方面

关于我国国有企业的性质、地位和作用，以及怎样改革国企的问题，存在着多种不同的认识和见解。其实，怎样认识和对待这一问题，是与怎样认识和对待马克思主义的科学社会主义和中国特色社会主义紧密联系的。如果肯定和支持我国实行和发展科学社会主义及其中国化的特色社会主义，就必然肯定和赞同作为我国社会主义经济制度基础的国有经济的重要地位和作用。这种肯定是从历届党中央领导和文件到十八大以来一以贯之的，也是我国宪法明确规定的。宪法是国家的根本大法，人人都应遵守。依法治国，首先是依宪治国。宪法规定：中华人民共和国的社会主义经济制度的基础是生产资料的社会主义公有制。国有经济是全民所有制经济，是国民经济中的主导力量。国家保障国有经济的巩固和发展。从本质上来看问题，可以说作为社会主义公有制核心的国有经济的兴衰成败，关系着共产党革命和建设事业的兴衰成败，关系到社会主义事业的兴衰成败。所以，这一问题必须引起高度重视。习近平同志一贯关心国有企业的改革和发展问题，特别重视搞好中央管理企业的问题。2014 年 8 月 18 日，他在主持召开中央全面深化改革领导小

* 原载于《政治经济学评论》2015 年第 3 期。

组第四次会议时强调："国有企业特别是中央管理企业，在关系国家安全和国民经济命脉的主要行业和关键领域占支配地位，是国民经济的重要支柱，在我们党执政和我国社会主义国家政权的经济基础中，也是起支柱作用的，必须搞好。"①这表明，国有企业不仅是社会主义国民经济发展的支柱，而且是我们党执政和政权的经济基础，而且是基础的支柱。这指明了我国国有企业的重要地位和作用。2014 年 12 月，习近平在中央经济工作会议上又强调提出："推进国企改革要奔着问题去，以增强企业的活力、提高效率为中心，提高国企核心竞争力，建立产权清晰、权责明确、政企分开、管理科学的现代企业制度"。②这里讲的是国企改革的目的和改革方法，应建设和发展什么样的国有企业，怎样建设和发展。所谓"奔着问题去"，就是要对准国企存在的问题进行改革，而不能乱改。特别不能借改革搞私有化。

从习近平关于我国国企的定位中可以明确：共产党事业的兴旺发达，社会主义事业的兴旺发达，同国有企业兴旺发达是密切相连的。因此，国有企业"必须搞好"！当前，混合所有制趋向的改革，应遵循而不应背离这一宗旨。

不言而喻，国有企业实现其重要地位和作用，要以搞好和搞活国有企业为前提。国有企业作为社会主义全民所有制经济的重要特点是：其发展的成果要惠及广大人民，显示其社会主义性质。但应注意，并不是某些企业只要归国家所有，就必然具有全民的社会主义性质。如果国企高管贪污腐败，又拿天价高薪，国有企业的发展成果不能惠及广大人民，国有企业的职工没有当家做主的权利，这样的国企名为归全民所有的社会主义经济，实际上流于空谈，失去了社会主义性质。在国企转轨过程中，要警惕国企社会主义性质的蜕变。在我国，国有企业已由计划经济转向市场经济，实行了所有权和经营权两权分离，改变了僵化的管理体制，焕发了企业的生机，企业主管的经营权扩大了；但是也为企业相关人员，特别是高管独断专行、以权谋私、贪污腐败留下了空间。目前，国家派出巡视组进驻多家中央企业，正是要解决这一问题。

搞好国有企业，使其成为名实相符的全民所有的社会主义企业，应做到以下几点。

---

①《习近平主持召开中央全面深化改革领导小组第四次会议》，《人民日报》，2014 年 8 月 19 日。

②《中央经济工作会议在北京举行　习近平李克强作重要讲话》，《人民日报》，2014 年 12 月 12 日。

第一，国企管理人员特别是国家委派的高管，应以权谋公，而不是以权谋私。但廉洁奉公不能只靠个人品德和政治觉悟来实现，国企高管的个人品德和社会主义理念固然重要，但“人各有志”，参差不齐，需要有制度来保证。为此，有必要建立一套有效的激励机制和监督机制相统一的管理体制。没有监督的权力越大，越会有独断专行和贪腐的空间。国有企业的监督机制应由两方面形成：一是来自企业职工的内部监督，建立企业内部监督制度；二是来自国家的定期巡视和政府部门的经营监督。内外监督的结合，使企业有关人员不敢贪腐，不能贪腐。

第二，国有企业作为全民所有制的社会主义企业，要在国民经济发展中起主导作用，就需要通过深化改革，除弊兴利，在创新力、竞争力、质量、效率、效益和在国计民生事业中，发挥出优越于私资经济的作用。目前，贬损、否定、妖魔化国企的舆论甚为时髦和强劲，多是说它效率低，不如私企，实际亏损，阻碍经济发展。但也有许多学者用实证分析，证明国企的社会效益和经济效益都高于私企。我想只用一个事实说明问题：目前，大国间的经济竞争，首先表现为大企业间的竞争。占世界500强的企业数是衡量一国经济实力的指数，中国进入世界500强的国企1990年只有一家，2014年上升为83家。如国企无效率，明盈实亏，会发展为世界500强大企业吗？当然，也还有些国企经营不善，存在多种亟待解决的问题，需要通过深化改革搞好、搞活，做大做强。要首先表现出其优越于私资企业的反映质量与效率的更高的劳动生产率。

第三，国有企业属全民所有，其发展成果就应惠及全民。首先，由国家委派国企高管不应拿天价薪金。其次，国企一般职工的收入高于私企、外企，是社会主义企业应有之义，不应非议。社会主义企业没有劳资对应，职工收入应随着企业效率和效益的提高而提高；但是，某些行业的国企职工收入过高于一般国企职工收入并不公平合理。再次，国企的收入除缴纳税负外，其利润主要用于积累，依然归全民所有，另一部分上缴国家，而且占比在提高，今后应随着企业效益的提高而提高，由国家统筹用于民生。国企利润还有一部分用于救助社会事业和提高与改善职工福利。

第四，国有企业应有的一个重要特点是，广大职工真正成为企业的主人，职工应具有知情权、管理参与权、监督权、重大决策和选举与罢免的投票决定权等。国有企业的社会主义性质怎样体现？主要体现在生产资料和劳动者相结合的特定方式上。光讲所有制，不能完全决定经济形式的性质。我们一般讲，生产资料所有制是经济制度的基础，这没有错。但封建社会、资本主义社会也有国有经济，并不是社会主义经济。再者，都是非劳动者占有生产资料，劳动者不占有生产资料，为什么有的是奴隶制，有的是封建制，有的是资本主义制度呢？光从所有制不能说明其究竟。所有制是前提性意义上的基础，而不是全部决定意义上的基础。马克思指出："不论生产的社会形式如何，劳动者和生产资料始终是生产的因素。凡要进行生产，它们就必须结合起来。实行这种结合的特殊方式和方法，使社会结构区分为各个不同的经济时期。"①马克思的这一理论观点，对我们搞好国有企业，真正成为惠及劳动人民的社会主义经济，具有指导意义。国有经济和社会经济制度的不同性质，还取决于生产资料和劳动力相结合的特殊方式。如果非劳动者占有生产资料，劳动者作为"会说话的工具"，在主人的皮鞭棍棒下与生产资料结合进行生产，就是奴隶制度；如果生产资料作为资本，劳动者以雇佣劳动方式与资本相结合，资本所有者作为主人进行获取剩余价值的生产，就是资本主义制度。资本主义国家的国有经济，依然是资本与雇佣劳动相结合，劳动者不是所有者和主人，其性质是国家垄断资本主义。社会主义国有经济应是作为企业主人的劳动者与归全民所有的生产资料相结合，才体现社会主义经济制度的性质。国有企业的改革，应关注劳动者作为主人与生产资料相结合的社会主义生产方式的确立。

二、国有经济不是"与民争利"而是与民谋利

新中国成立以来，不管在经济社会发展中有过多少次失误和错误，国有企业作为经济社会发展的骨干，在社会主义事业的建设与发展中始终起着主导性和决定性的作用。断言国有企业的效率和效益必然低于私企，据以主张私有化，是并不符合事实的以偏概全和主观武断。从国际上看，苏联十月革命后实行国有化的社会主义，迅速改变了沙俄时期落后的面貌，缩小了与美国原有的巨大差距，成为可与美国抗衡争霸的超级大国。而当社会主义公有制度蜕变为私有化制度后，其国际地位和经济社会发展一落千丈。苏联解体时，俄罗斯经济规模原远远大于我国，1989 年，俄罗斯的经济规模是中国的两倍。现在只及中国的五分之一多一点。2014 年，中国的 GDP 总量为 10.4 万亿美元，仅次于美国，居世界第二位；而俄罗斯的 GDP 总量仅 2.06 万亿美元，居世界第

① 马克思：《资本论》第 2 卷，北京：人民出版社，2004 年版，第 44 页。

九位，与居第十位印度的2.05万亿美元差不多。① 私有化不但没有加快俄国的发展，反而损害和延缓了发展的步伐。再从我国的发展来看，如果从1952年算起，到1978年，改革开放前的27年中，经济增长也有6%以上，经济建设的成就超过了旧中国的百年以上。完整工业体系的建立和发展，主要依靠国有经济的效率和效益。1956年，毛泽东在《论十大关系》中讲："从现有材料看来，轻工业工厂的建设和积累一般都很快，全部投产以后，四年之内，除了收回本厂的投资以外，还可以赚回三个厂，两个厂，一个厂，至少半个厂。"这里讲的是"三大改造"后的国有企业的经济效益。根据有关统计资料，国有经济的利税率也较高，1957年达34.7%，1965年也还达29.8%。如果没有"左"的失误，经济发展的成绩会更大。②

改革开放以来，鉴于传统计划经济的弊端和我国生产力落后的国情，采取两大改革措施：一是所有制结构的改革，由单一的公有制变为公有制为主体、多种所有制经济共同发展；二是经济体制转型，由计划经济转向社会主义市场经济。这催生了经济的活力，造就了30多年年均9.8%的经济高速增长。这既有非公经济的贡献，更有国有企业改革成本的先期付出和后期发展与付出的贡献。有人断言，我国改革开放30多年来的经济快速发展主要是依靠私有制经济的发展，国有经济只起负面效用。这与事实相悖。就国内来讲，旧中国存在多种私有制经济，但发展缓慢，长期积贫积弱。因为落后才遭受列强的侵略。从国际上来看，许多经济落后的原殖民地国家走上独立后，选择了资本主义道路，而中国由半殖民地半封建主义的落后国家走上社会主义道路，中国以公有制为基础或为主体的经济发展远远超过了前一类国家，也超过了一切实行私有制的发展中国家。特别是改革开放以来，我国连续30年的经济高速发展是世界历史上空前的，超过了从古至今一切实行私有制的国家和社会。总之，无论从纵向或横向对比，一切私有制经济的发展速度都比不上我国以公有制为基础或为主体的经济发展。通过以上的事实说明，还能断言社会主义新中国的经济成就或是改革开放30多年来中国特色社会主义经济的成就都应归功于非公有制经济吗？还能主张实行全面私有化、重蹈苏联解体中的私有化覆辙及其后果吗？

---

① 数据来源：《2014年世界各国GDP排名公布》，南方财富网，http://www.southmoney.com/hkstock/ggxinwen/201501/265283.html.

② 《毛泽东文集》第7卷，北京：人民出版社，1999年版，第26页。

就国内的经济发展来看，非公经济发展得很快，呈“国退民进”之势。可由此产生一个问题：从纵向和横向看，我国改革开放30多年来，私有制经济的发展是最有势头和成果的，超过了当今一切私有制国家，靠的是什么？这就涉及一个有争议的问题：国有经济的主导作用究竟是制约了私企的发展，还是起了促进、支持作用？事实证明是后者，而非前者。首先，国有经济为非公有制经济的发展提供了基础设施，节省了非公有制经济创业和发展的基础成本；其次，改革开放前一阶段，对外企、私企实行减免优惠政策，国有企业承担了不公平的高税率负担，相对来讲，非公经济的一部分税负转嫁给国有企业；再次，在改革过程中，大量国有企业通过贪腐性手段转为私营企业，导致大量国有资产流失，强盛的国有资源化公为私，成为扩大私企发展的重要一环；还有，国有企业科技水平一般高于私企，国企的科技创新有溢出效应，私企也可利用，特别是有些国企培养的科技和管理人员转向私企，都促进了私企的发展；最后，改革以来，国企不断减少，为私企、外企的发展腾出了市场空间和资源空间。目前，地方和中央国企总数只有10多万户，国企从业人员为6365万人，只占城镇就业人员的16.6%；而私企户数至2013年达1253万多户，从业人员达1.25亿人。

非公经济的快速发展，还得益于国家政府的鼓励与支持，政府不断出台利好于私企的政策，不断扩大私企发展的平台。

国有企业支持了非公经济的发展，特别在支持国家和社会的发展方面，承担了多种职责，如应对国内外各种突发事件，赞助社会事业等。如果进一步比较国企和私企的长短，还需着眼于三个方面：一是国企职工的工资高于私企。从有关统计数字看，私企职工的工资只及国企的一半多。二是国企的税负高，尽管国企就业人员只占城镇就业人员的16.6%，国有工业企业GDP只占全部工业企业GDP的20%以下，但税负占比却依然高于非公经济。就规模以上国有及国有控股工业企业主营业务税金及附加所占比重来看，1998—2002年占80%或以上；以后随着国企不断退出，税负占比也下降，但与就业人员比重和GDP比重相比，依然是高税负。2011—2013年，税金及附加占比高达33%—36%。三是国企的利润除上缴国家一部分用于社会事业外，主要用于积累仍归全民所有。私资企业贷款付息还贷后，增值的利润归私资所有；而国企付息还贷后，利润积累依然是国有。这正是国企数量不断减少，但国资总量扩展较快的原因。四是国企的产品一般可信度高。假冒伪劣商品，如假酒、假烟、假药、地沟油、有毒食品，多来自个体私企；国企在保障民生方面负有责任，做了重要贡献。

从上述我国国有企业在社会主义制度中的地位和作用看，从国企对国家和社会多方面的贡献看，贬公扬私、妖魔化国企，主张继续“国退民进”，消除国企，全盘私有化的主张既背离科学社会主义和中国特色社会主义，也背离经济社会发展的实际。

三、改革和发展都要落实国企经营自主权

毋需讳言，国有企业还存在这样那样的问题和矛盾，需要通过深化改革来解决。我们的改革是社会主义的自我发展与完善。中央文件一再讲，国企改革是改革的中心环节，要使其成为生机盎然、高质量、高效率的社会主义企业。我国已从传统计划经济体制转轨为社会主义市场经济，这是根本性的全面改革。国企改革的一个重要环节是所有权与经营权两权分离。企业应具有经营自主权。现在的问题是，对国企的经营自主权存在两个方面的问题需要处理和解决好：一个方面是企业有了独立的经营自主权，但缺乏对企业主管的有效的监管，企业的经营自主权不是企业主管的独断专行权，其权力没有装进笼子里。国企主管的权力应有制度约束，有法治遵循，这样才能制约国企主管的贪腐行为。另一个方面是将国有企业搞好搞活的经营自主权应真正落实到位。目前依然存在政府有关部门不必要的干预，特别是多年来在改革运作中，经常出现一股风、一刀切的现象。国企在大的方面的总体改革，如进行转轨实行社会主义市场经济，那是统一的，不可能有哪个企业根据经营自主仍选择计划经济。但在具体改革路径上，应允许国企有选择权，即选择最有效的经营权，可以八仙过海，各显神通。多年来先后搞承包制，搞股份制，搞公私资本交叉的混合所有制，往往将指导思想变成了不是命令的命令，往往一股风、一刀切。有些人和企业往往不管实际情况紧跟政策，定指标、倒计时、争前列。如一讲“抓大放小”，对中小企业便“一卖了之”。国企改革可鼓励企业有自己的改革创新。对于来自上面的改革指导思想，从决策者说，既要有顶层设计，又要有实施细则，要有具体的规范化准则；不要提抽象的、概念式、口号式的会造成不同领悟与解读空间的模糊政策语言。要接受 20 世纪 90 年代国企改革中自卖自买、名卖实送、“一卖了之”、贪腐自肥、大量国有资产流失的教训。当前提出实行公私资本交叉参股的混合所有制经济，其本意是既有利于国企发展，也有利于非公经济发展。但出现了不同的解读。认识不同，改革的进行就会有别。要警惕新自由主义借机侵蚀国企、搞全盘私有化的行径，要让国有企业有一定选择

的权利。如果现有体制搞得有效，质量、效率、效益有保证，不愿引入私人资本，应允许其继续在现有体制中运行，这也应是落实国企经营自主权的必要环节。

当前，在理论宣传和改革实践中，出现了借实行混合所有制的改革之机搞“国退民进”、消蚀国企的现象。一份在北京创办的有影响的官方刊物，在2015年的第二期发表文章说：“混合所有制改革的一个要点是大幅降低国有股比重”，“混合所有制改革成功的一个必要条件是，在绝大多数行业，国家应放弃对企业的绝对控股权”，在竞争行业“应尽可能降低国有股权比重，甚至考虑完全退出”，主张“国退民进”。有的市政府提出混改方案，主张不再强调国企控股，国有存量资本可以减少，转让给私企、外企，减少国有股比例。据《企业观察报》1月19日报道：国安集团混改中，五家民企以56.6亿元现金就获得净资产高达155亿元国安集团80%的股权。① 这种理论和改革方案是背离宪法和中央的改革精神和指导思想的，会给中国特色社会主义事业带来损害。国有企业有权不按此办理，而是按照中央和习近平同志的改革指导思想去践行。这是落实国企经营自主权、不受政府不当指挥的必要环节。

社会舆论多为非公经济鸣不平，多方面批评国有经济。其实，国企经营者也有自己的委屈和不平。2015年1月12日，《人民日报》刊发了记者白天亮撰写的《让国企成为真正的企业》一文，其中讲到国企的困惑：在企业微观经营层面，民企的“紧箍咒”已越来越少，反而是国企的法人治理结构问题解决得不好，近年来甚至存在着越来越被捆住手脚的倾向，“规定企业只能干这个，不能干那个，企业还谈什么经营自主权。”多位国企负责人表示，地方政府还不断强加于企业种种社会负担。由此可见，搞好搞活国有企业，必须真正落实其经营自主权。应消除地方政府对国企的不当干预，让企业有选择或不选择某种改革方案的经营自主权。

四、关于实行混合所有制经济的是与非

（一）弄清“混合所有制经济”与“混合经济”概念的差异

有的学者提出，混合所有制经济有宏观与微观之别。从宏观经济来看，我国实行多种所有制经济共同发展。公有制经济与非公有制经济并存，就是宏观经济领域的混合所有制经济。从微观经济来看，实行公有资本和私人资本交叉

---

① 《“混改”不是大家分蛋糕》，《报刊文摘》，2015年1月26日。

持股的股份制，就是当前倡导的混合所有制经济。另有学者把混合所有制经济简称为混合经济。我认为，上述这种理解值得商榷。

我国改革开放以来，实行公有制为主体、多种所有制共同发展，中央文件和学界一贯称之为社会主义初级阶段的基本经济制度。现在提出混合所有制经济，是专指公私资本交叉持股的股份制度；没有必要分散理论与实践焦点，另将现阶段基本经济制度改称混合所有制经济。

混合所有制经济是否可以简称为混合经济呢？我认为，“混合经济”一词在西方经济学中已有其公认的内涵，与我国所讲的混合所有制经济不是一回事。对于西方经济学概念，我国学界多有应用，没有必要在“混合经济”一词上另起炉灶。

西方经济学中的“混合经济”有两种内涵：一是指政府工业和私人工业的混合，也就是私有制经济和少数国有经济共存，把共存称作“混合”。二是指市场经济与政府调节的结合，也就是看得见的手和看不见的手的结合。在西方的经济词典和教材中，对“混合经济”一词都有明确的解读，兹举几例。美国格林沃尔主编的《现代经济词典》中这样解释：“在混合经济制度中，国家机构和私人机构都实行一定的经济控制。在大多数自由世界的工业国家的经济中，都存在着不同程度的政府工业和私营工业的混合。”①在萨缪尔森和诺德豪斯所著的《经济学》中也讲：“美国经济的现实是私人组织和政府机构都实施经济控制的‘混合经济’，私有制度通过市场机制的无形指令发生作用，政府机构的作用则通过调节性的命令和财政刺激得以实现。”②在胡代光和高鸿业主编的《现代西方经济辞典》中，介绍了“混合经济”的思想：凯恩斯在《通论》中提出的“混合经济”的内容是“让国家之权威与私人之策动力量互相合作”。汉森发展了凯恩斯的这一思想，提出资本主义已不是纯粹的私人资本主义经济，而是私人经济与公共经济共处的双重经济。“双重经济”就是“混合经济”。③

中国的经济学词典中，对“混合经济”和“混合经济论”也有说明。如刘树成主编，凤凰出版社和江苏人民出版社共同出版的《现代经济词典》中，就收入了

① D. 格林沃尔德主编：《现代经济词典》，北京：商务印书馆，1981 年版。

② 保罗·萨缪尔森、威廉·诺德豪斯：《经济学》(第 12 版)，北京：中国发展出版社，1992 年版，第 68 页。

③ 胡代光、高鸿业：《现代西方经济辞典》，北京：中国社会科学出版社，1996 年版，第 192 页。

这两个词条。在“混合经济论”一词中这样讲：“西方经济学中有关私人经济与公共经济共存，市场机制与国家干预结合的一种理论。”

西方经济学中之所以要提出“混合经济”一词，是为了区别亚当·斯密所阐述的自由市场经济时期政府只起守夜人作用的资本主义经济。我国实行混合所有制经济与西方讲的“混合经济”不是一回事，不要将两者等同。我国实行公有制为主体、多种所有制经济共同发展，也不必称之为混合经济，因为我国的社会主义基本经济制度与资本主义国家以私有制为基础的混合经济是不同的。

(二)为什么要实行和怎样实行混合所有制经济

为什么要主张发展公私资本交叉持股的混合所有制经济？在改革过程中，先是提出股份制是公有制的实现形式，后又进一步提出股份制是“公有制的主要实现形式”，党的十八届三中全会又提出作为混合所有制经济的股份制是“基本经济制度的重要实现形式”。

探寻公有制的有效实现形式，搞股份制和混合所有制，其目的是更有效地发展公有制经济，把公有制经济特别是国有经济搞好搞活。党的十六大报告以来的中央文件中多有如此论述。十八届三中全会的决定中讲：“积极发展混合所有制经济。国有资本、集体资本、非公有资本等交叉持股、相互融合的混合所有制经济，是基本经济制度的重要实现形式。”就是说，既是公有制的重要实现形式，也是非公经济的重要实现形式。这段话是在“坚持和完善基本经济制度”的标题下讲的。这表明，实行混合所有制经济，是服从于坚持和完善公有制为主体、多种所有制经济共同发展的基本经济制度的。接下来进一步指出：“必须毫不动摇地巩固和发展公有制经济，坚持公有制主体地位，发挥国有经济主导作用，不断增强国有经济活力、控制力、影响力。”这是首要的目的。其次，实行混合所有制经济，也是为了“激发非公有制经济的活力和创造力”，有利于公私经济共同发展；但首先是着眼于放大国有资本的功能与增强国有资本的作用。三中全会决定指出，搞混合所有制改革，“有利于国有资本放大功能、保值增值、提高竞争力”；同时，“有利于各种所有制资本取长补短、相互促进、共同发展”。习近平同志在十八届三中全会的《说明》中也讲，之所以实行混合所有制经济，因为“这是新形势下坚持公有制主体地位，增强国有经济活力、控制力、影响力的一个有效途径和必然选择”。

从中央有关文件的说明可以清楚地看出，搞混合所有制经济绝不是为了削弱公有经济特别是国有经济，搞什么“国退民进”；相反，是为了更好地发展国有经济。

弄清为什么要实行混合所有制经济，才能明确该怎样实行混合所有制经济。

有些学者、官员和私企业主主张搞混合所有制，就是要“国退民进”，让国企让出控股权，将中小国企“私营化”，称之为“产权结构优化”，实际上是借搞混合所有制搞私有化的一套。不知道这些学者和官员是否认真读过习近平同志的有关讲话和中央有关文件的有关论述，为什么要与中央的改革精神背道而行。中央文件要求国企改革要“保值增值”，“保值”就是指存量资本和资产不能减少；“增值”就是指增量资本和资产要不断扩大。当然，这是从国企总量或大多数国企来讲的，个别经营不善的国企可另作处理。目前，国有企业还存在这样那样的问题，需要通过深化改革来解决。但实行混改，绝不是搞新一轮增私降公、消蚀国企；而是如中央文件所说，要通过改革“发展壮大国有经济”，“增强国有经济活力、控制力、影响力”，是为了“坚持和完善基本经济制度”。如果搞去国有化，搞全面私有化，社会主义经济制度还存在吗？还需要共产党执政吗？如果以国有经济为核心的公有制全盘被私营经济和外资企业所取代，必然是转变为资本主义经济制度。基础决定上层建筑，共产党最终会退出历史舞台，苏联东欧剧变的结果就是明证。因此，必须按照中央指导思想搞好国有企业，而且是“必须搞好”。为搞好国有经济就必须搞好混合所有制经济。

实行混合所有制经济，应是双向混合，也就是既有私人资本参股国企，也有国有资本参股私企。国资参股私企，私企可具有绝对控股权或相对控股权，可扩大私资的影响力和竞争力。私资参股国企，不是把国企已做好的大蛋糕进行分割，切一大块分给私资。也就是说，不是简单地把原有国有股转让给私资，搞“国退民进”；而是由私资投资国企进行参股，做大蛋糕，共享新增利润。混改中最有意见分歧的是控股权问题，私资参股国企，由谁控股？有的学者和地方官员以及私企老板主张国企在混改中由私资控股，包括绝对控股权或相对控股权。需要认知：如果在混合所有制中由私资控股，国有经济就变为私营经济了。我们一般把私营经济看作是私有制经济，将“私营”与“私有”等同。其实，私营经济既可以是私有私营，也可以是公私资本共同持股，由私人资本经营的私营经济。在股份制中，如果国有资本总量多于私人资本，但国资分散在多家手中，私资相对占比高，由私资控股经营，就是私营企业，可以掌握相对控股权。在混改中，国有企业的存量资本一般不应出让控股权。因特殊情况需要转让的，也只是个别的。在混合所有制经济中，私资在四种情况下可掌握控股权：一是私企引入公有资本，多为绝对控股，少为相对控股；二是国资新投资领域，按项目的性质和国资私资参股的多少，可分别由国资控股或私资控股；三是原有国企在扩建或新建中引入私资参股，扩大增量资本，在这方面，可根据具体情况由国资或私资掌握控股权；四是某些经营不善的中小国企，在双赢的协商条件下，可转归私资控股经营。

实行混合所有制经济，私资参股国企，即使不占有控股权，也可具有话语权和监督权，可提高效率，做大蛋糕，分享利润。事实上，我国实行混合所有制的股份制企业已有不少先例，表现出有利于提高经营管理水平，获得国资、私资两利的成果。如中国建材集团吸引上千家私企参股，混合搞得很成功，既增强了国企的活力，实现了国企的保值增值，又带动了千家私企的发展。

实行混合所有制经济有些地方容易“闻风而动”，搞一股风、一刀切。有的地方政府定任务，下指标，限时间，争“先进”，规定国企让出多少“控股权”。这偏离了中央的混改精神，应引起重视。搞混合所有制改革既要有顶层设计，又要有细则。要按程序进行，规范运作，加强监督，避免新一轮国资大量流失。

评析当前关于国有经济的混淆认识*

一、应分清社会主义国家和资本主义国家国有经济的不同性质和作用

在2016年7月4日召开的全国国有企业改革座谈会上，传达了习近平的重要指示："国有企业是壮大国家综合实力、保障人民共同利益的重要力量，必须理直气壮做强做优做大，不断增强活力、影响力、抗风险能力，实现国有资产保值增值。"①搞社会主义和共产主义，必须建立和发展作为公有制重要形式的国有经济，这是从马克思主义经典作家到毛泽东、邓小平，历届中央领导和文件坚持的基本原理。以国有经济为主导的公有制经济，是社会主义经济制度的基础，这是写入我国宪法中的社会主义基本原则。

然而，长期以来，国内存在着这样一种观点，即否定国有经济的社会主义性质及其重要地位和作用，主张用民营经济(私有制经济)取代国有经济，批判、否定国有企业为社会主义国家的标志和党的执政基础，反对简单地将国有化和社会主义等同起来，认为这种"基础论"站不住脚。其主要理论和事实依据是：第一，苏联解体时，一统天下的国有经济没有支持苏共继续执政；第二，20世纪

---

* 原载于《毛泽东邓小平理论研究》2016年第8期。

① 习近平：《理直气壮做强做优做大国有企业》，http://cpc.people.com.cn/n1/2016/0705/c64094-28523802.html.

70年代初，一些发达资本主义国家国有经济比重都比较高，但没有人说它们是搞社会主义；第三，恩格斯在《反杜林论》中批评有人把俾斯麦的国有化看作是社会主义，这是冒牌社会主义。俾斯麦搞铁路国有化是战争的需要，与社会主义无关。但有的观点据此否定我国国有经济的社会主义性质，认为任何国有化都是冒牌社会主义。

应当明确：我国是以马克思主义为指导的社会主义国家。中国特色社会主义是科学社会主义的继承与发展，必须区分资本主义国家的国有经济同社会主义国家的国有经济社会性质的差别。资本主义国家以私有制为基础，有无国有经济都不会改变其资本主义制度，其国有经济依然是资本主义，或称之为国家垄断资本主义。但社会主义国家的国有经济归全民所有，是社会主义制度的经济基础，当然是社会主义性质的经济。这在马克思和恩格斯的论著中讲得很清楚。

马克思和恩格斯在《共产党宣言》中就指出，无产阶级取得政权后要把一切生产工具掌握在国家手中。① 这就表明要建立和发展国有经济。马克思在《论土地国有化》一文中指出："生产资料的全国性集中将成为自由平等的生产者的各联合体所构成的社会的全国性基础。"②就是说，生产资料国有化是联合体(社会主义和共产主义)的"全国性"基础。恩格斯在《反杜林论》中一方面批评了把资本主义制度下的某些国有化称作社会主义的"冒牌社会主义"，另一方面又指出："无产阶级将取得国家政权并且首先把生产资料变为国家财产"。③ 就是说，无产阶级取得政权的国家应首先建立国有经济，才能实行社会主义。恩格斯还指出了为什么资本主义国家的国有经济仍然是资本主义而非社会主义。因为生产资料"无论转化为股份公司，还是转化为国家财产，都没有改变生产力的资本属性……工人仍然是雇佣劳动者，无产者。资本主义关系并没有被消灭，反而被推到了顶点"。④ 令人不解的是，有人竟根据资本主义国家的国有经济不是社会主义，根据恩格斯批评"冒牌社会主义"来否定我国的国有经济是社会主义经济。

只要翻看一下，从毛泽东到历届中央领导人的论著和中央有关文献，就可

---

① 《马克思恩格斯文集》第2卷，北京：人民出版社，2009年版，第52页。

② 《马克思恩格斯文集》第3卷，北京：人民出版社，2009年版，第233页。

③ 《马克思恩格斯文集》第9卷，北京：人民出版社，2009年版，第297页。

④ 同上书，第295页。

清楚地知道，无论是搞新民主主义还是社会主义，国有经济都是社会主义性质的经济。毛泽东在《新民主主义论》中指出："无产阶级领导下的新民主主义共和国的国营经济是社会主义的性质，是整个国民经济的领导力量。"①新中国成立前夕，全国政协制定的《共同纲领》也讲：在我国新民主主义制度下国营经济为社会主义性质的经济。《中华人民共和国宪法》规定：中华人民共和国的社会主义经济制度的基础是生产资料的社会主义公有制，即全民所有制和劳动群众集体所有制。国有经济，即社会主义全民所有制经济，是国民经济中的主导力量。国家保障国有经济的巩固和发展。我国处于社会主义初级阶段，不搞单一的公有制，实行国有经济为主导、公有制为主体、多种所有制经济共同发展的基本经济制度，要坚持"两个毫不动摇"。这也是写入宪法、党章和中央文件中的基本原理，不认同这些基本原理并与其相对立的观点是完全站不住脚的。

二、国有经济是不是党和政府的执政基础

改革开放以来，否定国有经济、宣扬"国退民进"的私有化思潮颇为盛行。中央和马克思主义学界提出了以国有经济为核心的公有制经济是党和政府的执政基础的论断，以澄清理论是非。1999 年，江泽民指出："我国社会主义工业化和现代化建设的一切重要成就，我国具有今天这样比较雄厚的综合国力和重要的国际地位，我国经济能够在激烈的国际竞争中持续稳步发展，都同国有企业发挥的巨大作用分不开。"②2000 年，他又指出："没有国有经济为核心的公有制经济，就没有社会主义的经济基础，也就没有我们共产党执政以及整个社会主义上层建筑的经济基础和强大物质手段。这一点各级领导干部特别是高级领导干部必须有清醒的深刻的认识。"③

不赞同讲国有经济是党和政府执政基础的观点认为，如果按照这种"基础论"定位，那么，国有经济就只能进、不能退。苏联解体的时候，一统天下的国有经济为什么没有支持苏共继续执政？这种逻辑是不合理的。讲"执政基础"，并不意味着国有经济只能进不能退，而是有进有退，进退有序，进退合理。不能把"国退民进"作为国企改革的方向。要坚持在国有经济为主导、公有

① 《毛泽东选集》第 2 卷，北京：人民出版社，1991 年版，第 678 页。

② 《开创国有企业改革和发展的新局面——热烈祝贺党的十五届四中全会胜利闭幕》，《人民日报》，1999 年 9 月 23 日。

③ 《江泽民文选》第 3 卷，北京：人民出版社，2006 年版，第 71 页。

制经济为主体的原则下使多种所有制经济共同发展。坚持“两个毫不动摇”、公私共同发展，是在坚持国有经济为主导、公有制为主体的原则下进行的。为什么要强调公有制经济为主体？这是国有经济的重要地位和作用决定的。第一，公有制经济如宪法所规定是社会主义经济制度的基础。社会主义要消灭剥削、消除两极分化，走向共同富裕，必须在公有制基础上实现。以私有制为基础的社会，不可能消除贫富分化、实现共同富裕。因此，公有制的兴衰成败关系着社会主义的兴衰成败。第二，以国有经济为核心的公有制是共产党和人民政府执政的基础。共产党的名称就表示它的宗旨是要共生产资料之产的。如果不搞公有制，不搞国有化，而是搞私有制，需要共产党吗！如果公有制全盘倒退为私有制，经济基础决定上层建筑，共产党就会失去其执政的经济基础。因此，公有制的兴衰成败，关系到共产党的事业的兴衰成败。正因为如此，习近平一再强调“基础论”。2014 年 8 月 18 日，在中央全面深化改革领导小组会议上，习近平指出：“国有企业特别是中央管理企业，在关系国家安全和国民经济命脉的主要行业和关键领域占据支配地位，是国民经济的重要支柱，在我们党执政和我国社会主义国家政权的经济基础中也是起支配作用的，必须搞好。”①在 2015 年 11 月 23 日中共中央政治局集体学习会上，习近平又强调指出：“公有制主体地位不能动摇，国有经济主导作用不能动摇，这是保证我国各族人民共享发展成果的制度性保证，也是巩固党的执政地位、坚持我国社会主义制度的重要保证。”②可见，否定“基础论”的观点是与马克思主义指导思想和中国特色社会主义理论相悖的。

否定“基础论”的观点还有一个事实根据，是苏联解体时一统天下的国有经济并没有支持苏共继续执政。这个根据在逻辑上也是不合理的。讲国有经济是执政基础，不是说只要有国有经济为基础就能保证共产党及其政权长治久安。如果共产党脱离群众不为劳动人民谋利益，而是以权谋私，又不坚持把发展生产力与发展和完善社会主义生产关系（主要是消灭剥削，消除两极分化，人民当家作主，实现共同富裕）以及发展和完善社会主义上层建筑统一起来，任由去马克思主义、去社会主义的思潮和势力泛滥成灾，亡党亡政的可能性就会成

① 《习近平主持召开中共中央政治局会议》，http://news. xinhuanet. com/politics/2014-08/29/c_1112288803. htm.

② 习近平：《公有制主体地位不能动摇》，http://news. ifeng. com/a/20151125/46376721_0. shtml.

为现实。苏联亡党亡国是前车之鉴。党的十八大以来，习近平提出“四个全面”的战略布局，正是保证我国长治久安的治国理政方略。他强调，要始终把人民放在心中最高的位置，时刻把人民群众的安危冷暖放在心上，夙夜在公，始终与人民心心相印，与人民同甘共苦，与人民共同奋斗。又提出了新的发展理念，提出了以人民为中心的共享思想。共享什么？笔者认为这是具有丰富内涵的概念。共享改革与发展的成果；共享青山绿水、蓝天白云；共享无害食品；共享教育医疗资源；共享安全生活；共享共同富裕。但所有这一切都要求把国有经济搞好搞活，如果搞私有化，则一切背道而驰！还应看到，苏联搞新自由主义的改革，苏共亡党亡政的过程，正是与私有化的改革同步进行的，是与其放弃公有制经济基础相联系的。

三、搞混合所有制经济不能以私资抵消国资，而是共同发展

否定“基础论”的观点认为，混合所有制改革不能受片面观念束缚。其用意何在呢？显然，从它否认我国国有经济是社会主义经济，否认“执政基础”，可以看出，它是主张在搞混合所有制经济中，不必坚持国有经济的主导地位，可以不坚持国有经济的控股权，而认为党的执政基础是“三个民”，即“民心、民生、民意”。这是什么意思？难道国有经济与民心、民生、民意相对立吗？难道搞好搞活、做优做强国有经济不是民心所向吗？难道国有企业作为全民所有制经济不是保障与改善民生的经济基础吗？难道广大工人群众在国有企业的工资待遇和地位远比私资企业高，不愿将国企私有化，不是民意所向吗？吉林省通钢事件说明了什么？其实，这里所说的“三个民”，不是广大劳动人民的“民”，而是民营经济即私有制经济的“民”，主张发展“民本经济”。什么是民本经济呢？就是以民为本，立足于民，民有、民营、民享的经济。其主要特点就是社会投资以民间投资为主，经济形式以民营为主，社会事业以民办为主。显然，这三个“民”的本意就是以发展私有制经济取代国有经济，主张国有经济不符三“民”，应换之以民营经济（私有经济）的三“民”。

中央提出发展混合所有制经济，绝不是如有些人所主张的那样，以私资股销蚀国资股，而是为了更好地发展国有经济。党的十六大报告提出发展混合所有制经济时，同时提出必须毫不动摇地巩固和发展公有制经济，发展壮大国有经济。十八届三中全会进一步提出积极发展混合所有制经济。同时提出：必须毫不动摇地巩固和发展公有制经济，坚持公有制主体地位，发挥国有经济主导

作用，不断增强国有经济活力、控制力、影响力。中央有关文件一再讲：搞混合所有制经济，要使国有经济保值增值，防止国有资产流失。难道遵循中央有关决定中的这些规定就是所谓的“受片面观念束缚”，应该突破吗？

四、从马克思主义的理论逻辑和社会主义的实践逻辑认识国有经济的地位和作用

马克思主义和中国特色社会主义，之所以强调国有经济的重要地位和作用，是有其科学理论和实践逻辑的，决不是为国有而国有，不是什么意识形态偏好。我国的国有经济还存在这样那样的不少问题，需要通过改革和完善管理将其搞好搞活。认为国有经济注定不如私有经济有效率，从中外整体经济发展的历史来看，这一论断并不具有科学性。从马列主义基本原理来说，首先要阐明为什么要搞社会主义。其本意可概括为两方面：其一是要让广大劳动人民摆脱在旧制度下受剥削受压迫的境地，全面自由发展，过上美好幸福的生活，最终实现共同富裕。为此，就需要以公有制取代私有制，这是制度保证。搞国有经济正是服从于这一根本目的的。其二是搞社会主义，是为了更好更快地发展生产力，这既是不断提高人民生活水平、实现共同富裕的物质保证，又是消除旧社会制度中束缚生产力发展的桎梏的需要。就资本主义国家来说，周期性的经济危机破坏着生产力的发展。就旧中国来说，在“三座大山”的压迫下，生产力发展被束缚着，使旧中国处于生产力十分落后的境地。从历史事实来看，以社会主义公有制取代旧制度的私有制，显示出了社会主义公有制有利于生产力发展的优越性。苏联建立了以公有制为基础的社会主义制度后，迅速缩短了沙俄时代与美国经济的巨大差距。在 1921—1933 年资本主义经济大危机年代，苏联经济蓬勃发展。二战中还打败了强大的法西斯德国的进攻；二战后成为可与美国抗衡的超级大国。而苏联解体、实行私有化后，多年经济停滞不前，国际地位雄风不再，其经济规模占世界的比重大幅下降。旧中国的多种私有制没有促进生产力的快速发展，反而成为生产力发展的障碍。新中国建立了社会主义国有经济以后，显示出了远超私有制经济的优越性。尽管改革开放前有“左”的失误，但经济建设事业和经济发展的成就超过旧中国的一两百年，年均 6% 以上的发展速度也超过了许多私有制的资本主义国家。改革开放前，新中国的经济建设成就主要是靠国有经济的贡献。国有经济也显示了它的效率。1956 年，毛泽东在《论十大关系》中讲：“从现在的材料来看，轻工业工厂的建设和积累一般都很快，全部投产以后，四年之内，除了收回本厂的投资以后，还可

赚回三个厂、两个厂、一个厂，至少半个厂。”①这表明利润率是很高的。据此分析，如果投产四年就可收回全部投资，表示年均利润率为 25%；如果四年之内还可赚回三个厂，表示年均利润率为 100%。当然这指的是轻工业，重工业的利润率会低些。改革开放以后，出现了不少国企亏损、倒闭，国有资产大量流失的情况，需要实事求是地分析其历史和现实原因。为什么有些原来效率很好的国企变得亏损甚至倒闭，是完全可以讲清楚的。但这不是本文的任务。这里重在说明：不能不加分析地得出国有经济必然比私有制经济效率低的论断。从而借此提出以私有制经济取代国有经济，搞“国退民进”的改革方向。

① 《毛泽东文集》第 7 卷，北京：人民出版社，1999 年版，第 26 页。

学习好、把握好中央《关于深化国有企业改革的指导意见》*

中共中央、国务院《关于深化国有企业改革的指导意见》(以下简称《指导意见》)，是中央关于深化国有企业改革的顶层设计。笔者学习《指导意见》有以下一些体会。

一、正确理解和把握深化国有企业改革的精神实质

要把《指导意见》与十八届三中全会通过的《中共中央关于全面深化改革若干重大问题的决定》(以下简称《决定》)结合起来理解其新的精神。在《决定》中，关于国有企业的改革只是其中的一方面内容，其重点是从广度和深度上推进市场化改革，使市场在资源配置中起决定性作用和更好地发挥政府作用，凸显"积极发展混合所有制经济"，"鼓励非公有制企业参与公有企业改革，鼓励发展非公有资本控股的混合所有制经济"。① 由于对国有企业的改革还没有顶层设计和细则，被有些人做了新自由主义的解读和宣传，即私有化、自由化、全面市场化。有些人妖魔化国有企业，宣传国有企业拖累民营经济和整个国家经济的发展，有的宣传市场化改革与国有企业不相容。其实，这种思潮多年来一直存在，只是近年来有些愈演愈烈之势。

---

* 原载《毛泽东邓小平理论研究》2015 年第 10 期。

① 《中共中央关于全面深化改革若干重大问题的决定》，http://news. xinhuanet. com/2013-11/15/c_118164235. htm.

在混合所有制改革中，一个核心问题是谁控股，《决定》对此没有细则说明。《决定》中有这样一个提法：“鼓励非公有制企业参与国有企业改革，鼓励发展非公有资本控股的混合所有制企业。”①有些学者和地方官员就主张私人资本参股国有企业取得控股权。由于《决定》没有具体说明非公有资本在哪类企业或哪类经营事业中进行控股，有些地方部门没有领会中央关于实行混合所有制的精神，搞混改刮风，定时间下任务，完成多少指标，让出多少控股权。这样搞下去，会产生新一轮的国有资产流失。

针对此问题，《指导意见》提出了国有企业改革包括混改的顶层设计，在某些方面增添了细则。首先，《指导意见》明确提出国有企业在我国社会主义制度中的重要地位和作用：国有企业“是推进国家现代化、保障人民共同利益的重要力量，是我们党和国家事业发展的重要物质基础和政治基础”。② 而且已经起了很大的作用，“运行质量和效益明显提升”，在多方面“做出了重大贡献”。当然，深化国有企业改革，不但是因为国有企业尚存在一些“亟待解决的矛盾和问题”，而且还因为只有搞好搞活国有企业，才能使其更好地担当重任。“在推动我国经济保持中高速增长和迈向中高端水平、完善和发展中国特色社会主义制度、实现中华民族伟大复兴中国梦的进程中，国有企业肩负着重大历史使命和责任。”为此，就要求“坚定不移做强做优做大国有企业”。③

要不要通过深化改革，更好地发展和完善国有企业，进一步提高其质量和效益，着力于将其做大做优做强，对于理论工作者和政府工作者来说，这是是否认同马克思主义、科学社会主义和中国特色社会主义的分水岭。凡是认同和坚持马克思主义和社会主义的同志，都会赞同按照宪法和中央文件发展、完善国有企业。深化国有企业改革，要服从于两大根本目的：一是“以解放和发展社会主义生产力为标准，以提高国有资本效率、增强国有企业活力为中心”，④这是生产力标准；二是“坚持和完善基本经济制度，坚持社会主义市场经济改

① 《中共中央关于全面深化改革若干重大问题的决定》，http://news.xinhuanet.com/2013-11/15/c_118164235.htm.

② 《中共中央国务院关于深化国有企业改革的指导意见》，《人民日报》，2015年9月14日。

③ 同上。

④ 同上。

革方向”,① 这是社会主义价值标准，也就是一贯所讲的：改革是社会主义制度的自我发展与完善。“坚持和完善基本经济制度，这是深化国有企业改革必须把握的根本要求。”②

必须毫不动摇地巩固和发展公有制经济，坚持公有制的主体地位，发挥国有经济的主导作用；也毫不动摇地鼓励、支持、引导非公有制经济发展。

《指导意见》对发展混合所有制经济提出了明确的意见：针对前一阵“一股风”“一刀切”的非科学的改革惯性，提出“坚持因地施策、因业试策，宜独则独、宜控则控、宜参则参，不搞拉郎配，不搞全覆盖，不设时间表，成熟一个推进一个”。③ 搞混改，要依法依规，严格程序，杜绝国有资产流失。

二、发展混合所有制经济应是双向混合：你中有我，我中有你

《决定》提出积极发展混合所有制经济，不能只强调和着眼于私有资本参股国有企业的混改方式，不讲或很少讲国有资本参股私有企业的混改方式。我们应准确理解和把握《决定》的有关指导思想。从文字上看《决定》没有明确讲搞混合所有制经济是双向混合，即私有资本参股国有企业，国有资本也参股私有企业。但从内容上看，实际上包含了双向混合之意。其原文是：“国有资本、集体资本、非公有资本等交叉持股相互融合的混合所有制经济，是基本经济制度的重要实现形式，有利于国有资本放大功能、保值增值。提高竞争力，有利于各种所有制资本取长补短、互相促进、共同发展。允许更多国有经济和其他所有制经济发展成混合所有制经济。”④这里讲混合所有制经济，“是基本经济制度的重要实现形式”，是指混合所有制经济既是公有制，也是非公有制的重要实现形式。还有，“允许……其他所有制经济发展成混合所有制经济”，“国有

① 《中共中央国务院关于深化国有企业改革的指导意见》,《人民日报》,2015 年 9 月 14 日。

② 同上。

③ 同上。

④ 《中共中央关于全面深化改革若干重大问题的决定》, http://news.xinhuanet.com/2013-11/15/c_118164235.htm.

资本、集体资本、非公有资本交叉持股”。① 这些论述，已含有公有资本参股私有企业之意。因此，搞混合所有制应是双向混合，应是国有资本和私有资本你中有我，我中有你。

对于这一点，《指导意见》明确提出“鼓励国有资本以多种方式入股非国有企业”。② 有人疑虑这是不是又搞“三大改造”时的公私合营，用国有资本销蚀私有资本？完全不是，这是既有利于国有资本发展，更有利于私有资本发展的混改方式。不是经常埋怨私有企业贷款难、资源分配不公吗？国有资本参股可缓解这方面的问题。而且，国有资本参股私有资本，当然由私有资本绝对控股或相对控股。这与“三大改造”时的公私合营完全不是一回事。“三大改造”时期的公私合营，是国家资本主义的一种形式，是以公有制改造私有制的一种过渡形式。而目前的私企搞混合所有制经济，让国有资本参股，由私有资本控股，是发展私有企业的一种经营方式，如果国有资本参股占比小，由私有资本绝对控股；如果国资参股占比大，但分散在多家国企，私资占比相对大，由私资相对控股，这类企业的性质仍是私营企业。其实，这种混资企业在我国已经存在。这种企业可以放大私有资本的控制力和影响力。一般认为，私营企业是资本私有私营，其实，公私混合资本由私有资本经营，依然是私营企业。

控股权问题，是混合所有制经济改革中一个关键问题。国有企业搞混改怎样处置控股权？《指导意见》指出：要根据国有企业的不同类别分别实施。主业处于关系国家安全、国民经济命脉的重要行业和关键领域、主要承担重大专项任务的商业类国有企业，要保证国有资本的控股地位，私有资本可以参股。主业处于充分竞争行业和领域的商业类国有企业，“国有资本可以绝对控股、相对控股，也可以参股”。应该肯定，国有资本控股是主要的，国有资本参股，让私有资本控股应是特殊情况下的少数事例。国有企业在市场经济中，公平竞争、优胜劣汰，落后企业会倒闭、破产，需要处置低效无效资产，淘汰落后产能。这类企业中的一部分可转由私有资本兼并，由私有资本控股，国有资本参股。

---

① 《中共中央国务院关于深化国有企业改革的指导意见》，《人民日报》，2015 年 9 月 14 日。

② 同上。

三、为什么要发展和怎样发展混合所有制经济

发展混合所有制经济的具体目标是促进国有企业转换经营机制，放大国有资本功能，增强国有经济的活力、控制力、影响力和抗风险能力，提高国有资本配置和运行效率，实现各种所有制资本取长补短、相互促进、共同发展。但是也要防范借混改之机销蚀国有资本、化公为私。《指导意见》专设第六节“强化监督防止国有资产流失”，包括强化企业内部监督制度、建立外部监督机制、信息公开和社会监督、严格责任追究。对国资混改中重大决策失误和失职、渎职行为，建立倒查机制；对侵吞、贪污、输送国有资产等行为，建立监督问责制度，这样就可以把国资混改的权力也关进笼子里，防范新一轮国有资产流失。

《决定》和《指导意见》都提出在国有企业改革中要使国有资产保值增值。《指导意见》在这个问题上着力较多，明确而突出，把国有资产保值增值与强化监督防止国有资产流失并提，而且强调落实，提出要建立严格责任追究制度。《指导意见》多次提出：“进一步完善国有企业监管制度，切实防止国有资产流失，确保国有资产保值增值”，“国有资产的监管制度更加成熟，……监管的科学性、针对性、有效性进一步提高，经营性国有资产实行集中统一监管，国有资产保值增值责任全面落实”。①

深化国有企业改革，实行混合所有制经济经营方式，强调国有资产保值增值，就是要防止国有资产流失。保值，就是指存量资产不能销蚀，也就是不能把国有企业已经做好的蛋糕切一块送给私有资本。增值，就是通过扩大再生产，增加国有企业资产，以做大做优做强国有企业为目标。国有企业搞混合所有制经济，决不是像某些人所主张的那样，搞“国退民进”，让出控股权，由私有资本销蚀国有资本，作为搞私有化的途径。总之，国有企业和私有企业实行混合所有制经济，既不是让私有资本销蚀国有资本，也不是让国有资本销蚀私有资本，而是通过国有资本、集体资本、非公有资本等交叉持股、相互融合，推动各种所有制资本取长补短、相互促进、共同发展。

要吸取国有企业改革的经验教训。我国改革伊始，就把搞好、搞活国有企业作为经济体制改革的中心环节，而不是改弱、改掉国有企业。改革，要提出

---

① 《中共中央国务院关于深化国有企业改革的指导意见》，《人民日报》，2015 年 9 月 14 日。

目标、途径、方法、步骤、监管手段、落实要求。总之，要有顶层设计和细则。不能用抽象的可以各自解读的改革意见和不精确的提法引导改革。那样会造成各行其是，借机盗窃国有资产，使国有资产大量流失的后果。多年来，我国缺乏国有企业改革的良好舆论环境。“国退民进”、“国有企业从竞争领域退出”、妖魔化国有企业、全盘否定国有企业在我国社会主义经济中的地位和作用的私有化思潮泛滥，影响了某些政府官员和企业。因此，以往每提出一项国企改革措施，总会有人用新自由主义的观点去解读和宣传。某些政府官员和企业就容易借机采取一些腐败手段，化公为私，侵蚀国有资产。举例子说：1999年9月党的十五届四中全会通过了《中共中央关于国有企业改革和发展若干重大问题的决定》，提出了对国有企业七项“放小”的办法。事先对文件内容征求意见时，有人提出将国有小企业出售的办法，不要放前面，应放最后，这条意见被最终采纳。但是在什么情况下出售、怎样出售、谁来监管和怎样监管，没有细则。尽管有一条“出售要严格按照国家有关规定进行”，但国家有关规定是什么？没有一字说明。于是兴起了出卖国有企业的风潮。自买自卖、半买半送、名买实送、化公为私、一夜暴富，直接使社会主义公有制经济演变为资本主义私有制经济。当时朱镕基曾批评“一卖了之”也未能阻止，很大程度上是因为没有规则、细则，没有监督和问责制。

2015年中央提出的《关于深化国有企业改革的指导意见》，注意到防范国有资产流失问题。专设一节“强化监督防止国有资产流失”，并提出了防止的办法。要强化和完善企业内部监督体系，诸如明确监事会、审计、纪检监督、巡视，以及法律、财务等部门的监督。更重要的是要健全以职工代表大会为基本形式的民主管理制度，加强企业职工民主监督。作为社会主义经济基础的国有企业，职工是国家和企业的主人，应具有知情权、话语权、监督权、表决权等。国有企业的改革和发展都要重视发挥企业职工的凝聚力、向心力、创造力。为防止国有资产流失，要实施信息公开，加强社会监督。建设阳光企业，消除暗箱操作。充分发挥媒体和社会成员的舆论监督和政府的巡视监督作用。另外，要严格责任追究，国企高管要权责统一，要有职责担当，对重大决策失误和失职、渎职责任要有追究倒查机制，并对其进行纪律、行政和刑事处置。

四、国有企业要有进有退，有所为有所不为

既讲做大做优做强国有企业，又讲国有企业有进有退，有所为，有所不为。国有企业要保值增值、做大做优做强，并不是一种固态发展，而是动态

发展。

《指导意见》提出"以管资本为主推动国有资本合理流动优化配置"。① 要推动国有资本向关系国家安全、国民经济命脉和国计民生的重要行业和关键领域、重点基础设施集中，向前瞻性、战略性产业集中，向具有核心竞争力的优势企业集中。要清理退出一批、重组整合一批、创新发展一批国有企业。退出企业要依法实现关闭和破产，要加快处置低效无效资产，淘汰落后产能，以市场公允价格处置企业资产。就是说，这类被淘汰和关闭、破产的国企资产，不能随意流失，而是要以合理公允的价格处置。处置价格的回归，不是上缴国家财政了事，而是要"实现国有资产形态转换，变现的国有资本用于更需要的领域和行业"。② 这一指导思想值得注意。过去讲国有资本有进有退，好像退出的资本沉淀于财政了事。而现在的《指导意见》是，退出的国有资产变现后要投向国家更需要的领域和行业。就是说，不是国有企业简单退出了事，而是为有退有进、有所为有所不为增添的新内涵，这也是"国有资本的形态转变"。

大家知道，过去主张国退民进、国有企业从竞争领域退出、全盘私有化的某些学者，也大讲出卖国有企业只是资本形态转换，变现的资本上缴国家，依然归国家所有，没有改变国家所有制的性质。这种逻辑是用以忽悠不知情者的手法。我们讲国有制、公有制和私有制，都是指生产资料所有制。生产资料国家所有，才是国有经济。国家财政收入不属于所有制经济范畴。封建主义和资本主义国家，都有国家财政收入，那不是国有经济，不能将国家财政与国有制经济相混淆。

《指导意见》所提出的国有资本形态转变的公式是：国有资产—货币资本—新国有资产。而私有化观点的国有资本形态转变的公式是：国有资产—货币资本—财政收入。前一公式是国有企业有进有退，有所为有所不为的改革和经营方式；后一公式是国有资产全部退出，国退民进的私有化方式。

五、关于加强和改进党对国有企业的领导问题

《指导意见》专设一节"加强和改进党对国有企业的领导"。对于这一内容，学界存在不同的见解。有人认为，我国实行市场经济，让市场在资源配置中起

① 《中共中央国务院关于深化国有企业改革的指导意见》，《人民日报》，2015 年 9 月 14 日。

② 同上。

决定作用，国有企业也由市场决定资源配置，要简政放权，减少国家干预。现在怎么又提加强和改进党对国有企业的领导呢？这需要进行分析。可以看到，改革开放以来，实行社会主义市场经济，国有企业中厂长、经理的管理权力增大，党组织的地位和作用减弱，企业高管贪腐的机会增多，国有企业职工的主人翁地位和作用也随之弱化，这不利于国有企业的改革与发展。《指导意见》提出，要充分发挥国有企业党组织的政治核心作用。国有企业的党组织健全，可以发挥在改革与发展中社会主义方向的引导和保证作用，发挥党员的模范带头作用。还有，在实行社会主义市场经济中，存在着官商勾结、滋生贪腐寻租的空隙。党组织对党员的政治、纪律要求，对企业高管和企业行为的监督、纪检，对国有企业改革与发展的有效助力，可起重要的积极的作用。《指导意见》指出：国有企业党组织要切实履行好主体责任，纪检机构要履行好监督责任，加强党性教育、法治教育、警示教育，引导国有企业领导人员坚定理想信念，正确履职行权。加强和改进国有企业巡视工作，强化对权力运行的监督和制约，完成反腐倡廉体系，严格落实反“四风”规定，努力构建企业领导人不敢腐、不能腐、不想腐的有效机制。所有这方面的党的领导工作，都是为国有企业改革与发展增添正效应。

深化国有企业改革，需要处理好企业内部的分配关系。企业高管不应拿天价工资，与企业职工的工资收入差距不应过大。深化改革，要降低企业高管的天价工资。怎样对待这一问题，是对企业党员高管的理想信念的考验。加强和完善党对企业的领导，包括对企业领导人的理想信念教育、党性教育。国有企业党员高管，是党组织选择委派和信任你来管理好这一全民利益所系的国有企业的，不应把追求个人收入最大化作为主要甚至唯一目标，不应是唯利是图之辈。要有党性，为党的改革发展事业、为搞好搞活作为社会主义经济基础和党的执政基础的国有企业尽心尽责。要具有马克思主义理论素养和远大眼光，要懂得搞好搞活国有企业是人民利益之所在。在国有企业改革中减少国企党员高管的过高收入，就应以党性和理想信念来应对。

广而言之，加强和完善党的领导，是创建和发展社会主义事业的必要，而不是主观强加的。因为社会主义事业始终是有组织有领导有谋划的自觉行为。以往的社会制度都是自发地、自然地产生与发展的。就资本主义制度来讲，是先有资本主义经济和市场经济的实践和社会制度的建立，后有资本主义和市场经济的概念和理论。在资本主义经济发展了三四百年后的 19 世纪，才出现“资本主义”这一概念，“市场经济”概念则出现得更晚。而社会主义则相反：先有社会主义概念和理论，后有社会主义运动、革命和制度。由空想社会主义到科学社会主义，到中国特色社会主义，已经历了 500 年。从科学社会主义理论的创建，到社会主义制度的建立，都是有计划、有组织、有领导的自觉过程。新中国的建立，社会主义和中国特色社会主义的实行，由计划经济转向社会主义市场经济、改革开放、深化国有企业改革，都是在党的领导下进行的。离开和否定党的领导，社会主义事业不可能通过自发过程完成，必然会倒退为资本主义。

近两年关于国有经济的地位、作用和效率问题的争论与评析*

——结合十八届三中全会的《决定》进行分析

一、否定国有经济的观点综述

(一)否定国有经济地位与作用的观点

张维迎认为，国有企业并不利于降低收入分配差距和解决就业问题，国有企业越多的地区，收入分配的差距越大，百姓的就业越难，并且国有企业垄断了大部分资源，成为中国最大的寻租场，却创造了很少的价值。① 国有企业还存在两大负外部性，一是国企占据主体位置，严重抑制中国企业家精神，二是国企享有特权，导致严重的道德危机。② 因此要严格限定国企的投资边界。并且，国有企业占比过高，造成中国无法形成真正的市场经济，因此，国有企业成为中国经济进一步发展的障碍，应当采取私有化的手段，降低国有企业的比重。③

十八届三中全会结束的次日即 2013 年 11 月 13 日，张维迎接

---

* 本文为中国人民大学科学研究基金(中央高校基本科研业务费专项资金资助)项目成果(13XNH108)。曾载于《经济学动态》2013 年第 12 期。

① 张维迎:《理性思考中国改革》,《新金融》,2013 年第 8 期。

② 张维迎:《国企特权的两大危害》,《当代工人》,2013 年第 1 期。

③ 钟晶晶、邢世伟:《张维迎:国企是中国成长的障碍》,《新京报》,2012 年 3 月 19 日,B03 版。

受《新京报》的采访时说："国有企业的改革问题，这次并未放在突出位置，有点轻描淡写。还是延续过去的思维，没有新的突破。""国企，无论从社会效率，还是收入分配的角度讲，都不利于经济的健康发展。""国有企业起主导性的市场，没有办法去建设一个公平竞争的市场环境"。在劳动力市场上，国有企业的身份高，也会影响大学生就业。如保持强大的国有企业，市场经济不可能完全建立。因为"时机还没有到"，所以国有企业改革就没有大动作。①

陈清泰认为：20 世纪 90 年代初"姓社姓资"问题的突破，大大解放了思想，为建立社会主义市场经济体制扫清了障碍。今天，如果能摘掉企业的"所有制标签"，消除"所有制鸿沟"，突破"姓国姓民"的桎梏，将是生产力的又一次大解放。② 他再次著文提出：在非公有制经济总量已经超过一半的情况下，坚持"公有制为主体"与"促进非公有制经济发展"，两者很难得到兼顾；"国有经济控制国民经济命脉"，"占支配地位"，与"发挥市场在资源配置中的基础性作用"的冲突日益明显；各类企业的市场地位是靠竞争来赢得，还是依靠政府力量去推动实现？在两者间面临选择。"生产力的发展呼唤新突破"。③

高尚全否定国有经济是社会主义经济，是党的执政基础。他认为，中国共产党的执政基础不在于国有经济比重的高低，而根本的是在于三个"民"：民心、民生和民意。④ 他还提出，改革攻坚，必须坚持"三个毫不动摇"，即坚持市场化改革方向不动摇，坚持国有经济定位不动摇，坚持打破垄断不动摇。关于国有经济定位，他否认我国国有经济的社会主义性质，他引证恩格斯在《反杜林论》中批评有人将俾斯麦的国有化称作社会主义，指出那是"冒牌社会主义"，据此宣称我国的国有经济不是社会主义，并由此否定国有经济是共产党的执政基础的观点，批评我国时至今日仍有人认为我国国有化是社会主义。⑤

关于十八届三中全会的《决定》，高尚全表示，他一直不赞同国家宏观调控下的市场经济。"你要搞市场经济，先要国家来调控一下，这样怎么搞市场经

---

① 杨万国、金彧：《张维迎：改革领导小组值得期待》，《新京报》，2013 年 11 月 15 日，第 16 版。

② 陈清泰：《超越争议　公平竞争》，《人民日报》，2012 年 6 月 4 日。

③ 陈清泰：《关于进一步解放生产力的思考》，《北京日报》，2013 年 7 月 22 日。

④ 高尚全：《改革攻坚必须打破垄断》，《中国民营科技与经济》，2012 年第 6、7 合刊。

⑤ 高尚全：《改革攻坚，必须"三个毫不动摇"》，《深圳特区报》，2012 年 12 月 16 日。

济呢?”“所谓市场经济就是市场配置资源，而不是政府宏观调控。”他说：十六届三中全会，他觉得宏观调控表述不科学，起草小组开大会时，他发言了，提出否定性的五个问题。“起草小组经过认真讨论研究并经中央同意”，不再提“使市场在国家宏观调控下对资源配置起基础性作用”，只强调“更大程度地发挥市场在资源配置中的基础性作用”。这次三中全会提出来，使市场在资源配置中起决定性作用，“就是市场配置资源，而不是宏观调控”。①

吴敬琏认为：中国存在“改革停顿甚至倒退的情况”。“中国的改革还只是走在半途”。这表现在“政府和国有经济虽然已不再囊括一切，但还是牢牢掌握国民经济的一切‘制高点’，主宰着非国有经济命运”。国有企业在石油、电信、铁道、金融等重要行业继续处于垄断地位。他批判“极左势力”“蒙骗大众，掀起强化国家权力和行政控制”的“倒退风潮，造成了极严重的后果”，他提出，一个国家是否具有社会主义的性质，并不是由国有经济所占份额决定的，只要共产党采取正确的政策有效地防止了财富分配的两极分化，我们国家的社会主义性质都是有保证的。②

关于三中全会的《决定》，吴敬琏指出：《决定》讲，要使市场在资源配置中起决定作用，这就回答了特别是最近十多年来一个很大的争论，就是我们的改革要往前走，向市场化方向走，还是强化政府对于经济，对于社会的管控这个方向走，这是个重大的方向性问题。③

张文魁认为：绝大部分国企都应该走民营化的道路，中小型的国有企业可以选择整体出售的办法，大型、特大型国企可实现股权多元化，国家持有一定的国有股，这是未来国企改革的方向。④ 新一轮国有部门的改造，应该实现国有部门的显著收缩，这主要应通过国有企业的民营化来实现。⑤ 他认为，国有企业的存在会导致资源配置的扭曲，只有将国有经济的比重降到10%，才能

① 高尚全：《三中全会的两大突破》，《投资时报》，2013年11月25日。

② 吴敬琏：《重启改革议程》，北京：生活·读书·新知三联书店出版社，2013年版，第231—245页。

③ 吴敬琏：《市场起决定作用将解决现有体系三大缺点》，《财经》年会2014上的发言，2013年11月19日，http://news.hexun.com/2013-11-19/159820843.html?fromtool=roll.

④ 张文魁：《绝大部分国企都应民营化》，《福建工商时报》，2012年5月22日。

⑤ 张文魁：《国企民营化》，《资本市场》，2012年第7期。

够建立完善的社会主义市场经济体制。①

陈志武提出："必须从政府主导型经济转变到市场主导型经济，政府必须从经济中退出，……必须把国有资产和土地从以政府所有为主，改革到以民有、私有为主。"②

马光远认为：国企的存在，是对市场经济平等主体的挑战，国企的存在，也模糊了政府和企业的边界，重回政企不分的历史老路，国企在竞争性领域的四处扩张，更是对民营企业生存的严重挤压。③

(二)"国有企业无效率论"

有人认为国有企业天然是无效率的。国有企业自身存在效率损失，并且国企比重过高会造成整个行业的效率损失。

有人赞同新古典主义的传统观点：公有产权必然是无效率的，产权私有化是解决效率问题的关键。国有企业因其公有产权的性质，被认为是普遍无效率的。吴延兵将企业的效率分为生产效率和创新效率。他认为：国企的现代企业制度改革，在一定程度上实现了剩余索取权与剩余控制权的统一，因此，生产效率得到改善；但是，创新活动不同于一般的生产活动，现有的国企改革措施无法提升企业的创新效率。④

除了认为国有企业自身存在效率损失问题，部分学者还提出，国有企业的低效率将导致整个行业的效率损失和降低全社会的整体福利。张红凤、张肇中通过运用 DEA-Malmquist 指数法测算和分解了我国 30 个工业行业的全要素生产率，认为：所有权结构对企业的全要素生产率和技术进步的影响作用为负。以国有企业为主的所有制结构降低了行业效率。因此，降低国有企业比重，放松进入规则是提高行业效率的必然选择。⑤ 刘瑞明认为：国有企业的存在及其无效率导致了中国地区间的市场分割。地方政府通过制造市场分割，对国有企

---

① 张文魁：《国企需要新一轮改革》，《中国经济报告》，2013 年第 1 期。

② 陈志武：《政治体制改革是经济持续增长的前提》，《炎黄春秋》，2012 年第 12 期。

③ 马光远：《国企如何定位关乎下一步改革成败》，《中国经营报》，2012 年 3 月 26 日。

④ 吴延兵：《国有企业双重效率损失研究》，《经济研究》，2012 年第 3 期。

⑤ 张红凤、张肇中：《所有权结构改革对工业行业全要素生产率的影响——基于放松进入规制的视角》，《经济理论与经济管理》，2013 年第 2 期。

业进行隐性补贴，地区的国有企业比重越高，该地区的市场分割就越严重，国有企业通过市场分割获取的隐性补贴就越多。地区市场分割不利于资源的有效配置和社会福利的提升。他认为，所有制结构的转变不仅有助于效率的提高，而且能够起到削弱市场分割的作用，从而带来市场整合收益。①

朱克朋、刘小玄认为：2000—2004 年间，国有企业的退出是基于效率的目的，低效率的国企退出有利于整体效率的改进，高效率的国企改制能够进一步提高效率；而 2004—2008 年，政府在决定国企是否退出时，更多地考虑社会稳定等目标，而不是效率目标，这一转变是与市场化改革的精神相违背的。②

(三)“国有企业垄断论”

有些观点认为：国有企业的利润主要来源于垄断经营形成的控制力，并且国有企业获取的垄断利润是造成国有企业与非国有企业工资差距扩大的关键因素。

周耀东、余晖认为：自 2003 年第二产业的国有企业产业布局调整以来，国有企业的盈利情况主要与其控制力有关，即行业的垄断程度。国企的控制力来源于行业的垄断程度，行业垄断程度越高，国企控制力越强，国企的盈利能力也就越强。因此，国有企业的高利润主要来自于垄断性的国有控制部门，而不是综合要素生产率。③ 邓伟、叶林祥认为：正是国有企业的垄断利润造成了 1999 年以来国有企业与非国有企业工资差距的扩大。因为国有企业多处在垄断性较强的上游产业，工资除了受边际报酬影响之外，还受垄断利润的影响；而非国有企业多处在竞争性较强的下游产业，工资主要由边际报酬决定，因此国有企业的工资比非国有企业高，并且随着非国有企业的比重的增大，两者工资的差距进一步拉大。④ 邓伟通过进一步研究，认为 1998 年国有企业退出竞争领域之后，主要因为政府偏袒国企所在的垄断部门，并且放松了国企的定价

① 刘瑞明：《国有企业，隐性补贴与市场分割：理论与经验证据》，《管理世界》，2012 年第 4 期。

② 朱克朋、刘小玄：《国有企业效率与退出选择——基于部分竞争性行业的经验研究》，《经济评论》，2012 年第 3 期。

③ 周耀东、余晖：《国有垄断边界、控制力和绩效关系研究》，《中国工业经济》，2012 年第 8 期。

④ 邓伟、叶林祥：《上游产业垄断与国有企业的高工资》，《南开经济研究》，2012 年第 3 期。

限制，才最终导致两部门的工资差距拉大。① 褚敏、靳涛认为：收入差距过分扩大的结果并不是因为国有企业垄断，而是源于政府对市场经济的行政干预造成国有企业的行政垄断。地方政府与国有企业的合谋，是权力与资本的结合，造成了收入分配差距扩大的事实。减少政府对国企的行政垄断才有利于缩小过分拉大的收入差距。②

吴敬琏认为：当前中国的贫富差距过大是由于政府部门过大的以及部分企业的行业垄断造成的，只有通过推进市场化改革，打破企业的行业垄断才能缩小贫富差距。③ 高尚全强调要打破国企垄断，提出推进垄断企业股权多元化改革，允许非公有制经济进入垄断行业参与竞争。④

综上所述，以上学者的普遍观点可以总结为：国有经济与非国有经济相比，是无效率的，因为公共产权天然地无效率，私有产权才有利于效率的提升和资源的有效配置。无效率的国有企业如果能够盈利，其员工可以取得高工资，那是因为其处在垄断领域或是政府给予了某种特权，获取了垄断利润。这样的国有企业的存在是效率的净损失，并且会降低整个行业的效率，减少社会整体福利。因此应当使国有企业从竞争行业中退出，并且应当放松垄断行业的进入规则，允许私营企业进入。国有企业私有化是必由之路。

二、肯定国有经济的重要地位和作用的观点

针对学界对国有经济的指责和批评，不少学者提出了不同观点，坚决不赞同将国有企业私有化。他们维护国有经济的观点可以分为两个层次，第一层次的观点主要集中在论述国有经济的地位及作用。第二层次的观点分别针对“国有经济低效论”及“国有企业垄断论”进行辩驳，通过具体研究、实证分析，提出相反意见。

---

① 邓伟：《国有经济、政治均衡与行业间的工资差距》，《财贸经济》，2013年第7期。

② 褚敏、靳涛：《政府悖论、国有企业垄断与收入差距——基于中国转型特征的一个实证检验》，《中国工业经济》，2013年第2期。

③ 吴敬琏：《“国进民退”：中国改革的风险》，《中国民营科技与经济》，2012年第11期。

④ 高尚全：《营造公平市场环境的关键仍是改革》，《北京日报》，2013年4月1日。

(一)以国有经济为主导的公有制经济是社会主义经济制度的基础，应继续做大做强国有经济，反对私有化

我国当前的基本经济制度要求坚持公有制和发展国有经济。刘国光提出：要“做优做强做大国有经济和集体经济，发挥国有经济的主导作用和公有制经济的主体作用”。他说，十八大报告再次强调，我们要毫不动摇巩固和发展公有制经济，推动国有资本更多投向关系国家安全和国民经济命脉的重要行业和关键领域，不断增强国有经济活力、控制力、影响力。他强调指出：在社会主义经济中，国有经济不是像在资本主义制度下那样，主要从事私有企业不愿意经营的部门，补充私人企业的不足，而是为了实现国民经济的持续稳定协调发展，为了巩固和完善社会主义经济、政治、文化制度。因此，国有经济理应在关系国民经济命脉的重要行业和关键领域有“绝对的控制力”。我国作为一个社会主义大国，国有经济的数量底线，不能以资本主义国家私有化的“国际经验”为依据。①

程恩富、鄢杰针对“国有企业无效率，全面退出竞争性领域”的观点指出，发展国有企业是巩固和加强我国社会主义经济制度的基础，是发展和完善社会主义市场经济的路径，是中央一贯的方针政策，是我国应对国际经济危机和提高国际竞争力的客观条件，因此，中国特色社会主义国有经济的比重不能以西方国家的国有经济的比重为依据来调整，应当有中国特色。②

宗寒认为：只有坚持公有制为主体的基本经济制度，进一步发展壮大国有经济，增强国有企业的开拓创新能力和控制国民经济命脉的能力，才能实现中华民族伟大复兴。③

陈亮认为：国有企业是中国经济发展的重要推动力量，也是实现共同富裕的重要载体，是国民经济发展的支柱而非障碍。我国的进一步改革一定要警惕国有企业私有化的错误观点。毫不动摇地巩固和发展公有制经济，将发展成果

---

① 刘国光：《再论我国经济体制改革的方向》，《企业家日报》，2013 年 9 月 14 日。

② 程恩富、鄢杰：《评“国有经济退出竞争领域”论》，《管理学刊》，2012 年第 3 期。

③ 宗寒：《进一步发展壮大国有企业的几个问题》，《毛泽东邓小平理论研究》，2012 年第 7 期。

惠及全体国民才是最重要的。①

梁柱指出：吴敬琏以否定公有制主体地位为前提的所谓“重启改革议程”就是否认公有制作为社会主义的本质特征，否认公有制的主体地位，社会主义将失去经济基础。应当既坚持公有制主体地位，又允许非公有经济共同发展。②

丁冰提出：十八大刚刚落幕不久，吴敬琏就出版了与十八大精神格格不入的《重启改革议程——中国经济改革二十讲》一书，避而不谈我国改革的道路方向是社会主义的根本问题，不提公有制为主体的基本经济制度，竭力推崇所谓成熟的欧美市场经济模式。反对由国家和国有经济控制国民经济命脉，反对国企垄断。丁冰依据十八大报告和中央有关文件，系统反驳了吴敬琏的观点。特别就国企垄断问题，提出了不同意见。他认为吴追求的是欧美模式的自由市场经济，而不是社会主义市场经济。但中国不能走欧美模式的邪路。③

周新成认为，只有坚持公有制为主体，才能保证我国的社会主义性质，私有化会使社会性质演变为资本主义；只有坚持公有制才能解放和发展生产力，私有化是违背生产力发展需要的。④ 钟声指出，金融危机使西方深陷政治、经济、社会综合危机，他们通过肆意编造攻击中国国有企业的言论，抱怨国企“不透明、效率低”“不公平竞争”等就是为了压制中国经济，维护资本主义体制。这实际上是一种保护主义的做法。⑤

许多学者认为，社会主义国家的国有企业不同于一般的经济组织，具有特殊作用。季晓南指出：国有企业虽然是政府投资设立的经济组织，但利润最大化并不是其首要目标。国有企业在市场经济中发挥着重要作用，如加快推进工业化建设、应对经济危机、增加政府收入及参与国际竞争等等。同时，也应当认识到国有经济的规模和作用与国家工业化的发展水平是相一致的，不同的发展阶段，国有经济的地位和作用也不同。⑥ 刘得扬、杨征得出了类似的观点，

---

① 陈亮：《国有企业私有化绝不是我国国企改革的出路——兼与张维迎教授商榷》，《马克思主义研究》，2012 年第 5 期。

② 梁柱：《评〈重启改革议程〉三个前提设定的荒谬性——关于我们同吴敬琏的分歧》，《中华魂》，2013 年第 13 期。

③ 丁冰：《究竟要把我国引向何处？》，《中华魂》，2013 年第 10 期。

④ 周新成：《中国改革确实面临向何处去的问题》，《中华魂》，2013 年第 6 期。

⑤ 钟声：《打压中国国企，救不了西方经济》，《人民日报》，2013 年 4 月 11 日。

⑥ 季晓南：《把握国有企业改革的正确方向》，《经济日报》，2013 年 6 月 21 日。

他们认为：国有企业是追求国家利益最大化的特殊企业，因此，国有企业的“进、退”应当依据国家的战略而定。① 赵峰、张晨、冯志轩指出：经济发展必须要有有效的资本积累体制作保障，而国有企业以其所有制优势，能够在量和质上更好地承载后发国家实现经济“起飞”的积累体制的要求。② 程承坪、程鹏从交易成本的视角解释了国有企业的特殊性。他们认为：国有企业是政府的替代物，受政府行政权力的影响，为政府实现政治、经济或社会目标服务。③ 当政府运用行政权力的交易成本最低时，国有企业就会出现。随着政府交易成本的变动，国企的规模和数量也会变动。④

胡鞍钢、魏星、高宇宁通过对国有企业进行定量评价，指出国有企业与欧、美、日企业的差距进一步缩小，并且已经成为我国实行“走出去”战略的主力军，而且国有企业在对维护社会和谐和稳定方面发挥着重要贡献。⑤ 何自力认为：国有经济不同于一般的私营经济，它突破了私人资本的局限性，有利于实现社会公平正义，增强国家整体实力。当前对国有经济的指责主要来源于意识形态方面，这不符合客观实际。⑥ 丁一凡回顾了欧洲国有企业的历史，指出国有企业是在核能、高速铁路、航空航天等领域技术攻坚的主力。20 世纪的法国在这些领域的突破，就是通过发展国有企业完成的。⑦

对于国有经济的重要作用，卫兴华归结为七个方面：第一，国有经济与其他公有制经济是社会主义经济制度的基础，是社会主义经济内在的必要的构

---

① 刘得扬、杨征：《国家利益与国有企业的“进与退”》，《财经问题研究》，2012 年第 1 期。

② 赵峰、张晨、冯志轩：《试论国有企业是后发国家资本积累的有效制度安排》，《教学与研究》，2012 年第 11 期。

③ 程承坪、程鹏：《国有企业性质：市场与政府的双重替代物》，《当代经济研究》，2013 年第 1 期。

④ 程承坪：《国有企业性质新论：基于交易费用的视角》，《社会科学辑刊》，2013 年第 1 期。

⑤ 胡鞍钢、魏星、高宇宁：《中国国有企业竞争力评价(2003—2011)：世界 500 强的视角》，《清华大学学报》(哲学社会科学版)，2013 年第 1 期。

⑥ 何自力：《中国发展国有经济的三大重要理由》，《学术研究》，2012 年第 10 期。

⑦ 丁一凡：《国有企业在各国发展中起过的作用》，《光明日报》，2013 年 6 月 12 日。

成，是实现社会主义本质即大力发展生产力、消灭剥削和两极分化，达到共同富裕的制度安排；第二，国有经济是我国国民经济的主导力量，它保证社会主义国家的整体利益和长远利益，保证经济社会发展的社会主义方向；第三，国有经济是我国社会主义市场经济中国家进行宏观调控、克服市场经济缺点和市场失灵的物质手段；第四，是保证我国经济独立自主和国家安全，应对国内外突发事件如国际金融与经济危机、国外政治动乱、国内严重自然灾害的物质手段；第五，是实现重大科技创新、科技兴国、实现国家现代化、应对国际竞争的坚强力量；第六，是增强我国经济实力、国防实力，增强民族凝聚力的重要力量；第七，以国有经济为核心的公有制经济，是共产党执政的经济基础。①

(二)对“国企低效率论”和“国企垄断论”的不同看法

1. 对“国企低效率论”的辩驳

不少学者指出：国有企业通过改制，已经大大提升了效率，并且国有企业不同于私营企业，不把经济效率当作唯一目的。

刘瑞娜针对“国有企业天然缺乏效率”的新自由主义观点，指出了“国有企业所有者必定虚置”观点的不合理性、“自私人假设”的不科学性以及剩余索取权假说的缺陷，她认为这些错误理论源自于私有制优越论，完全不适用于我国社会主义事业的建设。②

林岗、张晨认为：在传统的计划经济体制下，国企确实存在效率不高的问题，但是随着国企建立了现代企业制度，以及国家社会保障体制的建立为国企剥离了政策性负担，国有企业已经成为参与市场竞争的主体，效率也得到明显的提升。③

程恩富、鄢杰针对当前“国有经济低效率论”，认为国有经济的整体高效已得到历史的检验，重视经济效率或绩效不能限于局部效率和经济效益，还应看到社会效益、生态效益等等，对国有经济的局部低效和阶段性亏损应做具体分

---

① 卫兴华：《中国特色社会主义经济制度的理论是非需要澄清——兼谈怎样正确理解邓小平南方谈话中关于“社”与“资”，“公”与“私”的论述》，《政治经济学评论》，2012 年第 3 期。

② 刘瑞娜：《国有企业私有化几种理论依据的谬误》，《政治经济学评论》，2012 年第 3 期。

③ 林岗、张晨：《关于进一步推进国有经济改革发展的一些意见》，《经济理论与经济管理》，2013 年第 2 期。

析：提供公共产品、协调区域平衡发展、保持社会稳定、历史原因以及经营过程政策性亏损等都可能形成国企低效率和亏损。① 徐振奇反对张文魁提出的“国有部门民营化改革越早越好”的观点，他指出，衡量国有企业效益不能限于一段较短时间，应当考察企业经济活动的整体效益，即综合考察经济效益和社会效益。从该角度看，国有企业比民营企业有着独特的功能和更大效益。②

有些学者通过实证研究，证明“国有企业低效率论”是错误的，不符合实际的。魏峰、荣兆梓基于2000—2009年工业细分行业的面板数据，运用随机前沿分析法(SFA)模型测算了36个工业细分行业国有企业和非国有企业10年间的年度技术效率，他们认为2000—2009年，国有企业的技术效率已经赶上并超过非国有企业。③ 洪功翔、董梅生认为：国有企业在财务效率与技术效率上与私营上市公司均无差异，也不存在所谓的预算软约束问题，政府政策也没有过多地向国有企业倾斜，因此，国有企业与私营企业所处的竞争环境是基本相同的。国有企业效率提高是改革效应、“干中学”效应、退出效应、竞争效应共同作用的结果。④

郝书辰、田金方、陶虎运用2003—2010年间37个工业行业的面板数据(这些行业既包括竞争行业又有垄断行业)，实证研究发现：国有企业的效率是逐年增长的，并且在其中的7个行业中的效率优于私营企业，在23个行业中优于外资企业；效率增长速度在其中的21个行业超过私营企业，在34个行业中超过外资企业。因此，企业的效率与所有制关系及行业存在垄断与否没有必然联系。⑤

针对“国有企业无效率，全面退出竞争性领域”的观点，魏峰、荣兆梓分析了2000—2009年竞争性领域20个工业细分行业的面板数据，实证结果显示：国有企业技术效率同非国有企业存在一定的差距，但是国有企业的技术效率一

---

① 程恩富、鄢杰：《评析“国有经济低效论”和“国有企业垄断论”》，《学术研究》，2012年第10期。

② 徐振奇：《迫不及待的私有化情结可以休矣》，《中华魂》，2013年第3期。

③ 魏峰、荣兆梓：《国有企业与非国有企业技术效率的比较》，《经济纵横》，2012年第2期。

④ 洪功翔、董梅生：《国有企业一定低效率吗？——来自中国的实证研究与理论阐释》，《教学与研究》，2012年第8期。

⑤ 郝书辰、田金方、陶虎：《国有工业企业效率的行业检验》，《中国工业经济》，2012年第12期。

直处在上升态势，并不断地向着非国有企业的技术效率趋同。因此，主张“国有企业全面退出竞争性领域”的观点是不科学的，我国处在竞争性领域的国有企业应当进一步深化改革，提升自身技术效率才是问题的关键。①

2. 对“国企垄断论”的辩驳

何干强认为：不应将西方经济学的垄断概念用于国有企业上，垄断是与帝国主义经济形态相关的。用垄断说明作为公有制经济核心的国有企业是理论上的倒退。② 林岗、张晨认为：无论公有经济还是私有经济，生产集中导致垄断的现象都会存在，垄断与国有经济，反垄断与私有化之间没有直接的关系。在关系到国计民生的垄断性部门中，由公有制企业经营比由私有制企业经营，能更好地体现社会的利益和国家发展战略。③ 丁冰有着类似的观点，他认为：国有企业存在所谓“行政垄断”，在资本主义国家或是我国都难以避免。以石油行业为例，国有企业的利润，除了受国际油价影响，还是国企员工努力奋斗、提高效率、加强管理的结果，并非是因为行政垄断。④

魏峰、荣兆梓通过对 15 个国有工业行业 2000—2010 年的面板数据研究发现，技术效率对国有企业的利润指标具有显著的正效应，国有企业利润来源于效率的说法是经得起实证检验的。⑤ 张晨通过研究也发现，近年来国有企业整体经营效益的提高并非来源于国有企业的垄断，而是国有企业自身效率的提高。⑥

吴强通过具体的行业分析，认为像供水、供电等自然垄断行业、烟草专卖等国家垄断或授权行业以及产业集中度较高，面临激烈的国际竞争的行业，应当允许垄断，否则将不利于经济发展和社会稳定。对于我国垄断行业的改革不

---

① 魏峰、荣兆梓：《竞争性领域国有企业与非国有企业技术效率的比较和分析——基于 2000—2009 年 20 个工业细分行业的研究》，《经济评论》，2012 年第 3 期。

② 何干强：《不应把国有企业称为垄断企业》，《毛泽东邓小平理论研究》，2013 年第 5 期。

③ 林岗、张晨：《关于进一步推进国有经济改革发展的一些意见》，《经济理论与经济管理》，2013 年第 2 期。

④ 丁冰：《再论正确看待国有企业的效率问题》，《马克思主义研究》，2013 年第 2 期。

⑤ 魏峰、荣兆梓：《基于效率视角研究国有企业利润来源——来自 15 个工业细分行业的证据》，《产业经济研究》，2012 年第 1 期。

⑥ 张晨：《国有企业是低效率的吗?》，《国企》，2012 年第 1 期。

能照搬西方国家的私有化改革方案。①

针对“我国垄断行业内的国有企业内部效率的提升是以垄断的外部效率损失为代价”的观点，魏峰、荣兆梓运用5个国有垄断工业行业的数据，实证研究发现：垄断行业国有企业内部效率的提升与垄断的外部效率的损失并不具有显著性，因此，认为国企垄断导致整个社会福利损失的观点是站不住脚的。②并且，荣兆梓认为一个多种经济成分平等竞争的市场环境正在形成。虽然不公平竞争仍然存在，但是国有企业与私营企业在不同的领域所面临的劣势是不同的：国有企业在劳动力成本、税收及社会负担方面存在劣势，而私营企业在市场进入和融资方面存在劣势，但总体上看，两者的竞争环境的差距在不断缩小。③

程恩富、鄢杰指出，研究国有企业垄断问题要区分两类不同性质的垄断；正确区分垄断行业和国有企业占优势行业，而且国企垄断并不是当前我国收入分配不公的主要原因。④

(三)对其他反对国有企业的观点的辩驳

对学界出现的挑战所有制区分和国有企业的观点，一批学者有针对性地予以辩驳。

针对有些人提出“间接所有制”观点，即认为私营企业主的资本由于很少一部分用于消费，大部分为社会所用，因此私有制其实是为整个社会所用的“间接所有制”。吴宣恭指出“间接所有制”弄不清所有制内部产权体系的结构和层次，割裂了“所有”和“使用”的关系，混淆了产权主体，是出于对产权基本理论无知而杜撰的伪范畴，严重背离经济生活的现实，其目的是美化资本主义私有经济，贬低社会主义国有经济，为进一步推行私有化制造舆论。⑤

---

① 吴强：《明确改革目标才能兴利除弊——对推进垄断行业改革中几个理论问题的思考》，《中华魂》，2013年第1期。

② 魏峰、荣兆梓：《我国国有垄断行业的内部效率增长与外部效率损失——基于5个工业细分行业的分析》，《安徽大学学报》(哲学社会科学版)，2013年第1期。

③ 荣兆梓：《也论国有经济与私营经济的不平等竞争》，《政治经济学评论》，2013年第2期。

④ 程恩富、鄢杰：《评析“国有经济低效论”和“国有企业垄断论”》，《学术研究》，2012年第10期。

⑤ 吴宣恭：《评美化资本主义私有经济的“间接所有制”论》，《毛泽东邓小平理论研究》，2013年第2期。

针对社会上提出的“淡化所有制”观点，宗寒指出：“淡化所有制”实际上是要取消公有制经济的主体地位和国有经济的主导作用。保持公有制经济的主体地位是建立公平竞争的市场环境的条件。①

针对“国企股权多元化”的观点，蔡万焕、何干强认为：国企股权多元化实质上是国有企业私有化、外资化。股权多元化将会降低国有股份比例，最终导致金融垄断资本控制我国经济，并造成国有资产流失、收入差距扩大、政府宏观调控能力减弱等问题。“国企股权多元化”是西方新自由主义向中国抛售的错误观点，学界应当看清其实质。②

针对“国有企业障碍论”，即认为国有企业是市场经济发展的障碍，主张中国的市场化应进一步降低国有企业在国民经济中的比重。有学者指出：持该理论的人试图瓜分国有资产，最终达到瓦解社会主义公有制主体地位的目的。陈亮认为：这种言论是极其错误的，国有企业私有化绝不是我国国企改革的出路。③ 保利也指出，无论国企发展得好坏，总有观点认为应当使国企退出竞争性领域，这其实是一个伪命题。国企改革的取向是市场化而非私有化。④

程恩富、方兴起认为：外国跨国公司才是我国经济平稳快速发展的真正威胁。当前我国最重要的21个行业中，跨国公司已经占据了三分之一的市场份额，跨国公司是国企及民企最大的竞争者。因此，国企与民企应合作共进，夺回弱势产业阵地。⑤

三、对争论的评论和我们的见解

(一)为什么要肯定国有经济的重要地位和作用

我国作为社会主义国家，是以马克思主义的科学社会主义和中国特色社会

① 宗寒：《进一步发展壮大国有企业的几个问题》，《毛泽东邓小平理论研究》，2012年第7期。

② 蔡万焕、何干强：《警惕改头换面的新自由主义——“国有企业股权多元化”辨析》，《当代经济研究》，2012年第8期。

③ 陈亮：《国有企业私有化绝不是我国国企改革的出路——兼与张维迎教授商榷》，《马克思主义研究》，2012年第5期。

④ 许保利：《“国有企业退出竞争性领域”是个伪命题》，《国企》，2012年第8期。

⑤ 程恩富、方兴起：《深化经济改革的首要任务绝不是国有企业私有化》，《求是》，2012年第13期。

主义为旗帜和指导思想的。要不要坚持中国特色社会主义理论；要不要走社会主义道路；要不要建立中国特色社会主义制度；要不要否定和批判新自由主义；有关国有企业的种种争论，是以承认和否定这一基本点为分野的。如果持肯定意见，就不会否定以国有经济为主导的公有制经济。无论马、恩、列，还是毛、邓，以及我国宪法和中央有关文件，都明确肯定国有企业是社会主义经济制度的基础性内容。

社会主义经济是以公有制为基础的经济，在我国，国有经济或全民所有制经济与集体所有制经济，是构成经济主体的社会主义性质的经济。国有经济是劳动人民取得政权以后必须建立的社会主义经济。这一基本观点在马恩列的经典著作中已有论述。马克思和恩格斯在《共产党宣言》中提出：无产阶级将把全部资本，把一切生产工具集中在国家手中。① 马克思在《论土地国有化》中也指出：生产资料的全国性集中将成为自由平等的生产者的各联合体所构成的社会的全国性基础。② 这表明国家掌握生产资料是社会主义国家的经济基础。恩格斯指出：社会主义社会“具有决定意义的在于，实行全部生产资料公有制的基础上组织生产”。③ 列宁在《俄国社会民主工党纲领草案》中指出：必须消灭生产资料私有制，把它们变为共有财产。④ 他在俄共(布)第二个纲领草案初稿中指出：无产阶级专政现时的基本任务是……把一切工厂、铁路、银行、船队以及其他生产资料和流通手段转归苏维埃共和国所有。⑤ 毛泽东在《新民主主义论》中指出：“无产阶级领导下的新民主主义共和国的国营经济是社会主义的性质，是整个国民经济的领导力量。”⑥1945 年，他在《论联合政府》中强调：“无产阶级领导下的国营经济和合作社经济是社会主义的因素”，并引证孙中山先生的话：要“节制资本”，“使私有资本制度不能操纵国民之生计”。毛泽东完全赞同孙中山的主张。邓小平也一再讲，公有制为主体是我们必须坚持的社会主义的根本原则。他在《坚持四项基本原则》的讲话中指出：“社会主义经济是以

① 《马克思恩格斯选集》第 1 卷，北京：人民出版社，1995 年版，第 248—307 页。

② 《马克思恩格斯选集》第 3 卷，北京：人民出版社，1995 年版，第 130 页。

③ 《马克思恩格斯全集》第 37 卷，北京：人民出版社，1995 年版，第 443 页。

④ 《列宁全集》第 6 卷，北京：人民出版社，1986 年版，第 193 页。

⑤ 《列宁全集》第 36 卷，北京：人民出版社，1985 年版，第 81 页。

⑥ 《毛泽东选集》第 2 卷，北京：人民出版社，1991 年版，第 678 页。

公有制为基础的。"我国宪法对公有制及国有经济有如下论述："中华人民共和国的社会主义经济制度的基础是生产资料的社会主义公有制，即全民所有制和劳动群众集体所有制"；"国有经济，即社会主义全民所有制经济，是国民经济的主导力量。国家保障国有经济的巩固和发展"。十八大报告提出，要"推动国有资本更多投向关系国家安全和国民经济命脉的重要行业和关键领域，不断增强国有经济活力、控制力、影响力"。十八届三中全会也指出："公有制为主体，多种所有制经济共同发展的基本经济制度，是中国特色社会主义制度的重要支柱，也是社会主义市场经济体制的根基"；"必须毫不动摇巩固和发展公有制经济，坚持公有制的主体地位，发挥国有经济的主导作用，不断增强国有经济活力、控制力、影响力"。以上论述明确、系统地论述了国有经济的社会主义性质、重要地位和作用，坚持以国有经济为主导的公有制，就是坚持科学社会主义和中国特色社会主义。

可以肯定地说，否定国有经济是社会主义经济，主张私营经济是社会主义经济的观点，是毫无理论与事实依据的。我国当前之所以发展非公有制经济，是与我国的基本国情有关的，并不是因为私营经济具有社会主义的性质。我国处在社会主义初级阶段，生产力发展水平还比较低，为了更好地解放和发展生产力，实行社会主义初级阶段的基本经济制度：以公有制为主体，多种所有制经济共同发展。允许和鼓励私营、外资和个体经济发展，但私营经济和外资经济是资本主义性质的经济。它们是社会主义市场经济的重要组成部分，十八届三中全会的《决定》还提出两个"都是"："公有制经济和非公有制经济都是社会主义市场经济的重要组成部分，都是我国经济社会发展的重要基础"，进一步肯定了非公有制经济的地位和作用。但非公有制经济的地位和作用与它们的社会经济性质是两回事。非公有制经济不是社会主义性质的经济，因而是"社会主义市场经济"的组成部分，但不是"社会主义经济"的组成部分。非公有制经济不能取代公有制经济。如果不断削弱公有制经济，乃至否定国有经济的地位和作用，会造成两极分化的后果，偏离社会主义共同富裕的目标。有人宣称我国国有经济是被恩格斯批评的"冒牌社会主义"。这一观点曲解了恩格斯的原意。恩格斯提出：有些资本主义国家，随着生产力的发展，需要将邮政、电报和铁路转化为国家财产，但这并没有消除生产力的资本属性。这是因为资本主义国家的国有经济，是为资产阶级利益服务的，恩格斯指出："现代国家，不管它的形式如何，本质上都是资本主义的机器，资本家的国家，理想的总资本家。"俾斯麦的铁路国有化是直接为战争服务的。因此，认为俾斯麦的国有化是社会主义，那是错误的，是“冒牌的社会主义”，我国是由无产阶级和劳动人民掌握政权的国家，国有经济就是社会主义经济，是社会主义经济制度的基础，当然也是无产阶级政党执政的基础。所以，坚持公有制的主体地位，发展国有经济是中国共产党的执政基础。江泽民同志曾明确肯定了这一观点。共产党的名称表明是要共生产资料之产的，如果否定公有制，搞全面私有化，还需要共产党吗？如果公有制的经济基础转变为私有制的经济基础，经济基础决定上层建筑，共产党还有存在的必要和可能吗？

正因为国有经济是社会主义经济制度的基础性内容，对经济发展起着主导作用，在我国有关改革开放的中央文件中，一再强调经济体制改革的中心环节是要搞好搞活国有企业，而不是不要国有企业和改掉国有企业。否定国有企业对于我国社会主义国家的重要性，主张私有化，只会带来更严重的经济与社会后果。动摇和否定以国有经济为主导的公有制经济，必然动摇和否定社会主义经济制度。有人主张没有国有经济和公有制经济，也可以是社会主义。然而，全盘私有化的“社会主义”，是真正“冒牌的社会主义”。有些人为了否定国有经济，把各种污水泼向它，从上述广大学者对其有理有力的辩驳中，可以认清是非。评价我国国有企业的效率状况，不能单纯从微观效率判断，更不能简单地将其处理成单纯市场体系中的一般企业。除开前述国有经济是社会主义制度的支柱外，评价国有企业的地位和作用，首先应有宏观视角，我国国有企业的性质及其定位赋予了其更多的战略目标。如国有企业作为宏观调控手段是克服市场失灵的制度安排，具有制度的合理性。从国有企业作为技术扩散和技术赶超的中心、作为转型时期宏观经济的稳定者、作为过渡时期社会福利和公共产品的提供者来看，国有企业在宏观方面是最富有效率的。而对于批评国有企业垄断的观点，笔者认为：垄断作为一种经营方式和市场结构状态，与所有制形式没有直接的关系。资本主义私有制市场经济也会形成垄断。我国国有企业大部分不属于垄断行业。对某些存在自然垄断和国家垄断的企业，也应进行具体分析。有些垄断是必要的，有些垄断可考虑改革，不必要的垄断需要打破，不能一概骂倒。有人反对国家控制国民经济命脉，将其视作行政垄断要求打破。然而，有关国计民生的国民经济命脉，如果不让国家控制，就会落入私人资本和外国资本之手，社会主义经济会被瓦解。新中国成立前夕的全国政协共同纲领也规定，国民经济命脉应由新民主主义国家掌握。社会主义时期的中央文件也一再宣传国家掌握国民经济命脉。十八届三中全会的《决定》再次强调：“国有资本投资运营要服务于国家战略目标，要更多投向关系国家安全、国民经济命脉的重要行业和关键领域。”一些关键性行业集中度的提高和国有企业规模的扩大，是面对全球化的挑战和维护国家经济安全的必要选择。如果盲目地放开和放弃国有企业对关系到国计民生的关键领域和行业的控制，对于国家的经济安全以及社会主义制度的存在和发展，都是极大的损害。

有的学者将国企垄断作为出现贫富分化的根源，是违反基本事实的。

总之，以国有经济为主导的生产资料公有制是解放和发展生产力的根本要求，是实现共同富裕的基本前提，是构建社会主义制度与和谐社会的经济基础，是全球化条件下实现自主发展的重要保障，也是社会主义政治制度的基础。因此，应当毫不动摇地巩固和发展以国有经济为主导的公有制经济。当然，也要看到国有经济自身存在这样那样的问题，需要通过深化改革，消除弊端，健全和完善。十八届三中全会的《决定》对国有经济的改革已提出了具体要求和改革方案的部署。

另一方面，也应明确肯定，我国根据自己的国情，既不搞全面私有化，也不搞单一的公有制。既要毫不动摇地发展公有制经济，也要毫不动摇地鼓励、支持和引导非公有制经济的发展。我国新一轮的经济体制改革，要为社会主义市场经济的发展与完善，为扫除非公有制经济发展的障碍，提供更多的政策支持。在公有制为主体的条件下，公有制和非公有制两种经济，平等竞争，共同发展，为实现两个一百年的目标共同贡献力量，是中国特色社会主义发展壮大的必要的制度性条件。

(二)准确把握十八届三中全会《决定》的精神，排除新自由主义的解读

我国某些人士否定国有经济和公有制经济的观点，往往与新自由主义的观点相吻合。新自由主义的主要观点是私有化、自由化、不要政府调控的市场化。我国某些人否定国有经济的地位和作用的观点，往往也反对政府宏观调控的必要性。有必要指出，尽管十八届三中全会前的一个时期，各种否定国有经济、否定宏观调控等的改革方案纷纷登场，但十八届三中全会并没有接受新自由主义的这种观点。它强调指出：“全面深化改革的总目标是完善和发展中国特色社会主义制度，推进国家治理体系和治理能力的现代化。”依然是社会主义制度的自我完善与发展。而完善和发展中国特色社会主义制度，就要坚持和完善公有制为主体，多种所有制经济共同发展的基本经济制度，就要肯定国有经济的性质、地位和作用。《决定》中对这些方面都有明确的论述。还特别指出：“国有企业属于全民所有，是推进国家现代化、保障人民共同利益的重要

力量。”

三中全会的《决定》提出：“使市场在资源配置中起决定性作用”，与过去讲“基础性作用”相比，显然提高和强化了市场的作用。习近平同志指出：“这是全会决定提出的一个重大理论观点。”习近平同志明确说明：这是要进一步处理好政府和市场的关系，解决在资源配置中，是市场起决定作用还是政府起决定作用的问题。

从目前对三中全会的《决定》的解读来看，存在两种误解。一种是以市场起决定作用排除政府宏观调控；另一种是泛化市场的决定作用，误认为我国的整个经济社会的发展和改革开放事业都要由市场决定，不要政府调控。

前面的综述中提到，有的人士认为实行市场经济，不应有政府调控，而且说，中央认同他的意见，在十六届三中全会通过的《中共中央关于完善社会主义市场经济体制若干问题的决定》，不再提“使市场在国家宏观调控下对资源配置起基础性作用”，只提“更大程度地发挥市场在资源配置中的基础性作用”。他根据十八届三中全会提出市场起决定作用的新提法，又提出这样的论断：“所谓市场经济就是市场配置资源，而不是政府宏观调控，我认为这是个重大的突破”。这种解读和所持观点，既不符合事实，也不能成立。第一，在十六届三中全会的决定中，原文是这样讲的：“更大程度地发挥市场在资源配置中的基础性作用，增强企业活力和竞争力，健全国家宏观调控。”显然，这里白纸黑字地写上了“国家宏观调控”，也就是明确表明，是在健全国家宏观调控下，更大程度地发挥市场在资源配置中的基础性作用。根本不存在放弃政府宏观调控问题。习近平同志关于《决定》的说明中明确指出：“发展社会主义市场经济，既要发挥市场的作用，也要发挥政府的作用”。全会决定“强调科学的宏观调控，有效的政府治理，是发挥社会主义市场经济体制优势的内在要求”。对如此明确的说明，竟视而不见，硬说《决定》提出市场在资源配置中起“决定性作用”，就是否定了政府宏观调控。第二，主张实行市场经济应排除政府宏观调控的理论观点，完全不能成立。即使当代资本主义国家，也不是实行早期资本主义市场经济中政府只做“守夜人”的自由市场经济，也实行对市场经济的政府调节，并推行经济计划。我国作为社会主义国家，没有政府调控能坚持社会主义市场经济的改革方向吗？能实现社会主义的本质要求——共同富裕吗？

另一种误解是泛化市场的决定作用，认为我国今后经济社会的发展和改革开放事业都将由市场决定。

应明确：提出市场的决定作用，只是从市场在资源配置中的作用讲的，是指政府不要干预企业正常的经营活动。企业生产什么，生产多少，企业根据反映供求关系和竞争关系的市场价格变动来安排。但并不排除政府的调控。生产假冒伪劣产品、有毒产品、搞非法集资和传销，需要政府处置；健全市场体系，消除市场封锁与割据，建立公平竞争的市场环境、反对市场垄断，需要政府着力与调控；抑制通货膨胀、防范通货紧缩，需要政府决策；实现公平正义、消除贫富分化，走共同富裕道路，需要政府引导，等等。

以上是政府职能在市场经济中实行宏观调控的应有作为，政府职能的另一个方面，是整个经济社会发展中和改革开放事业中的主导作用。在这方面，不是由市场决定的。走中国特色社会主义道路，完善和发展社会主义经济制度，坚持国有经济为主导和公有制为主体，实现以人为本的科学发展，发展社会主义文化、教育、医疗卫生事业，进行“五位一体”的改革与发展，等等，都需要有党的领导和政府的宏观调控。如果有人将市场的决定作用泛化到这个方面，是背离《决定》原意的。也有人担心：是否以后经济社会的发展都由市场决定，政府不应和不能过问了呢？这同样是误解。三中全会的《决定》指出，改革开放的重要经验，“最重要的是，坚持党的领导，贯彻党的基本路线，不走封闭僵化的老路，不走改旗易帜的邪路，坚定走中国特色社会主义道路，始终确保改革正确方向”。

因此，应正确理解与把握三中全会《决定》的精神。坚持国有经济为主导、公有制为主体，加强和完善政府宏观调控，与发挥市场在资源配置中的决定性作用，并不是相互对立与排斥的关系，而是建立和完善社会主义市场经济的应有的内容。

从理论和实践的结合上弄清和搞好混合所有制经济*

党的十八届三中全会通过的《中共中央关于全面深化改革若干重大问题的决定》(以下简称《决定》)提出："积极发展混合所有制经济。""国有资本、集体资本、非公有资本等交叉持股、相互融合的混合所有制经济，是基本经济制度的重要实现形式，有利于国有资本放大功能、保值增值、提高竞争力，有利于各种所有制资本取长补短、相互促进、共同发展。允许更多国有经济和其他所有制经济发展成为混合所有制经济。"

发展混合所有制经济，既是老问题，又是新问题。说它是老问题，因为建立和发展作为混合所有制经济主要形式的股份制经济，在我国已经实行多年了。股份制的性质及其与所有制的关系，在学界也曾进行过广泛的讨论与争鸣。现在也存在不同的见解。说它是新问题，因为十八届三中全会的《决定》再次提出"积极发展混合所有制经济"，不仅是在力度上提高了，着力于"更多"地发展，而且提出的角度与过去并不完全相同。过去讲实行股份制或混合所有制经济，是从公有制主要是国有制经济的实现形式着眼的。而十八届三中全会再次提出这一问题，则是从"基本经济制度的重要实现形式"着眼的。"基本经济制度"是指公有制为主体、多种所有制经济共同发展的基本经济制度。要使股份制成为既是公有制的主要实现形式，也是非公有制的重要实现形式，也就是成为公有制和非公有制相结合的重要实现形式。由于非公有制经济很多是中小型企业，

---

* 原载《经济理论与经济管理》2015年第1期。

而且小型企业占更大比重。据统计，截至 2013 年年底，我国私营企业达到 1253.86 万户，从业人员 1.25 亿人。众多小型非公有制经济，不能以股份制作为其“主要实现形式”。因此，股份制作为基本经济制度的混合所有制经济，只能成为“重要实现形式”，而不提“主要实现形式”。所以，十八届三中全会从新的角度提出混合所有制经济，既是首先为了更好地发展公有制经济，同时也是为了更好地发展非公有制经济。

一、首先需要从理论上明确混合所有制的经济性质

所有制和所有制的实现形式是不同的问题。这里所讲的“形式”，是指其存在形式，而非实现形式。私有制和公有制又各有多种具体存在形式。就私有制来说，有个体经济、奴隶制经济、封建制经济、资本主义经济，它们是私有制的存在形式。私有制也可以有不同的实现形式。如封建主义所有制，都是地主占有土地，其经营形式也就是实现形式可以有多种：或是雇佣多位“长工”来耕种，或是采取劳役地租、实物地租或货币地租的形式来经营，还可以采取实物收入分成形式。资本主义所有制的实现形式，经历了自有自营的业主制形式、合伙制形式、股份制形式等。

公有制经济也有多种存在形式。如原始社会公有制、社会主义公有制等。公有制又可以有多种具体存在形式，如社会主义公有制，可以有国家所有制、集体所有制或其他合作制经济。社会主义公有制的实现形式也有多种，可以是国有国营的形式，也可以是所有权与经营权两权分离的形式。两权分离的形式又可以分为国家所有、企业自主经营，以及承包制、租赁制、股份制等。分清所有制的存在形式和所有制的实现形式，才能更好地认识和把握股份制或混合所有制的性质及作用。

我国对股份制和混合所有制的认识，对所有制和所有制的实现形式关系的认识，经历了不断探索的曲折过程。先是对股份制的认识有个思想解放的过程。新中国成立后，消除了股份制经济。改革开放前和初期，认为股份制是资本主义的东西。在改革开放推进中要不要和可不可以实行股份制，产生过意见的对立和争论。笔者 20 世纪 80 年代初发表过认同股份制的讲话和文章。

改革开放以来，党中央的有关文件中提出要探寻公有制的有效实现形式。党的十四届三中全会通过的《中共中央关于建立社会主义市场经济体制若干问题的决定》提出：“国有企业实行公司制，是建立现代企业制度的有益探索。规范的公司，能够有效地实现出资者所有权与企业法人财产权的分离，有利于政

企分开、转换经营机制，企业摆脱对行政关系的依赖，国家解除对企业承担的无限责任；也有利于筹集资金、分散风险。”同时提出，公司可以有不同的类型，如独资公司、有限责任公司或股份有限公司。上市的股份有限公司只能是少数。十四届三中全会的决定还提出“混合所有的经济”概念。“随着产权的流动和重组，财产混合所有的经济单位越来越多，将会形成新的财产所有结构。”1997 年，党的十五大报告明确提出股份制是公有制的一种实现形式。“公有制实现形式可以而且应当多样化……要努力寻找能够极大促进生产力发展的公有制实现形式。股份制是现代企业的一种资本组织形式……资本主义可以用，社会主义也可以用。”1999 年，党的十五届四中全会提出要发展股份制这种混合所有制经济。“国有大中型企业尤其是优势企业，宜于实行股份制的，要通过规范上市、中外合资和企业相互参股等形式，改为股份制企业，发展混合所有制经济……”以后的中央文件中，进一步提高了股份制、混合所有制经济在公有制主要是国有企业改革中的地位和作用。2002 年，党的十六大报告提出：“除极少数必须由国家独资经营的企业外，积极推行股份制，发展混合所有制经济。”2003 年，党的十六届三中全会提出：要“大力发展国有资本、集体资本和非公有资本等参股的混合所有制经济……使股份制成为公有制的主要实现形式”。

从以上中央文件的说明中可以看出两点：其一是对于股份制和混合所有制改革思路的提出、认识和实行，是经历了一个不断深化和提高的过程，股份制大门越开越大；其二是以上一系列关于股份制和混合所有制的理论认识和推行，主要是从改革和搞活公有制经济主要是国有经济的角度着眼的。

中央决定实行股份制后，反对搞股份制的声音逐渐退出了论坛，但股份制的性质问题又从另一个方面出现认识分歧了。有的学者认为，在我国一切股份制都是公有制。私有资本和公有资本参股的股份制是社会主义公有制性质，完全由私人资本建立的股份公司也是社会主义公有性质。有的学者甚至提出资本主义国家股份制也是社会主义公有制。这种观点显然是不对的，笔者写过多篇论文进行辨析。另外，有的学者认为，国有企业实行股份制是走向私有化的途径。如果将国有股转让给私人资本，国有制则变为私有制了。有的学者辩驳说：将国有股和企业卖掉，即使卖给私人，只是资本形式的转换，是将国有经济的实物形式转换为货币形式了，还是国家所有！这种辩驳是没有说服力的。公有制还是私有制，是从企业或经济单位的所有制来看的，不能从国家的财政收入来判断公有制。任何国家都有财政收入，美国的财政收入很大，并不意味着其公有制规模很大。

肯定地说，我国实行股份制，并不是为了便于通过出卖国有股实行私有化。

关于我国股份制的性质问题，曾有过“姓公”“姓私”的争论。其实，股份制作为现代企业的一种资本组织形式，本身并不具有特定的社会经济性质。它的性质取决于股份资本是私有还是公有。党的十五大报告正确地回答了这个问题：“不能笼统地说股份制是公有还是私有，关键看控股权掌握在谁手中。国家和集体控股，具有明显的公有性，有利于扩大公有资本的支配范围，增强公有制的主体作用。”这里只讲“具有明显的公有性”，没有讲就是公有制。因为入股的私人资本，仍属私有，不能充公。反过来，如果由私人资本控股，就具有明显的私有性，不能说就是私有制，因为公有资本依然“姓公”，不能变私。

2003 年 10 月 14 日，党的十六届三中全会提出“使股份制成为公有制的主要形式”。不少学者、官员和媒体对这一新提法的解读与宣传，出现了偏误。

《光明日报》的记者在该报的 2003 年 10 月 27 日的《公有制经济发展的新动力》一文中讲：“党的十六届三中全会突破了把公有制主要实现形式定位于国有经济和集体经济的传统观点，强调‘股份制成为公有制的主要实现形式’，这意味着……已经完全摆脱了计划经济条件下对公有制的理解，为公有制经济的实现形式开辟了新的道路。”①这是把国有经济和集体经济看作是计划经济时代公有制的实现形式，现在要予以突破，让股份制取代国有经济和集体经济，成为公有制的主要实现形式。这种宣传是将公有制自身的存在形式混同于公有制的实现形式了。《深圳特区报》2003 年 11 月 10 日发表了深圳市原市委书记的《公有制主体地位越走越宽》一文，认为提出使股份制成为公有制的主要实现形式，就是由以往的“全民所有制(或称国家所有制)和集体所有制的实现形式，发展到股份制为主的实现形式”。②

另一家大报 2003 年 10 月 13 日，在十六届三中全会开幕前夕发表了中央党校邓小平理论研究中心的《混合经济究竟姓什么》一文。文中讲：“传统的国有制经济、集体(合作)所有制经济……肯定是公有制的实现形式。”“我们认为以股份制、股份合作制等为载体的混合所有制经济理所当然应该姓‘公’……并

① 张玉玲：《公有制发展的新动力》，《光明日报》，2003 年 10 月 27 日。

② 厉有为：《公有制主体地位越走越宽》，《深圳特区报》，2003 年 11 月 10 日。

成为公有制的主要实现形式。”①还有其他地方报刊同样宣传这种观点。他们都把公有制的存在形式混同于公有制的实现形式，错认为过去将国有经济和集体经济作为公有制的实现形式，现在要转变理论认识，要将股份制作为公有制的主要实现形式。这完全错解了中央文件的精神实质。必须明确，股份制从来就不是一种独立的所有制形式，而是一种企业组织方式。它既不改变入股资本的原有性质，也不改变所有制的存在形式。

二、弄清发展混合所有制的目的

有的论著中将混合所有制经济简称混合经济。应当将这两个概念区分开来。因为在西方经济学中已有区别于混合所有制经济的混合经济的概念。萨缪尔森和诺德豪斯所著的《经济学》中，专门阐述了混合经济的含义：“现代社会的经济制度，没有一个是其中的一种纯粹形式。相反，所有的社会都带有市场和命令的混合经济。从来没有一个百分之百的市场经济(尽管19世纪的英国很接近于此)。在今天的美国，大多数经济决策是在市场上做出的。但是，政府在修正市场的功能方面起到了重要作用；政府制定管制经济生活的法律和规则，提供教育和安全服务，管制污染和企业。”②

西方经济学中，还有一种更广义的混合经济概念。既指社会经济由“国家机构和私人机构都实行一定程度的经济控制”，又指资本主义国家政府工业与私营工业并存的情况。“即便是在自由经营统治着经济制度的美国，也能找到政府经营和直接控制的多种不同形式。”③我国实行公有制为主体、多种所有制经济共同发展的经济制度，也可称之为混合经济。我国提出的混合所有制经济，专指不同所有制经济特别是公有制与私有制在生产与流通等经营过程内部的混合。

我们还需要弄清混合所有制经济“是公有制的主要实现形式”同“是基本经济制度的重要实现形式”的关系与区别。十八届三中全会《决定》中是讲“基本经济制度的重要实现形式”，这里所讲的“基本经济制度”，是“社会主义初级阶段

① 中央党校邓小平理论研究中心：《混合经济究竟姓什么》，《经济日报》，2003年10月13日。

② 保罗·萨缪尔森、威廉·诺德豪斯：《经济学》(第14版)，北京：北京经济学院出版社，1996年版，第37页。

③ D. 格林沃尔德主编：《现代经济词典》，北京：商务印书馆，1981年版。

基本经济制度”的简称。既包括作为主体的公有制经济，也包括非主体的多种非公有制经济。有的论著中对这个问题理解和阐述得不准确。如有的论文中讲：“混合所有制是社会主义市场经济的主要实现形式。”又讲“混合所有制是社会主义基本经济制度的重要实现形式”。① 市场经济讲不讲实现形式问题，好像没有人提出过。中央文件中历来所讲的是“公有制的实现形式”或“基本经济制度的实现形式”。这是社会制度性范畴，而市场经济是经济体制性范畴，不能将两者混同。

另外，不能把“社会主义初级阶段的基本经济制度”混同于“社会主义基本经济制度”。社会主义基本经济制度只以公有制为基础，不包括私有制经济；而社会主义初级阶段的基本经济制度则除公有制为主体外，还包括多种私有制经济。中央文件中讲“基本经济制度”，就是专讲社会主义初级阶段的基本经济制度。在我国宪法中，社会主义经济制度和社会主义初级阶段的基本经济制度，是作为两个独立的概念论述的。如果把十八届三中全会《决定》中讲的“混合所有制经济是基本经济制度的重要实现形式”解读为社会主义基本经济制度的重要实现形式，就等于说是公有制的重要实现形式，这退回到以前的提法了，而且由原来的“主要实现形式”退为“重要实现形式”了。

发展多种所有制经济和混合所有制经济，要遵循既定的目的。既有直接的具体目的，又有总的战略性目的。更为重要的是不能偏离作为指导思想的战略性目的。由于提出要使混合所有制成为基本经济制度的实现形式，即既是公有制的“主要实现形式”，又是非公有制的“重要实现形式”。而且提出“鼓励非公有制企业参与国有企业改革，鼓励发展非公有资本控股的混合所有制企业”，要“废除对非公有制经济各种形式的不合理规定，消除各种隐性壁垒”，显示出强调“更多”发展混合所有制经济向非公有制经济倾斜的政策，容易使一些学者和实际工作者忽视或忘记发展多种所有制经济和混合所有制经济的根本目的，甚至将其错解为“国退民进”、削弱和销蚀国有制经济的改革部署，从而引起人们担忧，是不是会发生新一轮国有经济大量流失、化公为私的流弊。

发展混合所有制经济同发展多种所有制经济的根本目的是相同的。需要首先弄清发展多种所有制经济同发展混合所有制的关系与区别。

公有制为主体，多种所有制经济共同发展，是不同所有制经济各自作为市

① 高明华等：《关于发展混合所有制经济的若干问题》，《政治经济学评论》，2014 年第 4 期。

场经济主体独立发展，是不同所有制经济在各自体制外的发展。而实行混合所有制，是不同所有制主要是公有制与非公有制在同一体制内的共同发展。

多种所有制经济在体制外的共同发展和体制内的共同发展，都服从于共同的目的。这与我国的国情是相联系的。我国是在生产力落后的半殖民地、半封建制度的基础上建立社会主义制度的。这一国情决定了我国不能实行单一的公有制度。在旧中国“三座大山”的压迫下，我国的民族资本主义和个体工商业并没有获得充分发展，它们仍有较广阔的发展余地。因此，我国建立的社会主义只能是初级阶段的社会主义，需要在公有制为主体的条件下，多种所有制经济共同发展。

多种所有制经济在体制外和体制内共同发展的直接目的，是为了充分利用各种资源更好更快地发展我国的生产力，消除“短缺经济”，满足人民的生活需要，解决我国面临的主要矛盾：人民日益增长的物质文化需要与落后的社会生产的矛盾。

发展股份制经济，使其成为公有制的实现形式或主要实现形式，是为了搞活国有经济，增强国有经济的影响力、控制力。如果国有资本控股，无论是绝对控股或是相对控股，还是吸收私人资本参股，都会增大资本总量，放大国有资本的功能，有利于生产力的发展。

使混合所有制经济成为“基本经济制度的重要实现形式”，除“有利于国有资本放大功能，保值增值、提高竞争力”外，还“有利于各种所有制资本取长补短、相互促进、共同发展”。可见，使混合所有制成为基本经济制度的实现形式，其具体目的，既是为了更好地发展公有制经济，也是为了更好地发展非公有制经济。

不应忽视和忘记：多种所有制经济共同发展和混合所有制经济更多发展的具体目的和直接目的，是服从于发展社会主义的总的战略目的的。中国特色社会主义不能背离科学社会主义，中国社会主义要由初级阶段走向中级阶段和高级阶段。中央明确指出，既不搞单一的公有制，也不搞私有化；既不走封闭僵化的老路，也不走改旗易帜的邪路。发展非公有制经济，不能以私害公，走全盘私有化的邪路。发展混合所有制经济，不能是提供一个让私有制侵蚀和排斥公有制、取代公有制的平台，要警惕主张全盘私有化的人借机会这样做，也防范某些国企和地方管理人员由于理解和认识上的偏误走上歧途。我国的改革与发展，要坚持和发展马克思主义和中国特色社会主义。一切改革包括发展混合所有制经济，只能有利于和服从这一总的目标。国有经济为主导、公有制经济为主体，多种所有制经济共同发展的基本经济制度，是中国特色社会主义制度的经济基础，也是走中国特色社会主义道路的主要标志。我国《宪法》是全民应遵守的根本大法，它明确规定："中华人民共和国的社会主义经济制度的基础是生产资料的社会主义公有制，即全民所有制和劳动群众集体所有制。"又规定"国有经济，即社会主义全民所有制经济，是国民经济中的主导力量。国家保障国有经济的巩固和发展"。党的十八大报告中指出："必须坚定不移走中国特色社会主义道路，道路关乎党的命脉，关乎国家前途、民族命运、人民幸福。""中国特色社会主义道路，中国特色社会主义理论体系，中国特色社会主义制度……必须倍加珍惜、始终坚持、不断发展。"党的十八届三中全会的《决定》，同样强调这方面的内容。这些方面的规定和总的指导方针，是一切改革与发展必须遵从的原则，也是发展多种所有制经济和发展混合所有制经济所应遵从的总的、战略性目的。也就是说，当我们进行混合所有制的改革时，在思想和理论认识上要事先明确和遵从这一原则和根本目的，才不至于在认识和实践中发生偏离，出现扭曲。

三、怎样发展混合所有制经济

十八届三中全会提出积极发展混合所有制经济，是将其作为公有制和非公有制多种所有制的重要实现形式。"允许更多国有经济和其他所有制经济发展成为混合所有制经济"，也就是要形成国有资本、集体资本、非公有资本交叉持股、相互融资的混合所有制经济。

目前，人们讨论发展混合所有制经济，重在国有经济放开门户，让非公有资本进入。国有企业引入私人资本，相互混合，这是一种单向混合。其实，从公有制经济和非公有制经济共同发展的思路来考虑，在理论上和实践上应是双向混合。即私人资本可以进入国有企业持股；同样，国有资本和集体资本也可以进入私营企业持股，这才真正成为"交叉持股"。但从目前一般的认知来看，国有资本进入私营企业是个敏感区，容易被渲染为"国进民退"，或是与"三大改造"时期的公私合营相比拟。其实，私营企业吸收国有资本入股的事例早已存在。多年前笔者到南方参观一家私营制药企业，企业主管是一位博士，经营得很好，重视保障职工权益，利润率很高。经过了解，这家企业的国有资本占大头，为什么是私营企业呢？因为国有资本是分散的，私人资本相对控股，私人经营，故称私营企业。我国现有私营企业 1200 多万家，有些企业资金短缺，贷款难，有的求助于高利贷，如果吸收一些国有或集体资本入股，私人资本掌握控股权，绝对控股或相对控股，可以放大私人资本的功能，是私人资本管控公有资本，有利于非公有制经济的发展。这与“三大改造”时的公私合营企业不同。当时的公私合营企业称作国家资本主义，是国有资本管控私人资本，最后要吃掉私人资本。现在私营企业吸收国有资本入股，是发展壮大自己的途径，是国进民进，国小进、民大进。请注意：十八届三中全会的《决定》中提出：“鼓励发展非公有资本控股的混合所有制经济”。① 私人资本怎样取得控股权，主要不是进入国有企业取得控股权，主要途径应是私营企业引进公有资本，掌握控股权。

积极发展混合所有制经济，重点依然在国有经济。国有企业怎样吸收私人资本参股？是减少国有存量资本，增加和增大私人资本，搞“国退民进”，还是在国有资本保值增值的前提下，在增量资本中增添私人资本。十八届三中全会的《决定》中明确指出：发展混合所有制经济，“有利于国有资本放大功能、保值增值”。也就是说，不是国有经济将自己做好的大蛋糕切一块让给私人资本，而是引进私人资本将蛋糕做得更大，将增大的这块蛋糕公私分成。

国有经济发展混合所有制经济，涉及两方面的情况：一方面是新投资项目的资本安排；另一方面是原有国企引入私资的安排。国家的某些新投资项目可由国有资本和私人资本共同参与。十八届三中全会的《决定》中讲：“国有资本投资项目允许非国有资本参股”。这种新投资项目一般是新兴高科技产业和战略性产业，或与国计民生相关的产业，一般要由国有资本控股，某些项目也可由民营资本控股。

需要着重研究的是原有国企怎样改革为混合所有制经济。根据国务院国资委副主任黄淑和的说明和国务院国资研究中心副主任彭建国的解答，他们提出了中央国企实现混合所有制经济的四种路径：一是涉及国家安全的少数国有企业和国有资本投资公司、国有资本运营公司，可以采用国有独资形式；二是涉及国民经济命脉的重要行业和关键领域的国有企业，可保持国有企业的绝对控股；三是涉及支柱产业和高新技术产业等行业的重要国有企业，可保持国有相对控股；四是国有资本不需要控股并可以由社会资本控股的国有企业，可采取国有参股形式或者可以全部退出。② 彭建国提出：“混合所有制企业逐步降低

---

① 《中共中央关于全面深化改革若干重大问题的决定》，北京：人民出版社，2013 年版。

② 白天亮：《国企四种路径实现混合所有制》，《人民日报》，2013 年 12 月 20 日。

国有股权比重”，“在增量产权多元化的新设混合所有制经济中，国有资本是否控股、参股或不参与，可以参照存量产权多元化的做法。”他还提出，实行混合所有制经济，“要打破所有制界限”，即打破“公有制与非公有制的界限”。①

在混合所有制经济中，控股问题是个关键问题。如果是私营企业吸收公有资本参股，肯定是由私人资本控股，而且大都为绝对控股。如果把控股权让给国有资本，那就真是“国进民退”了。私人资本不会允许，除非是某些经营困难，经营不下去的私营企业，愿交给国有资本控股。至于国有企业引入私人资本参股，控股权应归国有资本，原有国企的国有资本要保值增值，国有资本在混合所有制经济中应占较大比例，因此，应是绝对控股。新建企业实行混合所有制，视公私资本各自参股量的比重大小，确定由国资控股还是私资控股，是绝对控股还是相对控股。

在混合所有制的改制中，不要忘记改制的总的目的。改革是社会主义制度的自我发展与完善，要坚持和发展中国特色社会主义，就必须坚持和发展国有经济为主导，公有制经济为主体。如果国企改制中放弃了国有资本的控股权，转由私资控股，那就成了私营经济了，国企还能发挥主导作用吗？我国的国有经济比重，改革以来已大幅度降低。在改革开放初期，国有工业在工业总产值中的比重占80%以上。根据国家统计局的资料，1997年国有工业在工业总产值中的比重降为25.5%。现在没有官方统计数字，国有工业比重大约不到20%了，低于1949年新中国成立时的26.2%。不要再通过混合所有制改革削减国有经济了。因此，轻易提出“在国家不需要控股的企业，实行国有参股或全部退出”，不知是根据什么。哪些国企不需要控股或应全部退出？如果是好端端的国有企业，在改制中要求转归私资控股，变成私营企业，或者“全部退出”会是什么结果？“全部退出”就是要关闭和出售给私人，化公为私，这有悖于改革的总目的。如果是一些经营不善、濒临倒闭的国企，私人资本会来参股取得控股权吗？更值得考虑的是，笼统地提出国家不需要控股的国有企业，可由私资控股或全部退出，没有明确界限，容易被利用来搞新一轮国有资产流失。

事实上，我国混合所有制经济的改革已经多年了。股份制公司数量也已很多。2012年，我国已有2494家境内上市公司，股票市值达23万亿元，占当年国内生产总值的43%。其中既有国有资本，也有私人资本参股或控股，是

① 彭建国：《积极发展混合所有制经济》，《人民日报》，2014年9月15日。

先行的混合所有制经济。现在是要进一步打开国企大门，更多地积极发展混合所有制经济。2013 年 9 月 6 日，国务院常务会议提出：尽快在金融、石油、电力、铁路、电信、资源开发、公用事业等领域向民营资本推出一批符合产业导向、有利于转型升级的项目，形成示范效应，并在推进结构改革中发展混合所有制经济。也就是过去私人资本不准进入的某些产业，现在可以进入了。

现在需要注意的是，搞混合所有制改革，不要又来刮风，既要积极，又要稳妥。目前有些地方把实行混合所有制企业的比例作为改革考核的目标。有的省国资委要求两年到三年内完成 70%以上二级企业的股权多元化改革任务；有的要求 2017 年混合所有制的企业户数比重超过 60%。下指标，定任务，急于求成向上邀功，是我国地方政府历来惯用的手段，但往往会产生一些不好的后果。需要有科学有效的顶层设计，需要有规范的实施细则。习近平同志反复强调，关键是细则，成败也在细则，数量和指标不是重点。要进行试点，制定规则和程序，在改革的总目标和法律框架下进行运作。

面对积极发展混合所有制的改革，不同的社会成员会从不同的角度发出自己的声音。现在有五种声音：党和政府文件中的声音；国有企业主管的声音；私营企业主的声音；坚持新自由主义学者的声音；马克思主义和中国特色社会主义理论工作者的声音。党和政府的有关文件是从自己认知的改革需要制定指导思想和政策的。国企主管和私营企业主是从各自的利益领会和考虑中央改革精神的。新自由主义学者是主张通过混合所有制让私有制销蚀公有制，全盘私有化。马克思主义和中国特色社会主义理论工作者是从坚持和发展社会主义事业大局和改革总目的提出意见的。因此，难以形成统一的共识，声音杂乱，势所必然。马克思主义理论工作者要对各种不同的声音进行辨别与评析，澄清是非，减少摩擦。

我国的国有企业情况不同。有的国有企业，目前经营得很好，效率高、利润高，社会效益也高，如果不愿意私人资本进入，切去一块蛋糕，就没有必要搞一刀切，强制其实行混合所有制。国资委高管的改革设计未必完全科学和符合根本目的，也可提出不同意见。私营企业家，有的心中无数或心存疑虑，等待观望，有的提出自己的见解和要求。有些问题是可以讲清楚的。比如，有人认为，积极搞混合所有制，是不是与“三大改造”时的公私合营一样，要用国有资本吞并掉私人资本？其实这完全是两回事，目的不同，进程不同。公私合营虽然也可以算作一种混合所有制经济，但那是以消灭私人资本为目的的一种经营形式，是要通过公私合营变私人资本主义经济为社会主义国营经济。现在发展作为基本经济制度重要实现形式的混合所有制经济，其目的是既要搞活国企，又要发展私企，让国资和私资联合，取长补短，相互促进，共同发展。

有的私营企业要求私人资本参股国企，取得控股权。如果是国家某些新建项目，国有资本吸收私人资本共建，根据项目的性质，有的应由国资控股，有的可由私资控股。但原有的国企实行混合所有制，私人资本要求控股是不现实的。正如国有资本参股私人公司时，不能要求国资控股一样。私营企业家被称为社会主义事业建设者，不能一切都从一己私利出发行事，还应考虑为社会主义事业发展做贡献。参股国有公司，献计献策，提高效率，做大蛋糕，双方共赢，增加收益，是三利的事情：有利于国资，有利于私资，有利于国家。

我国已经存在国企改革引进私企资本发展混合所有制的成功经验。中国成材集团与上千家民营企业融合，将国企与民企的混合优势发挥得淋漓尽致，使其从一个营业额只有 20 亿元的企业，发展为营业额超过 2500 亿元，全球第二大建材企业。既确保国有资本保值增值，又带动了私企资本的发展。它的成功经验是一个公式和十六字原则。一个公式是："央企的实力＋民企的活力＝企业的竞争力"。十六字原则是："规范运作，互利共赢，相互尊重，长期合作"。这具有发展混合所有制的示范效应。了解这一发展混合所有制成功的典型，可以对人们起到释疑解惑的作用。

第四辑　社会主义收入分配制度研究

中国特色社会主义分配理论与实践的是是非非*

一、按劳分配为主体、多种分配方式并存的理论与事实依据是什么

由于社会主义初级阶段的所有制结构是以公有制为主体、多种所有制共同发展，与其相适应的分配制度就必然是按劳分配为主体、多种分配方式并存。所谓多种分配方式主要有两种：一种是为主体的按劳分配，另一种是按生产要素(也应包括流通要素)所有权分配。前者与公有制为主体相适应，后者与私营企业和外资企业的私有制相适应。至于个体经济，存在于多种社会制度，并不参与某种社会分配力式，既不从国家财政取得分配收入，也不参与别的经济单位的分配关系。其自有自营收入，表现为个人劳动收入。

从我国当前的分配理论和实践来看，按劳分配为主体、多种分配方式并存的分配制度，既是社会主义初级阶段的分配制度，也是中国特色社会主义的分配制度，是两者共同的经济特点。但是，中国特色社会主义不仅存在于我国社会主义初级阶段，也存在于社会主义中级阶段和高级阶段。在高级阶段，应是与完全的和完善的公有制相适应，将实行单一的完善的按劳分配制度。

社会主义公有制经济为什么要实行按劳分配制度？有的学者宣称，劳动价值论是社会主义实行按劳分配的理论基础。要素价值论

* 原载于《海派经济学》2018 年第 2 期。

是我国当前实行“按要素分配”或“按要素贡献分配”的理论基础。有的学者还把“按生产要素贡献分配”，称作我国社会主义的分配原则，舍弃了“按劳分配为主体”，并将此观点作为经济改革的理论创新与贡献。其实，以要素价值论为理论基础的按要素贡献分配，在资本主义国家也是老观点。萨伊、克拉克等早就宣扬过这种观点。例如，美国经济学家克拉克在其所著的《财富的分配》中，就直言不讳地指出：“每个生产要素在参加生产过程中都有其独特的贡献，也都有其相应的报酬，这就是分配的自然规律。我们必须证明这个论点……社会(资本主义社会——引者注)有没有权利维持现状，以及它能不能照样继续存在，都要看这个论点能否成立。”克拉克接着更明确地讲：如果工人阶级知道“他们创造的财富很少，但全部归于他们所有，他们也许就不会想到革命。假使他们觉得他们生产了巨额财富，而所得到的仅仅是一部分，那么他们之中的许多人，就一定会变成革命者，全体工人也将都有革命的权利。许多人指责现在的社会制度，说它‘剥削劳动’……如果这种说法被证实，那么，每一个正直的人都应当变成社会主义者”。① 可见，某些西方经济学家宣扬要素价值论和按要素贡献分配，是与维护资本主义制度、防止工人阶级革命的政治目的紧密联系的。而我们的某些学者竟将西方的这种早已流传的老观点，照搬到中国社会主义制度中来，把资本主义的分配原则当作社会主义的分配原则。不应回避一个事实：我国现阶段存在的雇用几十、几百、几千甚至几万人的私营企业和外资企业，是资本主义经济。按照生产要素所有权分配适用于这两种经济。

应当明确，社会主义实行按劳分配，并不是以劳动价值论为理论依据。马克思在《资本论》和《哥达纲领批判》中提出了社会主义将实行按劳分配原则，但并没有与劳动价值论相联系，恰恰是与劳动价值论分离开来的。因为马克思曾预计，在实行生产资料全社会占有的条件下，商品生产与交换将会消亡。马克思讲的按劳分配是消费品的实物分配，不是借助货币形式的价值分配。以货币形式分配，是与社会主义实践存在商品经济相联系的。由于社会主义存在商品货币关系，劳动者所领取的是货币工资，再用货币工资购买商品。因而按劳分配的实现形式采取了货币价值形式。也可以说，按劳分配的比例，与各个劳动者为社会贡献的财富和价值相联系。但这只是按劳分配的实现形武，而非劳动价值论的实现形式。在资本主义经济中，雇用工人也是领取货币工资，是价值关系，但并非取决于劳动价值论。有些学者之所以杜撰按劳分配以劳动价值论

① 克拉克：《财富的分配》，北京：商务印书馆，1983 年版，第 11、12 页。

为依据，“醉翁之意”不在此，而是意在借此引出资本的逻辑，即实行按要素贡献分配，就要认同要素价值论。要素价值论是按要素贡献分配的理论依据。但是，以按生产要素贡献分配来证明要素价值论的合理性，是不能成立的。因为价值的创造与价值分配并不是必然统一的。马克思正是在剖析了资本主义经济制度、批判资产阶级经济学的“三位一体”公式，即“资本—利润、土地—地租、劳动—工资”，这种将价值生产与价值分配一体化公式的同时，创建了劳动价值论，否定要素价值论的。马克思主义理论和社会主义实践证明：生产方式决定分配方式，不同的分配关系是由不同的生产关系决定的。按劳分配取决于以公有制为基础的社会主义生产关系；按生产要素所有权分配取决于以私有制为基础的资本主义生产关系。不能倒过来用分配关系决定生产关系。

二、资本主义经济中的“按劳动要素分配”与社会主义的按劳分配是根本不同的

从马克思主义政治经济学原理和经济发展的实际情况来看，资本主义经济的分配方式是按要素(包括生产要素和流通要素)所有权分配。这种分配方式是以按资本所有权分配为核心的，与社会主义经济中的按劳分配是完全不同的。单从生产要素来讲，生产要素与生产力的要素是一致的。一般将生产要素简化为资本、土地、劳动。其实，无论是马克思还是萨伊等西方学者，作为生产要素的土地，并不单指耕种的田地和建筑用地，而是泛指自然力和自然资源。马克思把自然力作为生产力的构成要素，并把自然资源纳入“土地”概念中。他指出：“经济学上所说的土地是指未经人的协助而自然存在的一切劳动对象。”① 萨伊所讲的生产三要素中的土地，也是泛指自然力。他说：在农作物耕种中，起作用的“还有土壤、风、太阳等自然力执行工作……自然力的这种作用，我叫作自然力的生产作用”。② 马克思在《资本论》第一卷中引证配第的名言“劳动是财富之父，土地是财富之母”③，这里的“土地”也是泛指自然资源的。最近看到有的学者发表论文，引证配第的名言，大讲保护我国耕地的重要意义，离开了所引证的“土地”的本意。马克思和恩格斯一再指出：劳动不是财富的唯一源泉，劳动与自然界相结合是财富的源泉。在《资本论》中，马克思和恩格斯讲

① 马克思：《资本论》第1卷，北京：人民出版社，2004年版，第703页。

② 萨伊：《政治经济学概论》，北京：商务印书馆，1963年版，第72页。

③ 威廉·配第：《赋税论》，北京：华夏出版社，2013年版，第97页。

商品的使用价值时指出："上衣、麻布等等使用价值，简言之，种种商品体，是自然物质和劳动这两种要素的结合。"①引证配第的那两句名言，所谓"劳动是财富之父，土地是财富之母"，就是指劳动利用自然物质进行物质财富生产。学界往往把与劳动相结合的自然物质或自然界解读为生产资料，这是不准确的。

作为生产要素的劳动，主要包括广大工人群众的劳动，也包括管理劳动和科技劳动。党的十六大报告中提出："调整和规范国家、企业和个人的分配关系。确立劳动、资本、技术和管理等生产要素按贡献分配的原则，完善按劳分配为主体、多种分配方式并存的分配制度。"对此有两种不准确的解读，一是认为，既然按生产要素贡献分配包括了劳动要素，也就是按劳动贡献分配，就没有必要再讲按劳分配了。二是把技术、管理与资本合在一起与劳动分离，认为马克思的劳动价值论只讲工人的体力劳动创造价值，排斥资本、技术和管理创造价值的作用。应当在理论上明确：首先，在资本主义经济中，劳动作为生产要素参与分配，不是社会主义的按劳分配。因为资本主义经济中的分配首先是按资本的大小参与分配，是以按资本所有权分配为核心的，而劳动是受资本统治的雇佣劳动。资本与雇佣劳动存在利益关系上的天然对立，存在贫富分化。与此相反，在社会主义国有企业或集体企业中，不存在按生产要素所有权分配关系。劳动者是企业的主人，不存在资本与劳动的对立，不会产生贫富分化。邓小平也讲过，只要实行公有制和按劳分配，就不会产生两极分化。其次，在马克思的论著中，科技劳动和管理劳动与工人的劳动是统一的，都属于"总体劳动"的一部分。在现代社会生产中，科技劳动和管理劳动是更为重要的高层次的复杂劳动。这种劳动正是创新发展的驱动力。马克思十分重视科学在生产力发展中的作用。但是科学的发明和创新，必须运用于生产，才能成为发展的第一推动力。马克思对管理劳动的重视，表现在《资本论》中一再强调在众多劳动者的共同劳动中管理劳动的必要性和重要性。他将其称为指挥劳动、监督劳动，正像乐队需要指挥一样。在资本主义经济中，如果资本家自有自营，亲自管理生产，他的管理劳动就具有二重性：一是为剥削剩余价值而从事指挥和监督；二是社会化生产的共同劳动中必要的管理和指挥。马克思在其经济学手稿中还指出，资本家自有自营的管理劳动，从第二重意义上说，也和工人的劳动一样，会形成价值。笔者在 20 世纪 80 年代首先引证马克思的这些原话发表论

① 马克思：《资本论》第 1 卷，北京：人民出版社，2004 年版，第 56 页。

文时，还引起一些马克思主义学者的质疑。无论资本主义经济还是社会主义经济，科技劳动和管理劳动的重要作用是相同的。但是，从分配制度上来看，在资本主义经济中，由资本家聘任的科技劳动者和管理者，其劳动是作为高级劳动要素，参与按要素所有权的分配方式。而在社会主义公有制经济中，科技劳动和管理劳动是作为高级复杂劳动，参与按劳分配制度。

三、应在理论上明确按生产要素所有权分配是资本主义分配方式

需要强调的是，前文所述适应私营经济和外资企业等资本主义经济的分配方式，是按要素所有权分配，不讲“按生产要素分配”，更不讲“按生产要素贡献分配”。因为这是资产阶级及其辩护士的话语权。林岗对此观点提出了尖锐的评论：“生产要素按照贡献大小参与收入分配，这是西方主流经济学即新古典微观经济学的说法。这个说法实际上是非常滑稽的，洋人将它用学术的词语装点起来，就在某些人心目中成了神圣的经济学教义。”①

有的学者竟然将“按生产要素分配”或“按生产要素贡献分配”当作社会主义分配方式，摒弃按劳分配。这种理论观点不仅背离了社会主义本质规定，在概念和学理上也需要推敲。讲“按生产要素分配”，难道是分配给生产要素自身，如分配给作为资本的货币或生产资料，分配给土地等自然物质吗？事实上，利润、利息、地租等是分配给生产要素的所有者。利润、利息是资本所有权的实现形式，地租是土地所有权的实现形式；工资是劳动力所有权及其价值的实现形式。自然力如水力、风力、太阳能等也是生产要素，但不参与分配，因为它们没有被私人占有。如果按生产要素贡献分配，且不说无法实证说明各种生产要素，如各种原材料、劳动资料、土地等各自在生产中贡献了什么、贡献占比多少。即使肯定其在生产财富和价值中是必要条件，比如在农业生产中自然力起重要作用，阳光、雨水、风力等都有其“贡献”，但它们参与分配吗？依然要回到所有制问题上来。自然力作为生产要素不管其贡献有多大，因为没有被任何主体占有，就不会参与分配。

还有个问题需要弄清。即使肯定各种生产要素的“贡献”，资本和土地的“贡献”也不等于资本家和地主的个人“贡献”。两者并不是统一的。但劳动贡献

---

① 林岗：《从马克思主义视角看收入分配的理论和现实》，《政治经济学评论》，2015 年第 1 期。

就是劳动者的贡献。劳动、劳动力、劳动者是统一于一身的。

因此，只要资本、土地和一切生产资料归劳动人民公共所有，即由私有制转变为公有制，就不存在按生产要素所有权分配问题了。

按生产要素所有权分配，只存在于各种生产要素掌握在不同所有者手中的社会经济中。无论是公有制还是私有制，只要同一经济主体占有各种生产要素，就不存在按要素所有权分配问题。就私有制来说，个体经济自有自营。全部生产成果归自己所有，不存在按要素所有权分配关系。在奴隶制度下，奴隶主既占有生产资料，又占有奴隶，也不存在按要素所有权分配关系。就公有制来说，无论是原始社会公有制，还是社会主义和共产主义公有制，生产要素掌握在同一主体手中，分别实行平均主义分配、按劳分配和按需分配，而不实行按生产要素所有权分配。最典型的按生产要素所有权分配，就是资本主义分配方式。资本主义经济是生产高度社会化的市场经济。资本、土地、劳动力(包括雇佣工人、科技和管理人员)等生产要素分别掌握在不同人员手中，只有将这些分散的生产要素结合起来才能进行资本主义生产，这就决定了资本主义实行按要素所有权分配的方式。

我们讲按生产要素所有权分配是资本主义的分配方式，这是马克思主义的基本原理。这一原理是由经济实践证明了的。马克思主义认为，生产决定分配，其表现在两方面：一是生产什么，分配什么；生产多少，分配多少。二是生产方式决定分配方式，或生产关系决定分配关系。马克思在《哥达纲领批判》中，批判了离开生产资料所有制空谈“平等权利”“公平分配”等受拉萨尔主义影响的错误观点。在《资本论》第三卷中，专门设一章论述“分配关系和生产关系”。其中讲：在资本主义经济中，每年新增加的价值，“采取三种不同的收入形式……这个价值的一部分属于或归于劳动力的所有者，另一部分属于或归于资本的所有者，第三部分属于或归于地产的所有者。因此，这就是分配的关系或形式，因为它们表示出新生产的总价值在不同生产要素的所有者中间进行分配的关系”①。这里，马克思明确地说明，资本主义的分配关系是在生产要素所有者中间进行分配，也就是按生产要素所有权分配。有的自称马克思主义学者，背离了马克思的有关科学理论，照搬西方为资本辩护的理论，不仅离开所有权大谈按生产要素贡献分配，而且竟将其作为社会主义的分配原则。连中央文件一再强调、宪法明确规定的社会主义按劳分配原则也完全否定，必然遭到

① 马克思：《资本论》第3卷，北京：人民出版社，2004年版，第993页。

学界摒弃。

应当注意到党的十九大报告中关于收入分配问题的论述："坚持按劳分配原则，完善按要素分配的体制机制，促进收入分配更合理、更有序。鼓励勤劳守法致富，扩大中等收入群体，增加低收入者收入，调节过高收入，取缔非法收入。"这里没有再讲按要素"贡献"分配，强调坚持按劳分配原则。虽然这里讲到"完善按要素分配的体制机制"，但可以按马克思主义理论解读为完善按要素所有权分配的体制机制。十九大报告强调以人民为中心的思想，强调坚持在发展中保障和改善民生，增进民生福祉是发展的根本目的。必须多谋民生之利，多解民生之忧，在发展中补齐民生之短板，促进社会公平正义。强调"必须始终把人民利益摆在至高无上的地位，让改革发展成果更多更公平惠及全体人民"。所有这些理论与实践，与不重视社会主义分配公平、不重视或否认贫富分化的存在、赞美资本主义经济分配公平合理的观点是完全对立的。

四、怎样认识我国出现的贫富分化现象

我国改革开放 40 年来，经济社会的发展取得了举世瞩目的成就。总体上说，人民群众的收入和生活水平有了显著的提高。但是出现了贫富分化的现象。有人否定我国存在贫富分化，这是不顾事实之言。两极分化有两种形式：一种是富者越富、贫者越贫的绝对两极分化；另一种是富者越富，但贫者不会越贫的相对两极分化。我国存在的是后一种两极分化。根据统计数字，我国拥有几十亿、几百亿、上千亿元的富豪，只比美国少一些。同时，曾存在几亿贫困人口，现在也还有 4000 多万人口等待脱贫。即使到 2020 年完全脱贫，也还有大量生活水平低下的低保人口。与日益增多的富豪相比，依然存在相对贫富分化。在理论和实践上应搞清其形成的根本原因，以探寻缓解与消除这一问题的主要途径。分配方面出现的问题，其根子还在所有制结构方面。解决的根本途径也需要重在从所有制结构方面做文章。只要坚持和完善国有经济为主导、公有制为主体，多种所有制共同发展；坚持和完善按劳分配为主体，多种分配方式并存；坚持和完善我国宪法中所规定的社会主义经济制度，即以全民所有制和集体所有制为基础，就可以缓解和缩小贫富过大的差距。习近平同志强调做大、做优、做强国有经济，强调公有制的重要地位和作用，是缓解贫富差距扩大、走向共同富裕的重要支柱。

在怎样认识和对待我国出现的贫富分化问题上，涉及多种所有制共同发展问题，特别是怎样认识非公经济的性质、作用及其称谓的变异问题。称谓的变

异，会影响理论的不确定性和变异性。

私营经济是民族资本主义经济，外资企业是外国资本主义经济，这在马克思主义理论中本是很明确的概念，连西方经济学也会肯定这一事实。而我国改革开放以来，把私有制经济称作非公有制经济，避开私有制概念和资本主义概念。这不仅是因为大家学习的《共产党宣言》中强调社会主义要与传统的所有制决裂，要消灭私有制，用社会主义取代资本主义，而且我国在一个特殊年代，不但要消灭一切私有制经济，连社员的自留地、集市贸易、庭院经济也被当作“资本主义尾巴”受到限制或禁止。并且，“斗私批修”“兴无灭资”“狠斗私字一刹那”的口号曾响彻云霄。改革开放初期，如果直接提出恢复和发展私有制经济包括私人资本主义经济，会碰到意识形态上的障碍。因此，转弯抹角想出个“非公有制经济”概念是可以理解的。近些年来，人们的思想认识已经不再受“左”的一套束缚。本可明确划清公有制与私有制、社会主义经济与资本主义经济的界限了，但理论概念没有顺向发展，反而逆向发展，似乎连“非公有制经济”也不顺耳了，改称“民营经济”。本来，民营经济是与国营经济相对而言的。民营经济不仅包括私营经济，也包括部分劳动群众的集体经济，还包括国有私营经济等。现在，我国通过国有经济两权分离，即国家所有、企业经营，不再搞“国营经济”了。连宪法也把国营经济改为国有经济。本来，没有了“国营经济”概念，也就应没有相应的民营经济概念了。但目前“民营经济”概念成为流行语，主要用以取代私营经济，也包括个体经济。而且，又进一步将“民营经济”的性质也变异了。

有人把民营经济称作人民社会主义，国有经济称作国家社会主义，提出用人民社会主义取代国家社会主义。有的学者提出要用中国特色社会主义“摒弃传统社会主义”，其理论核心是：应摒弃马克思主义认为只有公有制经济是社会主义经济。而中国特色社会主义则把非公有制经济也作为社会主义经济的重要组成部分，作为社会主义经济制度的基础。1997 年 9 月党的十五大报告提出非公有制经济是我国社会主义市场经济的重要组成部分，又提出“公有制为主体、多种所有制经济共同发展，是我国社会主义初级阶段的一项基本经济制度”。颇有社会与理论影响的于光远先生在《发展论坛》1998 年第 1 期发表《重要理论贡献——关于十五大报告的问答》一文，对中央文件的导向性进行解读。他提出十五大报告是针对有些人“搬弄一些教条，诋毁、反对邓小平改革开放的方针路线”，“社会主义所有制结构改革是当前解放思想的一个焦点”，“我想特别指出十五大报告中有这样一句话：这就要坚持和完善社会主义公有制为主体、多种所有制经济共同发展的基本经济制度”。十五大报告中并不存在这句引语。他把十五大报告中讲公有制为主体、多种所有制经济共同发展是我国社会主义初级阶段的一项基本经济制度，改成公有制经济和非公有制经济共同构成社会主义基本经济制度。该文认为，十五大报告比宪法“又前进了一步，因为宪法中所规定的社会主义基本经济制度并没有写进非公有制经济……在党的文件中把非公有制经济的存在和发展列入社会主义基本经济制度的范围的确是第一次”。“报告中还有说得更明显的地方，例如，‘非公有制经济是我国社会主义市场经济的重要组成部分’，这一句话可以看作是对社会主义基本经济制度所做的规定中非公有制经济地位的一个进一步的论述。”总之，于光远先生从十五大报告中解读出非公有制经济是社会主义经济和社会主义经济制度的组成部分。在他的理论导向下，不少学者同声共鸣。把本是资本主义性质的私营经济，硬要确认为社会主义经济，与公有制共同构成社会主义经济制度的基础，并被说成是理论界的“共识”。笔者不认同这种“共识”，认为这是对十五大报告的错解，并在《理论前沿》发表论文提出不同意见。坚持非公有制经济是非社会主义经济的观点，立即遭到批驳，认为本人是坚持应当摒弃的“传统社会主义经济理论”，是反对中国特色社会主义和社会主义市场经济。

正是在这种理论语境下，资本主义性质的私营经济被宣传为“人民社会主义”，代表人民的利益，而国有经济是“与民争利”的国家社会主义。于是，在一个时期内，“国退民进”的话语权颇有声势，被宣传为改革的方向。有的重要媒体，甚至有的领导人把非公有制经济的比重超过公有制经济，看作是改革的成就。在这种理论和话语权的影响和引导下，前一轮大规模的国企改革变成了公开掠夺国有资产的私有化运动，大量国有资产流失。不少国企变为私企，掠夺者一夜暴富，而工人则沦为资本的雇佣劳动者或被解雇。总之，在改革开放的一个时期内，片面重视生产力的发展，忽视社会主义生产关系的发展与完善，忽视消除两极分化、逐步实现共同富裕的根本目的。另外，片面宣传市场经济的正面效应，忽视其会产生贫富分化的负面效应。而西方经济学如萨缪尔森的《经济学》中，则强调说明“市场经济会带来收入分配不公和贫富分化”，“收入和财富上存在着巨大的不平等，而这种不平等会长期在一代代人中存在下去”①。

通过以上说明，可以看出我国公私经济占比逆势发展的理论诱因和贫富分

① 保罗·萨缪尔森、威廉·诺德豪斯：《经济学》(第14版)，北京：北京经济学院出版社，1996年版，第544、657页。

化的根本原因。尽管不同学者会提出不同见解，都有各自的道理，但应分清分配范畴内的原因与分配范畴外的原因。如贪污腐败、坑蒙拐骗获得高额收入，那是非法收入。区域发展不平衡、城乡发展不平衡，都会产生收入上的差距，与地区天然差别、历史因素、政策因素有关。我们所讨论的是由现行分配制度形成的贫富分化，要分清根本原因和非根本原因。根本原因如前所说，还是应运用马克思主义关于生产关系决定分配关系，特别是所有制关系的决定作用的理论来说明。在这方面，多位学者进行过明确的论述。刘国光强调指出：我国产生收入差距过大的原因，“还需要从所有制结构，从财产制度上直面这一问题”。① 只要我国经济中公有制占主体地位，就可以避免两极分化。程恩富等认为：“当前，中国在经济结构转型中强调更多地发展私有制经济和对外招商引资，现存的国有企业和集体企业也大量被股份私有化，必然导致劳动报酬占比下降”，“是公有制的比重在中国经济中的比重下降，政府和工会未能在市场经济中发挥作用的客观结果”。② 吴宣恭讲得更显明和尖锐：“私营企业主收入与普通劳动者收入的惊人的差距，才是我国收入分配不公的主要矛盾。因此，其原因只能从所有制的变革和工作失误去说明……造成资本过度剥削，资本积累过快而导致劳动大众相对贫困。”我国形成了“比社会主义改造前还要更强大百倍的资产阶级，雇佣劳动和剥削已经在数量上占社会多数的资本主义企业中普遍存在，许多地方剥削和压迫十分严重”。③ 当然也有某些否定马克思主义经济理论的学者，不但否定按劳分配，硬将“按生产要素贡献分配”作为社会主义的分配原则，还否定资本对劳动的剥削，提出工人也可能剥削资本家的观点。这些学者当然就会或是无视贫富分化的存在，或是否定其形成的根本原因。如作为马克思主义经济学家的胡钧，忽视我国两极分化的存在及其根源，提出与刘国光等相对立的观点，他的多篇文章不赞同“把公平和正义作为依据来判断我国现阶段的个人收入差别”，只讲“个人收入差别”，不讲贫富分化，也不讲收入差距过大的收入分配不公平，因此，把“劳动贡献的差别”作为收入差别的第一原因，认为第二原因是“生产要素占有上的差别”，但他认为私营经

① 刘国光：《改革开放新时期的收入分配问题》，《百年潮》，2010年第4期。

② 程恩富、余斌：《关于当前劳动收入分配问题释疑》，《管理学刊》，2010年第1期。

③ 吴宣恭：《再谈分配不公的主要矛盾和根源——兼答何炼成教授》，《当代经济研究》，2011年第8期。

济和外资企业靠投入的资本量获取收入，“应视为公平的、正义的、应当坚持的”，其理由是“生产要素的所有者按其投入社会中的有益的活动的资本量获取收入，是适合现阶段生产力发展的需要的”①。此外，胡钧还认为收入差别的其他原因是垄断行业收入、灰色收入、贪污腐败收入等原因，否定了我国现阶段收入分配不公平中存在的根本问题。可以肯定这不是马克思主义观点。恩格斯将宣扬资本主义分配公平、正义的观点，斥之为“有产阶级胡说”“虚伪的空话”“失去了最后的立足之地”。②

我国贫富分化的产生有两种情况：一种是私营经济和外资企业的迅速、大量发展，占比超过公有制经济。在资本主义经济中，资本强势，劳动弱势，个人收入和财富分配分化是必然趋势。我国日益增多的拥有几十亿、几百亿、上千亿元的富豪都是私营企业主。私营企业中雇佣劳动者的收入，一般远低于国有经济工人的收入。另一种情况是实行市场经济，如前所说，也会带来贫富分化。我国的某些歌星、影视明星及其他演艺人员，年收入几百万、几千万、上亿元的，大有人在，有媒体指名道姓地做了报道。演艺市场属于文化市场，但个人收入分配也属于经济范畴。前些年，各种庆典活动很多，常常请演艺明星出场，报酬一般十几万或几十万元。十八大以来，提出八项规定，限制公款消费，演艺市场不再像过去那样火热了。但他们的收入依然远高于科学家和学者们的收入。

讲收入分配不公，避不开非公有制经济和市场经济问题，会触及敏感问题。可能会有人提出质疑：把我国出现的贫富分化归之于非公有制经济占比超过公有制经济，又归之于市场经济，这不是否定非公有制经济存在发展的意义和必要性吗？不是否定社会主义市场经济的地位和作用吗？笔者认为，进行中国特色社会主义经济理论分析，一定要实事求是，不能回避现实存在的问题。要一分为二地采取辩证分析方法，不能说好就绝对化地一切都好，说坏就一切都坏。我们讨论问题是首先肯定社会主义初级阶段公有制为主体、多种所有制共同发展的基本经济制度，按劳分配为主体、多种分配方式并存的分配制度的，是以肯定发展非公有制经济在现阶段的重要作用，肯定非公有制经济和社会主义市场经济在我国经济发展中的重要贡献为前提的。但是，不能只看到它

① 胡钧：《转变经济发展方式与国民收入分配结构调整》，《改革与战略》，2010年第26期。

② 《马克思恩格斯文集》第3卷，人民出版社，1995年版，第338页。

们的正面效应而看不到它们也存在某些负面效应。正是由于忽视其负面效应，没有采取有效的对策，致使其负面效应膨胀。比如，在20世纪90年代，个人收入分配差距已出现贫富分化的趋势，而我们却提出效率优先、兼顾公平的分配原则。后来又进一步提出“初次分配重视效率，再分配重视公平”。这就是说初次分配可以不重视分配公平。有些学者认为，从当时反对平均主义来看，这样提是有必要的。但这种解读不能成立。首先，反对平均主义是党的一贯政策。党的十三大报告提出：我们的分配政策“既要合理拉开收入差距，又要防止贫富悬殊，坚持共同富裕的方向”。合理拉开收入差距，就是否定平均主义；“防止贫富悬殊”，就是防止两极分化，走共同富裕道路。十四大报告又提出，在分配制度上，“兼顾效率与公平”，强调“合理拉开收入差距，又防止两极分化，逐步实现共同富裕”。这种提法完全符合社会主义本质要求。但1993年党的十四届三中全会提出了个人收入分配要体现“效率优先，兼顾公平”的原则。十六大报告进一步提出初次分配只重视效率，再分配才重视公平。提法的改变是从完全由市场经济配置劳动资源出发的。新的提法不再讲防止两极分化，走共同富裕道路，并肯定初次分配不重视公平会出现“收入差距过大趋势”，可通过再分配、加强政府调节职能来解决。贫富分化的出现正是从初次分配不公平产生的，不可能通过再分配实现公平。何况我国的再分配机制还不健全。其次，平均主义分配与贫富分化，都属于分配不公平。怎么能把初次分配不重视公平作为反对平均主义的举措呢？那样讲等于肯定平均主义是公平分配。应当明确：社会主义要实现共同富裕，就必须重视分配公平。当我国出现收入差距过大的趋势时，政府本应加强缩小和力求消除两极分化的调节职能，却采取了相反的举措，完全由市场调节收入分配，并主张初次分配可忽视分配公平。竟肯定允许初次分配不公平，可以出现收入差距过大的趋势，结果导致收入差距越来越扩大，基尼系数不断提高，超过世界多数国家。由此可见，分析我国贫富分化的出现，不能不涉及分配领域这一理论和实践产生的重大负面效应问题。

讨论我国存在分配不公平和贫富分化问题，不会搞劫富济贫，也不会搞限制非公有制经济的发展，不会限制富豪更多更富，但富豪人士可提高工人的工资，可多回报社会，多做扶危济困的慈善事业，多为国家发展科技、文化、教育、卫生事业做贡献。这样的善行会获得社会赞誉，减少社会矛盾。

近年来，中央特别重视保障和改善民生，扶贫解困，走共同富裕道路。特别是十八大以来，习近平总书记提出以人民为中心的发展思想，提出共享发展新理念。习近平总书记有一段话可集中概括我国当前所面临的分配和民生问题及其解决的根本宗旨。他说："共享发展注重的是解决社会公平正义问题……让广大人民群众共享改革发展成果，是社会主义的本质要求，是社会主义制度优越性的集中体现。""我国经济发展的'蛋糕'不断做大，但分配不公问题比较突出，收入差距、城乡区域公共服务水平差距较大。在共享改革发展成果上，无论是实际情况还是制度设计，都还有不完善的地方。为此，我们必须坚持发展为了人民、发展依靠人民、发展成果由人民共享，做出更有效的制度安排，使全体人民朝着共同富裕方向稳步前进，绝不能出现'富者累巨万，而贫者食糟糠'的现象。"①这段掷地有声的论述表明了勇于面对问题和解决问题的决心。

① 习近平：《习近平关于社会主义经济建设论述摘编》，北京：中央文献出版社，2017 年版，第 19 页。

中国特色社会主义政治经济学的分配理论创新*

习近平指出："要立足我国国情和我国发展实践，揭示新特点和新规律，提炼和总结我国经济发展实践的规律性成果，把实践经验上升为系统化的经济学说，不断开拓当代中国马克思主义政治经济学新境界。"①改革开放以来，中国特色社会主义政治经济学的主要创新点有：社会主义本质论；社会主义初级阶段理论；社会主义初级阶段的基本经济制度理论和分配关系理论；社会主义市场经济理论；中国特色社会主义理论、制度、道路相统一的理论；促进社会公平正义、把效率和公平统一起来的理论；用好国际国内两个市场、两种资源和坚持改革开放与独立自主相统一的理论；改革、发展、稳定三者统一的理论；推进新型工业化、信息化、城镇化、农业现代化相互协调的理论；树立和落实创新、协调、绿色、开放、共享"五大"发展理念的理论；经济发展进入新常态和推进供给侧结构性改革的理论。中国特色社会主义政治经济学的理论成果都可纳入并紧扣马克思主义政治经济学的三大原则：快速发展生产力；建立和发展以国有经济为核心的公有制经济；以共同富裕为目的。本文着重阐述中国特色社会主义政治经济学的分配理论创新。

---

* 原载《毛泽东邓小平理论研究》2017 年第 7 期。

① 习近平：《立足我国国情和我国发展实践　发展当代中国马克思主义政治经济学》，《人民日报》，2015 年 11 月 25 日。

一、生产关系决定分配关系首先是所有制关系决定分配关系

马克思一再强调生产关系决定分配关系。资本主义生产关系决定了资本主义分配原则必然是按生产要素所有权分配。社会主义公有制则决定了社会主义分配原则必然是按劳分配。在《资本论》中，马克思提出：新社会的“每个生产者在生活资料中得到的份额是由他的劳动时间决定的……劳动时间又是计量生产者在共同劳动中个人所占份额的尺度”。①

在分配问题上，存在两个需要辨明的问题：一是20世纪五六十年代，有关教材和论著把社会主义分配原则界定为“各尽所能，按劳分配”，而且将“各尽所能”政治化，强调必须先各尽所能，才可按劳分配。笔者在多年前就提出不同意见：第一，按劳分配就是多劳多得、少劳少得、不劳不得，不以各尽所能为前提；第二，各尽所能不是分配范畴，而是工作态度范畴；第三，“各尽所能，按劳分配”的公式是斯大林提出的，但这一公式的前提是正确认识权利和义务的关系；第四，“各尽所能，按劳分配”的俄文原意(如直译)应是：“(社会)取自每一个人，按其才能；给予每一个人，按其劳动。”在中译文中，“各尽所能”有可斟酌之处。改革开放以来，社会主义分配原则被确定为按劳分配。虽然宪法中写着实行各尽所能、按劳分配的原则，但没有将各尽所能纳入分配制度中。

二是资本主义经济的分配原则是什么，有按资(本)分配说，有按生产要素分配说，有按生产要素贡献分配说。按照马克思的观点，讲“按要素所有权分配”更科学。《资本论》中讲资本主义经济新生产的总价值的分配关系是“一部分属于或归于劳动力的所有者，另一部分属于或归于资本的所有者，第三部分属于或归于地产的所有者”，② 都与所有权相联系。讲“按生产要素分配”或“按生产要素贡献分配”，都存在问题。第一，生产要素资本和土地参与分配，不是分配给资本和土地，而是分配给资本和土地的所有者。第二，生产要素还包括自然力，如水力、风力、太阳能等，它们并不参与分配。这是因为，它们并不归私人所有，是没有所有权的公共生产要素。第三，如果讲“按生产要素贡献分配”，只有劳动贡献与劳动者的贡献是一致的。劳动贡献就是劳动者的贡献。

① 马克思：《资本论》第1卷，北京：人民出版社，2004年版，第96页。

② 马克思：《资本论》第3卷，北京：人民出版社，2004年版，第993页。

但资本和土地的贡献不是资本家和地主的贡献，二者是分离的。因此，离开所有权就无法说明资本主义的分配方式。我国曾通过“三大改造”，消灭了资本主义经济和一切私有制经济，因而从理论上讲，与单一公有制相适应，实行单一的按劳分配原则，但实践中经常出现平均主义。在社会主义初级阶段，实行按劳分配为主体、多种分配方式并存的分配制度，也就是在完全的公有制经济中实行按劳分配，在资本主义性质的私营和外资企业中实行按要素所有权分配。有的学者主张中国特色社会主义的分配原则只能是“按生产要素贡献分配”，这是把资产阶级所确认的分配方式作为我国社会主义的分配方式。

改革开放以来，我国经济经历了三十多年的快速发展，经济规模跃居世界第二位，人民的物质文化生活水平总体上有了较大提高。但是，出现了与共同富裕原则相悖的贫富分化问题。有的学者否认我国出现的两极分化，否认有目共睹的事实，是不可取的。学界讨论贫富分化的根源，有多种观点。但离开所有制结构的变化，离开私有制经济，特别是资本在经济中比重的增大去寻找根本原因，是得不出科学结论的。可以看到，我国不断增多的在数量上仅次于美国的富豪，都是私营企业主。资本在经济中的比重不断增大由此可见一斑。

二、分配关系理论调整为效率和公平的统一

我国宪法规定：“中华人民共和国社会主义经济制度的基础是生产资料的社会主义公有制，即全民所有制和劳动群众集体所有制”，“在社会主义初级阶段，坚持公有制为主体、多种所有制经济共同发展的基本经济制度。”这是当代中国政治经济学的重要内容，是对马克思主义政治经济学关于社会主义公有制理论的继承与坚持。与此相适应，实行按劳分配为主体、多种分配方式并存，是与社会主义所有制相对应的。在分配关系中，既重视效率，又重视公平，再分配更加重视公平。公平正义是社会主义的本质要求，它不是停留在理论和意识形态之中，而是要落实到实际经济关系中，最终要关注扭转收入差距过大的趋势，全面实现小康社会，最终达到共同富裕。

我国曾流行过多年“效率优先，兼顾公平”的提法，将此作为社会主义的分配原则。还进一步讲：初次分配重视效率，再分配重视公平。但笔者认为，在分配关系中应是公平与效率的统一和并重，效率优先的对象不应优先于分配公平。笔者主张生产重效率、分配重公平，社会主义应重视初次分配的公平。理由是：第一，收入差距过大和产生两极分化正是初次分配不公的结果。在社会保障制度尚不健全的情况下，想靠再分配来取平，是不可能实现的。第二，社

会主义最本质的优越性是实现全体人民的共同富裕。这需要从初次分配做起。如果初次分配不重视公平，就会产生偏离社会主义原则的贫富分化。第三，效率优先，不重视分配公平，有利于资本而不利于劳动。私营、外资企业可将效率优先等同于利润率优先，从而不顾劳动者收入的公平分配。第四，有学者从生产决定分配、先生产后分配来论证效率优先、兼顾公平的正确性，并形象地比喻为先做蛋糕，后分蛋糕。这种论证在逻辑上是不合理的。固然，生产在先、分配在后，但不能由此推论出初次分配可以不顾公平，任由收入分配差距过分扩大。先生产、后分配，这是再生产过程的顺序。但生产是服从于消费需要的，要通过公平分配来满足需要。先做蛋糕是为了切分蛋糕，生产出蛋糕就要及时公平地切分好蛋糕。生产决定分配，并没有决定社会主义经济中实行不公平分配。相反，社会主义生产决定了社会主义的公平分配是按劳分配。先生产、后分配的顺序与分配公平与否不是一回事。第五，效率优先、兼顾公平、初次分配不顾公平是西方右翼经济学家如哈耶克、弗里德曼等的观点，并没有获得西方广大学界和社会的认同，连西方政府也没有采纳这种原则。在我国收入分配出现差距过大的趋势下，不少学者提出应调整“优先、兼顾”的原则，应向公平倾斜。中央也逐渐调整并最后放弃了原有的提法，党的十七大就提出“初次分配和再分配都要处理好效率和公平的关系，再分配更加注重公平”。

社会主义大力发展生产力的根本目的是实现共同富裕，十八大强调，必须坚持走共同富裕道路。共同富裕是中国特色社会主义的根本原则。党的十八大以来，习近平多次强调，收入分配是民生之源，是改善民生、实现发展成果由人民共享最重要、最直接的方式；要通过深化收入分配制度改革等措施使收入分配更合理、更有序。改革分配制度，缩小当前收入分配差距和财富占有差距过分扩大的趋势，处理好分配和经济社会生活中的效率与公平的关系，也是社会主义政治经济学中的重要问题。马克思关于生产、分配、交换与消费之间的辩证关系，关于生产关系决定分配关系的理论，对于我国当前致力于扩大内需促进生产的发展，对于弄清“做大蛋糕”和“分好蛋糕”之间的辩证关系，具有指导意义。

改革开放以来，我国生产力快速发展，但同时也出现了收入差距严重扩大的趋势。对于贫富分化的根源，学界认识不同。在这个问题上，需要用马克思主义生产关系决定分配关系的原理来说明。贫富分化产生的本质原因要从生产资料所有制基础上的生产和分配关系出发进行说明。在资本主义经济中，资本处于强势，劳动处于弱势，资本追求利润最大化，必然产生收入分配不公平。

从世界范围看，以私有资本为主体的市场经济国家都存在贫富分化问题。萨缪尔森等的西方经济学论著早已说明这一问题。近期法国学者皮凯蒂的《21世纪资本论》一书，又系统论证了这一事实。我国目前的GDP总量中，非公经济提供了70%到80%，城镇劳动者80%以上在私有制经济中就业。可见，按要素所有权分配比重远远大于按劳分配。无视这一现实对分配关系中贫富分化出现的作用，是非科学的。但这也并非贬抑和否定非公有制经济和市场经济的地位和作用。既要肯定现阶段非公经济发展的必要及其积极作用，肯定实行社会主义市场经济的必要和作用，也要看到它会产生分配不公、出现贫富分化的负面效应。我国不能搞私有化和完全市场化，而要在国家宏观调控下抑制其负面效应，引导其向正面效应发展。国家目前强调以人为本、民生为重，共同富裕是社会主义的根本原则，着手改进分配制度，提高低收入者收入水平，就是要力求缓解收入差距过大的趋势。

因此，必须完善收入分配制度，坚持按劳分配为主体、多种分配方式并存的制度，把按劳分配为主体和按生产要素所有权分配结合起来，处理好政府、企业、居民三者之间的分配关系。具体来说，要深化收入分配制度改革，努力实现劳动报酬增长和劳动生产率提高同步，完善以税收、社会保障、转移支付为主要手段的再分配调节机制，完善收入分配调控体制机制和政策体系。保护合法收入，调节过高收入，清理规范隐性收入，取缔非法收入，增加低收入者收入，扩大中等收入者比重，努力缩小城乡、区域、行业收入分配差距，逐步形成橄榄型分配格局。

三、“共享”发展理念的实质是坚持以人民为中心的发展思想

党的十八大以来，我国的经济发展已到了一个新的阶段，发展生产力和发展社会主义生产关系，实现“两个一百年”目标，实现共同富裕，需要有新的发展思路。党的十八届五中全会提出了新的发展理念：创新、协调、绿色、开放、共享。这是在发展新阶段上更高层次的手段与目的的统一，提出了发展生产力的新途径和实现社会主义生产目的的新理念。其中，共享发展注重的是解决社会公平正义问题。让广大人民群众共享改革发展成果，是社会主义的本质要求，是社会主义制度优越性的集中体现，是我们党坚持全心全意为人民服务根本宗旨的重要体现。习近平在省部级主要领导干部学习贯彻十八届五中全会精神专题研讨班上指出：“落实共享发展是一门大学问，要做好从顶层设计到

‘最后一公里’落地的工作，在实践中不断取得新成效。”

共享，是社会主义本质要求，是与中国优秀文化传统融合的创新理念。千百年来中国的先贤们鉴于“朱门酒肉臭，路有冻死骨”“富者田连阡陌，贫者无立锥之地”的社会不公现象，提出了大同社会思想。孙中山也把“民生”作为三民主义之一。但是旧中国的社会历史条件决定了先贤们的大同思想不可能实现。特别是鸦片战争以来，中国任由列强宰割，内忧外患，民不聊生，谈何“公平”“大同”。马克思主义是解放全人类的学说，致力于让劳动人民摆脱剥削与压迫，过上自由平等、“最美好的、最幸福的生活”。

共享，是着力践行以人民为中心的发展思想，体现全心全意为人民服务的根本宗旨，要落实在经济社会发展的各个层面上。它包括的内容全面而丰富。共享什么，共享改革与发展的成果；共享青山绿水、蓝天白云；共享高品质的物质文化生活；共享优质的医疗保健事业；共享安全舒适的居室；共享资源配置公平的教育；共享社会和谐与自然和谐的平安生活。当然，消灭贫困和贫富分化，共同富裕是共享的核心内容。

共享理念的实质是坚持人民主体地位和以人民为中心的发展思想。要不断实现好、维护好、发展好最广大人民的根本利益。但美好的生活，广大人民根本利益的实现，需要劳动创造获得。讲大话、空话没有用，因此，需要依靠广大人民群众的参与和努力。

共享、共富是宏观、动态概念。共享、共富不是均享、均富，人的能力有大小，贡献有差异，因而个人收入分配不会均等。再者，人的消费需求有差别，不可能都吃一样的饭，穿一样的衣，住一样的房，开一样的车。随着生产力的发展和财富的涌流，共享的范围和内容也随之不断扩大、提高。子曰：“不患寡而患不均，不患贫而患不安。”①那是在生产力落后、财富寡而居民贫的条件下一种朴素的公平思想。现代条件下的社会主义共享理念，应是兼患寡与不公平，兼患贫与不安定，要以丰代寡，以富代贫，以共享代不均。

共享的内涵可以概括为四个方面：一是全民共享，不是少数富人共享，是城乡全体人民共同富裕；二是全面共享，包括共享经济、政治、社会、文化、生态等多方面建设与发展的成果；三是共建共享，天上不会掉馅饼，共享的成果要靠全民参与建设而获得；四是渐进共享，我国目前还存在着贫富差别，人均 GDP 还只达到中等发展国家水平，共享成果的内容是依靠生产力的不断发

---

① 《论语·季氏十六》。

展和财富的不断增多而丰富的。我国社会主义要经历初级阶段、中级阶级和高级阶段，各阶段生产力发展的状况和共享的状况各有特色，总趋势是不断发展和完善的。到未来共产主义社会，实现各尽所能，按需分配，消灭旧分工，消灭城乡差别、体脑差别，人们获得了自由全面发展，共享会提到一个更高的境界。由此可见，共享是一个不断丰富和完善其内涵的长期过程。

社会主义坚持共享理念和实践，仅靠生产力的发展和财富的不断增加还不够，这是物质保证。即使在生产力高度发展、财富充分涌流的条件下，也会出现贫富分化。因此，实现共享发展还需要制度保证。我国是社会主义国家，社会主义经济制度是以公有制为基础，劳动人民应是生产资料和财富的主人，是社会的主人，这样才能保证共享的真正实现。因此，必须通过深化改革，搞好搞活以国有经济为核心的公有制经济，要以科技创新、体制创新、管理创新推动国有经济的“涅槃重生”，使其发展成果真正归全民共享。

四、不要误解、错解《哥达纲领批判》中的“资产阶级法权”观点

马克思在《哥达纲领批判》(以下简称《纲领》)中，为了消除《纲领》中受拉萨尔社会主义思潮的影响，离开所有制问题空谈“公平分配”“权利平等”等，强调指出：即使到社会主义，也只能实行按劳分配；而按劳分配不是马克思主义的最高分配理想。因为它只是形式上的平等、事实上的不平等。按劳分配是从每个劳动者的全部劳动中扣除社会必要的多项生产基金和消费基金后，按其劳动量领取内含劳动量相同的消费资料。这是等量劳动相交换，与商品等价交换是同一原则。当然两者的内容和形式是不同的。由于每个劳动者的天赋不同，子女负担不同，所以等量劳动领取等量消费品，存在事实上的不平等，这是不可避免的“资产阶级法权”(现译为资产阶级权利)，是旧社会的痕迹。这种分配关系虽然有进步性，但这个平等的权利还是“被限制在一个资产阶级的框架里”。应正确理解马克思的这段论述的本意。

马克思在《资本论》等著作中曾肯定按劳分配是社会主义的分配原则。它与资本主义以按资(本)分配为核心的按要素所有权分配相比是进步的、公平的。马克思之所以用负面的语句进行评价，是为了消除《纲领》中空谈“平等权利”“公平分配”等拉萨尔主义的影响。它离开了马克思已讲清楚的生产关系决定分配关系，生产资料所有制是生产关系、分配关系的基础的根本原理。马克思主义所追求的最高分配原则是共产主义旗帜上所飘扬的“各尽所能、按需分配”。

对马克思有关“资产阶级权利”的这段论述，出现了两种不同的错解和误解。一种是颠倒了马克思的原意。马克思将按劳分配中的等量劳动相变换与商品等价交换视为同一原则。因为价值是劳动的凝结，等价交换也是等量劳动交换。但不能因此得出结论：社会主义经济的本质关系是等量劳动变换。这类观点认为，等量劳动交换与商品等价交换相对立，它否定商品经济的存在，甚至断言马克思认为社会主义不存在商品生产和商品交换的理论在我国已成为现实，否定我国的人民币是货币，并批评说谁认为人民币是货币，那是肤浅的看法。这类观点还认为，国家工作人员和国有企业的工人群众到国家商店去买东西，不是商品交换，因为同一全民所有制内部不可能存在商品经济关系。还将马克思称之为“旧社会痕迹”，不可避免的“弊病”，是“资产阶级权利”的等量劳动相交换，确定为社会主义经济的本质关系，认为这种本质关系会被商品关系的表面现象所掩盖。作为学术观点，这违反了社会主义经济实践，也与我国改革开放以来中央文件强调社会主义经济是有计划的商品经济，并进一步实行社会主义市场经济理论与实践相对立，只可作为教条主义的东西看待罢了，并非“最突出的创新性见解”和“重要学术贡献”。

另一种对资产阶级权利的错解，产生了较大的政治和经济的负面影响。1958 年，在搞“大跃进”、人民公社化的同时提出了“破除资产阶级法权问题”。把按劳分配、八级工资制、体脑收入差别等，都说成是资产阶级法权思想残余。把农村人民公社取消劳动工分制，搞“吃饭不要钱”的农村公共食堂，称作是破除了资产阶级法权的共产主义萌芽。把一切等级差别都看作是资产阶级法权，需要破除。于是取消了奖金制度和计件工资制度。这必然导向平均主义。

我们过去曾强调要限制资产阶级法权。其实，真正的等级制度存在于封建制度之中。资产阶级宣传和主张的权利是公平、自由、平等，并以此反对封建主义的等级制度。虽然这与马克思主义的公平、自由、平等的内涵不同，但与封建等级制相比，还是进步的。同时也应指出：马克思并没有说按劳分配是资产阶级权利，而只是从其中分解出与商品等价交换相同原则的等量劳动互换。资产阶级是承认和实行等价交换的公平原则的。通过等价交换实现等量资本取得等量利润的平等权利，才是资产阶级权利。因此，资产阶级并不要求按劳分配的平等权利，而是要求按资(本)分配的平等权利。

论社会主义共同富裕*

一、共同富裕是社会主义最本质的规定

胡锦涛同志在中共第十八次全国代表大会上所作的报告(以下简称《报告》)，全面、系统、深入地阐述了中国特色社会主义和科学发展观的内容与要求。《报告》给人的鲜明感受，是它高度关心人民的利益，将保障和改善民生提到一个很高的位置。《报告》指出："任何时候都要把人民利益放在第一位"，"把以人为本作为深入贯彻落实科学发展观的核心立场，始终把实现好、维护好、发展好最广大人民根本利益作为党和国家一切工作的出发点和落脚点"，"保障人民各项权益，不断在实现发展成果由人民共享、促进人的全面发展上取得新成效"；提出"加强社会建设，必须以保障和改善民生为重点"；要"在中国共产党成立一百年时全面建成小康社会"；在2020年实现国内生产总值和城乡居民人均收入比2010年翻一番，"使我国人民生活水平快速提高起来。"所有这一切，都围绕社会主义的一个本质规定和根本目的：共同富裕。《报告》指出："必须坚持走共同富裕的道路。共同富裕是中国特色社会主义的根本原则。"走中国特色社会主义道路，以经济建设为中心，坚持改革开放，解放和发展生产力，建设社会主义市场经济，建设社会主义生态文明，是为了"促进人的全面发展，逐步实现全体人民共同富裕，建设富强民主文明和谐的社会主义现代化国家"。共同富裕是中国特

---

* 原载《经济纵横》2013年第1期。

色社会主义的重要内容和根本目的，是社会主义最本质的规定，是建设富强民主文明和谐的社会主义现代化国家的条件和要求。

《报告》强调提出：在新的历史条件下夺取中国特色社会主义的新胜利，“必须牢牢把握”的八项基本要求，其中“必须坚持走共同富裕道路”是最核心的一项。将共同富裕确定为“中国特色社会主义的根本原则”，要使发展成果“更多更公平惠及全体人民，朝着共同富裕方向稳步前进”。其他七项基本要求虽与“必须坚持走共同富裕道路”并列，也都与共同富裕密切相关，但都是实现共同富裕的条件和保证。

“必须坚持人民主体地位”。就是必须坚持人民当家作主，发挥主人翁精神。让人民有话语权、参与权、管理权、监督权。只有人民当家作主，积极从事发展与改革事业，才能保证“朝着共同富裕方向稳步前进”。“必须坚持和发展社会生产力”。这是中国特色社会主义的根本任务，是实现共同富裕的物质条件。共同富裕只能建立在生产力高度发展的基础上。“必须坚持推进改革开放”。推进改革开放、坚持社会主义市场经济的改革方向，是为了更好更快地发展生产力，是提高人民的物质文化生活水平、走向共同富裕的必由之路。“必须坚持维护社会公平正义”，这是中国特色社会主义的内在要求。坚持社会公平正义，有利于缩小收入分配差距，有利于消除两极分化和逐步实现全体人民的共同富裕。“必须坚持促进社会和谐”，“要把保障和改善民生放在更加突出的位置”。民生为重，民生为上，高度重视保障和改善民生，是走向共同富裕的必要措施。贫富分化，凸显社会矛盾，不利于社会和谐。走共同富裕道路，是促进社会和谐的根本途径。而社会和谐，减少和缓解社会矛盾，也有利于在共同富裕的道路上胜利前进。“必须坚持和平发展”。不仅重视国内和谐发展，也重视国际和平发展。坚持改革开放的发展、合作的发展、共赢的发展，争取在国际和平环境中发展自己，才能有利于中国特色社会主义建设事业的顺利发展，有利于全面小康社会的建成，有利于共同富裕的逐步实现。“必须坚持党的领导”。中国共产党是以马克思主义为指导的中国特色社会主义事业的领导核心，只有坚持中国共产党的坚强和正确领导，才能保证马克思主义科学社会主义和中国特色社会主义事业不断发展。作为社会主义的本质规定和中国特色社会主义根本原则的共同富裕，才能稳步实现。如此强调保障和改善民生，如此关注谋取和保障广大人民的根本利益，如此从理论与实践的结合上着力于全体人民的共同富裕，在以往的中央文件里并不多见。

怎样认识和看待社会主义共同富裕的理论和实践？共同富裕是不是马克思

主义科学社会主义的最本质规定和根本目的？是否确认共同富裕是中国特色社会主义的根本原则？还需要用马克思主义理论进行一些分析。这里存在一个理论问题：邓小平强调共同富裕是社会主义的本质规定，十八大报告强调共同富裕是中国特色社会主义的根本原则。其理论背景是要与改革开放前搞贫穷的社会主义进行区别呢，还是在回归和发展经典马克思主义，是科学社会主义和中国特色社会主义应有之义，是社会主义的根本目的和根本原则呢？可以回答说：二者兼有。

在改革开放前"左"的形势下，是不讲也不能讲社会主义的本质规定和根本目的是共同富裕。那时宣传的是穷革命、富则修(修正主义)，宁要贫穷的社会主义，不要富裕的资本主义；把重视发展生产力诬之为"唯生产力论"，把关心人民生活水平的提高批之为"经济主义""福利主义"。那时讲社会主义就是强调三条：公有制、按劳分配、国民经济有计划按比例发展(计划经济)。于是，建设和发展社会主义就是提高公有制水平，扩大公有制范围，追求一大二公三纯的共有制度。讲按劳分配往往成为吃大锅饭的平均主义，而且只能靠在公有制经济中做工、种田获得劳动收入。长途贩运是投机倒把，个体经济是资本主义，农民在庭院中种点玉米、南瓜，也被当作搞资本主义。只能讲工人"为革命而做工"，农民"为革命而种田"，不能讲为发家致富而发展生产。把农民搞点土特产、发展点商品经济看作是走资本主义道路，进行堵截。所谓"堵不住资本主义的路，就迈不开社会主义的步"，就是在堵塞发展商品经济提高生活水平的路。实行指令性计划经济，企业没有经营自主权，农民也没有经营自主权。搞经济不重视经济效益，重视"政治账"，而忽视"经济账"。社会主义生产的目的被模糊了。把某些有利于发展生产力、改善人民生活的经济行为作为资本主义道路批判，其结果是普遍贫穷的社会主义。但"贫穷不是社会主义"。

实行公有制、按劳分配、计划调节的目的是什么？或者概括为一个问题：搞社会主义是为了什么？难道是为社会主义而搞社会主义，为公有制而搞公有制？只有先弄清为什么要搞社会主义，才能搞清什么是社会主义，怎样建设社会主义。

改革开放以来，邓小平总结新中国成立后社会主义建设中正反两方面的经验与教训，一再提出：什么是社会主义，怎样建设社会主义，在认识上不是很清楚的。他一再强调提出社会主义的根本任务是发展生产力。在 1980 年 4 月到 5 月的谈话中，强调"首先要发展生产力"，"经济长期处于停滞状态总不能叫社会主义。人民生活长期停止在很低的水平总不能叫社会主义。”①1986年又讲：“我们要发展社会生产力，……是为了最终达到共同富裕，所以要防止两极分化。这就叫社会主义。”②既强调发展生产力，又强调共同富裕。前者是手段，后者是目的。在1992年的南方谈话中，邓小平概括地提出了“社会主义的本质，是解放生产力，发展生产力，消灭剥削，消除两极分化，最终达到共同富裕”。③ 这里事实上是抓住了建设社会主义本质的两大环节：一是解放和发展生产力，二是实现共同富裕。至于消灭剥削和消除两极分化，与共同富裕的内涵是一致的，是实现共同富裕的社会条件。共同富裕就意味着剥削和两极分化的消灭。

把解放与发展生产力同共同富裕作为社会主义的本质规定强调提出，在中国共产党的理论发展史中是第一次。有必要说明：在1953年12月16日的《中共中央关于发展农业生产合作社的决议》中，使用过“共同富裕”概念。但当时还没有建立社会主义制度，也不是作为社会主义的本质规定提出的。④实践证明，我国农业社会主义改造，无论建立农业生产合作社还是搞人民公社化，没有给农民带来“共同富裕和普遍繁荣的生活”。邓小平关于社会主义本质问题的提出，首先是针对改革开放前“左”风时期，以“阶级斗争为纲”，忽视快速发展生产力和人民生活水平的提高，搞贫穷的社会主义而讲的。但放远点来看，从中国共产党建党起的长时期中，宣传社会主义和共产主义就着重于讲消灭私有制、建立公有制、消灭剥削制度和阶级对立、建立无产阶级专政，一般不宣传社会主义要通过快速发展生产力，实现全体人民的共同富裕。在革命战争年代，致力于革命斗争，没有社会主义的实践，对未来社会主义的具体内容，或者说什么是社会主义、怎样建设社会主义并不完全清楚，而且也不是当时摆在面前的现实问题；只知道通过革命斗争取得政权、消灭私有制和阶级剥削；虽

---

① 《邓小平文选》第2卷，北京：人民出版社，1993年版，第312页。

② 《邓小平文选》第3卷，北京：人民出版社，1993年版，第195页。

③ 同上书，第373页。

④ 《中共中央关于发展农业生产合作社的决议》指出：“党在农村工作中的最根本的任务，就是要善于用最明白易懂而为农业所能够接受的道理和办法，去教育和促进农民群众逐步联合组织起来，逐步实行农业的社会主义改造，……并使农民能够逐步完全摆脱贫困的状况而取得共同富裕和普遍繁荣的生活。”（参见：中共中央文献研究室编：《建国以来重要文献选编》第四册，北京：中央文献出版社，1993年版，第661—662页。）

然在苏区的实际工作中曾搞过“打土豪，分田地”，在抗日战争年代曾提倡自己动手、发展生产、丰衣足食，但这些都不属于社会主义的理论与实践。

翻阅一下自1921年起中国共产党历届代表大会的文献或党章的总纲，就可以看到对什么是社会主义的认识的发展过程：1921年中共第一次全国代表大会通过了《中国共产党第一个纲领》和《中国共产党第一个决议》。《纲领》中提出了三条主张：一是推翻资产阶级，由劳动阶级重建国家，直至消灭阶级差别。二是采用无产阶级专政，以达到阶级斗争的目的——消灭阶级。三是废除资本家私有制，没收一切生产资料，如机器、土地、厂房、半成品等，归社会所有。1922年7月中共第二次全国代表大会通过的“大会宣言”中，提出党的最高纲领是：组织无产阶级，用阶级斗争的手段，建立劳农专政的政治，铲除私有财产制度，渐次达到一个共产主义社会。但从第二次全国代表大会到1928年7月的第六次全国代表大会，在修改的党章中都没有设置党的总纲，因而没有在党章中提出建设社会主义和共产主义的宗旨和目的。1945年6月中共第七次全国代表大会通过的党章中，增加了党章的总纲部分，提出中国共产党的“最终目的，是在中国实现共产主义制度”，但是未提具体内容。

1956年9月召开的中共第八次全国代表大会，是党已取得政权，进行社会主义建设事业已有七年经验的情况下召开的。这时学习的是苏联的社会主义建设经验。斯大林于1952年发表了《苏联社会主义经济问题》，提出社会主义基本经济规律的主要特点和要求。① 这事实上涉及了社会主义的本质问题：社会主义的根本目的是“最大限度地满足”人民的物质文化需要，根本任务和手段是“在高度技术基础上”发展和完善社会主义生产。由于我国当时提倡“土洋并举”“两条腿走路”，所以难以做到“高度技术基础”。但是根据我国国情，中央文件把发展生产、最大限度地满足人民需要作为党的工作的宗旨。因此，中共八大党章的总纲中讲：党的“目的是在中国实现社会主义和共产主义”。“党的一切工作的根本目的，是最大限度地满足人民的物质生活和文化生活的需要，因此，必须在生产发展的基础上，逐步地和不断地改善人民的生活状况”。应当肯定，1957年“反右”运动以前，我国的经济发展和人民生活水平的提高还是显著的。但自1956年苏共二十大揭露和批判斯大林的错误后，斯大林的论

① 即“用在高度技术基础上使社会主义生产不断增长和不断完善的办法，来保证最大限度地满足整个社会经常增长的物质和文化的需要”。（参见斯大林：《苏联社会主义经济问题》，北京：人民出版社，1980年版。）

著不再像以前那样被人重视，“社会主义基本经济规律”的内容也逐渐退出我国社会主义论著和教材。“反右”运动后，“左”的空气日益膨胀。“大跃进”“人民公社化”受挫折后，转向抓“阶级斗争为纲”。快速发展生产力、最大限度满足人民需要的宗旨逐渐淡出。

1969 年中共第九次全国代表大会是在“文化大革命”高潮中召开的，党章总纲中讲：“党的最终目的是实现共产主义。”不再提满足人民的需要，着重提社会主义始终存在两个阶级、两条道路的斗争。1973 年中共第十次全国代表大会的党章总纲中也只讲“党的最终目的是实现共产主义”，不提发展生产和满足人民的需要。1977 年中共第十一次全国代表大会的党章总纲中讲：“逐步消灭资产阶级和一切剥削阶级，用社会主义战胜资本主义。党的最终目的，是实现共产主义。”并提出于 20 世纪末实现四个现代化的目标。1978 年 12 月十一届三中全会公报提出：“全党工作的着重点应该从一九七九年转移到社会主义现代化建设上来。”要求大幅度提高生产力，“城乡人民的生活必须在生产发展的基础上逐步改善”。重视发展生产力和改善人民生活的宗旨又回到中央有关文件的指导思想中来。

在邓小平理论指导下，从 1982 年中共第十二次全国代表大会起，代表大会的报告和中央有关文件都强调以经济建设为中心，发展生产力，满足人民物质文化生活需要。如，十二大报告中提出：“促进社会主义经济的全面高涨”，“不断满足人民日益增长的物质文化需要是社会主义生产和建设的根本目的。”

前面提出：邓小平提出的社会主义本质，是抓住发展社会主义的两大环节，即快速发展生产力和实现共同富裕。这是党的理论发展历史上的首倡。但不能说是马克思主义发展史上的首倡，应当说其与马克思主义之间是继承与发展的关系。指出这一点，是为了消除有关的两种误解。其一是误解和错解马克思主义原理，以为马克思主义只是革命斗争的理论，不是社会主义建设的理论，已经过时；认为邓小平提出的社会主义本质论，是不同于马克思、恩格斯、列宁的一种全新的社会主义理论。其二是同样误解错解了马克思、恩格斯、列宁的理论，或明或暗地质疑目前的社会主义本质论和中国特色社会主义理论是否改旗易帜。中共十八大《报告》明确指出：中国特色社会主义“既不走封闭僵化的老路、也不走改旗易帜的邪路”。从根本上说，坚持发展中国特色社会主义，也是坚持和发展马克思主义的科学社会主义。因为中国特色社会主义，如《报告》所说，是“把马克思主义基本原理同中国实际和时代特征结合起来”，“中国特色社会主义，既坚持了科学社会主义基本原则，又根据时代条件赋予其鲜明的中国特色”，是源与流的关系。

邓小平所讲的社会主义本质论和中国特色社会主义理论，强调快速发展生产力、民生为重、共同富裕，正是马克思主义的科学社会主义旗帜上写明的东西，马、恩、列有明确的论述。

马克思、恩格斯在《共产党宣言》中指出：“无产阶级将利用自己的政治统治，一步一步地夺取资产阶级的全部资本，把一切生产工具集中在国家即组织成为统治阶级的无产阶级手里，并且尽可能快地增加生产力的总量。”①这是“丰富和提高工人的生活的一种手段。”②马克思在《1857—1858 年经济学手稿》中指出：在未来的社会主义制度中，“社会生产力的发展将如此迅速，……生产将以所有人的富裕为目的”。③ 恩格斯讲：在社会主义制度下，“通过有计划地组织全部生产，使社会生产力及其成果不断增长，足以保证每个人的一切合理的需要在越来越大的程度上得到满足。”④在《反杜林论》中恩格斯又说：社会主义“通过社会生产，不仅可能保证一切社会成员有富足的和一天比一天充裕的物质生活，而且还可能保证他们的体力和智力获得充分的自由的发展和运用”。⑤ 列宁指出：社会主义要创造出高于资本主义的劳动生产率，要通过发展生产力使劳动者过美好的生活。他说：“只有社会主义才可能广泛推行和真正支配根据科学原则进行的产品的社会生产和分配，以便使所有劳动者过最美好的、最幸福的生活。只有社会主义才能实现这一点。”⑥

社会主义要实现全体劳动人民的共同富裕，让所有劳动者过最美好最幸福的生活，这是社会主义区别于以往一切社会制度的本质所在。原始社会没有私有制，没有阶级剥削与对立，实行平均分配，没有收入分配上的不公平，但由于生产力极端落后，不可能有共同富裕和美好的生活。奴隶制度、封建制度、资本主义制度都存在阶级剥削与对立，存在贫富两极分化，不可能共同富裕。因此，中国特色社会主义强调以经济建设为中心，快速发展生产力，保障和改善民生，走共同富裕道路，完全符合马克思、恩格斯、列宁的理论指导，没有

① 《马克思恩格斯选集》第 1 卷，北京：人民出版社，1995 年版，第 293 页。
② 同上书，第 287 页。
③ 《马克思恩格斯选集》第 3 卷，北京：人民出版社，1995 年版，第 222 页。
④ 同上书，第 336 页。
⑤ 同上书，第 633 页。
⑥ 《列宁选集》第 3 卷，北京：人民出版社，1995 年版，第 546 页。

改马克思主义之旗，易科学社会主义之帜。

又好又快地发展生产力，是实现社会主义共同富裕的物质条件。实行公有制为基础或为主体，是实现共同富裕的制度保证。私有化必然导致两极分化，不可能实现共同富裕。因此，中国特色社会主义必须坚持实行公有制为主体。只有在公有制为主体的前提下发展非公有制经济，才能保证我国的社会主义性质。

二、分清理解共同富裕的六个层次

共同富裕是一个相对概念而不是绝对概念，因为难以提出一个衡量共同富裕的绝对标准。需要分清把握共同富裕的六个不同层次。

（一）将走共同富裕道路同共同富裕目标的实现区别开来

当一个生产力落后的国家，在特殊条件下建立了社会主义制度时，即使实行了公有制，共同富裕也只能是作为发展的目的去努力实现。如果是发达资本主义国家建立了社会主义制度，由原来的贫富两极分化转向共同富裕，也有一个逐步实现的过程，只不过转变过程可以缩短一些而已。就我国来说，目前讲共同富裕，主要是指走共同富裕道路，向着共同富裕目标不断迈进。目标实现时间的长短，要看生产力发展的状况和财富不断增长的状况。走共同富裕的道路，就需要采取一系列的保障和改善民生的措施，在把蛋糕不断做大的同时，重视分好蛋糕，将发展的成果惠及广大人民。在这个问题上，存在不同的见解：有的认为，生产决定分配与消费，先生产，后消费，因此重在发展生产、做大蛋糕上。另一种意见认为，社会主义的根本目的是共同富裕，特别在当前收入差距过大的发展趋势下，应重在公平分配、分好蛋糕上。还有人认为，实行市场经济，由市场调节收入分配，必然会产生收入差距扩大，这是正常的，不必大惊小怪。另有人认为，一个国家在起飞过程中，根据倒 U 形分配理论，先产生收入差距扩大趋势，发展到一定阶段，差距就会缩小。笔者认为，既要重视做大蛋糕，又要重视分好蛋糕，应把两者统一起来。从过程的顺序来说，只有先做好、做大蛋糕，才谈得上分好大蛋糕。但从两者的关系上来讲，应将做好、做大的蛋糕及时进行公平分配。公平分配蛋糕，有利于调动劳动积极性，把蛋糕做得更大更好。而蛋糕不光有大小的问题，还有质量高低好坏的问题。

（二）共同富裕不是均等富裕

即使消灭了剥削和贫富分化，所有人都凭劳动和贡献获得收入，并且随着生产力的快速发展和财富的相应扩大，大家的收入都不断增加，逐渐实现了富裕，但富裕的程度也是有差别的，住房面积的大小、档次的高低会有区别，汽车的大小与质量不会划一，衣食的质量、品位也会不同，银行存款的多少会有差异。能力大、才智高、贡献大的会更富裕一些，这是合理的。奖勤罚懒、奖优罚劣、按劳分配、按对社会的贡献分配，依然是社会主义的分配原则。

(三)全面建成小康社会不是共同富裕的判断标准

生产力的高度发展、财富的大幅增长表现为GDP总量的迅速扩大，有利于共同富裕的实现。我国目前的经济总量已居世界第二位。根据《中国统计年鉴2011》数据计算，2010年我国人均GDP达到4415美元，正在向全面小康社会迈进。到2020年，要全面建成小康社会，按照《报告》提出的GDP比2010年翻一番目标，如果剔除人口数量的变化因素，人均GDP也将翻一番，达到8830美元。这时是否达到了共同富裕呢？应当肯定，不能简单以人均GDP多少作为衡量共同富裕的标准。2010年，美国媒体排名全球最富国家，美国排名第六，人均GDP为47702美元，即使其年均增长2%，绝对增长量就达954美元，2011年人均GDP也达到48656美元，是中国的近9倍。但美国作为最富的资本主义国家，存在严重的两极分化，存在1%与99%的对抗。人均GDP的高水平掩盖着两极分化的贫富差别。美国的蛋糕已经做得很大，但由于分配不公平，增大的蛋糕份额大都落入富人的口袋。我国改革开放30多年来，经济快速增长，经济总量也大幅提高，GDP由1980年的2000亿美元增加到2010年的近60000亿美元，人均GDP从1980年的约200美元增长到2001年的约1000美元，到2011年达到5430美元。但收入分配差距也不断扩大，基尼系数由1978年的0.3093增加到1993年的0.4080，再到2003年的0.4599、2009年的0.4636，目前达到0.5左右。到2020年，当人均GDP达到1万多美元时，人们的绝对收入水平和生活水平总的来说会普遍提高，全面建成了小康社会。这时，如果基尼系数不是继续扩大而是显著缩小，生活贫困人口基本消除，人们的实际生活水平已远超温饱线，虽然收入和生活水平还有较大差距(目前过大的收入差距和贫富分化难以在几年内完全消除)，但由于绝对水平都提高了，原来过大的收入差距缩小了，可以说此时初步进入共同富裕阶段。如果届时基尼系数仍然过大，没有缩小或缩小很少，依然存在相对两极分化(不是富者愈富、穷者愈穷的绝对两极分化，而是消灭贫困过程中的相对两极分化)，即使可以全面建成小康社会，也难以判断是否进入共同富裕阶段。

（四）怎样把握中共第十八次全国代表大会报告强调“共同富裕是中国特色社会主义的根本原则”的重要意义和走向

《报告》强调“共同富裕是中国特色社会主义的根本原则”，这一规定具有重要的理论和现实意义。坚持走共同富裕的道路，就是坚持走社会主义道路。为了实现共同富裕，就需要有一系列的战略和政策措施。概括起来，依然是狠抓建设社会主义的两大环节：一是以经济建设为中心，又好又快地发展生产力，夯实共同富裕的物质基础。二是巩固和完善基本经济制度，坚持两个“毫不动摇”，搞活、搞好和发展公有制经济，夯实共同富裕的制度保证。《报告》的总题目为“坚定不移沿着中国特色社会主义道路前进　为全面建成小康社会而奋斗”，阐述的有关经济社会建设的内容，都是以发展为手段，以实现共同富裕为目的。《报告》的第一部分概括地提出，必须清醒地看到我们经济社会生活中存在的亟待解决的困难。其论述的前一段是概述发展生产力中存在的需要解决的困难问题，后一段是概述在保障和解决民生问题、走共同富裕道路中所存在的亟待解决的困难问题。

《报告》将坚持走共同富裕的道路同坚持社会主义经济制度，和分配制度紧密联系在一起。为了坚持走共同富裕道路，就“要坚持社会主义基本经济制度和分配制度”。什么是“社会主义基本经济制度”？我国宪法中明确规定：“中华人民共和国的社会主义经济制度的基础是生产资料的社会主义公有制，即全民所有制和劳动群众集体所有制。社会主义公有制消灭人剥削人的制度，实行各尽所能、按劳分配的原则。”宪法中将“社会主义经济制度”同“社会主义初级阶段的基本经济制度”作为既有联系又有区别的两个概念并列提出。后者的内容是：“国家在社会主义初级阶段，坚持公有制为主体、多种所有制经济共同发展的基本经济制度。”初级阶段的分配制度是：“按劳分配为主体，多种分配方式并存的分配制度。”只有坚持社会主义公有制经济制度和社会主义按劳分配制度，才能坚持公有制为主体、多种所有制经济共同发展的基本经济制度，和按劳分配为主体、多种分配方式并存的分配制度。邓小平同志明确告诉我们：“我们在改革中坚持了两条，一条是公有制经济始终占主体地位，一条是发展经济要走共同富裕的道路，……只要我国经济中公有制占主体地位，就可以避免两极分化。”①离开了公有制为基础或为主体，搞私有化，就必然是两极分化，不可能实现共同富裕。

① 《邓小平文选》第3卷，北京：人民出版社，1993年版，第149页。

（五）共同富裕作为一个相对概念，是社会主义和共产主义由低到高的不断推进过程

从全社会人民之间的收入和生活水平来看，即使达到了共同富裕的水平，富裕的层次也会有区别，而且不同人们之间的富裕层次也不会固定不变，会有交叉和转化。从经济社会发展的过程来看，在现实社会主义社会和未来共产主义社会中，共同富裕的水平依然是一个随着生产发展和财富增加而不断提高的过程。可以初步判断，我国会经历一个由初级共同富裕到中级共同富裕再到高级共同富裕的历史过程，实现初级共同富裕，不需要达到目前发达国家的人均GDP 5万美元以上的标准，只要缓和乃至消除两极分化，实现分配公平，按照目前的购买力水平，人均收入达到1.5万美元左右，就可以进入初级共同富裕阶段。

（六）实现共同富裕的难点是什么

在中国特色社会主义的建设和科学发展过程中，会碰到这样那样的障碍和困难，需要不断克服。转变经济增长和发展方式，调整经济结构，全面协调可持续发展等等，都不是摆着平坦大道可任你顺利前进的事情。实现共同富裕，除了要解决发展方面的难题，更重要的是会碰到怎样坚持和发展公有制为主体和按劳分配为主体的制度性难题。当前，我国私营经济和外资经济已占国民经济的很大比重，城乡70％到80％的职工在非公经济中就业。私营和外资企业是非公有制经济，资本利润与雇佣劳动力的收入是天然对立的。根据近几年的统计资料，私营和外资企业工人的平均工资收入，只及国有企业职工收入的一半多，不少私营和外资企业存在侵犯职工正当权益的问题。当然，也有一些私营企业奉公执法，关心和维护职工权益，热心于公益和慈善事业，值得肯定和赞许。但一般说来，非公有制经济会产生贫富分化问题，难以实现社会主义所要求的共同富裕。而我国是社会主义国家，走中国特色社会主义道路，不能放弃作为社会主义本质规定和根本原则的共同富裕。所以，在一定历史阶段，只能实现中国特色的社会主义共同富裕。对于非公有制经济中产生的富豪，需要依法保护其财产，也不能限制其人数增加和财富的进一步扩大，只能从两方面致力于共同富裕：一方面也是主要方面，重在保障和改善低收入劳动者的生活状况，特别是解决困难群体的民生问题。加大惠民政策力度，让广大劳动人民衣食住行的基本生活条件获得保证，无后顾之忧，而且能享受到人的全面发展所需的生活资料、发展资料和享受资料，生活水平不断提高。另一方面，对富人阶层而言，应多交点税收，多行点善举，多承担点社会责任，多关心点困难

群体。特别是私营和外资企业，应多给职工提高点工资和多谋点福利，保障职工权益。这样，初级层次的共同富裕也基本可以达到。

最后，需要补充一点意见：重视和强调走共同富裕道路，本是科学社会主义和中国特色社会主义应有之义。面对当前收入分配差距过大的问题，强调和着力于共同富裕，更具有重要的理论和现实意义。但是，在着力于保障和改善民生，提高人民收入和生活水平，全面建成小康社会，让人民过上美好生活，描绘出未来共同富裕的美好愿景时，不要在宣传中形成一种激励广大群众不实际的片面期待与需求，忽视另一个重要方面，即广大人民群众应为建设社会主义和美好家园"各尽所能"，齐心奋斗，为社会多做贡献。从长远的发展趋势来看，劳动者应主要靠提高文化知识和科技水平，靠自己更多更好的劳动和才智贡献，获得更多的收入。在齐心协力做大蛋糕的同时，每人分得更多一些。这也是社会主义应有之义。

关于坚定走共同富裕的道路的对话*

——兼析效率与公平关系上的不同观点

张宇：党的十八大报告指出：必须坚持走共同富裕的道路。共同富裕是中国特色社会主义的根本原则。共同富裕，是中国特色社会主义的重要内容和根本目的，是社会主义本质的规定，是建设富强民主文明和谐社会主义现代化国家的条件和要求。报告强调指出，在新的历史条件下夺取中国特色社会主义的新胜利，必须牢牢地把握八项基本要求，其中重要的一项就是“必须坚持走共同富裕道路”。如此强调全体人民的共同富裕，在以往的中央文件中是很少见的。应该怎样认识和看待社会主义共同富裕的理论和实践呢?

卫兴华：改革开放前，在“左”的形势下，不讲也不能讲社会主义的本质规定和根本目的是共同富裕。那时宣传什么穷革命、富则修(修正主义)，宁要贫穷的社会主义，不要富裕的资本主义。把重视发展生产力诬为“唯生产力论”，把关心人民生活水平的提高，批为“经济主义”“福利主义”。改革开放以来，邓小平总结新中国成立以来社会主义建设中正反两方面的经验与教训，一再提问：什么是社会主义，怎样建设社会主义。他一再强调，社会主义的根本任务是发展生产力。在1992年的南方谈话中，邓小平指出：社会主义的本质，是解放生产力，发展生产力，消灭剥削，消除两极分化，最终达到共同富裕。这里，事实上是抓住了作为社会主义本质的两大环节：一是解放和发展生产力，二是实现共同富裕。至于消灭剥削和消除两极分化，与共同富裕的内涵是一致的，是实现共同富裕

* 原载《毛泽东邓小平理论研究》2013年第6期，作者卫兴华、张宇。

的社会条件。共同富裕就意味着剥削和两极分化的消灭。把解放与发展生产力同共同富裕作为社会主义的本质规定而强调提出，在中国共产党的理论发展史中是第一次。

强调社会主义应快速发展生产力和实现共同富裕，这是党的理论发展史上的首倡，但不能说是马克思主义发展史上的首倡。马克思在《1857—1858 年经济学手稿》中指出：在未来的社会主义制度中，“社会生产力的发展将如此迅速……生产将以所有人的富裕为目的。”①列宁指出：“只有社会主义才可能广泛推行和真正支配根据科学原则进行的产品的社会生产和分配，以便使所有劳动者过最美好的、最幸福的生活。只有社会主义才能实现这一点。”②因此，我们党的社会主义本质论与马克思主义经典作家的理论是继承与发展的关系。

社会主义要实现全休劳动人民的共同富裕，“让所有劳动者过最美好最幸福的生活”，这是社会主义区别于以往一切社会制度的本质所在。原始社会没有私有制，没有阶级剥削与对立，实行平均分配，没有收入分配上的不公平，但由于生产力极端落后，不可能有共同富裕和美好的生活。奴隶制度、封建制度、资本主义制度，都存在阶级剥削与对立，存在贫富两极分化，不可能共同富裕。因此，中国特色社会主义强调以经济建设为中心，快速发展生产力，保障和改善民生，走共同富裕道路，完全符合马、恩、列的理论指导。没有改马克思主义之旗，易科学社会主义之帜。

张宇：把共同富裕作为社会主义的本质，作为中国特色社会主义的根本原则，是贯穿于社会主义生产关系各个环节的，需要全面加以把握，而绝不能仅仅把它理解成一个收入分配问题。

第一，邓小平讲的社会主义本质包含生产力和生产关系两个方面，生产力方面的特征是解放生产力、发展生产力。生产关系方面的特征是消灭阶级、消除两极分化．最终达到共同富裕。其中，共同富裕是体现社会主义生产关系本质的方面。他多次强调：“社会主义最大的优越性就是共同富裕，这是体现社会主义本质的一个东西。”③

第二，邓小平讲的社会主义本质和共同富裕是以社会主义公有制为基础

---

① 《马克思恩格斯全集》第 46 卷下，北京：人民出版社，1980 年版，第 222 页。

② 《列宁选集》第 3 卷，北京：人民出版社，1992 年版，第 546 页。

③ 《邓小平文选》第 3 卷，北京：人民出版社，1993 年版，第 364 页。

的。他多次强调："社会主义的经济是以公有制为基础的"，"公有制以及由此产生的最大限度满足人民需要这一生产目的，是社会主义的特点，也是资本主义永远不可能有的优越性"。①

第三，邓小平讲的社会主义本质既包括所有制关系的规定，也包括了分配关系的规定。他指出："只要我国经济中公有制占主体地位，就可以避免两极分化。""坚持社会主义，实行按劳分配的原则，就不会产生贫富过大的差距"。②

第四，共同富裕与两极分化的区别，从根本上来说是："是坚持社会主义还是走资本主义道路的问题上来了。如果走资本主义道路，可以使中国百分之几的人富裕起来，但是绝对解决不了百分之九十几的人生活富裕的问题。""如果我们的政策导致两极分化，我们就失败了；如果产生了什么新的资产阶级，那我们就真是走了邪路了。"③

改革开放以来，我国居民的收入大幅增长，但居民之间的收入差距也日趋扩大，成了突出的社会问题。在这一背景下，邓小平关于社会主义本质的论述和共同富裕思想显示了高瞻远瞩的战略洞察力。但是对于收入差距不断扩大的原因和性质，人们的认识存在较大分歧。许多人往往倾向于从分配领域本身着手考虑贫富差距的问题，更有一些人把收入差距扩大的主要原因归结为国有经济垄断和政府干预过多。也有的人认为，仅仅从分配和再分配领域着手，还是远远不够的，不能从根本上扭转贫富收入差距扩大的问题。还要从所有制结构，从财产关系上直面这一问题。

卫兴华：更明确地说，坚持走共同富裕的道路，就是坚持走社会主义道路。概括起来，依然是狠抓建设社会主义的两大环节：一是以经济建设为中心，又好又快地发展生产力，夯实共同富裕的物质基础；二是巩固和完善基本经济制度，坚持两个"毫不动摇"，搞活、搞好和发展公有制经济，夯实共同富裕的制度基础。党的十八大报告的总题目是"坚定不移沿着中国特色社会主义道路前进，为全面建成小康社会而奋斗"，其所阐述的有关经济社会建设的内容，都是以发展为手段、实现共同富裕为目的。报告的第一部分提出，必须清

① 《邓小平文选》第2卷，人民出版社，1994年版，第167页。

② 《邓小平文选》第3卷，人民出版社，1993年版，第64、149页。

③ 同上书，第64、111页。

醒地看到我们经济社会生活中亟待解决的困难：发展中不平衡、不协调、不可持续问题依然突出，科技创新能力不强，产业结构不合理，农业基础依然薄弱，资源环境约束加剧，制约科学发展的体制机制障碍较多，深化改革开放和转变经济发展方式任务艰巨；城乡区域发展差距和居民收入分配差距依然较大；社会矛盾明显增多，教育、就业、社会保障、医疗、住房、生态环境、食品药品安全、安全生产、社会治安、执法司法等关系群众切身利益的问题较多，部分群众生活比较困难等。论述的前一段是概述发展生产力中需要解决的困难问题；后一段是概述在保障和解决民生问题、走共同富裕道路中亟待解决的困难。

实现社会主义共同富裕需要有物质保障和制度保障。物质保障就是快速发展生产力，实行科学发展，重质量，重效益；制度保障就是坚持和完善中国特色社会主义经济制度，既不走封闭僵化的老路，也不走改旗易帜的邪路。党的十八大报告将坚持走共同富裕的道路同坚持社会主义经济制度和分配制度紧密联系在一起。为了坚持走共同富裕道路，就“要坚持社会主义基本经济制度和分配制度”。什么是社会主义基本经济制度？我国《宪法》明确规定：“中华人民共和国的社会主义经济制度的基础是生产资料的社会主义公有制，即全民所有制和劳动群众集体所有制。社会主义公有制消灭人剥削人的制度，实行各尽所能、按劳分配的原则”。《宪法》将“社会主义经济制度”同“社会主义初级阶段的基本经济制度”作为既有联系又有区别的两个概念并列提出。后者的内容是：“国家在社会主义初级阶段，坚持公有制为主体，多种所有制经济共同发展的基本经济制度”，初级阶段的分配制度是“按劳分配为主体，多种分配方式并存”。只有坚持社会主义公有制经济制度和社会主义按劳分配制度，才能坚持公有制为主体，多种所有制经济共同发展的基本经济制度和按劳分配为主体，多种分配方式并存的分配制度。离开了公有制为基础或为主体，搞私有化，就必然是两极分化，不可能实现共同富裕。“不走改旗易帜的邪路”，首先就是不走私有化的邪路。

张宇：确实如此，只有从基本经济制度和基本分配制度出发，才能准确把握当前我国收入分配面临的主要矛盾，找到缩小收入差距和深化分配制度改革的有效途径。问题的关键，是要区分两类性质不同的收入差距：

一类收入差距发生在普通劳动者之间，主要是因不同部门、地区、行业之间劳动者的素质或贡献和生活费用的差别造成的。比如，高科技部门复杂劳动的收入高于其他部门简单劳动的收入，城镇居民的生活费用高于农村居民的生活费用，因此，这类收入差距的产生有其合理性，体现了按劳分配和市场经济的要求，有利于调动生产者的积极性。但其中也存在不合理的因素，比如，许多私营企业工人工资长期处于低水平状态，甚至有的竟低于生存工资水平，劳动力再生产的成本在相当程度上由劳动者自身承担。① 国有企业收入分配的约束机制不够健全，高管人员收入水平和职务消费缺乏有效约束，等等。这些问题需要通过分配制度的改革加以解决。

另一类收入差距则由财产占有(包括生产资料、房地产、各种金融资产和自然资源)上的差别造成的。这类收入差距是多种所有制经济和多种分配方式市场经济发展的必然产物，有利于发挥市场机制的作用，但如果没有社会主义基本经济制度和基本分配制度作为保障和政府的有效调节，而是按照资本主义市场经济的规律任其发展，则必然会导致财富占有和收入分配的两极分化，即一极是财富在少数人手中的不断积累和增大，另一极则是大多数人生活的相对贫困。这就是马克思所说的资本主义积累的一般规律。这一规律是资本主义基本经济规律发生作用的必然结果，与之相伴的必然是劳动与资本的对抗、阶级矛盾的加剧、生产过剩的经济危机和资本的集中与垄断。

那么，当前收入分配差距扩大的主要根源是什么呢？马克思主义政治经济学告诉我们，生产决定分配，导致贫富差距不断扩大的主要因素不可能是劳动收入，而只能是财产收入。据有关资料披露，目前我国城乡居民的收入差距、最高省份与最低省份的收入差距以及收入最高行业与最低行业的收入差距大约在 3 倍左右或更多一些。但是，由于所有制结构和财产关系的日益多元化，最富裕阶层和最贫穷阶层在财产占有上以及由此产生的收入上的差距，却是以百倍千倍甚至万倍来计的。劳动收入的差距与财产收入的差距相比，只是小巫见大巫。特别是财产收入差距中存在许多不公平不合理的因素，如通过非法或违规行为导致的“暴富”、公共资源分配的不公甚至变相的私有化、权钱交易的腐败现象蔓延等，更是引起人民群众普遍不满，危害极大。

因此，深化收入分配制度改革，一方面要加大收入的再分配调节的力度，加快健全以税收、社会保障、转移支付为主要手段的再分配调节机制；另一方面要坚持完善基本经济制度和分配制度，深化初次分配制度的改革。具体来说：一是关键部门和重要领域的生产资料必须掌握在国家手中并完善其监督管

① 李钟瑾等：《生存工资、超时劳动与中国经济的可持续发展》，《政治经济学评论》，2012 年第 3 期。

理机制，为保障人民的利益服务；二是维护劳动收入的主体地位。鼓励人们通过自己的劳动和智慧获得应有的报酬；三是努力实现居民收入增长和经济发展同步、劳动报酬增长和劳动生产率提高同步；四是提高居民收入在国民收入分配中的比重，提高劳动报酬在初次分配中的比重；五是完善国有企业分配制度，切实贯彻按劳分配主体的原则，保证同工同酬，加强国有企业高管薪酬管理，建立健全国有资本收益分享机制；六是在非公有制经济中，积极稳妥推行工资集体协商和行业性、区域性工资集体协商，逐步解决一些行业企业职工工资过低的问题；七是完善公共资源占用及其收益分配机制，加大对高收入财产性收益和自然资源利用的税收调节，使发展成果更多更公平地惠及全体人民，朝共同富裕方向稳步前进。

实现共同富裕的难点是怎样坚持和发展公有制为主体和按劳分配为主体，这是制度性难题。当前，我国私营经济和外资经济已占国民经济的很大比重，城乡70%到80%的职工在非公经济中就业。私营、外资企业是资本主义经济形式，资本利润和雇佣劳动力的收入是天然对立的。根据近几年的统计资料，部分私营、外资企业工人的平均工资收入，只及国有企业职工收入的一半多，不少私营、外资企业侵犯职工的正当权益。当然，多数私营企业依法经营，关心和维护职工权益，热心于公益和慈善事业，值得肯定和赞许。但一般说来，私有制经济或资本主义经济会产生贫富分化，难以实现社会主义所要求的共同富裕。而我国是社会主义国家，走中国特色社会主义道路，不能放弃作为社会主义本质规定和根本原则的共同富裕。所以，在一定历史阶段，只能实现中国特色社会主义的共同富裕。从私营经济中产生的几十亿元、几百亿元的富豪，需要依法保护其财产，也不能限制富豪的人数增加和其财富的进一步扩大。所以，可以从两方面致力于共同富裕：一方面，重在保障和改善低收入劳动者的生活状况，特别是困难群体的民生问题，让广大劳动人民衣食住行的基本生活条件得到保证，充分享受经济社会的发展成果；另一方面，对富人阶层而言，应多交点税收，多行善举，多承担社会责任，多关心困难群体。特别是私营和外资企业，应多给职工提高工资和福利，保障职工权益。这样，初级层次的共同富裕基本可以达到。

卫兴华：实现共同富裕要处理好政府与市场的关系。党的十八大报告提出："必须更加尊重市场规律，更好发挥政府作用。"这一论断反映了社会主义市场经济的本质要求，也为我们完善收入分配制度和实现共同富裕的目标提供了有效的途径。一方面，我们应当看到，只有充分发挥市场机制的作用，尊重市场经济的规律，才能增强市场经济的活力和效率，为实现共同富裕创造物质前提，同时，可以保障市场的公平竞争，减少市场扭曲和权钱交易的腐败现象。另一方面，我们应当看到，市场竞争，优胜劣汰，会产生分化，不会自发地形成社会公平，更不会自发地形成居民收入分配的公平，不会消除贫富分化。西方发达资本主义国家，是充分发展的市场经济制度，但没有实现分配公平和社会公平，随着经济的发展和财富的增加，贫富分化反而更加扩大。美国总统奥巴马在2012年的“国情咨文”中也提出，经济不平等现象正在危及中产阶级与“美国的价值”。根据当时美国的统计，1%的美国富人占有国民收入的1/5和社会财富的1/3。根据《纽约时报》2011年底的调查，认为美国的经济不平等现象严重，1%最富的美国人的税后收入自1979年以来增加了两倍，而80%的美国人同期收入只增长1/3。美国企业高管的收入与普通工人的收入差距，由以前的30倍增加到300倍。“占领华尔街”运动，就是99%与1%的对抗。

有人主张“以市场化改革推进分配公平”，这值得商榷。它与中央提出的进行分配制度改革的思路相背离，也不符合经济实际。党的十七大报告提出：要“整顿分配秩序，逐步扭转收入分配差距扩大的趋势”。为此，需要“深化收入分配制度改革，增加城乡居民收入”。而改革分配制度，实现社会公平的路径是什么？党的十七大报告指出：初次分配和再分配都要处理好效率和公平的关系，再分配更加注重公平。逐步提高居民收入在国民收入分配中的比重。提高劳动报酬在初次分配中的比重，着力提高低收入者的收入，逐步提高扶贫标准和最低工资标准，建立企业职工工资正常增长机制和支付保障机制。同时，要扩大转移支付，强化税收调节，打破经营垄断，创造机会公平。可以看出，上述一系列的改革措施，并不是“市场化”的行为，也不可能由“市场化”来实现。党的十八大报告提出：“共同富裕是中国特色社会主义的根本原则，要坚持社会主义基本经济制度和分配制度，调整国民收入分配格局，加大再分配调节力度，着力解决收入分配差距较大问题，使发展成果更多更公平惠及全体人民。”并指出：“必须维护社会公平正义。公平正义是中国特色社会主义的内在要求……加紧建设对保障社会公平正义具有重大作用的制度。”这里讲的是全社会的公平正义，当然也包括分配领域的公平正义。这要通过加紧建立“具有重大作用的制度”和“保障体系”来实现。至于缩小收入分配差距的制度和政策措施，前面根据党的十七大和十八大的报告已作了说明。总之，要采取具体措施，“把保障和改善民生放在更加突出的地位”。要使“中等收入群体持续扩大，扶贫对象大幅减少。社会保障全民覆盖”，“全面建成小康社会”。所有这一切，都不是市场化行为，而是政府与社会行为。

张宇：党的十七大和十八大报告，对效率和公平问题作出了明确的、科学的界定和阐述。但学界在怎样准确把握中央有关提法的演变和内涵问题上，仍存在种种差异。曾流行多年的“效率优先，兼顾公平”“初次分配注重效率，再分配注重公平”。是否也是效率与公平的“统一”与“结合”或“优化结合”？是否也是必然与必要的选项？是否现在还应坚持？强调社会主义公平、正义，民生为重，分配公平，是否应提倡“公平优先，兼顾效率”原则？有的学者发表论文持这类观点。

对这类问题认识上的差异，有的是对中央文件提出的有关效率与公平的指导思想的调整改变及其内涵的理解不一致，再一个是目前对怎么样处理公平与效率的关系，观点上不一致。效率与公平问题，国内外学者长期讨论，但未达成一致看法。就我国当前情况来说，有的人对党的十七大、十八大报告内容掌握不够，理解有误。不少学者没有注意到，改革开放前期讲公平与效率的问题，主要是从分配的领域来谈的，也就是处理分配问题是注重效率还是注重公平，还是两者兼顾。而党的十七大特别是十八大更多地从两方面考虑这个问题，党的十八大一方面讲分配领域的公平效率问题，同时更注重整个经济社会领域的公平效率问题。这就是说，中央已经把处理好公平与效率关系问题扩大到整个经济社会。这个问题涉及我们改革开放的总的理论指导思想：经济发展、社会发展怎么看待公平效率问题。教育、医疗、住房都有公平问题，其他经济社会生活和发展领域也有公平问题，分配领域分配不公、两极分化，更是凸显的公平问题。既要讲公平，又要讲加快发展、提高效率。这既关系到我国经济发展与改革取向问题，也关系到我们社会主义制度、中国特色社会主义理论发展问题。总的来说，公平与效率之间的关系有相互冲突的一面，也有相互促进和互为条件的一面。但在不同的发展阶段、社会制度和不同的领域与环节中，两者的关系各不相同，应当从实际出发具体地加以讨论。在以公有制和按劳分配为主体的社会主义制度中，公平与效率具有高度的内在的统一性。不断地发展生产力是为了更好地满足广大群众的物质文化需要，实现人的全面的发展。而更好地满足广大群众的物质文化需要和实现人的全面发展又有利于生产力的健康发展。因此，在社会主义制度下，效率与公平是内在统一的，相互促进的。正如江泽民指出的那样：“社会主义应当创造比资本主义更高的生产力，也应当实现资本主义难以达到的社会公正。从根本上说，高效率、社会公正和共同富裕是社会主义本质决定的。"①

卫兴华：这里还有一个如何处理好做蛋糕与分蛋糕的关系问题。社会主义制度的优越性应表现在两方面：一是快速发展社会生产力；二是发展成果惠及广大人民，走共同富裕道路。这是社会主义本质的要求和体现。快速发展社会生产力，就是致力于尽快把蛋糕做大；让广大人民共享发展成果，消除两极分化，逐步实现共同富裕，就是要在做大蛋糕的同时分好蛋糕，实现社会公平正义。

当前中央强调和重视分配公平、缩小收入差距、实现共同富裕，特别是把民生问题提到一个新的高度，就是要求更加重视分好蛋糕。但这丝毫不意味着只重分好蛋糕而轻做大蛋糕。就生产和分配的关系来讲，生产什么才能分配什么，生产多少才能分配多少。而且，生产方式决定分配方式，决定按照什么方式、什么原则去分蛋糕。这就是说，首先要做蛋糕，才谈得上分蛋糕；蛋糕做得越大，人们分得的蛋糕才能越大。马克思主义又认为，分配对生产有反作用，在一定意义上也有决定作用。蛋糕分得公平合理，可以调动劳动者和要素所有者的积极性、主动性、创造性，促进经济发展，把蛋糕做得更大更好。

在社会主义制度下，应当能够把做大蛋糕与分好蛋糕统一起来，也就是在做大蛋糕的同时分好蛋糕，在分好蛋糕的同时促进蛋糕做得更大更好。但国际国内发展实践表明，做大蛋糕与分好蛋糕并不是天然统一的：既不是只要把蛋糕做大，收入差距就会自动缩小；也不是收入差距扩大一段时间后，就会自动趋于缩小。如果没有政府的自觉调控，收入差距是不可能自动缩小的。即使从发达资本主义国家几百年的发展历程看，也不存在做大蛋糕与分好蛋糕天然统一的情况。在当代，有些发达资本主义国家也重视分好蛋糕的问题，它们通过高额累进税、遗产税、慈善事业等来制约收入分配和财产占有上的差距扩大，通过较为成熟和有效的社会保障制度来保障低收入者的生活水平、缩小初次分配中形成的过大差距。我国是社会主义国家，应该既重视把蛋糕做大做好，又重视把蛋糕切好分好。无论只重做大蛋糕而轻分好蛋糕，还是只重分好蛋糕而轻做大蛋糕，都是偏离社会主义本质要求的。

什么叫分好蛋糕？怎么分好蛋糕？一是分好蛋糕不是搞平均主义、人人分得相等的一块，而应是根据各自在做蛋糕中的贡献分得相应的一块；二是缩小

---

① 江泽民：《论社会主义市场经济》，北京：中央文献出版社，2006 年版，第 137 页。

收入差距不是不要差距，合理的、与贡献差距相一致的收入差距是必要的；三是在公有制经济中分好蛋糕，就要贯彻实行按劳分配原则，多劳多得、少劳少得，奖勤罚懒、奖优罚劣，随着劳动生产率的提高适时增加职工收入，规范国有企业高管的收入；四是在私营和外资企业中分好蛋糕，就要确保工人的合法权益不受损害，处理好企业利润与工资的分配关系；五是从总的框架来讲，要把蛋糕切分为三大块：企业一块，职工(劳动报酬)一块，国家一块。现在的问题是职工的一块偏小。所以应提高劳动报酬在初次分配中的比重，提高居民收入在国民收入分配中的比重；六是提高劳动报酬不能“刮风”，不能一哄而上，不能只重行政命令，而应根据不同经济成分、不同类型企业的具体状况，提出统一性和差别性相结合的指导方针，并把市场调节与政府调控结合起来；七是分好蛋糕重在提高低收入者的收入水平，而对低收入者来说应重在通过提高技术水平、知识水平、专业水平和劳动绩效来增加收入，不能仅仅在不变的劳动绩效和既有的蛋糕存量上不断增大这一块；八是做大蛋糕和分好蛋糕，要求坚持和完善社会主义初级阶段基本经济制度、坚持和完善公有制为主体和按劳分配为主体，实行多种所有制经济共同发展和多种分配方式并存。

我国贫富分化的现实与成因评析*

一、贫富分化概说

改革开放三十多年来，我国经济社会的快速发展是历史上前所未有的。人民的生活水平总体上获得了显著提高。但是，自 20 世纪 90 年代中期以来，居民收入差距不断扩大，出现了贫富分化现象。今年 1 月 18 日国家统计局负责人在新闻发布会上介绍，反映我国居民收入差距的基尼系数，2003 年至 2008 年的 6 年间，依次为 0.479、0.473、0.485、0.487、0.484、0.491。2009 年至 2012 年的 4 年间，由于采取了一系列的保障和改善民生措施，基尼系数有所回落，分别为 0.490、0.481、0.477、0.474，但依然远超过国际公认的 0.4 的警戒线。有统计资料表明，一般发达国家的基尼系数在 0.24 到 0.36 之间。

对于国家统计局公布的基尼系数，社会上引起争议。美国得克萨斯农业与机械大学经济学教授甘黎说，2010 年中国的基尼系数为 0.61。中国西南财经大学与中国人民银行总行金融研究所共同成立的研究中心所发布的基尼系数也大于国家公布的数字，2010 年的数字也是 0.61。有的学者批评"官方数据"是出于政治目的，为的是使社会矛盾显得不那么突出。笔者认为，这种批评不大适当。

鉴于国内外学者对我国基尼系数的争议，《人民日报》于今年 2 月 5 日发表了由几位记者撰写的《哪个基尼系数更靠谱》一文，对有

* 原载《江苏师范大学学报(哲学社会科学版)》2013 年第 5 期。

关争议问题进行了分析和说明，讲得比较客观和实际。笔者认为："官方数据"不会故意缩小差距，掩盖真相。即使按统计局的数据来看，基尼系数所反映的收入差距也是值得严重关切的了。

基尼系数反映的收入差别是抽象的，具体的、感性的贫富分化状况可从现金收入差别和财富占有差别表现出来。从近几年的统计资料看，总人口中20%的最低收入群占收入份额的4.7%，而占总人口20%的最高收入群，却占总收入份额的50%。从个人现金收入的绝对差距看，不少大企业主年收入几亿元。根据2010年胡润富豪榜推算，2009年我国前1000名富豪年均收入10亿元。而全国城镇居民年均可支配收入为17175元，农村居民年均收入为5153元，差距分别为几万倍和十多万倍。而城乡居民平均收入还掩盖了最低收入层。另外，演艺界的"明星"人物年收入数百万元、数千万元的大有人在，有的上亿元。某些"明星"的电视剧片酬近年来暴涨。过去一集片酬两三万元，现涨到20万—30万元，有的喊出50万元甚至70万元的高价。这表明：一位"明星"出演一部30集的电视剧，两三个月时间，可赚到600万—900万元或以上，高过香港、台湾的片酬。《深圳特区报》2013年4月25日刊载福布斯中国名人榜新榜单(专指文化界名人)，其中有名有姓的17位演员、歌唱家，最低年收入者为4070万元，最高收入的一位名演员为11000万元。另一方面，不少劳动者一月只有一两千元的收入，我国农村和城市还有数千万需要救助的困难群体。

还应注意到，考察贫富分化，既要考察流量收入差距，即年收入差距，更要考察存量收入差距，即已有财富占有的差距。据2013年胡润全球富豪榜，我国富豪数量只比美国少些，居世界第二位，美国为409人，中国为349人；但10亿美元级富豪，中国为212人，美国为211人，居世界之首①。2012年9月，胡润公布了中国1000位顶级富豪名单，其平均财富达8.6亿美元。2013年胡润全球富豪榜华人前10名中，大陆的宗庆后家族(娃哈哈公司)的财富为820亿元，王健林(万达公司)为780亿元，蔡衍明(旺旺公司)为600亿元。前二人超过100亿美元。1956年，周恩来总理做报告时讲，中国最大的资本家荣毅仁的财富有1亿美元。50多年来，即使美国因物价上涨，美元贬值，如果估算为1956年的1/6，中国大陆多位顶级富豪的财富也超过当年荣毅仁的10多倍，有1000多位富豪的财富超过了荣毅仁。另一方面，中国有些

① 《从富豪榜看中国财富新格局》，《参考消息》，2013年3月4日。

农村的贫困户“家徒四壁”，没有财富积累。根据国家发改委、国家统计局和中国社科院等编写的《中国居民收入分配年度报告(2004)》披露：我国最高收入10%的富裕家庭所占有的财产总额，占全部居民财产的45%，而最低收入的10%的家庭只占有1.4%，贫富收入差距为32倍。这是9年前的统计数据，现在的差距更扩大了。

二、对贫富分化原因的不同认识

社会主义的中国，为什么会产生如此大的贫富分化现象？理论界有不同的回答。刘国光等学者认为，主要是产生于所有制结构的变化。刘国光发表多篇文章，强调收入差距过大趋势的产生“还需要从所有制结构、从财产制度上直面这一问题”①，并引证邓小平讲过的话：只要我国经济中公有制占主体地位，就可以避免两极分化。程恩富和余斌认为：“当前，中国在经济结构转型中强调更多地发展私有制经济和对外招商引资，现存的国有和集体企业也大量被股份私有化，必然会导致劳动报酬占比的下降”。“劳动报酬占比下降，是公有制的比重在中国经济中的比重下降、政府和工会未能在市场经济发挥作用的客观结果”②。

吴宣恭讲得更直率和尖锐：“私营企业主收入与普通劳动者收入的惊人差距，才是我国收入分配不公的主要矛盾。因此，其原因只能从所有制的变革和工作失误去说明，即在鼓励私人资本主义经济发展的同时，对其引导和监管不力，造成资本过度剥削，资本积累过快而导致劳动大众相对贫困”。“资本主义私有制又在我国重新发展起来，并且形成比社会主义改造前还要强大百倍的资产阶级，雇佣劳动和剥削已经在数量上占社会多数的资本主义企业中普遍存在，许多地方剥削和压迫十分严重”③。

胡钧持不同的观点。他不赞同“把公平正义作为依据来判断我国现阶段的个人收入差别”。他把现阶段我国形成“收入差距的原因”归纳为五个方面：一是劳动贡献的差别，二是生产要素占有上的差别，三是垄断行业职工的收入高

---

① 刘国光：《改革开放新时期的收入分配问题》，《百年潮》，2010年第4期。

② 程恩富、余斌：《关于当前劳动收入分配问题释疑》，《管理学刊》，2010年第5期。

③ 吴宣恭：《再谈分配不公的主要矛盾和根源》，《当代经济研究》，2011年第8期。

于非垄断行业，四是灰色收入，五是贪污腐败和不法行为的非法收入。他认为私营外资企业靠“资本量获取收入……应视为公平的、正义的、应当坚持的”①。显然，他的观点，与用所有制结构的变化即资本主义私有制比重的扩大来说明贫富分化的观点，是相对立的。

杨宜勇认为，造成收入分配差距扩大的原因，“既有自然因素、历史因素，又有市场因素、制度和政策因素”。各地自然条件差异大，是造成不同地区发展水平和居民收入不同的原因之一。从历史发展看，不同行业发展快慢不同，收入水平就不同。从市场机制看，资本的逐利本性和投机行为会拉大收入差距。制度规则不完善，监管不到位，会影响分配收入②。

郭飞认为，中国当前个人收入分配存在四大问题：权力寻租较为猖獗，黑色收入屡打不绝；部分垄断行业不合理的高收入问题相当突出；利润侵蚀工资，劳动报酬在国民收入初次分配中占比过低；个人收入差距持续显著扩大，部分社会成员贫富悬殊③。其实，笔者认为，后一项是前三项的结果，不是并列的单独问题。

吴敬琏认为，收入分配不公平的原因，主要是垄断与腐败。“资本主要掌握在国有企业手中，……形成了政府、企业和居民三者中，政府和企业特别是国有企业收入在国民收入中的占比愈来愈高”。“对初次分配造成的扭曲的原因还有从不受约束的权力为背景的地方行政垄断、寻租腐败”④。

李稻葵认为，“当前中国的收入分配不均，很大程度上是腐败以及滥用公权力的后果，这其中也包括一些国有企业出现的管理、治理上的重要问题”，“腐败的核心是政府权力过大”。其次，是中国当前发展阶段，存在着不同人力资本的市场回报率之间巨大的差距。一方面，数额巨大的劳务工，工资率很低；另一方面，中国又奇缺技能高端化人才。这一巨大反差，带来了不同技能的人力资本之间收入回报的巨大差距⑤。

---

① 胡钧：《转变经济发展方式与国民收入分配结构调整》，《改革与战略》，2010 年第 11 期。

② 杨宜勇：《努力扭转收入差距扩大趋势》，《人民日报》，2011 年 2 月 1 日。

③ 郭飞、王飞：《中国个人收入分配改革：成就、问题与对策》，《马克思主义研究》，2010 年第 3 期。

④ 吴敬琏：《缩小收入差距不能单靠再分配》，《IT 时代周刊》，2011 年 8 月 5 日。

⑤ 李稻葵：《国民收入分配问题的本质》，《人民论坛》，2010 年 11 月上。

三、从理论和实践的结合上分析贫富分化原因

究竟该怎样认识我国收入差距过分扩大，出现贫富分化的原因呢？需要从理论与实践的结合上进行分析，并对不同观点进行评析。

首先，应该肯定，从所有制结构的变化上说明贫富分化的原因，是有根据的。从理论根据来看，马克思主义认为，生产资料所有制是经济关系的基础，生产方式决定分配方式。生产条件的分配决定个人收入的分配，分配关系是生产关系的背面。资本支配雇佣劳动的资本主义生产方式，必然实行以按资（本）分配为核心的按生产要素所有权分配。而社会主义以公有制为基础的生产方式，实行按劳分配。凡是非劳动者占有生产资料，并支配劳动者进行生产的私有制度中，必然产生贫富分化。奴隶制、封建制、资本主义制度的实践证明了这一原理。凡实行公有制的社会，有的是共同贫穷，如原始社会。我国改革开放前也可说是另一层次的共同贫穷；或是共同富裕，如江苏华西村和河南刘庄的公有制，走向共同富裕。从全社会来看，我国正为之创造条件，使成熟的社会主义社会和未来共产主义社会都将实现共同富裕。无论共同贫穷或共同富裕，都没有两极分化，但共同贫穷不是社会主义，我们要的是没有两极分化、消灭贫穷、共同富裕的社会主义。邓小平讲：只要我国经济中公有制占主体地位，就可以避免两极分化，也是从所有制判断两极分化问题的。

考察两极分化的产生，应分清根本性原因和非根本性原因、主要原因和非主要原因。所谓贫富两极分化，是指在同一经济运动过程中，一方面出现了富人，另一方面出现了穷人。对贫富分化又要分清绝对两极分化和相对两极分化。绝对两极分化，是指富者愈富，穷者愈穷或恒穷。相对分化是指富者愈富，但穷者并不更穷和恒穷，而是穷者的收入和生活水平也在提高，只是与富者更富的差距拉得更大了。我国目前出现的贫富分化是相对的而不是绝对的贫富分化，这是笔者根据我国实际情况提出的新的概念。邓小平讲两极分化，也是从“富的越富，贫的越贫”意义上讲的。应肯定，从总体上说，改革开放30多年来，我国随着经济的快速发展，全国人民的个人收入和生活水平总体上说显著提高了，虽然还有温饱问题有待解决的贫困人口，但数量大为减少。而且，贫困人口都获得政府和社会救助，即使在私营外企中，存在利润与工资的对立，利润侵蚀工资，但农民工的低收入比他们原在农村中务农的收入还是提高了。劳资收入差距的扩大在一定程度上是城乡收入差距扩大的反映。

同时，也应看到，我国公有制为主体地位的削弱和私有制经济比重的扩

大，导致约80%的城镇职工在非公有制经济中就业。撇开黑砖窑、黑煤矿和违规私建的黑企业不说，对制假售假损害国家和人民利益的无良私商行为也撇开不说。在1000多万家私营企业和45万多户外资企业中，存在着资本主义固有的劳资矛盾。即使再撇开不少企业违反劳动法、侵犯职工权益、恶意克扣和拖欠职工工资之类情况不说，尽量压低工资以提高利润的行为较普遍存在。根据国家统计局2010年公布的数字，2009年私营企业职工的年平均工资为18199元，只及国企职工的52%。私企的平均工资背后，存在着众多低于平均工资的低收入者。而另一方面，不少私营外企利润滚滚、资产迅速增加。日益增多的几十亿元、几百亿元的我国富豪，都是从私企中发展起来的。因而，考察贫富分化的根源，如果无视所有制的决定作用，无视公有私有两种所有制消长变化导致的后果，就会在理论上犯马克思在《哥达纲领批判》中所批评的错误：离开所有制，就分配谈分配，抽象空谈“平等权利”“公平分配”等拉萨尔主义观点。

因此，我不能同意胡钧的观点。他错解马克思、恩格斯有关公平正义的某些论述，认为我国存在个人收入过大差距是一种客观必然，他不赞同把实现社会公平作为社会主义的原则，并用分配公平评判收入差距的扩大。但他自己又认为私营外资企业中的收入差别“应视为是公平的、正义的”，因为符合我国现阶段的基本经济制度。并且认为，“生产要素的所有者按其投入社会中有益活动的资本量获取收入，是适合现阶段生产力发展需要的。尽管还包含剥削关系，也应视为是公平的、正义的，应当坚持的”。否认私营外资企业存在分配不公，否认劳资收入差距扩大趋势，而且断言，存在剥削关系，也是公平的、正义的。按此逻辑，奴隶制度、封建制度、资本主义制度中的剥削关系，都是公平的、正义的了。这是对马克思主义理论的根本背离！恩格斯将这种观点斥之为“有产阶级胡说”“虚伪的空话”。恩格斯在批评资产阶级及其学者宣扬资本主义正义、平等的胡说时指出：“现代资本家，也像奴隶主或剥削徭役劳动的封建主一样，是靠占有他人无酬劳动发财致富的，……只在于占有这种无酬劳动的方式，有所不同罢了。这样一来，有产阶级胡说现代社会制度盛行公道、正义、权力平等、义务平等和利益普遍和谐这一类虚伪的空话，就失去了最后的立足之地”①。在另一处又说：“对现存社会制度(指资本主义制度——引者)

① 《马克思恩格斯选集》第3卷，北京：人民出版社，1995年版，第338页。

的不合理性和不公平……的日益觉醒的认识，只是一种征兆”①。马克思在《资本论》中也深刻地揭示了资本主义剥削“狼一般的贪欲、无限制的压榨”的残酷事实和阶级对抗关系。而胡钧竟宣传资本主义剥削是公平的、正义的，不会造成收入差距的过大现象。既与马恩理论相悖，也与历史事实相左。

我国收入差距扩大的原因，还有其他方面。如城乡收入差距的扩大，与农牧业生产力的发展慢于城市经济的发展有关。当然也与长期对三农问题的重视不够有关。不同行业之间的收入差距扩大，有的与对劳动力的素质要求和技术水平差距相关。如 2005 年和 2009 年，航空运输业的年平均工资分别为 49610 元和 79880 元。远高于全国平均工资，更高于低收入行业平均工资的好多倍。这种收入差距不能说不合理、不公平。但有的收入差距过大，并非取决于劳动贡献的差别。如金融、证券等行业的过高收入就不大合理。我认识的一个外地教授，年收入近 10 万元，但到北京某银行挂职几年，年收入近百万元，相差 10 倍。演艺界明星的高收入、国有企业高管的过高收入，也不完全合理。至于搞腐败的贪官获得高收入是非法的犯罪行为，不会计入和提高基尼系数，破案后赃款没收，可不计入贫富分化之列。还有一部分发横财的人，是靠钻我国改革开放前期的空子致富的，如利用当时的价格双轨制和特殊关系，当“倒爷”而成为富翁。上述高收入群体，都成为贫富分化的富方，为收入差距扩大增添了比重。但在考察贫富分化产生的原因时，除了要弄清富人群体怎样产生外，还应弄清穷人群体是怎样形成的。尽管可以把国企高管和明星们的高收入纳入收入差距过大的范围，但他们的高收入并不是造成低收入群体的原因。形成低收入或穷困群体的原因，撇开因天灾人祸、生老病死等因素使某些居民陷入困境不计，主要是两个方面：一方面，也是主要方面，是私营外资企业的发展占有了全国经济 70%左右的比重，80%的城镇职工在非公经济中就业。从分配关系的倾向看，劳动收入所占比重减少，而资本所占比重增大，劳资收入差距不断拉大。这正是不少学者从所有制结构变化论述贫富分化形成原因的根据。另一方面，国企改革中的不规范操作，造成大量国有资产流失。有些原国企主管内外勾结自买自卖、虚卖实送、化公为私，使国企职工失去保障，成为雇佣劳动者，或是被解雇，陷入困境。另外，搞“减员增效”，大量国企职工下岗，有的夫妻都下岗，导致生活无着落，多个地方发生过下岗夫妻自杀现象。

我主张别把收入差距扩大与贫富分化画等号，两者可以相合，也可以不相

① 《马克思恩格斯选集》第 3 卷，北京：人民出版社，1995 年版，第 741 页。

合，如企业高管收入和演艺界的高收入即使高于院士和教授10倍、20倍，也难说是贫富分化。我将两个概念分别并用，是出此考虑。

通过以上分析可以看出：我国形成收入差距过大、出现贫富分化的原因，是多方面的。有主要原因，有次要原因，有长期原因，有短期原因，这都是客观事实。但客观事实的形成，有无从主观方面值得总结经验教训的地方？我们在理论指导、政策措施等方面着力于发展生产力——这是必要的。但对邓小平强调的防止两极分化，走共同富裕道路，是否给予了同等的重视？有些地方官员引进外资，发展非公有经济，往往重资本、轻劳动，甚至官商勾结，侵犯工人农民权益。从理论指导上说，在我国已经出现收入差距扩大趋势的背景下，放弃十三大、十四大提出的分配政策中的效率与公平统一和兼顾的原则，改提“效率优先，兼顾公平”，进一步又提“初次分配注重效率，再分配注重公平”，即重效率、轻公平。初次分配可以不注重或不顾公平。然而，贫富分化正是从初次分配中形成的，无法从再分配取得公平，何况我国的再分配机制还很不健全和完善。近些年来，中央重视并着力缓解收入差距过大的趋势，强调和致力于保障和改善民生，将其提到一个很高的地位，强调改革与发展的成果惠及广大人民。2004年十六届四中全会放弃了“优先、兼顾”的原则，十七大提出“初次分配和再分配都要处理好效率和公平的关系，再分配更加注重公平”，并且将“把提高效率同促进社会公平结合起来”，作为我国改革与发展十大经验之一。十八大再提“初次分配和再分配都要兼顾效率和公平，再分配更加注重公平”，强调共同富裕是社会主义的根本原则。并提出了缩小收入差距、实现社会公平和共同富裕的途径和政策措施。按照十八大指引的方向和道路前进，中国特色社会主义必将取得重大胜利。

近年来关于效率与公平关系的不同解读和观点评析*

关于效率与公平的关系问题，是中外学者长期关注和议论的理论与实际问题。中共中央有关文件中的提法也变更几次。在我国改革开放获得巨大成就、经济总量快速增长的情况下，出现了收入差距过分扩大的趋势。党和政府将保障和改善民生提到一个更高的地位，强调社会主义公平正义，关注弱势群体利益，致力于走共同富裕的道路，让改革与发展的成果惠及广大人民群众。在此社会历史背景下，中共中央调整了宣传多年的“效率优先，兼顾公平”的原则性提法。在中共十七大报告中提出：合理的收入分配制度是社会公平的重要体现。“初次分配和再分配都要处理好效率和公平的关系，再分配更加注重公平。”中共十七大报告的这一新的原则性提法，总的来说，统一了思想认识：要重视作为社会公平重要内容的分配公平，要缩小和消除贫富分化的现象，要逐步实现作为社会主义本质要求的共同富裕。

但是，从新闻媒体报道和学界发表的论著来看，在怎样处理好效率与公平的关系问题上，在怎样准确理解和把握中共中央文件的有关提法上，在怎样评析中共中央有关提法的演变上，依然存在理论认识上的差异。

---

* 原载《教学与研究》2013 年第 7 期。

一、怎样准确把握中央有关提法的演变与内涵问题

最近看到一篇专门讲公平与效率的文章，其中这样论述：“众所周知，改革开放之初，基于中国落后的经济发展现实，我们提出了‘效率优先原则’，强调发展才是硬道理。要把‘蛋糕’做大，因为落后就要挨打。在改革进入中期，党中央提出了‘效率优先，兼顾公平’的发展新思路，力求实现效率与公平的优化结合。”①作者的认识逻辑是：改革开放之初，只强调“效率优先”，不讲公平，后来改提“效率优先，兼顾公平”。加入“兼顾公平”，因而是二者“优化结合”的新思路。接着又说：在中共十八大报告中，提及公平达 20 多处，又提出了三个公平即权利公平、机会公平、规则公平。为“把公平正义放在首要的突出的位置”，“不妨倡导公平优先，兼顾效率”(以下简称《不妨》一文)。

首先，上述论述没有准确理解和把握中共中央文件中关于效率与公平提法的演变史实。

讨论效率与公平问题，应区分两个不同的层次：其一是分配领域中的效率与公平关系；其二是经济社会整体领域中的效率与公平的关系。改革开放以来的一个长时期中，中共中央文件中的有关论述和理论界的讨论，主要是从第一个层次即分配领域层次上着眼的。后来拓宽了领域，特别是中共十八大报告更为明确地拓宽了效率与公平关系的范围，既着眼于从分配领域的层次上处理好效率与公平的关系，也着眼于从整个经济社会的发展上处理好二者的关系。

中共十七大以前关于效率与公平的提法和讨论，主要是从分配领域来讲的。前面引述的《不妨》一文中讲：“改革开放之初……提出了‘效率优先’原则”，并不符合历史事实，作者也没有提供出处。“改革开放之初”的源头是 1978 年 12 月中共十一届三中全会，全会提出党的工作着重点转移到社会主义现代化建设上来，对经济管理体制进行改革，认真执行按劳分配原则，克服平均主义，“城乡人民生活必须在生产发展的基础上逐步改善”。这里没有提出效率与公平概念及其关系，但可以认知，实行按劳分配、克服平均主义，是体现社会主义效率与公平关系统一的。在生产发展的基础上改善人民生活，就是把做大蛋糕和分好蛋糕统一起来。

最先明确提出分配关系中的效率和公平关系原则的中共中央文件是 1987 年中共十三大报告：“我们的分配政策，既要合理拉开收入差距，又要防止贫

① 邹广文：《不妨“公平优先，兼顾效率”》，《人民论坛》，2013 年第 1 期。

富悬殊，坚持共同富裕的方向，在促进效率提高的前提下体现社会公平”。这一分配原则是将重视效率与重视公平统一起来。“合理拉开收入差距”，多劳多得，奖优罚劣，反对平均主义，有利于提高效率，把蛋糕做大。“防止贫富悬殊，坚持共同富裕的方向”，就是防止两极分化，坚持走社会主义共同富裕的道路，体现了作为社会公平重要内容的分配公平。

1992 年中共十四大报告提出：在分配制度上，“兼顾效率与公平”。这一提法与十三大的提法无实质性的区别。兼顾二者，就是二者统一与并重，不存在孰轻孰重的问题。如果说，中共十三大关于“在促进效率提高的前提下”一词容易被误解为“效率优先”的话，十四大报告的提法就把这一可能的误解也消除了。

由此可见，断言“改革开放之初”“提出了效率优先原则”而不提公平是没有根据的。1993 年以前，中共中央文件中没有提出效率优先的分配原则，而且，既然讲的是分配领域中效率与公平的关系，不可能只提“效率优先”，不提“公平”概念！

其次，《不妨》一文对有关提法的解读不准确，它说：“在进入改革中期，党中央提出了‘效率优先，兼顾公平’的新思路，力求实现效率与公平的优化结合”。我们知道，1993 年 11 月，中共十四届三中全会提出个人收入分配要“体现效率优先，兼顾公平的原则”，改变了此前效率与公平统一和结合的提法。《不妨》一文把“优先”与“兼顾”理解为“效率与公平的优化结合”是不准确的。所谓“效率优先”，就是效率优先于公平，重于公平。“兼顾公平”就是附带地兼顾一下而已，是重效率，不重公平，把分配公平放在一个次要地位。这一思路在十六大报告中做了更明确的说明：“坚持效率优先，兼顾公平”，“初次分配注重效率，发挥市场的作用……再分配注重公平，加强政府对收入分配的调节职能，调节差距过大的收入”。就是说，政府在初次分配中只注重效率，不注重或不管公平。要通过市场发挥提高效率和调节初次分配收入的作用。由于市场调节初次分配收入会形成收入“差距过大”的情况，可由政府通过再分配发挥调节职能。

从上述“效率优先，兼顾公平”的具体说明来看，这并不是《不妨》一文所解读的“力求实现效率与公平的优化结合”。该文没有注意到，在出现收入分配差距过大、贫富分化的趋势日益显著、社会矛盾随之凸显的情况下，不少学者提出应调整或放弃收入分配关系中“效率优先，兼顾公平”的原则性提法。2004 年 9 月，中共十六届四中全会的决定中，放弃了此前宣传多年“优先、兼顾”的这一提法，强调指出：要“注重社会公平，合理调整国民收入分配格局，切实采取有力措施解决地区之间和部分社会成员收入差距过大的问题，逐步实现全体人民共同富裕”。

2005 年 2 月 19 日，胡锦涛同志于中共中央举办的省部级主要领导干部提高构建社会主义和谐社会能力专题研讨班的讲话中指出：“在促进发展的同时，把维护社会公平放在更加突出的位置，逐步建立起以权利公平、机会公平、规则公平、分配公平为主要内容的社会公平保障体系”。同年 10 月，中共十六届五中全会再次强调“注重社会公平，特别要关注就业机会和分配过程的公平”。

不再提“效率优先”，强调关注社会公平，还没有解决效率与公平究竟是怎样的关系问题。应当明确两点：第一，中共中央文件中只是放弃了分配关系中效率优先于公平的原则。如果是生产和经济领域，强调重视效率，让效率优先于产值，优先于 GDP 是完全正确的。第二，放弃分配关系中的“效率优先”，不是说可以不讲效率，不重视效率，而是放弃重效率，轻公平，初次分配只注重效率，不注重或不管公平的原有思路。

处理社会主义分配关系中效率与公平关系的“新思路”是什么？胡锦涛同志于 2006 年 6 月 22 日在美国耶鲁大学的演讲中提出“公平和效率的有机统一”。

中共十七大报告指出：“合理的收入分配制度是社会公平的重要体现”。“初次分配和再分配都要处理好效率和公平的关系，再分配更加注重公平”。怎样处理好效率与公平的关系呢？有的学者沿用“效率优先，兼顾公平”的思路来解读中共十七大提出的处理好二者的关系，是一种误解。中共十七大的新提法的本意是，无论初次分配还是再分配，都要既重视效率，又重视公平，而再分配则“更加重视公平”。中共十七大报告中总结我国改革与发展的十大经验中，“把提高效率同促进公平结合起来”作为其中的一条。这表明：效率与公平的关系，不再是“优先”与“兼顾”的关系，而是提高效率与促进公平相结合的关系。

《不妨》一文论述效率与公平关系理论的演变，不符合历史过程，对“优先”与“兼顾”的解读也不准确，而且对中共中央文件指导思想的调整和改变史实，特别是中共十七大报告中的新提法只字未提。竟将中央文件放弃的“优先、兼顾”原则，当作“效率与公平优化结合的新思路”。似乎现在还未改变“效率优先，兼顾公平”的提法，于是，根据中共十八大报告中强调公平正义，提及“公平”20 多处，并强调三个“公平”，就推断说：社会公平“不仅仅是一个‘兼顾’的位置”。竟然不知“优先，兼顾”之说早已放弃，继而提出：“不妨‘公平优先，兼顾效率’”。其实，中共中央文件强调公平，并未忽视效率，并不是转向重公平，轻效率，主张公平优先于效率。目前，公平与效率关系的指导思想是两者的结合与统一，是两者的并重。由于前一个时期，重效率，轻公平，经济快速增长了，我国的经济总量已占世界第二位，蛋糕确实做大了，但由于没有同时致力于分配公平，出现了居民收入差距过大、贫富分化的趋势，表明没有分好蛋糕。正因为如此，近些年来，强调社会公平和分配公平。按理说，社会主义制度下，生产重效率，分配重公平，天经地义。分配公平，有利于促进劳动效率、生产效率和管理效率、科技效率的提高，把蛋糕做大。而效率的提高，蛋糕做大做好，可以分得更多更好。而增大分配的份额，有利于实现更高层次的公平。在效率与公平关系的讨论中，有的强调生产决定分配，所以重在做大蛋糕；有的强调分配公平，否则，蛋糕做大了，产生贫富两极分化，为了消除两极分化，实现共同富裕，应重在分好蛋糕。其实，应全面认识这个问题。从经济运行过程来看，先生产，后分配与消费；生产什么，生产多少，才能分配和消费什么，分配和消费多少。但从生产与分配和消费的内在关系来看，生产是服从于消费需要的，不是为生产而生产。生产的成果是要通过分配满足人民物质文化生活的需要，而分配与消费就有个公平与不公平的问题。不能用先生产、后分配的过程得出重生产效率，轻分配公平的认识。而且，先生产，后分配的顺序，不能决定和回答分配公平或不公平的问题。反过来，也不能因为生产服从于消费需要，服从于社会主义共同富裕的目的，就重公平，轻效率，改提“公平优先，兼顾效率”。要知道。普遍贫穷的公平不是社会主义。有的学者提出，鉴于目前收入差距过分扩大，出现贫富分化。公平与效率关系的天平，应向公平倾斜。这个意见是合理的，也是目前大力强调和推进惠民生政策的根据之一。但是，这只能是阶段性的政策倾斜。从社会主义经济社会发展的整体过程考察，效率和公平并重与统一，蛋糕做大和分好，应是社会主义本质所要求的长期的根本原则。

因此，提出“公平优先，兼顾效率”的主张是不正确的。同样，个别学者目前还坚守“效率优先，兼顾公平”的观点也是有悖于科学理论和实际情况的。

二、分配公平能靠市场化改革实现吗？

缩小和消除目前收入差距过分扩大、已出现的贫富分化现象，需要进行什么样的改革，采取什么样的政策措施？有人主张“以市场化改革推进分配公平”

(以下简称《市场化》),① 这值得商榷。首先，它与中共中央提出的进行分配制度改革的思路相背离，也不符合经济实际。中共十七大报告中提出：要“整顿分配秩序，逐步扭转收入分配差距扩大的趋势”。为此，需要“深化收入分配制度改革，增加城乡居民收入”。而改革分配制度，实现社会公平的路径是什么？中共十七大报告中指出：初次分配和再分配都要处理好效率和公平的关系，再分配更加注重公平。逐步提高居民收入在国民收入分配中的比重，提高劳动报酬在初次分配中的比重，着力提高低收入者的收入，逐步提高扶贫标准和最低工资标准，建立企业职工工资正常增长机制和支付保障机制。同时，要扩大转移支付，强化税收调节。打破经营垄断，创造机会公平。可以看出，上述一系列的改革措施，并不是“市场化”的行为，也不可能由“市场化”来实现。中共十八大报告提出：“共同富裕是中国特色社会主义的根本原则，要坚持社会主义基本经济制度和分配制度，调整国民收入分配格局，加大再分配调节力度，着力解决收入分配差距较大问题，使发展成果更多更公平惠及全体人民”。并指出：要通过改革与发展，“推动经济更有效率、更加公平”。这表明，解决收入分配不公、收入差距扩大问题，首先要坚持社会主义的根本原则和社会主义经济制度。坚持社会主义共同富裕的根本原则，可以防止和消除两极分化。反过来说，贫富分化是偏离共同富裕的社会主义根本原则的。怎样坚持和实现共同富裕的原则？从根本上说，要靠中共十八大指出的“坚持社会主义基本经济制度和分配制度”。我国宪法对“社会主义经济制度”和“社会主义初级阶段的基本经济制度”分别做了规定：“中华人民共和国社会主义经济制度的基础是生产资料的社会主义公有制，即全民所有制和劳动群众集体所有制。社会主义公有制消灭了人剥削人的制度，实行各尽所能、按劳分配的原则”。实行社会主义公有制和按劳分配，是不会产生全社会的两极分化的。邓小平指出：“社会主义原则，第一是发展生产，第二是共同致富。……正因为如此，所以我们的政策是不使社会导致两极分化”。② 宪法又做了社会主义初级阶段基本经济制度的规定：“公有制为主体，多种所有制经济共同发展”。公有制为主体，就是既不搞单一的公有制，又不搞私有化。如果离开社会主义经济制度和根本原则，包括公有制、按劳分配和共同富裕，依靠“市场化改革”推进分配公平是不现实的。

---

① 周人杰：《以市场化改革推进分配公平》，《人民日报》，2013 年 1 月 21 日。

② 《邓小平文选》第 3 卷，北京：人民出版社，1993 年版，第 172 页。

其次，中共十八大报告指出，全面建成小康社会，进一步改革与发展，要“推动经济更有效率，更加公平”。这又涉及效率与公平的关系。同样是效率与公平并重，而且加了“更”字，是二者更重。

《市场化》一文提出：“提低、限高、扩中”的收入分配改革，“要从‘更加公平的市场’上着力，只有培育市场公平，才能更好地鼓励各类企业平等竞争，为‘收入倍增’打下坚实的基础。”又说：“推进收入分配体制改革中，杠杆的支点选取至关重要。这个支点在很大程度上，是公平的市场……只有大力推进市场化改革，让自由竞争激发效率，重塑公平，改革方能牵一发而动全身，收入差距才能逐步缩小。”显然，在《市场化》一文作者看来，推进收入分配体制改革，重塑公平，只有靠市场化的自由竞争，市场化才能激发效率与公平，实现“收入倍增计划”，缩小收入差距。

我国实行社会主义市场经济，要让市场在资源配置中起基础性作用。企业之间要展开竞争，竞争可以促进效率的提高，优化资源配置，激发企业活力，打破垄断。但是，市场不同情弱者，不怜悯眼泪。市场竞争，优胜劣汰，会产生分化，不会自发地形成社会公平，更不会自发地形成居民收入分配的公平，消除贫富分化。西方发达资本主义国家，是充分发展的市场经济制度，但没有实现分配公平和社会公平，随着经济的发展和财富的增加，贫富分化反而更加扩大了。美国总统奥巴马在2012年的“国情咨文”中也提出，经济不平等现象正在危及中产阶级与“美国的价值”。根据当时美国的统计，1%的美国富人占有国民收入的1/5和社会财富的1/3。根据《纽约时报》2011年底的调查，认为美国的经济不平等现象严重，1%最富的美国人的税后收入自1979年以来增加了两倍，而80%的美国人同期收入只增长1/3。美国企业主管的收入与普通工人的收入差距，由以前的30倍增加到300倍。“占领华尔街”运动，就是99%与1%的对抗。

2012年，德国联邦劳工和社会事务部提交了德国第四次贫富报告《德国生活状况》表明，2007年至2012年，德国私人净资产总额增加1.4万亿欧元，但财富更趋不均，2008年，德国最富有的10%的人口拥有德国净资产的53%，这一比例比10年前增加了8%，最不富裕的50%的家庭财产总和占德国私人资产的比例仅为1%，比1998年下降了4%。

西方学者认为，市场经济承认分配的不公平。在市场配置资源的运行中，既会促进效率的提高，又会产生分配的不公平。诺贝尔经济学奖获得者萨缪尔森也讲：“市场并不一定产生一种被认为是社会公正或平等的收入分配。一个完全自由放任的市场经济可能产生不可接受的、极大的、在收入与消费上的不平等。”①又说：即使具备有效率的完全市场竞争的理想条件，“我们没有理由认为……收入能被公平地加以分配。结果将是，收入和财富上存在着巨大的不平等，而这种不平等会长期在一代代人中存在下去。”②马克思主义政治经济学的常识也告诉我们：在私有制商品经济、市场经济中，价值规律的自发作用，既可促进生产力的发展，实现资源配置，还会造成贫富两极分化。传统的观点认为，社会主义社会中的商品经济不会产生两极分化，那是以单一的公有制和计划经济为前提的。我国的实践证明，在多种所有制并存和实行市场经济的条件下，即使公有制单位也会出现收入差距过分扩大的情况，出现贫富差距。可见，无论从马克思主义经济学或西方经济学来看，还是从市场经济国家的经济运行和发展的实际过程来看，靠市场化实现分配公平是不现实的，是没有理论和实际根据的。

缩小收入分配过大差距，实现分配公平，需要根据中共十八大精神，制定相应的制度和政策措施，提出收入分配的具体方案。中共十八大报告指出：“必须维护社会公平正义。公平正义是中国特色社会主义的内在要求。……加紧建设对保障社会公平正义具有重大作用的制度”。要建立“社会公平保障体系”。这里讲的是全社会的公平正义，当然也包括分配领域的公平正义。这要通过加紧建立“具有重大作用的制度”和“保障体系”来实现。至于缩小收入分配差距的制度和政策措施，前面根据中共十七大和十八大的报告已做了说明，总之，要采取具体措施，“把保障和改善民生放在更加突出的地位”。要使“中等收入群体持续扩大，扶贫对象大幅减少。社会保障全民覆盖”，“全面建成小康社会”。所有这一切，都不是市场化行为，而是政府与社会行为。

三、怎样评价“效率优先，兼顾公平”的理论和实践

从1993年中共十四届三中全会起，到十五大、十六大报告，再到十六届三中全会，“效率优先，兼顾公平”的原则宣传了十多年。直到2004年9月中共十六届四中全会才放弃这一原则，转而强调注重社会公平，解决收入差距过

---

① 保罗·萨缪尔森、威廉·诺德豪斯：《经济学》(第14版)，北京：北京经济学院出版社，1996年版，第77页。

② 同上书，第544页。

大的问题，实现共同富裕。现在的问题是，怎样评价“优先、兼顾”的分配关系原则，学界存在不同的看法。目前依然有个别学者主张这一原则，但已不为学界认同，因为它有悖于当前的理论与实践。本文最后会回过来议论这一问题。个别学者将“优先、兼顾”原则理解为二者的优化结合与统一，是一种误解，前面已做过评析。值得讨论的是另外三种不同的见解和评价：一种见解是当时提出“优先，兼顾”的原则，是针对平均主义的，是必要的，后来出现了收入差距过分扩大的趋势，因此，中共中央对此提法进行了调整。另一种见解是我国作为社会主义国家，应重视分配公平。社会主义要防止贫富分化，实现共同富裕，这需要通过分配公平来实现。“效率优先，兼顾公平”，初次分配重效率不重公平，不符合社会主义本质要求，因此，提出和宣传这一原则，是对社会主义根本原则的偏离。还有一种观点是认为自改革开放以来，中共中央一直科学地把握公平与效率的关系，努力实现公平与效率的统一。它把改革开放以来有关效率与公平关系的不同提法及其演变，都纳入“公平与效率统一”的框架中，认为各种提法都有利于效率和公平的提高，促进了经济的发展。

先讨论第一种见解。“效率优先，兼顾公平”，究竟是在什么背景下提出的？是针对什么的？不少学者认为是针对计划经济时期形成的平均主义的。这未必符合实际，需要从历史背景、理论观点和经济实践进行评析。

首先，从理论指导和经济历程的发展过程来看，1978 年中共十一届三中全会就明确提出了“克服平均主义”的改革任务。当时，克服平均主义的主要途径是“认真执行按劳分配原则”。1987 年，改革开放已走过近 10 年的时光，当时的分配状况已与完全的计划经济时期不同了。市场调节发挥着日益增大的作用。分配关系呈现出两种不公平现象：其一是，在工资收入由国家直接调控的部门，平均主义的不公平现象依然存在；其二是，新出现了一种分配不公现象，即收入分配“体脑倒挂”，教育、科技卫生部门的脑力劳动者的收入低于生产和服务部门一般体力劳动者的收入；国有经济内部不同行业之间的个人收入出现差距不合理拉大的分配不公平；国有经济职工收入低于个体、私营经济收入。根据当时北京市统计局对各个行业的调查，建筑业、饮食业和服务业职工的人均月收入为 217 元，而国家机关、大中小学教师人均月收入为 133 元。某些行业单项比较，收入差距也很突出。如当时出租汽车司机的收入高于公共汽车司机的两倍左右。

平均主义和收入差距畸形扩大、“体脑倒挂”，都是分配不公，既无效率，又无公平。可以判断，1987 年中共十三大报告提出“在促进效率提高的前提下体现社会公平”，是既针对平均主义，又针对分配不公平的。报告中提出的“我们的分配政策，既要有利于善于经营的企业和诚实劳动的人先富起来，合理拉开收入差距”，显然是针对平均主义分配的；而“又要防止贫富悬殊，坚持共同富裕的方向”，显然是针对新出现的分配不公平的。1992 年中共十四大报告关于“兼顾效率与公平”的提法也是既针对平均主义，又针对收入差距畸形扩大的分配不公平的。重视效率，就是要通过各种调节手段，“鼓励先进、促进效率”。而分配公平也是鼓励先进，促进效率的重要手段。重视公平，就是要“合理拉开收入差距，又防止两极分化，逐步实现共同富裕”。可以说，合理拉开收入差距，是效率与公平的联结点。

其次，从理论逻辑来看，1993 年 11 月在中共十四届三中全会上提出“效率优先，兼顾公平”，固然也会打破平均主义，但很难说是主要针对平均主义的。第一，此前中央文件中的有关提法已经一再否定了平均主义，不需要换个提法来否定。难道是因为用“兼顾效率与公平”否定平均主义的力度不够，需要新出台“优先、兼顾”的新原则吗？第二，不能用重效率、轻公平，初次分配只重效率不注重或不管公平来否定平均主义！因为那是用贫富分化的更大的不公平来否定平均主义的不公平。第三，强调效率和公平并重，就可以完全否定平均主义，因为效率与公平并重，是与既无公平又无效率的平均主义相对立的。

再次，从经济发展的实际情况看，随着改革开放以来我国多种所有制经济发展和分配关系的变化，“体脑倒挂”的分配不公平，扭转为新的收入分配不公平。20 世纪 90 年代初期，我国已呈现出收入分配差距扩大的趋势。根据中国社会科学院经济研究所收入分配课题组的调查，1995 年的基尼系数已达 0.45。可以推断，1993 年已达 0.4 以上，进入显示分配不公平的警戒线。显然，提出“效率优先，兼顾公平”的背景和取向，已经不再是主要指向平均主义。

提出“优先、兼顾”这一原则的中央文件，是中共十四届三中全会通过的《中共中央关于建立社会主义市场经济体制若干问题的决定》。其中提出：个人收入分配制度，“体现效率优先，兼顾公平的原则。劳动者的劳动报酬要引入竞争机制”。这里没有再接着强调“防止贫富悬殊”“防止两极分化”。提倡个人劳动报酬引入竞争机制，就是指劳动报酬要由市场供求机制、竞争机制调节。按照市场经济的运行机制，市场起资源配置的作用，市场配置资源的效率高于计划配置。按照西方的市场经济理论与实践，劳动力资源与其他要素资源，都要由与供求机制、竞争机制相结合的价格机制来配置。就是说，个人劳动报酬要由市场形成的劳动力价格来调节，而市场调节劳动报酬的结果是会产生分配不公平的。这种不公平可通过政府主导的再分配来调节。有的学者将其称作"市场管效率，政府管公平"。西方有一派经济学者强调机会公平，不赞同政府干预的分配公平。认为实行市场经济，就是效率优先于分配公平。而且认为，通过市场自由配置资源和机会公平形成的资本—利润、土地—地租、劳动—工资，是合理的、公平的。我国也有学者持此观点。所以，可以认为，中共十四届三中全会提出"效率优先，兼顾公平"的原则，主要是在"建立社会主义市场经济体制"的背景下提出的，是参照了西方市场经济理论和国内外某些学派的观点提出的。笔者认为，我们是建立社会主义市场经济体制，不能照搬西方市场经济的理论与实践。按劳分配为主体，不可能主要通过由市场调节劳动报酬来实现。私营外资企业按要素所有权分配，要通过市场调节实现，劳动报酬不能脱离市场调节作用，但也应受到政府的宏观调控，如规定最低工资线，治理拖欠和克扣工资，要求遵守劳动法，保障职工的合法权益，缩小贫富分化。至于整个社会要消除两极分化、实现共同富裕，更不能依靠市场自由竞争和市场调节来实现。

再讨论第三种见解。有的学者发表文章认为，我国 30 多年来，一切改革的实践与理论，都是一直坚持公平与效率的统一。他说：改革开放以来，我们党一直"科学地把握公平与效率的关系，努力使二者相互促进。30 多年来，我国经济社会政策发展变化的历史和人民生活水平普遍提高的事实充分证明了这一点"。① 该文历数农村联产承包责任制、扩大企业自主权、发展个体经营等，都是"既提高了效率，也增进了公平"。对于中共中央文件中关于效率与公平关系的提法演变，认为都是"公平与效率的统一"的不同提法和适时调整。他认为，1993 年提出"效率优先，兼顾公平"，"有力推动了经济社会发展"。随着经济社会的发展和收入差距的扩大，中共十六大报告"针对这种情况"，又提出"初次分配注重效率，发挥市场的作用……再分配注重公平"。认为中共十六大的这一提法是"针对收入差距扩大"提出的新的效率与公平的统一论。这里存在理解上的偏差。中共十六大的这一提法，实际上是对"优先、兼顾"的进一步阐述。其本意是初次分配只注重效率，可不注重或不管分配公平。分配公平由再分配去调整。重效率、不重公平的思路更突出了。这一原则不是针对收入差距扩大，也无助于缩小收入差距。要知道，我国收入差距过大并导致贫富分化，正是由初次分配不公平形成的。我国的再分配机制——主要是社会保障制度和

---

① 赵周贤：《坚持公平与效率的统一》，《光明日报》，2012 年 9 月 14 日。

转移支付制度，还不健全和完善，不可能通过再分配实现分配公平。该文把中央后来强调的“更加注重公平”，中共十七大报告提出的“初次分配和再分配都要处理好效率和公平的关系，再分配更加注重公平”(该文引文错为“初次分配和再分配都要注意公平”)，看作是“优先、兼顾”“初次分配注重效率，再分配注重公平”的连接与延伸，是原有效率与公平相统一的提法的新发展。其实，讲公平与效率的统一和结合，是指二者并重，并无“优先”“兼顾”之分。中共十七大讲初次分配和再分配都要处理好效率和公平的关系，是指“把提高效率同促进社会公平结合起来”，既重视效率，又重视公平。讲“再分配更加注重公平”，表明初次分配也要重视公平，再分配则要“更加注重”。中共十八大讲“推动经济更有效率，更加公平”，两者都加一“更”字，更表明是对“优先，兼顾”即重效率、不重公平的放弃，并无连接和延续的关系。

最后，讨论第二种见解。这种见解认为“优先、兼顾”的提法本身存在着理论上的偏误。但不同学者在具体阐述上又存在非本质性的差异。有的学者出于某种考虑或理解，认为整体上说“优先，兼顾”的原则是错误的，但在一定的历史时期有其积极意义。而有的则认为，从总体上说，这一原则是偏离社会主义本质要求的。前者如有的学者从其论文的标题看，是认为“优先，兼顾”的提法是错误的，是要说明“错在哪里”？但其内容是先讲：在特定的“时代背景下，‘效率优先，兼顾公平’的提法具有一定的历史合理性和积极的现实意义”，并阐述了其历史意义和现实意义是什么，接着提出：这一提法自身包含着一些明显的局限和负面效应，并用主要的篇幅论述了这种局限性和负面效应的表现。诸如：同以人为本的基本理论相抵触；与和谐社会建设格格不入；政府重要职能错位；不利于经济社会制度的建设；不利于公正合理的社会结构的形成；等等。总之，提出一系列不赞同和否定“效率优先，兼顾公平”提法的理由。①

有的学者直接质疑“优先，兼顾”提法的科学性。笔者持这种见解。理由是：

(1)分配方式由生产方式决定，作为生产方式基础的所有制关系决定分配关系，社会主义生产资料公有制是与一切私有制相比最公平的所有制，它所决定的分配关系，应是比一切剥削制度下的分配关系更公平的，社会主义要消灭剥削、消除两极分化，就体现着和要求分配公平，而且，社会主义要求通过按

① 吴忠民：《“效率优先、兼顾公平”究竟错在哪里》，《北京工业大学学报(社会科学版)》，2007 年第 1 期。

劳分配或按劳分配为主体的分配公平实现共同富裕。如果重效率、轻公平，使效率优先于公平，公平处于次要地位，乃至初次分配只注重效率，不注重或不管公平，就会出现收入差距过分扩大，形成两极分化现象，偏离共同富裕的根本目的。

(2)重效率、轻公平，初次分配只重效率，不讲公平，会导致效率与公平双缺失。因为分配不公，不利于调动劳动和生产的积极性，不利于劳动效率、生产效率和管理效率的提高。效率的高低，与产量和GDP的多少不能画等号。可以是高投入、高污染、低质量、低效益的产量和GDP的粗放型经济增长，也可以是相反的高效益、高质量的节约型增长。这就反映了效率的差别。离开分配公平，单强调效率，效率未必会提高，但忽视公平和初次分配不讲公平，必然会助长收入差距扩大，助长贫富分化的不公平。

(3)强调“效率优先，兼顾公平”，宣传初次分配只注重效率，忽视公平，会有利于资本，而不利于劳动。对私营、外资企业来说，效率高低，表现为利润率高低，重效率，变成重利润率。轻视和不讲分配公平，会转变成压低、拖欠、克扣工人工资和侵犯工人权益的实际行为，助长资本利润和劳动工资的对立。地方官员为引进外资，同样重资本利益，轻劳动利益。发达资本主义国家所不允许的某些严重侵犯职工权益的行为，在我国私营、外资企业大量存在。

(4)社会主义的公平、正义，是社会主义的本质属性。讲以人为本，讲保障和改善民生，讲一切以人民的利益为出发点和落脚点，讲发展与改革的成果惠及广大人民，讲共同富裕是社会主义的根本原则，就必须重视包括分配公平在内的社会公平，并需要通过分配公平和社会公平来实现。如果把分配公平放在一个次要的不注重的地位，上述一切都会成为空谈。

(5)社会主义市场经济与资本主义市场经济不能画等号。二者既有市场经济一般性和共同点，又有产生于社会制度不同的根本性的差异点。劳动者的收入不能完全由市场自发调节。资本主义市场经济与两极分化是相伴随的。社会主义市场经济要以公有制为主体和按劳分配为主体，消除两极分化，效率与公平并重，走向共同富裕。

(6)效率与公平的关系，西方国家的学者，存在三种不同的见解：强调效率优先于公平，如新自由主义学派哈耶克、弗里德曼等就持这种观点；另一派学者反对片面强调效率优先，主张将公平作为优先考虑的目标，如罗尔斯、勒纳、罗宾逊夫人等。他们认为，分配不公会损害工作热情，损害效率，导致两极分化；还有一派主张兼顾效率与公平，如萨缪尔森、凯恩斯、奥肯等。萨缪尔森认为，没有政府干预，市场经济自发形成的收入分配可能过分不平等，既要效率又要公平的途径，是通过政府干预来修补市场机制这只“看不见的手”。这讲的是资本主义国家。我国作为社会主义国家，更应重视这一问题。

哈耶克等的效率优先于公平的观点，不仅遭到西方其他学派学者的反对，连西方政府也没有采纳他们的主张。我国是社会主义国家，不能将西方新自由主义的效率优先于公平的主张，作为处理社会主义分配关系的原则。因此，在笔者自己的论著和所编教材中，始终没有认同和宣传这种观点，而是一直讲效率与公平并重，讲两者的结合与统一。中央后来强调更加注重公平，中共十七大将效率与公平的结合作为改革开放历程中的宝贵经验之一，就表明已经否定了“优先、兼顾”和初次分配只重效率的历史有效性。

第五辑　社会主义市场经济体制研究

我国确立社会主义市场经济体制的曲折历程*

——纪念改革开放 40 周年

纪念改革开放 40 年，要总结和庆祝我国 40 年来在各方面所取得的重大成就。改革实践的成功是由改革的理论指导的，改革的历程是思想不断解放、理论不断探新和观念转变的曲折过程。需要总结成功的经验，也应总结得失是非的实践经历。改革的理论和实践，并不是一帆风顺地走过来的，始终存在着不同见解的理论争鸣，存在着对立观点的交锋。随着改革开放实践的不断发展与不断获得新的成就，对某些改革理论与实践是非的评论也会随之转变。但有些理论是非，到现在还需要澄清。

一、邓小平社会主义市场经济理论的发展过程

我国社会主义市场经济体制的建立，是根据邓小平同志于 1992 年南方谈话为指导完成的。但也应了解，邓小平同志的市场经济思想是有个发展和转变过程的。他的南方谈话起了一锤定音的作用。1992 年党的十四大据此提出了建立社会主义市场经济的决定。在此背景下，有些有影响的学者公开了邓小平过去没有报道过的有关市场经济的内部讲话，用以论证邓小平远在 1979 年就提出了社会主义市场经济理论，以后又多次提出。其中最早和最有影响的一条是邓小平 1979 年 11 月 20 日与外宾的一次谈话，其中讲道："说市

---

* 原载《宁夏党校学报》2019 年第 2 期，作者卫兴华、李先灵。

场经济只存在于资本主义社会，只有资本主义的市场经济，这肯定是不正确的。社会主义为什么不可以搞市场经济，这个不能说是资本主义。”最初有的学者引用这句话时，没有引全，后面的一段话被舍去了。后面接着的一段话是，“我们是计划经济为主，也结合市场经济，但这是社会主义的市场经济。虽然方法上基本和资本主义社会的相似，但也有不同，是全民所有制之间的关系。”①学者们还引证邓小平 1985 年 10 月 23 日与外宾的一段内部谈话：“社会主义和市场经济之间不存在根本矛盾，一直搞计划经济会束缚生产力的发展。把计划经济和市场经济结合起来就能解放生产力，加速经济发展。”②

有些学者引证邓小平这些过去未公开发表的内部讲话，用以论证邓小平早从 1979 年起，就不断提出了我国要实行社会主义市场经济，也就是实行邓小平于 1992 年南方谈话以后我国所实行的放弃计划经济的社会主义市场经济。

我曾在发表的论著中，几次提出这样解读邓小平谈话不准确，不符合邓小平的原意。邓小平的社会主义市场经济理论是有一个曲折的发展过程的。但是直到现在还有学者在其所发表的论文中宣称，邓小平远在 1979 年就提出了现在我国所实行的社会主义市场经济理论。要知道，这样解读会在理论和实践上出现两个悖理的问题。其一，邓小平于 1979 年 11 月 26 日提出社会主义为什么不可以搞市场经济，紧接着讲：“我们是计划经济为主，也结合市场经济”。计划经济和市场经济是两种不同的相对立的资源配置方式。我国现在实行社会主义市场经济，就是由市场决定资源配置，放弃了计划经济时期由指令性计划对资源的配置。1979 年，我国还在实行指令性计划经济，所以邓小平讲“计划经济为主”。计划经济为主下的市场经济指什么？我们将在后面说明。但可以肯定，这与他 1992 年南方谈话后所实行的社会主义市场经济不是一回事。其二，直到 1984 年党的十二届三中全会通过的作为城市国有经济体制改革的纲领性文件《中共中央关于经济体制改革的决定》(以下简称《决定》)中，还继续讲计划经济的优越性：“社会主义社会在生产资料公有制的基础上实行计划经济，可以避免资本主义社会生产的无政府状态和周期性经济危机，……这是社会主义经济优越于资本主义经济的根本标志之一。”③又说：“就整体说，我国实行

① 《邓小平文选》第 2 卷，北京：人民出版社，1994 年版，第 236 页。

② 《邓小平文选》第 3 卷，北京：人民出版社，1993 年版，第 148—149 页。

③ 《改革开放三十年重要文献选编》(上)，北京：人民出版社，2008 年版，第 349—351 页。

的计划经济，而不是那种完全由市场调节的市场经济。”邓小平对这个《决定》给以高度评价。他说中央委员会通过的《决定》“是马克思主义基本原理和中国社会主义实践相结合的政治经济学，我是这么个评价。这两天国内外对这个决定反应很强烈，说都是有历史意义的。这个文件，我没有写一个字，没有改一个字，但确实很好”。① 如果像某些学者所断言的那样，邓小平远在 1979 年就提出我国现在实行的社会主义市场经济，能与他 1984 年完全肯定和高度评价的十二届三中全会通过的《决定》相吻合吗？显然难以统一。有人虽然看出两者不能统一，但不是去否定对邓小平 1979 年所讲的有关市场经济问题的误解、错解，而是提出一种不合情理的辩解。一家大报刊发了一篇讲解 1979 年邓小平关于市场经济的理论论述的文章，其主要观点是：邓小平作为伟大的政治家，具有宽大的胸怀。当他的理论思想别人还跟不上来的时候，他会等待。好像从 1979 年一直等待到 1992 年才时机成熟，确定实行社会主义市场经济。还曾看到一位大学教师写的文章，说邓小平远在 1979 年就提出实行社会主义市场经济，但没有引起应有的注意，所以后来还继续实行计划经济为主。显然这两种解释是不合情理与事实的。邓小平当时作为党中央核心，他提出的改革理论，一言九鼎。既不会没有人注意，也不会在提出后别人跟不上而长期等待的事情。他对十二届三中全会《决定》的高度评价，是他的本意，并不存在等待性迁就。

在第一个社会主义国家建立后的长时期中，所有社会主义国家都实行计划经济。而所有资本主义国家，都实行市场经济。因此，中外学者和政要，形成了一个一致的见解：市场经济是资本主义的内在特点，计划经济是社会主义的内在特点。当时，在世界银行每年的统计资料中，不是应用“资本主义国家”和“社会主义国家”的概念，而是应用“市场经济国家”和“计划经济国家”的概念分别统计其发展情况的。

从实行第一个五年计划起直到改革开放前，我国普遍认为社会主义必然实行计划经济，计划经济是社会主义的本质特征，它与公有制、按劳分配一起，作为社会主义基本内容，已成为全社会的共识，也是重要的指导思想，将其视为马克思主义的基本原理。因此，邓小平在 1978 年 10 月 11 日的讲话中，还批评四人帮“扶植一批坏人，……制造各企业和整个工业、整个国民经济的无

---

① 《邓小平文选》第 3 卷，北京：人民出版社，1993 年版，第 83 页。

政府状态，反对社会主义计划经济，反对各尽所能、按劳分配的原则”。①

改革开放以后，全社会逐步认识到全面实行计划经济，管得过死，不利于生产力的发展。进行经济体制改革，就需要发挥商品经济和市场机制在促进生产力中的积极作用。于是，提出了市场取向的改革。在十三大以前，市场取向的改革一直是在计划经济的总框架中推进的。起先是在计划经济的体制中引入市场调节的辅助作用，实行计划经济为主，市场调节为辅的改革模式。计划经济是由国家计划调节资源配置；市场调节就是由市场机制调节资源配置。事实上，就是市场经济。由于长时期中，普遍将市场经济与资本主义私有制相联系，不便公开提出这一概念，讲市场调节可减少社会认知上的障碍。邓小平、陈云、李先念等中央领导同志在内部讲话中，将市场调节与市场经济通用。但公开讲话或公开提出改革目标模式时，都将市场经济改换为市场调节。据此可以肯定，邓小平在1979年与外宾的内部谈话中所讲的计划经济为主下的社会主义市场经济，实际上就是中央已经作为改革模式的“计划经济为主，市场调节为辅”的另一种表述，是未公开的内部表述。公开所讲的“市场调节”，就是内部所讲的“市场经济”。

“为主为辅”的改革模式最早是由陈云跟李先念提出来的，得到邓小平的认同，成为中央的改革指导思想。1979年4月5日，李先念代表中央所做的《在中央工作会议上的讲话》正式提出，“在我们的整个国民经济中，以计划经济为主，同时充分发挥市场调节的辅助作用。”②将此作为经济体制改革所遵循的目标模式。显然，邓小平1979年11月所讲的计划经济为主条件下的市场经济，与李先念此前代表中央讲话的内容是并行不悖的。

1987年，邓小平对计划经济与市场经济的理论认识，有所改变，提出了新的见解。当年2月6日，他与中央几位领导人谈话中讲：“我们以前是学苏联的，搞计划经济。后来又讲计划经济为主，现在不要再讲这个了。”③这个谈话是为党的十三大报告提出理论指导的，可以将其解读为邓小平是主张扩大市场调节作用的。据此，在1987年10月党的十三大报告中，没有再提计划经济为主，连计划经济一词也没有再提。报告中的新提法是：“社会主义有计划

---

① 《邓小平文选》第2卷，北京：人民出版社，1994年版，第134—135页。

② 《三中全会以来重要文献选编》(上)，北京：人民出版社，1982年版，第141页。

③ 《邓小平文选》第3卷，北京：人民出版社，1993年版，第203页。

商品经济的体制，应该是计划与市场内在统一的体制”，“计划与市场的作用范围都是覆盖全社会的。新的经济运行机制，总体上来说，应当是‘国家调节市场，市场引导企业的’机制”。① 这里虽然没有公开提“市场经济”概念，但提出“国家调节市场，市场引导企业”的经济运行机制，事实是与社会主义市场经济运行机制接轨了。

1989年5月31日，邓小平与中央两位同志谈话时提出十三大报告“一个字都不能动，这个我征求了李先念和陈云同志的意见，他们赞成”。② 但是，1989年后，质疑市场取向改革的声音纷至沓来。有人批评不强调计划经济，而强调市场调节，特别是对“国家调节市场，市场引导企业”提出质疑和责难，影响到上层的决策。邓小平对此做了应对性讲话。针对质疑市场调节的观点，他提出：“我们要继续坚持计划经济与市场调节相结合，这个不能改。实际工作中，在调整时期，我们可以加强或者多一点计划性，在另一个时候多一点市场调节。”③对这一段讲话，我有两点见解：首先，是强调要坚持市场调节的改革，不能因有人质疑而放弃。第二，适应当时的复杂思潮，又提及十三大报告放弃了的计划经济概念，再次提出“坚持计划经济与市场调节相结合”。但这里所讲的二者的结合，不再是原来“为主为辅”的结合，也不可能是全面计划经济与全面市场经济的结合。两者是互相排斥的。过去全面实行计划经济，排斥市场调节(市场经济)；现在全面实行市场经济，排斥计划经济。市场调节与市场经济基本上是一致的，而计划经济与计划调节有一致方面，也有不一致方面。计划经济必然实行计划调节，但实行市场经济并不排斥指导性计划调节。日本在二战后，实行经济计划，也讲计划调节，是完全市场经济中的指导性计划调节。邓小平这里讲“计划经济与市场调节相结合”中的计划经济，就是他所解释的“计划性”。而“计划性”绝不会是指令性计划，只能是有时可多一点，有时可少一点的指导性计划。也可以将其理解为宏观调控的计划性。

有一个有关改革的理论是非问题，学界应当重视和辨明。那就是十三大报告中提出“国家调节市场，市场引导企业”的经济运行机制，是否正确的问题。它在1989年遭质疑后，被中央决策层放弃了。原来强调的十三大报告“一个字不能动”，难以坚持了。由于决策层将其放弃，就被视作为错误的理论观点，

① 《十三大以来重要文献选编》(上)，北京：人民出版社，1991年版，第26页。

② 《邓小平文选》第3卷，北京：人民出版社，1993年版，第296页。

③ 同上书，第306页。

一度成为禁区，不便再提，直到现在中央文件也不再提及。其实，邓小平并没有肯定这两句话有什么错误。我认为应准确解读邓小平的一段应对性的有关说明。邓小平在一个内部讲话中说："十三大报告的那两句话'国家调节市场，市场引导企业'，我就没有看出有问题，当时可能有人看出有问题，但也没有人明确提出来。那两句话究竟怎么样，我也没有研究。如果错了，就不讲了"。从这段话中可以看出邓小平始终没有说这两句话有什么错误，只是用了个假定语："如果错了就不讲了"。如果不错呢，当然可以继续讲。特别是党的十四大确立了社会主义市场经济体制后，应肯定"国家调节市场，市场引导企业"是与社会主义市场经济的运行机制接轨的。因此我认为，应当对作为改革理论创新的"国家调节市场，市场引导企业"正名，肯定其作为新的经济运行机制的理论与实践意义。

1992年，邓小平南方谈话，突破了社会主义只能局部实行市场经济，而不能完全即全面实行市场经济的戒律，为我国全面实行社会主义市场经济体制奠定了理论基础。但是，关于邓小平的南方谈话，要将其本质含义与其表述的逻辑区分开来。其讲话本意就是认为，社会主义可完全实行市场经济，是社会主义计划指导下的市场经济。我们引证邓小平的南方谈话，不必照搬其表述："计划经济不等于社会主义，资本主义也有计划；市场经济不等于资本主义，社会主义也有市场。"①重在把握其理论实质，而不重在其表述的形式。我在《马克思主义理论学科研究》这一重要刊物2016年第4期中，论述了这个问题，这里再转述一下：不能把计划等同于计划经济；也不能把市场等于市场经济。"日本学者曾明确指出，他们实行的经济计划不等于社会主义的指令性计划经济。我国在实行指令性计划经济时期也有市场，但不是市场经济。我们要从精神实质上把握邓小平讲话的原本含义。"②因此，理论工作者在写教材和论著时，在教学和研究工作中，应按其精神实质做些变通的表述。

二、我国由计划经济转向市场经济的曲折历程评析

在马克思和恩格斯的著作中，虽没有计划经济和市场经济的概念，但他们认为在社会主义新制度中，将实行计划调节。社会经济的发展将按社会需要有

① 《邓小平文选》第3卷，北京：人民出版社，1993年版，第373页。

② 卫兴华、田超伟：《准确把握邓小平市场经济思想发展的曲折历程》，《马克思主义理论学科研究》，2016年第4期。

计划合比例地进行，也可以将其概括为实行计划经济。马恩不但不会认为社会主义会实行市场经济，而且认为商品生产与商品交换即我们所讲的商品经济也不再存在。列宁的论著中应用了计划经济与市场经济的概念，而且将其视作两种相互对立的社会制度。他在 1906 年的《土地问题和争取自由的斗争》一文中明确提出："只要还存在着市场经济，……世界上任何法律都无法消灭不平等和剥削"，"只有建立起大规模的社会化的计划经济"，并将生产资料转归劳动者阶级所有，"才能消灭一切剥削"。①

新中国成立后，既要进一步学习马列著作，又要学习第一个社会主义国家苏联的经验。经过三年国民经济恢复的时期，从 1953 年起开始实行第一个五年计划。因当时还存在民族资本主义和个体经济，所以计划经济不可能囊括全国国民经济。1956 年"三大改造"完成后，实行单一的公有制经济，同时全面实行计划经济。直到改革开放前，一直把计划经济与社会主义公有制经济紧密联结在一起。

十一届三中全会后，实行改革开放，总结以往计划经济发展的得失，认识到实行单一的计划经济存在一些管得过死的弊端，需要改革。但也不能简单否定社会主义建设前期阶段实行计划经济的必要性与必然性。若没有统一的计划指导与管理，我国能较快地建立起完整的工业体系吗？能建立起新型的社会主义经济制度吗？计划经济的弊端是随着社会经济的发展而逐步显露出来的。要用历史唯物主义的方法评价计划经济的历史作用。

最先提出计划经济的弊端，需要引入市场调节（市场经济）机制的是陈云。根据陈云当时的秘书朱佳木同志的说明，早在 1978 年 9 月的理论务虚会上，李先念就根据陈云的意见，提出"计划经济与市场经济相结合"。② 1979 年 2 月，李先念在一个会议上又进一步讲："我同陈云同志谈，他同意，在计划经济前提下，搞点市场经济作为补充。计划经济与市场经济相结合，以计划经济为主，市场经济是个补充，不是小补充，是大补充。"③1979 年 3 月 8 日，陈云同志写的《计划与市场问题》一文中指出：1917 年后的苏联和 1949 年后的中国"都是按照马克思所说的有计划按比例办事的"。"但是没有根据已经建立社

---

① 《列宁全集》第 13 卷，北京：人民出版社，1984 年版，第 124 页。

② 朱佳木：《谈陈云对计划与市场关系问题的思考》，《党的文献》，2000 年第 3 期。

③ 《陈云年谱》（下），北京：中央文献出版社，2000 年版，第 236 页。

会主义经济制度的经验和本国生产力发展的实际状况，对马克思的原理(有计划按比例)加以发展，这就导致现在计划经济中出现的缺点。六十年来，无论苏联或中国的计划工作制度中出现的主要缺点：只有'有计划按比例'这一条，没有在社会主义制度下还必须有市场调节这一条。所谓市场调节，就是价值规律调节，在经济生活的某些方面可以用'无政府''盲目'生产的办法来加以调节。""现在的计划太死，包括的东西太多，……因此生产不能丰富多彩，人民所需日用品十分单调。"①

陈云主张应有两种经济：计划经济部分和市场调节部分。第一部分是基本的，主要的；第二部分是从属的次要的，但又是必要的。在今后的经济调整和体制改革中，"不一定计划经济部分愈增加，市场经济部分所占绝对数额就愈缩小，可能是都相应地增加。"②

陈云的这一改革思想，被概括为"计划经济为主，市场调节为辅"，写入邓小平主持起草的1981年6月通过的中共中央《关于建国以来党的若干历史问题的决议》中；写入1982年党的十二大报告中；写入1982年通过的我国宪法中。邓小平在1982年4月3日的讲话中肯定："最重要的，还是陈云同志说的，公有制基础上的计划经济，市场调节为辅。"③

对陈云同志的"为主为辅"的改革思想，应采取历史与逻辑统一的分析方法。笔者提出几点认识：第一，从现在我国全面实行社会主义市场经济，放弃计划经济的改革模式来看，"为主为辅"的指导思想显然是有历史局限性的。但是，在中央决策层中，陈云最先指出计划经济存在的缺点，需要引入市场调节(市场经济)，把经济搞活，是有创新性理论和实践意义的。不能赞同有的学者对其进行不合理的批评；也不赞同有人将邓小平与陈云区分为市场经济派和计划经济派。胡锦涛于2005年6月13日《在陈云同志诞辰100周年纪念大会上的讲话》指出：陈云同志"明确指出在社会主义制度下只有计划按比例还不行，还必须有市场调节。他的这个重要认识，对我们突破高度集中的计划经济体制的束缚，曾经产生过广泛而深远的影响。"④陈云同志积极支持和推动邓小平同

---

① 《陈云文选》第3卷，北京：人民出版社，1995年版，第244—245页。

② 同上书，第244—247页。

③ 《陈云年谱》(下)，北京：中央文献出版社，2000年版，第293页。

④ 胡锦涛：《在陈云同志诞辰100周年纪念大会上的讲话》，北京：人民出版社，2005年版，第5—6页。

志倡导的改革开放，并以自己长期领导经济工作的丰富经验，提出了许多影响深远的重要思想。第二，改革的理论思想总有一个开始探索和逐步发展的过程。“为主为辅”的理论思想，在长期被认为是不可动摇的计划经济体制中打开了一个缺口。而且更有意义的是，得到邓小平支持的这一“市场调节(市场经济)为辅”的理论思想，冲破了中外的传统认识：市场经济必然是以私有制为基础，与资本主义画等号。我国改革伊始，提出的以市场经济做补充，是与社会主义公有制相结合的新型的市场经济。后来，突破了公有制一统天下的局面，发展了私营经济、个体经济和外资经济。这种私有制经济，是天然的市场经济。我国的市场经济范围扩大了。第三，陈云的“为主为辅”的改革思想，在1984年中共中央《关于经济体制改革的决定》中，既有继承，又有发展。《决定》中虽然没有提“为主为辅”的模式，但在实际论述中包含了这一思想。《决定》中讲：“就总体说，我国实行的是计划经济，……而不只是那种完全由市场调节的市场经济。这段话不能理解为肯定计划经济，否定市场经济。”它的本意是，从总体上说，不实行市场经济，但局部可以实行。并且明确指出：“完全由市场调节的市场和交换，主要是部分农副产品，日用小商品和服务修理行业的劳务活动。”①这就是把局部实行市场经济的范围做了具体化的说明。

十二届三中全会的《决定》把市场取向的改革推向前进，把计划经济与商品经济内在地统一起来。提出“商品经济的充分发展是社会经济发展不可逾越的阶段”，社会主义经济“是公有制基础上的有计划的商品经济”。② 计划经济不等于指令性计划为主，也包括指导性计划。十一届三中全会的决定事实上提出了新的经济体制即社会主义有计划的商品经济体制。强调充分发展商品经济，就是强调要充分发挥市场机制的作用。

直到1989年在庆祝新中国成立40周年的大会上，江泽民继续讲“要坚持计划经济与市场经济相结合”，这是复述邓小平的讲话内容。他接着又讲：“如果一味削弱乃至全盘否定计划经济，企图完全实行市场经济，在中国是行不通的，必然导致经济生活和整个社会生活的混乱。”③很显然，这段话的本意是既不能完全实行计划经济，又不能完全实行市场经济，而是要将两者结合。但怎

---

① 《十二大以来重要文献选编》(中)，北京：人民出版社，1986年版，第569页。

② 同上书，第568页。

③ 《十三大以来重要文献选编》(中)，北京：人民出版社，1991年版，第20页。

样具体结合，江泽民提出要进一步探索。当时，非公有制经济已经发展起来，私营经济、外资经济不纳入国家的计划，完全实行市场经济。但当时条件下，主要是认为国有经济不能完全放弃计划经济，转为实行完全的市场经济。

为什么李先念主席要断然拒绝美国建议中国完全放弃计划经济，只实行市场经济呢？而且将其与“搞资本主义、全盘西化”相连在一起呢？这是因为美国和其他某些西方国家，明确提出对社会主义国家进行和平演变的策略，主要是两手：政治上要求实现西方的民主化；经济上实行私有制的市场经济，即资本主义式的市场经济。苏联的改革接受了西方的这种改革策略，必然转向全盘西方化。中国实行的市场经济是无论局部实行或全面实行，都是以公有制为基础或主体的社会主义市场经济。为了认清西方建议社会主义国家实行市场经济的图谋，可看一下《华尔街日报》于 1988 年 8 月 11 日的一篇值得重视的文章：《战略转变：美国重新确定安全政策》。其中提出：“共产主义作为一种意识形态正在衰败。”在此形势下，美国“新的安全政策……的目的是促进积极的变化，诸如在第三世界甚至在东方集团内扩展民主概念和市场经济。”西方国家当时提出援助苏东和进行经济合作的条件，就是要求首先实行市场经济和多党民主政治。苏联竟然接受了其建议，按西方的策略进行新自由主义的改革，最终实行了和平演变。中国是在苏东剧变后全面推行社会主义市场经济的。有人强调市场经济是中性的，不存在“姓资姓社”问题，所以主张不要在市场经济前面加添社会主义一词。这涉及改革的大方向问题。市场经济不是一种独立的经济制度，它必然与一定的社会经济制度相结合。与资本主义经济制度相结合，就是资本主义市场经济。与社会主义经济制度相结合，就是社会主义市场经济。因此，我国强调要坚持社会主义市场经济改革的方向。习近平同志强调指出：要让市场在资源配置中起决定性作用和更好地发挥政府的作用。如果离开了党和政府的领导、引导与监管的作用，离开了政府的宏观调控，完全由市场自发地起决定性作用，能够实现宪法规定的以公有制为基础的“社会主义经济制度”吗？能实现同样是宪法规定而且中央文件一再强调的以公有制为主体、多种所有制共同发展的“社会主义初级阶段的基本经济制度”吗？市场经济是市场在微观经济层次起决定性作用，但政府也要发挥作用。否则，欺行霸市、制假贩假、市场割据、违法竞争等，会破坏市场秩序和市场规则，给社会造成全面损害。要让有效的市场和有为的政府结合起来，政府的作用要既不越位，也不缺位。

在市场取向的改革过程中，无论是发挥市场调节作用，或建立有计划商品经济体制，或实行社会主义市场经济体制，都离不开价格的改革。在这方面我国是出现过弊端和失误的。我们既要总结改革的成功的经验，这是主要方面；也要总结失误的方面，这有利于记取教训，更好地前进。比如，我国曾在一个时期实行价格双轨制，即同一种紧缺商品其售价分为计划价格和计划外价格，两者有较大的差距。有些人凭借特殊关系和手段，可获得批条，取得计划内的较低价商品，转手以高价格倒卖，谋取厚利，被称作“倒爷”。另外，1988 年搞“价格改革闯关”，并未成功。我们知道，发挥市场调节企业的作用，需要理顺价格体系。但是，在长期供不应求被称作短缺经济的情况下，能否实行“放开价格”的改革，需要有周密的考虑与策划，要有一个随着经济发展、供求差距缩小、逐步放开价格的过程。1988 年，我国总供给与总需求的差距还很大。据统计，从 1984 年到 1987 年，四年累计供求差额为 3000 亿元。1988 年同 1987 年相比，总供求差率由 13.6%扩大到 16.2%，已经出现了较显著的通货膨胀现象，是不宜出台“放开价格”的改革的。但是，当时有一种起指导作用的思想，认为“长痛不如短痛”，要搞“价格改革闯关”。同年 8 月，在北戴河会议通过了价格改革的初步方案，提出“绝大多数商品价格放开，由市场调节”。由于同年 7 月先期放开了名酒名烟的价格，导致价格猛涨几倍，造成放开价格就是让价格猛涨的社会心理。因而，当北戴河会议价格改革的方案一传播，就发生了广大居民到银行排队提取存款，抢购商品的风潮，银行纷纷告急。中央迅速改变政策，推迟价格改革措施。在同年 9 月的十二届三中全会上，确定了两年中实行治理环境和整顿经济秩序的任务。1989 年的政府工作报告中公开指出了价格改革的失误。1992 年提出实行社会主义市场经济后，价格改革进入新阶段，价格逐步放开，与实行社会主义市场经济体制相适应、相配合。

中国特色社会主义进入新时代，社会主义市场经济需要进一步完善。需要进一步处理好政府与市场的关系，理顺价格体系和运行机制，为解决新时代社会主要矛盾，满足人民日益增长的美好生活需要，做出新的贡献。

关于坚持社会主义市场经济的改革方向问题*

党的十八届三中全会通过的《中共中央关于全面深化改革若干重大问题的决定》(以下简称《决定》)将过去一直讲的市场在资源配置中的“基础性”作用，改变为“决定性”作用，是一个突出的新提法。学界的解读存在差异。笔者认为，不能将市场决定资源配置的新提法做出新自由主义的解读和宣传，应坚持社会主义的改革方向。

一、改革的方向：建立和完善社会主义市场经济体制

有三种关于改革方向的提法，需要正确理解与把握。

(一)坚持改革的方向，倒退是没有出路的

对这一提法，应按其本意正确理解。那就是要改革僵化保守的不利于生产力发展的旧体制，建立有活力有效率的新体制。改革与不改革，是两种方向，应取前者而舍后者。但是，有人高调讲“坚持改革的方向”另有其取向。例如，一再宣称“国退民进”是改革的方向，他们主张国有企业退出经济领域，由私人经济取而代之，又大力宣传国有企业退出竞争性领域。诚然，改革开放以来，实行公有制为主体、多种所有制经济共同发展的基本经济制度，国有经济一统天下的局面会被打破。国有经济的绝对量和比重减少、非公有制经济的绝对量和比重增加，是必然趋势。我国现有的国有经济还

---

* 原载《毛泽东邓小平理论研究》2014 年第 2 期。

存在这样那样的问题，需要进一步深化改革，党的十八届三中全会已提出了改革的部署。但需要明确：我国是社会主义国家，应当坚持《中华人民共和国宪法》规定的国有经济为主导、公有制为主体的根本制度。“国有经济即社会主义全民所有制经济，是国民经济中的主导力量。国家保障国有经济的巩固和发展。”《中华人民共和国宪法》的这一规定不容否定。我国的国有经济的绝对量和相对量已缩小很多。如果继续宣传“国退民进”“国有经济从竞争领域退出”的主张，就离开了社会主义自我完善与发展的改革方向。国有经济大多是竞争性行业，市场经济是竞争性经济，为什么不允许国有经济参与竞争呢？如果让在国有经济中占多数的竞争性企业全部退出，由私人经济取而代之，让私有制经济一统天下，搞全面私有化，那就变成资本主义经济制度了。

(二)坚持市场化的改革方向或坚持市场经济的改革方向

这一提法本身是可以成立的，但存在正确解读和偏离本意的解读问题。正确的解读应是指坚持社会主义的市场化改革方向或社会主义市场经济的改革方向。而有人高调宣传坚持市场化改革方向或市场经济改革方向，是将其与社会主义制度相分离和相对立。他们否定国有经济的重要地位和作用，否定公有制是社会主义制度的经济基础。有时，他们也讲社会主义，但讲的是另一回事。有人讲国有经济不是社会主义，私营经济是人民社会主义。有人不断写文章引证恩格斯《反杜林论》中批评“冒牌社会主义”的话来否定我国国有经济的社会主义性质。这完全曲解了恩格斯的话，恩格斯批评“冒牌社会主义”，是指有人把镇压工人运动的“铁血宰相”俾斯麦的某些国有化措施称作社会主义，当然是错误的、“冒牌的”。资本主义国家的国有经济被学界称作国家垄断资本主义，没有改变资本的性质。恩格斯之所以将其批评为“冒牌社会主义”，是因为“现代国家”即资本主义国家，“不管它的形式如何，本质上都是资本主义的机器，资本家的国家，理想的总资本家”。即使搞国有化，“转化为国家财产，都没有消除生产力的资本属性”。而人民掌握政权下的国有经济，就是社会主义。恩格斯强调指出：“无产阶级将取得国家政权，并且首先把生产资料变为国家财产。”这种生产资料国有制，是社会主义经济制度的基础。①

(三)坚持社会主义市场经济的改革方向

这是党的十八大报告中强调的。《决定》再次强调这一提法。这一提法比前两种提法更明确、更完整。前两种提法只强调要坚持改革方向或市场化改革方

① 《马克思恩格斯选集》第3卷，北京：人民出版社，1995年版，第630页。

向，容易被另有所图者接过去另搞一套。讲改革，必须弄清改什么、怎样改、举什么旗、走什么路，存在一个改革的大方向问题。改革，就是既不走封闭僵化的老路，又不走改旗易帜的邪路，是要改革不利于社会主义经济发展的传统体制，创立有利于社会主义经济发展的新经济体制，即社会主义市场经济体制。我国改革开放过程中，认识到传统计划经济日益显露出的弊端，进行了市场取向改革的探索。最终，突破了市场经济姓“资”、计划经济姓“社”的理论框架，找到完全创新的改革模式。

二、从社会主义商品经济到社会主义市场经济

不要将市场经济与商品经济画等号。我国在传统计划经济体制下，也存在商品经济，是社会主义商品经济。党的十二届三中全会和中央其他文件中还提出，社会主义经济是公有制基础上的有计划的商品经济，将创建和发展有计划的商品经济体制作为改革的取向。有商品经济就有市场，但在传统计划经济体制下，市场不起调节经济的作用。在经济发展中起配置资源作用的是指令性计划，而不是市场。西方有些国家的词典中没有商品经济概念，只有市场经济概念，因而不存在市场经济与商品经济的异同问题。我国的特殊历史发展条件，造成商品经济与市场经济两个概念既相联系又有区别的情况。只有当市场机制能起调节生产的作用，从而成为资源配置者时，这种商品经济才是市场经济。因此，可以说，市场经济是通过市场调节起资源配置作用的商品经济。市场经济作为一种经济体制和资源配置方式，它自身不存在“姓资”“姓社”问题，但它又不能脱离开一定的社会经济制度而独立存在。它可以与资本主义制度相结合，形成资本主义市场经济，也可以与社会主义经济制度相结合，形成社会主义市场经济。

有人借口市场经济是中性的，不存在“姓资”“姓社”问题，因而反对讲社会主义市场经济。然而，当前世界上只有两种市场经济，反对讲社会主义市场经济，必然转向资本主义市场经济。这里存在一个思维逻辑问题：“商品经济”概念也是中性的，但我国区分“资本主义商品经济”和“社会主义商品经济”，没有人提出反对意见，形成共识。为什么一讲社会主义市场经济就要反对呢？其真实意图是反对与社会主义公有制相结合的市场经济。

我国对社会主义市场经济提出界定的是党的十四大。十四大报告指出：“我们要建立的社会主义市场经济体制，是同社会主义基本制度结合在一起的，

是要使市场在社会主义国家的宏观调控下对资源配置起基础性作用。”①这里所讲的资源配置，也就是马克思主义经济学所讲的通过价值规律的作用调节生产与流通，将生产资料和劳动力分配到各个经济部门。可以看出社会主义市场经济包括三层含义：一是市场经济是由市场机制(供求机制、竞争机制、利率机制、价格机制等)调节资源配置的经济体制；二是社会主义市场经济是市场经济与社会主义基本制度相结合的经济，是以公有制为基础或为主体，以共同富裕为根本目的的；三是社会主义市场经济，不是完全自发的自由市场经济，而是在社会主义国家宏观调控下运行的市场经济。国家要运用经济政策、经济法规、计划指导和必要的行政管理和法律手段，引导市场健康发展。

社会主义市场经济的根本特点，在于将社会主义基本制度的优越性同市场经济的灵活性、效率性结合起来。市场经济是竞争经济。市场鼓励强者而不怜悯弱者。市场规律会形成一种激励机制和创新机制，促进经济的发展。同时也要看到，市场调节经济具有自发性、盲目性和滞后性，存在市场失灵。当代资本主义的市场经济也已不是政府只起“守夜人”作用的自由市场经济，也要实行政府干预。二战后，许多资本主义国家如日、法、韩等国实行的经济计划，包括短期计划和长期计划，用“看得见的手”引导“看不见的手”。德国实行“社会市场经济”，也是将政府的作用与市场的作用结合起来。我国是社会主义国家，公有制的主体地位和国家的宏观调控制约着市场经济的负面效应，可以避免和削弱资本主义市场经济必然产生的经济震荡和经济危机。

我国已经初步建立了社会主义市场经济体制。取消了指令性计划，放开了市场。商品价格的市场化率已达98%，企业的生产经营活动不再由国家计划规定任务指标，基本上是根据市场供求和价格状况安排生产结构和规模。消费者可以自由进入市场，按市场规则自由选择商品。“计划供应”“短缺经济”成为历史。卖方市场转为买方市场，这正是市场经济的特点。但我国初步建立起的社会主义市场经济还不完善，需要进一步深化改革。

党的十八大报告提出要全面深化经济体制改革。“经济体制改革的核心问题是处理好政府和市场的关系，必须更加尊重市场规律，更好发挥政府作用。”又指出：“要加快完善社会主义市场经济体制，更大程度更广范围发挥市场在资源配置中的基础性作用，完善宏观调控体系。”

党的十八届三中全会通过的《决定》既是全面落实十八大提出的改革任务，

---

① 《十四大以来重要文献选编》(上)，北京：人民出版社，1996年版，第19页。

又将各项任务具体化，并提出了新的理论指导与部署。怎样更加尊重市场规律？怎样更大程度更广范围发挥市场在资源配置中的作用？怎样处理好政府和市场的关系？《决定》提供了指导意见。

三、为什么《决定》强调提出使市场在资源配置中起“决定性”作用

《决定》关于深化经济体制改革的一个引人注目的新提法：“使市场在资源配置中起决定性作用和更好发挥政府作用”。将多年来所讲的市场配置资源的“基础性”作用，改变为“决定性”作用。显然，从行文上看，强化和扩大了市场配置资源的作用。习近平指出：这是这次全会决定提出的一个重大理论观点。

之所以强调提出市场在资源配置中的“决定性”作用，根据《决定》和习近平关于《决定》的说明，可以概括为以下几点。

(一)市场决定资源配置是市场经济的一般规律

市场经济本质上就是市场决定资源配置的经济，健全社会主义市场经济体制必须遵循这条规律。可以说，由“基础性”作用改变为“决定性”作用，是回归市场经济的本质规定和要求，是遵循市场经济规律。我们知道，市场经济和计划经济是两种不同的资源配置方式。在传统计划经济时代，国民经济完全受指令性计划调节，生产什么、生产多少、产品提供到何处，完全根据计划指标安排，企业没有生产经营自主权。因此，生产资料和劳动力等资源怎样分配到不同的部门和企业，完全由政府计划调节。因此，实行计划经济，发挥计划调节作用，就是国家计划在资源配置中起决定性作用。这是计划经济的本质要求。改革开放以来，我国实行市场取向的渐进改革，最终确立了社会主义市场经济体制模式。市场经济就是由市场机制调节企业的生产和销售活动。但政府不是从此撒手不管，而是要更好地发挥自己应尽的责任。应当注意到，《决定》提出“使市场在资源配置中起决定性作用”，是与“更好发挥政府作用”连在一起作为不可分割的一句话来阐述的。政府起什么作用，《决定》也做了简要说明。

(二)过去一直提市场配置资源的“基础性”作用，而现在改提“决定性”作用，有一个条件成熟因素

从1992年党的十四大提出我国经济体制改革的目标是建立社会主义市场经济体制，要使市场在国家宏观调控下对资源配置起基础性作用到十八大的20年来，没有提市场配置资源的“决定性”作用，只提“基础性”作用，现在改提“决定性”作用，表示使市场在资源配置中起决定性作用已具备成熟的条件。按

照历史事实和习近平的说明，大体有两方面的成熟条件：其一是认识上的条件；其二是实践所提供的条件。长期以来，马克思主义经济学和西方经济学都认为，市场经济是资本主义的，计划经济是社会主义的。而且从历史事实来看，资本主义国家都一直实行市场经济，而社会主义国家曾一直践行计划经济。我国由计划经济转向市场经济，经历了市场取向改革的不同阶段。大体上有：计划经济为主，市场调节（市场经济）为辅；社会主义有计划的商品经济体制（更大范围发挥市场作用）；计划和市场是覆盖全社会的；计划经济与市场调节（市场经济）相结合；最后统一了认识，建立了社会主义市场经济体制。这是逐步推进社会主义经济市场化的改革过程，也是逐步推进思想解放的过程。突破市场经济"姓资"、计划经济"姓社"的传统认识已不容易，如果再直接提出西方所宣传和践行的市场配置资源的决定性作用，仍会有认识上的障碍，不如提"基础性"作用更平稳。而目前之所以改提"决定性"作用，是由于如习近平所说："考虑各方面的意见和现实发展要求，经过反复讨论和研究，中央认为对这个问题从理论上做新的表述，条件已经成熟。"①这表明，以前不提"决定性"作用，是条件还不成熟。讲条件成熟，还有另一方面的条件即实践条件。习近平指出："现在，我国社会主义市场经济体制已经初步建立，市场化程度大幅度提高，我们对市场规律的认识和驾驭能力，不断提高，宏观调控体系更为健全，主客观条件具备，我们应该在完善社会主义市场经济体制上迈出新的步伐"。②就是说，在新的条件下，党和政府对市场规律的认识和驾驭市场的能力不断提高。因此，从理论认识和实践过程两方面看，提高和扩大市场配置资源作用的主客观条件都已成熟。主观条件是理论认识条件；客观条件是现实实践条件。据此，可以而且有必要将市场配置资源的"基础性"作用，改变为"决定性"作用。

所谓市场配置资源的"基础性"作用，一直没有人解释其含义。其实，"基础性"作用并非与"决定性"作用相排斥，也可以做相一致的解读。有时，讲基础作用，就是决定作用。例如，讲经济是基础，决定上层建筑。讲生产资料所有制是生产关系体系基础，就是指所有制决定生产关系体系。另外，市场配置

---

① 习近平：《关于〈中共中央关于全面深化改革若干重大问题的决定〉的说明》，《人民日报》，2013 年 11 月 16 日。

② 同上。

资源的基础性作用，也可以理解为基础层次的作用，即在政府、市场、企业的关系中，政府在宏观层次起作用，市场在基础层次起作用，并不排斥其决定性作用。不过，“基础性”作用的提法毕竟不够透明，会模糊其含义，容易被理解为“初步性”或“打基础”之作用，为地方官员不合理干预提供了空间。

（三）强调提出市场配置资源的决定性作用，是深化经济体制改革的需要

我国虽然初步建立了社会主义市场经济体制，“但仍存在不少问题，主要是市场秩序不规范，以不正当手段谋取经济利益的现象广泛存在；生产要素市场发展滞后”；市场规则不统一，存在部门保护主义和地方保护主义；市场竞争不充分，阻碍优胜劣汰和结构调整，等等。习近平指出：遵循市场决定资源配置规律，是要“着力解决市场体系不完善，政府干预过多和监管不到位问题”。并且指出，有利于“抑制消极腐败现象”。① 事实证明，有些政府人员不当干预，与腐败行为相关。

四、市场决定资源配置要求更好发挥政府作用

习近平在关于《决定》的说明中指出：我国实行的是社会主义市场经济体制，我们仍然要坚持发挥我国社会主义制度的优越性、发挥党和政府的积极作用。“市场在资源配置中起决定性作用，并不是起全部作用。”②这表明，某些特定行业和企业的资源配置，并不由市场决定。例如，发展国防军事工业，国家创建和发展战略性新兴产业，进行基础设施建设和公共服务体系建设，开创和发展航天工程事业，建立社会保障性事业等，这些方面的资源配置不会都交给市场决定，而主要由政府决定。

在市场经济运行中，政府的一个重要职责是市场监管。市场配置资源的决定作用越大，范围越广，政府监管市场的职责也越大，越需要“更好发挥政府作用”。习近平在关于《决定》的说明中指出：健全社会主义市场经济体制，既要着力解决“政府干预过多”的问题，又要着力解决“市场体系不完善”和“监管

---

① 习近平：《关于〈中共中央关于全面深化改革若干重大问题的决定〉的说明》，《人民日报》，2013 年 11 月 16 日。

② 同上。

不到位问题”。[①] 解决后两方面的问题，正是政府的职责所在和宏观调控的任务。所谓政府干预“过多”，表明并不否定不“过多”的、必要的、正当的政府干预。“过多的干预”是不当干预，不是政府职责所在，也不是宏观调控任务。政府监管职责主要是针对诸如制假售假、生产和销售有毒食品、非法集资和传销、黄赌毒市场、欺行霸市、市场垄断、不正当竞争、虚假广告、环境污染，等等。这种政府干预是必要的。政府还要监管生产安全和职工权益保障。连西方经济学的权威著作萨缪尔森的《经济学》也概括了资本主义市场经济中的政府四项职能：为市场确立法律框架，确定市场准则；影响资源配置以改善经济效率，“帮助按社会需要进行资源配置”，“有时候，政府做出的选择凌驾于市场供给和需求的配置之上”，如“控制污染物的排放”；制定改善收入分配的计划。“看不见的手可能惊人地有效率，但它同时也带来非常不平等的收入分配”，“收入再分配是政府的第二个主要经济职能”；通过宏观经济政策来稳定经济。以上四种政府职能表明“政府应进行干预以增进市场经济的功能和公正”。[②] 这里讲的是资本主义市场经济中的政府职能和必要干预。我国实行社会主义市场经济，应在更大程度上更好地发挥政府的职能。政府的职能除前面所讲的监管与促进作用外，还有完善市场经济体系的职责。要统一市场规则，维护市场秩序，消除市场封锁与割据，打破市场垄断，提供公平的市场竞争环境；防止和处置环境污染和损害生态平衡的行为；运用利率、税收、信贷等财政金融手段，影响和调节市场，引导企业科学发展；以效率和公平相统一的理念与政策，缩小收入分配过大差距、消除贫富分化、走共同富裕道路。

五、分清两个层面的政府职能和宏观调控作用

处理好政府和市场的关系，让市场起决定性作用，是就市场经济运行中市场在资源配置中的作用而言的。在这个层面，是市场起决定作用，政府起监管和促进作用。这是市场经济运行中基础层面的关系，另一个是宏观层面的关系，即在整个经济社会发展中政府的作用。不应把市场的“决定性作用”泛化和扩展到第二个层面，我们讲“宏观调控”，有两层含义：一是在政府、市场、企

---

① 习近平：《关于〈中共中央关于全面深化改革若干重大问题的决定〉的说明》，《人民日报》，2013 年 11 月 16 日。

② 保罗·萨缪尔森、威廉·诺德豪斯：《经济学》(第 14 版)，北京：北京经济学院出版社，1996 年版，第 552—555 页。

业的三者关系中，政府处于宏观层次，即居高层次，市场处于中间层次，企业处于基础层次。在这个层面讲政府职能和宏观调控，就是指在市场起决定资源配置的前提下，政府在宏观层次上对市场和企业进行必要的、科学的监管和引导，并促进市场体系的完善和发展，促进企业的科学发展。宏观调控的另一层含义，是政府对宏观经济的调控。宏观经济是指整个国民经济的各种经济活动的总称。根据《决定》和习近平关于《决定》的说明，在资源配置和宏观经济发展中，政府职能和宏观调控的主要任务是：保持经济总量平衡，促进重大经济结构协调和生产力布局优化，减缓经济周期波动影响，防范区域性系统性风险，稳定市场预期，实现经济持续健康发展，健全以国家发展战略和规划为导向、以财政政策和货币政策为主要手段的宏观调控体系，增强宏观调控前瞻性、针对性、协同性。形成参与国际宏观经济政策协调的机制，推动国际经济治理结构完善。政府要加强发展战略、规划、政策、标准等的制定和实施，加强地方政府公共服务、社会管理、市场监管、环境保护等职责。所有这些都需要政府去办而且应办得更好的事情。

使市场在资源配置中起决定性作用，处理好政府与市场的关系，市场能办到和办好的事，就让市场去起决定作用，政府不要过多干预，政府应做好自己能办而市场办不了和办不好的事。这是深化社会主义市场经济体制改革中的应有之义。

2014 年 1 月 1 日，《人民日报》等媒体发表了习近平的《切实把思想统一到党的十八届三中全会精神上来》一文。其中指出："使市场在资源配置中发挥决定性作用，主要涉及经济体制改革，但必然会影响到政治、文化、社会、生态文明和党的建设等各个领域。要使各方面体制改革朝着建立完善的社会主义市场经济体制这一方向协同推进，同时也使各方面自身相关环节适应社会主义市场经济发展提出的新要求。"要适应经济体制改革的需要转变政府职能，党和政府要提高驾驭市场经济的能力，要为深化经济体制改革提供理论指导与实践决策。

全面深化改革的总目标是完善和发展中国特色社会主义制度，推进国家治理体系和治理能力现代化。要坚持社会主义市场经济的改革方向，以促进社会公平正义、增进人民福祉为出发点和落脚点。需要明确："坚持社会主义市场经济的改革方向"，就表示不应单强调市场化改革，而与社会主义制度相脱离。离开社会主义的市场化改革，必然导向资本主义市场经济。《决定》在提出"紧紧围绕市场在资源配置中起决定作用"的后面，紧接着讲"坚持和完善基本经济制度”，并要求加快完善宏观调控体系。而坚持和完善基本经济制度，首先要求坚持国有经济为主导、公有制为主体。所有上述这些方面，都离不开党的领导和政府的推进。

六、泛化市场决定作用的解读偏离《决定》精神

有的学者出于泛化市场决定作用的误解，质疑市场配置资源的决定性作用的新提法。认为这只适用于资本主义市场经济，而不适用于社会主义市场经济。其实，讲市场配置资源的决定作用，与马克思主义经济学讲价值规律调节生产即自发地将生产资料和劳动力（资源）分配于不同的部门，是一样的道理。价值规律调节生产，也就是企业生产什么、生产多少，由反映供求关系和竞争关系的价格来决定，价值规律决定同市场决定是一回事。讲价值规律决定资源配置或市场决定资源配置，涉及三个方面的“决定”事项：一是价格的决定。在市场经济中，市场价格不再由政府决定，而是在价值基础上由竞争机制和供求机制决定。二是企业的生产经营活动，包括其生产规模与结构的安排，不再由政府指令性计划决定，而是由反映市场供求关系的市场信号决定。三是消费需求的选择与决定。不再是“短缺经济”和“卖方市场”下的凭票供应、排队抢购，购买者没有选择权和决定权的状况，而是在市场经济中的供求规律与竞争规律作用下，消费者有权决定自己的需求选择，也就是《决定》中所说的“消费者自由选择、自主消费”。弄清这些方面的理论与实际情况，弄清价值规律决定和市场决定资源配置的本意，就不会对社会主义市场经济中由市场决定资源配置的理论与实践产生质疑。

有些读者和学者，由于没有分清不同领域政府和市场的不同作用，也没有弄清政府职能和宏观调控在不同层面的作用，误以为强调市场的决定作用涵盖了我国整个经济社会的发展，从而产生疑虑。

目前存在的一个问题是，有的主流媒体也出现了泛化市场决定作用的解读，这会误导读者。例如，2013 年 11 月 15 日，《人民日报》刊发了《中央财经领导小组办公室负责人详解十八届三中全会亮点：句句是改革、字字有力度——权威访谈·学习十八届三中全会精神》一文，受访者是中央宣讲团成员。他解读说：“市场的作用从‘基础’变为‘决定’……是深化经济体制改革以及引领其他领域改革的基本方针。”“提出市场起决定性作用，就是改革的突破口和路线图，基本经济制度、市场体系、政府职能和宏观调控、财政金融、土地制度、生态文明等方面的改革，都要以此为标尺。”这里竟然将市场的决定作用泛

化到整个经济社会、生态文明等不同领域，甚至泛化到由市场决定基本经济制度。然而，国有经济为主导、公有制为基础的社会主义经济制度，或者公有制为主体、多种所有制经济共同发展的社会主义初级阶段基本经济制度，没有党和政府的引导与推进，能由市场决定其形成、存在和发展吗？竟然连政府职能和宏观调控也要由市场决定！颠倒了关系！应是由政府职能监管市场，由宏观调控调节市场运行，而不是反过来由市场决定政府的监管和宏观调控作用。对于这种解读，中国社会科学院马工程项目的一个课题组已在《对三中全会精神的一些"权威解读"值得商榷》一文中进行了评论。

另外，有的学者以新自由主义的理念或欧美市场经济模式的理念为依据，对市场决定资源配置的作用也做了泛化的解读。如有的学者在解读中淡化和否定市场决定资源配置中的宏观调控作用，说什么"是市场起决定作用，不是宏观调控"。公然忽视和否定《决定》中强调宏观调控作用的有关论述。另外，有的学者认为中央提出市场的决定作用，就是要弱化政府的职能，是否定"强势政府"，否定政府对市场的"驾驭"和对市场及社会经济生活的监管，否定国有经济的作用。认为自己的一套新自由主义观点，被三中全会采纳，争论见了分晓。这种解读和宣传，完全不符合《决定》的本意和精神，也会影响和加重一些读者和学者对市场决定资源配置新提法的疑虑。应正本清源，按照《决定》的精神，澄清理论是非。

习近平在关于《决定》的说明中，明确提到"我们对市场经济规律的认识和驾驭能力不断提高"。指出：实行社会主义市场经济，要"发挥党和政府的积极作用"，"强调科学的宏观调控、有效的政府管理，是发挥社会主义市场经济体制优越性的内在要求"。而且，"全会决定强调必须毫不动摇巩固和发展公有制经济，坚持公有制为主体地位，发挥国有经济主导作用，不断增强国有经济的活力、控制力、影响力"。① 可见，《决定》和习近平关于《决定》的说明，是与新自由主义的"教义"完全对立的。

① 习近平：《关于〈中共中央关于全面深化改革若干重大问题的决定〉的说明》，《人民日报》，2013 年 11 月 16 日。

社会主义市场经济要在法治轨道上运行*

“备受瞩目的党的十八届四中全会通过了《中共中央关于全面推进依法治国若干重大问题的决定》，明确提出要全面推进依法治国，总目标是建设中国特色社会主义法律体系，建设社会主义法治国家。社会主义市场经济本质是法治经济。在当前建设和完善社会主义市场经济的新形势下，用法治来为改革发展提供引导和保障，是保障社会主义市场经济健康发展的必要条件，必将为中国经济的改革和发展注入新动力。从社会主义市场经济的角度而言，为了有效处理好政府与市场的关系，推进经济转型，转变政府职能，更好发挥市场在资源配置中的决定性作用和更好发挥政府作用，需要加快建设法治的市场经济。只有法治的市场经济，才能有效适应和促进国家治理体系和治理能力的现代化。

一、社会主义市场经济是法治经济

十八届四中全会的决定中指出：“社会主义市场经济本质上是法治经济。使市场在资源配置中起决定性作用和更好发挥政府作用，必须以保护产权、维护契约、统一市场、平等交换、公平竞争、有效监管为基本导向，完善社会主义市场经济法律制度。”

当代市场经济，无论资本主义市场经济还是社会主义市场经济，都不再是政府只做“守夜人”的自由市场经济，而是要受到两个方面的制约：一是政府的调控；二是法治的监管。固然，法治监管

* 原载于《经济学动态》2015 年第 1 期，作者为卫兴华、黄林。

也可作为宏观调控的手段，但两者又可具有相对独立的作用。有些法规如劳动法、反垄断法等本身就是宏观调控的法律手段。但惩治官员和央企高管贪污腐败，惩治官商勾结、权钱交易、权色交易，损害市场经济健康运行和人民利益的行为，就需要独立的法规。社会主义市场经济在这两方面所受到的制约应大于资本主义市场经济。因为社会主义经济制度的基础，如宪法所规定：是“生产资料的社会主义公有制，即全民所有制和劳动群众集体所有制”，“国有经济即社会主义全民所有制经济，是国民经济中的主导力量，国家保障国有经济的巩固和发展”。社会主义公有制不会自发地建立、发展和巩固。没有政府的推动、投资与支持，社会主义国有经济不可能自发发展与巩固。已经建立和发展的国有经济和集体经济，离开了政府的监管与法治的制约，也容易被侵蚀、盗取，化公为私。社会主义市场经济如果没有两方面的制约，使公有制经济任人侵蚀、化公为私，搞全面私有化，社会主义经济制度将不复存在。

市场经济必然是法治经济。因为市场经济是竞争经济，而不是道德经济。作为市场经济主体的企业，追求利润最大化，就要进行竞争。在追求利润最大化的竞争中，有些唯利是图的市场主体会做一些损人利己、损公肥私的事情。如果没有政府调控和法治监管，社会主义市场经济是难以建立和完善的。

使市场在资源配置中起决定性作用和更好发挥政府作用，也需法治作为市场与政府关系的平衡器。政府调控市场也要依法实行，政府对市场的正常监管一定要到位，不正当干预一定要消除。权钱交易、寻租谋私，更要有法治的监管与处置。

2014年巡视意见反馈说明，推进国企改制，建立和发展市场经济，一定要严格地在法治轨道上进行，不能以权代法，搞权钱交易、权色交易，损害国家和人民利益。中央巡视组查办和揭露官商勾结、贪腐事例，可起震慑作用。但同时表明，我们的法治还不健全，一些领域还存在无法可依、有法不依、执法不严的情况。正如十八届四中全会决定所指出的：有法不依、执法不严、违法不究现象比较严重，一些国家工作人员特别是领导干部依法办事的观念不强，能力不足，知法犯法、以言代法、以权压法、徇私枉法现象依然存在。这些问题违背社会主义法治原则，损害人民群众利益，妨碍党和国家事业发展，必须下大气力加以解决。

用法治规范社会主义市场经济，还需要依法解决市场经济关系中必然会出现的利益纠纷与矛盾。在这方面，同样需要“科学立法，严格执法，公正司法，全民守法”。习近平同志在关于《中共中央关于全面推进依法治国若干重大问题的决定》说明中指出："随着社会主义市场经济深入发展和行政诉讼出现，跨行政区划乃至跨境案件越来越多，涉案金额越来越大"。更需要健全法制，维护法律公正实施，平等保护当事人合法权益。

实行市场经济，会产生收入分配的不公平和财富分配的不公平，所有资本主义市场经济国家，都存在分配不公平的现象。无论马克思主义政治经济学或西方经济学都指出了这一点。政治经济学说明：价值规律具有积极作用，它自发地分配生产资料和劳动力于不同的经济部门，促进生产力的发展。但价值规律又有消极作用，它会导致两极分化。西方经济学也讲，市场经济会产生分配不公平。萨缪尔森的《经济学》对此讲得很明确、很深刻。

2013 年 9 月，法国出版了托马斯·皮凯蒂的《21 世纪资本论》，用系统和翔实的数据揭示了自 18 世纪以来欧洲和北美资本主义国家贫富差距扩大的总趋势，在世界范围引起广泛关注，引发人们对资本主义制度的反思。该书作者指出：2010 年以来，在大多数欧洲国家，尤其是在法国、德国、英国和意大利，最富裕的 10%的人群占有国民财富的 60%，在所有这些社会里，半数人口几乎一无所有：最贫穷的 50%的人群占有的国民财富一律低于 10%，一般不到 5%。在美国，最上层 10%的人群占有全国财富的 72%，而底层的半数人口仅占有 2%。皮凯蒂认为，财富分配不公平的原因，是发达国家私人资本的回报率比经济增长率高。怎样解决这必然引发政治和社会冲突的财富分配不公？作者批评"一些国家的观念仍然是市场可以解决问题，特别是在富裕国家，这种思潮已经有些过度"①。作者提出的缩小财富分配不公的办法是用法治规范财富分配，即实行资本税。认为这是较温和且更为有效的解决方案。作者主张对私有财富征收累进税，以普遍利益的名义重新控制资本主义。这是法治政府对资本回报率高于经济增长率的资本所实行的民主方案。

我国实行多种所有制经济共同发展的社会主义市场经济，也出现了收入差距过大和财富分配不公的问题。据北京大学中国社会科学调查中心所发布的《中国民生发展报告 2014》提供的统计资料："中国财产不平等程度迅速上升"，1995 年我国财产的基尼系数为 0.45，2002 年为 0.55，2012 年我国家庭净财产的基尼系数达到 0.73，顶端 1%的家庭占有全国 1/3 以上的财产，底端 25%的家庭拥有的财产总量仅为 1%左右。中国的财产不平等程度明显高于收入不平等。社会主义的本质要求消除两极分化，实现共同富裕，更需要有消除分配

① 《资本主义怎么了》，北京：学习出版社，2014 年版，第 74—95 页。

不公的法治。十八届四中全会的决定中对此也有规定："加快保障和改善民生"，包括依法加强和规范公共服务，完善教育、就业、收入分配、社会保障、医疗卫生、扶贫、慈善、社会救助等方面的法律法规。强调"维护社会公平正义、促进共同富裕"。同时也需要考虑通过加强和改善税收法制以缩小收入和财富的过大差距。

二、市场经济与法治具有内在契合性

市场和法治被称为是现代文明的两大基石。一般认为，市场经济具有平等性、竞争性、法治性和开放性等特征，是当前适应生产力要求，推动整个经济社会发展的有效机制。

(一)市场经济与法治的内在联系

法律作为维护国家和社会稳定的行为规则，虽然在自然经济、封建经济和计划经济等形态下也已存在，但大体上可以认同：在商品交换和市场经济条件下，才形成了具有法治特征的法律制度体系。经济的市场化要求社会的法治化，也就是说，市场经济越发达，法治就应该越发展。马克思认为"先有交易，后来才由交易发展为法制。……这种通过交换和在交换中才产生的实际关系，后来获得了契约这样的法的形式"①。这深刻地说明了法律产生于市场交换的实践，并随着市场交换实践的发展而不断发展和创新。恩格斯指出："在社会发展某个很早的阶段，产生了这样的一种需要，把每天重复着的生产、分配和交换产品的行为用一个共同规则概括起来，设法使个人服从生产和交换的一般条件。这个规则首先表现为习惯，后来便成了法律。"②由此可以看出，生产、分配和交换的经济行为及其发展形态的市场经济，是法治经济得以产生和发展的基础。在自然经济条件下，对各种社会关系的调整主要依靠诸如血亲关系、宗法关系、宗教戒律、传统习惯和道德伦理来约束，法律是维护统治阶级权力和社会治安秩序的工具。在计划经济条件下，虽然社会化大生产程度很高，但没有独立的市场主体，政府利用行政权力来管理经济，配置资源。而在商品经济和市场经济条件下，随着商品生产、交换的规模越来越大，交换过程中产生的纠纷已经超出血亲、种族、道德伦理和行政权力等调整的范围，就需要有专门的权威的行为规则来约束和规范经济社会活动。可以说，市场经济的法律是

---

① 《马克思恩格斯全集》第19卷，北京：人民出版社，1974年版，第442页。

② 《马克思恩格斯全集》第18卷，北京：人民出版社，1974年版，第347页。

以市场经济主体的权利与义务为核心的规律性法律体系。虽然在市场经济条件下，政府也要利用法律来实施控制和干预，但政府本身的权力也受到了法律的严格限定。

(二)法治是市场经济发展的内在要求

首先，市场主体地位的确立需要法治。在市场经济体制下，市场主体的资格要得到法律的确认，明确产权、充分尊重和平等保护各类市场主体的财产权。其中，企业应该是自主经营、自负盈亏的独立的市场主体，可以按照市场规律自主表达经济利益需求。法律保证市场主体对其合法拥有的物质财富享有支配、使用和处置的权利。市场主体的独立性又与平等性相联系、相统一。市场主体的平等地位是交换正常进行的前提，“参加交换的个人就已经默认彼此是平等的个人，是他们用来交换的财物的所有者”①，因此，法律应首先确认参与市场交换的所有人的平等地位。

其次，市场经济公平竞争规则的形成需要法治。市场经济是公平竞争的契约经济。竞争性是市场经济的特征之一，也是市场经济正常运行的推动力。马克思说：“社会分工则使独立的商品生产者相互独立，他们不承认任何别的权威，只承认竞争的权威，只承认互相利益的压力加在他们身上的强制”②。通过竞争形成优胜劣汰，达到合理配置资源的目的，是市场经济的特点，也是其优越性之所在。但是，各市场主体在竞争中为了追求和实现自身的经济利益，如前所述，会采取一些不规范的市场行为，如欺诈、虚假广告、违约、制假售假、不正当竞争等。这势必会妨碍市场竞争的正常进行，使市场活动陷入混乱无序的状态。只有通过法律形式构建法治经济，才能建立公平竞争的规则和秩序，市场交换中的合同和信用关系也只有得到法律上的确认，才能成为一种受法律保护的契约关系，才能防止权力对市场的不正当干预，保障市场经济活动的正常运行。

再次，法治是对市场经济进行宏观调控的重要手段。市场调节存在一定缺陷，存在市场失灵。市场机制有效作用的发挥离不开政府宏观调控的正确引导，但多年来的经济实践证明，对政府的宏观调控行为如果不加以规范，就会诱发其对市场主体的不当行为，政府就会为了特定时期、特定范围的利益，对市场经济活动进行不当干预，侵犯企业和个人的权利和利益。法律作为具有普

① 《马克思恩格斯全集》第19卷，北京：人民出版社，1974年版，第423页。

② 《马克思恩格斯全集》第23卷，北京：人民出版社，1974年版，第394页。

遍、明确、稳定和强制特征的行为规范，把宏观调控纳入法治轨道，有利于提高国家宏观调控政策的科学性和客观性，保证市场经济的正常运行和健康发展。再者，社会主义法治既要确认市场经济的公平原则，又要确认社会主义消除两极分化逐步实现共同富裕的公平。需要将这两种公平既区别开来，又衔接起来。在市场经济条件下，确认每个市场主体的地位是平等的，而且主张机会公平、规则公平。但市场经济的公平，是等量资本取得等量利润的公平，是按生产要素分配的公平。这实质上是资本所要求的公平，而不是劳动的公平，更不是社会主义所要求的消除两极分化、实现共同富裕的公平。市场经济是在价值规律自发作用下发展形成，不同市场主体由于占有的要素资源不同，必然形成资本强势、劳动力弱势的不平等，从而导致资本回报率高和劳动力回报率低的悬殊差别和分化。市场经济不仅承认这种差别，而且会自发地扩大这种差别。因此，这种分配差别是无法通过市场机制来调整的。这就需要国家依靠法治手段建立公平的社会主义收入分配机制和社会保障制度，自觉调节和缩小收入差距过大的趋势。否则，收入和财富分配的不公平必然会继续扩大，影响经济社会稳定和可持续发展，也影响社会主义制度的发展与完善。

三、在宪法规定的经济制度下发展社会主义市场经济

《决定》提出，要“完善以宪法为核心的中国特色社会主义法律体系，加强宪法实施”，“坚持宪法的最高法律地位和最高法律效力”，“坚持依法治国首先要坚持依宪治国，坚持依法执政首先要坚持依宪执政。……必须以宪法为根本的活动准则，并且负有维护宪法尊严保证宪法实施的职责。一切违反宪法的行为都必须予以追究和纠正”。可以说，在我国深化经济体制改革、发展和完善社会主义市场经济的过程中，宪法起着根本性的法律规范作用。也就是说，完善和发展社会主义市场经济，必须在宪法规定的社会经济制度下运行。

(一)弄清宪法对“社会主义经济制度”和“社会主义初级阶段基本经济制度”的不同规定

我国《宪法》规定：“中华人民共和国的社会主义经济制度的基础是生产资料的社会主义公有制，即全民所有制和劳动群众集体所有制。”又规定：“国家在社会主义初级阶段，坚持公有制为主体、多种所有制经济共同发展的基本经济制度。”这里，“社会主义经济制度”和“社会主义初级阶段的基本经济制度”是作为两个并立的规定提出的。但在理论界和实际部门中，不少人将二者相混同，把公有制和非公有制都作为“社会主义经济制度”的内容。其实，宪法明确

规定，“社会主义经济制度”只以公有制为基础，包括国有经济即全民所有制经济与集体经济，不包括非公有制经济。社会主义经济制度存在于社会主义初级阶段、中级阶段和高级阶段，是不断发展与完善的过程。“初级阶段的基本经济制度”则既包括作为主体的社会主义公有制经济，也包括非社会主义性质的非公有制经济在内。社会主义社会制度以社会主义经济制度为基础。而社会主义经济制度以公有制为基础。宪法又规定：“国有经济，即全民所有制经济，是国民经济的主导力量，国家保障国有经济的巩固和发展”。

宪法规定，我国“实行社会主义市场经济”。也就是与社会主义经济制度相结合的市场经济，就是以国有经济为主导、公有制为基础或为主体的社会主义市场经济。实行和发展市场经济，应以坚持和发展社会主义经济制度和社会主义初级阶段的基本经济制度为条件。也就是应有利于“国家保障国有经济的巩固和发展”，而不是相反；应有利于巩固和促进公有制的基础和主体地位及其发展与完善，而不是相反。

(二)偏离宪法的一切私有化理论观点是错误的

多年来，总有人借口市场经济不存在“姓社”“姓资”的性质，反对在市场经济前面冠以社会主义一词。然而，当今世界只有两种市场经济：一是与资本主义经济制度相结合的市场经济，即资本主义市场经济；二是与社会主义经济制度相结合的市场经济，即社会主义市场经济。反对提“社会主义”市场经济，必然走向资本主义市场经济。市场经济本身固然没有“姓资”“姓社”属性，但它只能与“资”或“社”的经济制度相结合，存在“资”与“社”的不同。有人主张市场经济的微观基础只能是私有制。然而，私有制的市场经济只能是资本主义市场经济。宪法明确规定我国实行的是“社会主义市场经济”。中国共产党章程也规定：“中国共产党领导人民发展社会主义市场经济”。主张去“社会主义”的市场经济或以私有制为基础的市场经济，显然是违背宪法与党章的。

更有甚者，有的学者断言：我国国有经济不是社会主义经济，而非公有制经济才是社会主义经济。他们将国有经济与希特勒的国家社会主义工人党相联系，称之为国家社会主义，而将私有制经济称作人民社会主义。主张去国家社会主义，搞人民社会主义。有的学者错解恩格斯在《反杜林论》中批判“冒牌社会主义”的论述，并以此为依据，否定我国国有经济的社会主义性质。恩格斯曾批判有人把俾斯麦的某些国有化措施称作社会主义，将其斥为冒牌社会主义，当然是正确的。因为资本主义国家的某些国有经济是国家垄断资本主义。俾斯麦为了军事需要将铁路国有化，当然不是搞社会主义。而劳动人民掌握政权的社会主义国家的国有经济就是社会主义经济。这是从马列主义到毛泽东思想，到中国特色社会主义理论，到我国宪法和党章一以贯之的理论共识。

我国宪法将“社会主义经济制度”同“社会主义初级阶段的基本经济制度”两种规定并列提出、区别开来，就是要表明：以国有经济为主导的公有制经济是社会主义经济，而非公有制经济是非社会主义经济。因此，讲“社会主义经济制度”，只讲公有制经济；讲“基本经济制度”要强调公有制为主体。因为坚持公有制为主体才能保证社会主义经济制度和社会主义市场经济的存在。如果私有制经济也是社会主义性质的经济，就不需要强调公有制为主体了。有人把“非公有制经济是社会主义市场经济的重要组成部分”，理解为也是“社会主义经济的重要组成部分”，同样是误解和错解。“社会主义经济”是制度范畴；“社会主义市场经济”是体制范畴，不应混同。市场是统一的，不能按不同的经济成分分割为多种市场和市场经济。例如，外资企业是资本主义经济，而非社会主义经济，但也可成为我国社会主义市场经济的组成部分。这要以公有制经济即社会主义经济为主体的存在为条件。分清这些不同的概念和规定，有利于遵守宪法，在公有制为基础或为主体的经济制度下发展社会主义市场经济。

四、用法治引领和推动市场经济改革

随着我国传统比较优势弱化，经济发展进入一个新常态。重塑我国经济发展的新优势需要全面深化改革。在全面深化改革的过程中，就需要大力推进法治建设，构建法治的市场经济，就像习近平总书记多次强调的那样“以法治凝聚改革共识”，为市场经济的健康有序发展奠定基础，开辟道路。

(一)法治有利于完善现代市场体系，释放市场经济新活力

市场经济既是法治经济，也是规则经济、信用经济。法治是市场经济的基石。在实际经济运行中，还存在无序竞争、信用缺失、审批过多、权力寻租、市场混乱等现象，存在市场运行的安全风险，不利于各类市场要素活力的迸发。用法治来规范市场秩序，有助于构建统一开放、竞争有序的市场体系，打造规范有序、公平公正的市场环境。并可以通过减少经济生活中的不确定性，降低市场经济活动中的交易成本，促进商品和要素的自由流动。

依法推进改革，让改革在法治轨道上进行，是发展和完善社会主义市场经济的必要途径。党的十八届四中全会的《决定》提出要“实现立法和改革决策相衔接，做到重大改革于法有据，立法主动适应改革和经济社会发展需要”。这在一定程度上能有效避免以往改革中先实行后立法或不立法只实行所带来的法

治轨道外的改革造成的损失。如 20 世纪最后十几年的国有企业改革，地方官员和企业高管可以随意处置国有资产，造成大量国有资产流失——如自买自卖、半买半卖、虚买实送——就是无法可依的改革的深刻教训。四中全会全面推进依法治国的决定，将根本扭转这种情况。法治的顶层设计将为全面深化改革提供引导和保障，为进入“三期叠加”阶段的中国经济治理和市场经济改革释放新的红利和动力。

(二)创新和完善产权保护制度

产权保护制度是关于产权界定、运营、保护的一系列制度安排，是社会主义市场经济存在和发展的重要条件，是坚持和完善基本经济制度的内在要求。在市场经济中，各个市场主体的资源禀赋不同。在市场竞争机制下，这种资源禀赋的差异可能导致弱势的市场主体(包括弱势群体)的利益或财富受到侵犯。因此，社会就需要制定一套公平的法律制度来给予保护和支持。虽然《民法通则》《合同法》《劳动法》《担保法》《物权法》等一系列法律的实施使对市场主体产权和利益的保护有了一定的法律依据，但伴随公有制实现形式的多样化和混合所有制经济的发展，对国家所有权、集体所有权、企业法人财产权、土地承包经营权等各类财产权的法律保护就显得明显滞后。

市场主体的财产权要依靠法治来得到充分的确认和维护。党的十八届三中全会决定指出：公有制经济财产权不可侵犯，非公有制经济财产权同样不可侵犯。国家保护各种所有制经济产权和合法利益。投资主体多元化、多种所有制经济交叉持股的混合所有制经济已成为发展的必然趋势，各类财产权都要求有完善的产权保护制度作为保障。为此，十八届四中全会决定明确表示，要使市场在资源配置中起决定性作用和更好发挥政府的作用，“必须以保护产权、维护契约为导向”。同时十八届四中全会决定还提出，要健全以公平为核心原则的产权保护制度，加强对各种所有制经济组织和自然人财产权的保护。这充分说明了平等保护不同所有制市场主体的产权的重要性。我国要“创新适应公有制多种实现形式的产权保护制度，加强对国有、集体资产所有权、经营权和各类企业法人财产权的保护”，在独立法人财产权下，“企业有权拒绝任何组织和个人无法律依据的要求”。

总之，创新和完善产权保护制度，有利于维护我国公有财产权，巩固公有制经济的主体地位。同时有利于保护私有财产权，促进非公有制经济发展。更有利于各类资本的流动和重组，推动混合所有制经济发展；有利于增强各类市场主体创新的动力，推动社会主义市场经济不断创新和持续发展。

(三)法治有利于厘清政府与市场关系的边界

法治是现代市场经济有效有序运行的基本条件。尽管经过多年的探索，我国的社会主义法律体系已经形成，但在当前经济社会发展过程中，有法不依、执法不严、权大于法、司法不公的现象依然存在，审批过多和监管不力并存，而且仍有部分地方政府运用行政权力对市场经济进行不合理干预等等。这些往往会导致资源错配和经济效率低下，制约市场配置资源作用的发挥。总之，我国经济改革中的诸多问题和矛盾的产生大都与法治缺失有关。

近年来，我国政府在持续推进政府职能转变，消除政府不当干预，各级政府大刀阔斧地进行简政放权、减少审批，让市场真正在资源配置中起决定性作用。我国将持续推进法治经济和法治政府建设，更清晰地界定公权力与私权力的边界，用法定责任整治权力缺位和滥用，以法治精神厘清政府、市场、企业之间的关系，明确政府在履行政府职能过程中的“权力清单”、“负面清单”和“责任清单”，让政府做好政府的事情，市场遵循经济规律做好市场的事情。十八届四中全会决定还明确指出，要依法全面履行政府职能，行政机关要坚持法定职责必须为、法无授权不可为，坚决纠正不作为、乱作为。推行政府权力清单制度，坚决消除权力设租寻租空间，绝不允许任何组织和个人有超越宪法和法律的特权，真正做到在法治轨道上开展工作。

(四)完善社会主义市场经济法治体系

我国社会主义市场经济发展已进入历史新阶段，改革进入攻坚期和深水区，依法推进市场化改革，提升国家治理能力显得更加突出。而我国目前的市场经济法律基础仍比较薄弱，法律规范仍不完善，与建设社会主义法治国家和法治市场经济的要求相比还有较大差距。法治建设与体制改革不同步等问题依然存在。例如，十八届三中全会提出发展国有资本、集体资本、非公有资本交叉持股相互融合的混合所有制经济，就需要有顶层设计与实施细则，将其纳入法治轨道，避免各行其是，造成新一轮的国有资产流失。因此，必须加快建设和完善我国社会主义市场经济法治体系。

要实现市场主体同权，就需要阻止和惩治官商勾结、权力与资本结合、权钱交易等损害人民利益的非法行为。“良法”才能“善治”。可以说，完善社会主义市场经济法治体系，是厘清政府与市场关系边界，保障市场经济持续健康运行的现实需要。要让宪法发挥出应有的威力。要加强党对完善社会主义市场经济法律法规制度的领导。《决定》指出“党的领导是中国特色社会主义最本质的特征，是社会主义法治的最根本保证”。在推进依法治国的过程中，坚持党的领导才能确保社会主义市场经济的改革方向，维护好和实现好最广大人民的根本利益。

关于市场配置资源理论与实践值得反思的一些问题*

我国由计划经济转向社会主义市场经济以来，资源由计划配置转为由市场配置。对于市场配置资源的确切内涵究竟是什么，我国学界至今没有形成共识。市场配置资源的理论是在西方市场经济几百年实践的基础上创立和发展起来的。然而，纵览西方经济学论著，他们对市场经济的宣传力度和广度，对其作用宣扬的高度，远逊于我国的情况。对市场配置资源的理论在认识上的差异与争论，我国学界也远胜于西方国家。这既有客观必然性的一面，又有因某些人士对西方市场经济盲目崇拜、认识缺失、过分迷信市场作用有关。我国引进西方市场配置资源理论是必要的，但不要照搬，需要结合我国的社会主义经济实际加以运用和发展。

一、弄清市场配置资源的内涵，对比中西方认知和宣传上的差异

当代社会经济发展中，存在两种资源配置方式：计划配置与市场配置。由计划配置构成计划经济；由市场配置构成市场经济。计划经济是指政府主要依靠指令性计划全面管理经济。商品价格由政府制定，即“计划价格”；企业生产什么、生产多少由政府下达指令性计划，限期完成；企业所需生产资料、居民所需消费资料都由政府计划供应，消费品凭票证购买。可见，实行计划经济就是由政府计划决定资源配置。市场经济是由市场机制配置资源，市场机制主

* 原载《经济纵横》2015 年第 1 期。

要包括供求机制、竞争机制、价格机制等。市场经济区别于计划经济的特点，是商品价格由市场供求规律和竞争规律决定。马克思指出，市场竞争在三个方面进行：生产者或供给者与需求者之间的竞争，即卖方与买方的竞争；生产者或供给者即卖方内部的竞争；需求者即买方内部的竞争。当商品供过于求时，卖方内部竞争加强，买方内部竞争减弱，价格下落。当商品供不应求时，卖方内部竞争减弱，甚至停止竞争、一致对外，而买方争相购买，内部竞争加强，引致价格提高。市场配置资源是指各经济部门，包括生产部门和流通部门对所需的资源进行有效、合理的分配。这也就是马克思主义政治经济学所讲的“价值规律”调节生产和流通，即自发地将生产资料和劳动力分配于不同的部门。各经济部门和企业有效利用资源的根据，就是反映供求关系和竞争关系的市场价格信号。在市场经济中，资本追求最大利润。某种商品价格上涨，意味着经营该商品的利润率提高，更多资本就会转向该商品的生产，从而扩大商品的供给量。反之，则会减少供给量。市场经济就是在市场竞争和供求的不断变动、从而价格的不断变动中实现市场均衡。从以上说明可以看出，实行计划经济就是由计划决定资源配置，实行市场经济就是由市场决定资源配置。讲市场配置资源，一般着眼于生产部门的资源配置，容易将资源配置等同于生产要素配置。其实，在实际经济生活中，流通部门也有流通要素合理配置问题，在消费领域也有消费资源公平配置问题。当然，生产领域的资源配置是决定性环节。

我国由计划经济转向市场经济以来，社会主义市场经济的理论与实践问题，一直是学界和实际部门研究和议论的热点问题。中央文件中也不断提出新的理论指导，着眼于扩大和增强市场经济在发展社会主义经济中的作用。学界出版了大量有关市场经济的论著，这与资本主义国家的有关情况形成鲜明反差。发达资本主义国家很少有专门研究和阐述市场经济的论著，包括专著和论文。所以我国不断翻译出版了大量西方经济学的书籍和论文，但很难看到专论资本主义市场经济的译著。有些西方权威性经济学词典中，连市场经济的词条都没有。例如，以学术性强、权威性高著称的《简明不列颠百科全书》中，就只有“市场”一词而无“市场经济”条目。在“市场”条目中只简略提及资源配置问题：“亚当·斯密早在18世纪就预见到现代工业是依靠其产品市场的广泛而发展的。……19世纪晚期的经济理论注意资源的分配使用，瓦尔拉提出了一般均衡论。经济学家们认为各种市场力量的自发发挥，可带来充分就业和资源的最佳分配。正当凯因斯抨击市场均衡概念之际，除了传统的‘完全竞争’理论外，又有‘不完全竞争’理论的出现。不过二者都被讥为不符合于经济现实的。”①《简明不列颠百科全书》对市场配置资源的作用论述得很简略，而且对资源配置的市场均衡理论以及“完全竞争”与“不完全竞争”中的经济理论也都表示不认同。

还有个值得思考的问题：西方国家的经济学著作包括教科书，涉及市场经济问题时，除正面论述其作用外，还往往专门讲述其负面效应，特别是着眼于分配不公形成的贫富分化问题。有的还特别提出，市场配置资源并不包括全部生产领域。例如，一本少见的设有“市场经济”词条的词典——美国《现代经济词典》中，对市场经济的解释非常简括：“一种经济组织方式，在这种方式下，生产什么样的商品、采用什么方法生产以及生产出来以后谁将得到它们等问题，都依靠供求力量来解决。……美国基本上是一种市场经济。然而，美国仍有许多不受市场指导的活动，如许多农产品的产量，就是由政府规定的种植面积和所支持的价格决定的。”②它特别指出，美国“仍有许多”经济领域“不受市场指导”，而是“由政府规定”或“决定”。

具有国际影响的美国经济学家斯蒂格利茨，在其《经济学》中指出，现代经济是混合经济，即市场与政府混合作用的经济。该书专设一节讲“混合经济中的市场与政府”，其中阐述了市场和市场经济，“经济学中的市场概念是指任何可以进行交换的场合。……所有这些交易都包括在市场和市场经济这两个概念中。”关于市场经济的内涵，斯蒂格利茨进一步论述：“在充满竞争的市场中，个人做出反映他们自己意愿的选择。厂商做出使利润最大化的选择；为此，它必须生产消费者需要的产品，……当厂商之间为了追求利润而竞争时，消费者既从他们出产的产品获益，也从供给商品的价格中获益。”同时，斯蒂格利茨又把问题转向另一方面：总的来讲，市场经济提供的答案是“能够保证效率，但是在某些领域内，这些答案都是显得很不够。可能有太多污染，太多不平等，或对教育、卫生和安全关心太少。当人们感到市场运行得不好时，就会转向政

① 《简明不列颠百科全书》第 7 册，北京：中国大百科全书出版社，1985 年版，第 321—322 页。

② D. 格林沃尔德主编：《现代经济词典》，北京：商务印书馆，1981 年版，第 275—276 页。

府”。“在市场经济中，政府起着重要的作用。”①该书还专设一节讲“市场失灵与政府的作用”，区分了两种经济学家，即“自由市场经济学家”和“不完全市场经济学家”。前者包括米尔顿·弗里德曼和已故的乔治·斯蒂格勒，他们不赞同政府干预，确信政府不加干预的市场是实现经济效率的途径。后者主张政府干预，怀疑放任自流的市场会在经济上产生有效率的结果。斯蒂格利茨是主张政府干预的，认为“政府在促进竞争和限制滥用市场势力方面发挥着积极的作用”；②提出“滥用市场势力”的问题，政府要对之进行限制。他讲的“自由市场经济学家”就是当前世界范围内受到批判的新自由主义经济学家。

萨缪尔森的《经济学》教材，既正面论述了市场配置资源的效率性，又揭示了它的诸多负面效应，并主张“政府应进行干预以增进市场经济的功能和公平”。萨缪尔森特别指出，市场经济会带来收入分配不公和贫富分化，即使在具备完全竞争的理想条件的市场经济中，也“没有理由认为，在自由放任条件下，收入能被公平地加以分配。结果将是，收入和财富上存在着巨大的不平等，而这种不平等会长期在一代代人中存在下去”。萨缪尔森进一步指出：“在市场经济中，财富分配不平等远远大于收入分配的不平等。”③该书还通过对看不见的手的学说的实效考察，提出不要迷恋于市场经济的美妙，“在这个时候来讨论市场失灵的情况，是为了将我们对市场的热情稍稍降温，对看不见的手有所了解之后，我们一定不要过分迷恋于市场机制的美妙——认为它本身完美无缺，和谐一致，非人力所能望其项背。”“看不见的手有时会引导经济走上错误的道路。”④

总之，从西方经济学关于发展市场经济、优化资源配置的重要论著看，有几个值得关注的要点：其一，西方经济学讲市场经济，就是讲由市场配置资源及怎样配置资源，就是要说明生产什么、生产多少、为谁生产、怎样生产都由市场引导。讲资源由市场配置，不言而喻，就是指市场决定资源配置。但无论

① 斯蒂格利茨：《经济学》(第 2 版)，北京：中国人民大学出版社，2005 年版，第 13 页。

② 同上书，第 359 页。

③ 保罗·萨缪尔森、威廉·诺德豪斯：《经济学》(第 14 版)，北京：北京经济学院出版社，1996 年版，第 544—697 页。

④ 同上书，第 78 页。

萨缪尔森的《经济学》，还是斯蒂格利茨的《经济学》或其他西方学者的经济学论著，都没有讲，在市场经济中市场配置资源的作用是“基础性”作用，还是“决定性”作用。而我们却在这类问题上认识各异，讨论不休。其二，发达资本主义国家的市场经济已实行几百年，是成熟的市场经济，但从西方权威的经济学教材和词典中，更多看到的是对市场经济正反两方面效应的总结性阐述，而且讲正面效应比较简略，而讲市场失灵、负面效应则具体而突出。我们在讨论和宣传社会主义市场经济时，往往突出其正面效应（这是必要的），甚至西方经济学作为负面效应论述的事实，我国重要媒体竟作为正面效应加以宣传。例如，前引西方权威经济学教材中明确指出，市场经济会导致分配不公、贫富分化，这完全符合资本主义市场经济几百年的发展历史。法国学者皮凯蒂新出版的《21世纪资本论》一书，热销西方国家，也引起我国学界关注，他就用统计数字分析和阐述了西方资本主义几百年发展中贫富分化的历史事实。而我国有的重要媒体却发表论文，主张通过深化发展市场经济、市场化分配，来缩小贫富分化，认为市场化可以解决一切问题。其三，西方权威经济学著作反对新自由主义的市场万能论，具体论述了政府在发展市场经济中的重要作用。而我国竟有人用新自由主义观点来解读党的十八届三中全会《中共中央关于全面深化改革若干重大问题的决定》（以下简称《决定》）的精神，认为新提市场“决定”资源配置就是回到了他们所主张的市场决定一切，应削弱和排斥政府作用。也有学者不理解或不赞同将市场在资源配置中起“基础性”作用改提“决定性”作用，担心讲“决定性”作用会与新自由主义混同，或与资本主义市场经济混同。更多的学者和宣传部门，在改提“决定性”作用问题上高调、大做文章，认为这是理论的重大创新和发展，是认识上的重大突破等。其实，如前所论，讲“市场配置资源”，其实际内涵就是由市场决定资源配置，西方经济学论著讲市场经济虽然一般不提“决定”一词，但无论从理论上讲还是从实践上看，市场在资源配置中就是在起决定作用。党的十八届三中全会《决定》中明确指出，“市场决定资源配置是市场经济的一般规律”。这一规律既适用于资本主义市场经济，也适用于社会主义市场经济。既然我国由计划经济转向市场经济，也就是由计划决定资源配置转向由市场决定资源配置。应当明确，讲市场决定资源配置，不能绝对化地理解。并不是经济发展的各个方面都由市场决定，有些经济领域的发展不能由市场决定。而且市场决定的力度越大、越广，就越需要更好地发挥政府的作用。有效市场需要有效政府的调控，强市场需要有强政府的匹配。

需要思考一个问题：为什么西方经济学论著对市场经济作用的阐述和宣传比我国更平易和平实？我国的有关讨论和争论为什么那么热烈和激烈？为什么意见分歧又那么多而大？其实，这有其客观原因。资本主义与市场经济可以说是鱼水关系。资本主义在其全部产生与发展的历史中，始终在市场经济中求生存、求发展，建立了成熟的市场经济。西方国家是先有市场经济的实践，后有市场经济的概念和理论。直到20世纪，资本主义市场经济已发展了几百年，才出现、发展并流行市场经济概念与理论。长期生活在资本主义市场经济体制中的人们，具有对市场经济的感性认识，并且很熟悉、很丰富。即使没有市场经济概念和理论的引导，他们也能熟知市场经济的实践内容。西方是将长期的市场经济实践上升为西方经济学家的有关概念和理论。他们吃透了市场经济的长处和短处，正面效应和负面效应，逐渐认识到政府在发展市场经济中的重要作用。从亚当·斯密时期政府只做守夜人的自由市场经济，到20世纪30年代大危机后的凯恩斯国家干预理论和罗斯福新政，到借鉴社会主义国家实行计划调节的举措、制订和实行经济计划(二战后，日、法等许多国家实行了经济计划)，将“看不见的手”与“看得见的手”结合、统一起来，用“看得见的手”引导“看不见的手”，促进了资本主义战后的创新发展。因此，西方经济学家在写给西方读者的教材和论著中，不需要对市场经济的内涵和怎样搞市场经济做过多的描述。我国是由计划经济转向市场经济的，无论政界、学界还是实际经济工作者，都对什么是市场经济和怎样搞市场经济很不熟悉，需要从头学起，需要向西方学习。长期以来，无论西方的或东方的政要和学者，在计划经济和市场经济问题上，曾经形成了完全一致的看法：市场经济等于资本主义；计划经济等于社会主义。的确，资本主义一直实行市场经济，社会主义曾长期实行计划经济，这也是历史事实。社会主义国家转为市场经济，是缺乏理论准备和实践经验的巨大变革。社会主义市场经济在实践中摸索着前进，在理论上探索着发展。不同的人按照各自的理论偏好和价值取向，汲取西方不同历史时期的市场经济理论观点。有的主张市场经济只能建立在私有制基础上，不认同“社会主义市场经济”；有的主张亚当·斯密时期的自由市场经济，认为政府不要干预；有的赞同新自由主义的观点，即私有化、自由化、全面市场化。马克思主义理论工作者大都认同和坚持邓小平和党中央提出的社会主义市场经济改革方向，反对新自由主义的观点。这就呈现出中国学界在市场经济理论认识上远胜于西方的分歧和争论。

二、市场配置资源理论需要发展，不能照搬西方观点

关于资源配置问题，长期以来马克思主义政治经济学是讲价值规律的调节作用。市场配置资源的概念和理论是从西方引进的。但应考虑，我国是社会主义国家，实行的是社会主义市场经济，与资本主义市场经济有共同的一面，也有制度性差异的一面。我国理论界对这两方面的认识都存在不足。对共同的一面认识不足表现在两方面：其一是有的学者认为，市场决定资源配置是资本主义市场经济的特点，社会主义市场经济中的资源配置不应由市场“决定”。因为讲市场“决定”似乎就是排斥党和政府的领导作用。其实，正如党的十八届三中全会《决定》所指出的：“市场决定资源配置是市场经济的一般规律。”习近平同志在《关于〈中共中央关于全面深化改革若干重大问题的决定〉的说明》（以下简称《说明》）中指出：“市场经济本质上就是市场决定资源配置的经济。”前面也已说明，实行计划经济就是由政府计划决定资源配置，实行市场经济就是由市场决定资源配置。因此，市场决定资源配置，这是资本主义市场经济与社会主义市场经济根本性的共同点。需要在理论上认同：不让市场决定资源配置，就只能由政府决定，那就不是市场经济。其二是，对党的十八届三中全会将以往所讲的使市场在资源配置中起“基础性”作用，改为使市场在资源配置中起“决定性”作用，进行理论逻辑上自相矛盾的浮夸性的解读与宣传，认为将“基础性”作用改为“决定性”作用，是理论上的重大创新与发展。特别是一家中央大报在2014年8月22日转载的一篇指导性解读文章中这样讲：将“基础性”改为“决定性”，是“认识上的一个新突破”，“两字之改是全会《决定》一大亮点，是我国社会主义市场经济内涵的‘质’的提升。”试问，“新的突破”突破了什么？“质的提升”提升了什么？既然市场经济的规律和本质就是市场决定资源配置，我国从计划经济转向市场经济体制起，就事实上由市场决定资源配置了。难道我国实行市场经济几十年，市场没有起决定资源配置的作用，只是到党的十八届三中全会改提由市场起“决定性”作用，才开始起决定性作用吗？这与市场经济的规律和本质岂不存在理论逻辑上的矛盾？我国已经建立了社会主义市场经济，市场决定资源配置的规律就会突破障碍、开辟道路、发挥作用。

过去讲市场在资源配置中起基础性作用，没有看到有谁对“基础性作用”做出说明，是否“基础性”排斥“决定性”？对西方学者和政界人士来说，只讲由市场配置资源，也明白就是指由市场决定资源配置。我国对市场经济的认识在逐步深化，明确讲清市场配置资源的“决定性”作用，可以减少和制约政府对市场

和企业的不当干预，有其积极意义。但不要把“决定性作用”与“基础性作用”对立起来，二者只是文字表述上的差异，不存在内涵上的区别。盖高楼要打好基础，基础的好坏决定大楼的质量高低。生产资料所有制是生产关系的基础，所有制起决定作用。经济关系是基础，并决定上层建筑。治学要打好理论基础。所有这些讲“基础”的地方，都不排斥“决定”意义。

习近平同志在《说明》中讲道：“关于市场在资源配置中起决定性作用和更好发挥政府作用。这是这次全会决定提出的一个重大理论观点。”这样表述符合实际，没有张扬之词。这不只表示市场决定资源配置是重大理论观点，而且包括“更好发挥政府作用”、将市场和政府的作用更好统一起来“是一个重大理论观点”。习近平同志也讲到“理论突破”，但讲的是由计划经济转向市场经济的“突破”。他说：“党的十四大提出了我国经济体制改革的目标是建立社会主义市场经济，提出要使市场在国家宏观调控下对资源配置起基础性作用，这一重大理论突破，对我国改革开放和经济社会发展发挥了极为重要的作用。”社会主义国家放弃计划经济，转向市场经济，这在马克思主义发展历史和社会经济发展史上确实是开创性的重大理论突破，但党的十八届三中全会将市场配置资源的“基础性”作用改为“决定性”作用，不能与此类比。

我国是社会主义国家，实行社会主义市场经济，在市场配置资源问题上，从本质和规律性上看，有其共同的一面，但也有不同的方面。讲资源配置应区分两个层面：一是市场主体的经营管理层面，二是市场主体的投资取向层面。资本主义国家以私有制为基础，因而这两个层面的资源配置都由私人资本决策。我国实行的是以公有制为主体、多种所有制经济共同发展的经济制度。截至 2013 年底，我国私营企业已达 1253.9 万户，外商投资企业也约 45 万户，个体工商户达 4436.3 万户。这样广大的私有制市场主体，经营管理和投资取向这两个层面都由私人自己决策，就是说都由市场决定其资源配置。但社会主义国有经济和集体经济，应区分这两个层面中存在的差异。撇开国防军事工业、航天工程、基础设施建设等领域的资源配置在两个层面都不由市场决定外，就一般的公有制经济来说，由市场决定资源配置，主要是指经济管理层面：公有制产品的价格与私有制产品一样都由市场决定，企业生产什么、生产多少也根据市场信号决定。但在投资取向层面上，国有经济建立新企业、资本投向哪里不是主要根据市场价格的高低和盈利多少来安排，而是根据国家和社会的需要决策的。新的铁路特别是高铁建设、高速公路的扩展、新兴高科技产业的建设等是这样，其他各领域国有资本的新投资也是这样。

社会主义市场经济在资源配置问题上与资本主义市场经济的更大差别，是在宏观经济领域的资源配置上。

前些时，刘国光教授提出，社会主义市场经济中由市场决定资源配置应限于微观经济领域，宏观经济领域应由政府配置。当时我想，这个观点在西方经济学中不存在，在我国中央文件和学界也未提出，会不会与西方经济学原理、与中央文件指导思想相抵触。经过从理论与实践的结合上深入思考后，我认为，不能照搬西方经济学的观点，中国的资源配置理论需要发展。中国特色社会主义经济制度决定了不同于西方的中国特色社会主义市场经济的资源配置。无论西方还是我国，市场决定资源配置都是指微观经济领域，宏观经济领域的资源配置问题，西方经济学没有专门论述。西方经济学主要讲宏观经济政策目标，如总产出与总消费的增长、高就业、价格水平的稳定（低通胀）、进出口的平衡等。这类宏观经济政策目标对我国也适用。这些目标是通过政府的作用实现的。但这方面的政策既不属于市场决定资源配置，也不属于政府决定资源配置，它只是通过政府实施财政政策、货币政策及国际经济政策（如外汇市场管理）等去影响微观经济领域的资源配置。

但在宏观经济政策上，有必要明确：我国作为社会主义国家，其经济职能要多于资本主义国家。南水北调、西电东输、西部大开发、振兴东北老工业基地、科学发展、生产力合理布局、建设新农村和农业现代化，等等，都涉及宏观经济领域资源配置问题。西部大开发意味着促使资源配置向西部倾斜，建设新农村和农业现代化需要有资源支持农村和农业发展。这类宏观经济领域的资源配置显然不是也不能由市场决定，而是由政府决定。此外，西方经济学中的宏观经济政策目标，主要属于经济增长和发展的任务，即属于发展生产力的范围，而不涉及经济制度即生产关系的范围。社会主义国家的宏观经济内容，不只包括国内产出与消费总量、价格总水平、就业失业总量、进出口总量等，而且包括公有制经济与私有制经济的消长状况、不同所有制经济的发展状况等，也就是不仅存在生产力总量和结构的发展变化问题，还存在不同所有制的发展与变化问题。

不同所有制的发展变化同样涉及资源配置问题。我国实行国有经济为主导、公有制经济为主体、多种所有制经济共同发展的基本经济制度。党的十八届三中全会指出：公有制为主体、多种所有制经济共同发展的基本经济制度，是中国特色社会主义制度的重要支柱，也是社会主义市场经济体制的根基，是我国经济社会发展的重要基础。必须毫不动摇巩固和发展公有制经济，坚持公有制的主体地位，发挥国有经济的主导作用，不断增强国有经济活力、控制力、影响力。我国实行社会主义市场经济的出发点和落脚点，是“促进社会公平正义，增进人民福祉”。我国深化改革的总目标是“完善和发展中国特色社会主义制度，推进国家治理体制治理能力现代化”。我国的经济发展是以人为本全面协调可持续的科学发展。社会主义的根本原则是实现共同富裕，社会主义的本质要求消除两极分化。这些内容不属于微观经济而属于宏观经济范围。我国实行的是社会主义市场经济，需要坚持改革的社会主义方向。这种坚持不是用西方经济学所讲的“看不见的手”所能完成的，而是需要党和政府的有效领导及经济实践的自觉推进才能获得效果。这就需要发挥政府在宏观经济领域的资源配置职能。坚持发展和完善社会主义经济制度，就要坚持发展和完善包括国有经济和集体经济的公有制经济，资源配置就应保证国有经济为主导、公有制经济为基础或为主体的制度安排。这种资源配置不能靠市场，只能靠政府。此外，消灭剥削、消除两极分化、实现共同富裕也与资源配置相关，这些同样不能依靠市场，只能依靠党和政府的领导与安排。

根据以上分析，可以得出结论：我国实行社会主义市场经济，市场要起决定资源配置的作用，但主要是微观经济领域的决定作用。在社会主义宏观经济领域，不能由市场决定资源配置，而主要依靠党的领导和政府的决策。

论宏观资源配置与微观资源配置的不同性质*

——兼论市场“决定性作用”的含义和范围

一、对几种流行提法的是非辨析

在当代社会经济运行与发展中，有两种资源配置方式：一种是由计划配置的计划经济，一种是由市场配置的市场经济。在20世纪的长时期中，所有社会主义国家都实行计划经济，而且是指令性计划经济。全国的资源配置即生产资料和劳动力在各经济部门分配，完全取决于国家的计划安排，也就是计划决定资源配置。而所有资本主义国家在其存在和发展的几百年中，始终实行市场经济，也就是由市场机制决定资源配置。可以说，讲计划配置资源，就是计划决定资源配置；讲市场配置资源，就是市场决定资源配置。无论从理论上讲，还是从实践历史看，都可明确这一点。

社会主义国家实行计划经济，在一定时期内曾起过积极的作用，但随着经济社会的进一步发展，计划经济的弊端日益显露，于是普遍进行市场化取向改革。我国最终确立了社会主义市场经济体制的目标模式，也就是由计划决定资源配置转向由市场决定资源配置。

明确这一点，就会理解和认同十八届三中全会决定中提出的一个重要理论观点：“使市场在资源配置中起决定性作用和更好发挥

* 原载于《政治经济学评论》2014年第4期，作者为卫兴华、闫盼。

政府作用。”而且明确说明：“市场决定资源配置是市场经济的一般规律，健全社会主义市场经济体制必须遵循这条规律。”

(一)怎样理解和把握“基础性”作用和“决定性”作用的本意

目前，对有关理论观点的解读还存在一些值得推敲的认识，需要进一步探讨。有一种流行的解读和宣传认为，过去讲让市场在资源配置中起基础性作用，现在将“基础性”改为“决定性”，是“认识上的一个新突破”。“两字之改，是全会《决定》一大亮点，是我国社会主义市场经济内涵的‘质’的提升”。这是一家中央大报在 2014 年 8 月 22 日刊发的指导性文章中讲的。在另外有关文章中更多地认为，提出市场决定资源配置是理论“创新”和“发展”等。我发表过一篇讲市场决定资源配置的文章，也被加上“创新”一词。我觉得这样解读和宣传，似乎存在一种理论逻辑上的矛盾：既然市场决定资源配置是市场经济的一般规律，那么，只要实行市场经济，这一规律就要起作用。客观经济规律是会为自己开辟道路的，即使有人设置障碍，它也不会失去其“决定”作用，否则就不是客观规律了。习近平同志关于《中共中央全面深化改革若干重大问题的决定》的说明中指出：“市场经济本质上就是市场决定资源配置的经济。”如果实行市场经济，但市场不能起决定资源配置的作用，那就背离了市场经济的本质，不是市场经济了。但习近平同志在说明中明确肯定：“我国社会主义市场经济体制已经初步建立，市场化程度大幅度提高，宏观调控体系更为健全。”肯定社会主义市场经济已经初步建立，就是肯定市场在资源配置中已经起了决定作用。至于社会主义市场经济还不完善不健全，那是进一步予以完善和健全的问题。否定市场在资源配置中已起决定作用，就必然客观上否定社会主义市场经济的实际建立，成为有市场经济之名而无市场经济之实的悖理逻辑。

我们注意到习近平同志在对十八届三中全会决定的说明中没有讲市场决定资源配置的提出是理论认识上的“突破”和“质的提升”，或重大理论创新等；而是讲：“关于使市场在资源配置中起决定性作用和更好发挥政府作用。这是这次全会决定提出的一个重大理论观点。”明确市场经济就是市场决定资源配置，这是市场经济的本质和规律，确实是“一个重大理论观点”。过去人们对这个道理并不完全清楚，现在点明了，清楚了。如果对比一下习近平同志在另一问题上讲“理论突破”，问题就看得更清楚了。他说：“党的十四大提出了我国经济体制改革的目标是建立社会主义市场经济体制，提出要使市场在国家宏观调控下对资源配置起基础性作用，这一重大理论突破，对我国改革开放和经济社会发展发挥了极为重要的作用。这也说明，理论创新对实践创新具有重大先导作用。"显然，将资源配置中的基础性作用改为决定性作用的理论与实际意义，不能与社会主义市场经济取代计划经济的意义等量齐观。

党的十四大提出，我国建立社会主义市场经济体制，取代过去一直实行的计划经济体制，确实是"重大理论突破"和"创新"。因为根据传统理论，无论西方政要和学者，还是社会主义国家和马克思主义者，都将计划经济和市场经济看作两种对立的经济制度，社会主义实行计划经济，资本主义实行市场经济。而现在改革中要放弃计划经济，代之以社会主义市场经济，这当然是前无古人与事例的突破与创新。而在社会主义市场经济运行的过程中，将党的十四大提出的要使市场在资源配置中起"基础性"作用改为"决定性"作用，提法上更明确、更符合市场经济的本质和规律。但过去讲起"基础性"作用，是否就排斥"决定性"作用？是否还由政府起决定作用呢？要知道，放弃了计划经济就是放弃了由政府决定资源配置的作用。

多年来讲"使市场在资源配置中起基础性作用"，在理论阐述与解读中，没有见到有谁对"基础性"作用的内涵做过解释。现在用"决定性"取代"基础性"，同样没有人讲一下原来的"基础性"提法的问题在哪。其实，西方经济学讲市场经济、讲市场配置资源，也一般不提"决定作用"。尽管在字面不提"决定"一词，但不言而喻地是指市场决定资源配置。请翻看一下萨缪尔森的《经济学》，或看看斯蒂格列茨的《经济学》，讲市场经济都未专门提及其配置资源的"决定"作用。

回头来研究一下过去讲的市场配置资源的"基础性"作用。只要正面去理解其内涵，"基础"一词就有决定性之意。讲建筑，盖大楼要打好基础，基础好坏对大楼的质量具有决定性意义。讲经济学，生产资料所有制是生产关系的基础，表明所有制对生产关系体系起着决定作用。讲哲学，基础决定上层建筑，生产关系是基础，决定着政治制度、法律制度等上层建筑。也可以从市场经济的运行过程来正面把握其含义：十三大报告讲"国家调节市场，市场引导企业"，企业是微观经济，处于基础层次，企业的经济活动由市场调节即市场决定，但市场行为不应是完全盲目的、无政府状态的，要受国家政府的宏观调节。形成政府—市场—企业的运行机制。政府处于宏观层次，市场处于中间层次，企业处于基础层次，表明市场在基础层次上起决定作用。

上面对"基础性"作用的正面阐述，既符合理论逻辑，也符合经济实际情况。让我们回顾一下我国自放弃计划经济、实行市场经济以来经济运行的实际情况。

(二)市场决定资源配置的市场经济规律在我国已起作用

市场配置资源的规律，就是政治经济学所讲的价值规律起调节生产的作用。市场决定资源配置，就是价值规律在生产资料和劳动力合比例分配于不同部门中起着决定作用。有的学者对讲价值规律调节生产决定着资源合比例地分配容易理解和接受，因为这是政治经济学的基本常识；但一听市场决定资源配置就不好理解和接受，认为资本主义市场经济可经由市场决定，我国是社会主义国家，经济发展与改革大业都在党的指导和领导下进行，怎么能让市场去盲目地决定呢？也有的学者感到迷惘，误认为今后我国的经济社会发展要完全由市场去决定了。其实，只要从理论和实践的结合上实地考察一下，我国的微观经济运行，其资源配置已由市场机制决定了。

市场配置资源分两个层次：一个是投资取向层次；一个是经营管理层次。从第一个层次看，在计划经济制度下，往哪里投资，兴建什么企业完全由国家计划决定，也就是由政府决定。从第二个层次看，国有和集体企业怎样经营管理，生产什么，生产多少，也由计划决定。实行市场经济后，私营、外资、个体经济迅速发展起来，它们是私有制经济。这种私有制经济是天生的市场经济派，与市场有如鱼水关系。根据国家工商总局提供的数据，截至 2013 年底，我国私营企业达到 1253.86 万户，个体工商户达到 4436.3 万户。外商投资企业 2011 年上半年达 44.59 万户。从市场配置资源的第一个层次看，这些私有经济单位的投资方向是自己根据市场需要决定的，不是由政府决定，政府只起引导作用和提供发展条件作用。再从市场配置资源的第二个层次看，它们自主经营、自负盈亏，生产什么，生产多少，不由政府决定，而是自己根据市场信号即反映供求规律和竞争规律的市场价格状况做出决定，它们的产品也全部进入市场，由市场决定盈亏和成败。尽管它们会受到某些地方政府官员的不当干预，但由市场决定资源配置的总的格局是确定的。

在我国市场经济总规模中，私有制经济已占 70%或以上，它们已成为市场经济的主要组成部分。所以，考察市场决定资源配置的状况，首先要对它们的市场配置资源的状况做出判断。总没有根据讲，私营、个体工商户和外商的投资方向和生产经营不是由它们自己根据市场供求、价格变动和收入预期决定，而是由政府或别的什么决定。

在社会主义市场经济中，作为公有制经济的国有经济和集体经济，其资源配置也主要由市场决定。由于放弃了计划经济，国有经济与政府实行两权分离，企业具有经营权，生产什么，生产多少，不再由政府下达指标，而同样是根据市场供求和竞争状况以及市场价格信号安排生产，生产产品同样要接受市场检验。市场经济优胜劣汰的规律在私有制和公有制经济中一样起作用。

从国民经济运行的总体和全局来看，我国社会主义市场经济体现了市场决定资源配置的规律，可以从三个主要方面来检验和判断：一是商品价格由市场决定。我国95%以上的商品价格已经放开，由市场供求规律和竞争规律来调节。二是企业和各经济单位的生产结构和规模及其经营管理行为，主要根据市场信号进行安排。三是市场购销中的顾客与经销商的关系，完全按市场经济规律运行，取消了过去的凭票供应，消费者可进入市场自由选购，挑价格、挑品种、挑质量。作为过去计划经济特点的“短缺经济”“卖方市场”已经消失，作为市场经济特点的“买方市场”已经形成。

当然，我们的社会主义市场经济还只是初步建立，还不完善、不健全，还存在种种问题，诸如市场秩序不规范、市场规则不统一、市场体系不完善、市场竞争不充分、地方保护主义割据市场、生产要素市场发展滞后，存在政府官员不当干预问题，也存在政府监管不到位和某些越位情况；还存在某些官员腐败、借机寻租问题。这需要通过深化改革、转变政府职能、消除贪腐，逐步解决。

对国有经济和集体经济来讲，资源配置的两个层次即投资取向层次和经营管理层次是有区别的。前面讲，公有制经济生产什么，生产多少和为谁生产，和非公有制经济一样，也是由市场决定的。这是从经营管理层次讲的。在投资取向层次上，建立什么新的国有企业，不完全是也不主要是由市场决定的。撇开国防军事工业不说，这个领域资源配置的两个层次都不由市场决定。建立何种军事工业，生产什么和生产多少，都由政府和国防部门决定。某些新兴高科技产业的投资与生产，如航天工程等，也不由市场决定。就是新建一般的国有企业，其投资取向也不是主要取决于市场价格的高低和赢利的多少，如发展民航事业，修建高铁、地铁和其他基础设施建设等，是为满足日益增长的社会需要由政府决策的。

（三）分清政府的正当干预与不正当干预

在西方资本主义市场经济的发展过程中，曾经历过企业自由放任发展的自由资本主义经济阶段。企业完全独立自主，除向官方照章纳税外，政府不干预企业的活动，只起“守夜人”的作用。随着资本主义的发展，其内在矛盾日益显露，劳资矛盾也不断激化，需要政府采取一些缓解措施，进行一定的干预。政府的干预分两个方面：一个是对微观经济即工厂的直接干预，一个是对市场的干预。资本主义政府的干预首先是对企业劳动时间的干预，随之又对市场进行干预。

马克思在《资本论》中对英国的《工厂法》的实施进行了系统的说明，“现代工业中的正常工作日，只是从1833年颁布了有关棉、毛麻、丝等工厂法起才出现的，……1833年的法令规定，工厂的普通工作日从早晨5点半开始，到晚上8点半结束。”“每个少年每天不得做12个小时以上，……每人每天至少应有$1\frac{1}{2}$个小时的吃饭时间。”“禁止雇佣未满9岁的儿童；9岁至13岁的儿童的劳动每天限制为8小时。禁止9岁至18岁的少年做夜工。”以后又颁布了新的《工厂法》，工作日进一步缩短。如1848年规定，少年和女工的工作时间限制为10小时。八小时工作制是多年以后的事情，工作日的立法缩短也是工人斗争的结果。

1929—1933年的世界经济大危机，集中暴露了资本主义制度的严重缺陷。美国罗斯福总统实行新政，对过去的自由市场经济实行国家干预，利用财政政策促进经济增长。政府也直接投资新建一些大型项目，还在田纳西河流域搞计划试验区，缓和了经济下滑。凯恩斯的宏观经济学也随之产生。政府对市场经济的干预获得了积极效果。

“二战”后，英、法、日等资本主义国家实行指导性经济计划，引导企业发展方向，治理公害和环境破坏等问题，对市场和企业都进行某些干预。经济计划的引导与干预对私营企业和国有企业的程度是有区别的。例如，日本1958—1964年的增长计划，“明确了计划在私有部门中的作用和它在公有部门中的作用是不同的。在私有部门中，计划只是预测性的，……主要是通过对计划的深入而广泛宣传和财政、金融、贸易政策等间接控制手段来实行计划目标。但在公有部门，特别是在国家直接控制的政府公共部门，要尽可能制订具体而又切实可行的计划。”①

美国等发达资本主义国家实行发达的市场经济，也要对市场和企业进行适当的“控制”。萨缪尔森的《经济学》讲：“从上世纪90年代开始，美国逐渐离开了过去的信条，‘统治最少的政府是最好的政府’，……把联邦经济控制的边线向外推进，他们设计了新的管制手段和财政手段，为消除时代的病症而斗争。”“除了价格管制和企业标准外，国家还试图通过越来越严格的社会管制以保证

---

① 百百和等：《经济计划论》，西安：陕西人民出版社，1986年版，第38页。

健康和安全。经过90年代早期的贪污腐败时代的揭露之后，纯净食品和药品法获得了通过。其后，60年代和70年代中，国会通过了一系列法律，内容涉及：矿山安全和更为普遍的工人安全管理；关于空气、水源污染、有害物质及消费品的联邦管制框架；控制矿山开采；管制核动力安全及原子废料等。”“私有权越来越少地归私人；自由企业变得越来越缺少自由。不可逆转的演变是历史的一部分。”①作者还讲：美国的法律强制地影响着经济。在19世纪，厂商并不对工人生病承担责任，尽管是在一个不安全不卫生的工厂里工作；消费者买了有缺陷的商品也不能退换。在20世纪，法律体系发生的演化使得企业要对它们的行动和产品负起法律责任。如果工人因工作而生病，企业可能被起诉要求补偿，企业越来越多地被判决对有毛病的产品负有责任。作者还论述了美国政府在资源配置中的作用：“我们美国经济从基础上说是市场经济。对于所遇到的任何微观经济问题，绝大多数人都认为，应留给或鼓励市场去解决。但有时候，政府做出的选择凌驾于基于市场供给和需要的配置决定之上。”“政府的一个中心经济目的是帮助按社会需要进行资源配置。”②

我在这里大段引证了西方经济学的有关资源配置的论述，是因为在我国学习和讨论十八届三中全会的决定中，有的学者用新自由主义的观点进行解读，用市场万能的观点夸大市场的决定作用和作用范围，贬抑政府的作用，主张削弱甚至否定宏观调控；而批评者往往说持这种观点是要实行资本主义市场经济或美国模式的市场经济。其实，看看西方权威性经济学著作就会明白，现代资本主义市场经济已不是原始自由市场经济。我国实行的是社会主义市场经济，政府在经济社会中的作用、在资源配置中的作用，不能弱于而只能强于当代资本主义国家。

现在有一种流行的观点：在社会主义市场经济发展中，政府只能是裁判员，而不应既是裁判员又是运动员。这是一种似是而非的观点。我国作为社会主义国家，政府具经济职能。搞社会主义，就要以公有制为基础或主体，以国有经济为主导。政府的职责在发展公有制经济和发展私有制经济中有很大不同。发展私有制经济，只要政策放开，给予支持与鼓励，就会自然和自发地不

---

① 保罗·萨缪尔森、威廉·诺德豪斯：《经济学》(第14版)，北京：北京经济学院出版社，1996年版，第550—557页。

② 同上。

断发展与壮大；而发展国有经济，就需要政府策划、投资、管理(直接管理或间接管理)。发展集体经济也需要有关政府部门操办。发展以国有经济为主导的公有制经济，是社会主义国家政府的必要经济职能，这是在《共产党宣言》和马恩的著作中反复说明了的问题，否定和放弃社会主义国家的经济职能，就必然导向忽视和放弃国有经济和集体经济的发展与壮大，偏离社会主义道路。

因此，社会主义国家政府对经济社会发展中的职责与干预要多于资本主义国家。这里所说的政府干预是必要的、合理的和正当的干预。政府对市场和企业的干预分为正当和不正当两种，正当干预应完善和加强，不正当的干预应当消除。近年来关于社会主义市场经济中政府与市场关系的讨论和宣传中，提出要解决政府干预过多的问题。这个提法需要明确化和具体化。因为必要的、正当的干预不存在过多的问题。而不正当的干预再少也不应有。抽象地讲政府干预过多，导致有些地方政府会减少正当干预，或者保留少一点的不正当干预。简单地抽象地批评政府“闲不住的手”“伸手过长”，不分伸得当与不当，无助于问题的解决。

政府不当干预有三种情况：一是个别政府官员腐败性干预，借检查索贿，为索贿而检查，借审批索贿，不给好处就拖延不办事，等等，这是违法干预，需要惩处。二是不必要的多个部门的多头检查，使企业穷于应付。官门办事拖沓、繁琐，办成一件事不知跑多少门，盖多少章。这需要改进，减少干预。三是重重叠叠的审批制度，不利于企业的建设和发展。对此要改革。十八届三中全会提出：“深化投资体制改革，确立企业投资主体地位。企业投资项目，除关系国家安全和生态安全、涉及全国重大生产力布局、战略性资源开发和重大公共利益等项目外，一律由企业依法自主决策，政府不再审批。”

二、从政府职能和宏观调控在微观和宏观经济中内容的不同，探讨资源配置理论的发展

十八届三中全会提出：“使市场在资源配置中起决定性作用和更好发挥政府作用”。这是作为统一的一句话讲的。有的学者光认同和强调市场的决定作用而不提或不强调后半句“更好发挥政府作用”。发挥政府作用，政府就要伸手，伸手就要到位。“更好发挥政府作用”含有两层意思：一是政府伸手要伸得好，而且要伸得“更好”；二是不要乱伸手、错伸手。

在社会主义市场经济中，政府的职能应在三个大的方面起作用：一方面是有效调控、监管市场，包括建立和完善现代市场体系，建立公平开放的市场规

则，维护市场秩序，消除价格垄断，打破地方市场割据，保障公平竞争，保障商品消费安全，清除假冒伪劣，打击黄赌毒，治理污染，保护生态环境，应对市场失灵。另外，对企业的生产经营安全和职工权益的保障也要检查监管。我国矿难频发，火灾不断，都与监管不到位有关。私企外企侵犯职工权益、劳资矛盾加深问题亟需解决。重资本、轻劳动的倾向应当扭转。上述这个方面的政府职能，也属于宏观调控范围。有的学者认为，讲宏观调控是指调控宏观经济，不调控微观经济。其实，宏观调控既调控宏观经济，也调控微观经济。对市场和微观经济的宏观调控，是指政府居于宏观层次的调控，可称政府调控。十四大提出，“要使市场在国家宏观调控下对资源配置起基础性作用”，这里讲的宏观调控就是针对微观经济的资源配置而言的。这种调控的目的是规范市场秩序，促进社会主义市场经济和社会生产力的发展。

政府职能的第二方面，是建立和发展包括国有经济和集体经济的公有制经济。根据宪法规定，“国家保障国有经济的巩固和发展”；建立新型高科技产业，扩大和完善基础设施建设，搞好国防军事建设，保证国家经济、政治、国防的安全；着力于创新事业，有效应对国际竞争，融入并力求引领新的产业革命；发展和完善社会主义初级阶段的基本经济制度。这方面的政府职能与西方不完全相同。

政府职能的第三方面是对宏观经济进行宏观调控。西方市场经济讲宏观经济政策的任务和目标。萨缪尔森《经济学》讲宏观经济政策的主要目标是：产品和消费的高水平和高增长、高就业、价格水平稳定、低通货膨胀、国际间进出口平衡。我国作为社会主义国家的宏观经济政策或宏观调控目标，要多于和高于资本主义国家。西方宏观经济增长的目标，也要进入我国宏观调控的目标和任务。但西方的目标只是经济增长与发展的目标，不涉及经济关系和经济制度。因为资本主义经济关系是自发和自然发展的。我国实行的社会主义市场经济，是以社会主义制度的存在和发展为前提的。十八届三中全会指出：公有制为主体、多种所有制经济共同发展的基本经济制度，是中国特色社会主义制度的重要支柱，也是社会主义市场经济体制的根基，是我国经济社会发展的重要基础。必须毫不动摇巩固和发展公有制经济，坚持公有制的主体地位，发挥国有经济的主导作用，不断增强国有经济活力、控制力、影响力。我国实行社会主义市场经济的出发点和落脚点是，“促进社会公平正义，增进人民福祉”。我国深化改革的总目标是，“完善和发展中国特色社会主义制度，推进国家治理体系治理能力现代化”。我国的经济发展是以人为本，全面协调可持续的科学发展。社会主义的根本原则是实现共同富裕，社会主义的本质要求消除两极分化。这些内容不属于微观经济而应属于宏观经济范围。西方宏观经济政策不会有这方面的目标，它们应是社会主义宏观调控的目标。

目前，讲市场配置资源，容易理解为整个经济领域包括微观经济和宏观经济都由市场决定资源配置。其实，西方经济学讲市场配置资源只是微观经济中的事情。他们的宏观经济政策目标是属于政府的职能，但不等于政府在宏观经济领域配置资源。因为他们的宏观经济目标无论致力于高就业也好，低通胀也好，进出口平衡也好，……都属于起引导和促进的作用，不是资源配置范畴。政府宏观经济政策的引导和促进作用，只是在市场决定微观经济基础上推行的。所以西方国家讲市场配置资源，可以不明确区分微观、宏观领域，因为都不存在政府直接配置资源问题(少量的国有经济可以舍弃)。而我国作为社会主义国家，实际情况不同。西方市场配置资源的概念和原理可以引入应用，但不应照搬，需要结合我国的实际予以变革发展。我们也可以把市场决定资源配置用于微观经济领域，宏观经济领域的资源配置不由或不完全由市场决定，政府在某些方面起着决定作用，市场不起作用；在某些方面，政府起着引领式的决定作用。还要既研究宏观经济中经济增长与发展方面政府配置资源的作用，又研究在发展社会主义所有制、基本经济制度方面政府的决定作用。

市场经济有两种模式，即资本主义的市场经济和社会主义的市场经济。市场经济自身不具有“姓资”“姓社”的属性。如果我国的微观和宏观经济领域都完全由市场决定资源配置，任由市场经济自发发展，其最后导向的是什么？可以肯定，不会导向社会主义公有制经济的巩固和发展，不会导向基本经济制度的完善和发展，不会导向贫富分化的消除和收入分配的公平，不会导向以人为本的科学发展，不会导向共同富裕的实现。总之，不会导向社会主义的巩固和发展。有人认为，中国现有的矛盾和问题，都可以通过发展市场经济来解决。这是把市场看作是万能的。连西方学者都不赞同这种看法。斯蒂格利茨的《经济学》的最后一章，是讲中国的改革与发展。他专门指出：“市场经济几乎肯定会引起更大的不平等……一个重视公正的社会还应该考虑帮助那些按市场经济来评价，其拥有的技能与资源相对较少的人——或者那些由于运气不好或疾病、失业与贫穷的人。”萨缪尔森的《经济学》也讲：看不见的手可能惊人地有效率，但它同时也带来非常不平等的收入分配。在自由放任的制度下，人们或者变得富裕或者落得贫穷。在市场经济中，财富分配的不平等远远大于收入分配的不平等。“我们没有理由认为，在自由放任条件下，收入能被公平地加以分配。

结果将是，收入和财富上存在着巨大的不平等，而这种不平等会长期在一代代人中存在下去。”①

市场配置资源具有灵活性和效率性的正面效应，但也有自发性和盲目性的负面效应，只有通过政府用“看得见的手”进行引导和监管，才能减少和抑制其负面效应，发挥其正面效应。我们实行的是社会主义市场经济，需要坚持改革的社会主义方向。这种坚持不是用西方经济学所讲的“看不见的手”所能完成。而是需要有党和政府的有效领导和经济实践的自觉推进才能获得效果。这就不能排除政府在宏观经济领域的资源配置职能。坚持发展和完善社会主义经济制度，就要坚持发展和完善包括国有经济和集体经济的公有制经济，资源配置就应保证国有经济为主导、公有制经济为基础或为主体的制度安排。这种资源配置不能靠市场，只能靠政府。再有，消灭剥削、消除两极分化，实现共同富裕，也与资源配置相关。这同样不能依靠市场，只能依靠党和政府的领导与安排。以上讲的是宏观经济领域需要由政府配置资源以保持改革与发展的社会主义方向。另外，宏观经济领域生产力的发展，也需要政府参与资源配置。比如，西部大开发，政府就要推动资源配置向西部倾斜；为扩大就业，就需要由政府提供相应的优惠贷款；为实现全国生产力的合理布局，就需要政府在不同地区间推进资源的合理配置。至于战略性资源的开发、海洋资源的利用、南水北调、新的国有经济和高科技产业的建立、航天工程的发展、生态平衡的保护、环境污染的治理、经济结构的调整、发展方式的转变、产能过剩的治理、供求总量的平衡、实现经济持续健康发展，等等，都不是靠市场的决定作用。有些方面的资源开发与配置完全由政府进行，有些方面是政府参与和促进资源合理配置，由政府和市场共同完成。

总之，资源配置理论需要发展与创新，应摆脱传统资源配置理论的束缚。在社会主义市场经济中，市场决定资源配置只限于微观经济领域。在宏观经济领域，社会主义与资本主义相比，增添了新的社会经济内容，不只有经济增长与发展的内容，还有社会主义生产关系即经济制度的内容。宏观经济领域的资源配置不是像在微观经济领域那样由市场决定，而是由政府决定或由政府参与决定。

---

① 保罗·萨缪尔森、威廉·诺德豪斯：《经济学》(第 14 版)，北京：北京经济学院出版社，1996 年版，第 544 页。

近来关于经济体制改革理论认识的意见分歧辨析*

一、几种媒体操作的观点

进入2014年以来，党的十八届三中全会《决定》中关于经济体制改革的指导意见，依然是学界关心和热议的理论问题。其中有些问题，学界仍存在认识上的重大分歧。这类分歧，涉及意识形态上的是非问题。

在经济学界，被媒体操作的两种政治理论观点值得注意：一种观点是把市场决定资源配置与国有经济的存在或国有经济的主导作用对立起来。认为发挥市场的决定作用，就必须否定国有经济的作用，主张搞私有制的市场经济。另一种观点是用市场的决定作用削弱和否定政府的作用。

一位经常被媒体操作的经济学家发表意见认为："既要发挥市场的决定作用，又要坚持国有经济的主导作用"，"这是一种语言腐败，还是一种思维混乱?"他说：有些人认为，在国有企业主导经济的情况下，仍然可以建立一个所谓的市场经济，他没有认识到市场经济的要求跟国有体制是有冲突的。"保持国有经济的主导地位，民企无法成长"。另外，国务院发展研究中心的企业研究所一位副所长讲：中国有13万多家国有中小企业，占国有企业总数的90%以上，"应该彻底民营化"。"国有资本比重完全可以退到零"。其余8000多家大型和特大型国有企业可以搞混合所有制经济。"对这类

* 原载于《山西高等学校社会科学学报》2014年第5期。

企业主要是整体上市，逐步来释放国有股，稀释国有股。"国有股可以"降到50%以下，20%以下甚至零"。他把这作为国有企业改革的思路。

这就是两位学者用市场决定资源配置的经济体制改革的思路与方案，即国有企业私有化。

另一种观点是，用市场决定资源配置作用来排除政府作用；或是只强调市场的决定作用，避而不提更好地发挥政府的作用；或是将市场决定作用与政府宏观调控相对立；或是着力批评"中国模式"和"强势政府"，实际上是否定党和政府在改革与发展中的重要作用。还专门批评《中国震撼》这部著作："有一本讲中国模式或优势的书——《中国震撼》，发行了多少本？80 万本，各个省委都推荐这本书，而且报纸上报道说干部们听了推荐这本书的讲话以后激动得热泪盈眶啊！在我看来决定的意义就在于回答了这十年来谁起决定作用的问题。"显然，作者是否定"中国模式"的。因为"中国模式"的肯定者和支持者，讲"中国模式的优势"时必然要讲党和政府领导的重要作用。例如，陈锦华同志在《人民日报》2011 年 7 月 5 日发表《中国模式与中国制度》，阐述中国模式的"重要内容"时，首先包括"坚持马克思主义基本原理"，坚持社会主义初级阶段的基本经济制度；其次，强调"中国共产党的领导核心作用"。又如朱穆之同志发表于《红旗文稿》2009 年第 14 期的《关于中国模式问题》一文，认为中国模式就是中国特色社会主义。强调"中国的历史实践证明，只有中国共产党才能领导革命和建设不断取得胜利"。他说，中国模式的成功，"使一些一贯反对共产党、反对社会主义、反对中国的某些西方人感到困惑"。《中国震撼》一书，其作者张维为教授同样把共产党和政府的重要作用作为中国模式的重要内容之一予以肯定。

在肯定中国模式的论著中，有的把"政府主导"纳入模式的内容，这也遭到非难。有人将市场决定与政府主导看作是相互对立、此消彼长的关系，因此竭力反对政府主导。

在今年 2 月的一个以"突破难点，推进改革"为题的年会上，有的学者还提出：我国"意识形态深藏苏联模式"，是"深化改革的障碍"。"现在一讲起社会主义等等，往往又是苏联模式那套东西。"因此认为，深化改革的"第一方面的障碍就是意识形态的障碍"。什么是苏联模式？什么是意识形态中的苏联模式？作者避而不讲。就经济制度来说，苏联模式是实行单一的生产资料公有制，单一的按劳分配，实行计划经济。从政治制度来说，是共产党领导的社会主义国家。我国早已放弃了单一的公有制，单一的按劳分配，放弃了由计划决定资源配置的模式，改行社会主义市场经济体制。我国的非公有制经济所占比重已经超过了公有制经济，按劳分配所占比重也已很小。但是还需要强调国有经济为主导和公有制为主体，还应把由国有经济和集体经济组成的公有制经济作为社会主义制度的经济基础，还需要强调共产党的领导等。然而不能把这些斥之为苏联模式。这是马克思主义创始人所提出的社会主义制度应有之义。主张清除意识形态中深藏的苏联模式的障碍，实质上就是要清除党和政府在经济社会发展和改革中的重要作用，清除已占比例不断缩小的公有制经济。

二、有关理论观点的是是非非

用市场经济否定国有经济和一切公有制经济，就是主张全盘私有化。从本质上说，就是要否定科学社会主义和中国特色社会主义。

在市场经济问题上，马克思主义经济学和西方经济学曾形成一致看法：都认为市场经济是资本主义经济制度的特点。甚至有关词典和世界银行的报告中，将资本主义国家称作市场经济国家。另一方面，又把计划经济作为社会主义制度的特点，称社会主义国家为计划经济国家。这在世界范围内曾形成共识。一般认为，市场经济以私有制为基础；计划经济以公有制为基础。

我国随着改革开放的推进，逐步打破了市场经济“姓资”计划经济“姓社”的传统观点。认为社会主义公有制也可以实行市场经济，这一认识的过程是一个思想不断解放的过程。直到邓小平南方谈话提出市场经济不是资本主义的特点，彻底打破传统理论认识后，我国才全面推行社会主义市场经济。改写了东方和西方长期持有的经济理论观点。

社会主义市场经济是社会主义经济制度与市场经济体制的结合。而社会主义经济制度要以公有制为基础。宪法明确规定，我国社会主义经济制度的基础是社会主义公有制。包括起主导作用的国有经济和作为公有制经济重要组成部分的集体经济。党的十八届三中全会强调指出：“公有制为主体，多种所有制经济共同发展的基本经济制度是中国特色社会主义制度的重要支柱，也是社会主义市场经济的根基。”又说：“国有企业属于全民所有，是推进国家现代化、保障人民共同利益的重要力量。”“必须毫不动摇巩固和发展公有制经济，坚持公有制的主体地位，发挥国有经济的主导作用，不断增强国有经济活力、控制力、影响力。”可以看出，那些用市场决定资源配置的作用，否定国有经济和一切公有制经济，主张全面私有化的观点，是在与三中全会的决定唱反调，也是与中国特色社会主义背道而驰的。

还有，前面已说明，我国从理论与实践上由计划经济转向社会主义市场经济，是经过一个认识逐步发展过程的。破除了认为市场经济只能以私有制为基础、是资本主义经济制度的内涵的国际主流观点。我国三十多年来的市场取向改革和社会主义市场经济的建设，获得了显著成就。证明国有经济为主导、公有制为主体、多种所有制经济共同发展的基本经济制度，能够有利于解放和发展生产力。然而，现在有人否定国有经济或公有制经济能够与市场经济相结合。将理论认识倒退回改革开放前的观点。改革开放前和改革开放初期阶段，认为社会主义公有制经济不能与市场经济相结合，搞市场经济会走向私有化和资本主义。改革的大潮冲破了这一认识上的障碍，起了解放和发展生产力的作用。然而现在有人反其道而行之，提出已被改革大潮淹没的老观点作为自己的"新观点"：市场经济不能与公有制特别是国有经济相结合，只能搞私有化的市场经济。老观点是：既然市场经济只能以私有制为基础，不能与社会主义公有制相结合。因此，要社会主义，不要市场经济！"新观点"是：断言市场经济不能与国有经济或公有制经济相结合。因此，要市场经济，不要国有经济。然而，现在世界上只有两种市场经济，一种是以私有制为基础的资本主义市场经济，一种是以公有制为基础或为主体的社会主义市场经济。因此，用市场经济否定国有经济，主张变国有为私有，就是不要社会主义，要资本主义！其实，这种"新观点"并不真新，它是哈耶克的老观点。在 20 世纪 30 年代计划经济与市场经济的论战中，哈耶克就提出：要么是市场经济，要么是社会主义，"二者必居其一"。可见，"新观点"不过是哈耶克奉行的新自由主义的翻版！

提出让市场在资源配置中起决定作用，就要否定政府对企业的不当干预。在微观经济领域，是由市场而不是由政府决定资源配置。特别应防止和处置某些腐败官员为一己之利而不当干预和妨害企业特别是私营企业的经营活动。但市场起决定作用，不是要弱化和否定必要的政府调控作用，不是全盘彻底放开市场这只看不见的手，完全捆死政府宏观调控这只看得见的手。任市场盲目力量自发运行，让其不可避免的消极作用自由放任。不能把市场决定作用与宏观调控对立起来。不是强政府、弱市场，那是计划经济体制。也不是强市场、弱政府，那是资本主义前期阶段的自由市场经济，即政府只起"守夜人"角色的市场经济。也不是现代新自由主义所推行的市场经济。我们的市场经济应是有效的、健全的市场与有效的、有为的政府相结合的社会主义市场经济。当代资本主义国家也实行政府调节的市场经济，将两只手结合起来。请看萨缪尔森风行世界的《经济学》一书中的论述："从 90 年代开始，美国逐渐离开了过去的信条

‘统治最少的政府是统治最好的政府’。”“国家还试图通过越来越严格的社会管制保护健康和安全”；“政府的一个中心经济目的是帮助按社会需要进行资源配置”；“有时候，政府作出的选择凌驾于基于市场供给和需求的配置决定之上”；“政府应进行干预以增进市场经济的功能和公正”；“不受管制的企业总是倾向于污染空气、水源和土地。市场不是理想的。存在着市场失灵”；“自由放任制度下的完全竞争可能导致巨大的不平等”。美国等发达资本主义国家的经济制度，是市场经济运行和发展了几百年的成熟的市场经济制度。这样的市场经济仍需要政府多方面地发挥其调节市场和企业的作用，我国作为社会主义国家，能否定和弱化政府应有的职能吗？

近年来，反对“政府主导”的声音不绝于耳。然而，我国先实行计划经济，再实行计划经济与商品经济的结合，又实行计划经济与市场调节（市场经济）相结合，最后由计划经济转型为社会主义市场经济，现在又用市场在资源配置中起决定性作用取代原来的基础性作用，哪一环节的变化不是由党和政府自觉主导的呢？社会主义经济社会的发展和改革大业，缓解和消除当前存在收入差距过大的贫富分化现象，实现共同富裕，以及调结构、转方式、惠民生等，离开党的领导和政府的主导能实现吗？

政府调控不仅有监管与健全市场行为的职责，特别在宏观经济领域，政府更要起主导作用。例如，提出西部大开发，振兴东北老工业基地，建立特区和自由贸易区等，不是政府主导的吗？生产力在全国的合理配置，实现总量平衡、防控通胀、扩大就业等，离开政府的主导作用能实现吗？

不要动不动拿苏联模式思维说事。有的学者公开否定公有制经济，主张私有化，否定党和政府的作用。不过公开讲出这些观点，人们在承认其直爽的同时，对其事实上是要改旗易帜的主张会看得清楚。而有些手法比较高明的学者，不便讲明以上观点，就借批评苏联模式思维绕着弯地来讲出其想讲的东西，实际上也是“项庄舞剑，意在沛公”耳。

第六辑　新时代以来经济理论和实践研究

澄清供给侧结构性改革的几个认识误区*

习近平同志去年11月份主持召开中央财经领导小组第十一次会议时强调，在适度扩大总需求的同时，着力加强供给侧结构性改革，着力提高供给体系质量和效率。去年底召开的中央经济工作会议对于加强供给侧结构性改革做出了具体部署。几个月来，社会上出现了对供给侧结构性改革的种种解读，但有些解读并不准确，甚至存在较大偏差。只有澄清认识误区，从理论和实践的结合上完整准确地把握中央精神，供给侧结构性改革才能取得预期效果。

一、供给侧结构性改革与发挥“三驾马车”对经济的拉动作用不是对立的

“供给侧结构性改革”是一个新的经济术语，是党中央的重大创新。因此，不能简单地从西方经济学比如从萨伊的“供给自动创造自身的需求”的观点中寻找我国推进供给侧结构性改革的理论源泉，因为两者根本不搭界。萨伊是用供给创造需求、总供给会与总需求相一致这一观点来否认资本主义会出现生产过剩的经济危机，进而为资本主义制度辩护。而我国的供给侧结构性改革是在供给侧结构与需求侧结构失衡的现实形势下采取的新的有效举措。也不能用某些西方国家供给侧改革失败来说事。我国的供给侧结构性改革是从我国经济运行中的实际问题出发采取的看得见摸得着的改革措施，

* 原载于《人民日报》2016年4月20日。

有利于经济更好发展，与其他国家不能简单类比。

为了正确认识和理解供给侧结构性改革，需要到中央的有关论述中寻找答案。去年底召开的中央经济工作会议指出，“推进供给侧结构性改革，是适应和引领经济发展新常态的重大创新”，应当“在理论上做出创新性概括，在政策上做出前瞻性安排”，“加大结构性改革力度，矫正要素配置扭曲，扩大有效供给，提高供给结构适应性和灵活性，提高全要素生产率”。由此可见，我国的经济政策重点转向供给侧结构性改革，是要“矫正要素配置扭曲，扩大有效供给”。这里强调“提高供给结构适应性和灵活性”，是指提高供给结构对需求变化的适应性和灵活性。因此，决不能将供给侧结构性改革与扩大需求分离开来甚至对立起来，决不能割裂供给与需求的内在联系。推进供给侧结构性改革，是为了通过调整供给结构更好地发展经济以适应和满足国内外市场需求，是适应和引领我国经济发展新常态的重大举措。

有的观点认为，过去一直强调的发挥“三驾马车”(消费、投资和出口)对经济增长的拉动作用属于需求侧管理，需求侧管理与供给侧结构性改革是对立的、矛盾的，因而推进供给侧结构性改革就要抛弃“三驾马车”。其实，供给侧结构性改革与需求侧管理并不矛盾。消费、投资和出口的“需求”是从发展经济要满足这三方面的需要来讲的，其中只有消费需求是相对于供给侧的需求，出口和投资则不能简单地看作是相对于供给侧的需求。

“三驾马车”中的消费，主要是指国内消费需求，国内消费需求旺盛会有力地带动经济发展。2015 年，我国国内消费对经济增长的贡献率达到 66.4%。现在和将来依然要重视扩大国内消费需求，它与供给侧结构性改革不是分离的，而是统一的。关于投资，固然存在对投资品的需求，但投资作为生产行为，是为需求提供产品，属于供给侧范畴。至于出口，是用以满足国外的消费需求，对我国来讲，是向国外供给产品，也属于供给侧范畴。因此，不能将促进“三驾马车”拉动经济增长的政策简单地理解成需求政策，也不能误以为中央提出供给侧结构性改革是为了取代对于“三驾马车”的需求侧管理。当前，我国仍然需要发挥消费、投资和出口对经济增长的拉动作用。

从消费方面说，随着精准扶贫、精准脱贫的推进，我国几千万贫困人口脱贫后对日用消费品的需求将不断扩大。应注重满足这些需求，同时在供给结构方面适应国内消费需求结构发生变化的新形势，生产适销对路、质优价廉、安全方便的产品。特别是随着居民收入和生活水平的提高，社会对中高端消费品的需求增加，要求增加中高端商品的多样性供给。

从投资方面说，经济发展离不开投资，我国每年仍然需要新增投资以满足经济发展需要。但应更加注重投资效率的提升和投资结构的优化，做到有压有增，按照“矫正要素配置扭曲，扩大有效供给”的方针进行投资。

从出口方面说，由于受国际需求疲软的影响，我国近年来出口增速下降。应积极探索扩大出口贸易的新途径，包括优化出口结构，提供更加适应国际市场需要的优质中高端产品；提高出口产品附加值，推动我国产业向价值链中高端攀升；等等。

可见，供给侧结构性改革不是针对促进“三驾马车”发挥作用的需求侧管理，反而恰恰是要求投资和出口作为提供产品的供给方进行适应需求变化的结构性改革，实现需求侧与供给侧更好契合、有机统一。因此，在实践中，供给侧结构性改革要包括投资结构性改革和出口结构性改革。

二、产能过剩、供给结构与需求结构失衡的表现和原因错综复杂，不能简单化理解

随着经济不断发展，我国需求结构发生变化，新的更高层次的需求不断涌现，而供给并未有效适应发展变化了的需求，导致供给与需求不匹配，这是发展中的结构性供求失衡。在实际工作中，应区分并重点关注供给与需求失衡的两种情况。

情况一：供给大于需求导致产能过剩。

当某产品在一定时期内的供给严重超过需求时，就会出现产能过剩的情况。产能过剩可以分为生产资料产能过剩和消费资料产能过剩。我国目前存在的突出问题是由钢铁、煤炭等过剩形成的生产资料产能过剩，产品积压、价格下跌，导致一些企业经营困难。

产能过剩的原因是什么？对此存在不同看法。有观点认为，产能过剩是市场决定资源配置的作用发挥不够、国家干预过多的结果。另有观点认为，造成这个问题的根源在于市场秩序混乱，既没有形成有效的行业自律，又存在明显的地方保护和政府监管失效。后一种观点更符合理论与实际。西方发达国家是成熟的市场经济国家，但会周期性地出现生产过剩即产品与产能过剩。这正是市场经济规律发挥作用的表现，是市场自发性调整的表现。市场经济运行的客观规律是通过供求规律、竞争规律、价值规律调节市场供求。在经济趋热时，生产要素供给紧张，价格不断提高，促使钢铁、煤炭等企业增加产能以扩大供给；但在经济紧缩、需求减少时，则会转为供大于求的情况，形成产能过剩。

因此，我国实行社会主义市场经济，既要认识市场决定资源配置的灵活性、效率性、有效性，这是主要方面；又要看到其调节功能的滞后性、自发性所带来的短缺与过剩交替出现的现象，这是由市场本身固有的性质决定的，不能简单归因于政府干预过多。应认识到，由于我国存在行业自律机制不健全、地方保护和监管失效等问题，产能过剩的成因更为复杂。因此，解决产能过剩问题，既不能回归计划经济老路，也不能完全放给市场，而应在充分发挥市场配置资源决定性作用的同时更好发挥政府的作用，把握市场运行规律，加强和改善宏观调控，作出战略性、前瞻性安排；同时，要打破地方保护，构建全国统一大市场。

至于某些一般消费资料产品过剩，其主要原因之一是低收入群体和贫困人口虽有实际需求，但缺少支付能力。这一问题并不是供给侧的问题，而是有效需求不足的问题。目前，我国还有5500多万贫困人口。随着这些人口逐步脱贫进入全面小康，随着居民收入不断提高，对一般消费品的需求量会显著扩大。因此，通过提高低收入群体收入水平扩大其消费需求，是解决一般消费品供给过剩的关键。当然，一般消费品也需要不断提高质量、升级换代，以更好适应市场需求。

要认清我国的产能过剩同资本主义国家产能过剩的区别。资本主义生产和产能过剩会造成经济危机，大量工厂倒闭，大批工人失业，购买力萎缩，商品价格大幅下跌……我国产能过剩则是局部性或结构性的。我国的社会就业总量仍在增加，2015年我国城镇新增就业人数为1312万人；居民购买力和消费量在增加，2015年我国社会消费品零售额达到30.1万亿元，比上年增长10.7%。因此，我国并不存在西方国家那种经济危机。我国解决产能过剩问题，既要发挥市场调节作用，更要发挥政府解困作用，包括多兼并、少破产并对关停企业的工人作出统筹安排等。

情况二：有效供给不足，不能适应和满足需求结构变化后的市场需求。

当前我国存在的供给侧结构性问题，一方面是某些产品供给侧过剩、产能过剩；另一方面是某些产品缺乏有效供给，难以满足生产和生活消费的需要。比如，我国的钢铁产能总量过剩，但一些特殊的高级钢材仍需要进口。前一阵子媒体热议的圆珠笔芯的圆珠，就是国内无法生产而需要进口的。虽然通过进口也能满足国内生产和消费需求，但这表明我国在很多领域还有巨大的市场需求难以通过自主生产来满足，这些领域不是产能过剩，而是有效供给不足。出现这一情况的主要原因是技术水平落后，需要通过技术创新来解决。

又比如，随着我国居民生活水平的提高，高收入阶层对高档消费品的需求增加，在海外购买奢侈品成为高端消费者的消费常态。有研究报告表明，2015年全球奢侈品营业额中的一半来自中国消费者，中国消费者的花费达1168亿美元。其中，910亿美元以上的奢侈品消费发生在海外，也就是78%的奢侈品是在国外购买的。不仅如此，由于一些居民对假冒伪劣商品和食品安全问题心存顾忌，连许多一般消费品也在国外购买。还有一些日用消费品中国并不缺，可是国外产品加了点小技巧，使用更方便或是质量更高，国人也会大量购买。诸如此类原因，导致我国相当大一部分购买力流向国外，不利于我国经济发展。解决这一问题，必须依靠增加能满足消费者需求的有效供给。

所以，推进供给侧结构性改革，需要对生产结构和消费结构进行具体分析，根据具体问题提出解决办法，既强调供给又关注需求，目标是提高供给体系的质量和效率，使供给结构与需求结构变化相一致。

三、供给侧结构性改革不可能一蹴而就，需要统筹抓好近期任务和长期任务

推进供给侧结构性改革，中央提出要抓好去产能、去库存、去杠杆、降成本、补短板五大任务。有人认为，这五大任务是近期任务。不言而喻，这五大任务提出后就要抓紧实施，力求尽快见到成效，但并非都是近期任务，有些需要付出长期努力。其中，去产能、去库存、去杠杆是近期需要完成的任务，以帮助一些行业和企业尽快脱困，尽快改善经济运行质量、提高资源配置效率。而降成本、补短板则不是短期能完成的，需要远近结合、统筹谋划。降成本，固然在短期内可通过减税、企业挖潜、节约成本等见效。但从根本上看，我国一些产品的成本和价格远高于发达国家，是由于我国生产技术水平和劳动生产率比人家低很多。生产技术水平低，产品的质量和档次就低；生产技术水平高，产品的质量和档次就高。劳动生产率低，产品的成本和价格就高；劳动生产率高，产品的成本和价格就低。我国产品要提高质量和档次，需要科技创新、管理创新、制度创新，还需要不断提高职工的能力素质和操作水平。这样才能既提高产品的科技含量和质量，又降低成本和价格，提高产品的国际竞争力。补短板，在产品供给方面至少包括两个方面：一是增加产品的品种数量。有资料表明，我国的产品种类至多有30多万种，而发达国家有60万至70万种。二是开发高端新产品。由于技术水平的问题，我国所需要的某些高端产品不能自产，需要通过进口满足需要。开发高端产品，扩大高端产品生产能力，

是补短板的主要任务之一。这同样需要抓科技创新，需要政府、企业、科研机构相互配合、协同发力，是一个需要持续推进、久久为功的过程。

四、推进供给侧结构性改革需要市场和政府的有效配合

供给侧结构性改革的去产能、去库存、去杠杆、降成本、补短板五大任务，仅从字面上看，容易认为这是一种政府行为，是政府要加大对市场的干预。这种理解和认识并不科学。不错，完成这五项任务，特别是去产能、去库存，离不开政府的作为。但政府的这种作为，是在市场决定资源配置的基础上进行的，是与市场配置资源的方向一致的。试想，如果政府不出手，完全由市场自发调节供求关系，会有许多产能严重过剩的企业破产倒闭，大量工人失业，产生严重社会问题。如果政府不作为，任由假冒伪劣商品泛滥，不仅人民生活质量受到影响，国人也将会更大规模地涌向国外市场，这也会导致国内市场萎缩、大量企业破产倒闭、更多职工失业。现在，在供求结构性失衡的情况下，需要发挥政府弥补市场不足和支持市场功能的作用。政府的作用是正面的，又是与市场调节作用相结合的。

从实际情况看，作为供给侧结构性改革的重要一环，投资结构性改革需要有关企业按照市场需求变化组织有效投资，从而提供有效供给。同样，出口结构性改革也需要外贸企业根据国外市场需求变化组织货源，依然是市场决定资源配置。政府的作用是弥补市场功能的不足，稳定市场和社会秩序，促进企业和社会持续健康发展。钢铁和煤炭等困难行业去过剩产能，会有大量职工下岗。如果完全靠市场调节，这些职工必然面临完全失业的境地。我国政府并没有坐视不管，中央财政要安排1000亿元专项奖补资金，重点用于职工分流安置。这种政府作为显然是为了弥补市场功能的不足。如果把这视作政府干预，那显然是有利于减少市场混乱、有利于企业发展、有利于减少失业的正当干预，是为了保障和改善民生的必要干预。社会主义市场经济的优势正在于既能使市场在资源配置中起决定性作用，又能更好发挥政府作用。

应准确解读我国新时代社会主要矛盾的科学内涵*

立足于对社会主要矛盾的科学判断来确定党和国家的工作重心和根本任务，是事关中国特色社会主义建设事业全局的根本性问题。十九大报告提出："中国特色社会主义进入新时代，我国社会主要矛盾已经转化为人民日益增长的美好生活需要和不平衡不充分的发展之间的矛盾。"①以此取代原有的社会主义初级阶段的主要矛盾，即人民日益增长的物质文化需要和落后的社会生产之间的矛盾。这一新的重大判断和历史性论断，坚持了运用矛盾分析法看待社会发展的马克思主义理论精髓，为制定新时代中国特色社会主义改革发展的新方略提供了基本依据。鉴于目前对社会主要矛盾内涵的主流解读囿于生产力落后以及城乡、区域发展和收入水平等现象层面的不平衡，有必要从理论层面加以澄清。

一、从供给侧和需求侧的关系认识当前中国社会主要矛盾

社会主义初级阶段社会主要矛盾的转化问题，是马克思主义政治经济学和中国特色社会主义政治经济学的一个重要理论和实践问题，是社会主义条件下对社会主要矛盾的新的分析和新的认识，也

* 原载于《马克思主义研究》2018 年第 9 期。

① 习近平：《决胜全面建成小康社会 夺取新时代中国特色社会主义伟大胜利——在中国共产党第十九次全国代表大会上的报告》，北京：人民出版社，2017 年版，第 11 页。

是改革开放 40 年来生产力大幅度提高、人民生活质量和水平显著提升的结果。正确解读和运用这一理论，有助于明确和把握解决这一主要矛盾的途径、动力和方略，从而有助于顺利实现“两个一百年”的战略目标。

然而，从十九大以来的有关研究论著看，目前对此存在着解读和认识上的重大差别。在包括权威媒体的诸多讲解中，较普遍地把作为社会主要矛盾主要方面的“不平衡不充分的发展”，解读为区域和城乡发展不平衡，收入不平衡，落后地区发展不充分，生产力不平衡，还存在落后的生产力，等等。具有代表性的观点认为：发展不平衡，主要指各区域各方面发展不够平衡，制约了全国发展水平提升；发展不充分，主要指一些地方、一些领域、一些方面还有发展不足的问题。这种观点还认为：从社会生产力看，我国仍有大量传统的、相对落后甚至原始的生产力，而且生产力水平和布局很不均匀；从城乡区域发展看，发展水平差距仍然较大，特别是老少边穷地区经济社会发展还比较落后；从收入分配看，收入差距仍然较大。这些发展不平衡不充分问题相互掣肘，带来很多社会问题，是现阶段各种社会矛盾的主要根源。笔者认为，这种作为主流观点的解读不够准确，既脱离了十九大报告的本意，不符合习近平同志的一再论述，也不符合 2018 年政府工作报告的有关解读。

从理论逻辑上看，“发展不平衡不充分”本是指相对于美好生活需要而言供给还不充分，形成需求侧与供给侧的不平衡。如果离开这一主题，大谈无直接关联的多种不平衡，就会偏离对当前社会主要矛盾的本质的把握，有点离题。从现实层面看，这种局限于生产力落后、城乡和地区差异的解读，并不能从实际经济生活情况说明供给不能充分满足美好生活需要所形成的供求不平衡，究竟表现在哪里。

第一，“发展不平衡不充分”的突出问题并不内在地取决于城乡、区域发展和收入水平的不平衡以及生产力落后等内容。十九大报告和习近平同志的多次有关讲话，都没有把作为新的社会主要矛盾主要方面的不平衡不充分发展解读为城乡、区域发展和收入水平的不平衡以及生产力落后等。虽然十九大报告中也提到“城乡区域发展和收入分配差距依然较大”，但那是作为另外的“不足”问题讲的，与主要矛盾不挂钩。

十九大报告首先论述了“过去五年的工作和历史性变革”，讲了所取得的巨大成就，又一分为二地提出我国还存在的七方面“不足”。其中有些内容并不涉及主要矛盾，包括第三个方面的“不足”即“社会文明水平尚需提高”等。而且，这七个方面的“不足”是分别用分号明确区别开来的。第一个“不足”就是作为社会主要矛盾供给侧的不平衡不充分发展。它明确指出："发展不平衡不充分的一些突出问题尚未解决，发展质量和效益还不高，创新能力不够强，实体经济水平有待提高，生态环境保护任重道远。"①在这里，已经清楚地说明了不平衡不充分发展的主要内涵。

"发展不平衡不充分"构成我国经济社会发展中的首要"不足"，是全部"不足"的核心内容之一，但并不是其全部。从人民日益增长的美好生活需要看，人民需要质量和科技含量更高的消费品，需要美好的生态环境等。但是，目前的生产与供给不充分，主要原因在于发展质量和效益不高，科技创新和创新驱动发展不够，虚拟经济干扰实体经济的发展，生态环境保护措施存在不足等，这就形成供给侧与需求侧的不平衡。十九大报告所讲的第二个"不足"是"民生领域还有不少短板……城乡区域发展和收入分配差距依然较大"，这一"不足"与前述的"不足"存在着严格的区别。有的学者和其他人士容易将这两种有别的"不足"混在一起，用后者解读前者，这种理解显然是一种偏离。

第二，初级阶段社会主要矛盾针对的是需求侧和供给侧两个方面的关系和矛盾。从理论逻辑上看，初级阶段的社会主要矛盾，无论转化前或转化后，都是从需求侧和供给侧两方面的关系和矛盾讲的。原有主要矛盾中的"落后的社会生产"，是直接相对于"人民日益增长的物质文化需要"讲的。现在所讲的主要矛盾中的"不平衡不充分发展"，是直接相对于"人民日益增长的美好生活需要"讲的。由于不能充分满足人民日益增长的美好生活需要，从而形成供给与需求的新的不平衡。不能离开这个根本关系和矛盾，侈谈其他无关的不平衡不充分。而且，更应注意到的一个重要问题是：讲主要矛盾是从总体、从宏观层面来讲的。原来讲主要矛盾是人民日益增长的物质文化生活需要同落后的社会生产之间的矛盾，是从当时全国整体上着眼的，广大人民群众处于绝对贫困状态，连日用必需品也需凭票限量供应，温饱问题尚有待解决，其根本原因是生产力绝对落后。其实，当时同样存在多种发展不平衡，如生产力布局和发展不平衡，生产设备总体上落后，但也有一部分新建的先进技术设备和当时属于现代化的企业。同样存在城市发展快于农村、东部沿海地区发展高于中西部地区、个人收入也很不平衡的情况。以收入差别为例，1956 年工资改革后的工

① 习近平：《决胜全面建成小康社会　夺取新时代中国特色社会主义伟大胜利——在中国共产党第十九次全国代表大会上的报告》，北京：人民出版社，2017 年版，第 9 页。

资级别分25个等级，高低相差16倍多。高校教师和科研人员的工资分13级，一级教授为345元，助教最低者为42.5元。虽然有上述多种发展不平衡，但当时社会主要矛盾的表述可以完全不考虑这多种不平衡的存在，并不影响从总体上对社会主要矛盾的表述。同样，它也不影响从总体上说生产力绝对落后，人民生活绝对贫困这种总体的判断。为了缓解和改变这一主要矛盾，就要大力发展生产力，发展商品经济，进行改革开放，发展多种所有制经济，不断提高人民的物质文化生活水平。目前我国总体上实现了小康水平，与我国着力化解原有主要矛盾是分不开的。因此，可以说，改革开放40年，是解决和消除原有社会主要矛盾的40年，是走向民富国强的40年。

中国特色社会主义进入新时代，新时代的社会主要矛盾已转化为人民日益增长的美好生活需要和不平衡不充分发展的矛盾。转化前后的两种主要矛盾，都属于社会主义初级阶段的主要矛盾，都是供给和需求的矛盾。只不过是供给侧和需求侧的内涵发生了质的变化，两侧都升级了。这是因为，随着40年改革开放的成果不断扩大，主要矛盾由逐渐的量变转向质变，供求双方的内涵都升华了。有些低端日用消费品产能过剩，表明温饱问题已总体上解决，生活需要的档次和质量提高了、内容拓宽了。人民群众既需要高品质的物质文化生活，也需要青山绿水蓝天白云，还有民主、法治、公平、正义、安全等。这种美好生活需要的转化，是生产力快速发展的结果，是生产和供给总水平提高的结果，是我国进入世界中高收入阶段的结果。这也是从总体上来讲的，并不排除低收入群体和部分贫困人口的存在，以及某些方面差距和落后的存在。但是，人民日益增长的美好生活需要目前还不能充分满足。因而还存在着生产供给与美好生活需要的不平衡，形成了新的社会主要矛盾。试问：如果没有生产力的快速发展，社会财富的不断增长，生产供给质量和档次的提高，哪来美好生活需求的日益增长？社会主要矛盾的转化，如十九大报告所述，是以“我国社会生产力水平总体上显著提高，社会生产能力在很多方面进入世界前列”为前提的，接着才讲“更加突出的问题是发展不平衡不充分”。可见，用生产力落后，还存在“原始的生产力”、乡村落后、中西部落后等来解读不平衡不充分的发展，是与十九大报告本意相悖的。那种解读等于说，我国进入新时代，生产供给侧的水平和质量没有变化、没有提高，而需求侧的档次和质量却大幅度提升了，发生了质的变化，凭空转化为人民日益增长的美好生活需要了，是与旧有的生产力落后和区域城乡不平衡等形成了矛盾。这种逻辑显然是悖理的。

第三，对社会主要矛盾的主流解读与实际经济生活状况明显相悖。兹举点事例：第一个事例是，作为美好生活需要的重要一环，是国人出境旅游人次不断增多。从2002年到2017年，由8300万人次增加到1.3亿人次。除旅游外，还要购买大量高档高质消费品。联合国世界旅游组织发布的报告显示，中国游客多年蝉联境外消费冠军。2016年，境外消费达2610亿美元。2015年，中国人买走全球46%的奢侈品，这使我国购买力大量外流。这一情况既表明我国人民富起来了，又表明对他们是作为美好生活需要不可缺少的高档高质消费品需求在增长，但国内还不能充分供应，形成新的供需不平衡。这种情况与城乡不平衡、区域不平衡等有关吗？解决矛盾的办法，一是治标，降低相关消费品进口关税，让国人将购买力留在国内。二是治本，通过创新驱动发展、供给侧结构性改革，国内能自行生产出这类产品来。第二个事例：广大群众作为美好生活需要的智能手机和高科技消费品，需要有高级芯片，但我国还不能自己生产，需每年花2000亿美元从美国进口，这又是国内生产供给不能充分满足国人高端消费需求的表现。现在已有经验教训，如果依靠大量进口芯片或其他高科技产品，以平衡国内高端需求，存在受制于人的隐患，可能带来遭受巨大损失的风险，国内生产应尽快补足这一短板。这种短缺的产生与解决，也与城乡区域和收入等发展不平衡无关。还可举个总的事例：城市需要的优质米面、肉类、豆类、蔬菜、水果等，需要农村供应；农村需要的诸如高效医药、优质奶粉、优质油盐，以及其他优质工业消费品等，需要城市供应。但在质量、品种、档次和安全等方面还不能充分满足城乡人民美好生活需要，从供需两方面看，也显然不能用区域城乡不平衡、收入不平衡等因素来解释。

二、从社会主要矛盾解决途径认识“不平衡不充分发展”

在论述商品经济和资本主义的历史发展时，马克思指出：“问题和解决问题的手段同时产生。”①新时代中国社会主要矛盾的解决，同样也需要将主要矛盾与解决矛盾的途径联系起来。目前的主流解读，将新时代社会主要矛盾中的发展不平衡不充分，片面解读为还存在着落后生产力，以及在区域、城乡和收入等方面存在着不平衡，必然导致一个问题，即解决上述问题的思路与十九大报告解决社会主要矛盾的途径相悖。怎样解决新的社会主要矛盾，这与怎样理解发展不平衡不充分的内涵密切相关，十九大报告和2018年的政府工作报告都有明确说明，不能偏离这些说明来错误解读。

① 《马克思恩格斯文集》第5卷，北京：人民出版社，2009年版，第107页。

解决新的社会主要矛盾的途径是什么？解决新的社会主要矛盾，就是要解决作为社会主要矛盾主要方面的发展不平衡与不充分。十九大报告和习近平同志的多次讲话已讲清楚了。十九大报告的第八部分“提高保障和改善民生水平，加强和创新社会治理”，实际上回答了解决新的社会主要矛盾的主要途径。其中讲到：“不断满足人民日益增长的美好生活需要，不断促进社会公平正义，形成有效的社会治理、良好的社会秩序，使人民获得感、幸福感、安全感更加充实、更有保障、更可持续。”为此提出七项战略举措：一是优先发展教育事业；二是提高就业质量和收入水平；三是加强社会保障体系建设；四是坚决打赢脱贫攻坚战；五是实行健康中国战略；六是打造共治共建共享的社会治理格局；七是有效推进国家安全。在十九大报告的第一部分还指出：“必须认识到，我国社会主要矛盾的变化是关系全局的历史性变化，对党和国家工作提出了许多新要求。我们要在继续推动发展的基础上，着力解决好发展不平衡不充分问题，大力提升发展质量和效益，更好满足人民在经济、政治、文化、社会、生态等方面日益增长的需要。”①从这段话中可以看出：首先，社会主要矛盾的变化，包括由“落后的社会生产”提升为“不平衡不充分的发展”，都是“关系全局的历史性变化”，而区域城乡发展不平衡，某些方面发展落后等，是原已存在的老问题，不存在关系全局的历史性变化。其次，解决不平衡不充分发展的重要环节是“大力提升质量和效益”。复次，还要满足人民政治、文化、社会、生态等方面的需要，所有这些都与区域、城乡等方面的不平衡无关。十九大报告的第三部分也讲到解决社会主要矛盾的途径：“明确新时代我国社会主要矛盾是人民日益增长的美好生活需要和不平衡不充分的发展之间的矛盾，必须坚持以人民为中心的发展思想，不断促进人的全面发展、全体人民共同富裕。”十九大报告第五部分“贯彻新发展理念，建设现代化经济体系”同样与解决发展不平衡不充分的短板相关。它指出：“我国经济已由高速增长阶段转向高质量发展阶段，正处在转变发展方式、优化经济结构、转换增长动力的攻关期，建设现代化经济体系是跨越关口的迫切要求和我国发展的战略目标。必须坚持质量第一、效益优先，以供给侧结构性改革为主线，推动经济发展质量变革、效率变

① 习近平：《决胜全面建成小康社会　夺取新时代中国特色社会主义伟大胜利——在中国共产党第十九次全国代表大会上的报告》，北京：人民出版社，2017年版，第11—12页。

革、动力变革，提高全要素生产率，着力加快建设实体经济、科技创新。”①

可以看出：十九大报告不是集中在一处诠释社会主要矛盾转化问题和解决不平衡不充分发展的途径，而是分散在多处论述的。之所以如此，主要是因为经济、社会、政治、文化、生态等各方面的发展，都与新的社会主要矛盾相联系，都与在发展中要解决发展不平衡不充分的短板密切相关。

这里再引证2018年3月政府工作报告中的有关说明，这是经党中央研究通过的。其中讲到今年的工作任务，是认真贯彻习近平新时代中国特色社会主义经济思想。第一任务就是“大力推动高质量发展……要着力解决发展不平衡不充分问题，围绕建设现代化经济体系，坚持质量第一、效益优先，促进经济结构优化升级”。这就表明，今后发展经济，首先要着力于解决新的社会主要矛盾中发展不平衡不充分的问题，解决的途径重在提高质量和效益，优化经济结构等。

无论十九大报告还是政府工作报告，无论讲新的社会主要矛盾的内涵或解决不平衡不充分发展的途径，都没有提及区域、城乡和其他不平衡。事实上，这些方面的不平衡只能缩小，难以完全消除。因此，不可能依靠消除这些方面的不平衡解决新的社会主要矛盾。如果说，改革开放30多年中的经济社会发展是围绕着解决原有的社会主要矛盾进行的，那么，今后直到21世纪中叶，经济社会的发展，是要围绕着新的社会主要矛盾展开的。而基本解决新的社会主要矛盾，需要到21世纪中叶才能完成。至于完全满足人民美好生活需要，完全实现全民共同富裕，应是在社会主义高级阶段。

当然，从我国发展经济社会的总体战略任务、实现“两个一百年”的奋斗目标，最终实现全体人民的共同富裕的原则来讲，缩小区域城乡发展差距，缩小收入分配差距，着力提高老少边穷地区的生产和生活水平，是完全必要的，并且要纳入发展战略目标的整体布局中。但这与相对于人民日益增长的美好生活需要而言的发展不平衡不充分，是内涵不同的两回事情。

应当指出，在讲解十九大精神的论著中，也有部分论文对社会主要矛盾中的不平衡不充分的发展进行了符合十九大原著的说明。如张高丽同志在《开启全面建设社会主义现代化国家新征程》一文中讲：“我国社会主要矛盾的变化是

① 习近平：《决胜全面建成小康社会　夺取新时代中国特色社会主义伟大胜利——在中国共产党第十九次全国代表大会上的报告》，北京：人民出版社，2017年版，第30页。

关系全局的历史性变化……我们要坚持以经济建设为中心，坚持稳中求进工作总基调，贯彻新发展理念、建设现代化经济体系，坚持质量第一、效益优先，以供给侧结构性改革为主线，着力加快建设实体经济、科技创新。”①这里就没有从区域城乡等发展不平衡去解读。

刘云山同志在《深入学习贯彻习近平新时代中国特色社会主义思想》一文中，讲社会主要矛盾也未涉及区域城乡等不平衡。文中指出：“新时代我国社会主要矛盾是人民日益增长的美好生活需要和不平衡不充分的发展之间的矛盾，必须坚持以人民为中心的发展思想，不断促进人的全面发展、全体人民共同富裕；明确中国特色社会主义事业总体布局是‘五位一体’、战略布局是‘四个全面’。”②同样没有提及与此无关的其他多种不平衡和生产力落后等。

三、从整体性和层次性两个方面深化认识社会主要矛盾

人民日益增长的美好生活需要和不平衡不充分发展之间的社会主要矛盾，如前所说，是从整体性来考察的。尽管存在多方面发展的差别，但总的来说，物质文化生活水平都较普遍地提高了。毋庸讳言，我国还存在收入差距过大的事实，存在贫富分化。这是引起社会诸多矛盾的一个不容忽视的因素，是建设社会主义应消除两极分化、最终达到全民共同富裕的一个绕不开的难点，也可以说，是中国特色社会主义肌体的一个痛点。事实上，习近平同志已经关注这一问题。他在 2015 年 10 月 29 日的讲话中明确指出：“共享发展注重的是解决社会公平正义问题。‘治天下也，必先公，公则天下太平矣。’让广大人民群众共享改革发展成果，是社会主义的本质要求，是社会主义制度优越性的集中体现，是我们党坚持全心全意为人民服务根本宗旨的重要体现。我国经济发展的‘蛋糕’不断做大，但分配不公平问题比较突出，收入差距、城乡区域公共服务水平差距较大。我们必须坚持发展为了人民，发展依靠人民，发展成果由人民共享，作出更有效的制度安排，使全体人民朝着共同富裕方向稳步前进，绝不

① 张高丽：《开启全面建设社会主义现代化国家新征程》，《人民日报》，2017 年 11 月 8 日。

② 刘云山：《深入学习贯彻习近平新时代中国特色社会主义思想》，《人民日报》，2017 年 11 月 6 日。

能出现‘富者累巨万，而贫者食糟糠’的现象。”①

还有一个不容回避但又似乎难以回答的理论和现实问题，很需要讲清楚。因为它与社会主要矛盾的转化问题是密切相连的。大家都知道，邓小平曾明确指出：“改革过程中如果出现了两极分化，改革就失败了。”②而我国从20世纪90年代开始出现收入差距过大的趋势，逐渐形成贫富两极分化现象。怎样评价？能否套用邓小平的预言，做出肯定的回答？我认为，正确回答这一问题，需要首先弄清与此相关的一些比较复杂的理论和现实问题。过去讲两极分化，一般是指由于社会分配关系严重不公平，造成富者愈富、贫者愈贫的两极分化，是绝对的两极分化。形象地描述，就是“朱门酒肉臭，路有冻死骨”。这一般是与以私有制为基础的剥削制度相联系的，邓小平也是从绝对两极分化意义上提出警示的。我把贫富分化分为绝对两极分化和相对两极分化。我国出现的两极分化是相对两极分化。尽管富者可以愈富，但贫者不会愈贫或恒贫。评价改革得失成败的标准，还是邓小平提出的三条标准：是否有利于发展社会主义社会的生产力，是否有利于增强社会主义国家的综合国力，是否有利于提高人民的生活水平。

众所周知，改革开放40年来，我国的社会生产力快速发展。根据统计资料显示，从1978年到2017年的40年中，我国GDP总量由3678亿元增加到82.7万亿元，按可比价格计算，年均增长约9.5%；人均GDP由385元增加到2016年的53935元。中国的经济总量所居世界的位次，由1978年的第十位已跃居仅次于美国的第二位。全国居民恩格尔系数由1978年的60%以上下降到2017年的29.3%，这表明中国第一次进入联合国划分的20%至30%富足区间③。恩格尔系数大幅下降，表明人民群众总支出中，用于食物消费支出占比减少，是一个家庭或国家富裕程度的简洁度量指标。

再从综合国力的发展来看：综合国力包括经济、政治、外交、军事、国际地位等多个方面。改革开放40年来，我国的国力空前提高。习近平同志在2016年1月18日的讲话中指出：我国在世界经济和全球治理中的分量迅速上

① 《习近平关于社会主义经济建设论述摘编》，北京：中央文献出版社，2017年版，第19页。

② 《邓小平文选》第3卷，北京：人民出版社，1993年版，第139页。

③ 数据来源于《2016中国统计年鉴》和《中华人民共和国2017年国民经济和社会发展统计公报》。

升，我国是世界第二经济大国、最大货物出口国、第三大货物进口国、第二大对外直接投资国、最大外汇储备国、最大旅游市场，成为影响世界政治经济版图变化的一个主要因素。为此，十九大报告又指出，我国已从站起来走向富起来和强起来，我国已经消除了一百多年中任由列强宰割、不断割地赔款的国家耻辱。

再从第三个判断标准来看，改革开放40年来，我国总体上消灭了绝对贫困，稳定解决了十几亿人的温饱问题，总体上实现了小康，不久将全面建成小康社会。虽然个人财富和收入差距较大，甚至存在相对两极分化，但又不能否认，低收入群体的实际收入和购买力也远比改革开放前提高不少。1956年，在职人员最低收入为三十几元，现在，包括农民工收入，较低的也有两三千元，增加近100倍，而平均物价上涨约在10倍以上。所以，可以说，40年来，我国既出现了一批富裕和比较富裕的阶层，又出现了在世界上人数最多的中产阶层，低收入群体也解决了温饱问题。还有部分贫困人口，通过大力精准扶贫、脱贫和实行低保，将会全部摆脱贫困状态。可以说，中国人民生活从短缺走向充裕，从贫困走向小康，从而社会主要矛盾发生了质的转化。

由此可见，从生产力的快速发展，综合国力的大幅度提高和总体上人民生活质量显著改善来看，我国改革开放40年的成就是显著的。

但是，要一分为二地分析问题。如果从社会主义的本质要求来看，从消除两极分化、实现全民共同富裕的社会主义基本原则来看，我国作为社会主义国家，出现相对贫富分化，毕竟不是发展与改革的成就，而是社会主义生产关系体系发展中的一种缺失。邓小平的警示还是有远见的。的确，发展起来后的问题，并不比发展起来前的问题少。富起来时的相对两极分化，比绝对贫穷时的共同贫穷产生的矛盾和问题会更多。为了从理论上说明这个问题，我们有必要印证马克思的一段论述："一座房子不管怎样小，在周围的房屋都是这样小的时候，它是能满足社会对住房的一切要求的。但是，一旦在这座小房子近旁耸立起一座宫殿，这座小房子就缩成茅舍模样了。这时，狭小的房子证明它的居住者不能讲究或者只能有很低的要求；并且，不管小房子的规模怎样随着文明的进步而扩大起来，只要近旁的宫殿以同样的或更大的程度扩大起来，那座较小的房子的居住者就会在那四壁之内越发觉得不舒适，越发不满意，越发感到受压抑。"①

---

① 《马克思恩格斯选集》第1卷，北京：人民出版社，1995年版，第349页。

当生产力绝对落后、物质匮乏、各种生活必需品凭票限量供应时，平均主义的供给方式使大家没有攀比，也没有怨恨，知道是国家穷。随着生产力快速发展，财富几十倍成百倍地增长，蛋糕越做越大。但分配不公，富人切去大块，给穷人留下一小块，尽管穷人的这一小块比过去也增大了，但相对差距越来越大。有些人的资产几十亿、几百亿、上千亿，某些高管和高级演艺人员的年收入几百万、几千万，有的富豪年收入几亿、几十亿，而低收入群体年收入只有三四万元，不少农民工还经常被业主欠薪。这种贫富的分化，会引发多种社会矛盾。缓解和消除贫富分化问题，是解决新时代社会矛盾不容忽视的问题。我们既不能劫富济贫，也不能限制富豪更富。至少在社会主义初级阶段必然如此。但是，为缩小贫富差距过大的情况，应有积极的对策。邓小平讲过，只要坚持公有制为主体，不会产生两极分化。因此，一方面，要如习近平同志所指出的，要做强、做优、做大国有经济，要重视坚持、发展和完善公有制为主体、多种所有制经济共同发展的“基本经济制度”；另一方面，个人资产几十亿、几百亿，年利润几亿、十几亿大企业主在缩小贫富差距中，可以起一定的积极作用。他们可多谋职工之利，多从事点社会救助事业，多为社会做点贡献。这既有利于缓解收入差距过大的矛盾，有利于共同富裕，也有利于减少弱势群体的仇富心理和社会矛盾。也应看到，虽然由于存在贫富分化的现象，会诱发诸多社会矛盾，但由于我国存在一个人数较多的中产阶层，有利于维持社会基本稳定，我们应在发展中继续扩大中等收入阶层。我们在研究新时代社会主要矛盾转化问题时，不能不研究这方面问题。我们既不能因为存在贫富差距过大现象，否认总体上说人民群众的生活水平显著提高，存在日益增长的美好生活需要。又需要看到，由于存在较大收入差距的事实，对美好生活需要的具体情况也是分不同层次的，解决社会主要矛盾的途径也是多方面的。因此，对“美好生活需要”和发展不平衡不充分的概念，应有个比较科学的符合实际的理解和把握。

首先，人民日益增长的美好生活需要是一个动态的概念，不是一个内涵固定化的概念，因为美好生活需要会不断提高和扩展。其次，由于人的财富积累和收入层次的不同，对美好生活需要的具体内容也会有所不同。复次，从美好生活需要的实现情况来说，存在三种不同的状况：一种是已实现或可实现的美好生活需要，这是有支付能力的需要；另一种是根据条件将会实现从而正在期待的美好生活需要；还有一种是处于期盼性的美好生活需要，期盼通过自己的努力和国家的扶持，能够实现美好生活需要。此外，我国作为社会主义国家，还存在广大人民群众共同的美好生活需要。比如，都希望能得到优质的医疗、优质的文化与教育、优质安全的社会消费品，水更净、天更蓝，环境优美，生活安全，公平正义，民主法治等。这种现实的人民日益增长的美好生活需要，还不能得到充分满足，因而同样存在供给侧相对于需求侧来说的不平衡。

这方面的问题，习近平同志是始终一目了然的。无论十九大报告提出社会主要矛盾转化前或转化后，他一直秉持以人民为中心的发展思想，来提出问题和解决问题。他在 2012 年 11 月 15 日，十八大会议后的讲话中说："我们的人民热爱生活，期盼有更好的教育、更稳定的工作、更满意的收入、更可靠的社会保障、更高水平的医疗卫生服务、更舒适的居住条件、更优美的环境，期盼孩子们能成长得更好、工作得更好、生活得更好。人民对美好生活的向往，就是我们的奋斗目标。"①在十九大报告中又进一步提出：增进民生福祉是发展的根本目的。必须多谋民生之利、多解民生之忧，在发展中补齐民生短板、促进社会公平正义，在幼有所育、学有所教、劳有所得、病有所医、老有所养、住有所居、弱有所扶上不断取得新进展，深入开展脱贫攻坚，保证全体人民在共建共享发展中有更多获得感，不断促进人的全面发展、全体人民共同富裕。确保国家长治久安、人民安居乐业。这段话既讲了人民日益增长的美好生活需要的基本方面，又提出了发展中存在的短板，同样属于发展不平衡不充分的问题。怎样解决这些短板，或者说，怎样解决人民日益增长的美好生活需要和不平衡不充分的发展之间的矛盾，正是党和政府的战略任务，需要按照习近平新时代中国特色社会主义经济思想来加以解决。

---

① 《习近平关于社会主义经济建设论述摘编》，北京：中央文献出版社，2017 年版，第 19 页。

论新时代中国特色社会主义社会主要矛盾及其转化*

——一个马克思主义政治经济学方法论的视角

一、马克思主义政治经济学的方法问题

政治经济学的方法是马克思主义政治经济学的重要组成部分，是打开这门科学理论体系的钥匙。《资本论》和马克思的其他经济学论著，体现了辩证唯物主义和历史唯物主义的思想方法，也体现了科学抽象方法。我们读《资本论》，会强烈地感受到它的历史唯物主义方法。在《资本论》第一卷第一版的序言中，马克思就讲了这么一段话："为了避免可能产生的误解，要说明一下。我决不用玫瑰色描绘资本家和地主的面貌。"①这里的问题是，为什么马克思讲这个话？为什么可能产生这样的误解？因为当时工人运动存在不同的派别，有的小资产阶级社会主义者，不是把资本主义剥削制度的存在和发展看作是社会发展的历史必然，而似乎是产生于资本家的理性缺失，因而咒骂资本家。恩格斯在为《资本论》第一卷写的书评中讲："拉萨尔的全部社会主义在于辱骂资本家，……在这里我们看到的情况恰恰相反。马克思先生明白地指出了资本主义生产方式的

---

* 本文系作者在中国社会科学院举办的"习近平新时代中国特色社会主义政治经济学大讲堂（第一期）"授课稿，曾载于《当代经济研究》2018年第4期，有删节。

① 《马克思恩格斯文集》第5卷，北京：人民出版社，2009年版，第10页。

历史必然性”。①《资本论》深入地解释了资本剥削雇佣劳动剩余价值的阶级对立关系，但它没有辱骂和谴责资本家。马克思指出：“我的观点是把经济的社会形态的发展理解为一种自然历史的过程。……同其他任何观点比起来，我的观点是更不能要个人对这些关系负责任的。”②就是说，既然资本主义的产生与发展是一种客观的必然的历史过程，就不能要资本主义国家的资本家和地主个人，为资本主义剥削制度承担责任。《共产党宣言》中还肯定了资产阶级在反封建主义中的革命作用和它大力发展了生产力的历史作用。在《资本论》中还有一段话说资本主义榨取剩余劳动的方式比奴隶制、封建制有进步性，有它的特点。讲了三条，第一条是资本主义榨取剩余劳动的方式有利于生产力的发展。第二条是有利于社会关系的发展。所谓有利于社会关系的发展，不仅仅是指资本主义生产关系的发展，马克思看到资本主义出现了一些新的经济关系。马克思把资本主义新出现的股份制和工人合作社，叫做在资本主义方式内部对资本主义的扬弃，把股份制看作是走向社会主义的过渡点。目前新的社会关系，在当代资本主义国家发展得更多了，进一步发展了，马克思没有看到的一些新现象出现了。马克思看到的那个资本主义是无计划的。二次世界大战后许多资本主义国家也搞经济计划，劳动时间缩短了，而且建立了比较系统的社会保障制度。这些新的发展如果按照马克思的观点来看，不是离社会主义更远，而是离社会主义更近了，也可以说这是新出现的在资本主义制度内对资本主义的进一步扬弃，也可以说是走向社会主义的新的过渡点。以上是马克思讲的有利于生产力的发展，有利于社会关系的发展的两点内容的说明。马克思讲的第三条，是有利于为新形式的社会制度提供社会条件。资本主义发展给社会主义提供了物质和社会条件。与奴隶制、封建制等剥削制度相比，资本主义虽然也剥削剩余价值，但是它比起以往的旧制度来有其进步性，这是历史唯物主义的观点。但是有的学者错解历史唯物主义观点。他认为，某种社会制度包括一切剥削制度，既然是必然产生和存在的，是由当时的生产力状况决定的，其剥削制度就是合理的、公平的、正义的。这样理解并不正确，应分清历史唯物主义的真实内容。马克思主义认为，不能用道义原则来说明社会历史发展过程，剥削制度的产生不是由于剥削阶级的道德、正义、公平等理念的缺失，而是历史必然

① 《马克思恩格斯全集》第16卷，北京，人民出版社，1982年版，第255—256页。

② 《马克思恩格斯文集》第5卷，北京：人民出版社，2009年版，第10页。

性，是符合经济发展规律的。只能用生产力决定生产关系，生产关系适应生产力发展的规律予以说明。而剥削阶级及其学者，则认为该制度是天然合理的、公平的。有的号称马克思主义的学者，竟然将这种辩护性观点，当作马克思主义的观点。我国理论界对马克思主义历史唯物主义观点存在不少的误解、错解。

我们知道，马克思主义历史唯物主义把社会历史的发展看作是自然的历史过程，即是客观的、必然的发展过程，不能用道义的原则来解释某种社会制度的存在和变迁，来解释剥削制度的产生，它是必然的过程，不是由于道义的缺失产生了剥削制度。而且在不同的制度下，在不同的历史时代，不同阶级，都有自己的公平合理标准、价值标准。在奴隶社会，连著名学者亚里士多德也认为奴隶制度是合理的、公平的，更不要说奴隶主阶级了。在资本主义制度下，资产阶级及其辩护学者当然认为资本主义制度最合理、最公平。甚至在劳动群众中也会有人认为资本主义是合理的、公平的，是资本家养活了工人。每个不同的统治阶级，都有自己的公平原则，并成为该社会的主流观点。但是我们不能把剥削阶级的公平思想、公平原则，当作马克思主义的思想原则，要把这两者明确分开。马克思既赞扬了资本主义发展生产力，肯定了它比奴隶制度、封建制度更进步，但是他又揭露了资本主义的剥削制度实质，特别是一百多年以前那种残酷的剥削制度。谈到资本原始积累，大家知道英国历史上“羊吃人”的故事，把个体农民赶走，变成牧场，又强迫这些失去土地的农民变成雇佣劳动者。资本原始积累是用血和火的文字写入历史的。因此，马恩从没有讲过资本主义剥削制度是合理的、公平的、正义的，反而是持批判态度的。但国内有学者竟将马恩批判的资产阶级辩护性观点，作为马克思主义的历史唯物主义观点进行宣传。恩格斯曾尖锐抨击了这种观点：“现代资本家，也像奴隶主……和封建主一样，是靠占有他人无酬劳动发财致富的，……这样一来，有产阶级胡说现代社会制度盛行公道、正义、权利平等……这一类虚伪的空话，就失去了最后的立足之地”。① 列宁曾批判过修正主义者认为资本主义进步，因此“揭露它的贪得无厌和残酷无情就毫无意义”。“我们要说的是：资本在喝你们的血，它将喝干波斯人和所有人的血，只要不推翻它，它就将继续喝血，这是一个真理。而且我们还要补充这一点：没有资本主义的发展，就没有战胜资本主义的

① 《马克思恩格斯选集》第3卷，北京：人民出版社，2012年版，第726页。

保证。"①这个问题涉及怎样认识我国出现的两极分化问题，为什么会产生两极分化？学界有不同的观点。有的说是由于腐败、垄断产生了两极分化，有的讲是由于城乡差别、地区差别、行业差别等。而刘国光、程恩富、吴宣恭等认为是私有制经济占比超越公有制经济的结果。事实上，几十亿、几百亿、几千亿元的富豪，是大私营企业家。我国还有学者不但否定资本主义有剥削，还说工人工资拿多了就剥削了资本家。理论是非完全颠倒了。

马克思主义政治经济学的另一个方法，是科学抽象方法。马克思在《资本论》第一卷序言中讲："分析经济形式，既不能用显微镜，也不能用化学试剂。二者必须用抽象力来代替。"②我们研究经济问题，研究经济形式不能像自然科学那样，用实验室来研究，只能用抽象力来代替。抽象力和抽象法是否等同？不少的学者把它等同了。而且有一个不正确的解读，包括苏联著名学者。他们认为政治经济学和自然科学不同，不能用实验室，只能用抽象法。好像自然科学不用抽象法，可用实验室，而政治经济学和社会科学只能用抽象法。其实这样的理解是有问题的。我们知道科学抽象有两种，自然科学在实验室也要运用科学抽象进行研究。政治经济学研究经济问题不能在实验室来研究，只能用抽象力。抽象力是什么？是思维的抽象，逻辑的抽象，是另一种科学抽象。比如说剩余价值是利润、利息、地租的抽象，价值是交换价值或是价格的抽象。这个抽象不是实验室实验出来的，也不是用化学试剂试出来的，而是马克思运用抽象力提炼出来的，是用一种思维逻辑的抽象力抽象出来的。苏联著名经济学家列昂节夫也把抽象力与抽象法等同。上世纪五十年代我国翻译的列昂节夫的《政治经济学的对象与方法》一书中讲："政治经济学与一切社会科学相同，是不能像物理化学那样来利用实验的。……而是用抽象的方法来代替的。"那就是说，自然科学可以用实验室研究，不必用抽象方法。其实，自然科学也要用抽象方法。历史上就有这样一个例子：大家知道，亚里士多德是有名的学者，他对物体的坠落，即从高空往下坠落物体，把现象看成本质。他的结论就是，轻的物体和重的物体从高处往下落的时候速度是不同的。一块铁、一块石头从高处往下落落得快，一张纸片、一片羽毛落得就慢，认为这就是规律。其实这样认识是错误的，后来的学者就纠正了这种错误。伽利略就提出了不同的观点，他提出：如果没有空气的阻力，下落情况会是怎样？如果设置一个真空的环境，

① 《列宁全集》第46卷，北京：人民出版社，1990年版，第14—15页。

② 《马克思恩格斯文集》第5卷，北京：人民出版社，2009年版，第8页。

不同物体从上到下坠落的速度是一样的。运用抽象法，就是要舍去那些非本质的干扰规律性的复杂的因素，抽出那个最本质的内核来。自然科学与社会科学都要运用抽象法即科学抽象。所不同的是，自然科学可以用显微镜、化学试剂，可以在实验室研究。而政治经济学所运用的抽象法只能是抽象力，即思维逻辑抽象。

还有一个有关方法的问题。我们过去学政治经济学，包括从苏联引来的政治经济学，讲历史的方法和逻辑的方法。曾经有一种比较流传的观点，说恩格斯讲过，历史方法和逻辑方法是一致的。历史从哪里开始，理论逻辑也从哪里开始。这个说法并不全面，也不完全符合恩格斯的观点。我们从马克思的著作来看，他既用历史的方法，也用逻辑的方法，有的地方又将两种方法相统一，但是更重逻辑的方法。从历史发展来看，商业资本、借贷资本远在奴隶社会、封建社会就存在，是先有商业资本、借贷资本，后有资本主义的产业资本，但是马克思《资本论》中的逻辑结构不是从古代的商业资本和借贷资本出发，而是从产业资本出发。因为从理论逻辑来看，工业资本是资本主义“普照之光”。有了工业资本，才有资本主义制度。但是，马克思在某些地方又运用历史的方法，比如马克思研究货币的本质和职能，是从分析价值形式的发展开始的，是从个别的价值形式分析起一直分析到货币形式的产生。也可把历史的方法和逻辑的方法统一起来。例如，关于商品与资本主义的关系，可以从历史的方法来看：资本主义的产生是以商品经济的发展为历史前提的。《资本论》第一卷第四章一开始就讲：“商品流通是资本的起点。商品生产和发达的商品流通，即贸易，是资本产生的历史前提。”①但在《资本论》中，又重在用逻辑的方法分析商品与资本主义的关系。商品是资本主义经济的细胞，资本主义一切经济关系都要通过商品市场关系来实现。而且，通过对商品的分析，建立了马克思主义的劳动价值论，而劳动价值论是剩余价值论的理论基础。要注意到马恩的原意，我们学习马克思主义经济学，一定要从系统性整体上把握。马克思指出：经济范畴按它们在历史上起作用的先后次序来排列是不行的，错误的。它们的次序倒是由它们在现代资产阶级社会中的相互关系决定的，这种关系同表现出来的它们的自然次序或者符合历史发展的次序恰好相反。逻辑的次序和历史的次序有时候恰恰相反。我们如果运用马克思主义的逻辑方法和历史方法研究中国经济社会问题，会有很多文章可做。

---

① 《马克思恩格斯文集》第5卷，北京：人民出版社，2009年版，第171页。

二、马克思政治经济学方法的运用：以对收入分配的研究为例

我们曾经长期宣传一个关于分配原则的观点：效率优先、兼顾公平；后来又进一步讲，初次分配重视效率，再分配重视公平。那就是说社会主义初次分配可以轻视公平，重视效率。笔者对学术界的这种流行的观点并不赞同。我们强调了发展生产力，但邓小平在强调社会主义的根本任务是发展生产力的同时，也强调要消灭剥削，消除两极分化，逐步达到共同富裕，并指出这是社会主义的本质。过去在“左”的年代，我们忽视生产力发展，把重视生产力发展批判为唯生产力论，忽视社会主义不断提高人民的生活水平，搞贫穷的社会主义。针对这个问题，邓小平提出社会主义本质论，这是正确的，是对马克思恩格斯理论的继承和发展。笔者一直主张既要重视生产效率，又要重视分配公平，把分配公平和效率统一起来。后来鉴于贫富分化趋势日趋扩大，马克思主义学者如刘国光等提出：效率与公平的天平应向公平倾斜。后来终于改变了原来的提法。两极分化就是因为分配不公平产生的，在已经出现了两极分化的情况下你还不重视分配公平，行吗？社会主义能够不重视分配公平吗？党的十七大改变了提法，提出初次分配和再分配都要处理好效率和公平的关系。既要重视效率，也要重视公平，把两者统一起来，再分配更重视公平。十七大后好像统一了认识，但是可以说仍留下了两个问题需进一步澄清，我们搞马克思主义政治经济学的学者应该注意：一个是虽经过十七大把原来关于效率与公平的提法改变了，但是依然是把公平跟效率的统一放在分配领域，就是说社会主义的分配原则是要把效率跟公平统一起来。初次分配既要重视效率，也要重视公平，再分配更要重视公平。这里好像没有注意到一个问题，效率是什么？是生产效率，劳动效率。而生产效率、劳动效率是生产领域的问题，分配领域没有分配效率高低的问题。我们讲过这个分配效率高，那个分配效率低吗？没有这个问题。分配领域只有分配公平与不公平，分配合理不合理的问题。效率高低是生产领域的问题，不应该放在分配领域。把效率放在分配领域，在逻辑上就不能成立。两极分化，贫富分化，就是从分配领域开始的，初次分配怎么能不重视公平？还有一个问题，有的学者也不赞成在出现贫富分化条件下还讲效率优先、兼顾公平。但是他们认为起先这样讲是可以的，那是用以反对平均主义的。但后来出现了两极分化，就不要再讲效率优先、兼顾公平了。而笔者的看法是，一开始就不应该这样讲。要知道，效率优先，兼顾公平，初次分配只重

效率，不顾公平，这是西方右翼学者的一个观点，西方的左翼学者和中派的学者也不赞同，甚至有些西方政府也没有接受这个观点，我们竟然引进来作为社会主义的分配原则。你说它是用以反对平均主义？这样的认识本身就有问题。难道平均主义就是分配公平吗？初次分配不重视公平，就是为了反对平均主义吗？那你就是把平均主义叫做分配公平了。平均主义也是分配不公平。不管劳动贡献多少好坏，分配都一样，实际上是劳动差的、少的，占有了劳动好的、多的一部分成果，是明显的不公平。按劳分配应该说是公平的，按劳分配可以促进效率，不是促进分配效率，而是促进生产效率、劳动效率，有利于把蛋糕做大，从而有利于提高人民的生活水平。所以，有的马克思主义学者主张为了反对平均主义，初期强调效率优先于公平是可以的，只是后来出现贫富分化就不应再那么讲了，应强调分配公平了。

三、对党的十九大报告提出的我国社会主要矛盾转化问题不同解读的评析

党的十九大报告提出了一系列新理念、新思想，提出中国特色社会主义进入新时代，社会主要矛盾转化为人民日益增长的美好生活需要和不平衡不充分的发展之间的矛盾。这是马克思主义政治经济学的重大理论问题。但理论界在解读上存在一些需要辨清的理论是非问题。

第一个问题。笔者看到有的文章这样写，说任何社会的发展都要经历不同的历史时期，不同历史时期的主要矛盾都会发生转化，用以说明新中国在社会主义发展过程中，经历了不同的发展时期，所以主要矛盾要随之发生变化。但是我觉得这样的论断、这样的观点，值得探讨。为什么？我们就以资本主义社会制度为例来分析，资本主义发展经历了不同的历史阶段，西方国家从 16 世纪就进入资本主义社会，到现在 21 世纪，经历了五六百年发展过程，可分为多个不同的历史阶段。《资本论》把资本主义的发展分成三个阶段，要是按现在的实际发展来说，可以是四个阶段、五个阶段了。但就按马克思所划分的三个阶段来说，虽然有不同的发展阶段，但是资本主义的主要矛盾并没有随着发展阶段的不同而多次转化。资本主义的基本矛盾当然是生产力和生产关系的矛盾，任何社会都可以说存在生产力和生产关系的矛盾。但是生产力和生产关系矛盾的表现形式，在不同的社会是不同的。资本主义社会生产力和生产关系的矛盾表现在经济上，就是生产社会化和资本主义私人占有之间的矛盾；表现在政治上，就是资产阶级和无产阶级的矛盾，这是资本主义的主要矛盾。尽管资

本主义发展经历了若干历史阶段，但是你不能说每个阶段都有社会主要矛盾的转化。生产社会化和私人占有的矛盾始终存在，只是表现的尖锐程度会有不同罢了。这个矛盾引发了周期性的经济危机，主要矛盾并没有转化。所以不能说任何社会不同发展阶段主要矛盾都会发生变化。新中国建立以后，社会主要矛盾的提法或判断变化了好多次，有我们自己历史发展的特殊性、复杂性、曲折性。

第二个问题。新时代社会主要矛盾转化的特点是什么？以往社会主要矛盾的转化，两种矛盾往往是相互对立和排斥的。而十九大提出的社会主要矛盾的转化，转化前后的两种主要矛盾不是相互排斥和相互对立的，而是一脉相承的、发展的、拓宽的。矛盾的两侧都发展了，提升了。原来讲人民日益增长的物质文化需要，是低水平的，解决温饱问题的需求侧。落后的生产是落后的供给侧。而现在讲的社会主要矛盾转化的内涵，和原来的主要矛盾的内涵有个抽象意义的共同点：生产和社会供给不能满足人民需求的矛盾，只不过具体内涵发生了变化。原来需求是日用消费品也不能满足的低水平的需求，社会生产落后是绝对的落后。现在的需求提高和拓宽了，是广大人民对美好生活的需求，不再是低水平的解决温饱问题的需求。现在讲生产力已不再是落后的生产力，我国的国内生产总值已稳居世界第二。十九大报告提出，我国的“社会生产能力在很多方面进入世界前列”。因此，满足人民需要的供给方的水平与质量也大幅提高了。但比起发达国家、比起我们最后要实现的全面现代化目标来，生产力还是相对落后的。因而相对于美好生活的需要，我们的供给还不充分，不平衡。应当明确：所谓不平衡、不充分的发展是相对于人民日益增长的美好生活需要讲的。虽然我国的生产力有了很大的发展，但是相对于人民美好生活的需要还显得不够，供求不平衡，供给不充分。而且人民美好的生活需要已经不限于物质文化生活的需要了，对民主、法治、公平、正义、安全、生态等方面的要求也日益增长。大家都希望蓝天白云、青山绿水、环境优美、生活安全。

第三个问题。进入新时代和社会主要矛盾转化的时间问题。进入新时代和社会主要矛盾转化，显然不是从十九大开始，是从十八大开始。从十九大的文件来看新时代也是从十八大开始的，十九大报告特别强调十八大以来五年的成就。但是进入新时代，社会的主要矛盾转化是难以按时间一刀切的，它是一个渐进的过程。生产力是不断发展的过程，很难一刀切。我们说从十八大开始转化，是从战略上的大体划分。实际上主要矛盾的转化，在十八大以前就慢慢地开始了，不能离开十八大以前的发展一刀切。发展与变化是互相衔接、互相联系的。新时代社会主要矛盾的转化也是相互衔接与联系的发展过程。十九大报告提出了社会主要矛盾的转化，但实际上的转化远在十九大前。社会主要矛盾的转化并不是十九大才认识到的，十九大以前中央已经逐渐认识到主要矛盾的内涵发生了变化。十九大前中央提出供给侧结构性改革，就表明已经认识到我们的供给结构和需求结构不平衡了。

经过改革开放40年来生产力的快速发展，我国已消除了曾长期存在的短缺经济，已经由卖方市场转为买方市场，过去我们是“短缺经济”，现在是过剩与不足并存，低端低质产品滞销，高端高质产品不足。有些比较富裕的国人出境旅游，购买高级消费品，购买奢侈品。外国媒体报道，全世界至少40%的奢侈品是中国人买的。大量国人到境外、国外购买高级消费品，大量的购买力流向国外，说明什么？说明我们高端、高质商品供给不足，出现新的高层次的供求不平衡，我们虽然也能够生产出一些高端高质消费品来，但是还不能充分满足人民的美好需求。所以在已经出现新的供求结构不平衡的现实情况下，中央正是因为已经认识到社会主要矛盾内涵的变化，才提出供给侧结构性改革。但是还没有正式提出社会主要矛盾转化的论断。对社会主要矛盾转化的判断，这是一个重大的理论问题和实际问题，不是随便能提的。变化了的主要矛盾怎么表述？有一个需考虑成熟和科学表达的问题。实际上习近平同志的7·26讲话已经点明了这个问题，已经点明了十九大将要论述进入新时代和社会主要矛盾转化的问题。他一方面强调我们社会主义初级阶段的基本国情没有变，中国是世界上最大的发展中国家的国际地位没有变，但是特别提出要看到中国特色社会主义在不断变化的特点，强调“不断变化”。一个是“没有变”，一个是“不断变”。习近平有一个分析问题的方法，即“两点论和重点论的统一”。比如，十九大报告第一部分讲我们五年取得了巨大的成就，又讲我们存在的不足和困难，讲我们存在的诸多问题，讲我们发展得不够。报告的重点放在发展的成就上，这是重点论。又讲我们发展的困难与不足，这是两点论。但是会产生一个问题：十九大报告既讲我国社会主义初级阶段的基本国情没有变，我国作为最大的发展中国家的国际地位没有变，又讲进入新时代、社会主要矛盾发生了转变。这种“不变”与“变”有没有矛盾？没有！讲社会主义初级阶段的基本国情没有变是根据什么？是根据社会主义初级阶段要经历一百年，这一百年的初级阶段我们要实现中国的全面现代化，先基本实现小康水平，再全面实现小康，最后全面实现现代化。初级阶段的发展目标和任务还没有完成，需要继续完成。从这个角度说我们还没有走出初级阶段，还处于初级阶段。所谓初级阶段的基本国情没有变，还有一个根据：社会主义初级阶段的主要经济特点是公有制为主体、多种所有制经济共同发展，按劳分配为主体、多种分配方式并存，一百年不会变。就是说我们社会主义初级阶段的基本经济制度一百年不变。可以从上述两个方面说明社会主义初级阶段的基本国情没有变。另外，又讲中国仍然是世界上最大的发展中国家这一国际地位没有变，也是有根据的。虽然我们生产力大幅度发展了，并解决了十几亿人口的温饱问题，我国经济总体已经达到了世界第二位。但是习近平同志讲了，2015 年，我们的人均国内生产总值只相当于全世界人均水平的三分之二，仅等于美国的七分之一，我们还存在几千万的低保人口，我们还有几千万的贫困人口温饱问题没有解决，所以我们还是最大的发展中国家。虽然存在上述两个“没有变”，同时也应看到，随着我国生产力的快速发展，人民收入水平和生活水平的显著提高，其需求结构发生了很大变化。而我们供给结构跟不上。从这可以表明：供求关系两侧发生了新的变化，因而导致社会主要矛盾发生转化。所以，尽管“基本国情”和“国际地位”两者没有变，但是社会主要矛盾变化了。

第四个问题。也是一个重点问题。现在报刊都在宣传新时代社会主要矛盾的转化问题，但是存在解读上的差异。有的解读有问题。对社会主要矛盾需求侧的内涵大家比较好理解，主要问题是对供给侧的不平衡、不充分发展，该怎样正确理解。学术界对我国新时代社会主要矛盾供给侧的所谓不平衡、不充分发展的解读，大都侧重讲城乡不平衡、区域不平衡、收入不平衡等。但在笔者看来，作为社会主要矛盾内涵的不平衡、不充分发展，应该是针对满足人民美好生活需要的不平衡、不充分。就是高端高质供给与高端高质需求不平衡，供给不能充分满足人民美好生活的需要。不应离开需求侧孤立地讲这个不平衡、那个不平衡，否则就会偏离“不平衡不充分发展”的原本内涵。这是因为：

第一，当前人民日益增长的美好生活需要，是改革开放 40 年来生产的快速发展，生产供给扩大和水平提高的结果。但在需求结构大幅度转变与提高的情况下，我国生产与供给结构没有适时相应跟进，对高端、高质量产品供给还不充分，形成提高和扩展了的美好生活需求与生产供给的新的不平衡。如果离开了人民日益增长的美好生活的需求侧，离开新的社会主要矛盾的重要方面，孤立地谈这个不平衡、那个不充分，是言不中理的。城乡、区域不平衡以及其他多种不平衡，过去存在，现在存在，而且有所缩小，将来也不可能全部消除。这是老问题，与我国社会主要矛盾转化的新问题并无内在联系。

第二，十九大报告讲不平衡、不充分的发展没有用城乡区域等不平衡解释过。习近平同志在其他地方讲不平衡、不充分也没有这样讲过。请注意：十九大报告第一章“过去五年的工作和历史性变革”在主要论述五年的巨大成就的同时，也讲到“我国的工作还存在许多不足”。讲了七个方面的不足，都用分号分开。首先讲：“发展不平衡不充分的一些突出问题尚未解决，发展质量和效益不高，创新能力不够强”，实体经济水平有待提高等。这实际上就是讲社会主要矛盾的不平衡不充分及其主要表现。后面又接着讲另一方面的不足，“民生领域还有不少短板，脱贫攻坚任务艰巨，城乡区域发展和收入分配差距依然较大”等。显然可以看清：十九大报告是把作为社会主要矛盾内涵的“发展不平衡不充分”，与“城乡区域发展和收入分配差距较大”作为内涵不同的并列的“不足”问题提出的。不能将两者混淆，用后者解读前者。

第三，我国进入新时代和社会主要矛盾的转化，使我国迎来了从站起来、富起来到强起来，是以“我国社会生产力水平总体上已显著提高，社会生产能力在很多方面进入世界前列”为前提的。而我们诸多专家学者却以我国生产力落后，还使用原始工具，乡村落后于城市、中西部落后于东部，产业不平衡等来解读作为社会主要矛盾主要方面的不平衡不充分发展，真有点文不对题了。

第四，请注意，十九大报告有这样一段论述：“必须注意到我国社会主要矛盾的变化，是关系全局的历史性变化，对党和国家工作提出许多新要求，我们要在继续推动发展的基础上，着力解决好发展不平衡不充分问题，大力提升发展质量和效益。”习近平同志很重视这段内容，不仅强调“必须注意到”，而且在其他场合，一再提到这个说明。在参加十九大贵州省代表团的讨论会上，习近平同志说：“要深刻学习领会中国特色社会主义进入新时代的新论断，深刻学习领会我国社会主要矛盾发生变化的特点”。再次强调指出：“我国社会主要矛盾的变化，是关系全局历史性变化，党和国家工作提出了许多新要求，我们要深入贯彻新发展理论，着力解决好不平衡不充分问题，更好满足人民多方面日益增长的需要”。他要我们深刻领会社会主要矛盾变化的新特点。这个新特点既包括需求侧美好生活需要的新特点，即不仅需要的档次提高了，而且需要的内容扩展了。也包括供给侧不平衡不充分发展的新特点。这方面的新特点绝不是历史上早已存在的城乡区域和收入等不平衡。其特点是高层次上的提高了的供给侧发展不充分，因而与提高了档次的需求侧不平衡。再者，更为鲜明的一点：习近平同志一再强调社会主要矛盾的变化是关系全局的历史性变化。而城乡区域等发展不平衡，并没有产生关系全局的历史性变化。

第五，讲我国社会主要矛盾，无论转化前后都是从整体上着眼于全社会来解读的。原有的主要矛盾是以生产力绝对落后、人民群众绝对贫困为整体条件的。尽管党的十三大前有的地区和行业发展较快，并新建了一些新兴企业，工资收入和生活水平也有差别，但并不影响当时对社会主要矛盾的判断。同样，现在讲我国社会主要矛盾的转化，也从整体上着眼于全社会来论述的。尽管还有些相对落后的地区、农村，还存在贫富差别，但并不影响对社会主要矛盾转化的判断。

第六，从实际经济生活看，人民群众希望能够供给质量更高、更安全的食品。这需要通过农村供应，但还供应不充分。你讲城乡发展不平衡，城市经济发展快于农村，讲区域发展不平衡等，能够说明和解读这方面的不平衡不充分发展吗？解决社会主要矛盾中的不平衡不充分发展，重在进行供给侧结构性改革，由重数量发展转为重质量发展。农村也要进行供给侧结构性改革，按照社会需求提高的变化，供给结构要进行相应的调整。比如说，人民需要质量和口感更好的水果，就需要创新供给。

第七，在经济社会发展的现阶段，我国广大居民用于食品方面的支出占比降低了，而用于现代化高端消费品的支出占比提高了。国人到境外购买大量高端消费品和奢侈品，以及虽非高端产品但更新颖、多样化、质量和安全度更高的产品。这类产品，我国靠国内不能充分满足需要，能用城乡地区不平衡来说明吗？

第八，全国需要大量圆珠笔。前两年，李克强总理透露，我们用的圆珠笔芯的圆珠自己生产不出来。国人都需要好的圆珠笔，但是小小的圆珠笔芯的圆珠还需要进口，解决这个问题需要特殊的高级钢材，我们没有。这种供求不平衡能用区域不平衡、城乡不平衡说明吗？现在已经解决了这个问题，太原钢厂能够生产这种钢材了。太原是中部地区，落后于东部地区，但它解决了这一问题上的不平衡不充分问题。

第九，美好生活的需要，扩展到民主、法治、公平、正义、安全、环境等方面。这方面的供给不平衡不充分，更不能用城乡区域和收入等不平衡来解读。落后的山区，天更青，水更净，污染少，空气好，安全系数可能比城市高。因此，不平衡不充分应是指满足人民日益增长的高水平需要的不平衡不充分，不应离开这个针对性大讲这儿不平衡、那儿不充分。

第十，应领会广大人民群众对美好生活的需要和不平衡不充分发展的矛盾。广大人民群众并不需求豪车、豪宅和奢侈品，他们所需求的是如十九大报告所提到的“幼有所育、学有所教、劳有所得、病有所医、老有所养、住有所居、弱有所扶”，需求“社会公平正义”。这方面存在民生短板，要靠发展补齐。这方面的发展不平衡不充分，涵盖全国城乡和地区。

实际上，关于解决社会主要矛盾不平衡不充分发展的途径，十九大报告已讲得很清楚。就是按照新发展理念，进行科技创新，由数量发展转为质量发展。以供给侧结构性改革为主线，使人民日益美好生活的需要得到充分的满足，实现更高层次的动态供求平衡。决不能想象，依靠长期做不到的城乡平衡、地区平衡、收入平衡等，能解决作为社会主要矛盾主要方面的发展不平衡不充分问题，那是悖理的。

关于新时代党的领导和经济社会发展的思考*

新中国站起来、富起来、强起来，体现在一个强有力的以马克思主义为指导的执政党领导一切的巨大成果；体现在对社会主要矛盾变化的认识及与之相关的总任务和奋斗目标的明确；体现在发展更重质量并建设一个现代化经济体系，寻求更有质量的增长。展望中国从“富起来”走向“强起来”新时代，我们要在以习近平同志为核心的党中央坚强领导下，认清主要矛盾的新变化，以新理念构建现代化经济体系，为人民的美好幸福生活而奋斗。

一、坚持加强和完善党对一切工作的领导

在中国共产党的领导下，我国获得了新民主主义革命的胜利，推翻了压在中国人民头上的三座大山：帝国主义、封建主义和官僚资本主义，获得了民族独立和人民解放，中国人民站起来了，洗雪了百余年来任由列强侵略宰割的耻辱。在共产党的领导下，我国进行了社会主义革命和社会主义建设，在旧中国所遗留下来的生产力极端落后的基础上建立了社会主义制度。在中国共产党领导下，我国提出和实践社会主义初级阶段理论、中国特色社会主义道路与制度，进行了近 40 年的改革开放，使中国从“站起来”到“富起来”，并进入“强起来”的中国特色社会主义新时代。

党的正确领导是人民当家作主和依法治国的根本保证。没有共产党的领导，民族复兴必然是空想。创建和发展社会主义事业、走

* 原载于《前线》2017 年第 11 期。

中国特色社会主义道路、夺取新时代中国特色社会主义的新胜利，必须坚持以马克思主义武装的中国共产党领导。党的十九大报告强调："坚持党对一切工作的领导。党政军民学，东西南北中，党是领导一切的。"党的十九大报告在阐述新时代中国特色社会主义思想内涵时，指出："明确中国特色社会主义最本质的特征是中国共产党领导，中国特色社会主义制度的最大优势是中国共产党领导，党是最高政治领导力量。"正因为如此，必须从严治党，做到"立党为公、执政为民"。

社会主义事业必须共产党领导，有其客观必然性。社会主义的产生和发展，与以往一切社会形态的产生和发展有根本性的区别。以往新的社会经济制度的萌芽是在旧社会制度中产生，并逐渐发展，最后取代旧的制度，建立起新的社会制度。就资本主义制度来说，资本主义经济萌芽，如马克思所说，远在14世纪就在地中海沿岸地区和国家产生了。16世纪西方一些国家就进入了资本主义社会制度。但直到19世纪初期，还没有"资本主义"概念产生。资本主义与市场经济是同生共存的，但"市场经济"的概念直到19世纪末还未出现。国外学者和少数国内学者曾探讨"资本主义"和"市场经济"概念最初由何人，在何时、何著作中提出，但至今依然显得杂乱无章，无确实证据可立论。如果查证，最早从社会经济制度含义上提出"资本主义"概念的就是马克思。虽然在19世纪50年代，马克思在论著中还很少使用资本主义概念，但在个别地方还是使用了。如在《1857—1858年经济学手稿》中马克思讲道："有一种幻想，以为资本家实际上是'节约'的，似乎正因为这样他们才成为资本家——这是一种在资本主义以前的时期才有意义的要求和想法。"①直至19世纪60年代，马克思在著作中才开始普遍运用资本主义概念。

虽然资本主义经济离不开市场经济，但市场经济一词出现得更晚。从现有资料看，最早提出市场经济一词的是列宁。他在1906年的《土地问题和争取自由的斗争》一文中提出："只要还存在着市场经济，……世界上任何法律都无法消灭不平等和剥削。""只有建立起大规模的社会化的计划经济"，同时一切生产资料归劳动者所有，"才能消灭一切剥削"。西方国家后来宣传市场经济，在一定程度上是用以反对社会主义计划经济的。西方学者广泛使用和宣扬市场经济，是在20世纪30年代及以后的时期。20世纪二三十年代，产生过一次资

① 《马克思恩格斯全集》第46卷(上)，北京：人民出版社，1979年版，第244页。

本主义市场经济和社会主义计划经济的大论战。一些西方学者把市场经济与资本主义相等同，把计划经济与社会主义相等同，用资本主义否定社会主义。由此，市场经济概念才在西方国家广泛流传起来。

可以看出，资本主义是先有社会经济制度的产生与发展，后有资本主义和市场经济概念及其理论的形成。这表明资本主义的产生和发展，是一个自然而然的自发演进的过程，并不是事先在封建主义内部建立起一个主张实行资本主义制度的政党、提出资本主义概念和理论、有领导有规划地开展资本主义运动、自觉实现和推进资本主义的过程。资本主义制度建立以后，也不会出现倒退回封建制度的事情。因此，不需要提出要坚持资本主义道路和方向的问题。

社会主义产生和发展，与以往社会制度的产生和发展有根本的不同。“社会主义”一词是个广义的大概念。先有“社会主义范畴”“社会主义理论”“社会主义运动”“社会主义革命”，后有“社会主义制度”的产生和发展。我们讲“社会主义 500 年”，是先有社会主义思想和理论，后有社会主义实践。社会主义由空想变为科学后，一切社会主义事业都是有领导、有组织、有规划的自觉的行动。脱离开马克思主义政党的领导，没有党用科学的理论教育、掌握和发动群众，社会主义事业不可能胜利。

从人类以往的发展历史来看，一个新的社会制度建立和发展后，不存在倒回旧制度的可能。世界上一百多个资本主义国家，没有一个会倒退回封建制度去。因此，没有一个资本主义国家的政治家和理论家会提出要坚持资本主义道路和资本主义方向。而我国则要不断强调坚持社会主义道路和方向。如果不坚持以马克思主义为指导的党的领导，不自觉地去进行社会主义的发展和改革，发展了的社会主义也可能倒退回旧制度去。某些原社会主义国家亡党亡国、倒退回旧制度的历史事实就是殷鉴。放弃或削弱共产党的领导，社会主义事业必然难以成功而最终转向失败。

二、认清新时代主要矛盾的新变化

新中国成立后，生产力一度极端落后，广大人民群众缺衣少食。在党的领导下，经过三年的发展，到 1952 年，我国国民经济就恢复到 1936 年的水平。1953 年，我国开始实行第一个五年经济计划。第一个五年计划完成得较好，在生产力发展和人民生活水平的提高两方面都取得了显著的成就。1956 年，党的八大是在三大改造基本完成期间召开的。党的八大决议提出了我国主要矛盾的转化，即由三大改造前的工人阶级与资产阶级的矛盾，转化为“人民对于建立先进的工业国的要求同落后的农业国的现实之间的矛盾”，是“人民对于经济文化迅速发展的需要同当前经济文化不能满足人民需要的状况之间的矛盾”。在消灭生产资料私有制，建立了社会主义制度后，党的八大决议对主要矛盾转化的论述，总的说来是正确的。

但是，1957 年“反右”运动后，我国放弃了八大决议关于社会主要矛盾的论断，将主要矛盾规定为“无产阶级和资产阶级的矛盾，社会主义道路和资本主义道路的矛盾”。1958 年，我国违反生产关系适合生产力发展状况的规律搞“大跃进”，想通过建立人民公社实现共产主义，脱离生产力落后的现实，干了许多超阶段的事。

1978 年，党的十一届三中全会放弃“以阶级斗争为纲”的方针，把工作重点转移到以经济建设为中心的社会主义现代化建设上来。总结新中国成立后在社会主义建设与发展中的经验教训，根据我国生产力落后、经济短缺、人民生活的基本物质文化需要不能满足的现实，我国提出了社会主义初级阶段的理论。1981 年，中共中央《关于建国以来党的若干历史问题的决议》第一次明确提出“我们的社会主义制度还是处在初级阶段”。党的十三大在以往多次论述的基础上，进一步系统和比较充分地论述了我国社会主义初级阶段的理论和实践问题，并以此作为党和国家制定经济社会发展的基本路线、方针和政策的理论依据。

在经济社会发展的不同阶段，我国都要提出相应的社会主要矛盾的具体内容。党的十一届三中全会既然否定了“以阶级斗争为纲”方针，将工作重点转移到社会主义现代化建设上来，对社会主要矛盾的提法自然也需要改变。邓小平同志在 1979 年 3 月提出：“我们的生产力发展水平很低，远远不能满足人民和国家的需要，这就是我国目前时期的主要矛盾，解决这个主要矛盾就是我们的中心任务。”①1981 年，中共中央《关于建国以来党的若干历史问题的决议》将主要矛盾表述为“在社会主义改造基本完成以后，我国所要解决的主要矛盾，是人民日益增长的物质文化需要同落后的社会生产之间的矛盾”。党的十二大报告确定了这一表述。对这一社会主要矛盾的表述，一直延续到党的十九大报告前。

党的十九大报告改变了原有的表述，提出了社会主要矛盾的变化，我国已进入了中国特色社会主义发展的新时代，应“明确新时代我国社会主要矛盾是

---

① 《邓小平文选》第 2 卷，北京：人民出版社，1994 年版，第 182 页。

人民日益增长的美好生活需要和不平衡不充分的发展之间的矛盾”。党的十九大关于主要矛盾的变化的表述，反映了我国生产力快速发展的巨大成就和人民生活水平总体上已提高到一个新的层次的事实，是当代中国特色社会主义政治经济学的创新与发展。

我们需要清楚的是，两种不同表述的社会主要矛盾，都是社会主义初级阶段供给不能满足人民日益增长的需要的矛盾。应当分清生产供给不能满足消费需求，既可以是指生产力绝对落后、日用消费品绝对短缺的情况，也可以是指矛盾的内涵虽然发生变化，但生产力还是相对落后、供给不能满足提高了的需求的情况。习近平总书记在党的十九大召开前正是从后一种意义上论述社会主要矛盾没有变的。2016 年 1 月 29 日习近平总书记在十八届中央政治局第三十次集体学习时的讲话中指出：“我国发展虽然取得了巨大成效，但我国仍处于并将长期处于社会主义初级阶段的基本国情没有变，人民日益增长的物质文化需要同落后的社会生产之间的矛盾这一社会主要矛盾没有变。”之所以这样讲，是在提醒和激励我们要看到不足，要为实现“两个一百年”的目标继续奋发图强。2016 年 7 月 1 日《在庆祝中国共产党成立 95 周年大会上的讲话》中，习近平总书记再一次重申：“我国仍处于并将长期处于社会主义初级阶段的基本国情没有变，人民日益增长的物质文化需要同落后的社会生产之间的矛盾这一社会主要矛盾没有变。这是我们谋划发展的基本依据。”

虽然两种不同表述的社会主要矛盾，都是社会主义初级阶段的主要矛盾，都是人民的需求同经济社会发展之间的矛盾，但是社会主要矛盾的具体内涵已有很大改变，原来社会主要矛盾的内涵是生产力极端落后，不能满足人民群众低水平日用消费品的需要，什么都要凭票证限量供应。而改革开放已近 40 年的今天，生产力大幅提高，我国已经告别了短缺经济时代，已由卖方市场转向买方市场。主要矛盾内涵发生了变化，一方面低端产品产能过剩，需要减少无效供给、增加有效供给，另一方面中高收入消费群体的物质文化需求得不到满足，要求提供高质量、更安全、符合个性需求的高端产品。人民日益增长的美好生活需要的内容不限于物质文化方面，已扩展到民主、法治、公平、正义、安全、环境等方面，社会主要矛盾已表现为人民日益增长的美好生活需要和不平衡不充分的发展之间的矛盾。对这一点习近平总书记讲道，“同时，我们也清醒认识到，中国仍然是世界上最大的发展中国家。中国的人均国内生产总值仅相当于全球平均水平的三分之二、美国的七分之一，排在世界 80 位左右。按照我们自己的标准，中国还有 7000 多万贫困人口。如果按照世界银行的标准，中国则还有两亿多人生活在贫困线以下。中国城乡有 7000 多万低保人口”①，这也是事实。

社会主义主要矛盾内涵的这种转变，其实党中央早已认识到并采取了供给侧结构性改革的对策。我国进入了中国特色社会主义发展的新时代，新时代主要表现之一就是社会主要矛盾的内涵的重大变化，明确提出社会主要矛盾的转化有利于我们自觉地朝向新时代的新任务、新目标砥砺前行，为人民的美好幸福生活而努力奋斗。

三、认识新发展理念，建设现代化经济体系

从 1956 年三大改造完成、建立了社会主义制度算起，我国的发展要经历相当长的社会主义初级阶段。从实际发展过程来看，可将其分为三个不同时期。前 30 多年是生产力落后、人民群众生活贫穷时期；大约从 1987 年到 2020 年，即到中国共产党成立 100 周年，中间 30 多年是实现全面小康任务的时期；再经过 30 年的发展，到本世纪中叶，即到中华人民共和国成立 100 周年时建立起社会主义现代化的强国。党的十九大报告进一步提出从 2020 年到本世纪中叶，又可分为两个阶段来安排。第一个阶段是从 2020 年到 2035 年，在全面建成小康社会的基础上，“基本实现社会主义现代化”。第二个阶段是从 2035 年到本世纪中叶，“把我国建成富强民主文明和谐美丽的社会主义现代化强国”。到那时，我国就会成为综合国力和国际影响力在全球领先的国家。这样具体划分两个新阶段，有利于全党全国人民明确近期与远期需要完成的奋斗目标。

现在，我国的经济社会发展实际上已经提前实现了小康社会预期的目标，总体上解决了人民温饱问题，基本达到了小康水平，并进入决胜全面建成小康社会、开启全面建设社会主义现代化国家新征程的新时期。在这一新征程新时期，我们要贯彻新的发展理念，建设现代化经济体系。

经过 30 多年的经济高速增长，我国的经济增量已位居世界第二。但要看到，我国过去的高速经济增长，在长时间中主要是粗放型增长，表现为：高投入、高消耗、高污染；低产出、低质量、低效益。在当时的人口红利和资源红利下，生产成本较低，但资源消耗大、环境污染严重，是不可持续的发展方式。为此，党中央提出调整经济结构，转变发展方式，以人为本、全面协调可

---

① 《习近平关于社会主义经济建设论述摘编》，北京：中央文献出版社，2017 年版，第 8 页。

持续科学发展观等经济社会发展思想。党的十八大以来，习近平总书记提出一系列新发展谋略和思想：以人民为中心的发展思想；用新的发展理念统领发展全局；适应、把握和引领经济发展新常态；以供给侧结构性改革为发展主线；实施创新驱动发展战略；推进新型工业化、信息化、城镇化、农业现代化同步发展；使市场经济在资源配置中起决定性作用和更好发挥政府作用；实施“一带一路”建设、京津冀协同发展战略等。

党的十九大汲取和丰富了上述经济社会发展的新战略、新思想，指出我国经济已由高速增长阶段转向高质量发展阶段，正处在转变发展方式、优化经济结构、转变增长动力的攻关期，提出了“建设现代化经济体系”的新任务、新举措。

“现代化经济体系”重视实体经济的发展。党的十九大报告要求“建设现代化经济体系，必须把发展经济的着力点放在实体经济上，把提高供给体系质量作为主攻方向，显著增强我国经济质量优势”。实体经济是提供满足人们多种生活所需产品的经济部门，我们不能轻实体经济而重虚拟经济，也不能将实体经济仅仅解读为创造价值的物质生产劳动部门，实体经济也包括商业、文化、服务业。我们要按照党的十九大要求“加快建设制造强国，加快发展先进制造业，推动互联网、大数据、人工智能和实体经济深度融合”。为此，需要深化供给侧结构性改革。

建设现代化经济体系，需要建设创新型国家，实现创新驱动发展。党的十九大指出：“创新是引领发展的第一动力，是建设现代化经济体系的战略支撑。”创新，包括理论创新、制度创新、体制创新、管理创新、科技创新等方面。但更重要的是科技创新，特别重在颠覆性技术创新。为此，需要建设一支具有国际水平的战略性科技人才队伍。

建设现代化经济体系，不能脱离开农业的现代化。要构建现代化农业产业体系、生产体系、经营体系等。要如党的十九大报告所指出的：“实施乡村振兴战略。农业农村农民问题是关系国计民生的根本性问题，必须始终把解决好‘三农’问题作为全党工作重中之重。”

建设现代化经济体系，要实施区域协调发展战略。推进西部大开发形成新格局；通过深化改革和转变发展方式，加快东北等老工业基地发展；振兴、推动中部地区崛起；率先实现东部地区创新引领优化发展。

建设现代化经济体系，要贯彻习近平总书记以人民为中心的发展思想。这是新时代中国特色社会主义思想的组成部分。要如党的十九大报告所指出的：“把人民对美好生活的向往作为奋斗目标，依靠人民创造历史伟业。”

新中国 70 年的成就与正反两方面的经验*

一、从参加开国典礼庆祝游行谈起

岁月如流，新中国成立已经 70 年了。我还清楚地记着，1949 年 10 月 1 日，作为从解放区迁回北京的华北大学的一位学员，我有幸参加了开国典礼庆祝游行。当我们的游行队伍经过天安门金水桥时，大家热烈高呼“毛主席万岁！”毛主席看到华北大学的校旗，也喊“华北大学的同志们万岁！”使大家深受鼓舞。

我出身于农民家庭，在旧中国生活了 23 年，深知旧中国劳动人民极端贫困的生活。读高级小学时，知道中国受列强侵略、割地赔款、山河破碎、国耻纪念日很多。抗战胜利后，在太原读中学，见证了国民党政权的腐败。在党的引导下，参加地下革命工作，并加入了共产党。从此结识了一批优秀共产党员和党外革命同志，他们一心为中国的解放、为建立改天换地的新中国而不顾个人安危，全身心以赴。在太原解放前夕，他们积极搜集和传递敌人的军事情报、绘制敌军城防图、策动敌军起义等。事发后，多位革命同志惨遭敌人杀害。我深深怀念他们。开国典礼时，看到天安门广场红旗招展，深感红旗上凝聚着这些烈士们的鲜血，我潸然泪下。我看到了革命的胜利，新中国的建立，而我熟悉的一批革命同志为革命事

* 本文原载于《教学与研究》2019 年第 10 期，系国家社会科学基金重大项目“中国共产党纪念活动史的文献整理与研究”（项目号：15ZDB044）、中宣部“四个一批”人才工程项目“纪念活动与中共历史记忆的建构”的阶段性成果。

业而献身，长眠地下，未能看到胜利的这一天。他们一心为党、为人民的事业无私奉献的精神永远激励着我，使我立志永远做一个替劳动人民说话、为增进人民福利、为社会主义事业而鞠躬尽瘁的经济学家。

我是在中国共产党创建的第一所新型正规大学——中国人民大学培养下成长起来的一位经济理论工作者。我见证了新中国经济社会发展的全过程，我的命运同党和新中国的发展过程是紧密相连的，有顺境，有逆境。但不管受到多大的挫折，坚持马克思主义经济学阵地、继承和发展马克思主义经济学的初心不改。改革开放，改变了国家的命运，也改变了我的命运，使我有机会能够在新的历史时期继续为坚守和创新马克思主义经济学、创建和发展中国特色社会主义政治经济学而贡献一份力量。

作为马克思主义经济理论工作者，该怎样纪念和庆祝新中国成立 70 周年，可以从不同角度、不同方面进行论述，写多篇纪念文章。这里想就新中国 70 年所经历的两个时期——改革开放前后经济发展和人民生活水平提高的实际情况，以及理论和实践中的得失是非做一些回顾与评析。

新中国成立 70 年来，我国的经济社会发展成就，已有多方面的统计资料公布，这里不需要罗列。概括地说，我国的生产力快速发展了，综合国力大幅度增强了，人民生活水平显著提高了。新中国 70 年的成就超过了旧中国千年以上的成就。据统计，新中国成立前的 1000 年中，我国国内生产总值只增长了 8 倍，年均增长 0.5%。①

讲新中国的 70 年，必然会涉及对前 30 年和后 40 年两个历史阶段的评析。我们不能认同一种非历史非科学的观点，即把两个历史阶段割裂开来。有的认同后 40 年而否定前 30 年；也有的褒前 30 年，贬后 40 年。关于改革开放前和改革开放后两个历史时期的关系，习近平同志已做了科学的说明："这是两个相互联系又有重大区别的时期，但本质上都是我们党领导人民进行社会主义建设的实践探索。"②1949 年成立新中国并进行社会主义革命和建设，为改革开放的后 40 年"积累了重要的思想、物质、制度条件，积累了正反两方面经验"。③ 这里提出新中国改革开放前的历史时期"积累了正反两方面的经验"，

① 宗寒：《是什么改变了中国》，北京：红旗出版社，2009 年版，第 3 页。

② 《习近平谈治国理政》，北京：外交出版社，2014 年版，第 22 页。

③ 《习近平总书记系列重要讲话读本》，北京：学习出版社、人民出版社，2016 年版，第 31 页。

就表明既有正面的成功的经验，也有反面的失误或错误的教训。总结两个时期发展的经验，既要弘扬重大成就，并探求成功的根源，又不回避失误和错误的事实，探求失误和错误的根源。这是为了吃一堑，长一智，以利于更好的发展。毛泽东在《我们党的一些历史经验》一文中说："错误有两重性。错误一方面损害党，损害人民；另一方面是好教员，很好地教育了党，教育了人民，对革命有好处。失败是成功之母。……'物极必反'。"①

二、对改革开放前新中国发展的回顾与评析

(一)毛泽东和党中央重视生产力的发展和人民生活水平的提高

由于改革开放前，曾经历过"左"的错误，受到批判，容易给一些人造成一种直觉的片面的印象：前 30 年搞"阶级斗争为纲"，"宁要社会主义的草，不要资本主义的苗"，大批"唯生产力论"，不关心发展生产力和提高人民的生活水平。似乎前 30 年全是负面的东西。这是以偏概全。另外，也有人完全肯定前 30 年的发展道路和政策，认为没有错误，完全正确。这两种认识，都是脱离实际的，是不正确的。

对前 30 年的发展，需要一分为二地进行实事求是的分析与评述。中国共产党和毛泽东主席在新民主主义革命时期，以及在新中国成立前后时期，是既重视发展生产力，又重视在发展生产力的基础上提高人民的生活水平。在革命战争年代，对地主富农所开办的工商业也予以保护，这是保护和发展生产力。1945 年抗日战争胜利后，毛泽东提出：要"使解放区(指新解放区——引者)农民普遍取得减租利益，使工人和其他劳动人民取得酌量增加工资和改善待遇的利益；同时又使地主还能生活，使工商业资本家还有利可图；并于明年发展大规模的生产运动，增加粮食和日用必需品的生产，改善人民的生活"。②

1949 年 3 月，毛泽东在七届二中全会上提出，革命胜利后中国的发展方向是由农业国变为工业国，建设成一个伟大的社会主义国家。他说："从我们接管城市的第一天起，我们的眼睛就要向着这个城市的生产事业的恢复和发展。"③城市中其他的工作"都是围绕着生产建设这一个中心工作并为这个中心工作服务的。如果我们在生产工作上无知，不能很快地学会生产工作，不能使

① 《毛泽东文集》第 7 卷，北京：人民出版社，1999 年版，第 136 页。

② 《毛泽东选集》第 4 卷，北京：人民出版社，1991 年版，第 1172 页。

③ 同上书，第 1428 页。

生产事业尽可能迅速地恢复和发展，获得确实的成绩，首先使工人生活有所改善，并使一般人民的生活有所改善，那我们就不能维持政权，我们就会站不住脚，我们就会要失败”。① 毛泽东还制定了解放城市后发展经济的方针政策：“发展生产、繁荣经济、公私兼顾、劳资两利。”当时按照毛泽东“新民主主义理论”的指导，确定取得革命胜利后，先建立新民主主义社会制度，待新民主主义制度发展到一定阶段后再转向社会主义。所以，新中国建立后的一定时期以内，要公有制私有制并存——“公私兼顾”；资本家和劳动者同台——“劳资两利”。这样才能实现“发展生产、繁荣经济”的目的。上述发展经济的四句话成为中国人民政治协商会议的经济政策。在新中国成立前夕的 1949 年 9 月 21 日至 30 日，召开了中国人民政治协商会议第一届全体会议，制定了作为临时宪法的共同纲领，宣布“中华人民共和国为新民主主义即人民民主主义的国家”，“保护工人、农民、小资产阶级和民族资产阶级的经济利益及其私有财产，发展新民主主义的人民经济，稳步地变农业国为工业国”。② 根据毛泽东的新民主主义理论，在新民主主义制度下，允许和鼓励私人资本主义经济和个体经济发展。“共同纲领”所制定的经济政策是：“中华人民共和国经济建设的根本方针，是以公私兼顾、劳资两利、城乡互助、内外交流的政策，达到发展生产、繁荣经济之目的。”③也就是通过所谓“四面八方”的政策，达到发展与繁荣的目的。

中国共产党领导中国革命，建立新中国，就是要让中国站起来、富起来、强起来，让全国劳动人民摆脱受侵略、受压迫、受剥削、受穷困的处境，不断提高生活水平。这一切都需要有生产力的高度发展为前提。

这里涉及新民主主义制度和社会主义制度的关系问题。总结新中国发展 70 年的经验，不能模糊这个重要问题。新中国建立初期直到 1952 年国民经济快速恢复，毛泽东和中央认为，由于我国革命是在生产力落后的基础上取得政权的，根据生产关系要适应生产力发展状况的原理，首先是建立新民主主义社会制度，将来再由新民主主义过渡到社会主义。这在毛泽东的《新民主主义论》《中国革命与中国共产党》以及七届二中全会上的讲话中都可以看得很清楚。这是毛泽东思想最重要的组成部分，是马克思主义与中国实际相结合的重要理论

① 《毛泽东选集》第 4 卷，北京：人民出版社，1991 年版，第 1428—1429 页。

② 《建国以来周恩来文稿》第 1 册，北京：中央文献出版社，2008 年版，第 356 页。

③ 《人民政协文件选集》，华北大学印厂，1949 年 10 月，第 4 章《经济政策》。

创新与发展。作为新中国临时宪法的全国政治协商会议共同纲领在各方面都突出了新民主主义的特色，不仅明确提出新中国“实行新民主主义”“中华人民共和国为新民主主义即人民民主主义的国家”，还表现在其他多个方面。如五星红旗的一个小星原代表民族资产阶级，其他三个小星分别代表工人阶级、农民阶级、城市小资产阶级，共同围绕着代表中国共产党的大星星运转；青年团定名为新民主主义青年团。还应注意到，当制定政协共同纲领时，有的代表提出应把社会主义的前途写进共同纲领中去。刘少奇代表中央讲话时回应说：“有些代表提议把中国社会主义的前途写进共同纲领中去，但是我们还是认为不妥当的，因为要在中国采取相当严重的社会主义步骤还是相当长久的将来的事情，如果在共同纲领上写上这一个目标，很容易混淆我们在今天所要采取的实际步骤。无疑的，中国将来的前途是要走到社会主义和共产主义去的……但这是很久以后的事情。”①显然党中央是要践行毛泽东的新民主主义理论的。根据我国生产力极端落后的国情，先建立新民主主义制度，在国有经济指导下，公私经济并存，共同发展，有利于快速发展生产力和提高人民生活水平。

(二)从 1949 年新中国成立到 1956 年的发展成就与问题

1949 年新中国成立到 1952 年，我国的经济发展是快速的，三年中国民收入指数分别为 19%、16.7%、22.3%。到 1952 年底，全国工农业生产量都超过了历史最高水平，工农业产值比 1949 年增长 77.5%，其中工业总产值增长 145%，农业总产值增长 48.5%，是具有恢复性的发展。② 1953 年开始第一个五年计划，完成得比较好，提前一年完成。但有急躁冒进倾向，周恩来在 1956 年 6 月的报告中提出：生产的发展和其他一切事业的发展，都必须放在稳妥可靠的基础上，既要反对保守，又要反急躁冒进。急躁冒进的结果，并不能帮助社会主义事业的发展，而只能招致损失。同月 20 日，《人民日报》发表了题为《要反对保守主义，也要反对急躁情绪》的社论。陈云也提出纠正冒进的创新性意见：计划指标必须符合实际，建设规模必须同国力相适应，人民生活和国家建设必须兼顾，制定计划必须做好物资供应平衡、财政收支平衡和银行信贷平衡。可是，1957 年 1 月，毛泽东严厉批评反冒进，说反冒进的结果出现了右倾。在 1958 年 1 月的几次会议上，继续反复批评反冒进，说反冒进反

---

① 《刘少奇讲话》，见《人民政协文件选集》，华北大学印厂，1949 年 10 月。

② 虞宝棠、李学昌主编：《当代中国四十年纪事(1949—1989)》，上海：上海人民出版社，1990 年版，第 57 页。

掉了多快好省，是方向性错误。这导致经济发展中的“左”倾思想发展起来。

需要进一步指出，新中国成立后直到1956年，生产力发展得很快，人民生活水平也得到了提高。1956年，普遍提高了工薪人员的工资，有的连提两级。1956年9月召开了党的八大会议，会议提出：我国三大改造完成以后，国内的主要矛盾转变为“人民对于建立先进的工业国的要求同落后的农业国的现实之间的矛盾”，是“人民对于经济文化迅速发展的需要同当前的经济文化不能满足人民需要的状况之间的矛盾”。解决矛盾的途径自然是通过大力发展生产力，发展社会主义经济和文化，满足人民物质文化的需要。但是这样好的经济发展势头未能继续发展下去。从1957年“反右”扩大化后“左”风日烈，否定八大提出的主要矛盾，改提两个阶级、两条道路的斗争是主要矛盾，直至酿成十年“文革”的灾难性后果。1981年《中共中央关于建国以来党的若干历史问题的决议》(以下简称《决议》)中指出：1958年，中央和地方不少同志在胜利面前滋长了骄傲的自满情绪，急于求成……发动了“大跃进”和农村人民公社化运动，使得“左”倾错误严重地泛滥开来，加上其他原因，我国从1959年到1961年曾发生严重困难，造成重大损失。《决议》明确指出，“文化大革命”给党、国家和人民带来严重灾难。习近平同志也指出“文化大革命”是严重错误。

事实上，急于求成、急于发展生产力、急于建成社会主义的思想，在1958年以前就出现了。前面讲过：从新中国成立到1956年，我国经济社会的发展是比较顺利和成就显著的，但急于求成、夸大主观能动性的思想，在此时期已开始露头了。1958年和以后的“左”倾是这种思想的进一步放大和膨胀。前面讲到的批评反冒进就是急于求成。还有一个不能回避的理论和实际问题需辨明：毛泽东的作为马克思主义中国化的重要理论，即在生产力落后的半殖民地半封建主义的旧中国基础上建立新中国，要先建立新民主主义社会制度，发展到一定阶段后再过渡到社会主义。但是，国民经济刚恢复的1952年，在中央有关会议上就开始提出转向社会主义的过渡时期问题了，1953年正式提出了过渡时期总路线。过渡时期的总路线就是要通过“三大改造”消灭一切私有制经济，建立单一的公有制经济，实现社会主义工业化。过渡时期总路线的始点和终点是：“从中华人民共和国成立到社会主义改造基本完成，这是一个过渡时期。”这就是说，从1949年10月1日起，就进入过渡时期了。显然，这与毛泽东原先提出的新民主主义概念和思想不完全一样了。由于《决议》中肯定过渡时期总路线是完全正确的，所以不再有人去研究和讨论这一问题。从20世纪50年代起，一直到现在的普遍提法是，我国是从新民主主义过渡到社会主义。我自己于 1955 年在通俗读物出版社也出版过一本书，书名就是《由新民主主义到社会主义的过渡时期》。现在看来，新民主主义和过渡时期之间的关系究竟是什么，仍然是一个需要讲清楚的理论问题。我个人认为，为了表明我国经历过新民主主义阶段，同时又把过渡时期与新民主主义合二为一，主张过渡时期就是新民主主义，这就存在这样几个问题：第一，新民主主义制度是支持资本主义性质的私营经济、个体经济有一个较大的发展，新民主主义经济纲领是国营经济领导下五种经济成分并存(还包括合作社经济、资本主义经济、个体经济、国家资本主义经济)。而过渡时期是要消灭资本主义经济和个体经济的。第二，新民主主义是一种经济社会制度，虽然从最终将转向社会主义制度这个角度来说也具有过渡性质，但它毕竟是具有相对独立性的特定阶段。而过渡时期不是一种社会制度。第三，如果新民主主义时期就是过渡时期，那只讲过渡时期就行了，有什么必要再加上一个新民主主义概念呢？

我国国民经济刚恢复，就开始了消灭私有制的三大改造，原计划经过 10 年到 15 年完成改造任务，但经过 3 年，到 1956 年就基本建立了社会主义制度，这就在事实上超越了原来设想的新民主主义制度。许多同志不承认超越。这偏离事实。从新中国成立的 1949 年 10 月 1 日起，就进行消灭一切私有制经济的三大改造，哪有实行新民主主义制度的时间和空间？应注意到朱佳木同志于 2014 年 9 月 25 日发表于《人民日报》的论文《走向中华民族伟大复兴的壮阔历程》。其中明确指出“毛泽东同志关于由新民主主义向社会主义转变的设想发生了变化”，是“提前向社会主义过渡，目的是抓住当时国内国际的有利时机”，等于肯定了超越新民主主义制度。怎样评价这一事实？我认为，也应进行实事求是的分析。应肯定我国对资本主义工商业的改造是成功的，是运用赎买政策进行了和平改造，是国际共产主义运动中的创新。不但没有对经济社会发展造成明显损失，而且如前所说，到 1956 年，我国的第一个五年计划提前一年完成，经济、社会、文化都有显著发展。需要进一步探讨的问题是，为什么会发生提前超越原来设想的新民主主义制度这一现象呢？这有其客观原因和主观原因。客观原因是：我国解放战争的迅速胜利缩短了预期时间；抗美援朝也节节胜利；“三反”“五反”取得成功；国营经济所占比重逐年上升；全国人民包括民族资产阶级和各民主党派拥护中国共产党的领导；在国际上有苏联的大力支持。有利的客观条件激励了急于求成，引致提前向社会主义过渡。主观条件是，社会主义事业只有在共产党领导下才能完成，共产党领导的社会主义事业，需要有高度的自觉性和谋略性。党中央和政府的决策，具有较高的主观能动性。这种高度自觉性和主观能动性，如果客观条件与急于求成相结合，就容易做一些超阶段的事情。之所以会产生急于求成，是因为几十年的新民主主义革命经历了艰苦卓绝的斗争，条件顺利时，希望尽早看到自己所从事的社会主义事业成功，尽快发展生产力，尽快造福劳动人民。这样，较高的主观能动性，就容易产生主观唯意志论。“大跃进”中的“人有多大胆，地有多大产”“没有做不到，只有想不到”，就是事例。

三大改造的胜利进行，第一个五年计划提前完成，似乎超越了新民主主义并且没有任何负面效应。其实不然。过早地消灭一切私有经济，带来了居民生活中的诸多不便，日用消费品花色品种减少，服务质量降低，吃饭排长队，理发排长队，修理排队等等。毛泽东注意到这个问题。1956 年 12 月 7 日，他同民建和工商联负责人谈论时提出：“上海的地下工厂同合营企业也是对立物。因为社会有需要，就发展起来。要使它成为地上，合法化，可以雇工。现在做衣服要三个月，合作工厂做的衣服裤腿一长一短，扣子没眼，质量差。最好开私营工厂，同地上的作对，还可以开夫妻店，请工也可以。这叫新经济政策。我怀疑俄国新经济政策结束得早了……只要社会需要，地下工厂还可以增加。可以开私营大厂，订个协议，十年、二十年不没收。华侨投资的，二十年、一百年不要没收。可以开投资公司，还本付息。可以搞国营，也可以搞私营。可以消灭了资本主义，又搞资本主义。……只要有原料，有销路，就可以搞。现在国营、合营企业不能满足社会需要，如果有原料，国家投资又有困难，社会有需要，私人可以开厂。”①

毛泽东的这一“新经济政策”思想是有见地的。但是，紧接着 1957 年“反右”后的“左”倾思潮日盛，使毛泽东的设想并没有得到完全的实现，他的这一设想在改革开放后的中国特色社会主义实践中实现了。

过早超越新民主主义制度，急于消灭一切私有经济，还产生了人们一般不会注意到的负面影响。主观能动性的超现实发展所形成的形式上的成功，会激励进一步搞唯意志论。还应注意到，在所有制结构上，形成了改革前 30 年和后 40 年的重大区别。现在，在理论界和历史学界，既肯定新中国成立初期通过“三大改造”，消灭一切私有制、建立单一的公有制是正确的；又肯定改革以来实行公有制为主体多种所有制经济共同发展也是正确的。对于这个问题也要进行实事求是的分析。有目共睹的事实是，改革开放 40 年来，在国有经济主

---

① 《毛泽东文集》第 7 卷，北京：人民出版社，1996 年版，第 170 页。

导下，鼓励和引导非公有制经济发展，对快速推进生产力的发展和提高人民的生活水平起了积极的作用。在旧中国三座大山的压迫下，私营经济、个体经济并没有获得充分发展，在新中国还有充分发展的余地。中国特色社会主义实践证明，改革开放后的发展成就，远胜于改革开放前。因此，应当肯定改革开放以来既不搞单一的公有制，又不搞私有化的路线是正确的。这样就可以进一步认清三大改造并急于消灭一切私有制的得失与影响。顺便讲一下：《决议》是 1981 年公布的。《决议》只提了一句，我国社会主义处于初级阶段。对初级阶段的系统论证，是在 1987 年的十三大报告中，允许私营企业发展也是在十三大报告中第一次提出。中国特色社会主义理论是十二大开始提出后来不断发展的。所以《决议》讲三大改造是“完全正确的”适用于一定的历史背景，是可以理解的。

（三）实事求是地分析改革前 30 年的成就与缺失

1956 年 4 月，毛泽东在中央政治局扩大会议上，做了关于《论十大关系的报告》。鉴于苏联发展经济偏重于优先发展重工业，对农业、轻工业的发展重视不够，中国要探寻自己的发展社会主义经济的道路。这篇报告不仅体现了毛泽东对发展经济社会的极大关心，又表明他提出怎样更有效地发展中国经济社会的途径与方略。例如在重工业、轻工业和农业的关系问题上，提出用多发展一些农业、轻工业的方法来发展重工业。在沿海工业和内地工业的关系问题上，提出必须充分利用和发展沿海的工业基地，以便更有力量来发展和支持内地工业。在国家、生产单位和生产者个人的关系问题上，提出三方面必须兼顾，不能只顾一头，要给生产单位一定的独立性和权益，要关心群众生活。在中央和地方的关系上，提出在巩固中央统一领导的前提下，扩大地方的权力，发挥中央和地方两个积极性。在中国和外国的关系上，要学习别国的长处，包括学习资本主义国家的先进的科学技术和管理方法，但不能照搬照抄。对苏联和其他社会主义国家经验也应采取这种态度。后来，毛泽东还提出：我国经济发展要以农业为基础，工业为主导；要以农轻重为序安排经济发展。这些指导思想，在改革开放 40 年后的今天看来也是正确的，甚至可以说已提出了改革开放的初步思想。

即使在“左”风盛行的年代，毛泽东也一直坚持要发展商品生产和利用价值规律，提出价值规律是一个伟大的学校。那个时候一些人曾认为发展商品经济就是发展资本主义，显然与毛泽东的见解是相悖的。

改革前 30 年的“左”的错误确实给生产力的发展造成很大损失。经济发展大起大落，曾几次出现经济负增长，人民的生活水平也提高缓慢。不少工薪阶层 20 多年未提工资。

有一个关于经济增长的是非问题需要澄清。“文化大革命”结束后，有的中央领导包括华国锋、邓小平都讲过，“文化大革命”的破坏使我国国民经济走向崩溃的边缘。经常有人对此提出质疑。应当肯定改革开放前 30 年我国经济年均增长 6%以上，还不算是低的。但由于“四人帮”极左势力的破坏，经济增长起伏较大。比如 1972 年在周恩来主持下，国务院通过整顿和加强管理，经过 1972 年和 1973 年两年的努力，形势好转，国民经济计划都完成和超额完成。但 1973 年下半年，“四人帮”掀起了反对“右倾复辟”的逆流。把周恩来采取的一系列正确措施诬之为“黑线回潮”。国民经济好转的势头被打断。1974 年的国民经济计划未能完成，许多重要产品如钢铁、原煤、棉花、铁路货运量等都减产。特别是 1975 年 11 月发动“反击右倾翻案风”后，国民经济发展再次受到挫折，加上唐山大地震，导致 1976 年国民经济陷入很大困难。郑州铁路局 1976 年发生 12 次大堵塞，造成 12 个省、市煤炭供应紧张。国民收入下降 2.7%，许多产品未完成计划，国家财政收入比上年减少 39 亿元，出现赤字 29.6 亿元。① 从 1974 年到 1976 年的经济发展情况来看，特别是从 1976 年陷入极端困难的情况来看，称之为“文革”动乱使国民经济陷入崩溃的边缘并非无根据的。李先念 1979 年在中央工作会议上的讲话也一再提及：“‘四人帮’垮台以后，我们大家都看到当时的国民经济已跌到了崩溃的边缘”，也是指“当时”的情况。

回顾新中国成立前 30 年的岁月，虽然“左”的政治和经济运动损害了我国经济社会的正常发展，但总的来说还是有巨大进步的。建立了完整的工业体系；兴修了大量水利工程；农业生产条件有一定的改善；在世界上首先育成强优势杂交水稻；建成了胜利油田和大港油田，大庆油田连年大幅增产；南京长江大桥建成；成昆铁路和湘黔铁路建成通车；我国制造的第一艘万吨远洋巨轮“跃进号”下水；发射了导弹核武器，爆炸了氢弹；发射并收回了人造地球卫星等。这里既有老一辈无产阶级革命家的功劳，也有工人、农民、科技人员的功劳。

总结新中国前 30 年社会主义事业的经验，还有一个问题需要讲清。前 30

① 蒋家俊等：《中华人民共和国经济史》，西安：陕西人民出版社，1989 年版，第 222 页。

年中我国经济也有发展，但是人民生活水平长期处于贫困状态。1978年，还有几亿绝对贫困人口温饱问题没有解决。李先念1979年12月22日在全国计划会议上的讲话明确提出："我国人民的生活长期以来几乎没有得到什么改善"；有"四人帮"的干扰破坏，我们工作中"也有缺点、错误。看不到我们工作中的缺点错误是不对的"。综合考虑人民生活水平长期没有获得多少改善的原因是多方面的。有"四人帮"的干扰，有工作上的缺点错误，也有特殊原因引致的过多支出。首先，"四人帮"把改善人民生活的主张诬之为经济主义，甚至上升为"修正主义"。只能讲"工人为革命而做工，农民为革命而种田"。不能讲发家致富，主张"穷革命，富则修"。从工作上的缺点错误看，第一个五年计划以后的经济发展，积累率过高。从1966年到1976年的10年中，有7年积累率在30%以上。国民收入增长缓慢而积累率高，自然影响人民收入水平的提高。另外，"大跃进"刮"共产风"，有人估计，国民收入损失了1200亿元。"文化大革命"十年浪费了大量资源，产生无效支出。有统计显示，损失约5000亿元。① 为备战而搞"靠山、分散、进洞"的三线建设，虽有其积极作用，但从全局看，耗费严重。谷牧同志曾主持三线建设工作。他说："三线建设中突出的问题是山高谷深路不通，大型设备运不进去"，"铁路建设十分艰苦"。要穿过崇山深谷，国家投资1200亿元。而且在"文化大革命"大动乱中，"在中央工作日程上'靠边站'了"。"确有不少损失浪费"。② 为了避战而"深挖洞"，全国搞人防工程（地下建筑）耗费大量建筑物资。还有援越抗美、抗法战争，耗费不少。再往前推算，抗美援朝，我国欠苏联十四亿零六百万新卢布的债务，于1965年全部还清。1958年搞"大跃进"变成"大跃退"，损失巨大，等等。这都造成了新中国成立前30年的落后贫困状态。

三、改革开放40年来的成就与总结

（一）对两个提法的思考和一个理论争论问题终见分晓

去年全国大规模庆祝改革开放40周年。改革开放40年的重大成就，有系统资料公之于世，这里不需要重复。只概括地讲一下：邓小平提出判断改革开放和一切工作是非得失的标准是三条"是否有利于"。是否有利于发展社会主义社会的生产力，是否有利于增强社会主义国家的综合国力，是否有利于提高人

---

① 《三中全会以来重要文献选编》，北京：人民出版社，1982年版，第269页。

② 《谷牧回忆录》，北京：中央文献出版社，2009年版，第200—206页。

民的生活水平。我国 40 年的改革与发展，既完全遵循了三条有利于的标准，又以快速的发展和优异的成绩实现了这三条标准。其举世瞩目的成就表现为我国从站起来到富起来、强起来。笔者认为，这三者的关系只是相对的划分。不是要把三者绝对化地作为三个小历史阶段来划分。新中国成立初期站起来了，谈不上富起来。随着改革与发展的推进，逐步富起来、强起来。新中国的建立，就改变了旧中国任由列强侵略、割地赔款、丧权辱国的境地，再没有哪个国家敢来任意侵略中国。新中国在抗美援朝战争中，以落后的武器，将以美国为首的装备现代化武器的侵略军赶回“三八线”以南，表明新中国强起来了。站、富、强是动态概念，有程度的不同。当富起来、强起来后，会站得更高、更坚定，要站到制高点。富起来则有助于强起来。强起来后，会进一步富起来。我国目前虽然站起来、富起来、强起来了，但还不够。只有达到大富大强，站到世界中心，没有霸凌者敢遏制和挑战中国的发展，中国才能安然屹立于世界，成为维护世界和平的现代化强国。

前面讲过，改革开放前后两个历史阶段是紧密衔接的。没有前 30 年的站起来和初步强起来，就没有改革开放后的富起来和进一步强起来。改革开放前 30 年，虽然有严重的“左”的错误，延缓了社会主义的发展和优越性的发挥，但也还是有一定程度的发展的。既有经济社会文化的发展，也有马克思主义及其中国化的发展。所以，对中共十七大以来两个流行的提法还需要有更全面的理解。我所指的是：第一，只有社会主义能够救中国，只有改革开放才能发展中国，发展马克思主义，发展社会主义；第二，只有社会主义能够救中国，只有中国特色社会主义能够发展中国。对这两个提法不能片面理解，不能因为强调改革开放和中国特色社会主义在发展上取得了伟大成就，就误认为改革开放前的社会主义没有发展。显然，没有任何发展的社会主义能够救中国吗？看不到改革开放前的社会主义发展，就在事实上把改革开放前后两个历史阶段割裂开了，也就否定了改革开放前的一切发展。其实，新中国的前 30 年，既在经济文化上有发展，也在马克思主义方面有发展。毛泽东、陈云和党中央也强调马克思主义与中国实际相结合，发展了马克思主义。如果放宽点讲，中华民族五千年的灿烂文化和科技发明曾处于世界领先地位。我主张这样的提法和理解：只有社会主义能够救中国，只有改革开放和中国特色社会主义才能更好地发展中国、发展马克思主义、发展社会主义。加上“更好地”三个字，就符合实际了，符合历史逻辑和理论逻辑了。

当我国实行改革开放，转向中国特色社会主义道路时，出现了将中国特色社会主义与马克思的科学社会主义对立起来的观点。一些人把科学社会主义称之为“传统社会主义”，主张用中国特色社会主义摒弃“传统社会主义”。他们断言，这已是中央文件和理论界的共识。从媒体的报道来看，也确实大多数倾向于他们的观点。他们这样宣扬的根据就是，中央文件提出了“非公有制经济是社会主义市场经济的重要组成部分”。他们混同了“社会主义经济”与“社会主义市场经济”，认为非公有制经济也是社会主义性质的经济。我不赞同这种观点，因为中国共产党是以马克思主义为指导的党。改革开放以来，历届中央都强调马克思主义基本原理与中国实际相结合。1998年，我在中央党校的《理论前沿》第8期发表了不赞同用中国特色社会主义否定所谓“传统马克思主义”的观点，招来了个别学者上纲上线的批驳，与我展开长期论战。其论文一再强调要“坚持有中国特色的社会主义经济理论，摒弃传统社会主义经济理论”。他们把改革开放前极左的一套理论与实践加罪于“传统社会主义”。我据理辩驳，被扣上了否定社会主义市场经济，要回到计划经济等“左”的帽子。有些主流媒体也卷入他们一边，转载和支持对方批评我的文章。这个理论是非，争论了两年多后搁了下来，没有权威理论部门出来予以澄清。直到党的十八大后，习近平同志彻底讲清了马克思主义、科学社会主义与中国特色社会主义的关系，否定了将中国特色社会主义与科学社会主义对立起来的错误观点。他明确指出：中国特色社会主义“这一理论体系写出了科学社会主义的‘新版本’，是深深扎根于中国大地、符合中国实际的当代中国马克思主义。它同马克思列宁主义、毛泽东思想是坚持、发展和继承、创新的关系”。①

(二)中国特色社会主义取得巨大成功的主要经验

有目共睹的事实是，作为马克思主义科学社会主义中国化和现代化的中国特色社会主义理论、道路、制度取得了巨大的成功。它显示了马克思主义“行”，中国特色社会主义“好”，中国共产党“能”！如何总结中国特色社会主义和改革开放的成功经验，见仁见智，可以有不同总结。其实，从习近平同志的有关论述中可以领悟到总结的思路。

第一，是中国共产党的正确领导。

既要强调坚持共产党领导的重要性，更要强调坚持党的正确领导的重要性。在革命战争年代和社会主义建设年代，党的领导出现过右和“左”的错误，

---

① 《习近平总书记系列重要讲话读本》，北京：学习出版社、人民出版社，2016年版，第26页。

导致事业的失败。改革开放以来，我们党总结前30年社会主义建设事业正反两方面的经验教训，重新认识社会主义。明确了为什么要搞社会主义，什么是社会主义，怎样建设社会主义，提出了一系列新的理论、新的发展方略与途径。没有共产党的领导，就不会有社会主义和中国特色社会主义，就不可能有中国的今天。

第二，中国改革开放的成功，与坚持马克思主义为指导紧密联系。

习近平同志一再强调学好用好马克思主义理论，学好用好政治经济学。要原原本本学习和研读经典著作，引导广大党员干部学而信、学而用、学而行，更好地用科学理论武装头脑、指导实践、推动工作。"马克思主义政治经济学是马克思主义的重要组成部分，也是我们坚持和发展马克思主义的必修课。我们党历来重视对马克思主义政治经济学的学习、研究、运用"。① 中国特色社会主义遵循了马克思主义的基本原则，又根据中国实际和时代特征创新和发展马克思主义。马克思主义是中国特色社会主义取得胜利的真经。

第三，提出了社会主义初级阶段理论。

旧中国留给新中国的遗产，是十分落后的生产力和广大劳动人民的贫困生活。中国在特定条件下走上了社会主义道路，不能脱离开中国的实际国情，不应把马克思所讲的发达资本主义国家所建立的成熟的社会主义模式作为我国建立社会主义的起点模式。《共产党宣言》中提出："从这个意义上说，共产党人可以把自己的理论概括为一句话：消灭私有制。"②应当明确，马克思、恩格斯是指发达资本主义国家走上社会主义道路时，最终要用公有制取代私有制。在《共产党宣言》发表的前一年即1847年，恩格斯写了作为共产主义者同盟纲领草案的《共产主义原理》，其中专门讲到消灭私有制的条件问题。能不能一下子就把私有制废除？"不，不能，正像不能一下子就把现有的生产力扩大到为实行财产公有所必要的程度一样。因此，很可能就要来临的无产阶级革命，只能逐步改造现社会，只有创造了所必需的大量生产资料之后，才能废除私有制"。③ 请注意：这里所讲的是，即使某些资本主义国家的无产阶级取得政权后，也不能立即消灭私有制。只有在生产力高度发展的条件下，才可能消灭私

① 《习近平总书记系列重要讲话读本》，北京：学习出版社、人民出版社，2016年版，第35页。

② 《马克思恩格斯选集》第1卷，北京：人民出版社，2012年版，第414页。

③ 同上书，第304页。

有制，我国提出社会主义初级阶段理论，就是为发展私营、个体经济提供了理论支持。在旧中国三座大山的压迫下，私营、个体经济没有获得充分发展。在新中国，支持鼓励和引导非公经济发展，有利于利用多种资源促进生产力的发展，增加就业，增加社会财富，满足人民多方面需要。但要否定有些人所宣扬的“国退民进”的改革方向，否定有些高官型学者主张取消所有制标签、主张“所有制中立论”等言论。应坚持宪法规定的以公有制为基础的社会主义经济制度和以公有制为主体，多种所有制共同发展的初级阶段的基本经济制度。

第四，提出和遵循了社会主义本质论，实践三条“有利于”的标准论。

改革开放前，政治经济学讲社会主义的经济特点，一般强调公有制、按劳分配、有计划按比例发展，不怎么强调发展生产力。似乎也有其根据：马克思主义政治经济学的研究对象是生产关系，不包括生产力；区分不同社会经济制度的标准是生产关系，中国是社会主义国家，但是生产力落后于发达资本主义国家；任何社会都在发展生产力，任何新社会制度的生产力都比旧社会制度高。这些理由都存在，但马克思主义政治经济学和科学社会主义还有关于什么是社会主义、怎样建设社会主义的本质性论述，在《共产党宣言》和马克思的经济学手稿中，在恩格斯和列宁的有关著作中，都明确指出未来的社会，一是要快速发展生产力，二是要在生产力发展的基础上不断提高人民的生活水平，最终实现共同富裕。这是社会主义建设事业中必须抓好的两大环节。如果搞社会主义不抓好这两条，只能是贫穷的公有制，贫穷的按劳分配，显示不出社会主义的优越性。贫穷的社会主义没有任何吸引力。可以说，搞社会主义的根本目的，是要让劳动人民摆脱受剥削、受奴役、受贫困的处境，实现共同富裕。而根本任务就是大力快速发展生产力。也可以说建设社会主义，要以快速发展生产力和实现共同富裕为纲。邓小平继承和发展了马列主义关于社会主义本质的规定，提出社会主义本质论：解放和发展生产力，消灭剥削，消除两极分化，最终达到共同富裕。这就确立了社会主义社会的生产力标准和社会主义生产关系标准，这是建设社会主义必须遵循的标准。

第五，实行改革开放，由市场取向的改革到社会主义市场经济体制的确立。

改革开放是服从于解放和发展生产力，提高人民的物质文化生活水平的任务和目的的。我国市场取向的改革，经历了不断深化和曲折复杂的过程道路：由“计划经济为主，市场调节为辅”；到“公有制基础上的有计划的商品经济”；到计划和市场是覆盖全社会的，提出“国家调节市场，市场引导企业”的运行模式；再到“计划经济和市场调节相结合”；最后确立了社会主义市场经济体制模式。事实证明，由市场决定资源配置，有其自主性、灵敏性、时效性的长处，有利于调节生产结构和供求关系，搞活经济。社会主义市场经济可以把社会主义经济的优越性与市场经济的灵活性相结合，可以更有效地发展社会主义经济。

第六，最根本的一条是选择了中国特色社会主义。

其实，前面讲的诸多条，也可以纳入中国特色社会主义之中。但中国特色社会主义又有其独立的规定性。比如，它与社会主义初级阶段有交叉，都包括公有制为主体、多种所有制经济共同发展；按劳分配为主体、多种分配方式并存。但中国特色社会主义不限于初级阶段。即使到21世纪中叶走出初级阶段，进入中级、高级阶段，也将依然发展不断成熟中的中国特色社会主义。

习近平同志对中国特色社会主义有系统的论述。中国特色社会主义包括中国特色社会主义道路、理论体系、制度。中国特色社会主义道路既坚持以经济建设为中心，又全面推进经济建设、政治建设、文化建设、社会建设、生态文明建设以及其他各方面建设；既坚持四项基本原则，又坚持改革开放；既不断发展生产力，又逐步实现全体人民的共同富裕、促进人的全面发展。中国特色社会主义坚持以人民为中心的立场。新时代的社会主要矛盾已转化为人民日益增长的美好生活需要和不平衡不充分的发展之间的矛盾。解决这一矛盾需要在生产供给侧提供高质量、高科技含量，更安全、更个性化的高端产品。这就需要进行供给侧结构性改革，实现新的供求平衡。所谓不平衡不充分，本意是讲：虽然我国生产供给的优质高端产品也增多了，但还不能充分满足美好生活需要，形成了高层次的供求不平衡。然而，主流媒体却错解“不平衡不充分”。用什么还有落后生产工具、城乡区域发展不平衡等进行解读。

中国特色社会主义不仅重视快速发展生产力，而且更重视“科学发展”，即以人为本、全面协调可持续发展；重视由数量扩张型发展转向质量效益型发展。习近平同志提出了新的发展理念，即“创新、协调、绿色、开放、共享”理念。同时强调生态保护，形成绿色发展方式和生活方式。

(三)中国特色社会主义不是一帆风顺地发展的，也有负面的经验

新中国70年，包括改革开放40年，不是一帆风顺发展过来的。改革开放40年来的成就及其经验是突出的，但也存在一些负面的事项。兹举几例：在改革开放的前一时期，实行价格双轨制，即较低的计划价格和较高的市场价格并存。有些有门路的人物可通过私自“批条”低价倒买高价倒卖紧缺商品，出现不少所谓“倒爷”一夜暴富，人民侧目不满。再如，中央决策层曾不考虑实际条件，主观主义地搞“价格改革闯关”，结果流于失败。这个问题需要做点儿说明。1988年5月后，中央主要领导同志提出要搞放开价格的改革。他说：现在中国的改革进入了关键阶段，到了不进即退的阶段，改革的重点转向价格问题；我们准备试一试，冒点儿风险，有成功的可能。7月底放开了名酒、名烟的价格，引起这类商品价格猛涨。8月中旬，政治局会议决定放开绝大部分商品的价格，造成了人们放开价格就是价格猛涨的心理预期。全国出现了大规模排队提款抢购物品的恐慌性风潮。在此情况下，中央迅速改变了决策。在1989年3月的政府工作报告中，李鹏总理代表中央指出了上年工作中的失误，“我们在去年初制定了稳定经济、深化改革的方针，但由于后来对1987年经济形势的估价过于乐观，因此在执行中没有坚持把稳定经济放在首位……我们认识到了价格改革在整个经济体制改革中的重要地位，但在实际工作中对国家、企业和群众的承受能力考虑不够，在通货膨胀已经比较明显的情况下没有及时采取稳定金融、控制物价的有力措施，又放开调整了一些商品价格，以致加剧了群众对物价上涨的恐慌心理，在许多地方诱发了抢购商品和储蓄下降”。①这种光明磊落的承认和检讨失误，体现了共产党的优良作风。

“价格改革闯关”之所以失败，是因为对经济形势缺乏科学认识与分析。当时，总供给与总需求的缺口很大，存在明显的通货膨胀压力。所谓存在价格改革的有利时机完全是判断失误。

在经济发展速度上，也有正反两方面的经验。在改革开放后的一些年代也曾出现过脱离国情，盲目追求高速度。中央还就此做过自我批评。从1978年进入改革开放时代，到1993年的十多年中，中央一再提出要防止片面追求过高发展速度、忽视提高经济效益的非科学发展。1986年发布的关于《第七个五年计划的报告》，针对1984年以来的经济过热情况尖锐提出：“脱离现实条件的可能，盲目追求过高的速度，即使一时上去了，也难以持久，最终还要掉下来。增长速度上的大起大落对经济发展的危害极大。”②1989年《中共中央关于进一步治理整顿和深化改革的决定》中进一步指出：“我国经济发展过程中，脱离国情，超越国力，急于求成，大起大落，是四十年来最重要的教训，这种指导上的失误，严重挫伤群众积极性，往往造成巨大损失，是经济工作中的要害

① 《十三大以来重要文献选编》，北京：人民出版社，1991年版，第428页。
② 《十二大以来重要文献选编》，北京：人民出版社，1986年版，第935页。

问题。……坚决防止片面追求过高的发展速度，始终把不断提高经济效益放到经济工作的首要位置上来。”①中央还承担了指导上失误的责任：“党中央、国务院对我国经济生活中出现的困难和问题负有重要责任”，②“对经济建设和改革开放的具体指导也有失误”。③ 但是，1991 年经济形势刚一好转，又重蹈覆辙，出现了 1992 年和 1993 年再次追求过高速度的情况。追求经济高速发展，会引致经济过热，造成经济无序运行。自 1992 年由经济过热引起严重通货膨胀，到 1996 年经济实现软着陆后，不再追求过高速度。反而从控制需求转向拉动需求，由过去防止经济过热转向促进经济增长。这些年来国内外条件和情况发生了变化，不可能再追求过高速度，反而要面向经济运行下行压力。年均 9.5%的高速增长经历了 30 多年，这在人类社会发展史上是空前的。减速是必然的。从发展趋势上看，我国经济增长速度到一定时期将会降到 6%以下，甚至 5%以下。但每个百分点所代表的经济总量在不断扩大。日本从 20 世纪 50 年代到 70 年代，曾经历了 20 年的经济高速增长，一跃为资本主义世界第二大国，后来陷入低迷。这些年来，年经济增长率在 1%左右，但依然保持其大国地位。美国这些年的增长率在 3%以下，远远低于我国，但其仍不失为头号强国。高质量、高效益、高科技含量的较低速度，胜于低质量、低效益的数量扩张型的较高速度。

特别应当注意到，我国 20 世纪末到 21 世纪初期的国企改革，没有科学的顶层设计和严格的监督与管理，出现了国有资产大量流失。有些人化公为私，一夜暴富。还有，国企实行下岗分流，固然有其必要性，但诸多国企的实际情况不同，有的国企领导根据自己的亲疏与好恶决定下岗人员。有的夫妻同时下岗，又无再就业门路，酿成悲剧。

目前，国企改革仍在进行中，应保证国企保值增值，防范国有资产新一轮流失。习近平同志在 2014 年 3 月 9 日参加安徽代表团审议时特别提出：“要吸取过去国企改革经验和教训，不能在一片改革声浪中把国有资产变成谋取暴利的机会。”④

---

① 《十三大以来重要文献选编》，北京：人民出版社，1991 年版，第 687 页。

② 同上书，第 683 页。

③ 同上书，第 546 页。

④ 《习近平：不能在一片改革声浪中把国有资产变成谋取暴利的机会》，《人民日报》，2014 年 3 月 10 日。

还有个不容回避的问题：从 20 世纪 90 年代以来，我国因分配制度不健全，出现了收入差距过分扩大的趋势。我国不会是富者愈富、贫者愈贫的分化趋势。富者可以继续富，但贫者不会继续贫。我国已解决了十多亿人口的温饱问题，正在通过精准扶贫决胜全面小康社会。但在现阶段怎样缩小最高收入和最低收入的过大差距，实现共同富裕，依然是需要深入研究和有待缓解的一个关系社会和谐稳定的实际问题。习近平同志一贯重视公平正义："全面深化改革必须着眼创造更加公平正义的社会环境，不断克服各种有违公平正义的现象，使改革发展成果更多公平惠及全体人民。""'蛋糕'不断做大了，同时还要把'蛋糕'分好。"①

在庆祝新中国成立 70 周年之际，回望过去，展望未来，我们充满道路自信、理论自信、制度自信、文化自信。要明确在新时代坚持和发展中国特色社会主义的总任务，是实现社会主义现代化和中华民族伟大复兴，在全面建成小康社会的基础上，分两步走，到 21 世纪中叶建成富强民主文明和谐美丽的社会主义现代化强国。

---

① 《习近平谈治国理政》，北京：外文出版社，2014 年版，第 96—97 页。

改革开放40年来中国特色社会主义几个经济理论的创新与发展*

一、中国特色社会主义理论的提出和发展

中国特色社会主义理论是由邓小平最先提出来，并在实践中不断发展的。这一理论是在总结我国改革前社会主义建设中得失成败的经验教训的基础上提出的，是具有重大理论和实践意义的根本性的理论创新。这一理论观点最早是在1982年9月党的十二大开幕词中提出的："我们的现代化建设，必须从中国的实际出发。无论是革命还是建设，都要注意学习和借鉴外国经验。但是，照抄照搬别国经验、别国模式，从来不能得到成功。这方面我们有过不少教训。把马克思主义的普遍真理同我国的具体实际结合起来，走自己的道路，建设有中国特色的社会主义，这就是我们总结长期历史经验得出的基本结论。"①这段话包括三层意思：其一，无论搞革命还是进行社会主义建设，都要从中国实际出发，走自己的道路，这并不排除对外国经验的借鉴，但不能照搬。举例说，苏联曾长期把"优先发展重工业"作为经济发展的一条不容置疑的客观规律，将其与扩大再生产中生产资料优先增长的规律相混同，结果忽视了轻工业和农业的发展。在我国社会主义建设初期，优先发展重工业是必要的，但后来从实际出发，我们强调工农业并举，提出按农轻重顺序安排经济发展。邓小平讲："社会主义究竟是个什么样子，苏联

* 原载于《毛泽东邓小平理论研究》2018年第7期，作者为何召鹏、卫兴华。

① 《邓小平文选》第3卷，北京：人民出版社，1993年版，第2—3页。

搞了很多年，也并没有完全搞清楚。”①由此，苏联的经验也不能照搬。邓小平在后来多次讲话中，一再讲到建设具有中国特色的社会主义时，往往会提到我国曾照搬外国经验，结果并不成功。例如，他在1987年7月4日与外宾谈话时说：“中国正是根据自己的实际情况，建设有中国特色的社会主义。”②其二，建设中国特色社会主义既不能照搬马克思主义的“本本”，搞教条主义，又必须坚持和运用马克思主义的基本原理。1985年9月，邓小平在党的全国代表会议上的讲话中特别提出希望，要使“全党的各级干部，首先是领导干部，在繁忙的工作中，仍然有一定的时间学习，熟悉马克思主义的基本理论，从而加强我们工作中的原则性、系统性、预见性和创造性。只有这样，我们党才能坚持社会主义道路，建设和发展有中国特色的社会主义”。③ 就是说，建设和发展中国特色社会主义必须学习和坚持马克思主义，以马克思主义为指导。其三，建设中国特色社会主义必须将马克思主义的普遍真理与中国实践相结合，中国的社会主义不是脱胎于发达的资本主义国家，而是脱胎于生产力极端落后、广大人民绝对贫困的半殖民地半封建社会，这就增添了中国建设社会主义的特殊性、曲折性和困难性。只有将马克思主义与中国实际结合起来，依据中国国情建设和发展中国特色社会主义，才是真正用科学态度坚持和发展马克思主义，坚持和发展科学社会主义。

邓小平提出的有中国特色的社会主义理论，无论在概念的表述还是内涵上，都随着40年来中国改革开放和经济社会的发展而不断丰富。中共中央文件已把“有中国特色的社会主义”改为“中国特色社会主义”，去掉一个“有”字，既在表述上更加简洁，又加重了“中国特色”的含量。

邓小平的有中国特色社会主义理论包括多方面内容。从经济理论方面看，有社会主义本质论，社会主义初级阶段理论，社会主义初级阶段的主要矛盾理论，社会主义市场经济理论，改革与开放理论，分“三阶段”建设现代化国家理论等。

习近平高度评价了邓小平在党的十一届三中全会后改革开放与发展的创新思想。他提出：邓小平“开拓了马克思主义新境界，把对社会主义的认识提高

① 《邓小平文选》第3卷，北京：人民出版社，1993年版，第139页。

② 同上书，第249页。

③ 同上书，第147页。

到新的科学水平，……成功开创了中国特色社会主义”,① 并指出：“中国特色社会主义是实践、理论、制度紧密结合的。”在理论和实践结合中，“形成了中国特色社会主义道路、理论体系、制度。中国特色社会主义道路是实现途径，中国特色社会主义理论体系是行动指南，中国特色社会主义制度是根本保障，三者统一于中国特色社会主义伟大实践”。②

在对中国特色社会主义的理论认识上，学界曾存在多种不科学的观点。有人把中国特色社会主义与马克思主义的科学社会主义对立起来，提出要用中国特色社会主义“摒弃传统社会主义”。有人用“当代马克思主义”否定“传统马克思主义”，有人提出中国应实行“民主社会主义”，等等。习近平反复论述了中国特色社会主义与马克思主义、与科学社会主义是继承与发展的关系。他指出：中国特色社会主义理论体系“写出了科学社会主义的‘新版本’，是深深扎根于中国大地、符合中国实际的当代中国马克思主义。它同马克思列宁主义、毛泽东思想是坚持、发展和继承、创新的关系”。③ “也是科学社会主义理论逻辑和中国社会发展历史逻辑的辩证统一。”④并强调说明：“中国特色社会主义，既坚持了科学社会主义基本原则，又根据时代条件赋予其鲜明的中国特色。这就是说，中国特色社会主义是社会主义，不是别的什么主义。”⑤

中国特色社会主义进入新时代，意味着我国迎来了从站起来、富起来到强起来的伟大飞跃。这在中华民族发展史上、世界社会主义发展史上乃至人类社会发展史上，具有重大意义。它提出了一个重大的时代课题：新时代坚持和发展什么样的中国特色社会主义？怎样坚持和发展中国特色社会主义？正是习近平新时代中国特色社会主义思想系统回答了这两大问题。习近平新时代中国特色社会主义经济思想是其核心内容。其中主要包括：在全面建成小康社会的基础上分两步走，在本世纪中叶建成富强民主文明和谐美丽的社会主义现代化强国；新时代我国社会主要矛盾是人民日益增长的美好生活需要和不平衡不充分的发展之间的矛盾；坚持以人民为中心的思想，把人民对美好生活的向往作为

---

① 《习近平总书记系列重要讲话读本》，北京：学习出版社、人民出版社，2016年版，第23页。

② 同上书，第25页。

③ 同上书，第26页。

④ 同上书，第10页。

⑤ 同上书，第28页。

奋斗目标；坚持全面深化改革，只有改革开放才能更好地发展中国，更好地发展社会主义和马克思主义；坚持新发展理念，即创新、协调、绿色、开放、共享的发展理念；坚持和完善我国社会主义基本经济制度和分配制度，毫不动摇巩固和发展公有制经济，毫不动摇鼓励、支持和引导非公有制经济发展；使市场在资源配置中起决定性作用，更好地发挥政府的作用；推动新型工业化、信息化、农业现代化同步发展；中国特色社会主义最本质的特征是中国共产党领导。我们要坚持党对一切工作的领导。现实中有些人容易认为党的领导是政治范畴，不属于经济理论内容。但是应当明确：没有以马克思主义为指导的共产党的领导，就不会有社会主义经济制度，也不会有中国特色社会主义经济。中国特色社会主义建设与发展的成功，有赖于中国共产党的正确领导。

中国特色社会主义是中国特色社会主义理论、制度和道路的统一。中国特色社会主义理论体系包括多方面的内容，其理论基础是中国特色社会主义经济理论体系；中国特色社会主义制度，也包括多方面内容，其制度基础是中国特色社会主义经济制度；中国特色社会主义道路，起决定性作用的是中国特色社会主义经济与社会发展道路。中国特色社会主义经济理论引领中国特色社会主义经济制度和中国特色社会主义道路。随着中国特色社会主义经济实践的发展，中国特色社会主义经济理论也随之不断丰富和发展。本文主要从经济理论与经济实践的结合上，从经济理论、经济制度和经济发展道路的统一中，研究、评析改革开放40年来中国特色社会主义三个重大经济理论的发展。

二、社会主义本质理论的提出和发展

搞社会主义，应首先弄清什么是社会主义，怎样建设社会主义，而且应首先弄清为什么要实行社会主义。弄清这些内容才能厘清中国特色社会主义与科学社会主义一脉相承的特点。社会主义是共产主义的低级阶段，《共产党宣言》(以下简称《宣言》)中还没有将共产主义区分为低级和高级两个阶段。《哥达纲领批判》才明确将其划分为两个阶段，因此，《宣言》所阐明的首先是共产主义低级阶段的本质规定及其根本特点。“共产主义”“共产党”，顾名思义，就是要共生产资料之产，也就是要用公有制取代私有制。为什么要搞“共产”，实行公有制？因为从历史事实看，凡以私有制为基础的社会制度，都会产生贫富分化，形成对劳动人民进行剥削压迫的制度。搞社会主义、共产主义，就是要使广大劳苦群众从被剥削、被压迫的困苦境地中解放出来，要“使所有劳动者过最美好的、最幸福的生活”，“只有社会主义才能实现这一点”。① 过美好幸福的生活，需要有充分的物质文化财富，这需要通过大力发展生产力生产出来。《宣言》就明确指出：无产阶级取得政权后，要把一切生产工具集中在国家手中，并且尽可能快地增加生产力的总量。这表明了三层意思：要建立社会主义，首先要由劳动人民掌握国家政权；其次，要建立国有经济；再次，要快速地发展生产力，增加产品总量。但这都不是根本目的，而是达到目的的政治和经济条件。无论取得政权、建立国有经济，还是尽可能快地发展生产力，都服从于一个根本目的：不断提高人民的生活水平，满足人们的物质文化生活需要，逐步走向共同富裕。《宣言》也讲，这是丰富和提高工人生活的一种手段。马克思在《1857—1858 年经济学手稿》中明确提出：在未来的新社会制度中，“社会生产力的发展将如此迅速，……生产将以所有的人富裕为目的”。②

在过去很长一段时间，在政治经济学的论著和教材中，一般讲政治经济学的研究对象是生产关系，包括资本主义政治经济学和社会主义政治经济学。其实，应把资本主义政治经济学和社会主义政治经济学的研究对象区分开来。马克思研究资本主义经济重在研究资本主义生产关系及其经济发展规律，尽管马克思是紧密结合生产力的发展研究资本主义生产关系的本质和发展过程的，但他没有义务为资产阶级提供发展生产力的理论与对策，他只是考察了资本主义是怎样发展生产力的，资本主义生产关系怎样随着生产力的发展，怎样由劳动对资本的形式隶属发展为实际隶属，特别是考察了资本主义生产关系与生产力的矛盾，以及由此导致的经济危机。但马克思、恩格斯和列宁讲到有关社会主义政治经济学问题时，都反复强调：社会主义要快速发展生产力。因此，社会主义政治经济学要研究怎样更快更好地发展生产力。

过去有一种传统观点认为，区分不同社会制度的标准主要是生产关系，而不是生产力，也有其事实和理论依据。我国和其他社会主义国家的生产力远落后于发达资本主义国家，因此，只能以生产关系作为划分标准。再者，任何社会制度都要发展生产力，任何新社会制度生产力的发展都快于旧社会制度时期。因此，不能将发展生产力作为社会主义的特征，更不能作为本质规定。这样讲看起来也颇有道理。但是，在理论与事实上，这一观点存在认识上的误

① 《列宁选集》第 3 卷，北京：人民出版社，1995 年版，第 546 页。

② 《马克思恩格斯全集》第 46 卷(下)，北京：人民出版社，1980 年版，第 222 页。

区。社会主义要表现出相较于资本主义的优越性，其最本质的特点和优越性就是全体人民的共同富裕。这是任何私有制社会不可能实现的。然而，共同富裕必须以生产力的快速和高度发展为条件。马克思、恩格斯强调社会主义要大力发展生产力，原是指发达资本主义国家建立社会主义后的任务，而我国是在生产力极端落后的基础上建立社会主义的，更需要快速发展生产力。首先要在发展速度上快于资本主义国家，最后在生产力的绝对高度上赶上和超过它。如果搞社会主义而忽视生产力的发展，甚至将重视发展生产力批判为"唯生产力论"，结果只能是贫穷的公有制和按劳分配、贫穷的社会主义。但贫穷不是社会主义，不可能实现共同富裕。正是针对这种认识和实践的误区，邓小平通过总结过去我国社会主义发展的得失成败，反复强调并提出，社会主义的根本任务是发展生产力，并在发展的基础上提高人民的生活水平。后来又提出作为经典论断的社会主义本质论：社会主义的本质是解放生产力，发展生产力，消灭剥削，消除两极分化，最终达到共同富裕。这既是对马克思主义关于社会主义本质规定的继承与坚持，又是根据社会主义实践的理论发展。

过去一般认为，革命是解放生产力，社会主义建立后，是要保护和发展生产力。实践证明：社会主义也存在生产关系的原有实现形式不适应生产力发展的问题，需要通过改革解放和发展生产力。经过40年来的改革开放，我国的经济社会发展成就，超越了西方发达国家经过百年以上发展达到的水平，成为仅次于美国的世界第二大经济体。广大人民的生活水平总体上显著提高。这表明，中国特色社会主义是坚持和发展了马克思主义关于社会主义本质规定的两大原则，即快速发展生产力和不断提高人民物质文化生活水平，走向共同富裕。

习近平坚持和发展了社会主义本质理论的观点。他指出："改善民生是推动发展的根本目的。我们的发展是以人民为中心的发展，全面建成小康社会、进行改革开放和社会主义现代化建设，就是要通过发展社会生产力，满足人民日益增长的物质文化需要，促进人的全面发展。"①

党的十八大报告将保障和改善民生提到了更加突出和很高的位置，强调"必须坚持人民主体地位"，改革开放、发展生产力的根本目的是共同富裕。

---

① 《习近平总书记系列重要讲话读本》，北京：学习出版社、人民出版社，2016年版，第213页。

“必须坚持走共同富裕的道路。共同富裕是中国特色社会主义的根本原则。”①

党的十九大报告也强调：“坚持在发展中保障和改善民生。增进民生福祉是发展的根本目的。必须多谋民生之利，多解民生之忧，在发展中补齐民生短板、促进社会公平正义。”②

马克思主义经典作家只是从基本原理上提示了社会主义经济理论和制度的本质规定和基本经济特点。但究竟怎样和通过什么途径建设社会主义，特别是落后国家怎样建设社会主义？通过什么途径和采用什么方法快速发展生产力？怎样在发展生产力的基础上满足人民物质文化需要？怎样消除两极分化，实现共同富裕？他们不可能在一百多年前就提出具体意见。这需要马克思主义后继者来探索和实现。习近平的新时代中国特色社会主义经济思想，就是对马克思主义和科学社会主义本质理论的坚持、继承、发展与创新，是科学社会主义基本原理的具体化、中国化与现代化。

在研究社会主义本质理论和中国特色社会主义经济理论问题时，有一个应当面对而不应回避的问题，邓小平的社会主义本质理论中还有“消灭剥削，消除两极分化”的规定。可以从三个角度把握这一规定。第一，这是讲马克思主义关于社会主义本质规定的重要内容，实现共同富裕就要以消灭剥削和消除两极分化为前提，为了做到这点，就要以公有制取代私有制。在公有制基础上不会出现两极分化。因此，中国特色社会主义也要以公有制为基础或为主体。第二，社会主义本质规定的全部内容完全适合于成熟的社会主义制度，在十几代人以后的社会主义高级阶段，生产力高度发达，公有制经济充分表现出完全超越于私有制经济的优越性，私有制经济已完成了在中国历史上的任务，不会再存在了。第三，我国现在处于社会主义初级阶段，实行中国特色社会主义，还不能实行单一的公有制，应坚持以公有制为主体、多种所有制共同发展，允许、鼓励和引导非公有制经济发展。这并不违反马克思主义基本原理。马克思指出：私有制的产生是生产力发展的结果，在生产力极端落后没有剩余产品出现的条件下，不会产生私有制和剥削制度。而私有制的存在，又是生产力发展不够的结果。恩格斯在《共产主义原理》中讲明了这一问题。只有在生产力高度发展的条件下，才能消灭私有制。我国的民族资本主义和个体经济在旧中国没

① 《习近平总书记系列重要讲话读本》，北京：学习出版社、人民出版社，2016 年版，第 72 页。

② 同上。

有获得充分发展，在中国特色社会主义条件下，还有发展生产力、满足人民就业和提高生活水平的积极作用。但也应强调，必须是在国有经济为主导、公有制为主体的制度下发展非公有制经济。我们还应注意到：我国在改革中出现了贫富分化现象，这是在中国人民总体生活水平提高的条件下出现的分化，我们把它称作相对两极分化，而不是“富者愈富、贫者愈贫”的绝对两极分化。我国的贫困人口在不断减少，现在实行脱贫攻坚战、精准扶贫，在 2020 年要消灭贫穷，全面建成小康社会。

同时，我们也不能回避一个现实问题。由于分配不公平，我国存在财产积累和个人分配收入过分扩大的差距。有的富豪资产几十亿、几百亿、上千亿元，年收入几亿、几十亿元，不少演艺人员年收入几千万或上亿元，为社会舆论所诟病；而低收入群体虽然解决了温饱问题，但年收入只有几万元甚至更少。这是实现全民共同富裕需要跨越的一个难点，也是中国特色社会主义经济肌体上的一个痛点。我们必须通过调节和完善分配制度缩小收入差距，但应明确，生产关系决定分配关系，在实行公有制的经济中是不会产生贫富分化的。缩小相对贫富分化的根本途径，就是在坚持国有经济为主导、公有制为主体的条件下发展非公有制经济，也就是要坚持和完善社会主义经济制度和社会主义初级阶段的基本经济制度。

三、社会主义初级阶段理论的提出和发展、社会主要矛盾的转化问题

马克思在《宣言》中还没有把取代资本主义的共产主义区分为两个阶段。他在《资本论》中初步提出了未来“自由人的共同体”会有不同的发展阶段。他在《哥达纲领批判》中，将取代资本主义后的发展分为三个阶段，一是从资本主义到共产主义的过渡时期；二是过渡时期结束后进入共产主义的第一阶段，或称之为低级阶段；三是发展到共产主义的高级阶段。马克思的这种区分，是就发达资本主义国家而言的，他所讲的共产主义低级阶段就是我们现在所讲的社会主义。马克思主义经典作家没有再把社会主义区分为不同的阶段。毛泽东曾根据旧中国是生产力落后的半殖民地半封建社会的社会制度，提出了新民主主义理论。中国首先要进行新民主主义革命，建立新民主主义社会制度，经过一个较长时期的发展，条件成熟时，再转向社会主义制度。这一理论是从中国实际出发对马克思主义的发展与创新。但新中国成立后，革命和经济恢复发展得比较顺利，产生了急于求成、脱离实际的过激观点。不但超越新民主主义社会制

度急于建立消灭一切私有制的“一大二公”的社会主义，还接着刮起共产风，“共产主义是天堂，人民公社是桥梁”，试图通过人民公社，建立起共产主义社会制度，结果给国家人民带来巨大的损害。

党的十一届三中全会重新确立了马克思主义实事求是的思想路线，解放了思想，重新认识社会主义的发展问题。在总结以往经验教训的基础上，提出了我国处于社会主义初级阶段的理论判断。这个判断也是经历一个逐步加深和系统化过程的。先是在党的十一届四中全会纪念新中国成立30周年的会议上，叶剑英发表讲话提出：“我国社会主义制度还处于幼年时期”，接近于“初级阶段”的提法。1981年，《中国共产党中央委员会关于建国以来党的若干历史问题的决议》第一次明确指出：“我国社会主义制度还是处于初级阶段。”①以后的中央文件也多次提出这一论断，但没有具体和系统的论证与论述。直到1987年，党的十三大报告根据我国的实际情况，全面系统地论述了我国处于社会主义初级阶段，并指出，这是建设中国特色社会主义的首要问题，并将它作为我们党制定基本路线、方针、政策的理论基础。

提出社会主义初级阶段理论，具有多方面的重要意义：一是，它有利于防止再做超阶段的错事；二是，它为发展非公有制经济提出了理论和实践依据；三是，明确我国是在经济、社会、文化、教育等各方面落后的基础上建立社会主义的，这就需要经历长达百年的时间建立起社会化、商品化、现代化、生产力大幅度提高、具有自己雄厚的物资技术基础的社会主义强国；四是，有利于支持中国特色社会主义理论与实践。中国特色社会主义与社会主义初级阶段存在多方面的交叉。例如，公有制为主体、多种所有制共同发展，按劳分配为主体、多种分配方式并存，既是社会主义初级阶段的经济内容与特点，也是当代中国特色社会主义经济特点。习近平在2017年7月26日的讲话中要求“全党要牢牢把握社会主义初级阶段这个最大国情，牢牢立足于社会主义初级阶段这个最大实际，更准确地把握我国社会主义初级阶段不断变化的特点……更好发展中国特色社会主义事业”。② 由此可见，把握和立足于社会主义初级阶段这个最大的国情和实际，是更好地发展中国特色社会主义事业的现实基础。

---

① 中共中央文献研究室编：《十一届三中全会以来党的历次全国代表大会中央全会重要文件选编》，北京：中央文献出版社，1997年版，第208页。

② 《高举中国特色社会主义伟大旗帜　为决胜全面小康社会实现中国梦而奋斗》，《人民日报》，2017年7月28日。

中国特色社会主义理论与社会主义初级阶段理论，既紧密联系，内涵上有所交叉，又有所区别。从时间起始点来说，社会主义初级阶段理论是从 1956 年“三大改造”完成、建立起社会主义制度算起，经历一百年时间，到 21 世纪中叶将进入社会主义中级阶段。而中国特色社会主义是从 1978 年党的十一届三中全会算起的。我们认为，即使进入社会主义中级阶段和高级阶段，社会主义制度依然会具有中国特色，依然会是中国特色社会主义。如公有制的存在形式和实现形式，按劳分配的实现形式，共同富裕的实现形式，经济社会发展的具体途径和方式等，也会根据当时具体的实际情况而定夺。

社会主义初级阶段理论的提出，是基于我国生产力的落后和人民群众的贫困状态。提出这一理论，正是要着力于解决和消除这种落后与贫困状况。更明确点说，落后与贫穷，是社会主义初级阶段的起点，而不是整个阶段的特点。在初级阶段发展的一百年中，生产力在不断提升，财富在不断增长，人民的生活水平在不断提高，因而落后与贫穷的状况在不断变化、不断消减。因此，习近平要求要“更准确地把握我国社会主义初级阶段不断变化的特点”。① “不断变化”，表现在改革开放 40 年来，我国经济社会不断发展并取得巨大成就以及综合国力的显著提高上。

人民群众生活水平的提高是生产力发展的直接表现。生活水平的提高，表现为消费需求的变化。习近平在 2014 年 12 月 9 日的讲话中指出，目前，消费需求中的“羊群效应”没有了，“模仿型排浪式消费阶段基本结束，消费拉开档次，个性化、多样化消费渐成主流，保证产品质量安全、通过创新供给激活需求的重要性显著上升。随着我国收入水平提高和消费结构变化，供给体系进行一些调整是必须的”。②

党的十九大报告提出：中国特色社会主义进入新时代。这也可以说社会主义初级阶段进入新时代。习近平新时代中国特色社会主义思想是指导我国发展与改革开放的创新思想。新时代我国社会主义初级阶段的社会主要矛盾发生了变化。以前关于主要矛盾的论断是“人民日益增长的物质文化生活需要与落后的社会生产之间的矛盾”，现在转化为“人民日益增长的美好生活需要和不平衡

① 《高举中国特色社会主义伟大旗帜　为决胜全面小康社会实现中国梦而奋斗》，《人民日报》，2017 年 7 月 28 日。

② 《习近平关于社会主义经济建设论述摘编》，北京：中央文献出版社，2017 年版，第 75 页。

不充分发展之间的矛盾”。这种主要矛盾的转化，不是两种相对立的矛盾的转化，而是一脉相承的需求侧与供给侧内涵提升的转化。生产力发展达到一定高度、生产供给提高了档次和质量，人民的需求总体上也相应地提高了档次和质量，要求质量和安全度更高，更个性化、多元化、方便化，具有新科技含量，能够适应自己美好生活需要的物质化产品，而且消费需求拓宽了，在民主、法治、公平、正义、安全、环境等方面要求也日益增长。但是，我国的生产供给还不能充分满足这种日益增长的美好生活需要，从而形成供给和需求的不平衡。因此，不平衡不充分的短板是直接相对于日益增长的美好生活需要而言的。不少解读新社会主要矛盾的论述离开了这一根本关系，大谈区域、城乡不平衡，收入不平衡，生产力落后，还存在原始的生产力，“老少边穷”地区落后等，偏离了党的十九大报告有关论述的原意，也不符合习近平多次讲话的有关说明。如果对不平衡不充分发展的解读与原意相悖，那么，解决矛盾的途径与方略就会“失之千里”。这里只是略论几点，以辨明理论是非。

党的十九大报告首先讲了过去五年来巨大变革与成就，又一分为二地讲到还存在的诸多不足，并将其概括为七点，用分号明确区分开。第一个不足就讲“发展不平衡不充分的一些问题尚未解决，发展质量和效益还不高，创新能力不够强，实体经济水平有待提高，生态环境保护任重道远”。这段论述明确说明了“发展不平衡不充分”是指什么，同时也表明了解决这种“不足”的途径是什么。首先是要提高供给质量，提高创新能力，加强实体经济，改善生态环境，等等。紧接着后面又讲：“我国社会主要矛盾的变化是关系全局的历史性变化，……我们要在继续推动发展的基础上，着力解决好发展不平衡不充分的问题，大力提升发展质量和效益，更好满足人民在经济、政治、文化、社会、生态等方面的日益增长的需要。”①这再次表明，解决不平衡不充分发展的短板，首先应提升发展质量和效益。

2017 年 12 月，习近平在中央经济工作会议的讲话中再次指出：“坚持发展新理念，紧扣我国社会主要矛盾变化，按照高质量发展的要求，统筹推进‘五位一体’总体布局和协调推进‘四个全面’战略布局，坚持以供给侧结构性改

---

① 习近平：《决胜全面建成小康社会　夺取新时代中国特色社会主义伟大胜利——在中国共产党第十九次全国代表大会上的报告》，北京：人民出版社，2017 年版。

革为主线，统筹推进稳增长、促改革、调结构、惠民生、防风险各项工作。”① 这里将解决主要矛盾的具体途径拓宽了，但首先强调的依然是发展“质量”，满足美好生活需要必须以供给侧改革为主线。2018 年 6 月，习近平在山东考察时强调，要“切实把新发展理念落到实处，不断取得高质量发展成就，不断增强经济社会发展创新力，更好满足人民日益增长的美好生活需要”。这里再次强调了高质量发展。“高质量”是个广义概念，既包括具有高科技含量的高端产品，也包括安全、绿色、方便、高质量的非高端产品。至于在政治、安全、公平、正义、生态等方面的需要，更与区域城乡等发展不平衡无内在关系。

1997 年，党的十五大报告提出：实行“公有制为主体，多种所有制共同发展是我国社会主义阶段的一项基本经济制度”。② 这里加“一项”二字，是因为基本经济制度是以所有制为基础的多项制度，如直接生产过程中的生产关系制度、交换制度、分配制度等，无论公有制或私有制只是其中一项基础性的制度。后来为论述简便，取消了“一项”二字，只讲社会主义初级阶段基本经济制度，但是有两个涉及理论是非的经济学概念必须区分清楚，既不应混淆，也不要模糊。一个是“社会主义经济制度”或“社会主义基本经济制度”；另一个是“社会主义初级阶段的基本经济制度”。我国是社会主义国家，必然要建立以公有制为基础的社会主义经济制度，这一制度已写入我国宪法。我国宪法修改多次，但这一制度的相关规定一直坚持未改。宪法规定：“中华人民共和国社会主义经济制度的基础是生产资料的社会主义公有制，即全民所有制与劳动群众集体所有制。”就是说，社会主义经济制度只以公有制为基础，不包括非公有制经济。外资企业是外国资本主义经济，私营企业是民族资本主义经济，个体经济是不具有特定社会性质的小私有制经济，它存在于多个社会制度。因此，决不能将这类资本主义经济和小私有制经济视作“社会主义经济”或“社会主义经济制度”的构成部分。有学者断言：只把公有制作为社会主义经济，不承认私营经济和个体经济也是社会主义经济，也是构成社会主义经济制度的基础，那是应当“摒弃的传统社会主义”。他们所要摒弃的正是科学社会主义。党的十五大提出社会主义初级阶段的基本经济制度后，我国将其纳入宪法作为一项新的

① 《中央经济工作会议在京举行　习近平发表重要讲话》，http://finance.people.com.cn/n1/2016/1216/c1004-28956302.html.

② 中共中央文献研究室编：《十五大以来重要文献选编》(上)，北京：人民出版社，2000 年版。

规定。这样，我国宪法就有两种“经济制度”的并列规定：一种是“社会主义经济制度”；另一种是“社会主义初级阶段的基本经济制度”，泾渭分明，不容混淆。我们也应明确将非公有制经济纳入社会主义初级阶段基本经济制度中，表明非公有制经济由体制外进入体制内，发展非公有制经济是长期的、毫不动摇的制度性安排，有利于非公有制经济的发展。问题在于要把非公有制经济在社会主义初级阶段的重要地位和作用，与其所具有的社会性质区分开来。

还有类似的一个问题。我国改革的一个重大举措，是由计划经济转向社会主义市场经济。习近平指出，要使市场经济在资源配置中起决定作用和更好地发挥政府的作用。这是中国特色社会主义理论的重大创新与发展。1987 年党的十五大报告提出“非公有制经济是社会主义市场经济的重要组成部分”，这个论断是符合实际的。因为市场和市场经济是全国统一的，所以不能按不同的经济成分区分为不同的市场和市场经济。以社会主义公有制为主体的多种所有制的市场和市场经济，都相互连接共同起资源配置的作用。但在统一的社会主义市场经济中，依然存在社会主义经济与非社会主义经济的区分，而有学者混同社会主义市场经济和社会主义，断言肯定非公有制经济是社会主义市场经济的重要组成部分，就是肯定其是社会主义经济的重要组成部分，不再存在“资”与“社”的区分，多种经济成分都是社会主义。应知道，社会主义经济是经济制度范畴，而社会主义市场经济是社会主义经济与市场经济的结合，是经济体制范畴。二者在概念、理论和实践上都存在明显区别。

后记　勤于求索，大爱育人

2019 年的冬天，卫兴华老师永远地离开了我们。怀着无比悲痛的心情写下这个题目之后，我久久不能动笔。往事历历在目，而我要从何说起？

我是卫老师 2012 级的博士，2015 年毕业，而我常跟别人说，我并没有毕业。因为 2015 年毕业要离校的时候，我搬到老师家和他一起生活了近一年的时间。其间更加近距离地跟着老师学习。即使后来搬出去了，我也是每个月都会来看老师几次，陪他聊聊天，向他请教问题，与他合作写论文。七年多的时间里，他把我带进经济学的殿堂，也让我明白了人生的许多道理。而今老师走了，我觉得作为老师的学生，我有责任把老师教给我的道理继续传承下去，影响更多的人。

那就从老师对自己最满意的地方说起吧。老师曾说，"如果说中外学界大师，有如参天大树的话，我只是一条树枝，或一片树叶。在新事物新知识快速不断涌现的今天，深感自己学术知识和理论储备不足，想要追赶又心有余而力不足。但我有一点别人称道的长处，那就是勤奋。"

老师的勤奋最让我震撼。他每天都在读文章、写文章，这已经成为他生命的一部分。早晨起来吃过早饭就开始工作，吃过午饭休息一会儿继续工作，晚饭时看新闻联播，然后继续工作，一直到晚上 12 点上床休息。就这样几十年如一日，每年平均发表二十多篇文章，一生写了一千多篇文章。即使在去外地开会的旅途中，他也要带上报纸和文章。有时候坐飞机两三个小时，我都感觉有些累，他依然坚持在飞机上读报纸。即使生病了，也根本停不下来。记得有一次，老师腰痛只能卧床，他依然在床上拿着报纸和文章看，想写文章了就把我叫到床边，让我拿着纸和笔记录，然后打印出来他在床上修改。因为躺着不方便，他就让我们找来一块板子，把文章放在板子上，一手扶着板子，一手拿着笔在文章上修改。后来他病重住院，我去医院看他，刚坐下来他就开始给我聊论文修改的事。2019 年 6 月出院后到 8 月再次住院期间，他就写了三篇文章，还有一篇未完成的手稿。他的勤奋，让他把整个生命都献给了学术科研。直到生命的最后时刻。也正因为勤奋和坚持，让卫老师获得一身的荣誉，而他却淡然处之，继续勤奋，继续献身。

他的勤奋和坚持深深地影响了我。卫老师并不是那种非常严厉的老师，他对我们的管理也比较宽松，但他以身作则，作为学生实在没有理由不努力。而且，后来我感觉我找到了卫老师一生勤奋的原因。

他的床头柜上和书桌上放着同一张老照片，那是 1947 年卫老师参加地下革命工作时和另外两名同事的合影。我问老师这张照片的由来，他告诉我说，他们三人是党的地下革命三人领导小组，由于特务机关找到了一些线索，将要来抓捕他们。三人商量，如果逃跑，地下工作必然暴露，会对组织造成坏的影响。如果留下来，被特务机构抓进监狱凶多吉少。但三人最终决定留下来，一切以组织利益为重。为了能够留下纪念，三人拍摄了这张照片。后来三人中的一人被杀害，另外一人在“文革”中被害，卫老师活了下来。卫老师说：“我看到了革命的胜利，新中国的建立，而我熟悉的一批革命同志为革命事业献身，长眠地下，未能看到胜利的这一天。他们一心为党、为人民的事业无私奉献的精神永远激励着我，使我立志永远做一个替劳动人民说话、为增进人民福利、为社会主义事业而鞠躬尽瘁的经济学家。”我想，老师的勤奋和坚持源于他对祖国的热爱，对人民的热爱，对社会主义的信仰。他一生都在践行着人民经济学家的责任和使命，始终与中国特色社会主义经济建设、改革与发展事业同呼吸、共命运。

卫老师 1952 年留校任教，他是新中国成立以来的第一批经济学家。他时刻在关注着祖国的经济建设和理论发展，应用马克思主义经济学基本原理和方法研究中国现实问题，推进马克思主义经济学的中国化、时代化、大众化。他较早提出社会主义商品经济论、社会主义经济运行机制理论等，并呼吁收入分配要更加重视公平，经济改革要保障劳动者的权益，社会主义要最终实现共同富裕。随着中国特色社会主义进入新时代，卫老师又撰写了一系列探索和构建中国特色社会主义政治经济学理论体系的论著，影响深远。读卫老师的文章，我能感受到他对于真理的追求，对于国家经济建设的关切，也是通过读卫老师的文章，我认识到马克思主义政治经济学对于国家经济建设和社会发展的重要性，作为一名高校的教师，唯有继续坚持马克思主义，为祖国的经济建设和人民的共同富裕贡献力量，才对得起老师对我的培养和关爱。

回顾跟随老师读书的时光，他对我的帮助和关爱是方方面面的。不仅仅体现在学习方面，还体现在生活、工作上。学习方面，每隔一两周，卫老师会召集我们全体在校生到办公室或者是他家里研读提前布置好的文献。卫老师在研讨班上讲授的文献都是精心挑选的，以马克思、恩格斯经典原著为主，也会涉及一些围绕某个理论问题的相关论文。老师特别强调读原著，他说社会上有太多对马克思经典理论的误解和错解，而马克思在文中已经论述得非常清楚，我们需要读原著，原原本本地把握马克思的本意。错误的解读会误导经济建设，所以，我们看到卫老师像一名战士，时时刻刻在与错解、误解马克思本意的观点斗争。通过系统地读原著，我掌握了一定的马克思经济学基本原理和方法，也逐渐认清了哪些观点是对马克思观点的误读需要予以澄清。后来发现，这对于我做学术研究的帮助非常大。每每想到这，我都要在心里感谢卫老师。卫老师还鼓励我们要独立思考。在研读会上，针对某个理论问题的不同观点，他鼓励学生先作出自己的解读。有时研读会上会安排阅读他最新的文章，他也鼓励学生尽可能地提出不同观点。甚至有一次，他为了鼓励学生提出不同观点，通过发微信红包的形式奖励指出问题的学生。在这样的学术训练环境下，我逐渐形成了独立思考和批判思维能力，而这是学者最需要的。卫老师常说做学问要不唯上，不唯书，不唯风，不唯众，只唯实。即使在特殊年代，他也坚持以上原则。在他身上我看到一名学者坚持真理、追求真理的学术品格，这深深地影响着我。对于我们完成的论文，卫老师必将一字一句地认真阅读和修改，并帮忙联系期刊发表。如果是和老师一块合作的论文，卫老师必须要把稿费的多半部分甚至是全部都分给我们。对于学生的博士毕业论文，卫老师一般都会留出半个月的时间，专门阅读一篇博士论文。还记得我的博士论文，被卫老师修改过后，密密麻麻地布满他手写的修改痕迹，让我非常感动。对于在读博士，卫老师非常关心我们在学校里的学习和生活状况，每隔一段时间就把我们叫到家里来，或是到学校附近一块吃饭，悉心询问最近的情况。每当要离开时，卫老师都会从家里拿出水果和点心，让我们带回寝室，并且叮嘱大家要注意身体。卫老师如慈父般的关爱，让我们倍感亲切和温暖。

这里有件事让我终身难忘，那时刚毕业住在老师家里，有一天晚上回到家，老师说西瓜给你放到桌上了，去吃吧。我来到桌前发现，老师知道我不能吃从冰箱里直接取出来的西瓜，就提前把西瓜取出来，并用小勺挖出西瓜放在盘子里，再吃的时候就没那么凉了。老师对我无微不至的关爱，让我感觉自己能做卫老师的学生是如此的幸运。毕业生面临找工作，卫老师会想尽一切办法帮着我们推荐工作，甚至不顾自己生病需要静养，发信息打电话帮忙联络。如果学生没有找到合适的工作，他会成天发愁。他真是把学生的事当作自己的事，甚至是超越了自己的事。卫老师的教育方式让我们明白应该如何做学问，更让学生懂得什么是真心的关爱。

正是由于在读书期间被老师的关爱深深打动，已经毕业的学生也会经常来老师家里看望他。而他每次都会细心询问学生的家庭和工作情况，听到学生取得了好的成果，他都非常开心，还会主动在师门的微信群里发布消息。若是听到学生说遇到了难题，他一定会想办法帮忙解决。整个师门也在老师的影响下，形成了相亲相爱、互帮互助的氛围。卫老师把大爱注入学生的培养，时时刻刻关心学生的成长，他热爱教育事业、润物无声和甘做人梯的师德师风，赢得了广大师生们的由衷爱戴和敬仰。

还记得以前老师常说，召鹏，你跟着我学习、生活的时间长，等我走了你可以写纪念我的文章。我当时就说，老师您身体这么好，我才不想这事呢。确实，卫老师身体一直非常好，我认识他的七年，除了最后一年他两次生病住院，其他时间他基本没有生过病，连感冒、咳嗽都非常少，而且声音洪亮、气色红润，每天精力充沛地投入工作中，以至于让我忘了他的年龄。有次记者采访，问他保持身体健康的秘诀，他笑着总结了三点，一是心态要好，什么事都看得开；二是不挑食，什么吃的都可以；三是虽然不做体育运动，但坚持做家务劳动。写到这里，我仿佛又看到了那位满头白发、面带笑容，坐在客厅沙发上和我们聊天的卫老师。而今，这都成了回忆，不禁悲痛万分！

谨以此文纪念恩师。

（何召鹏，中央财经大学经济学院副教授）

卫兴华主要著作目录

一、专著

1.《经济运行机制概论》(与洪银兴、魏杰合著)，北京：人民出版社，1989。

2.《我国新经济体制的构造》(与黄泰岩合著)，北京：经济科学出版社，1993。

3.《卫兴华经济学文集》(3卷)，北京：经济科学出版社，2002，2005。

4.《社会主义经济理论》(与张宇合著)，北京：高等教育出版社，2007。

5.《政治经济学概论》，北京：经济科学出版社，2010。

6.《卫兴华经济文选》，北京：中国时代经济出版社，2011。

7.《中国特色社会主义经济理论体系研究》，北京：中国财政经济出版社，2015。

8.《社会主义初级阶段理论与实践》，北京：经济科学出版社，2017。

9.《马克思与〈资本论〉》，北京：中国人民大学出版社，2019。

10.《理论是非辨析——误解错解马克思主义理论事例评说》，北京：经济科学出版社，2012。

二、主编

1.《政治经济学原理》(与顾学荣共同主编)，北京：经济科学出版社，1989。

2.《中国社会保障制度研究》，北京：中国人民大学出版社，1994。

3.《市场功能与政府功能组合论》，北京：经济科学出版社，1999。

4.《马克思主义政治经济学原理》(与林岗共同主编)，北京：中国人民大学出版社，2003。

5.《〈资本论〉精选讲解》，北京：中国人民大学出版社 2014。

三、获奖情况

1.《经济运行机制概论》获中国图书奖一等奖 。

2.《马克思的生产劳动理论》获孙冶方经济科学奖第一届论文奖。

3.《企业活力与企业行为约束机制》获孙冶方经济科学奖第二届论文奖。